同时代人回忆陀思妥耶夫斯基

（俄）阿·谢·多利宁 编　翁文达 译　耿海英 校

广西师范大学出版社
·桂林·

А. С. Долинин

Ф. М. Достоевский в воспоминаниях современников

本书据 Издательство "Художественная литература", Москва, 1964 年
版译出

图书在版编目(CIP)数据

同时代人回忆陀思妥耶夫斯基／(俄)多利宁 编;翁文达 译;
耿海英 校.—桂林:广西师范大学出版社,2014.3
(文学纪念碑)
ISBN 978 - 7 - 5495 - 3547 - 7

Ⅰ.①同… Ⅱ.①多… ②翁… ③耿… Ⅲ.①陀思妥耶夫斯
基,F.M.(1821~1881)-生平事迹 Ⅳ.①K835.125.6

中国版本图书馆 CIP 数据核字(2013)第 043347 号

出 品 人:刘广汉
策　　划:魏　东
责任编辑:魏　东
装帧设计:赵　瑾

广西师范大学出版社出版发行

(广西桂林市中华路22号　　　邮政编码:541001)
(网址:http://www.bbtpress.com)
出版人:何林夏
全国新华书店经销
销售热线:021 - 31260822 - 882/883
山东鸿杰印务集团有限公司印刷
(山东省桓台县唐山镇驻地　邮政编码:256401)
开本:690mm×960mm　　1/16
印张:47　　　　字数:640 千字
2014 年 3 月第 1 版　　2014 年 3 月第 1 次印刷
定价:82.00 元

如发现印装质量问题,影响阅读,请与印刷单位联系调换。

目 录

作家的成长

在彼得拉舍夫斯基派分子中间
惨剧　西伯利亚

走向第一高峰

在矛盾的影响下

走向最后的高峰

普希金纪念像

最后一年　疾病　去世　葬礼

陀思妥耶夫斯基与同时代人

1872年，瓦·格·别洛夫为陀思妥耶夫斯基作了一幅著名的画像。作家的妻子安·格·陀思妥耶夫斯卡娅对画像十分满意：画家捕捉到了"创作的瞬间"。

陀思妥耶夫斯基似乎静静地坐着，两手的手指交叉，抱住膝盖，在那里"自我观察"①，但画像还是给人以巨大的内心活力的印象。高高的前额，紧蹙的眉毛，表现着精神的紧张，脸上的整个神情显示着连续不断的思想活动和感情变化。

是的，捕捉到了"创作的瞬间"，别洛夫出色地表现了作家全身心沉浸在创作、沉思、探索之中。

一年以后，陀思妥耶夫斯基在《作家日记》中论述说，画家应当"更多地表现思想过程"。"比如，肖像画家要给对象画像，他让对象坐下来，仔细观察，作事先准备。他为什么这样做？因为他从实际作画中知道，人并不是始终都像他自

---

① 也可译作"观察自我"，即作内心的省察，"内省"的意思。

己,所以画家在寻找'他的面貌的主要思想',寻找对象最酷似他自己的那瞬间。肖像画家的才能就是善于捕捉和抓住这一瞬间。"①人"最酷似他自己"的时候就是他的个性的"主要意思",他的观念、观点、目的、性格和行为方式的特殊性表现得最充分的时候。

陀思妥耶夫斯基在一封信中写过,他在文学事业上的目的和希望是"在我死去之前,尽可能充分地发表意见"。②

充分发表意见——这就是目的和希望;表达自己的思想、感情和对人对事的态度——这才是心中最珍贵的理想。别洛夫的功绩就在于他抓住了"创作的瞬间",他觉察到了作家的沉思中、内心活动中潜藏着**天才的**隐秘的**主动精神**,这种精神总是在作家要创作一部能发表自己意见的作品之前就存在了。

生活的意义在于创作是陀思妥耶夫斯基一向就有的观念。回想起在监狱里度过的岁月,他在《死屋手记》的结尾处写道:"我等待着,我呼唤自由快些到来,我想在新的斗争中再考验考验自己。自由并不是因为被剥夺过自由而歇一歇,因为受过深重的苦难和考验而犒劳一下自己,也不是为了过平平安安的生活。自由是为了行动,为了创作,为了把心中蕴蓄的思想和观感具体表现出来。"

陀思妥耶夫斯基生来有一副社会性的、富有公民感的积极性格。时代总是很有威力地侵入他的作品。仅仅说他非常关心人民和国家的生活还不够,这是他的血肉相连的事业,他的生命。他常常犯错误,在当时的思想斗争中站错位置,但他从来不是一个冷淡的、漠不关心的袖手旁观者。他的成长,他的发展,他的创作活动的历史是和俄国社会生活的历史、人民的历史不可分割地联系在一起的。

事实上,作家所生活的那个时代的现实充满了什么样的事件,他是在什么样的社会激战、政治激战和思想激战的环境中发展起来的啊!他是在四十年代的民主思想的影响下,在果戈理和别林斯基的思想的影响下成长起来的,参加过彼得拉舍夫斯基派分子小组;和彼得拉舍夫斯基派分子一起受审判,和他们一起站在谢苗诺夫练兵场上等候枪决;服了四年苦役,当了五年兵。他经历过克里米亚战争,1859 年至 1861 年的革命形势,反动派猖獗的年头,七十年代新的革命热

---

① 《费·米·陀思妥耶夫斯基全集》,莫斯科-列宁格勒,1929 年,第 11 卷,页 78。

② 《费·米·陀思妥耶夫斯基书信集》,莫斯科-列宁格勒,1930 年,第 2 卷,页 175。

情的高涨,新的镇压和反动派横行霸道的浪潮。社会基础的巨大变革,俄国——无论是农奴制的俄国还是稍加改革后的俄国——的劳动群众的苦难,贵族阶级的没落和资本主义的巩固,社会矛盾、思想矛盾和精神矛盾的全面尖锐化——这是当时国内生活的特点,不可避免地影响到作为人和作家的陀思妥耶夫斯基。

托尔斯泰、屠格涅夫、陀思妥耶夫斯基的书都是作者们的最深刻的肖像,书中包含着作家对世界的看法,他们对人的态度,对生活现象的评价,他们的气质……然而即使艺术家本人的生活,错综复杂的日常生活的现实状况,艺术家的人性的特点,对于后代人也是饶有兴味的。须知在代表一定时代的俄国社会的人物当中,俄国作家乃是时代和环境的鲜明的表现。陀思妥耶夫斯基的独特的个性是十九世纪俄国生活中一个意义重大的现象。这种现象虽是世界性的,然而重要的是恰恰在俄国现实的激流旋涡中出现这样的人物!文学回忆录中所表现出来的陀思妥耶夫斯基的生动风貌,不可能不引起我们的兴趣,回忆录作者们所提到和所描述的他的个性的“主要意思”,不可能不使我们激动。

苏联的文艺理论力图研究充满了痛苦的矛盾和复杂性的陀思妥耶夫斯基的创作,丝毫不予以简单化,也不夸张,清楚地看到,清醒地评价他的长处和短处。陀思妥耶夫斯基指摘革命,又不能容忍现存制度的不公正;他号召顺从,却又愤怒谴责践踏人类尊严的人;他向神祈求,却又屡屡描写生活如何在摧毁宗教观点。

避开这些矛盾,对陀思妥耶夫斯基的个性作片面的、简单化的、空泛的描述,那就意味着拒绝了解十九世纪俄国所产生的一种就其能力和多才多艺、就其痛苦而又复杂的表现方式而言是十分罕见的现象,——要知道,直到一百年后的现在,我们还在继续研究这种复杂的现象。

陀思妥耶夫斯基的面貌被人从极不相同的观点来观察,人们对这个面貌的特点作出极不相同的解释也就不足为怪了。

谨慎、稳健的亚诺夫斯基医生证明陀思妥耶夫斯基一般对革命采取否定的态度。亚·米柳科夫写到年轻的陀思妥耶夫斯基,当他是个斯拉夫主义者和社会主义的反对者。尼·斯特拉霍夫断言陀思妥耶夫斯基“和每个俄罗斯人一样”,厌恶“各种不顺从的思想”,如此等等。回忆录的作者们引用自己的观察和回忆,引用“事实”;然而,一些个别的“事实”还构不成全部真实。真实是从分析和对比所有的事实中,从考虑所有的矛盾中,从概括全部资料中形成的。对陀思妥耶夫斯基尤其是这样,他的活动始终处于社会矛盾的中心,他的作品常常引起他那一代人的剧烈冲突和互相抵触的评价。

回忆录就是回忆录;不能要求回忆录写得详尽无遗:回忆录作者只提供面貌的特征。认识一个人的面貌在很大程度上取决于对这个人的看法。一部分现象似乎不大重要,被人忘掉,另外一些现象被人主观地加以解释,好些事实在时间上往往颠倒。回忆录总是需要考订,注释。

常有这样的情况:回忆录作者所回忆的那个人太伟大了,作者难以理解他。上文提及的斯·德·亚诺夫斯基就因为这缘故不了解陀思妥耶夫斯基,其实他对青年时代的陀思妥耶夫斯基是很熟悉的,可他留下的却是一幅满怀同情然而平面的肖像。作家的兄弟安德烈·米哈伊洛维奇详尽地描绘了日常生活,可是他却不能或多或少地深刻理解费奥多尔·米哈伊洛维奇的精神世界。阿·雅·帕纳耶娃留下了一幅幅素描,但是摆脱不掉某些傲慢——毫无道理的傲慢。她把陀思妥耶夫斯基描写成一个神经质的、没有自信心的、爱面子而又怪可怜的青年人,没有反映出那位勇敢地发现生活中的新现象的大艺术家的特征,而陀思妥耶夫斯基在当时(写作《穷人》那个时期)就已经是个大艺术家了。

但是,尽管如此,关于陀思妥耶夫斯基的回忆录还是他的生平经历的重要史料,有助于我们更生动、更深入地了解他的个性和性格,有时候还能阐明他的创作。这些回忆录能比较具体地提供他一生活动中的要点——他同祖国的联系,和俄国生活的联系,与同时代人的联系,——不了解这些要点就无从了解作家。

陀思妥耶夫斯基早年就遇到人间的"出奇的"贫穷,人的屈辱和没有防卫能力。他的父亲在玛丽雅医院执医业,这个单位是"为穷人"的机构。陀思妥耶夫斯基一家就住在医院的厢房里。作家的父亲米·安·陀思妥耶夫斯基是个平民知识分子,曾为贵族服务过,但是没有积攒起什么财富,正如安·米·陀思妥耶夫斯基[①]所回忆的那样,他经常对儿子们说,他们"应当有决心自己去闯出一条路来,否则他死了以后他们将沦为乞丐"。一家人经常害怕陷入贫穷的罗网,贫穷的种种形象包围着寄寓于医院厢房里的医生家庭,这户人家暂时还可算个小康人家。

———————————

　　① 作家的弟弟,见本书页 50 的题解。

米·安·陀思妥耶夫斯基千方百计要摆脱这种威胁,保障孩子们的未来,遂于1831年在图拉省扎拉依斯克附近买下一个小小的田庄。这块领地和幸福的回忆联系在一起:陀思妥耶夫斯基一家在那里过夏天,摆脱城市生活,在大自然的怀抱里休息(安·米·陀思妥耶夫斯基也写到这一点)。不过后来又同最强烈地震撼青年时代的作家的那件事情联系在一起。1839年,田庄的农奴把作家的父亲米·安·陀思妥耶夫斯基打死了。

陀思妥耶夫斯基成了孤儿,没有钱,在工程专科总校的纪律严格、吹毛求疵、刚愎自用的环境里,花了几年时间去学他不喜欢的专业,搞他深以为苦的科学。在专科学校里,就像德·瓦·格里戈罗维奇所回忆的那样,"对每个学生都严厉苛求到了吹毛求疵的地步……为一点最无辜的过失,如领子或纽扣未扣上,就被罚关禁闭,或者背上背囊,手持枪械,在门口罚站几小时"。

陀思妥耶夫斯基在这个时期就已经敏锐地感觉到非正义现象,军队里[1]盛行的盗窃国家财物、贪污受贿、升官发财思想使他愤怒。在专科学校当过值班军官的亚·伊·萨维里耶夫回忆道:"公务中的许多事情……使他愤慨。他不能眼看着农奴因犯戴着脚镣手铐在他的管区里劳动,也不能看着在喀琅施塔特担任警卫的部队中进行的惩罚而无动于衷。"

陀思妥耶夫斯基也强烈地感受到长期的经济拮据,他觉得,在比较富裕的同学的眼里,他的自尊心受到损伤。

费奥多尔·米哈伊洛维奇写信向父亲要钱:"不管愿意不愿意,我得完全迁就眼前我所交往的这伙人的规矩。为什么要拿自己做例外呢? 这种例外有时候常会使人遭到极大的不愉快。"[2]

彼·彼·谢苗诺夫-天山斯基说得对,他指出,陀思妥耶夫斯基首先想强调自己和别人是**平等的**,他要让人家知道,他"不比别人差"。他充满了神经质的、紧张的忧虑,怕有人认为他不够资格待在军官阶层。"……他不是同实际的需要作斗争,而是同自己的与环境不相称的经济状况作斗争,甚至不是同实际生活上的需求,而往往是同他的变态心理的要求作斗争。[……]我和他同在一个营地,住同样的麻布帐篷[……],没有自备的茶,也没有自备的靴子,只好满足于

---

① 工程专科学校是一所军事性质的专科学校,详后。

② 《费·米·陀思妥耶夫斯基书信集》,莫斯科-列宁格勒,1928年,第1卷,页52。

公家的供应，又没有装书的箱子，尽管我看书不比费·米·陀思妥耶夫斯基少，[……]我凑合着过日子。所以，这一切都不是实际的需要，仅仅是为了不让自己显得不如其他同学而已，他们有自备的茶喝，又有自备的靴子和箱子。"

未来的作家是高度敏感的，他有一种强烈的愿望，想使自己避免遭受可能会有的嘲笑或者仅仅白眼相待，人们公正地看到，这种心理状态，不仅有个人的病态，天生的腼腆，而且还有一个在小市民阶层里长大，后来落入另一个环境的人竭力想要战胜**社会的**不信任的愿望。①

真正的穷困，陀思妥耶夫斯基是在后来他父亲死了，他从总工程专科学校毕业，决定退役离职之后才认识到的。对他来说，这不是一个轻松的决定。他衷心喜爱文学。在工程学校学习，后来在绘图局供职，使他苦恼，经常牢骚满腹。放弃差使，退职，在文学界还不曾占有一席之地，没有职业，没有钱，这意味着他要表现出一种决心，准备去迎接没有着落、没有保障的生活，遇到种种巨大的困难。况且他的亲属们，虽然稍稍支持过他，却也并不赞成这样"轻率的"步骤。

陀思妥耶夫斯基作了抉择。他常常身无分文，从一间"向住户租来的"房间搬到另一处；他借债度日，造成自己陷入依赖高利贷者的局面，受重利盘剥；一旦有了钱，他又花钱如流水，快得惊人。他饱尝了彼得堡的穷苦的公务员、小市民、小官吏的屈辱的半饥半饱的生活，他们住的是顶楼和屋角落，后来出现在他的作品中。拉斯柯尔尼科夫②说："低矮的天花板和狭窄的房间使心灵和思想憋得慌。"这句话可以看得出是作者的亲身体验。

"我没有一文钱去买衣服[……]。人家当真会拉我进监狱（这是明摆着的）。极其喜剧性的情势[……]。主要的是我将会没有衣服穿。赫列斯特科夫③只同意以**体面的样子**去蹲监狱。我如果连**裤子**都没有，哪来这体面的样子呢？……"他在给兄弟的信中痛苦地戏谑道。"我为吃饭而写作"，"我如果不写一部长篇小说，那也许要跳涅瓦河了。有什么办法呢？"④

然而，即使到了走投无路的地步，他也没有产生过去担任公职、去做官或者

---

① 见弗·基尔波金的《费·米·陀思妥耶夫斯基》，莫斯科，1960 年，页 17—22。

② 《罪与罚》中的人物。

③ 果戈理的《钦差大臣》中的人物。

④ 《费·米·陀思妥耶夫斯基书信集》，第 1 卷，页 73、74、75、79。

当军官以度日的想法。里森坎普夫医生的回忆录中就有对陀思妥耶夫斯基的指责,认为他不会精打细算,缺乏应付实际生活的能力,轻信,——这些品质确实是他生来就有的,但是学究气很重而资质中庸的里森坎普夫毕竟不懂得主要的一点:陀思妥耶夫斯基以没有保障、没有着落的生活为代价,保持了自己的独立,对于创作,对于作为作家的他能和他所需要、他所感兴趣的那个世界进行自由交往,保持独立是必需的。

陀思妥耶夫斯基看到这个世界的社会冲突的尖锐,而且"连同它的全体居民,强者和弱者,连同它的全部住所,穷人的栖身之所或金碧辉煌的宫殿"①也一起看到。他认清了身居金碧辉煌的宫殿的人们的邪恶力量,金钱的压迫力量,为金钱服务的政权的压迫力量。后来服苦役时他遇到不计其数的更加可怕的苦难和处于无权地位的情况。但是他不仅感觉到被侮辱与被损害者的生活的压抑沉重,还感觉到诚恳的普通人的精神力量,这些人即使在首都贫民窟的黑暗角落里,在"死屋"的四壁之外,都保持着理智、同情心和对人的信心。关于陀思妥耶夫斯基的回忆录,作家的书信,对他的那些描写"穷人"、"小人物"的悲剧性作品,乃是一种独特的注释。

《穷人》问世后,别林斯基惊叹道:"荣誉和声望归于年轻诗人,他的诗神喜爱住顶楼和地下室的人。"②然而作家的诗神也善于憎恨:她憎恨庸俗的小人、守财奴、追求升官发财的人、冷酷的人、吝啬者及自私自利的家伙。

陀思妥耶夫斯基一面了解这个世界,用众多的形象体现这个世界,一面对俄国社会想要了解当时现实真相的迫切要求作出回答。

关于陀思妥耶夫斯基的回忆录表明,文学很早就进入未来作家的精神生活,迅速占据了他的整个意识。陀思妥耶夫斯基从火鸟、阿辽沙·波波维奇的俄国民间故事开始,从孩子能看懂的圣经故事转向卡拉姆津、杰尔查文、扎果斯金、拉谢奇尼科夫,然后又转向普希金和果戈理。安·米·陀思妥耶夫斯基回想起,他的哥哥米哈伊尔和费奥多尔怎样从读学校里教学大纲规定的正规书籍转到读当代作品,这些当代作品尚未停滞在学校的教学史上,还没有成为虽然壮丽但却呆板的形象。

---

① 《费·米·陀思妥耶夫斯基文集》,莫斯科-列宁格勒,1930 年,第 8 卷,页 156。
② 《别林斯基全集》,苏联科学院出版,第 9 卷,页 554。

"应当记住,那时候普希金还是当代人。对他,像对当代诗人一样,讲台上还很少谈到。教师们还没有要求把他的作品背得滚瓜烂熟。即使在文学教师中间,作为诗人的普希金的声望那时候也还不及茹科夫斯基。就是照我们父母的看法,他的威望也还是比较小的,以致屡次引起两个哥哥(即费奥多尔和米哈伊尔)方面的强烈抗议。"

普希金的死讯传到陀思妥耶夫斯基家,正好是他们的母亲刚死不久,安·米·陀思妥耶夫斯基说:"听到这一噩耗及所有详情细节,哥哥们几乎要发疯了。费奥多尔哥哥在和大哥的谈话中一再说,要不是我们家有丧事,他定会要求父亲允许他为普希金戴黑纱。"从童年时代起,直到生命的最后一日,普希金成了作家的同路人。

正如斯特拉霍夫所说,陀思妥耶夫斯基不仅受普希金和果戈理的教育,还经常从他们那里汲取营养。

亚诺夫斯基医生回忆说,陀思妥耶夫斯基把普希金和果戈理"看得比所有的其他作家都高,谈起这两位作家,他常常凭记忆整章整章地引用他们的作品,或者背出一个个完整的场面[……]。费奥多尔·米哈伊洛维奇看果戈理的作品从来不会觉得疲倦,并且往往一边大声朗读,一边作解释,发议论,对一些细小的地方都如此。他看《死魂灵》几乎每次都要掩卷赞叹:'对于全体俄国人,尤其是对于我们作家兄弟,他是个多么伟大的导师呀!这才是一本真正的书!老兄,您每天看它一点,哪怕只看一章,可是要看。因为我们每个人身上既有马尼罗夫的甜言蜜语,又有罗士特莱夫的厚颜无耻,还有梭巴凯维奇的粗野笨拙,又有种种愚蠢与恶习。'"

陀思妥耶夫斯基屡次讲到果戈理对人们的性格和相互关系的奥秘有一种深刻的洞察力;他也赞赏果戈理的揭露卑鄙和庸俗的有力,能从小官员丢失一件外套而创作出"可怕的悲剧"[1],激起对"小人物"的爱。稍过一些时候作家会说,果戈理的作品"以最深刻的、异常困难的问题使人心里难受,在俄国人的头脑里激起最不平静的想法"。[2]

回想起精神形成的年头,陀思妥耶夫斯基写到怀疑和否定的恶魔,写到果戈

---

[1]　《费·米·陀思妥耶夫斯基文集》,第8卷,页50。

[2]　同上,第11卷,页250。

理和莱蒙托夫,他们伴随着当时年轻人的精神探索。①

普希金、果戈理、莱蒙托夫教人们去了解日常悲剧的意义,这种悲剧在日常生活中窥伺着人们,可怕之处在于它的平淡无奇,不易为人察觉;他们又教人们不要容忍身边的丑恶与畸形的事物。他们对培育陀思妥耶夫斯基作为公民和作家的成长起了巨大的作用。他专心致志地观察国内的生活,不是研究它的堂皇的一面,而是研究它的日常的风貌,他逐渐掌握本国文学的经验。有时候,尤其是到了晚年,他往往片面地、不正确地解释前辈们的遗产,偏执地特别注意遗产中提出的要人们"顺从"、"不要高傲"的呼吁。不过作家创作中的一切精华却发展和丰富了伟大的俄国文学的进步传统。

陀思妥耶夫斯基的一些熟人,他的工程专科学校的同学们详细讲到未来的作家也非常关心外国文学。

费奥多尔·米哈伊洛维奇九岁的时候看过舞台上演出的席勒的《强盗》,从那天起他就开始对席勒的高尚的、浪漫主义的主人公们爱得入迷,席勒对他的精神上的自我觉悟起过这样的作用。"我把席勒的作品背熟,用它来说话,老是挂在嘴上;我以为,在我生命的这样一个时期,命运让我认识了伟大的诗人,这是命运在我的一生中所做的凑巧的事情。"②这几句话是陀思妥耶夫斯基待在工程专科学校里的艰难年头写的。诗人的仁爱的豪情,奔放的热情,他的思考和感觉的方法,给予少年人以强烈、有益的影响。陀思妥耶夫斯基后来说,席勒的精神比较合俄国人的心意,而不大对法国文学教授的胃口③,他的话是对的。对于官方的教授们来说,席勒是一个研究和诠释的对象;对于年轻的探求真理的人们来说,席勒是促进思想和精神发展的重要因素,解放思想的本源。

陀思妥耶夫斯基以专注的兴趣阅读莎士比亚、塞万提斯、霍夫曼和狄更斯的作品。

据里森坎普夫回忆,法国作家当中,"巴尔扎克、乔治·桑和维克多·雨果特别受到陀思妥耶夫斯基的喜爱"。作家自己的证词也肯定了这一点:"巴尔扎

---

① 《费·米·陀思妥耶夫斯基文集》,第8卷,页50。

② 《费·米·陀思妥耶夫斯基书信集》,第1卷,页57。

③ 《费·米·陀思妥耶夫斯基作品集》,莫斯科-列宁格勒,1929年,第11卷,页309。

克伟大！他的那些典型是宇宙中全部智慧的产物！"——他在 1838 年就写道。①
得知乔治·桑去世，他在 1867 年的《作家日记》中回忆道："这位诗人当时得到
我的多少欢呼，多少景仰；她又给过我多少欢乐，多少幸福！我大胆写上这几句
话，因为句句是真实的。她完全是我们的(也就是我国的)一个同时代人，——
三十年代和四十年代的理想主义者。""我以为，小说中典型和理想的这种童贞
式的、极其高尚的纯洁，叙事语调的严谨的朴实之美，当时使所有的人感到震惊，
同样也使还是青年的我感到震惊……"②陀思妥耶夫斯基在雨果的创作中发现
"失足者重新做人"的思想，这种思想对陀思妥耶夫斯基本人也是亲切的。

　　伟大的西方作家增强了他的求解放的愿望，坚定了他对人类的信心，帮助他
更好、更深刻地了解人类社会，鼓舞他去为反对社会的不公平而斗争。

　　西方作家的书籍传入俄国，也带来资产阶级革命的经验、空想社会主义的试
验以及底层群众的民主运动的经验。他们提供了以清醒的艺术家的敏锐目光看
待生活的榜样，生活中沸腾着复杂的社会斗争，压迫、剥削和镇压的势力盛行。
工程专科学校既不能给陀思妥耶夫斯基社会知识，又不能给他伟大的道德思想。
紧张的工作的年代要求他成为一个有文化素养的、具有强烈的社会感的作家和
公民。有些人认为，罕见的**直觉**帮助他了解人，判断人物的特殊性，深刻理解人
的个性中隐藏得最深的秘密。当然，艺术家的天才和直觉是有联系的，毋庸争
辩，"天性"是一桩伟大的事实；然而陀思妥耶夫斯基的艺术才能，天才大师的
"天性"是和多方面地广泛掌握以前的文化艺术修养结合在一起的，和他的前辈
们——伟大作家们的精神方面的经验结合在一起的。

　　普希金的《先知》是陀思妥耶夫斯基最喜爱的诗篇之一。去世前不久，作家
在莫斯科的纪念普希金的集会上朗诵了这首诗；把作家的使命理解为**布道**的观
点很对他的心思：

　　　　你必须走遍天涯海角，
　　　　用语言去把人们的心点燃……

---

① 《费·米·陀思妥耶夫斯基书信集》，第 1 卷，页 47。
② 《费·米·陀思妥耶夫斯基作品集》，第 11 卷，页 308、311。

这两句诗他念得特别激动,热情洋溢。

普希金、果戈理、席勒与乔治·桑增强了陀思妥耶夫斯基的认为诗人搞创作的意义在于为人民的坚定信念。"我[……]始终相信很有美感地表现出来的仁爱给人的强大印象,"他写道,"印象逐渐积累,发展,冲破心的外壳,钻入心中,培育人成长。语言,语言是伟大的事业!"①

对于陀思妥耶夫斯基本人来说,创作是经常的内心需要,是人生的使命,最后,是一种社会责任;社会责任是无论如何都应当去完成的,而且要毫不怜惜自己地、很好地去完成。

"您不会相信,我忙到什么程度,日以继夜,像服苦役一样!"陀思妥耶夫斯基在《卡拉马佐夫兄弟》结束时写道。"总之,我神经质地、痛苦而又忧心忡忡地工作着。我加紧工作,我甚至感觉到肉体上的痛楚[……]。您相信吗,尽管已经写了三年,写得劳累至极,我却还要写另外的文章,还出废品,还要重写,重写。仅仅在灵感来了的地方是一挥而就的,其余的地方全是非常艰苦的活儿。"②

斯特拉霍夫回忆说:"有一次我听他说,为了治疗他的癫痫,医生们提出的主要条件之一是完全停止写作。这一点,即使他本人能下决心过这样的生活,过一种不必执行他认为是自己的使命的生活,自然也还是做不到的。"

别林斯基很透彻地看到,陀思妥耶夫斯基比果戈理派的许多作家走得更远。作家把注意力集中在贫富对立、逆来顺受与有权有势的对立上,不是把这种矛盾当作道德问题,而是当作社会问题提出来的。帕·瓦·安年科夫在回忆录中转述别林斯基的话,称《穷人》是俄国文学中"社会小说"的滥觞。

帕·瓦·安年科夫在回忆录中引述了别林斯基的非常重要的思想。《穷人》的主人公们尽管处于生活的底层,却没有失去崇高的人性,他们互相同情,患难相助,谴责"有钱有势者"的非正义行为,但他们是消极的,并且现实本身也正在粉碎抽象的博爱。"事情很简单:有些心地善良的怪人认为,热爱整个世界是每个人的一种责任,是非凡的快事。他们丝毫不能懂得,当生活的车轮挟带着种种规章制度朝他们滚来时,会无声无息地碾碎他们的躯体与四肢百骸。这就

---

① 《费·米·陀思妥耶夫斯基作品集》,莫斯科-列宁格勒,1930 年,第 13 卷,页 191。
② 《费·米·陀思妥耶夫斯基书信集》,莫斯科,1959 年,第 4 卷,页 198—199。

完了，——然而那是多妙的戏剧，多精彩的典型！"

　　"您自己是否明白，[……]您写了什么！"别林斯基第一次与陀思妥耶夫斯基见面时就高声叫道，"您向我们指出的那整个可怕的现实，您自己是否了解它的意义呢？"事实上陀思妥耶夫斯基创作的场景有着客观的内容，作者本人对它也未必完全清楚。

　　陀思妥耶夫斯基的思想倾向是人道主义、民主主义，渴望解放的热情鼓舞着他。难怪他写道，"使不公正地受到环境的压迫，受到几个世纪的停滞的制约和社会偏见的压制而毁灭了的人"得到恢复，是"十九世纪的不可分离的属性，也许还是历史的必然性"。① 不过陀思妥耶夫斯基面前还摆着为被毁灭的人恢复原状而进行探索的漫长又痛苦的道路。

　　陀思妥耶夫斯基于 1845 年与涅克拉索夫及别林斯基相识；1846 年 1 月，在涅克拉索夫的《彼得堡文集》中发表他的第一部长篇小说《穷人》。1849 年 4 月 22 日因彼得拉舍夫斯基派分子案被捕。这四年，在作家的遭遇中，在他和周围的人的关系上，都充满了剧烈的变化。有时是受赞扬的快乐，有时是受指摘的痛苦；有时是别林斯基和他一派人向他表示最真挚的好感，有时又对他的新作表示强烈的不满。在有些人（伊·伊·帕纳耶夫、阿·雅·帕纳耶娃）的回忆录中，人事关系的变化被说成是由于狭隘的私人的原因：格里戈罗维奇和帕纳耶夫太喜欢挖苦人；陀思妥耶夫斯基太傲慢；屠格涅夫过于摆老爷架子；如此等等。但是陀思妥耶夫斯基与别林斯基一派人的分歧的实质完全不是小事情，这是当时俄国文学的发展在现实主义、民族性及艺术的社会功能等根本问题上的分歧。

　　和别林斯基一派人分手，陀思妥耶夫斯基继续寻求与具有革命思想的人接触。他开始去参加彼得拉舍夫斯基小组。

　　陀思妥耶夫斯基的同时代人把青年作家对待革命的态度设想得各不相同。亚诺夫斯基医生认为费奥多尔·米哈伊洛维奇作为一个"无比地善良，又善于洞察人心"的人，根本不可能是个"阴谋家或无政府主义者"，不可能同情社会主义。谢苗诺夫-天山斯基写道："陀思妥耶夫斯基从来不是，也不可能是**革命者**，然而，作为一个重感情的人，看到有人对被压迫与被侮辱的人施加暴力，他的愤懑乃至憎恨的感情便会油然而生[……]。只有在这样激情勃发的时刻，陀思妥

---

　　① 《费·米·陀思妥耶夫斯基作品集》，第 13 卷，页 526。

耶夫斯基才会扛着红旗走上广场。"换句话说,陀思妥耶夫斯基的抗议只能归结为一时的热情冲动,此外就别无其他了。有人以为不是这样。亚·彼·米柳科夫告诉我们,费奥多尔·米哈伊洛维奇对立法工作和行政工作,对书报检查制度,对当局的滥用职权,都发表过意见,而且他"和组里的其他人一样,发表意见尖锐而又激烈"。在彼得拉舍夫斯基派分子的集会上,陀思妥耶夫斯基念了别林斯基致果戈理的信,这是那个时代的一篇热情洋溢的革命宣言。他准备参加暴露文学的出版工作,闲谈时严厉谴责农奴制,对任何企图把农奴制理想化的尝试都感到愤怒(后来,1861 年,陀思妥耶夫斯基与试图证明地主对待农奴的态度是人道的伊·谢·阿克萨科夫进行论战,不是偶然的)。①

与此同时,也不能不看到,陀思妥耶夫斯基与革命者之间当时就存在着分歧。四十年代的革命小组纷纷研究和宣传西欧空想社会主义者——圣西门、傅立叶、卡贝②及其他人的思想。在这方面陀思妥耶夫斯基抱着特别的态度。他熟悉傅立叶、圣西门的著作,赞成消灭人剥削人的思想,人人平等的思想,但是他不接受组织未来社会的空想计划。米柳科夫写道:"伊加利亚公社③或法朗吉斯特④中的生活,他想象起来比任何苦役还要可怕,还要令人厌恶。当然,我们那些顽强地宣传社会主义的人是不同意他的意见的。"

空想社会主义者们竭力想要证明在理智的基础上,——即在人的集体关系上组织社会生活和经济生活的优越性。同时他们又不肯舍弃拘泥于细枝末节的规章制度,试图抽象地预先制订出未来社会的整个生活制度以及劳动和日常生活的细节。这自然证明了他们的弱点,而不是证明他们有力量。科学社会主义依靠对社会发展趋势的分析,否定这样的规章制度。历史的经验使我们预见到未来社会中人与人之间关系的基本特点。但是科学社会主义从来也不规定这个社会体制的细节。在未来的社会制度中,社会的正义将占优势,摆脱经济、政治和精神枷锁的人将做整个生活的主人,他自己能够恰当地制订生活和行动的

---

① 伊·谢·阿克萨科夫的《日报》断言:"……总起来说,地主和农奴之间的私人关系是相当人道的。"陀思妥耶夫斯基对这篇文章表示愤慨:"人要愚蠢到什么程度才会相信农奴制度是合乎天意的!"(《费·米·陀思妥耶夫斯基作品集》,第 13 卷,页 154)——作者注

② 卡贝(1788—1856),法国作家,政论家,空想社会主义者。

③ 伊加利亚公社即卡贝在长篇小说《伊加利亚游记》中所描写的地方。

④ 空想社会主义者傅立叶所设想的生产单位叫法朗吉,这样的单位中的住房叫法朗吉斯特。

规约。

陀思妥耶夫斯基没有能够历史地对待空想社会主义者的著作。一些空想社会主义者把未来社会的人放在规定好细则的狭窄框子里,陀思妥耶夫斯基在意识上是表示反对的。

陀思妥耶夫斯基同别林斯基及彼得拉舍夫斯基派分子争论过上帝和宗教。正如费奥多尔·米哈伊洛维奇所记得的那样,别林斯基是直接从无神论开始和他争论的。陀思妥耶夫斯基从童年时代起就是个信仰宗教的人;但是他后来在一封信中写道,他一辈子都有意无意地为上帝的存在问题而苦恼。① 陀思妥耶夫斯基在别林斯基的热情洋溢的论证的冲击下,有的地方受了影响,他为疑惑所苦恼。他捍卫基督,争论着灵魂的不死。《两重人格》中,尤其是《女房东》中神秘离奇的基调证明了陀思妥耶夫斯基从接受别林斯基的思想转到与现实主义和唯物主义格格不入的神秘主义倾向。

正如费奥多尔·米哈伊洛维奇所写的,"由于对文学和文学发展的趋向的看法",他与别林斯基的分歧有重大意义。② 别林斯基指责陀思妥耶夫斯基试图以神秘离奇的精神来解释民族性。他主张文学应有高度的思想性,能自觉地对待现实,给民众带来真理之光。陀思妥耶夫斯基则认为,正如他本人当时所写的,艺术的这些职能,他称之为"辅助性"的职能,是沉重的负担。

所以,陀思妥耶夫斯基和别林斯基之间,后来和彼得拉舍夫斯基派分子之间的分歧,范围是相当广泛的。

推测这些矛盾如果发展下去将会如何是没有意义的,因为作家的创作发展被暴力之手几乎打断了整整十年。

关于陀思妥耶夫斯基服苦役和去流放的回忆录自然是不多的。然而彼·马尔季扬诺夫、亚·弗兰格尔及其他人的回忆录稍稍说明了作家在体力和精神上忍受并克服了什么样的困难与痛苦。这些回忆录说明陀思妥耶夫斯基在服苦役和流放中保持了坚毅的性格,人格的力量,没有失却自信心。最辉煌的证据是《死屋手记》,——这是一份漫游俄国苦役犯地狱的可怕的大事记。最沉重的考

---

① 《费·米·陀思妥耶夫斯基书信集》,第 2 卷,页 263。

② 恩·弗·别利奇科夫,《陀思妥耶夫斯基在彼得拉舍夫斯基派分子的诉讼案中》,莫斯科,1936 年,页 85。

验不是力不能胜的工作,不是可怕的生活条件,而是对人的残酷无情的侮辱,对他的尊严和荣誉的践踏,对人格的侮辱。

光看官方的那份关在鄂木斯克要塞的"国事犯与政治犯名单"就够了,名单上第七号是费奥多尔·陀思妥耶夫斯基,二十八岁。在"有何特长,是否识字"一栏中,写着"做粗活的工人,识字"。[1]

彼·马尔季扬诺夫所述的事情很难平静地看下去。他说陀思妥耶夫斯基害病以后身体衰弱,躺在板床上,被少校教官克利甫卓夫碰见了,这个刚愎自用的家伙命人把陀思妥耶夫斯基抬到警卫室,用树枝抽打他。只是由于要塞司令的干预才使他免遭这种暴虐狂的酷刑……

1862 年,陀思妥耶夫斯基在评论雅科比的《囚犯在途中休息》一画时写道:"囚犯们戴着镣铐,一个囚犯甚至被镣铐磨出伤口,所有的犯人都没有镣铐衬头。请相信我的话,没有皮的镣铐衬头而不擦伤脚,别说走几千里,就是走一里也不行。不带皮的衬头,走一站路的距离,镣铐就会把肢体磨得见骨头。然而他们没有皮衬头。你们当然是把这些给忘了,也可能是你们完全对付不了现实。"评论展览会上的一幅画的个人意见中显示出多么丰富的生活经验![2]

服苦役和流放的那几年对于陀思妥耶夫斯基是转折性的年头,它的全部意义直到以后才显示出来。在这期间,陀思妥耶夫斯基的意识中信仰宗教的趋势加强,向邪恶屈服的思想更加牢固,他不再相信革命。他开始把顺从、屈服加以理想化,看作是俄国民族性的特点。归根到底,正如陀思妥耶夫斯基自己所写的那样,他背叛了自己从前的信仰。[3]

1874 年,陀思妥耶夫斯基向索洛维约夫谈到服苦役对他的精神发展的意义:"那时候是命运之神帮了我的忙,苦役拯救了我。我完全成了一个新人……啊!西伯利亚与苦役!对我是巨大的幸福……人们说,那儿可怕,怨恨,不是还有人说什么怨恨是合理的吗?胡说八道透顶!我只是在那边才过上健全幸福的生活!在那里,我才了解了自己,亲爱的……了解了基督……了解了俄国人

---

① 克·尼克拉耶夫斯基,《陀思妥耶夫斯基服苦役时的同伴》,《历史通报》,1898 年,第 1 期。

② 《费·米·陀思妥耶夫斯基作品集》,第 13 卷,页 531。这篇评论美术学院画展的文章收在第 13 卷的《附记》部分。我们觉得,根据笔调,主要是根据镣铐的"实际"知识,认为这篇文章是属于陀思妥耶夫斯基的看法是有充分理由的。

③ 《费·米·陀思妥耶夫斯基书信集》,第 2 卷,页 30。

民……"

在作家服苦役、当兵那几年里，国内发生了一些大事件，导致各种社会力量更加营垒分明。专制制度在克里米亚战争中遭到惨重的失败。俄国的革命形势酝酿成熟。然而慑于人民起义的威胁，反动的保守势力也积极活动起来。1848年的西欧革命被粉碎之后，在反动势力猖獗的情况下，陀思妥耶夫斯基的意识中专制制度不可动摇的想法更加牢固了，他开始觉得革命运动没有基础，没有力量，远远脱离人民的生活。作家同情人民的疾苦，然而害怕车尔尼雪夫斯基的纲领；他想担当起俄国人民的"传道士"的特殊角色，以这种想法去与先进的解放思想相对抗，越到后来，这种想法越固执，因为俄国人民与革命似乎是格格不入的，唯有基督教的圣训——宽恕一切和顺从才能使他们感奋。

1873年，陀思妥耶夫斯基在《作家日记》中记述了他与车尔尼雪夫斯基的见面，强调他和革命民主派领导人的亲切的关系，车尔尼雪夫斯基出现在作家面前是个和蔼可亲的人。陀思妥耶夫斯基写道，他到车尔尼雪夫斯基那里去是由于《年轻的俄罗斯》的传单所引起的，传单号召进行无情的革命。根据车尔尼雪夫斯基的回忆录（《我与陀思妥耶夫斯基的见面》），陀思妥耶夫斯基去找他，是去请求他发挥影响以制止1862年那场著名的大火。大家知道，这场大火带有明显的挑衅性质，专制制度需要这场大火，以便把纵火的罪责栽在革命者身上从而镇压之。反动派把火灾与车尔尼雪夫斯基的名字联系在一起，号召进行血腥镇压，陀思妥耶夫斯基在某种程度上受了反动派的说法的影响。

《我与陀思妥耶夫斯基的见面》一文写于1888年，与《作家日记》的作者的回忆录明显地对立。陀思妥耶夫斯基在六十年代的革命形势下出来反对民主革命思想，从西伯利亚回来的车尔尼雪夫斯基认为有必要证明这一思想上的矛盾。

瓦·瓦·季莫费耶娃（波钦科夫斯卡娅）详细讲到她和陀思妥耶夫斯基的相识："他的手冰冷，干燥，像是没有生气的。我觉得那天他整个人也好像是没有生气的：精神委靡，行动费力，嗓子没有声音，眼睛黯淡无神，呆呆地望着我，仿佛两个凝然不动的点子。"

然而在另一个时刻，陀思妥耶夫斯基又是另一种情绪，另一副面容："这张脸似乎闪耀着庄严的思想的光辉，苍白而又兴奋，还十分年轻，深邃得发暗的眼睛，目光诚挚动人，薄薄的抿紧的嘴唇，轮廓富有表情，——这张脸所显示的是思想力量的胜利,表示他已自豪地意识到自己的权威……在陀思妥耶夫斯基身上,这样的脸容我以后再也没有看见过。但是在这一瞬间,他的脸向我说明的东西比他的所有文章和小说所阐明的还要多。这张脸是伟大人物的脸,有历史意义的脸。"

在回忆录中我们常常遇到**不同的**陀思妥耶夫斯基。我们看到作家器量小,多疑,任性,不善于控制自己的感情。有时候他给人的印象是他对人不怀好意。即使在与他亲近的人的圈子里,他也常常显出不满、冷冰冰地跟人寒暄,"好像这些人使他不快"。

但是回忆录的作者们也写到另一个陀思妥耶夫斯基。就像他的亲戚伊万诺娃所说,陀思妥耶夫斯基在青年人中间感觉到自己有生气,快活,青年人消遣,做游戏,他领头,参加他们的会餐,作打油诗。陀思妥耶夫斯基参加过《钦差大臣》的业余演出,扮演邮政局长西贝京一角。原来他还是个喜剧演员,"而且是个巧妙的喜剧演员,善于激起纯粹果戈理式的笑声"。

陀思妥耶夫斯基不知有多少次应大学生们的请求,参加文学晚会。他会把最后几文钱掏给萍水相逢的人,向他要钱,他不会拒绝,但同时他又抱怨,说是人家刮他的钱,待他不好。在陀思妥耶夫斯基身上,轻信和反常的多疑结合在一起,孤僻、落落寡合和对人的好感结合在一起,朴实、诚恳兼有着冷冷的不信任。

所有这一切,不仅仅是作家个性的矛盾,生性复杂、反复无常的表现。这是他的被社会扭曲的性格中的矛盾,他的思想与创作上的矛盾。弗·迦·柯罗连科有个很鲜明、很确切的譬喻。陀思妥耶夫斯基的作品中,"像幽暗的森林湖沼中倒映的一方蓝天,映像是歪曲的",闪烁着"意想不到的发现,具有惊人的深度和力量"。只不过这些发现是片面的,没有健全生活中的多彩多姿。

果戈理、托尔斯泰、陀思妥耶夫斯基被人们称之为"俄国文学中受了重创的泰坦神"。这句话中包含着不幸的真理。

是的,陀思妥耶夫斯基是泰坦神,他的意识为反动势力的压迫所伤害。然而这毕竟是艺术思想的**泰坦神**。卢那察尔斯基写道:"陀思妥耶夫斯基和自己的主人公们是紧密联系在一起的。他的血在他们的血管里奔流。他的心在他所创造的所有形象中搏动。陀思妥耶夫斯基是在痛苦中,心跳加速,沉重地、吁吁地喘着气把他的形象创造出来的。他和自己的主人公一起去犯罪。他和他们一起过着泰坦神的沸腾的生活。他和他们一起后悔。他在思想中和他们一起动摇天庭和地下。由于必须极其具体地去亲身经历越来越新奇的冒险行径,他才能使我们感到从未有过的震惊。"①

陀思妥耶夫斯基作为艺术家又是心理学家,是极为罕见的例外现象。他生来对最隐秘的思想活动极其敏感,能够洞察意识和感情中最偏远的角落,观察和分析心理上的最微小的犹豫,几乎还是难以捉摸的概念的萌生及其发展,精神世界深处各种欲望的冲突。这些本性和另一个特点——即勇于思考的才能以及进行概括的愿望和清晰地表达自己构思的意图结合在一起之后,便会产生更加强烈的结果。陀思妥耶夫斯基的长篇小说被人称为思想型长篇小说。作家不怕哲学和政论的干扰,不怕公开的学术性的辩论,不怕各种观点的冲突。他的作品渗透着思想探索的精神。思想活动的分析和概括、综合是分不开的,和作家坚持他所珍视的道德思想是分不开的。

苏联文艺学详细研究了陀思妥耶夫斯基的创作中的"多声部"②问题。他的作品是一部交响着独立而不混淆的声部和意识的合唱曲。

但是,如果认为作家把进行 pro(赞成)或 contra(反对)的争论的对话拆得个七零八碎,把嗓音一一分开来,而作家自己却待在一边,那是不对的。不论他的长篇小说的布局怎样复杂,小说中的声部多么不同,作家还是使这支合唱曲具有明确的统一性——不是根据粗浅的劝善惩恶的教训,而是依据对客观现实作广阔的辩证概括予以统一。在矛盾的体系中总有一个矛盾是主要的,**最终**具有决定性意义的,不过恰好在最终是这样的。陀思妥耶夫斯基作品中的矛盾始终是沉重的,压抑难受的,迫使主人公们经受痛苦,思索,寻求出路。

作家千方百计地想唤起生活中的新阶层,想对社会发展的新现象作出反响,给人们指出一条通往更加合乎现代要求的、合理的生活道路。然而他在矛盾的迷宫中未能找到正确的道路。

他希望调和矛盾,消除矛盾,寻找"共同的土壤"。早在1861年,陀思妥耶夫斯基就在"一系列论述俄国文学的文章"中断言,贵族和人民组成一个整体,俄

---

① 《卢那察尔斯基八卷集》,莫斯科,1963年,第1卷,页191。

② 米·巴赫金,《陀思妥耶夫斯基诗学问题》,苏联作家出版社,莫斯科,1963年。请比较卢那察尔斯基的《论陀思妥耶夫斯基的〈多声部〉》(因巴赫金的书第一版出版而作),载《卢那察尔斯基八卷集》,第1卷;请参阅弗·什克洛夫斯基的《赞成和反对》,苏联作家出版社,1957年。

国社会的精神"比阶层的敌意广泛"。①　他写道：俄罗斯民族是人类之美的理想，但立即又论证道，"我们的整个民族性建立在基督教上"。②　他想在东正教中寻找新生活和新人的理想，认为道德思想是在宗教感情的基础上形成的。

　　陀思妥耶夫斯基在七十年代的书信中屡次谈到俄国社会的二十五年的"错误见解"。作家和这些"错误见解"作斗争，同时也提出自己的反对"傲慢"、坚持主张顺从和团结的想法。在 1880 年著名的纪念普希金的演说中，陀思妥耶夫斯基极其清楚、极其充分地形成了这些想法。当时他写信给苏·安·托尔斯泰娅说："最主要的是，我在演说的结尾处作了表达，说了让我们所有的派别和解的话，指出通往新纪元的途径。这一点大家都感觉到的……"③

　　陀思妥耶夫斯基号召斗争，宣布保守主义和脱离人民就是骄傲，也是……的表现。他攻击那些不能与现存的现实融洽相处的人，不愿意服从"人民的情绪"，这种情绪被看作是保守方面。他向寻求自由的人提出："顺从吧，骄傲的人，首先破除自己的骄傲。"自由问题迅速转到自我教育和自我修养的泛泛之谈："克制自己，战胜自己，——你就会自由，像你从来也想不到的那样自由。"

　　陀思妥耶夫斯基的议论无可争辩地带有反动的空想主义的痕迹。他论证说，社会的平等，财富和劳动的平等，不会带来幸福，只有宗教感情，以基督教精神为民众服务才会带来幸福。他看到，出路在于"各民族按基督福音书的规定实行兄弟般的和睦"。然而生活提出了人的尘世幸福问题，对于这方面的庄严要求，这些宗教和道德上的教条是无力作出回答的。

　　作家把唯物主义及无神论看作是"精神中邪"的主要表现，与之进行不倦的论战。

　　作家把人心设想成愚昧混沌的一团漆黑，只有宗教才能把光明照进去。

　　用宗教和神来"控制"个人主义的主张，引导人脱离现实关系，脱离能对人的意识产生积极作用的社会力量。宗教把个人和社会联系起来，宗教限制着动物式的个人主义，——这种论点，弗·伊·列宁称之为神甫式的农奴思想，认为这是反动的、有害的思想。

―――――――――

①　《费·米·陀思妥耶夫斯基作品集》，第 13 卷，页 41。
②　《费·米·陀思妥耶夫斯基书信集》，第 4 卷，页 220。
③　同上，页 175。

当高尔基写文章说宗教能巩固人们的社会联系时,列宁与他争论。"神的观念**永远**是奴隶状况(最坏的、没有出路的奴隶状况)的观念,它一贯麻痹和削弱'社会感情',以死东西偷换活东西。神的观念从来也没有'把个人同社会联系起来',而是一贯用对压迫者的**神圣性**的信仰来**束缚**被压迫**阶级**。"①

正如卢那察尔斯基公正地指出的,寻找天上的真理以证明人间的非真理,"对于产生尖锐批评的社会思想,对看到社会的邪恶而开始颤抖的人心来说,可能是与现实和解的一种形式……"②

以为社会主义否认上帝就会"忘记"人的内心,促使人心"中邪",这种看法自然是不正确的,没有根据的。科学社会主义对历史的现实和人的真正作用有最明哲的、最深刻的理解。正是社会主义摒弃了宗教幻想,不寄希望于神的力量,才发现人的真正的作用,人的建设性的改造力量和人民群众的创造性的威力。从科学的思想观点来看,人是自己命运的积极、自觉的创造者,而不是阴间命令的消极的执行者。

地主—资产阶级制度所产生的自私自利的个人主义力量破坏了人的个性。社会主义则为了个性的全面发展,为了人的进步而与这个制度进行斗争。社会主义作为最伟大的创造性力量,正在革新社会的精神生活,把它置于新的、先进的、人道主义的基本原理上,克服剥削社会所产生的愚昧的、与人敌对的邪恶的东西。

这种创造新人的概念丝毫没有空想主义的成分。

马克思曾激烈地批驳过马克斯·施蒂纳对人类本性所持的悲观主义观点。这位无政府主义的哲学家问道:"怎样控制每一个个别的人身上所存在的非人性呢?怎样做到使非人性不与人一起放任自流呢?……国家、社会和人类都无法制服这个恶魔。"

马克思以科学的逻辑的全部力量证明,个人意识中的"恶魔"、"非人性",就是反社会的、反人道的趋向,不是偶然出现的:人的发展是由生产力的性质和人在日常生活中的相互关系所决定的。"非人性"是资产阶级社会关系的产物。社会主义的新的力量、新的相互关系必然会导致新的真正的人道意识的产生。

---

① 《列宁论文学与艺术》(一),人民文学出版社,1960年,页440。

② 《卢那察尔斯基八卷集》,第1卷,页184。

号召人们去寻找抽象的永恒不变的"人类本性"是不科学的,没有道理的。个人主义的旧意识的魔鬼将失去立足之地,将会由于现实生活中人与人之间新的关系的胜利而被孤立,被战胜。

七十年代初,陀思妥耶夫斯基创作长篇小说《群魔》,他在书中把革命运动描写成是政治冒险家们和骗子们的没有根据的图谋,"虚无主义者们"的没有任何积极宗旨和伟大目标的居心叵测的游戏。

小说中有一个用意恶毒的场面。一个小人物——邮政局官员利亚姆申在钢琴上弹奏《马赛曲》。革命斗争的旋律在奏鸣,人民的愤怒情绪在发展,革命的热情越来越高涨,——突然,仿佛偶然似的,强烈的旋律中插入了甜腻腻的小市民歌曲《啊,我亲爱的奥古斯丁》的庸俗曲调。《马赛曲》盖过了小市民的歌曲,可是歌曲的旋律又冒出来,越来越响亮,最后,革命的奋发的激情在小市民的自满的庸俗面前退却了。

这个情节暴露出陀思妥耶夫斯基意欲破坏革命的声誉的**构思**。产生于革命内部的小市民习气将战胜革命。反对革命的谎言并不一定常常是纯粹的谎言。谎言往往利用部分的真实来制造表面的说服力。局部代替整体,某一细节遮蔽全部现象。长篇小说《群魔》很典型地表明作家抓住部分的真实,制造出极大的虚假。

君主制度竭力想要破坏革命运动的声誉,便公布了以巴枯宁的代理人涅恰耶夫为首的无政府主义的阴谋组织一案的诉讼材料。在卡·马克思和弗·恩格斯合著的《社会主义民主同盟和国际工人协会》一文中,对涅恰耶夫案件作了详尽的分析,确立起这样的看法:这个无政府主义团体根据它的整个活动内容来看,与革命运动毫无共同之处。马克思签署公布的国际工人协会总委员会的决议,决议中声明涅恰耶夫与国际工人协会从来没有关系,他盗用国际工人协会的名义是为了"欺骗和牺牲俄国人"。①

无政府主义的挑拨者的"革命的"词藻歪曲了革命的思想和革命的实践。马克思、恩格斯写道:"这些想使一切都成为无定形状态以便在道德领域内也确立无政府状态的、破坏一切的无政府主义者,把资产阶级的不道德品行发展到了

---

① 《马克思恩格斯全集》(中文版),人民出版社,第17卷,页470。

登峰造极的地步。”“把那些出身上等社会阶层的游民的生活所必然产生的一切龌龊行为,宣布为超革命的善行美德……用刑事犯罪——这个革命的最高体现——的英雄们的破坏一切的行为来代替工人为争取自身解放而进行的经济斗争和政治斗争……”①

陀思妥耶夫斯基发表《群魔》和编辑《公民》的时候,正好是马克思和恩格斯为反对“革命的伪善”而进行激烈斗争的时候。

陀思妥耶夫斯基在《群魔》中则把涅恰耶夫分子们的龌龊行为,把一小撮闹无政府主义的背叛者的活动当作解放运动的某种特点来表现。他以最难看的色彩把革命者当作俄国社会“精神中邪”的具体表现来加以描绘。

我们看到七十年代的民粹派及其唯心主义理论的弱点和理论上的站不住脚,然而我们很器重革命者的勇气和自我牺牲精神,他们向人民呼吁,向农民呼吁,同时奋不顾身地和专制制度的压迫进行斗争。俄国解放运动的历史以哈尔图林、热里雅波夫、梅什金的名字引为骄傲。陀思妥耶夫斯基把变节者,要不就是把货真价实的奸细当作革命的代表来描写,这是极其厉害的谎言。难怪俄国反动派要在长达十年之久的时间内利用《群魔》来对革命运动横加污蔑。难怪神秘主义者、黑暗势力分子梅列日科夫斯基要把陀思妥耶夫斯基称为“俄国革命的预言者”,因为据说他揭露了革命的“破坏力量”。

陀思妥耶夫斯基对待社会主义和革命的态度自然而然地引起人们的不安,使社会上的进步力量,尤其是青年人,跟他疏远。

安·格·陀思妥耶夫斯卡娅回忆起,陀思妥耶夫斯基的许多崇拜者很不赞成他参加梅雪尔斯基公爵办的反动的《公民》杂志的编辑工作;诚然,她称这种态度是“奇怪的”,对他们的“不友好”感到吃惊。在瓦·瓦·季莫费耶娃(波钦科夫斯卡娅)及莱特科娃-苏尔坦诺娃的回忆录中,更加明确地指出这种“不赞成”态度说明了什么:进步青年对作家转向保守势力方面,对他跟波别多诺斯采夫、卡特科夫、苏沃林这样一些人交往,表示严厉的遣责。波别多诺斯采夫强调指出,《卡拉马佐夫兄弟》的某些篇章是按他的“指示”写的。陀思妥耶夫斯基自己写信给波别多诺斯采夫说:“正加您所希望的那样,我确实有话要说……”②这

---

① 《马克思恩格斯全集》(中文版),第18卷,页472、485。
② 《费·米·陀思妥耶夫斯基书信集》,第4卷,页103。

个冷酷又凶狠的黑道人物,他的阴森森的接触能使一切生物冻结起来,竟在陀思妥耶夫斯基这样的作家的作品中留下了痕迹,想到这一点就叫人痛心。

叶·莱特科娃-苏尔坦诺娃详细讲到,青年人谴责作家的保守倾向和斯拉夫主义。陀思妥耶夫斯基在当时的社会生活和政治生活中占据着重要地位,青年人不可能不对他的言论和评论作出反应。他们因为作家的民族主义的言论,因为他对波兰人和犹太人的指控和对待巴尔干战争的态度而责难他。青年人拒不接受他的"沙皇和民众联合"的说教。

叶·莱特科娃在回忆起作家的纪念普希金的演说时,她没有隐瞒,作家发出要人们逆来顺受的号召,对待"骄傲的"主人公——流浪者和消极者所持的怀疑态度,激起青年人的反抗情绪。"我听着,心里直恼火。陀思妥耶夫斯基谈论阿乐哥时的讽刺口吻使人痛苦:左翼青年'顽强地反对'陀思妥耶夫斯基的话。""时代是战斗的时代,青年人丝毫不讲情面。"

莱特科娃的回忆录表明,在讨论陀思妥耶夫斯基的长篇小说、政论文章和《作家日记》时,有着多么剧烈的思想斗争和激情冲突。

陀思妥耶夫斯基给东正教教会的支持也遭到了谴责,因为该教会对君主制度奴颜婢膝而败坏了自己的声誉。

陀思妥耶夫斯基写到修道院,当它是救命的堡垒,逃避谎言时代的栖身之所,可是伊·耶·列宾却愤慨了:"对修道院真有好感啊。"列宾当时正在创作《宗教行列》一画。教会被他描绘成是压制思想的工具,和教会联系在一起的是精神的奴役和社会上的奴役,人民的愚昧和受屈辱,——这跟陀思妥耶夫斯基所写的完全针锋相对。列·托尔斯泰在1883年对鲁萨诺夫谈到陀思妥耶夫斯基的晚年:"他有一种崇高的基督教学说和鼓吹战争、崇拜君王、政府及神甫的古怪的混合思想。"①

但是,如果把这几年的陀思妥耶夫斯基仅仅看成是在文学上表现反动思想的人,那也是不正确的。陀思妥耶夫斯基在给波别多诺斯采夫的一封信中详细谈了他考察自己的文学状况的结果:"一个违反欧洲原则写作的人,一个被《群魔》,即保守主义和蒙昧主义永远败坏了自己的名声的人,——这个人[……]怎

---

① 《列夫·托尔斯泰论文学和艺术》,莫斯科,1958年,第2卷,页105。

么还是博得了我们的年轻人（就是那些摇摆不定的虚无主义分子等人）的承认呢？"①

俄国社会对待陀思妥耶夫斯基表现了极其客观而公正的态度。进步人士不可能把伟大作家交给反动派，他们看到，他的作品中包含着无法同使人意气消沉的"波别多诺斯采夫习气"相一致的思想和热情。

政论家、文学家耶·恩·奥波钦宁关于1879年至1880年间的陀思妥耶夫斯基的回忆录是饶有趣味的。奥波钦宁特别讲到他和阿列克谢神甫的谈话，这位神甫是个很起劲的东正教人士，顽固的落后分子。

出现在奥波钦宁的记载中的阿列克谢是一位很特别的人。他准备到中国去传播福音，使中国人信奉东正教。准备启程时，他画了许多圣像，上面画着在中国广泛流传的佛的子弟和基督的圣子亲密地在一起。

"这不是像去行骗吗？"回忆录作者问道。

"不，这哪里是什么行骗！"他说。

然而他又叹了口气，轻声说道：

"为了真理，为了宣扬真理，一切方法都是允许的。"

奥波钦宁想，为了宣扬"真理"和证实"真理"，阿列克谢神甫恐怕还会认为使用火刑和进行拷问也是"允许的"吧。

这位神甫向年轻的文学家说了他对陀思妥耶夫斯基的意见，他过去为陀思妥耶夫斯基所倾倒，几乎把他当成哲人，后来又狠心而决绝地谴责他：

"这个作家有害！所以有害是因为他在作品中颂扬生活的迷人，千方百计要把所有的人吸引到生活中去。这是生活上的教师，肉体上的教师，不是灵魂的教师。应该使人放弃生活，应当使人在生活中追求精神上的清高，不沉湎于生活的享乐。他的书里，请注意，总是形形色色的阿格拉雅们和阿纳斯塔西娅·费利波夫娜们……他谈到她们时，总感觉得出他有一种欣喜之情……我可以指出一点：可以看得出，这位作家有深厚的生活知识，尤其熟知生活的最阴暗面。比如，我们就以《群魔》中的斯塔夫罗金为例。原来这就是随时行淫（我当即打定主意，一定要把这个定义转告费奥多尔·米哈伊洛维奇）。最糟的是读者依然看出作者好像是信教的人，甚至是个基督徒。事实上他根本不是基督徒，他的全

---

① 《费·米·陀思妥耶夫斯基书信集》，第4卷，页109。

部深刻(sic!)①仅仅是一副遮盖怀疑主义和不信神的假面具。"

　　这一从伪君子和甚至准备把陀思妥耶夫斯基革出教门的宗教狂方面来的评价有它独特的教育意义。然而宗教狂的感觉并没有欺骗阿列克谢神甫：陀思妥耶夫斯基是从生活中来的作家，不是从神学教条出发的作家，无论他本人认为这些教条有什么意义。

　　说这些恶意的话的时候，正是俄国官方向作家表示同情和关切的时候，波别多诺斯采夫也正在强调陀思妥耶夫斯基和官方的保守观点是"接近"的。阿列克谢的气忿的指责是俄国社会上围绕着陀思妥耶夫斯基的名字不可避免地要产生的那种分歧、那种激情冲突的一个很不错的例证。

　　斯特拉霍夫写道："按天性来说，陀思妥耶夫斯基是个保守主义者。［……］他是真正的保守主义者的典型。"我们讲过陀思妥耶夫斯基所发挥的反动的保守思想，讲过他的远远不是进步的言论和行动，然而说作家按天性是"保守主义者"，把他推给反动派，这就意味着带着偏见片面地解释作家的观点和创作。

　　"按天性"来说陀思妥耶夫斯基是个人道主义者，辩证论者，有效的辩证法是他敌视一切保守主义的巨大力量。凡是作家失去正确的思想方向的地方，辩证法就背叛他。在许多政论文章中，长篇小说《群魔》中，他的其他作品的某些篇章中，那种僵化的、偏执的、愤世嫉俗的、不能随机应变的思想令我们反感。然而当这种辩证法和现实、和社会发展过程真正互相发生作用，找到生命的力量，而且和人道主义的感召力融合在一起的时候，它(辩证法)就成为强大而无法抗拒的了。这时候，陀思妥耶夫斯基的著名的思想方法才完美地显示出来，这时候，思想和激情，和正直而英勇的追求，和对人的执著的爱，才熔铸成为罕见的合金，这种合金我们就称之为陀思妥耶夫斯基的创作。这时候，作家了解发展中的人，他所表现出来的就不是把人心邪恶视作永恒和不可克服的阴暗信念，而是对人类幸福、人心中的善会取得胜利的光明信心。这时候，他承认宗教在现实社会的恶行之前无能为力，他发表意见，证明与惨无人道作有效的斗争是正确的，否定和反对过时的东西是合理的。这时候，他所写的人民就不是像奴隶般俯首听命的，而是有智慧的、有创造力的。

　　辩证法是一切保守主义的敌人。陀思妥耶夫斯基的极其强烈的辩证法以无

---

　　①　拉丁文：是这样的！

情的力量扬弃他的世界观中保守的、反动的因素。作家的生活和创作是他的世界观中水火不相容的因素在相互斗争的出色写照。这一斗争持续了作家的整个一生,在不同的时期,以不同的力量发出**赞成**或**反对**的呼声。

陀思妥耶夫斯基去世后不久出版了《费·米·陀思妥耶夫斯基笔记本中的札记、书信和传记材料摘录》一书。书中收了奥·米勒与尼·斯特拉霍夫的文章,这两篇文章是为陀思妥耶夫斯基作传记的最初尝试。这是怀着多么大的成见,粗暴地进行歪曲的"尝试"! 米勒阐述作家第一个时期,六十年代的生活,斯特拉霍夫说明第二个时期的生活,两个传记作者千方百计把陀思妥耶夫斯基说成是"思想上没有问题的"人,说他如何"崇拜"君主,如何谴责"不良行动",如何回答交谈者的话:"您的流放是多么不公平的事情",他回答说,"不,是公平的。"斯特拉霍夫竭力要把陀思妥耶夫斯基描绘成为(按本性而论是)保守主义者,这一点上文已经述及。

然而作家的葬礼中有个情况却是很值得玩味的。他的棺木后面是成千上万人的送葬的行列。青年人搞来一副镣铐,打算举着镣铐跟在棺木后面走,作为作家过去遭遇的标志。警方的警觉性很高,出来干预,另有用意的企图被强行制止了。很有典型性的是:报刊上充满了纪念陀思妥耶夫斯基的文章,说他是专制制度和东正教的宣扬者,沙皇规定给作家的家属发养老金,而青年人却在送葬的行列中高高举起专制制度替作家戴上的苦役犯的镣铐。对于青年人来说,这一段往事并没有被忘却,并没有一笔勾销。

围绕着陀思妥耶夫斯基的创作始终存在着尖锐的思想斗争。俄国的文学评论界对作家的作品发表过许多正确的、公正的意见。在斗争过程中也产生过片面的、不正确的看法,可是总的说来,以别林斯基、杜勃罗留波夫和皮萨列夫为首的进步评论界却表现出深刻理解作家的创作的特殊性。进步评论界对神秘主义的、反对革命的主题毫不妥协,同时又支持作家的创作中所包含的一切正确的、诚实的、有助于解放运动的东西。

马·高尔基毫不妥协地反对"陀思妥耶夫斯基主义",反对作家世界观中的错误倾向,同时又极其深刻地确定了他在俄国社会生活中的地位:"应该有这样的人出现了:他在灵魂深处体现着人民对一切苦难的追忆,而且把这可怕的追忆反映出来——这个人就是陀思妥耶夫斯基。"①

　　列宁支持高尔基的反对"陀思妥耶夫斯基主义"的斗争,但也指出陀思妥耶夫斯基的遗产的意义。弗·德·彭奇-勃鲁耶维奇回忆道:"弗拉基米尔·伊里奇毫不留情地谴责陀思妥耶夫斯基创作中的反动倾向……同时,弗拉基米尔·伊里奇又几次三番说陀思妥耶夫斯基确实是个天才的作家,他仔细观察了他那个时代的社会的病态方面,他有许多矛盾和反常的地方,但同时他的作品中又有现实生活的生动图景。"

　　列宁教导我们要创造性地接受过去的文化遗产,从我们的伟大事业的利益的观点出发,有原则地、全面地加以评价。贫乏地、片面地、简单化地认识过去文化的价值是和建设丰富多彩的、多方面的、高度人道主义的共产主义文化的任务相抵触的。

　　关于陀思妥耶夫斯基的创作,马克思主义的文艺思想作出最充分、最深刻的说明。高尔基、卢那察尔斯基、苏联的文艺理论家们和批评家们做了许多工作,以便给读者提供伟大的现实主义艺术家的真实的画像,而不是圣像画式的面貌,也不是片面性的描绘。

　　本书所收的关于作家的回忆录,也包含着他的面貌的生动的特征,这些文章将有助于读者更鲜明、更充分地去想象,更亲切地去感觉俄国人民的伟大儿子的风貌。

留利科夫

---

① 马·高尔基,《俄国文学史》,上海译文出版社,页433。

Ф. М. Достоевский. 1847

童年时代

少年时代

青年时代

《回忆录》选

安·米·陀思妥耶夫斯基

第一单元

出生，在父亲家里度过的婴儿时期和少年时代

莫斯科玛丽雅医院

很遗憾，我对我父母的详细情况知之甚少。这大概是因为他们去世后我的年龄仍十分幼小，不仅如此，连我的哥哥姐姐们也未能和父母认真谈过他们的往事。不过，这仅仅是指对我父亲的情况知之不多，关于母亲，我后来从她的妹妹，即我的姨妈亚历山德拉·费奥多罗夫娜·库玛宁娜处收集到十分详尽的材料。

我父亲米哈伊尔·安德烈耶维奇·陀思妥耶夫斯基，在结束社会工作时是个八等文官，得过三枚勋章。[……]①从偶然辗转落到我手中的先父的若干文件中来看，我祖父安德烈，父称似为米哈伊洛维奇，是个神甫。[……]

由于我父亲无意从事这种职业，他在得到他母家的同意和祝福后，离家赴莫

---

① 方括号中删节号系表示原书编者所删。

斯科,进莫斯科外科医学院求学。医学院毕业后,1812 年经人介绍当了医生,先在戈洛汶市与卡西莫夫市的临时军医院,后转入波罗季诺步兵团,获团部主治医生职称。1818 年以住院医生资格,从波罗季诺步兵团调入莫斯科陆军医院。其后他被免去军职,调到莫斯科玛丽雅医院任医生,1821 年 3 月(我出生那年),我父亲在该处获院部医生职称,1837 年他服完公职,共服务了二十五年。从父亲与我母亲的谈话中我得知父亲在加梅涅茨-博多尔斯克省除去他的双亲之外,尚有一个身体十分孱弱的兄弟和几个姐妹;[……]知道我父亲曾屡次给留在老家的亲人去信,要求回音,甚至似乎采用过在报上刊登启事的办法,可是他的亲人却依然如石沉大海,音信杳然。[……]

尽管[……]我们家源出一支古老的贵族,然而,或者是由于我父亲离乡背井,未将所有的出身证件带在身边,或者是由于其他什么原因,他在担任公职做到八等文官、获得三枚勋章(这在当时使他得到世袭贵族的权利)之后,便将自己和所有的儿子登记为莫斯科省的贵族,载入家谱第三卷。[……]

现在谈谈我所知道的我母亲方面的家世。

我母亲名叫玛丽娅·费奥多罗夫娜,娘家姓涅恰耶娃。她的父母是商人阶层。父亲名费奥多尔·季莫费耶维奇·涅恰耶夫[……],在 1812 年,即卫国战争之前,是个大富翁,算是个荣誉市民(当时有此称号)。战争期间他损失了全部财产,但不是破产者,他尽其所有地偿还了全部债务。[……]

我母亲的外祖父,即我的外曾祖父,名米哈伊尔·费奥多罗维奇·卡杰尔尼茨基。他是个贵族,1795 年,即他的女儿瓦尔瓦拉·米哈伊洛夫娜(我的外婆)出嫁那年,他任十四等文官,在莫斯科宗教印刷厂任校对之职。① 我想必是个超群出众的人物。这可以从两方面来推断。首先,根据他的职务,他应当是精通俄语的,大概与当时的所有的文学家保持密切的关系(因为当时印刷厂为数不多),从时间上来推想,他可能与当时著名的诺维科夫②有交往。其次,他的文化程度也可用间接的方法来推断:他让儿子瓦西里·米哈伊洛维奇受高等教育,后来瓦西里不但当了医生,还成了莫斯科大学医学系里一个教研组的教授。

---

① 这一情况及某些其他情况我是从文件中得来的,这些文件是我在为继承姨妈亚历山德拉·费奥多罗夫娜·库玛宁娜的遗产而奔走期间所得到的。——安·米·陀思妥耶夫斯基注

② 尼古拉·伊万诺维奇·诺维科夫(1744—1818),作家,出版家,新闻记者。

［……］

我外公费奥多尔·季莫费耶维奇与瓦尔瓦拉·米哈伊洛夫娜结婚(这是他的第一次结婚)生下一男两女。独子米哈伊尔·费奥多罗维奇(后来终身未娶);两个女儿:大女儿亚历山德拉·费奥多罗夫娜,即我的姨妈,嫁给亚历山大·阿列克谢耶维奇·库玛宁;小女儿玛丽娅·费奥多罗夫娜,就是我的母亲。1813 年,我外婆瓦尔瓦拉·米哈伊洛夫娜去世,我外公费奥多尔·季莫费耶维奇于 1814 年第二次结婚,娶少女奥尔迦·雅科夫列夫娜·安季波娃为妻。［……］

因此,我幼年时,在我母亲方面我们有如下的亲戚:一,她的父亲费奥多尔·季莫费耶维奇·涅恰耶夫;二,她的兄弟米哈伊尔·费奥多罗维奇·涅恰耶夫;三,胞姐亚历山德拉·费奥多罗夫娜·库玛宁娜及她的丈夫亚历山大·阿列克谢耶维奇·库玛宁;四,继母奥尔迦·雅科夫列夫娜·涅恰耶娃;五,继母的同父异母妹妹奥尔迦·费奥多罗夫娜;六,也是继母的同父异母妹妹叶卡捷琳娜·费奥多罗夫娜;七,她的亲叔叔瓦西里·米哈伊洛维奇·卡杰尔尼茨基和他的妻子娜杰日达·安德烈耶夫娜;八,表姐妹娜斯塔西娅·安德烈耶夫娜·马斯洛维奇和她的丈夫格里高利·巴甫洛维奇;九,表兄弟瓦西里·安德烈耶维奇·吉洪米罗夫。这些人都和我们家的人相熟,经常来我们家。［……］

交代了我所知道的我父母双方的出身和亲属以后,我应当讲一讲我们自己的家庭人员。我父亲于 1819 年与我母亲结婚。在我出世之前,他们已有三个孩子,因而我是老四。我大哥米哈伊尔生于 1820 年 10 月 13 日;二哥费奥多尔生于 1821 年 10 月 30 日;姐姐瓦尔瓦拉于 1822 年 12 月 5 日出世。在我之后,我父母又生了四个孩子,即:双胞胎妹妹维拉与柳鲍芙,生于 1829 年 7 月 22 日;弟弟尼古拉生于 1831 年 12 月 13 日;小妹妹亚历山德拉生于 1835 年 7 月。［……］

我出世时和幼年时期［……］,我父亲居住在莫斯科玛丽雅医院的右厢房(靠近院子的大门),那是一幢三层楼的石头房子,我们住在底层。要是和如今的公务人员所居住的公家房屋相比较的话,就不由得要注意到从前分配的住房要简朴得多。实际上,我们的父亲已是个有家眷的人,当时已有四五个孩子,有校官军衔,所住的房子,除去前室和厨房,其实只有两个像样的房间。从寒冷的穿堂进去,靠门口,按一般格局通常是前室,只有一扇窗户(朝着像样的院子)。

前室相当深,后半部分用一道高不达天花板的半截头光滑的板壁隔出半暗不明后半间作儿童室。再过去是大厅,一间相当宽敞的房间,有两扇窗户临街,三扇窗户朝着空旷的院子。后来两扇窗户临街的会客室也用光滑的板壁隔出一间幽暗的后半间作为父母的卧室。整个住所就是这样!后来,到了三十年代,我们的家庭人口又增加了,才增添了一个房间,有三扇窗户朝着后院,于是住所就有了一道后门,从前是没有的。厨房相当大,单独在另一处地方,要经过寒冷而空旷的穿堂。厨房里砌了俄国式的大炉灶,搭了木板台;至于厨房用的铁板炉灶,压根儿就不知道![……]寒冷而空旷的穿堂里,建造了一个大贮藏室。它的一部分就造在正门的楼梯底下。我们的寓所里的房间和设备就是这些!

室内装饰也很寒伧:前厢房连儿童室是用含胶质颜料粉刷成深珍珠色;大厅是淡姜黄色,会客室连卧室是深青色。糊墙纸当时还没有使用。三只荷兰式壁炉,硕大无朋,是用所谓长条形的瓷砖砌成的,蓝色瓷砖镶边。家具也甚简陋。大厅里,窗户之间,摆着两张呢面牌桌,尽管我们家里从来不打牌。我记得,仅在我父亲的命名日那天家里才有过两三次这种无法无天的玩乐。还有就是大厅中央放着一张餐桌,十几把漆成淡颜色的桦木靠背椅,配了绿色山羊皮软垫。[……]会客室里摆着一张长沙发,几把安乐椅,母亲的梳妆台、柜子和书橱。卧室里放着父母用的床,洗手盆,两只大箱子,装着妈妈所有衣服。我已说过,靠背椅与安乐椅是配了软垫的[……]。长沙发、靠背椅和安乐椅上的软垫里面塞的尽是马鬃,使用久了就形成往下凹的坑。靠背椅与安乐椅,按当时的风尚,都是大号的,两张安乐椅拼在一起足足可以供一个成年人睡觉。至于长沙发,任何一张都可以当双人床用,正因为如此,人坐在靠背椅、安乐椅和长沙发上,无论怎样也够不着靠背,坐时永远只好直挺挺的。窗帘和门帘自然是没有的;窗户上只挂了素色细布帘子,没有任何装饰。

事情很明显,这样狭小的住所,家里的人不可能个个都住得舒服。前厢房后半间的儿童室只供几个哥哥居住。姐姐瓦丽娅夜里睡在会客室的长沙发上。至于我以及后来还有两个妹妹薇罗奇卡她们,因为还是婴孩,就在父母的卧室里睡摇篮。奶妈们和保姆睡在父母卧室旁边的暗间里。提到奶妈们,我应当说明,母亲自己只给第一个孩子,即大哥米沙喂过奶[……]。

谈到我们的家庭,我不能不提到一个人,她以她的整个生活和全部利益参与到我们家庭中来。这个人就是保姆阿莱娜·弗罗洛夫娜。[①] 她确实是个出色的人物，从我开始记事以来，我父母不仅尊敬她，还把她当作我们家的一名成员！她不是我们家的农奴，她是莫斯科的市民，她很以这个称号自豪，说她不是普通人家出身。我姐姐瓦尔瓦拉快要出生时她就来我家当保姆了，接下来我出世，嗣后，她又把所有的孩子抚养长大[……]。从我开始记得她的时候起，她已经将近五十岁了。以女人来说，她身材相当高大，而且十分肥胖，她的肚子几乎垂到膝盖上。她饭量极大，但一天只吃两餐；喝茶时咬着糖块，但不吃面包。除了承担保姆的责任之外[……]，她还兼了女管家的职责[……]。我们都叫她阿姨，称她为"你"，她对我们也以"你"相称，不光在我们年幼的时候，后来我们长大成人了她也一直这样称呼。父亲和母亲始终称她阿莱娜·弗罗洛夫娜，或者简单点叫她弗罗洛夫娜；她对他们则以名字和父名相称，即米哈伊尔·安德烈耶维奇和玛丽娅·费奥多罗夫娜。女仆中只有她一个人这样称呼主人，其他的女仆都叫他们老爷和太太。阿莱娜·弗罗洛夫娜一到我家工钱就是每月五个卢布（纸币，合如今的一卢布四十三戈比），我父母去世后，她仍留在我家，还活了十五年以上，始终是拿这些工钱[……]。她是个老处女，管自己叫"老处女"。谁也不记得她什么时候曾经在厨房里坐过，这情况她这样来解释：厨房里常有各式各样的谈话，作为老姑娘的她听着不方便。父母听到这种理由总是笑笑，不过他们对阿莱娜·弗罗洛夫娜这样的举止极为满意。她始终在儿童室里吃午饭和晚饭，我们桌上撤下去的所有菜肴都直接端到那里去给她吃。

　　我们孩子要等到自己会吃饭了，不用旁人帮忙，也就是自己能使用刀、叉和

---

　　① 保姆阿莱娜·弗罗洛夫娜在费·米·陀思妥耶夫斯基的作品中出现了两次：一次在长篇小说《群魔》中（《1956—1958 年版十卷集》，第 7 卷，页 115、119）；另一次在 1876 年的《作家日记》中（《1926—1930 年版全集》，第 11 卷，页 256、257），这里记述了乡下陀思妥耶夫斯基家的一次火灾："最初的惊骇之下，我们想，这下子要烧个精光了。我们纷纷跪下，开始祷告上帝，母亲哭了。蓦然间，我们的保姆阿莱娜·弗罗洛夫娜走到妈妈身边，她是个自由人，即莫斯科的市民，是我们雇用在家里干活的。她带大了、照顾了我们家的所有孩子。当时她大约四十五岁，性格开朗，快活，而且总是给我们讲非常好听的故事！她好多年都没有问我们领工钱，说：'我不要钱用。'她的工钱积攒了五百卢布左右，存在当铺里*，说是将来'养老用'。这时她突然悄然对我妈妈说：'既然你们要钱用，就把我的钱拿去吧，我没啥，我不要钱用……'"在陀思妥耶夫斯基看来，保姆的行动是一个有典型意义的现象，证明来自民众的人能够同情亲友们的不幸，至少能为他人而牺牲自己的利益。

　　＊ 旧时俄国当铺也经营银钱存放业务。

匙子的时候,才让我们上大桌子吃饭。不会使用餐具之前,我们总是和保姆一起在儿童室里吃饭。[……]她教我们使用餐具的方法想必是很成功的,因为我记得我在三四岁时就上大桌子吃饭了,虽然我坐的是高脚椅,不过吃饭已不用任何人帮忙了。阿莱娜·弗罗洛夫娜持斋不太严格,她说她是个由不得自己做主的人,上帝不会为此而惩罚她的,但是她认为不吃面包,空口吃菜是极大的罪过。[……]"你呀,哥儿,先吃一口面包,然后再吃菜……上帝是这样吩咐的!"这是她常用的一句训诫的话。[……]弗罗洛夫娜几乎从来不外出,就是说,从不出去做客。一年一次,或一年半一次,她得知亲姐妹纳塔莉娅·弗罗洛夫娜到莫斯科来了,才去看望一下。纳塔莉娅是科洛明女修道院的修女,在莫斯科逗留期间她寄居在莫斯科的某个女修道院里。这时候我们的保姆就大清早打扮停当,乘车去姐妹处做客一整天,直到傍晚才回来;这种时候妈妈往往(像她自己所说)好比失去了左右手。隔了几天,保姆的姐妹来回访,也在我们家里待上一整天。这样我们的阿莱娜·弗罗洛夫娜的出外做客和接待客人的事宜就结束了。弗罗洛夫娜的衣着始终非常整洁,天天戴着白细布软帽,逢年过节则戴镶花边的软帽。这种软帽的特点是帽檐镶着宽大的绉边;只要她走路比平日稍快,绉边便微微向上飘起。[……]

　　实际上,我们家除去保姆和奶妈之外,碰到婴儿喂奶时期,就只有一些女仆——侍女。她们是我家雇用的,不过都在我家待很长时期。我清楚地记得其中之一叫薇拉,她在我家待了几年,跟着我们到乡下去度过两三个夏天,一般说来在我们家还很过得惯。可是,唉,到头来还是出了丑事,离开我家[……]。她父亲是个手艺高明的细工木匠,他和他的老婆正如俗话所说,不了解他们的薇拉的心事!继她之后,我们没有再雇过女仆,因为妈妈从村里带来三个姑娘,都是孤女,承担了女仆的所有职责。其中两个姑娘,我还记得,一个是阿丽莎,一个是卡嘉。前者,即阿丽娜,后来叫阿丽娜·阿尔希普耶夫娜,是个极为谦恭的姑娘,经常织花边或做其他活儿。后者卡嘉是个热情如火的姑娘。[……]

　　我们厨房里的仆人有四个,即:一是车夫大卫·萨维里耶夫,我们平日叫他大卫,其实他是我父亲的跟班。除了他那四匹马,大卫什么也不懂,也没有其他什么活儿。不过他出车的次数频繁,所以他的活儿也够忙的了[……]。爸爸特别喜欢这个人,比起其他仆人来,更加看重他。二是听差费奥多尔·萨维里耶夫,他是车夫大卫的兄弟。我不记得为什么叫他听差[……]。其实叫他看院子的更恰当,他的职务是劈木柴,搬到炉灶旁,管好炉子,挑水,专供烧茶用的水,每天由他从苏哈濑水塔挑一担泉水[……]。偶尔,我母亲独自步行进城去,费奥多尔穿起仆人的号衣,戴上三角帽,离她几步路,神气活现地跟在她后面,护送她进城去。或者,我母亲没有父亲陪同,独自一人乘车出门时,费奥多尔也穿起号衣,站在马车后部仆人站的踏板上。这在当时莫斯科的礼仪中是必不可少的一条规矩!这两个人,车夫大卫和费奥多尔是亲兄弟,都是矮个儿。我不知道他们是怎样成为父亲的农奴的,只知道还在父亲结婚之前他们就是农奴了[……]。幸好他们都是无耕地的贫苦农民,他们从来不想起,也不惦念他们的故乡。三是厨娘安娜。[……]她也是农奴,很久之前,在我们买下村庄之前她就当厨娘了。她是个出色的厨娘,真正能够顶得上一个厨师。四是洗衣妇瓦西里莎。她的职责是每星期头三天站在木盆旁洗衣服,后三天使用夹衣器和熨斗烫衣服。瓦西里莎也是个农奴,可是后来不见了,或者,说得简单些,逃走了。她的逃跑,引起我父母的感触,与其说是物质方面的,倒不如说是精神方面的,因为她的潜逃会使农奴们怀疑我家的生活条件不好,然而其实对他们来说,我家的生活是很好的[……]。

我们的熟人

我们的熟人,即我们父母亲的熟人,为数甚少,其中有些人仅是点头之交,另一些人是互有造访的熟人。前者我只一一列举,对后者我略说一二。首先,莫斯科玛丽雅医院的职工自然是我们的熟人,我就从他们开始讲起。

一　亚历山大·安德烈耶维奇·利赫吉尔(妻子薇拉,父名已忘),是莫斯科玛丽雅医院的主任医生。他摆出上司的派头,平时从来不轻易上我家来,只是逢到父亲的命名日,才在晚上来一趟。他有个儿子彼嘉,极其娇生惯养,甚至从来不到花园里去散步,因此我们是遇不到他的。一年两三次,他家的人带他到我们家来玩,也就是来跟我聊天;我也回访他两三次。我们孩子间的交往仅至于此。他的父亲,即亚历山大·安德烈耶维奇·利赫吉尔医生,我记得在1837年的头两个月,即我母亲患肺病到了后期,他几乎每天早晨上我家来,和其他医生一起走访病人,这似乎大大减轻了母亲临死前的痛苦。他的妻子也爱摆架子,偶尔和母亲互相拜访。

　　二　库兹马·阿列克谢耶维奇·舒罗夫斯基,是医院里年纪最老的医生,当时已将近七十岁,担任公职已三十五年以上。这个人通常只在上午到我家来,父亲的命名日那天则晚上来,不过他家的女眷倒是常来看望我母亲的;她们包括:(一)他的妻子阿格拉菲娜·斯切潘诺夫娜;(二)小姨玛丽娅·斯切潘诺夫娜;(三)他的上了年纪的女儿丽扎维塔·库兹明尼奇娜。她们三人经常上午来我母亲处喝杯咖啡,往往是十点多钟来,坐到十二点多钟。谈话的题目无非是牛肉、小牛肉、方糖以及糖浆等等的市场行情,此外也谈论印花布和其他布料,衣服式样。[……]

　　进行这种谈话时,我常常在场,因而这些话深深印入我的记忆中!母亲也经常到舒罗夫斯基家去喝上这么一杯咖啡,而且每次都带我同去。他们的接待和谈话一如我家。丽扎维塔·库兹明尼奇娜已将近四十岁,她吸鼻烟。库兹马·阿列克谢耶维奇除了女儿之外,尚有两个儿子:(一)阿列克谢耶维奇·库兹米奇,已经是个医生,就在莫斯科玛丽雅医院任编外主治医生,等他父亲退休以便顶替其职务;(二)尼古拉·库兹米奇,或者叫柯里亚,是莫斯科大学学生。这个青年比我的哥哥们年纪大,难得赏脸跟他们聊聊。

　　三　莱琴格医生——父亲;

　　四　莱琴格医生——儿子;

　　这两人跟我们仅仅是点头朋友。老莱琴格是个鳏夫,他和儿子的关系正如老舒罗夫斯基同他的医生儿子的关系一样。

　　五　罗扎林医生,点头朋友。

　　六　加甫里尔·鲁基扬诺维奇·梅利霍夫医生,年事已高,他妻子乌斯季扬·亚历克赛耶夫娜跟我们家的人也认识,但很少往来。

　　七　药剂师,好像是叫许赖德尔,他的妻子玛芙拉·费里克索夫娜及两个成年的女儿。药剂师本人很少上我家来,但他的家眷常常上午来看我妈妈。我妈妈也时常带着我去他家玩。

　　八　约翰·巴尔肖夫神甫。[……]这位神甫有两个儿子,谢尔盖·伊万诺维奇和雅科夫·伊万诺维奇·巴尔肖夫。兄弟俩以优异的成绩从莫斯科大学毕业后,都被选派公费出国留学,后来回莫斯科父亲处时曾来我家拜访。他们来访的情景我记忆模糊了,但我很清楚地记得父亲在他们来访后时常说:"且不说我能不能等到那么一天,我只要能确实知道我的儿子们也会像巴尔肖夫兄弟那样有出息,我就死也瞑目了!"父亲的这番话深深地刻印在我的记忆中。后来巴尔肖夫两兄弟分别成了彼得堡大学和莫斯科大学的著名的刑法教授。在四十年代和五十年代的法律系大学生中流传着这样的说法:莫斯科的巴尔肖夫(谢尔盖·伊万诺维奇)在一堂课上必定讲这样一句话:"俄国的刑法学园地里生长和培育了两朵花,那就是我在彼得堡的弟弟雅科夫和在莫斯科的我。"彼得堡的巴尔肖夫(雅科夫·伊万诺维奇)也说:"俄国的刑法学园地里生长和培育了两朵花,那就是在莫斯科的哥哥谢辽沙和在彼得堡的我。"所以人家给他们取绰号叫:谢辽沙哥哥和雅沙弟弟! [……]

九 费奥多尔·安东诺维奇·马尔库斯和他的妻子安娜·格里戈利耶夫娜。他是莫斯科玛丽雅医院的管事,他的住所也在石头厢房里,正好在我家楼上,格局也和我们的一模一样。他是后来的著名御医米哈伊尔·安东诺维奇·马尔库斯的亲兄弟。据我记得,他在三十年代初便已结婚。他是个非常讨人喜欢的人。作为我们的近邻,他打光棍的时候就常常上我们家来,和我爸妈闲聊消磨黄昏。他说话很出色,我常常一边听,一边盯住他的眼睛,瞧他怎么说话! [……]总之,他在我的童年回忆中留下了最愉快的印象。结婚以后他还不时来我们家串门,但是他没有把自己的妻子介绍给我妈,不过对医院同事的太太们,他一概没有作过介绍就是了。我母亲去世时,他应我父亲的请求,担任主持丧事的总管。丧事办完后,他几乎每天来看望我父亲,与父亲谈话解愁,这段时期他还与我们格外接近。妈妈去世以后,父亲提出辞职,迁居乡下,费奥多尔·安东诺维奇·马尔库斯还几次把我从车尔马克寄宿中学接到他家去过节。[……]

十 我应该提一提阿尔卡季·阿列克谢耶维奇·阿尔丰斯基[②]和他的妻子叶卡捷琳娜·亚历克赛耶夫娜,原姓加尔德涅尔。这两个人我稍微有些记得,因

---

① 长篇小说《少年》中,少年波特罗斯托克的房东彼得·伊波里托维奇老是愉快地说些笑话奇闻,这个形象即是从费·安·马尔库斯身上来的。(《最后几部长篇小说》,页175—176)

② 在未完成的叙事诗《大罪人的一生》草稿上,一个主要的中心人物用了阿尔丰斯基这个姓。(见《文件》)在长篇小说《少年》中,维尔西洛夫和阿尔卡季·陀戈鲁基这两个人物,有一部分来自阿尔丰斯基。

为他们几乎到二十年代末才离开医院。叶卡捷琳娜·亚历克赛耶夫娜是我母亲的真正的朋友,据母亲说,她们几乎天天见面。[……]阿尔卡季·阿列克谢耶维奇·阿尔丰斯基从医院转到莫斯科大学医学系去当教授,后任系主任。很妙的是我母亲就安葬在拉扎列夫公墓她过去的好友叶卡捷琳娜·亚历克赛耶夫娜的旁边。这对夫妇生了几个孩子,其中有个儿子阿辽沙,后来叫亚历克赛·阿尔卡季耶维奇。他们的这个儿子是我在车尔马克寄宿中学的同学。

我们的客人

我已谈过我母亲方面的亲属,再作些补充。我把他们当作我们家的客人,分别加以叙述。

他们之中占首要地位的,自然是外公费奥多尔·季莫费耶维奇·涅恰耶夫。在我开始记得他的时候,他已经是六十五岁左右的老人。1795 年 7 月 29 日,他第一次结婚,娶了我们的外婆瓦尔瓦拉·米哈伊洛夫娜。1813 年 6 月 8 日外婆去世,外公于 1814 年 5 月 18 日第二次结婚,娶了奥尔迦·雅科夫列夫娜·安季波娃。起先外公、外婆和家人住在巴斯孟街一套租来的寓所里,后来搬到他的大女婿亚历山大·阿列克谢耶维奇·库玛宁处居住。这次搬家似乎在我母亲出嫁之后,因为我母亲是从她的父亲处,而不是从姐夫库玛宁处出嫁的。外公每星期上我家来吃一次饭,似乎始终是在固定的一天,如果我没有记错的话,那是每星期四。逢年过节他总是在大女婿库玛宁处吃饭。外公来吃饭的那天,往往他没有到以前,我们小孩子老早就不停地朝窗外张望了。一瞅见外公挂着手杖来了,我们一下子叫嚷起来,声音之响,简直像抬神像出屋!……不一会儿,他就走进前室,悄悄脱去外衣……妈妈出去迎接外公,他挨个儿吻遍我们所有的孩子,分糖果点心给我们;然后坐在会客室里,跟妈妈聊天。他经常穿一件深棕色的常礼服(我记不得他穿别的外套),纽扣孔里挂着一枚用安娜勋章绶带系着的小勋章,上面刻的题词是:"功绩不归我们,不归我们,属于您的名下。"1812 年之后,他所剩下的只有这一件东西了!过了一会,父亲下班回来,亲热又高兴地向岳父问好,接着我们坐下吃饭。这一天我们家的饭菜总是比较精美的,不过,顺便说一下,我们家的饭菜一向是丰盛可口的。吃过饭,外公略坐片刻,准备回家,就走了,直到下星期四我们才再看见他。我从来记不得外公什么时候和他的妻子奥尔迦·雅科夫列夫娜一起到我们家来过。他大概感觉到妈妈对继母不太有好感,也可能是为了让自己有机会跟女儿面对面地谈谈话……外公这样的来访一直延续到1832年初,此后他就躺倒在床上了。他患胸腔积水症已经很久,1832年初去世。[……]

亲戚之中,第二个我要说一说舅舅米哈伊尔·费奥多罗维奇·涅恰耶夫。他比我母亲小一岁,因此,大概是1801年或1802年生的。妈妈常说,她小时候和弟弟很要好。这种手足情谊一直保持到以后。每逢星期天他常常上我家来,因为平日工作忙,他在一家大呢绒店做掌柜,薪水丰厚。他来我家,对于我们小孩子也是一件乐事,多半总是举行一次小型的家庭音乐会。实际情况是我妈妈的吉他弹得相当好,米哈伊尔·费奥多罗维奇舅舅的吉他弹得更是优美动听,他有一只吉他长期放在我家。每星期天,吃完饭后,妈妈拿起吉他,舅舅也拿起吉他,开始演奏。起先照谱子弹奏一些正正经经的作品,随后弹些忧伤的旋律,临了演奏一些快乐的歌曲,而且舅舅有时也引吭高歌……那真是快乐,十分快乐。爸爸待舅舅一向也是非常亲切,尽管对他有所不满,尤其是到后来,因为舅舅开始大吃大喝,酗酒过度,为这事爸爸似乎屡次责备过他!……不过这都算不了什么,舅舅始终是我们的贵客!后来忽然出了一件尴尬事情,从那以后舅舅不再上我们家来了。这件事一部分是我亲眼目睹的,一部分详细情况是我长大后从我姨妈亚历山德拉·费奥多罗夫娜处听来的。事情是这样的:我家有个使女薇拉,前面我已提到过,她是个年轻姑娘,长得十分俊俏,米哈伊尔·费奥多罗维奇舅舅同她勾搭,她没有拒绝。妈妈早已察觉事情有点儿蹊跷,有一次终于亲眼看见他们在传递字条。妈妈从薇拉手里抢过字条,上面写着约会……爸妈请舅舅到会客室里去,我留在大厅里。照姨妈的话来说,会客室里发生了下述情况:妈妈开始责怪弟弟,怪他竟在姐姐的家跟她的使女干丑事,等等等等。舅舅呢,很久都不分辩,只骂她**蠢货**。这话把父亲惹火了,打了舅舅,大概是打了他耳光。会客室的门开了,舅舅满脸通红,激动地从我家走了出去,从此再没有来过!这是1834年的事。父亲打舅舅当然是不对的,他应当知道,对他的妻子说粗话的,不是别人,是她的亲弟弟。可是事已至此,舅舅也就不再到我们家来了![……]使女薇拉自然于当天就结清工资,被我们辞退了。为了把舅舅的事情交代完,我在这里先说一说,在我母亲安葬以后,他常来我家参加亡魂祭,我看到舅舅时已是1838年,他两次或三次从我姨妈处乘车来到车尔马克寄宿中学,把我带回去过节。顺便说明一下,当时舅舅住在我姨父亚历山大·阿列克谢耶维奇处,占用了他们家楼上的一个房间。我偶尔到姨妈处去时也在这间房里过夜。纵酒伤身,舅舅爱喝酒的嗜好,不惟没有戒除,瘾头反而加重,因此,1838年至1839年间的圣诞节期间过早地去世了,当时我正好在姨父处过节。① 葬礼相当简朴,不过是从姨父家出殡的。

　　一个月两三次,寒伦的天主房街偶尔响起骑在前导马上的车夫的吆喝声:“让开! 靠边! 靠边!”于是,一辆双座的轻便马车,车后站着跟班,由四匹排成纵列的马拉着,驶进玛丽雅医院的清洁的院子里,停在我们寓所的台阶前,这是:(三)姨妈亚历山德拉·费奥多罗夫娜和(四)外婆奥尔迦·雅科列夫娜来了。[……]

　　姨妈亚历山德拉·费奥多罗夫娜·库玛宁娜是我妈妈的亲姐姐,生于1796年4月15日,只比我妈大四岁。1813年5月15日,她嫁给亚历山大·阿列克谢耶维奇·库玛宁,那年,她的母亲,即我的外婆瓦尔瓦拉·米哈伊洛夫娜·涅恰耶娃还在世。不过姨妈的婚礼过后没几天,1813年6月8日外婆便去世了。尽管我说姨妈只比我妈大四岁,可是我应当补充说明,我妈简直把她当作娘,而不是当作姐姐,我妈爱她,对她极其尊敬,我妈也善于使我们大家对姨妈产生这种崇敬爱戴的感情。亚历山德拉·费奥多罗夫娜姨妈是我家所有孩子的教母,无一例外。童年时,我不知不觉地爱过姨妈,后来我长大成人时,我崇拜这个人,她的真正**伟大的**来自实际生活的智慧使我惊讶,我尊敬她,爱她,像对自己的母亲! [……]②

　　五　姨父亚历山大·阿列克谢耶维奇·库玛宁,是我亲姨妈亚历山德拉·

---

　　① 关于舅舅米哈伊尔·费奥多罗维奇·涅恰耶夫,陀思妥耶夫斯基在1840年1月28日写给亲戚库玛宁的信中写道:“舅舅之死使我流下真诚的眼泪以悼念他。父亲、母亲、舅舅均在两年内相继去世!”(《书信集》,第4卷,页243、447)显然,米哈伊尔舅舅不久之前死于“圣诞节期间”,但不是1838到1839年间,而是1839到1840年间的“圣诞节期间”。

　　② 据柳鲍芙·费奥多罗夫娜·陀思妥耶夫斯卡娅认为,陀思妥耶夫斯基在《赌徒》中玩轮盘赌输掉一半家产的“莫斯科老奶奶身上”描写了亚·费·库玛宁娜。(《在女儿柳·陀思妥耶夫斯卡娅的描绘中的陀思妥耶夫斯基》,莫斯科-彼得格勒,1922年,页21—22)据安·格·陀思妥耶夫斯卡娅的看法,《白痴》中“罗戈静老太婆身上”描写了亚·费·库玛宁娜。(列·彼·格罗斯曼,《陀思妥耶夫斯基研究》,国家出版社,莫斯科-彼得格勒,1923年,页60)陀思妥耶夫斯基在1869年8月14日及26日给阿·尼·迈科夫的信中写到,姨妈神经不正常已有好几年了。(《书信集》,第2卷,页200)

费奥多罗夫娜的丈夫。我孩童时代年纪很幼小的时候就记得这个人。他不太漂亮，但讨人喜欢。他完全以亲戚身份经常来我家。可是后来他突然不来了！问题在于为了某一件无关紧要的事情，我父亲和姨父互相说了些尖刻挖苦的话，彻底断绝来往。据妈妈和姨妈说，起先他们过得十分和睦。我爸爸是库玛宁和涅恰耶夫两家的家庭医生，那时外公一家（涅恰耶夫家）已住在姨夫库玛宁家的楼上。姨父生过一场极其危险的病，到后来，除了我父亲，他什么人的意见都不听。爸爸把他的病治好了。库玛宁家的两兄弟，康斯坦丁·阿列克谢耶维奇和瓦伦丁·阿列克谢耶维奇（顺便说说，两人都是莫斯科城里的头面人物）和其他亲戚，因为看到亚历山大·阿列克谢耶维奇对当医生的连襟如此信赖，都很不以为然。可是爸爸把姨父的重病彻底治好以后，他在莫斯科商界的医业便大为兴旺，而且担任了库玛宁两兄弟的家庭医生。两连襟结下这样的感情，后来竟会彻底破裂！他们双方都过于高傲，爱面子，谁也不肯先主动表示和好！爸爸不再到他的连襟库玛宁家去治病，尽管他照旧还到他们的楼上涅恰耶夫家，即他的岳父家去治病。这样一直持续到1832年初，也就是外公费奥多尔·季莫费耶维奇临死之前。他已经快要死了，在病床前看到两个女婿，把他们的手拉在一起，请他们尊重他临死时的意愿：互相抛弃前隙，和好如初！两个女婿答应照丈人的意愿办，互相握手，亲吻。于是外公吐了口唾沫，命一个女儿用脚把这口唾沫蹭去，并说："愿你们的小小不和，也像你们快要死去的父亲的唾沫一样蹭去，消失！"这时两个言归于好的姐妹失声痛哭。这一段事情我屡次听我母亲说起，也听我姨妈说过……两连襟和好了，每逢规定的日子①也互相来往，然而他们之间昔日的友好情谊却已荡然无存。姨父开始经常上我们家来，不过总是上午来，这时我父亲往往在各处巡视病人（我们说他在"行医"）。姨父有时乘车来，有时步行来（大多步行来），坐在长沙发上，我妈问他："姐夫，请您吃点儿什么？"他总是说："叫他们给我点儿糖水吧，妹子！"于是给他端上一瓶水，一只玻璃杯和一只糖罐。他在玻璃杯里放三四块糖，倒进凉水，等糖溶化了，他就用小茶匙把杯子里的糖水喝光，一杯水够他喝上一小时或者一个半小时。他来看望时非常亲切地和我母亲聊天，坐上一两个钟头，他走了，直到下一回再来看望我们，通常是每月一次，有时候也不止一次。关于这位德高望重、各方面备受尊敬的人物，我在回

---

① 指正式规定的假日、休息日。

忆录中还要一再提到他。现在我只说一点就暂时打住：亚历山大·阿列克谢耶维奇姨父对我们一家做了许多好事，我爸爸死后他收留了我们五个孤儿（两个哥哥已在彼得堡），是我们永世不忘的恩人，尤其是三个妹妹，她们出嫁时，他给她们置办了丰厚的嫁妆。[……]

六　叔公瓦西里·米哈伊洛维奇·卡杰尔尼茨基。[①]

七　他的妻子娜杰日达·安德烈耶夫娜·卡杰尔尼茨卡娅。

瓦西里·米哈伊洛维奇·卡杰尔尼茨基是我母亲的亲叔叔，他当过医生，莫斯科大学医学系教授，只是我不知道他讲授什么课。三十年代初，他就是年事已高的老头子，很受我父亲的尊敬，似乎也受到当时整个医学界的尊敬。在他命名日（1月1日）那天，往往是整个大学的教授和医学系学生都到"诺文斯克近郊"他那小小的木屋去向他祝贺。[……]他每年五六次带着老伴上我们家来。他们总是在快要喝午后茶时来，而且总是带着跟班坐马车来，在我家闲聊两三个钟头才走。[……]不过我们很喜欢叔公，他因为没有子女，也很喜欢我们。我父母也经常去看望他们，当然只是他们两人去[……]。不过每年复活节，我们大的三个兄弟，在叔公预先约好的那天，必定去他家吃饭。父母亲很放心地让我们去，因为他们知道叔公待我们甚厚。吃过早中饭，下午一点多钟，叔公带我们上杂耍场去玩。复活节时的杂耍场，当时常常搭在"诺文斯克近郊"叔公家窗子的对面。把所有杂耍摊子兜一圈，让我们看各种丑角、小丑、大力士的表演以及其他各种游艺场上的彼得鲁什卡和喜剧演员的表演，叔公累了，带我们回家。我父母派来的马车已经等在那里，我们与叔公告别，乘车回家。我们心里充满了五光十色的印象，节后很长时间我们还模仿滑稽演员，演出按自己兴趣编的各种喜剧。[②] 三十年代中期，叔公理应退休了，可是他很久还不能完全脱离大学，每天

---

① 关于瓦·米·卡杰尔尼茨基，过去听过他讲课的人（包括尼·伊·庇罗果夫）也写过一些很有趣的回忆录，见《家族纪事》，页84—87。

② 陀思妥耶夫斯基后来对民间戏剧也产生了兴趣。比如，在1876年的各期《作家日记》（《画家俱乐部的枞树晚会》）中，对剧目发表了有趣的见解，可能道出了有彼得鲁什卡一角的民间戏剧的精髓：普尔契尼尔*"类似堂吉诃德，他不愿相信邪恶与欺骗，勃然大怒，见到不公正便冲上前去，而彼得鲁什卡像完全俄国化的桑丘·潘沙，不过民众的性格也已经完全俄国化了"。值得注意的是，按照陀思妥耶夫斯基的看法，凡是戏剧演出应当深切关注当前大众最注意的问题。（见《列宁格勒国立波克罗夫斯基师范学院教学笔记》，1940年，第2版，第4卷，页314—316）

* 普尔契尼尔是意大利喜剧中人物；彼得鲁什卡是俄国民间木偶剧中主要人物。

到大学图书馆去看书报,会见过去的同行教授们。大家当然很高兴接待老人。

[……]

我的童年生活和环境

现在我来描述我的童年时代。

从幼年时起,当我回想起我的童年生活,我的记忆里总出现下述家庭成员:父亲,母亲,大哥米沙,二哥费佳,姐姐瓦丽娅和我。几个大的孩子,所谓头一批孩子,以我为最小。虽然我下面还有妹妹薇罗奇卡,弟弟尼科里亚和妹妹萨莎,可是他们还十分幼小,无法参加我们做功课和游戏,他们好像单独过着孩子的生活。我们四个孩子当时经常待在一起,我们的兴趣、功课和游戏有许多共同的地方。我开始清楚地记事的时候是在三岁半(妹妹柳芭死于1828年7月,我已能很清楚记得)。当时米沙哥哥八岁,费佳哥哥七岁,瓦丽娅姐姐六岁不到。

在当时的孩子中间,瓦丽娅姐姐是唯一的女孩子,几乎经常待在妈妈身边,坐在会客室里,或是做功课,或是做什么女孩子的手工活儿。我们男孩子没有单独的房间,常常一起待在大厅里。我提到这情况是为了说明两个哥哥在进车尔马克寄宿中学之前,他们的整个童年生活是和我泡在一起的。他们的所有功课是当着我的面做的,所有谈话是当着我的面进行的;我在场,他们并不觉得拘束难堪,只是在少数情况下他们才把我支开,把我叫作他们的"小尾巴"。两个哥哥相差一岁,一块儿长大,极其友爱。这种手足深情一直保持到后来大哥去世。但是,尽管有这种情谊,他们的性格却完全不同。大哥米哈伊尔在童年时就不如二哥费佳那样活泼好动、精力充沛,讲话时也比较冷静。二哥费奥多尔正如我们父母所说,在各方面都表现得真正像一团火。

薇罗奇卡妹妹的出生　奶妈和她们的故事

　　前面我提到,我清楚记得薇罗奇卡妹妹的出生,我说错了,她的出生情况其实我是记不得的,我只记得跟她是双胞胎的柳芭妹妹的夭亡情况,她生下没几天就死了,还记得奶妈怎样给薇罗奇卡喂奶。她的奶妈达丽娅,我直到如今还历历在目。她是个高大、肥壮的女人,年纪还轻,奶水很足,如果可以这样说的话。我和姐姐瓦丽娅常常一起去看刚出世的小妹妹吃奶,这时达丽娅奶妈往往掏出她那两只巨大的乳房,用奶水浇我们,像用水龙头浇似的,我们立即四散奔逃。这位达丽娅奶妈常说她的丈夫是个"下级军官",随着团队上安纳帕了。① 在我家做奶妈期间,她收到过丈夫从那儿发来的两封信。这当然是我三周岁半时知道的第一个地名。提到瓦丽娅奶妈,我不由得回想起另外两个奶妈:瓦丽娅的奶妈卡捷琳娜和我的奶妈卢凯丽娅。当然,这两个女人在我家时我还记不得她们,直到后来,她们到我家来做客时我才想起她们。这两个从前的奶妈每年(多半在冬天)来我家做客两三次。她们的到来,对于我们孩子是真正的节日。她们从很近的乡下上城来,总是待个长时间,在我家做客两三天。比如此刻,在我的记忆中浮现出下述情景:一个冬天的早晨,保姆阿莱娜·弗罗洛夫娜走进会客室向妈妈禀告道:"卢凯丽娅奶妈来了。"我们孩子们立即从大厅奔进会客室,高兴得直拍手。妈妈说:"叫她进来!"于是穿树皮鞋的卢凯丽娅进来了。头一件事是向神像祷告,向我妈问好。接着逐个吻我们大家;我们呢,真的搂住她的脖子挂一挂;然后把做成礼饼式样的乡下小点心——奶油煎的小饼子分给我们。分罢点心,她躲进厨房,因为孩子们上午得学习,没工夫。等到暮色降临,黄昏来到……妈妈在会客室里忙乎,爸爸也在会客室里抄写(医院里的)病历卡上的处方,他每天都要带一大堆病历卡回家来抄,我们这些孩子已经在黑洞洞的(尚未点灯的)大厅里等奶妈来。她来了,大家坐在椅子上,黑乎乎的,于是开始讲故事。为了不妨碍父母工作,她几乎用耳语一般的悄声讲故事。我们愉快地连续

---

　　①　1828 年,我们的军队果然占领了安纳帕要塞。——安·米·陀思妥耶夫斯基注

听上三四个钟头。屋里那么静,听得见爸爸写字的笔尖的沙沙声。这么精彩的故事我们简直没有听过,叫什么名儿现在我全想不起了;有讲火鸟的,讲阿辽沙·波波维奇的,有蓝胡子,还有其他许多故事。我只记得有些故事我们觉得非常可怕。我们对待这些讲故事的人是有区别的,比如我们发觉瓦丽娅的奶妈知道的故事虽多,但是讲得不如安德留沙的奶妈那么好,或者诸如此类的看法。

说到故事,顺便再讲几句。在我们童年时代那阵子,关于鲍瓦·科罗列维奇、耶鲁斯兰·拉扎列维奇等等的木版故事书流传甚广。那是一种四开本的小册子,灰色纸张,木版印制的斯拉夫文和俄文书,每页书上都有木版画。这种小册子我们家里也经常有。这一类书本如今连乡村市场上也没有卖的了。诚然,眼下有印刷精良的壮士歌,但那已不是儿童的书籍,就算是儿童的书籍,也是供年龄较大的孩子看的;这种书,光是它的样子——开本就引不起我们小不点儿的兴趣。提到这些木版故事书,现在(1895年),当我提笔写到这几行时,我想起一件事,那是费奥多尔·米哈伊洛维奇哥哥在四十年代末他已经从事文学创作时告诉我的:当时有一位作家(好像是已故的波列伏依①)打算摹仿这种故事的语言,编写几个类似的新的故事,也以木版印刷发行。按照当时费奥多尔·米哈伊洛维奇哥哥的看法,这种投机的做法如能成为现实的话,可能会给老板带来巨大的经济利益。不过,这种主意大概只是个设想而已。

我们过的日子

我们家里的日子是按照始终如一的顺序在过,天天一样,十分刻板。大清早,六点左右起床。八点钟,父亲便上医院去了,或者照我们家的说法,到病房里去了。这时家里收拾房间,冬天则是生火炉等等。上午九点钟,父亲从医院回来,立即乘车去给为数众多的城里病人看病,或者照我们家里的说法,“去出诊”。他不在家时,我们这些孩子做功课。后来晚些时候,两个哥哥上寄宿中学去了。十二点左右,父亲回来,十二点多,我们午餐。只有谢肉节期间是例外,上

---

① 尼·亚·波列伏依(1801—1867),俄国作家,《莫斯科电讯》杂志发行人。

午十点钟左右摆桌子,在父亲快要从病房里回来时,端上薄饼,吃过薄饼,父亲再去出诊。这几天往往是下午三点多钟才吃午餐,而且只吃鱼。谢肉节期间每天吃薄饼,不像现在这样,因为当时把薄饼当作谢肉节的一种必不可少的主食。吃过午饭,爸爸立即退到会客室,把通大厅的门关上,他穿着睡衣,躺在长沙发上,睡午觉。他要休息一个半到两个小时,这段时间里,全家人待在大厅里,一片肃静,不大说话,即使说话也只是悄悄耳语,免得将爸爸吵醒。因而,一方面,这是一天之中最无聊的时间,另一方面,又是很愉快的时间,因为全家人(除爸爸以外)都聚集在一个房间里,待在大厅里。夏天,苍蝇猖獗,父亲休息时我的情况还要糟糕!……他睡在长沙发上,我得坐在旁边用菩提树枝条儿替他赶苍蝇,树枝是每天从花园里折来的。这一个半到两个小时,对于我简直是活受罪!因为我得离开大家,在绝对的寂静中度过这段时间,坐在一个地方,一步也不能动!而且,千万不能漏过一只苍蝇,让它去叮睡觉的人!……可大厅里悄悄的谈话声,抑制着的笑声偏偏又听得见!……那里似乎挺快活!不过爸爸终于起来了,我也就摆脱了离群独处的境地!……

下午四点钟,我们喝晚茶,喝罢晚茶,父亲第二次到病房去查看病人。晚上我们在会客室里过,点上两支脂油蜡烛。硬脂蜡烛当时连说也没有说起;白蜡烛只是在重大的家庭节日有客人来时才点。我们家里没有灯,父亲不喜欢灯,即使谁家有灯,点的也是素油,有一股难闻的气味。煤油和其他点灯用油那时连提也没有提起。晚上爸爸如果不整理病历卡,我们就大声读书;读的书我在下文还要比较详细地谈到。节日里,尤其在圣诞节期间,我们就在这间会客室里打牌,玩捉王牌,父母也参加。这种乐趣和这样的节日,叫人很久还在回味。这里我顺便说一下复活节玩一种特别的游戏——滚彩蛋。大厅里铺上毡子,或者,省事一点,铺上棉被,在棉被上把蛋从两块特制的树皮上滚下来。有时大人和旁人也参加我们小孩的游戏,玩的人达到十来个,赌输赢的蛋也极多。通常,夜里八点钟,不早不迟,晚饭摆好了,吃过晚饭,我们孩子站在神像前念诵祈祷文,然后跟父母告别,去睡觉。日复一日,每天这样度过时光。外人,或者所谓客人,很少上我们家来,尤其是晚上。父母的所有熟人,大部分仅限于上午来拜访。不过,到后来,哥哥和姐姐进了寄宿中学,只有我单独和父母待在一起,费奥多尔·安东诺维奇·马尔库斯倒是经常傍晚时来做客,这我上文已经提及。他来时,我常常赖在会客室里听他们谈话。偶尔我父母晚上出去做客,这时我们孩子的游戏花样就比较多，玩得也比较热闹。这完全不是因为父母在家时我们孩子就玩得拘束，而是因为我们的仆人不好意思。父母一走，我们开始唱歌，然后跳起轮舞，玩捉迷藏以及诸如此类的游戏，那是我们那间偌大的大厅促使我们想玩，而父母在家时又不常玩的游戏。不过，父母离家的时间向来是不长的：晚上九、十点钟他们一准回来。我们往往在次日告诉妈妈，昨天他们不在的时候我们玩了什么游戏；对妈妈，我们自然是比较坦率的。我记得，妈妈外出时总是说："唉，你呀，阿莱娜·弗罗洛夫娜，你就费心让孩子们高兴地玩一玩吧！"

　　家庭的喜庆节日，尤其是父亲的命名日，对于我们向来是意义十分重大的。一开始，先是我的两个哥哥，后来是我姐姐瓦丽娅，必须准备好一篇祝贺词在早晨献给过命名日的人。贺词一向是用法文恭恭敬敬地抄在信笺上，卷成圆筒，呈交父亲，再大声而流利地背诵一遍。我甚至记得，有一次贺词是从《亨利亚德》中抄摘的（为了什么原因，只有天知道）。父亲深受感动，热烈亲吻致贺词的孩子们。这一天总是贵客盈门，大部分来吃饭；后来我们这些孩子长大了，我记得举行过两三次跳舞晚会招待客人。不过据我所知，我们孩子都不大情愿跳舞，被人家推着去跳，当它是一件勉为其难的累人的活儿。

夏天的散步和其他的娱乐

　　夏季里，家里消磨时间的方式有若干变化，就是全家傍晚时去散步。莫斯科玛丽雅医院的大楼在天主房街，坐落在叶卡捷琳娜女校和亚历山大女校之间，离玛丽雅森林不远。这一片森林始终是我们夏天散步的目的地。傍晚六点多钟，如火的炎热已经散去，我们全家，父母和孩子们，大部分和住在玛丽雅医院的其他人（多半是和舒罗夫斯基家的人）一起，出去散步。经过亚历山大女校大门口，那里不知为什么站着一个身穿全套军装、荷枪实弹的哨兵，从这个哨兵身边走过的时候，必须给他一个戈比或半戈比。但这钱不是交到他的手里，而是扔在他的脚边。哨兵瞅个适当的机会俯身把戈比捡起来。这是当时莫斯科人的一般风尚。散步极其循规蹈矩，孩子们到了城外，甚至到了玛丽雅森林也不敢松散松散，奔奔跑跑。这被认为是不礼貌的，只有在自家花园里才可以。散步时父亲总是和我们孩子讲一些能增长知识的事情。比如,我记得,他几次以实物作证给我们讲解几何学原理,讲解锐角、直角和钝角,曲线和折线,这种实例在莫斯科的街区几乎步步皆是。

　　每年到三一修道院①去也应算在夏天的生活变化之内。不过这只应当归入我们最早的童年时代,因为从 1831 年我父母买了田庄以后,我们便不再去三一修道院了。这种去三一修道院的旅行我只记得一次,因为我也参加了。这种旅行对于我们自然是件大事,可以说是生活中的重大时期。我们乘车去常常要走很久,在一些地方停好几个小时,如今铁路列车在那些地方只停两三分钟。我们在三一修道院住两天左右,参加所有的祈祷仪式,买了好些小玩意儿,然后照原样回家,整个旅程花去五六天。父亲因为公务在身不参加这种旅行,我们只跟妈妈和其他熟人一起去。

　　我们爸妈极其难得上戏院,我记得总共才一两次,是在谢肉节或者大节日,大多数看日场(不看夜场),在戏院里租个包厢,我们四个大孩子和父母亲一起乘车上戏院去;不过看的戏是经过严格挑选的。我记得有一回我们看一个戏,叫《灰鹦鹉或巴西猿》。这戏的情节我不太记得,我只记得扮猿的演员化装很出色(像真的猿!),是个绝妙的走钢丝艺人。如果说我们难得上戏院的话,那么每逢节日和谢肉节,我们倒是经常和叔公瓦西里·米哈伊洛维奇·卡杰尔尼茨基到莫斯科的杂耍场(所谓彼得鲁什卡)去玩的,这一点,我在上文已经提过。

　　我们的父母是极其虔信宗教的人,尤其是母亲。每个星期日和大的节日,我们必定到教堂去做弥撒,头天晚上必定去做通宵祈祷。履行这一切于我们很方便,因为医院附近就有一座很宏伟的大教堂。

　　医院里有一座美丽的大花园,花园里有无数菩提树的林荫小径和维修得极好的宽阔的小路。这花园在夏季几乎是我们的住所。我们或者和保姆一起规规矩矩地在花园里散步,或者在长椅上坐他几个小时,用水调湿沙子,做各种“食物”。游戏吧,只准玩小木马。打球吧,尤其是用棍子打球,比如,用球棒击球玩,是严格禁止的,因为那是“危险而又不体面”的游戏。医院里除了我们以外,还住着许多人,也就是那些大夫们和其他职员。但是奇怪的是,谁家也没有和我

---

　　① 三一修道院全称是三一谢尔盖修道院,距莫斯科七十公里,是十四世纪时由修士谢尔盖·拉陀涅什斯基所建。

们同年的孩子,只除了彼嘉·利赫吉尔,可这孩子家里的人又不让他到医院的花园里来散步。所以我们只好在自己兄弟中间玩玩为满足,做的游戏也很单调。有一次,我们在一个游园会上曾经看到过一个飞毛腿,为了赚钱而表现其飞跑的本领,跑的时候他嘴里还衔一块手帕的角,手帕浸过酒精饮料。于是我们就模仿他,开始在花园的小径上奔跑,嘴里也同样衔着手帕的一只角。好长一个时间我们就拿这当游戏。

病人也在这个花园里散步,他们或者穿驼毛色的薄呢病员服,或者穿斜纹布的夏季病员服,视天气而定,但头上戴的永远是像雪一样白的椭圆形布帽,不戴制帽,脚上穿鞋子或无后跟的拖鞋,所以他们只能脚蹭着地面走,不能迈开步子走。不过,病人在花园里一点也不影响我们的散步,因为病人的行动非常循规蹈矩。大人严格禁止我们,也禁止保姆跟病人接近,不准与他们谈话。

购买村庄 尼古拉弟弟出生 外公去世
初次下乡 我们在乡下的游戏 村里失火

我的父母早就想买一座庄园,一直在寻找合适的产业,要离莫斯科不远的。打从 1830 年起,他们的心愿变得迫切了,我十分清楚地记得,有各式各样的小经纪人上我家的门,这种人当时在莫斯科叫作中间人,帮助卖主和买主双方进行交易。这些中间人提出了五花八门的建议,其中一项建议是在 1831 年夏天提出的,引起我父亲的重视。有个伊万·彼得罗维奇·霍嘉英采夫的,他的庄园要出售,地点在图拉省卡西尔县,距莫斯科约一百五十俄里。这个庄园在售价方面、农耕器具房屋设备方面引起父亲的注意,所以他决定亲自到庄园去看一看。我现在还记得,那是在午饭以后,下午三点多钟光景,一辆由三匹带铃铛的马拉的、草席顶棚的四轮马车,或者是带篷马车,驶近我家门口。爸爸向妈妈告别,吻遍我们所有的孩子,坐上这辆带篷马车走了,出门一星期光景。这似乎是我的父母第一次小别数日。可是过了不到两小时,我们还坐在茶桌旁继续喝茶,却看见父亲坐着那辆带铃铛的有篷马车回来了。爸爸迅即下车,走进屋里;妈妈几乎晕倒了;爸爸突然返回来,出乎她的意料,使她大吃一惊,再说她当时正怀着弟弟尼古拉。爸爸匆匆安慰了妈妈几句,原来他把他的护照,或者说驿道旅行证忘在家里了,车子到罗果日关卡,因为没有护照,不予放行[……]。父亲拿了证件,安慰了母亲,再次出发,这一次没有再折回来,直到五六天后才回家。这一插曲,也就是父亲的突然折回,在我家经常提到,认为这是不吉之兆,购买村庄不会给我们带来幸福……如果对照以后的情况,那么,当时把这当作不吉之兆也是有道理的,正如我们后来所看到的那样。[……]

十二月,即1831年12月13日,尼古拉弟弟出世。我记得,夜里叫我们几个孩子离开卧室远一点,大厅的地板上铺了几只羽毛褥子,安排我们在那里过夜。说我们,我是指自己和姐姐瓦丽娅。两个哥哥依旧待在原处,在靠近前厢房的儿童室里睡觉。早晨六点钟光景,爸爸过来唤醒我们,吻过我以后,他说我又添了个小弟弟尼古拉。这天早晨,爸爸亲自替我们倒茶。我奇怪的是妈妈没有替我们倒茶,甚至没有出来喝茶。上午九点钟光景,带我们进去问候妈妈。我们见她在卧室里,躺在床上;她吻了我们所有的孩子,也让我们吻了吻小弟弟尼古拉。使我极其诧异的是,这一天以及后来的日子,妈妈一直躺在床上,也不起来与我们在大厅里坐坐。不过后来妈妈终于起床了,一切又都恢复正常。

妈妈产后身子还没有好好恢复,她又遭到不幸。我们的外公费奥多尔·季莫费耶维奇·涅恰耶夫久病不愈,于1832年初去世了。妈妈穿了重孝服,这又引起我的小孩子头脑的深切关注。外公安葬以后(我们小孩子也参加葬礼),我们家庭开始为一件即将来临的大事作准备。父母之间作了决定:打春头上起,妈妈每年夏天要下乡去,亲自管理庄园,父亲因为有公务在身,离不开。为了这个目的,决定复活节过后(那时复活节相当晚,在4月10日),乡下立即派村里的马,驾一辆带篷大马车来接妈妈,马车是为此而特地买的。决定:一,三个大儿子,即米沙、费佳和我,随妈妈下乡;二,瓦丽娅姐姐整个夏天住到亚历山德拉·费奥多罗夫娜姨妈家里去;三,薇罗奇卡妹妹和刚生下的尼古拉留在莫斯科,和爸爸、保姆弗罗洛夫娜以及奶妈在一起。[……]

盼望的日子终于来临;农民谢苗·希罗基驾着三匹花斑骏马拉的带篷马车来到莫斯科,他算是个公认的经验丰富的骑手,爱马,也善于识马。把车子拖到台阶旁,把所有的行李都装了上去。原来这辆马车大得像间屋子,是那样宽敞。车是向商人买的,他们就是乘这辆车去马加尔耶的。一切准备就绪!约翰·巴尔肖夫神甫来,做送行祈祷仪式;然后告别的时刻来临,我们在带篷马车上坐好,妈妈和爸爸乘另外一辆四轮马车,他给我们送行。然而转眼间也就到了罗果日关卡!爸爸正式跟我们分手,妈妈眼泪汪汪地坐到带篷大马车上来,谢苗·希罗基把车辕上的铃铛解开,于是我们动身了,对着留在莫斯科的爸爸久久地挥动手帕。马铃叮叮地响,小铃铛玲玲琅琅,我们在便道(那时当然还不是公路)上飞驰,一边欣赏农村风光。不光这第一次下乡之行,以后每次下乡也总是使我心旷神怡![……]

童年时屡次从莫斯科下乡以及返回城里,对这些旅行的印象,我只讲到此为止。

现在,在我们搬到乡下去居住之前,我先讲一点我所知道、我所记得的那地方的情况,这个优美的地方很值得我纪念,因为有六年工夫,即 1832 年到 1836 年以及 1838 年,每年夏天在那里度过。

我家父母买到的小村庄叫达罗沃耶,前文已经提及,是向地主伊万·彼得罗维奇·霍嘉英采夫购买的。达罗沃耶村的居民是一个宗族的小支裔,祖先是霍嘉英采夫家的人,大概极为富裕。达罗沃耶村的一边,相距两里,是莫纳迦罗伏村,好像是属于霍嘉英采夫家的长子,退职少校巴维尔·彼得罗维奇·霍嘉英采夫的;另一边,距达罗沃耶村一里半,是切列莫什尼亚村,是归某某霍嘉英采夫① 所有。这个切列莫什尼亚村已经卖掉,我的父母亲在购买达罗沃耶村时还不知道这情况。

不幸的是我们在村里住下之后不久,妈妈被迫为我们村里迁出两三户农民的事而打起官司来。这两三户农民是莫纳迦罗伏村的,也就是属于巴维尔·彼得罗维奇·霍嘉英采夫名下的。上法院去诉讼,就我母亲方面而言,自然是在她的所有口头声明都遭到霍嘉英采夫的否定之后才出此下策。妈妈向法院起诉把霍嘉英采夫彻底惹火了,他开始夸口,说是要买下他堂弟的领地切列莫什尼亚村,那时就可以前后夹制陀思妥耶夫斯基家。这些大话自然传到我父母的耳朵里,使他们深感不安。霍嘉英采夫的威胁很有可能成为事实,因为相邻的两个庄园的所有土地地界并未划定,都是所谓**犬牙交错的**。巴·彼·霍嘉英采夫在作准备时,父亲把达罗沃耶村抵押出去,又向私人借了钱,筹集了必要数目的款项,

---

① 1839 年 3 月 23 日陀思妥耶夫斯基给亚历山大·费奥多罗维奇·霍嘉英采夫的信保存下来了。(《书信集》,第 4 卷,页 240)这里的某某可能就是指他。

在当年,即 1832 年便把切列莫什尼亚村买了下来。我不知道买切列莫什尼亚村花了多少钱,但从契据上知道父母为两个村庄,即达罗沃耶村与切列莫什尼亚村花了四万二千纸卢布,或一万二千银卢布。这两处领地共有**一百个农奴**(根据 1833 年的第八次调查)和**五百俄亩**以上的土地。这样一来,巴·彼·霍嘉英采夫的威胁便失去效力,他成了我们的好邻居,不过他并没有把他的农户从我们的领地上迁走,直到 1833 年村里大火。

我们下乡去的旅程,时间长达两昼夜多,以后每次下乡也都如此。每走三十至三十五俄里,我们便停下来休息一次,喂喂马,走两站便宿夜。我记得的驿站是:柳别尔齐,丘尔科沃,勃隆尼齐,乌里扬尼诺,科洛姆纳,兹洛比诺以及扎拉依斯克。我们的庄园离扎拉依斯克只有十俄里路。不过谢苗·希罗基并不是在每个叫得出地名的驿站都停下来喂马的,而是从严掌握,每次一定要走三十或三十五俄里才喂马一次。车过科洛姆纳以后,我们乘渡船渡过奥卡河;河水泛滥时,河面相当宽阔。这条河上摆渡我们始终是害怕的,我们急匆匆赶路,使每次都在早晨渡河,而决不在傍晚渡河。不过到第三天,我们终于快要到我们的村庄了。过了扎拉依斯克以后,我们简直坐不住了,从马车上不停地朝外张望,不断地问谢苗·希罗基,我们是不是快到了。我们终于拐弯,离开大路,在乡间土道上奔驰,几分钟后抵达自己的达罗沃耶村了。

我们的村子景色如画,清幽宜人。一片相当大的菩提树林,浓荫匝地,树林中是为我们下乡居住而修建的侧屋,南方格调,计三间小房间,屋子系用树枝编成,涂上泥巴。这一片菩提树林向一片小小的田野延伸,和白桦林连接。白桦林十分茂密,地上土沟土谷纵横,是个幽暗而荒僻的处所。这座树林叫白雷科沃①。上述这片田野的另一边是一座大果园,约五俄亩左右。这座果园也是经过菩提树林进去的。果园的四周有深水沟环绕,水沟的土埂上种了密密麻麻的醋栗丛。果园的后部也和白雷科沃的白桦树林相连接。菩提树林、果园和白雷科沃这三处地方距离我们家的屋子极近,因而成了我们常去的散步处所。上面提到的我家的房子,是茅草屋,附近有两座土冈子,或者两段土堤埂,上面各长着四株百年以上的老菩提树,因此,这两座有百年老树遮荫的土冈子,比什么亭子

---

① 这个地名在哥哥费奥多尔·米哈伊洛维奇的无数作品中不止一次遇到。比如,《群魔》中斯塔夫罗金与迦迦诺夫决斗的地方就叫白雷科沃。——安·米·陀思妥耶夫斯基注

都好,整个夏天我们都拿它当餐室,经常在那里吃饭,喝早茶、晚茶。二哥费佳一开始就十分喜欢白雷科沃树林,所以后来我们家里的人就管它叫费佳丛林。不过妈妈可是不大肯让我们到这座小树林里去散步,因为谣传那里的土沟里会遇到蛇,经常有狼出没。果园后面,白雷科沃树林后面是一片大洼地,延伸了好几俄里。这片洼地似乎是过去的河床。洼地里还有水源。这一情况成了在这片洼地里挖小水塘的由头,因为村里没有水塘。头年夏天妈妈就命人挖了个相当大的水塘,在庄园的通行车马的街道附近打住。到了夏末便汇成一个相当深的水塘,一泓塘水,清碧泛然。农民们对此极为满意,因为过去牲口饮水十分困难,这样一来方便多了。同年秋天爸爸从莫斯科派人送了一桶活的小鲫鱼来,放养在新挖的池塘里。为了使放养在池塘里的鱼种不至于过早被人捉光,村长沙汶·马卡罗夫建议妈妈"封塘"。那就是要教堂里的人举着十字架,抬着神像,扛着教会的旗幡,绕池塘走一圈,结果也就这么做了。以后几年,池塘里造了个浴棚,夏天,我们每天在池中洗三四次澡。总而言之,在乡下过夏天,对于我们孩子来说是很符合卫生要求的;我们像大自然之子那样,一直生活在露天和泉水中。后来几年我们常常在这个池塘里钓鱼,不过钓来钓去总是只钓到不大的**鲫鱼**和小条鳅,这种小条鳅是从哪里来的,我压根儿摸不着头脑!但是过了两年左右,大水泛滥把我们的池塘的堤埂冲坏了一部分,我们看见漫过堤埂的水里有许多个儿挺大的金色鲫鱼。这使妈妈有理由下令把早就备好的渔网撒下去。我们拉起渔网,捉到许多鲫鱼,而且全是金色鲫鱼,我们的快乐是可想而知的了。妈妈吩咐我们给自己挑出几条鱼,将百把条鱼(或者不止)分送给农民们,其余的命我们仍旧放回塘中。从那时起我们开始热衷于钓鱼。有时,钓到的鱼甚大,这也是我们喜欢做的乐事之一。钓鱼总是从大清早开始,四点多钟光景,最迟不超过五点。钓鱼时我们每个人都有一名副官,也就是农民的孩子,他们必须先挖好蛆,装在鱼钩上……总而言之,这副老爷派头是**极其令人厌恶的**!

我们孩子玩的游戏,常常在菩提树林里进行,奔跑着穿过田野,往白雷科沃飞奔。我来描绘一下其中的有些游戏。费佳哥哥当时已经看过不少书,大概熟悉书中所描写野人的生活。"做野人游戏"是我们喜欢玩的游戏。玩法是这样:我们在菩提树林里选一个树枝比较茂密的地方,搭一个窝棚,用树枝树叶遮蔽好,做好一个不易被人发现的出入口。这个窝棚作为**野人部落**的主要居住地;我们把衣服脱得精光,用颜色把身体描得花花绿绿,算是文身;用树叶和染过色的鹅毛做腰间和头上的饰物,再用自制的弓箭武装起来,于是向白雷科沃进行假想的袭击,那里当然找到我们特意藏在那里的农家的男孩和女孩。我们俘虏了他们,扣押在窝棚里,直到以相当的代价来赎取。费奥多尔哥哥想出这个游戏,当然是他做部落的大首领。米沙哥哥很少直接参加这一游戏,因为跟他的性格不合;但是他当时已开始画画,并且有颜料,所以他是我们的服装制作人,常替我们涂抹身体。这个游戏特别有兴味的是:没有大人来管我们"野人",因而压根儿与所有不是野人的普通人断绝来往。我记得有一回,是晴朗的好天气,妈妈想让我们多玩一会,玩个尽兴,决定不喊我们回去吃饭,叫人用特别的食器盛着,端到露天中,摆在树丛下给野人们吃。这么安排使我们极为高兴,我们就不用刀叉,干脆用手抓着吃,以便和野人的身份相称。然而谚语说:"既然有蜜,就想用匙",我们得寸进尺,打算夜里也做野人,家里便不允许了,照老样子替我们洗干净身子,安顿我们睡觉。

另一个游戏,也是费佳哥哥想出来的,是玩"鲁滨孙"。这个游戏我和哥哥两人一起玩,费佳哥哥当然做鲁滨孙,我只好扮星期五。我们努力要在菩提树林中再现鲁滨孙在荒岛上所经受的种种困顿匮乏。

我们也玩过简单的驾马游戏;不过我们居然想出办法使游戏变得比较有趣些。我们每个人都有三匹马,那是由农民的小男孩来充当,必要时也用女孩子,算是母马,让她们拉边套。这样的三驾马成了我们的负担,我们老是在操心如何把他们喂得饱、喂得好些。所以每天吃饭时,一道一道的菜,我们每人都把自己的一份菜省下一大部分,饭后拿到树林边的"马厩"里去喂他们。骑三驾马的游戏已不在菩提树林中进行,而是在我们村子通往切列莫什尼亚村的大路上奔驰,时常打赌,还用什么奖品奖励跑得快的三驾马。当时我们经常乘车去扎拉依斯克城,上市场和赶大集,在那里看到过马贩子怎样卖马,于是我们也进行买卖和交换马匹,使用马贩子的一切办法,那就是看"马"的牙齿,抬起"马"的腿来看蹄子,如此等等。[……]

我还记得一个游戏,或者毋宁说是不可饶恕的胡闹。菩提树林后面是一片墓地,附近有一座破旧的木头小教堂。教堂里的搁板上放着神像。小教堂的门是从来不锁的。使女薇拉(前面我已提到)是个十分活泼愉快的姑娘,有一回,在她陪伴下,我们走进这所小教堂去,没有多加思索,便抬起神像,唱着各种赞美诗和宗教歌曲,在薇拉的率领下,到田野上去兜圈子。这种不可饶恕的胡闹我们搞了两三次，但后来有人把这事告诉了妈妈，我们狠狠地挨了整。

妈妈每星期两次派人到扎拉依斯克去取（父亲从莫斯科寄来的）信件，顺便也去采购东西。薇拉常常自告奋勇去干这件差使。家里的马经常是全部在地里干活，所以差到扎拉依斯克去的人只好步行，使女薇拉自然也不例外。我也常常跟着薇拉步行到扎拉依斯克去。进城去的这段路程有二十三四里。[……]

前面已经说过，我们在村里经常是待在露天中的，除了游戏而外，我们整天在田野上参加艰苦的田间劳动，一边仔细观察。所有的农民，尤其是妇女，非常喜欢我们，跟我们谈话一点也不拘束。我们这方面，也以一切可能的办法去讨他们的喜欢。比如有一回，费佳哥哥看到一个农妇把备用的水洒了，因此她给孩子喝的水就没有了，哥哥立即跑了两俄里路光景，回家取了水来，可怜的母亲对他千恩万谢。是的，农民们爱我们！费奥多尔·米哈伊洛维奇哥哥后来在《作家日记》①中为此才华横溢地描绘的与农民马列伊在一起的场面充分展示了这种爱的感情！顺便说一说马列伊（大概叫马卡伊）。这个人不是虚构的人物，是实有其人。他是个英俊的庄稼汉，年纪在中年以上，黑头发，丰美的黑胡子，已经杂有白胡子。他是村里公认的牲口行家，在市场上买牛，没有马列伊怎么也不行。[……]

上文我已提到，我家买下第一个村庄达罗沃耶以后，又买了切列莫什尼亚村。我们和妈妈以及全家人常常傍晚时到这个村子去。除此以外，切列莫什尼亚村②有个小浴室，达罗沃耶却没有，我们全家几乎每星期六早上就上那个浴室去。

我再顺便提一提村里的火灾。现在把这一次灾祸稍微讲得详细些。这场火灾发生在早春，即1833年复活节前的一个星期，我们在莫斯科得知消息已是复活节的第三天。

据我现在记得，那天我们正在过节，由于几次来得晚的拜访，午饭的时间稍微拖晚了，我们刚吃完饭离开桌子。爸爸和妈妈正在谈论她即将下乡去的事，我

---

①　1876年2月出版，第一章（《农民马列伊》）。

②　切列莫什尼亚这个地名出现在费奥多尔·米哈伊洛维奇哥哥的最后一部长篇小说《卡拉马佐夫兄弟》中。老卡拉马佐夫的领地就叫这个名字*，他委托他的第二个儿子伊万·费奥多罗维奇出售森林中的别墅。——安·米·陀思妥耶夫斯基注

*　《卡拉马佐夫兄弟》中费奥多尔·巴甫洛维奇·卡拉马佐夫的领地叫切尔马什尼亚。

们孩子对未来的下乡之行和乡下生活早就想得美滋滋的了。忽然有人来禀告父母,说是达罗沃耶的管事格里戈利·瓦西里耶夫①来了,在厨房里。这个人其实是个仆人,没有能力担任管事。不过他识字,是村里唯一能够写写算算的人,所以得了个管事的外号。实际上他由于无能,什么也管不了,大小事情都由村长沙汶·马卡罗夫在那里发号施令。

父母当即吩咐,叫来人进来,节日的欢快心情顷刻间笼罩上惴惴不安的阴影,似乎料到有什么不幸发生了。过了一会,格里戈利来到前厅,脚上穿的是树皮鞋(尽管我们的家仆从来不穿树皮鞋),身上穿着打过补丁的破长褂,胡子没剃,哭丧着脸。看来他是故意打扮成这副模样的,好让自己现出一副可怜相!

"格里戈利,你来干什么? ……乡下怎么啦?"

"糟了……庄屋烧光了!"格里戈利声音黯淡地说。

最初的影响是可怕的! 我记得父母跪在会客室的神像前祷告了很久,接着他们乘车到伊万尔圣母堂去祈祷,我们孩子则留在家里,哭哭啼啼。

经过进一步详细询问,才弄清失火的原因是一个农民阿尔希普,受难日②那天忽发奇想,要在自己的院子里燎野猪毛。风势很大。他的房子着火了,蔓延到整个庄院。闯下这场祸之后,祸首阿尔希普自己也烧死了;他奔进自己那所着火的房子里去抢搬东西,结果葬身火海!

不过,说实话,比较冷静地通盘考虑一下后,父母亲确信这场灾祸还不算太大,因为农民住的整个院子都破旧不堪,迟早需要重新翻造了。他们打发格里戈利回去,答应与农民有难同当。我记得这是爸爸的话,他对格里戈利说了好几遍,命他回去转告农民们。

在这场灾难中,心地最善良的亚历山大·阿列克谢耶维奇姨父似乎也给父母亲以帮助。

十来天以后,仍旧是那个谢苗·希罗基驾着三匹花斑马拉的马车来接我们了。于是我们和妈妈动身下乡去。整个庄院一片废墟,有些地方耸立着烧焦了的柱子。焚毁的牲口棚旁边几株上百年的老菩提树也烧焦了。景象是凄惨的。

---

① 《卡拉马佐夫兄弟》中费奥多尔·巴甫洛维奇·卡拉马佐夫的仆人也叫格里戈利·瓦西里耶维奇。

② 复活节前的星期五。

此外我们那只老狗茹契卡摇着尾巴来迎接我们,然而大声哀号不已。

一星期后活儿就忙乎起来,农民们都高兴了。妈妈给每个当家人**五十卢布**,这在当时是一笔很可观的款子了。搭建了新的牲口棚,旁边有下人住的小屋,还有小厢房,供我们下乡时居住。我们的树篱墙糊上泥巴的小房子,有两个土岗子围绕着,有百年老菩提树挡着,没有烧毁,可是我们全都住在里面又嫌挤。

烧死的农民阿尔希普的女儿阿丽莎,妈妈十分喜欢,接来住在她自己的房里,后来让她做了使女,长期住在我们莫斯科的家里的顶楼上。

到夏末,我们的村庄修建一新,火灾的事再也没有人提起。我记得妈妈在救济农民时对每个人言明,钱是借给他们的,以后有了能力,这笔债是要还的。不过这自然只是说说罢了。农民借的钱,从来也没有人要求他们归还!!!〔……〕

在结束关于乡下生活的简短的回叙的时候,我不能不提到傻女人阿格拉菲娜。我们村里有个无家可归的傻子,整天在田野里游荡过日子,仅仅在严寒的冬天,人家才硬把她拉进某家人家的小屋里避避风雪。当时她已二十到二十五岁,极少说话,不愿意说话,即使说话也前言不搭后语,叫人摸不着头脑。只有一件事是可以理解的:她经常想念那葬在坟冈上的孩子。她似乎天生是个傻子,尽管景况如此,她遭到奸污,忍受了下来,做了母亲。那孩子不久就死去了。后来我在费奥多尔·米哈伊洛维奇哥哥的长篇小说《卡拉马佐夫兄弟》中看到叶莉扎维塔·斯梅尔佳夏娅的故事时,不由得想起我们村里的傻女人阿格拉菲娜。①

我们的启蒙教育及其他

现在我来回叙我们家庭的启蒙教育。我们所有孩子的启蒙教育,即所谓认字,认字母表,由我们母亲担任。教字母表,不是照现在的读法,念 а,б,в,г 等

---

①　《卡拉马佐夫兄弟》中斯梅尔佳科夫的母亲叶莉扎维塔·斯梅尔佳夏娅显然是从“傻女人阿格拉菲娜”来的。小说中说她“像傻女人阿格拉菲娜一样,一辈子逛来荡去,无论冬夏,赤着脚,只穿一件麻布衣服”。

等,而是照古老的读法,即念成 аз,буки,веди,тдаголъ 等等,一直念到 Ижица①,总要讲上一段著名的开场白。字母之后,接下来是朗读两个音的,三个音的,四个音的,甚至五个音的字母组合,例如:Бвгра,Вздра 等等,念起来常常挺拗口的。等到这一套深奥的玩意儿学会了,我们逐步开始阅读。我自然并不知道哥哥们认字母表是怎么学的,这里的回忆仅仅是有关我个人的。但因为教师是一个人(我们妈妈),连启蒙课本或字母表都是哥哥们传给我的,所以我有理由推断,教哥哥们识字也是用的同样方法。我们阅读的头一本书是同样的书。那是俄文版的圣经故事《新旧约全书》(好像是从吉博涅尔的德文版转译的)。其实它的全称叫《新旧约中一〇四个圣经故事》。书上附有几幅很拙劣的石版画,描绘创造世界、亚当和夏娃在天堂、洪水及其他主要的神的事迹。我记得不久前,就在七十年代,我和费奥多尔·米哈伊洛维奇哥哥谈起我们的童年时提到了这本书;他欣喜万分地告诉我,他找到了那本书,即我们童年时读的那一本,他把它作为神圣的东西保存着。

上文我已提及,我没有能够亲眼目睹哥哥们的发蒙认字。从我开始记事,我见到哥哥们已经会读会写,准备进寄宿中学。他们未进中学前在家里逗留的时间我记得是不长的,一年,多则一年半。这段时间里有两位教师上我们家来。头一位是个教堂执事,教过神学。这个教堂执事可能在叶卡捷琳娜大学任职,据我所知,至少在那里当过教师。他来时,大厅里总是摆开牌桌,我们四个孩子和教师围桌而坐。妈妈总是坐在旁边,手里做着什么活儿。后来我有过许多神学教师,但是像执事老爹那样的教师,我可记不得。他有出色的口才,一堂课,照从前的规矩长达一个半至两个小时,整个一堂课他都在讲故事,或者如我们所说,讲解《新旧约全书》。他一来,往往先利用几分钟时间查问功课,然后立即开始讲故事。洪水啦,约瑟的冒险啦,基督的诞生啦,他讲得特别好,连妈妈也常常放下手中活儿听他讲,不仅听,而且还望着讲得热情奋发的教师。我可以肯定地说,他以他的授课和讲故事打动了我们孩子的心。连当时是六岁孩子的我,也兴高采烈地听故事,一点也不因其长而感到厌倦。十分遗憾的是,我不记得这位可敬的教师姓甚名谁,我们只简单地叫他执事老爹。尽管如此,功课他还是要求按照课本逐字记住,一字不漏,也就是如俗话所说的,"背得滚瓜烂熟",因为当时入

① Ижица 是旧时俄语字母中的最后一个字母 V 的名称。

学考试到处都这样要求。大主教费拉莱特的著名的《初阶》作课本,书是这样开头的:"圣父、圣子、圣灵,唯我崇拜之一神为永恒,其存在乃无始无终,无论过去、现在和将来……"等等。这与其说是孩子的启蒙课本,不如说是哲学著作。然而因为这课本是所有学校都采用的,所以执事老爹本人也照本宣科,这就不难理解了。

　　这个时期经常上我们家来的另一教师是尼古拉·伊万诺维奇·苏夏尔德,他是叶卡捷琳娜大学的法语教师,到我们家来也是教法语。他是法国人,但是热切希望完全成为俄国人。我记得爸爸讲的一件事情,说是有一次尼古拉皇帝来参观叶卡捷琳娜大学,尼古拉·伊万诺维奇·苏夏尔德请求皇上开恩,准许他把姓颠倒过来,在字尾添上"OB",他的请求得到准许,因此他以后便自称是德拉苏索夫(苏夏尔德颠倒过来是德拉苏斯,加上 OB 成为德拉苏索夫)。我因为当时人还太小,未学法语,所以关于他的教学无话可说,虽然他来上课时我一定得坐在那张牌桌旁,整个一堂课时间里规规矩矩地坐着。我只记得,父亲命名日那天用的贺词总是由尼古拉·伊万诺维奇捉刀,我们在他的指点之下背熟。

　　光阴荏苒,转瞬间哥哥们按年龄到了该进文科中学寄宿学校的时候了,单是阅读和书法,加上神学和法语,是远远不够的了。为了准备进这样的寄宿学校,家里让两个哥哥到这位尼古拉·伊万诺维奇·德拉苏索夫办的半寄宿学校去补习,他们好像去补习了整整一年,甚至还更久一些,每天早上乘车去,午饭时分回来。德拉苏索夫为走读生办了个小规模的学校,他自己教法语,两个成年的儿子教数学和语文课程,连他的妻子叶甫盖尼娅·彼得罗夫娜似乎也教点儿什么。不过这所寒伧的学校没有人教拉丁文,所以由爸爸亲自任教这门课,给哥哥们作入学准备。我记得他出去治病的一天早晨,买了一本巴蒂肖夫编的拉丁文文法给哥哥(这本书后来移交给我使用)。从那时起,爸爸每天晚上教哥哥们学拉丁文。爸爸作教师和外人上我家来当教师是不同的:外人来当教师整个一堂课学生和教师一起坐着上课;父亲给哥哥上课,往往将近一个钟头甚至一个钟头以上,哥哥们不仅不敢坐一坐,连胳膊肘在桌上撑一下也不敢。他们像木头人似的站着,轮流背名词变格:mensa, mensae, mensae 等等;或者念动词变位:amo, amas, amat。两个哥哥对每天晚上的拉丁文课害怕极了。父亲出于好心,求全责备,很不耐心,主要是脾气急躁。往往哥哥方面稍有差错立即便遭到呵斥。不过这里我要顺便指出,父亲尽管脾气急躁易怒,在家里对待孩子却很仁慈,尽管教字母表时的开场白很厉害,我们却不仅没有受过体罚——谁也没有,从来没有——我甚至记不得什么时候哥哥们被罚过下跪或立壁角。我们最怕的是父亲发脾气。上拉丁文课时亦然,哥哥方面稍有差错,父亲的火气便上来了,勃然大怒,骂他们懒胚,笨蛋;最厉害的时候,偶尔也有课没上完便撂下的情况,那就算是比任何惩罚还要厉害的了。逢到这种情况,我记得,妈妈只是看看我,好像暗示我说,看着,你不用功将来也是这样惹爸爸生气! ……可是,唉,尽管巴蒂肖夫的语法书移交到我的手中,然而命里注定不是由爸爸来教我深奥难懂的拉丁文基础知识,我是在车尔马克寄宿学校里学的。

父母对待我们孩子比较宽容温和,在他们那方面,这大概也是他们在世时决意不送我们进文科中学去的原因,虽则进文科中学费用要低廉得多。当时文科中学的名声不好,为了一点点细小的过错而遭体罚是家常便饭。因此人们认为还是私立寄宿学校比较好。哥哥们的入学准备终于完成,他们遂于1834年学期开始时进入列昂季·伊万诺维奇·车尔马克①的寄宿学校读书。

哥哥和姐姐进寄宿中学　对我的学习安排和入学准备
我们和父母一起举行的文学晚会　哥哥们的文学爱好

这时瓦莲卡姐姐②也被父母送进路德派新教的彼得-保罗教堂办的寄宿中学或普通学校。这所学校在莫斯科早就存在,享有应得的盛誉。学校在柯兹莫杰米扬诺夫胡同,我姨父亚历山大·阿列克谢耶维奇·库玛宁家旁边,因为这缘故,姐姐每逢星期六就不常回家了,尤其是在严寒的冬天,姨妈亚历山德拉·费奥多罗夫娜把她接到家里去了。两个哥哥也被送到车尔马克全寄宿中学,每逢星期六午饭时才回家,星期一早晨又回学校去待上一星期。所以家里的大孩子只剩下我一个了。

---

① 《大罪人的一生》的提纲中几次提到车尔马克寄宿中学(见《文件》),很明显,这个提纲的前半部分后来用在《少年》中。(见《最后几部长篇小说》)
② 瓦莲卡即陀思妥耶夫斯基家的大女儿瓦尔瓦拉,瓦丽娅的爱称。

爸爸对我作了下述安排。他委托哥哥和姐姐来管我的学习,布置一个礼拜的功课;星期六我得还功课。星期天我又得听哥哥和姐姐讲解下个星期的功课。科目是这样分的:米沙哥哥担任算术和地理;费佳哥哥担任历史和俄语语法;瓦丽娅姐姐担任神学和法语、德语。

从这时开始,我在父母家里的生活就极为枯燥乏味了。家里变得十分冷清,我在父母的督促之下,得整天坐在大厅里读书,尽管有时候我思想大开小差!当时我已十岁,而薇罗奇卡妹妹才六岁,因而她无法做我的伙伴,更何况我与比我大的孩子作伴已经习惯了。不过,等待星期六的到来是件愉快的事,尽管这一天对我来说是考试的日子,还课的日子,但我不大害怕哥哥们和姐姐,只想到又有一天半的时间可以和他们待在一起。哥哥和姐姐以教师的态度对待我,这丝毫也不影响我们的手足情谊,直到如今还存在同胞兄弟的深情。星期六,从早上起便可感觉到全家亲人团聚的亲切气氛。连父母也显得比较愉快,饭桌上增添了平日没有的东西,总而言之,充满了节日的气氛。这一天,固定不变的十二点钟午餐时间也不得不改动一下。等到马从天主房街来到新巴斯曼胡同,等到兄弟们都来了,会齐了,足足要花一个半至两个钟头,所以这一天便在两点钟左右吃午饭。去接姐姐大都在傍晚时分,暮色已经降临。哥哥们一到家,还来不及问声好,饭桌上就已经热闹开了。刚坐下吃饭,旺盛的食欲还没有得到满足,他们就说起这一星期里发生的事情来了。他们首先如实报告这一星期各门功课的分数,然后开始讲到教师们的故事,讲到同学们的各式各样孩子气的、有时很不文雅的调皮捣蛋行为。又是讲学校里的事情,又是聊天,这一天的午饭就拖得很长。父母扬扬得意地听着,不作声,让回来休假的儿子们讲。孩子们讲的话可说十分坦率!我记得父亲从来不教训儿子们;他们讲班级里发生的各种调皮捣蛋事情时,父亲只是根据胡闹的程度在一旁连连说:“唉,你这捣蛋鬼,唉,闯祸胚,唉,小坏蛋,”如此等等,从来不说:“小心啊,你们可别做这种事啊!”似乎这样就让我们知道,父亲连想也没有想到他们会去干这一类的捣蛋事儿。

吃过饭,又闲谈了一会,马马虎虎检查了我一星期来的功课,然后哥哥们在牌桌旁坐下埋头看起书来;星期天也是这样过。我只记得每逢星期六、星期天,我是难得看到哥哥们带着课本回来在家准备功课的。但是可看的书却带来很多,所以哥哥们经常把在家里的时间用来读书。每星期六都是这样过的。所以我不再絮叨,加之年代久远,我已不复能记忆特别精彩的星期六。我仅指出一

点,后来几年,即 1836 年前后,哥哥们极为兴奋地讲起他们的俄语教师①,他简直
成了他们的偶像,因为他们几乎事事处处都要想起他来。这位教师大概颇不平
凡,类似我们可敬的执事老爹。哥哥们评论他不仅是个好老师,在某些方面甚至
是个绅士。十分遗憾的是我如今已记不起他的姓名了,不过我在车尔马克寄宿
中学期间似乎连高级班上也没有这位教师。

　　上文我说到家庭里的读书是在会客室里进行的。父母似乎经常在身边的。
从我开始记事起,这种读书活动便已经在进行了。爸爸和妈妈轮流大声朗读。
我记得,哥哥们未进寄宿中学以前,读书时他们总是在场;后来,父母念累了,他
们也开始高声朗读。念的大多是历史书:卡拉姆津②的《俄国通史》(我们家自
己有书),经常念的是后面几卷,第九、十、十一及十二卷,因而,戈都诺夫与冒名
称王者的历史中有某些东西就留在我的记忆中了。还念过克谢诺丰特·波列伏
依写的罗蒙诺索夫③的《传记》④及其他著作⑤。以纯文学的叙事体作品来说,我
记得我们念过杰尔查文⑥的作品(尤其是他的颂诗《神》),茹科夫斯基⑦的作品
和他翻译的散文,卡拉姆津的《一个俄国旅行家的书信》、《苦命的丽莎》、《行政
长官太太马尔法》等,普希金的大部分散文作品。后来我们开始读长篇小说:
《尤里·米洛斯拉夫斯基》、《冰屋》、《射手们》以及感伤主义小说《霍尔姆斯基
家族》。也朗读哥萨克人鲁甘斯基的故事。这些作品留在我的脑海里的不仅仅
只是个书名,念的时候经常插入父母的评论,所以这些评论对我的印象更深。后
来重读这些作品的时候我总是回想起我们家的人在父母家的会客室里诵读作品
的情景。前面我已说过,哥哥们利用一切空闲时间读书。在费佳哥哥手中我经

---

①　教师的姓名无法查考。

②　卡拉姆津(1766—1826),俄国诗人,学者。

③　米哈伊尔·瓦西里耶维奇·罗蒙诺索夫(1711—1765),俄国学者,诗人,作家。

④　克·亚·波列伏依写的关于罗蒙诺索夫的著作,书名不确切:不是《传记》,是《罗蒙诺索夫
生平记述》。

⑤　陀思妥耶夫斯基家所读的书,根据下面所举的简略书目,可以看出尽管家里是严格的家长
制生活方式,家人对文学的兴趣却相当浓厚,父亲对文学著作也很注意。如米·尼·扎果斯金的
《尤里·米洛斯拉夫斯基》,伊·伊·拉谢奇尼科夫的《冰屋》,康·彼·马萨尔斯基的《射手们》,
德·尼·贝吉切夫(弗·伊·达里的笔名)的《霍尔姆斯基家族》以及《哥萨克人鲁甘斯基的故事》
等,都是当时的文学新作品。

⑥　杰尔查文(1743—1816),俄国诗人。

⑦　茹科夫斯基(1783—1856),俄国诗人,翻译家。

常看到瓦尔特·司各特的《昆丁·达威特》和《威弗莱》；我们自己有书，他反复地看，不止一遍，尽管那译文陈旧，晦涩难读。普希金的全部作品也是这样一读再读。费奥多尔哥哥也喜爱纳烈日内依①的中篇小说，其中《教会学校的学生》他反复看过。我记不得他当时是否看过果戈理的什么作品，因而无可叙述。我只记得他当时对魏耳特曼的长篇小说《心灵和思索》甚为赞叹；没有什么新书看的时候，卡拉姆津的《俄国通史》是他经常翻阅的书。我之所以列举当时哥哥们看过的一些文学作品的书名（尽管远不是全部），是因为我从小孩子的时候起就从哥哥们的言谈中熟悉了这些书名和作者的名字。当时出版的《读书文库》也在我们家里出现。据我现在回忆，这种小册子的封面颜色逐月更换，封面上有一向上翘的角，印着本期发表作品的作者姓名。这种书是特别归哥哥们所有，父母是不看的。

　　一般说来，费佳哥哥阅读正经的历史著作比较多，碰到小说他也看。米哈伊尔哥哥喜欢诗歌，在寄宿中学高年级时他也自己写诗，费奥多尔哥哥没写过。然而对普希金他们看法一致，两个人那时候似乎已经把他的作品读得烂熟，当然，这仅仅指他们能搞到手的作品而言，因为当时还没有普希金全集。应当记住，那时候普希金还是当代人。对他，像对当代诗人一样，讲台上还很少谈到，教师们还没有要求把他的作品背得滚瓜烂熟。即使在文学教师中间，作为诗人的普希金的声望那时候也还不及茹科夫斯基。照我们父母的意见，普希金的威望也不高，这种看法屡次引起哥哥方面的激烈抗议。我记得有一回两个哥哥同时背熟了两首诗：大哥背熟了《哈布斯堡伯爵》②，费奥多尔哥哥好像是为了作个比较，背熟了《奥列格之死》。他们在父母面前朗诵这两首诗，父母比较倾向于前一首，大概是由于作者的威望高之故吧。妈妈很喜欢这两首诗，常请两个哥哥朗诵。我记得，在她生病已经卧床不起的时候（她死于肺病），她还愉快地倾听他们朗诵。

　　这里我不能不提到发生在我家的一个插曲。同学当中没有人来看望哥哥的。只有一次，寄宿中学的一个同学库德梁夫采夫来找大哥。家里答应大哥去

---

①　纳烈日内依（1780—1825），俄国乡土派小说家。

②　《哈布斯堡伯爵》系茹科夫斯基翻译的德国作家席勒的诗作。

回访他,他们的交往也仅止于此而已。不过有个小孩瓦尼契克·乌姆诺夫①常来我家,他是奥尔迦·德米特里耶夫娜·乌姆诺娃的儿子,前面谈到我家熟人时已经提及。这个青年在文科中学求学,比我的哥哥们年纪稍长几岁。这个中学生不知从哪里搞到当时以手抄本在流传的伏依科夫②的讽刺诗《疯人院》,并且背熟了。哥哥们从他口中也学会了这首讽刺诗的若干节,在父亲面前背诵。③[……]父亲听了他们的背诵,甚为不满,猜测说这大概是中学生胡编涂鸦的玩意儿;可是他们告诉他这是伏依科夫的作品时,他终于表示这太不成体统,因为诗中论及高官显爵和著名文学家,尤其是写到茹科夫斯基时使用粗鲁的语言。这十五节讽刺诗经常在哥哥们的口中念叨,因而也深深地刻印在我的记忆中,成为我的**某种可亲可爱的东西**。[……]

就是根据这个瓦尼契克·乌姆诺夫的讲述,我们熟悉了叶尔肖夫④的童话故事《驼背小马》,把它读得滚瓜烂熟。

我们父亲对孩子们的品德极为关心,时刻观察,尤其是对两个哥哥,他们已是青年人了。我一次也想不起哥哥们有过单独外出的情况,父亲认为那是不成体统的,当时大哥将近十七岁,费奥多尔哥哥快要十六岁,他们即将离开父母的家了,尚且如此。他们经常骑自己的马到学校去,骑自己的马回家。我们的父母压根儿不吝啬,或者宁可说是慷慨大方的;不过按当时的观念来衡量,大概认为年轻人有少量的零用钱是不成体统的。我不记得哥哥们曾经有过若干可供他们自己支配的少量零钱,大概直到父亲把他们留在彼得堡那阵子,他们才认得钱。

前面我已提到,父亲不喜欢训诲人;可是据我现在觉得,他有个弱点。他经常反复地说,他是个穷人,他的孩子,尤其是男孩子,应当自己去开辟生路,他死后,他们将沦为乞丐等等。这种话描绘了凄凉的前景! 我还想起父亲的另外一

---

① 未写出来的长诗《大罪人的一生》的提纲中,这个姓名用在一个人物身上,他的作用应是十分重要的:他给长诗的核心人物以巨大影响,这个核心人物就是后来长篇小说《少年》的主角阿尔卡季·陀尔戈鲁科夫的形象。(见《文件》,页70、71、75 及其他各页)

② 亚历山大·费奥多罗维奇·伏依科夫(1779—1839),讽刺诗人,记者。

③ 接下去安·米·陀思妥耶夫斯基引用了伏依科夫的讽刺诗(页 21—23、30、34、39—41、47—51、54、55 等)十五节。(见伏依科夫的《疯人院》,利益出版社,1911 年,伊·罗扎诺夫与 H. 西多罗夫作序及文学史方面的注释)《疯人院》的初稿作于 1814 年,当即以手抄本流传。伏依科夫的讽刺诗发表于 1857 年。

④ 彼·巴·叶尔肖夫(1815—1869),俄国作家。

些话,那不是教诲,或者宁可说是阻止和警告。我已经一再说过,费奥多尔哥哥是个烈性子人,坚决捍卫自己的信念,而且一般说来言辞十分锋利。对于哥哥方面这种表现,爸爸屡次说:"喂,费佳,改一改吧,否则你必定倒霉……你非去当兵不可!"我引用这种话,根本不是把它当作预言,预言是预见的结果,父亲可是从来不愿意也不会认为他的孩子们会干什么坏事,因为他是相信自己的孩子的。我引用这话是为了证明哥哥在青年时期的热情性格。[……]

1836 年的秋季与 1837 年的冬季　母亲患病去世
家庭大变化　普希金去世的消息与费奥多尔哥哥患病

……从 1836 年秋天起,我家的气氛很悲惨。妈妈从初秋起便患了重病。作为医生的父亲自然是知道她的病的,不过他分明希望以延长和维持母亲的生命来安慰自己。她的体力衰竭得很快,不久便不能梳理她的又浓又长的头发。梳头的手续使她十分苦恼,把自己的头交给别人摆弄她又认为不成体统,所以她决定剪短头发。我记得这一情况,因为那使我万分吃惊。从 1837 年年初起,妈妈的病情恶化,她几乎起不了床,二月份起,彻底病倒在床上了。这个时期我们家客人络绎不绝……经常有人来我家探望。从上午九时起,以亚历山大·安德烈耶维奇·利赫吉尔为首的医生们来了。他们出于对同事——我父亲的同情,每天来看望妈妈并举行会诊。一瓶瓶药水和盛在杯子里的各种排泄物在窗台上堆得满满的,每天收去,换上新的。晌午时,姨妈亚历山德拉·费奥多罗夫娜来了(不过在妈妈重病期间,她是一个人来的,没有让外婆陪着来),一直待到傍晚,有时留下过夜。下午四点钟光景,至亲和远亲从各方面走拢来,如果不是与妈妈见见面(旁人不许接近她),就是向爸爸表示同情。亚历山大·阿列克谢耶维奇·库玛宁、舍尔、涅奥费托夫、娜斯塔西娅·安德烈耶夫娜·玛斯洛维奇以及许多其他人经常来看望妈妈。我记得,他们来看望并没有给爸爸以安慰,只使他忙于应付,他得向每个来人介绍病情,这只使他心里难过。我觉得来探望的人对此心里也是很清楚的,不过出于礼节和惯例,他们还是来了。傍晚六点钟左右,医生们又来作下午会诊。这是我们童年时期生活中最痛苦的时日。但又不足为奇！我们准备好随时失去母亲！简而言之，我们家发生了大变化，结局是母亲死了！二月底，医生们向爸爸宣布，他们的努力无济于事，悲惨的结局不久即将来临。父亲悲痛欲绝！我记得妈妈临死前的一夜，即 2 月 26 日至 27 日的夜晚。妈妈大概是快要死了，神志非常清楚，要求把救世主的神像给她，先为我们大家祝福，以微弱得几乎听不见的声音祝福我们，规劝我们，随后她又想为父亲祝福。此情此景令人断肠，我们都号啕痛哭。这之后不久便进入弥留状态，妈妈神志昏迷，到 2 月 27 日早晨六点多钟，她去世了，终年三十七岁。那天是谢肉节周的星期六。葬礼的一切准备工作，一日三回的追荐亡魂，缝制丧服以及其他等等，极为哀痛，又极为疲劳。3 月 1 日，星期一，大斋期的头一天，举行葬礼。

母亲死后没多久，父亲开始郑重地考虑到彼得堡去（他一次也没有去过），他想把两个大儿子带到那里去进工程学校①。

应当说，早在很久以前，父亲便通过玛丽雅医院主任医生亚历山大·安德烈耶维奇·利赫吉尔向维拉摩夫交了一份申请书，要求接受两个儿子官费入学。维拉摩夫的回信很客气②，母亲在世时就已收到，到彼得堡去的事当时就定下来了。但是这次出门给耽搁了。不过在交代推迟的原因之前，我先讲一讲普希金的死对哥哥产生的影响。

我不知道是由于什么原因，普希金死了的消息在我母亲的葬礼以后才传到我家。原因恐怕就在于我们家有丧事，全家人都待在家里没有出去。我记得哥哥们听到这一噩耗及所有详情细节后，几乎要发疯了。费奥多尔哥哥在和大哥的讲话中一再说，要不是我们家有丧事，他定会要求父亲允许他为普希金戴黑纱。当时，莱蒙托夫哀悼普希金之死的诗③自然还没有传到我们这里，可是哥哥

---

①　彼得堡的工程总校原是苏赫捷林将军于 1804 年创办的工程学校，1810 年起命名为工程专科学校，附设军官班；1819 年起又改名为工程总校。校址在丰坦卡的米哈伊洛夫斯基城堡，即从前的帕维尔皇宫。（见姆·马克西莫夫斯基的《工程总校史抄》，圣彼得堡，1869 年）

②　皇帝陛下第四办公厅大臣格·伊·维拉摩夫的复信虽然很客气，却没有让孩子们官费入学。米·米（大哥）根本不让入学，当了士官生。费·米（二哥）由姨父亚·亚·库玛宁花了九百五十纸卢布才得以入学。

③　题为《普希金之死》的诗作首次仅仅发表在 1856 年的《北极星》上。（伦敦，1858 年，第 2 期）国内的《读书文库》上发表时少掉后面的十六行诗（1858 年，第 1 卷，第 20 期），收在斯·斯·杜迪什金编的莱蒙托夫文集（圣彼得堡，1868 年，第 1 卷）中时没有"你们，贪婪地成群站在王座边"这一行诗。

们不知从哪里搞来另外一首诗,作者是谁我不知道。他们经常念这首诗,使我到现在还记得烂熟。诗是这样的:

> 命运之神得逞,诗人消隐,
> 祖国的文坛荒芜了!
> 普希金死了,普希金不见了,
> 永远离开了我们。
>> 北国呀,北国,你的天才在何处?
>> 赞颂你的锦绣山河的歌手在何处?
>> 你的欢乐的带头人在何处?
>> 我们的普希金在何处?——他消失了!
> 是啊,强大的灵魂,他消失了,
> 他背弃了大地!
> 他升腾得比乌云还高,
> 飞向他曾经生活过的地方!①

　　差点儿耽搁了父亲的彼得堡之行的原因是费奥多尔哥哥病了。他无缘无故地得了喉疾,嗓音倒了,费老大的劲才说得咿咿唔唔,几乎听也听不清。这病是那么顽固,任什么方法也治不好。各种办法都试过,未见效验,父亲自己是个严格的对抗疗法医生,他决定按照其他顺势疗法的医生们的意见试一试。于是费奥多尔哥哥与家里的生活几乎隔离开来,连吃饭也单独在另外一张桌上,免得他闻到我们健康人吃的食物的气味。不过顺势疗法也没有明显的效验,时好时坏。后来旁的医生劝父亲还是上路吧,不要等哥哥的病彻底痊愈,他们认为在一年中的风和日丽的季节旅行,于病人可能有所裨益。事情果真也就这么办了。只不过,我觉得费奥多尔·米哈伊洛维奇哥哥落上了这毛病,影响了他一辈子。凡是

---

　　① 这是明斯克中学生阿·凯尔斯诺夫斯基的诗《普希金之死》中的第三、四、五节。诗发表在《白俄罗斯学区中学生俄语课习作》上。(维尔诺,1839 年,页 3、4)安·米·陀思妥耶夫斯基引用的诗句不完全确切,大概是根据 1837 年即已传到莫斯科的抄本。(参见弗·弗·卡拉希,《Puschkiniana》,基辅,1903 年,第 2 期,页 7)

记得他说话的嗓音和习惯的人都会同意这一看法:他的嗓音不太自然,应该说是胸音较重吧。

在这之前,哥哥他们也到三一修道院去了一次。亚历山德拉·费奥多罗夫娜姨妈照例每年春天要到三一修道院去朝拜,这一年她坚决要求父亲让两个大儿子在他们离家去彼得堡之前跟她一起去朝圣。后来我常听姨妈说,两个哥哥在旅途上经常背诵他们记得的许多诗歌,供姨妈解闷。

爸爸从彼得堡回来后本来打算搬到乡下去住(他已退职),所以在去彼得堡之前他想给妈妈的坟墓上立一块碑。碑文他让两个哥哥去选。他们俩决定墓碑正面只题写姓名及生卒年月日期。墓碑背面他们选用卡拉姆津的诗句:"安息吧,亲爱的亡人,直到欢乐的早晨……"①这美丽的诗句就刻在墓碑上。

动身的日子终于来临。约翰·巴尔肖夫神甫做了送行祈祷,出远门的人坐上由新缴来的马驾驭的马车,启程了。马车开动时虽然只有一刹那,然而四十年后费奥多尔·米哈伊洛维奇哥哥还在一篇《作家日记》②中诗情洋溢地提到这次远行。我和哥哥们分别,直到1841年秋天才重新和他们见面。

由于父亲外出,家里只剩下我们几个孩子,由保姆阿莱娜·弗罗洛夫娜照料;不过还有人极关切地监护我们。瓦莲卡姐姐成了一家之长,当时她已满十五岁,父亲离家期间她一直在搞德译俄的笔译工作,据我目前记得,译的是科采布③的戏剧作品,是费奥多尔·安东诺维奇·马尔库斯提供给她的。此人每天顺路到我们家来了解是否一切顺利,看看我们所有的孩子。好像也是他,每天掏钱给我们买饭菜作伙食,总之他是主人。我忘记交代,母亲安葬时的一应麻烦事务也是这个真正的好人揽了去操办的。除了他来看望之外,亚历山德拉·费奥多罗夫娜姨妈和奥尔迦·雅科夫列夫娜外婆也常来看望我们。姨妈看到我们,尤其是看到薇罗奇卡、尼古拉和萨申卡,总是伤心痛哭。和我们分手时,她常常挨个儿给我们每个人画十字,从前母亲在世时她是不这样做的;她大概想以此来表明她对我们担负起做母亲的一切责任。

---

① 诗句引自卡拉姆津的《墓志铭》。

② 1876年的《作家日记》。(《1926—1930年版全集》,第11卷,页168)

③ 奥古斯特·科采布(1761—1819),著名剧作家,著有感伤主义的戏剧《对人们的憎恨和忏悔》《德国的穷乡僻壤》等。他由于从事反动活动——维护神圣同盟,被大学生刺死。

　　父亲离家一个半月以上,回莫斯科时已是七月间了。

　　我记得爸爸兴奋地讲起彼得堡和他在那里的逗留,讲到旅途情况。彼得堡的木砖铺的马路,乘火车到皇村去,巍峨耸立的伊萨基辅大教堂以及其他许多事物。

　　回到莫斯科以后,爸爸没有放弃他原来的打算:退休,一锅端搬到乡下去经营庄园。不过等他办理了退休,领了养老金,料理好他的大小事务,已经到了八月份。乡下派大车来搬运我们的寒伧的家当。瓦莲卡姐姐得跟着爸爸到乡下去。我呢,他们决定送我进车尔马克寄宿中学去,等于以前哥哥们的位置。[……]两个小妹妹,薇罗奇卡与萨申卡,还有小弟科里亚,当然也要跟随爸爸和忠实的保姆阿莱娜·弗罗洛夫娜一起搬到乡下去……

　　分别的一天终于来临。爸爸在一天早晨乘车带我到列昂季·伊万诺维奇·车尔马克的学校,让我全寄宿在学校里。[……]

　　临了,我不能不谈到费奥多尔·米哈伊洛维奇等等向我表示过对父母亲的看法。这事情还不太长久,大约正是七十年代末吧,我已经在彼得堡了,有一回和他谈起我们的往事,提到父亲。哥哥顿时激动起来,抓住我的上臂(这是他说知心话时的习惯),热烈地说:"弟弟,你知道吗,这真是一些先进人物!……即令到现在,他们也是先进人物!……弟弟,我和你……成不了这样关心家庭的人,这样的父亲!"①我童年时代在父母家里的生活,即我的生活的第一单元的回忆,就到此结束吧。

第二单元

父亲被打死

　　[……]从母亲去世到父亲从彼得堡回来,这段时间是他活动繁忙的时间,

---

　　①　陀思妥耶夫斯基对父母亲的看法还见诸 1876 年 3 月 10 日他给安·米·陀思妥耶夫斯基的
　　信。(《书信集》,第 3 卷,页 204—205)

他在工作的时候忘记了自己的不幸,或者,至少是情绪正常地忍受下来,如果可以这么说的话。后来收拾行装,迁居乡下也费了他许多心思。最后他到了乡下,这时已值秋冬季节,连田里的农活儿也停止了……经过二十五年辛辛苦苦的工作之后,父亲发现自己竟蛰居在两三间乡间小屋里,而且没有任何社交活动!他当时四十六七岁,中年丧偶,成了鳏夫。据保姆阿莱娜·弗罗洛夫娜说,开头一个时期,他就大声说话,当成自己是在跟亡妻谈话!又用妻子常说的话回答自己……这样的情况,尤其是他一人独处时,几乎到了神经错乱的地步!① 不管这一切,他渐渐开始滥喝酒。这期间他把从前在莫斯科我家当差的使女卡捷琳娜收在房里。在他这样年纪,这种境况下,谁会特别去指摘他呢?凡此种种情况(父亲自己也意识到),迫使他把两个大女儿,瓦丽娅和薇罗奇卡,送到莫斯科的姨妈家去。瓦丽娅自1838年春天起就搬到那里去住,薇罗奇卡同时被送到寄宿学校去,那是路德新教的彼得-保罗教堂办的学校,也就是瓦莲卡念书的地方。我最后一次在乡下居住期间,即1838年夏天,我一点也没有发现父亲的生活有什么不正常的地方,尽管这只是我自己的观察。对了,父亲见了我可能有几分不好意思吧。不过到了深秋和漫长的冬天,他又只剩下孑然一身了。他显然嗜酒更深了,几乎经常处于不正常状态。春天来临,未见有什么好转。我们想到1839年5月27日②也就是父亲死前几天,他给费奥多尔哥哥信中的近乎绝望的话,我们也就了解他当时处于一种什么心情了!……就在这期间,在切列莫什尼亚村靠近树林边的田野上,有一伙农民在干活,大约十至十五个人左右;可见事情是发生在离住所很远的地方!农民们在搞一件什么事情没搞好,也可能仅仅是父亲觉得搞糟了,他冒火了,开始大声呵斥他们。其中一个农民,比较粗鲁,拿脏话破口大骂,回击父亲的吼叫。接着,他骂了脏话又害怕后果严重,便吆喝道:"伙计们,揍死他!"这一声吆喝,为数达十五人的农民,一拥而上,自然顷刻之间就把他打死了!……

所谓临时调查组的人员,立刻像一群老鹰似的从卡西拉县下乡来。他们的

① 我们看《温顺的女人》时,里面也写到这种"内心混乱"状态,一个人"思想钻了牛角尖,使劲儿去想那已经发生的事情",对心爱的人自说自话,好像他或她还活着似的。

② 米·安·陀思妥耶夫斯基在这封信中写到收成不好,经管田庄开支浩大,天气干旱,"不仅有破产的威胁,而且还有完全挨饿的危险"。(安·米·陀思妥耶夫斯基,《回忆录》,页87—88)

头一桩事情自然是摸清农民们为了把这件罪行隐瞒下去能出多少钱！我不知道他们定了什么数目，也不知道农民们一时之间从哪里搞来这一笔数字大概不会太小的款子，我只知道临时调查组得到了满足，父亲的尸体被解剖，结果说是他死于中风，遗体就葬在莫纳迦罗伏村教堂的墓地里。

　　父亲死去、安葬以后不到一星期（我现在记得是这样），奥尔迦·雅科夫列夫娜外婆就到达罗沃耶村来，姨父叫她来照看我们几个孤儿。外婆自然到莫纳迦罗伏村父亲的坟上去祭奠过，又从教堂拐到霍嘉英采夫庄院。霍嘉英采夫家的夫妇俩没有向外婆隐瞒爸爸之死的真实起因，但他们也没有建议外婆或其他近亲为此事提出申诉。举出的原因如下：

　　二①，很难设想那个枉法的临时调查组会让人家去揭露它；复验尸体极有可能依旧是那个假的结论。

　　三，就算父亲被打死的案件真相能够彻底揭开，那么其结果也必将使遗属们彻底破产，因为几乎整个切列莫什尼亚村的农民都得去服苦役。

　　正是由于这些考虑——如果这件事还能有些考虑的话，父亲被打死的真相未被揭露，罪犯也没有受到应得的惩罚。哥哥们知道父亲之死的真实原因大概比我早，但他们也未作声。我呢，当时还被认为是年龄尚小。[……]

第三单元

迁居彼得堡　进建筑学院之前住在
费奥多尔·米哈伊洛维奇哥哥处的生活

　　[……]在秋天的苍茫暮色中，乘车经过彼得堡的著名大街——海滨大街、涅瓦大街和商队大街，给我的印象并不好，走进我哥哥②的阴暗低矮的住所更使

---

①　原文如此，没有一。
②　1841 年秋天安·米居住在费·米处。

我失望。当时哥哥住在靠近练马场的商队大街上,他从那里上工程总校军官班路很近。他租了一套寓所,有两间卧室,外带前室和厨房;不过这套房间不是他一个人独用,有一个同学阿道尔夫·伊万诺维奇·托特列边与他同住。托特列边住前室进来的第一间,哥哥住第二间,每个房间有两扇窗户,但房子十分低矮、阴暗,再加上甲虫牌的烟草的烟雾经常缭绕在天花板下,弄得房间上部经常烟雾腾腾的。我在暮色溟濛中闯进哥哥的寓所。第一次与费奥多尔哥哥见面似乎也不甚亲热。他对大哥比较关心,我起初甚至觉得自己处于尴尬境地。哥哥把我介绍给阿道尔夫·伊万诺维奇·托特列边,他心肠甚好,对我颇有照应。两个哥哥关在自己屋里,把我撇在托特列边的房里。晚上睡觉时也是两个哥哥单独睡在自己房里,我睡在托特列边房间里土耳其式的长沙发上。米哈伊尔哥哥逗留在彼得堡时期一直就是这样。他到雷维尔①去以后我才搬到费奥多尔哥哥的房间里去住,但毕竟没有享受到哥哥的同胞手足的特别关怀。

仔细想想两个哥哥当时以及后来对我的态度,我得到一种看法,他们持这种态度是因为怕我把自己看得跟他们一般大小,怕我会目无兄长,所以故意对我摆出傲慢的态度,当时我就觉得这种态度十分可笑,但毕竟使我跟他们疏远了。[……]

我对彼得堡的最初印象是不好的。尽管涅瓦大街、海滨大街的美丽风光使我着迷,可是我作为真正的莫斯科人,看什么都有点儿疑疑惑惑,不肯遽然相信街上显现的美景,而行色匆匆的行人则使我颇为吃惊,和莫斯科人的庄重安详的步履比较起来,我还是喜欢莫斯科人的庄重和从容不迫的气度。何况在街头度过两三个钟头,无论多么美妙,也无法补偿我在家里感受到的极端的苦闷。

米哈伊尔哥哥到雷维尔去了。费奥多尔哥哥一早就上工程学校军官班去念书了;与他同住的托特列边也上学去了;整个上午只有我一人在家。起初哥哥迟迟不肯指导我准备入学考试,寓所里也没有文学读物,我烦闷极了。后来我终于想出办法来,自己花钱到图书馆登了记,把书借回家来看。当时的月租是一个半卢布,此外再缴七个卢布的押金。从此我经常埋头看书看杂志。旧书当中,我按照哥哥的建议看了瓦尔特·司各特的全部作品。阿道尔夫·伊万诺维奇·托特列边的亲哥哥爱德华·伊万诺维奇经常来看他,爱德华后来成了著名的工程师,

---

① 10 月 17 日米·米·陀思妥耶夫斯基不是到雷维尔,是到纳尔瓦去了。

塞瓦斯托波尔的保卫者,希普卡①的英雄,托特列边伯爵。我认识他的时候,他还是个默默无闻的上尉,三十来岁,甚至还稍微出头一点。值得指出的是,当时我听说,他在工程总校学完军士级技术员班的课程以后,由于某种原因未能进入军官班,却被派到一个什么工兵部队,在那儿一直做到陆军少将。所以,说实话,他也遇到这种反常的情况,尽管他后来成了著名的伟大的工程师,却还得算是工程学院的肄业生。[……]

哥哥与阿道尔夫·托特列边同住的时间并不久。我记不得他们是什么时候分开的,我只记得十二月间我生病时,我和哥哥已经单独居住了。②

我生的什么病,现在我已经说不确切,——好像是我不知怎么着了凉,变成极严重的伤寒类热病,至少是我病了很久,最后终于失去知觉。哥哥尽心尽力地照顾我;医生每天来看病开方,哥哥亲自给我吃药。但这时又发生了一起意外事故,把哥哥吓了个半死,并且也是造成我的病痊愈得极其缓慢的原因。情况是这样:在我生病的同时,哥哥自己也在治病,使用一种外敷药水。有天夜里,哥哥一觉醒来,想起我该吃某种合剂了,迷迷糊糊地摸错了药瓶,把他的外用药水倒在匙子里给我喝。我接过来立即喝了下去,但顿时大叫起来,因为我觉得嘴里像火烧,五脏六腑也烧了起来!……哥哥一瞧瓶上的标签,确信自己搞错了,悔恨得直揪头发,立即穿上衣服,跑去找那替我治病的医生。那位医生当即赶来,察看了哥哥给我误服的外用药的药瓶,开了一种解药,说这件事可能要耽搁我身体的康复。谢天谢地,总算没有出岔子,至于我的康复倒确实是给耽搁了,我和哥哥都确信是如此。

我的身体开始康复,这时又出了一件意外事——哥哥病了,只得住在工程总校的医院里。[……]

从1842年年初起,哥哥觉得原来的住所不舒服,开始另外寻找房屋;经过长久的寻找,看中了伯爵胡同里普梁尼齐尼科夫家宅子里的一套房间,靠近弗拉基米尔教堂,我们于二月或三月间搬了过去。这套房间十分敞亮,看了很令人高

---

① 指巴尔干山脉的希普卡山隘,在保加利亚境内,高1185米。1877年俄土战争时为争夺山隘曾进行过激战。

② 后来,对阿道尔夫·伊万诺维奇·托特列边的情况,我一无所闻,他似乎年纪轻轻就死了。——安·米·陀思妥耶夫斯基注

兴,包括三个房间、前室及厨房。第一间是公用的,类似会客室,旁边是哥哥的房间,另一边是一间很小的然而完全独立的房间,归我使用。

有两个人相当频繁地到哥哥的住所来走动,这两个人于我是生疏的,后来我也认识了。

一是康·亚·特鲁托夫斯基①。当时是个挺讨人喜欢的年轻人,也在工程总校念书,比我哥哥低一年级,那时他还在军士级技术员班的高年级念书,经常来找哥哥。当时他的绘画就很出色,常常用普通的铅笔在一张小纸片儿上作各种练习;我这里到现在还保存着他的画,是当时在哥哥处作的,画的是一个背着手摇风琴的流浪乐师。后来特鲁托夫斯基在工程总校的军官班毕业,立即放弃工程师的职位,进了美术学院,认真学习,后来达到美术学院绘画系毕业生的水平。自从1842年认识他以后,我没有再遇到过他,不过回想起来他总是很讨人喜欢的。他死于1893年3月17日。

二是德米特里·瓦西里耶维奇·格里戈罗维奇。这个人是哥哥在工程学校的同学。这时他开始经常上哥哥处来,后来,我进建筑学校后,他似乎和哥哥住在一起。在我所写到的那个时期,德·瓦·格里戈罗维奇是个年轻人,二十一岁光景,与哥哥年龄相若。他是个生性快乐又健谈的学生。关于他,当时我知道下述的情况:他念到军士级技术员班高年级时,完全停止上技术课,集中心思埋头作画,比如,当奥斯特罗格拉特斯基讲课时,他静悄悄地画下老师的像。最接近他的教师和督察老师通过他家里的人采取各种措施无效以后,决定将此情况上报米哈伊尔·巴甫洛维奇大公爵。大公爵在报告上批示道:"与其做个蹩脚工程师,不如做个好画家。"下令让格里戈罗维奇退学。因而,1842年他已经穿上便服,并且似乎在美术学院专攻绘画了。他是个黑头发男人,个子很高,当时又非常瘦。那时他的极其出色的特点之一是他能惟妙惟肖地模仿他所十分熟悉的人的说话声音。他是个大戏迷,能极其逼真地、自然地模仿当时各种演员的声音说话。经常是他一开始朗诵:

　　　在崩溃中的乱哄哄的世界上,

————————

① 关于特鲁托夫斯基见本书页63。

我把爱女的坟墓寻找……①

大家就不由地说：这是卡拉蒂金。或者,当他用唱歌般的声音咋咋呼呼地朗诵：

> 俄罗斯的军队,燃烧着复仇的怒火,
> 急急忙忙驰向敌人的驻地。
> 刚一发现敌人,便立即加快步伐。
> 然而密簇簇的利箭,犹如盛夏中下起冰雹,
> 这箭雨——战斗的先驱,顷刻向我们飞来……②

于是大家都笑了,叫道："托尔钦诺夫,托尔钦诺夫……"他的模仿确实像得惊人!他能模仿许多曲调,学唱当时上演的格林卡的新歌剧《鲁斯兰与柳德米拉》中的几首歌曲。

格里戈罗维奇一来到哥哥处,时间总是过得十分愉快,因为他滔滔不绝、一刻不停地讲戏剧界的情况,一般说来总是些有趣的事情。从我进入建筑学校以后,就没有再见到过德米特里·瓦西里耶维奇。但是我对他始终怀着最愉快的回忆。这里我写到他的只是我所能觉察到的一些情况。这位杰出人物后来的成就与他的文学著作是全俄罗斯闻名的。

这里我还要提到哥哥处举行的三四次晚会,有几个军官——哥哥的同学前来参加,目的是打牌。我不知道后来如何,在军官生涯的初期哥哥对玩牌是很入迷的,况且打牌开始时只玩朴烈弗伦斯或惠斯特,不过晚会结束时总是狂热地玩班克或什托斯。③我记得,在这样的晚会上我做总管,给全体客人斟茶,和听差叶高尔一起送到哥哥的房里去,他们在里面玩牌。送过茶以后总是上潘趣酒,给哥哥一杯或两杯。

---

① 诗句出自奥鲍陀夫斯基根据意大利剧本改编的诗体剧《父女》。主角维利扬·达维尔施顿先生由卡拉蒂金扮演。
② 这几句诗出自弗·亚·奥泽罗夫(1769—1816)的悲剧《德米特里·顿斯科依》中的第一幕第二场,该剧本写的是莫斯科贵族的故事。安·米·陀思妥耶夫斯基引用的诗句不确切。
③ 朴烈弗伦斯、惠斯特、班克与什托斯都是纸牌玩法。

题解：

安德烈·米哈伊洛维奇·陀思妥耶夫斯基(1825—1897)是作家费奥多尔·米哈伊洛维奇·陀思妥耶夫斯基的弟弟，土木工程师。1849 年毕业于建筑专科学校，后在各地任建筑师。1890 年退休，后来迁居彼得堡，不久去世。

安德烈·米哈伊洛维奇最初于 1875 年动手撰写童年时代的回忆录。八十年代初写出二稿(写成给奥·费·米勒①的书信的形式，原稿保存在文研所手稿部)，供米勒写作陀思妥耶夫斯基传记之用(见《传记》②)。回忆录于 1896 年 7 月 16 日告成。

安德烈·米哈伊洛维奇的儿子安德烈·安德烈耶维奇是著名的地理统计学家，俄国地理学会的学术秘书，他这样描述其父亲的回忆录："它不以文艺性的描述见长，不涉及广泛的政治问题或社会问题，仅作朴实易懂的叙述。"③这篇回忆录十分详尽地写到陀思妥耶夫斯基的父母的家庭(小辈们在家中长大)，安德烈·米哈伊洛维奇和几个哥哥求学的车尔马克寄宿中学，他和费奥多尔·米哈伊洛维奇一起在彼得堡度过的为时不久的生活，他在建筑专科学校度过的几年；当时和哥哥的次数不多的见面以及若干友人。其余的完全写到他自己：他在外省的生活，在南方各地的新的会晤，他对人的观察与印象(全是些生疏的外人)，仅在个别地方写到他和兄弟们以及亲属们在不同时间里为数不多的几次会面，在彼得堡，在莫斯科……不论书中提到什么，其核心是他，而且仅仅是他安德烈·米哈伊洛维奇。这是一本关于自己和自己的生活的《纪事》。费奥多尔·米哈伊洛维奇被作者当作他个人生活纪事中的其他有关人员一样，一视同仁地加以阐述。论血统，他们为亲兄弟，一个家庭里的成员，在青年时代，尤其在童年时代，他们具有相同的生活兴趣。这篇纪事可以作为其后永远脱离狭隘的小市民阶层的那个人的传记材料，其主要意义和价值就在这里。费奥多尔·米哈伊洛维奇的性格是在什么样的环境、什么情况下形成的？纪事中有极为详尽的答案。然而，至于他的内心生活，精神上的成长，他的心灵怎样对周围的环境作出反应，周围的人和事激起他的什么思想感情，这些问题在安德烈·米哈伊洛维奇那里是找不到答案的，因为这不在他的注意力的范围之内。这篇《回忆录》的短处在于此，长处也在于此。它的特点是那种"大事记式"的粗略、"朴实"的记述，对于作者所述是否真实，作者是否把回忆录中的主人公当作具有某种品质的人，对他的思想，他创作的作品，完全没有偏见……这方面几乎不会有人去怀疑。

---

① 奥·费·米勒(1833—1889)，文学史家。

② 关于资料来源请先看本书页 716 缩略用语说明表。

③ 1930 年列宁格勒版的《安·米·陀思妥耶夫斯基回忆录》的序言。——原注

安德烈·米哈伊洛维奇不把他兄弟的伟大意义放在眼里,对他甚至没有丝毫的崇敬的意思。他们是兄弟,生活在同一个环境里,同样的人们中间,兴趣和理解水平仿佛也是相同的,可是内心方面,心理和思想方面,他们却相去很远。据安德烈·安德烈耶维奇的看法,这一"特殊性"使安德烈·米哈伊洛维奇有可能对兄弟作"完全客观"的观察。此处,回忆录中表现出"作者的某些个性特点":"水晶般的纯正,真实,准确,认真。"这些特点也使得回忆录"在研究作家的历史和生活的工作中用来确定各种事实资料时特别有价值"。他的女儿瓦尔瓦拉·安德烈耶夫娜,夫家姓萨瓦斯季扬诺娃(《家族纪事》,页174—175),也谈到过安德烈·米哈伊洛维奇的准确和认真仔细,这两个特点跟他的极其沉静的气质是十分符合的。

费奥多尔·米哈伊洛维奇本人确认他和安德烈弟弟之间由于这种"特殊性",只有某种"冷淡的"关系。他在1869年9月17日给迈科夫的信中写道:"安德烈·米哈伊洛维奇弟弟同我的关系相当疏远(尽管连极微小的不愉快都不曾有过)。"(《书信集》,第2卷,页214)1862年4月6日,他在给安德烈弟弟的信中写道:"我有一切理由爱你,尊敬你,没有一个理由忘记你。"(《书信集》,第1卷,页307)显然,他们互相感觉到在感情上是有些疏远的,如果不能不相信他们没有理由忘却的话。

安·米·陀思妥耶夫斯基的回忆录不仅是重要的,实际上几乎是陀思妥耶夫斯基年轻时的生平经历的唯一史料。这种独特的"家史"委实写得极其平淡,的确丝毫没有想要"组织一番"的奢望,更说不上来"解答"重大的政治和社会问题了。回忆录表现了外省建筑师的特性,他大概主要是在外省城市造房子,计算单元的数量。

有意思的是安德烈·米哈伊洛维奇把他的《札记》(回忆录)分为单元。对我们来说,有价值的是前面三个单元,其中尤以第一单元为最。

安·米·陀思妥耶夫斯基的回忆录最初是由他的儿子安·安·陀思妥耶夫斯基于1930年以单行本出版。收在本书里的是经过删节的第一章至第三章。原文根据文研所手稿部保存的手稿重新核对过。

回忆费·米·陀思妥耶夫斯基

亚·伊·萨维里耶夫

我冒昧地在《俄国旧事》上发表我的回忆费·米·陀思妥耶夫斯基青年时代的文章。当时他是工程总校的学生（学员），我在学校任值班军官，因而熟悉费奥多尔·米哈伊洛维奇，并且与他友善。

费·米·陀思妥耶夫斯基是在 1838 年通过会考进入工程总校来到我手下的，从他来校的开头几年到 1843 年由军官班高年级毕业担任公职，他在一切行为举止、兴趣爱好和习惯方面，都与其他的同学显著不同，是那么独特，另有一功，使大家一开头只觉得他古怪，不自然，不可理解，只引起人们的好奇和怀疑，但是后来当大家看到他的古怪于任何人都没有损害时，师长们和同学们对他的怪癖也就不再理会。费奥多尔·米哈伊洛维奇为人态度谦逊，队列勤务和功课完成得无可指摘，不过很相信宗教，虔诚地履行东正教徒的职责。在他那里总是可以看到《四福音书》，茨舒盖的《Die stunden der Andacht》（《祈祷时刻》）以及其他书等。上过勃鲁埃克托夫神甫的神学课之后，费奥多尔·米哈伊洛维奇还要跟神学教师长谈。这些情况在同学们看来十分引人注目，故而给他起了个外号叫修道士福迪①。费奥多尔·米哈伊洛维奇生性沉静，不动声色，对同学们的消

---

① 这个外号可能同 1838 年刚去世的修士大司祭福迪有关。上流社会把福迪当作"非尘世的"、"谦逊的"圣人。

遣娱乐似乎无动于衷；不论是在学校里每星期举行的舞会上，还是在"捉人，酒吧，打棒"的游戏中，或者在合唱团里，都看不到他。不过他倒是积极参加使其余学生感兴趣的许多活动。大家很快就喜欢他，常常听取他的意见或建议。不应当忘记，当时一百多人（一百二十五人）整个星期生活在与外界隔绝的军事学校里，没有生气，青年人没有沸腾的热情。当时的学校乃是一片特殊的小天地，有它自己的风气、习惯和规矩。起先学校里以德国派的人占优势，因为长官与学员中大部分是德国人。后来，到六十年代，绝大多数学员又是波兰出生的人。费奥多尔·米哈伊洛维奇那时只好常常给这两种人搞搞调和。同学们蓄意要调皮胡闹（所谓反击啦，演搭桌戏啦等等），他善于加以劝阻。不过，他的威信也有无济于事的时候。比如，常有这种情况，他的同学对"小松鸡"（新生）态度专横，对校役勤杂工态度粗暴，这时费奥多尔·米哈伊洛维奇便成了这样的一种学员，他们严格遵循自己的 almae mater① 的规矩，以各种方式支持同学间的诚实和友谊，后来他们之间就终身保持了这种友谊。这是一个共济会组织，内部有誓词和誓约的约束。费奥多尔·米哈伊洛维奇也反对对上司的逢迎献媚，看到阿谀奉承他是无法平静的，哪怕这奉承拍马能使某人摆脱困境或获致好处。根据他的平静的不动声色的脸容，可以猜到他的心情是忧郁的，这种性情也许是得之于父母吧。如果要求他坦率相告，那么他往往会用孟德斯鸠的话来回答："Ne dites jamais la verité aox dépens de votre vertu."②

　　我经常下工程总校的学员连队去，有可能考察连队内部的整个生活，跟学员们搞得很熟，经过短暂的观察，也熟悉他们的性格、兴趣和习惯。回想起久已过去的往事，我只能说，当时我观察属于我管辖的学员们，他们的思想品质和缺点，有许多是在他们后来的生涯中也依然保持着的。有一种品质，那就是学员们对他们求学过的学校的爱，对师长的尊敬和同学之间的友谊，并没有随着岁月而消逝。

　　共同生活了四年的青年人中间存在着这些品质，无论如何不能说这些品质没有改变。大部分青年由于性格的特点，由于所受的教育和教养，是很容易受共同的情绪、同学的情谊和当地的风俗习惯的影响的。但是也有不少青年，他们的思想气质是永远不会变的；他们从青年时代到垂暮之年丝毫未变。费·米·陀

① 拉丁语：哺育我们的母亲。这里指学校，学员们在那里度过青年时代。
② 法语：永远也不要说有损于您的德行的真话。

思妥耶夫斯基便是这样的一个人。他年轻时从外表上看来就像个老头子,与他在成年时期并无二致。他在青年时期就不能容忍他的年龄相若的同学们的风俗、习惯与观点。在一百多名同学当中,他找不到几个人是真诚地同情他,同情他的观念与看法的,他只在同学中选择一个别烈谢茨基便满足了。别烈谢茨基也是学员,不过是高年级的。这位青年为人谦逊,才气横溢,像陀思妥耶夫斯基一样,也喜欢孤独,俗话叫作孤僻的人,独来独往(homme isolé①)。我在值班时常常看到这两个朋友。他们经常待在一起,或是看《北方蜜蜂》报,或是看当时诗人如茹科夫斯基、普希金、维亚谢姆斯基的作品,或是看石印的、教授们的讲义。星期二,当同学们在普通跳舞训练课上跳舞,或者在练兵场上游戏时,可以看到别烈谢茨基和陀思妥耶夫斯基这两位朋友在小房间里踱步。夏天,他们在彼得果夫营地时也可以看到这种情景。除了队列课与专业课他们必须参加之外,两位朋友总是逃避上级的管教;全体同学在军官陪同下到"亚历山大"花园去散步,或者去洗澡,他们从来不去。同样,在向萨帕松喷泉的阶梯一窝蜂地冲去的人当中也看不到他们俩,如此等等。两个朋友夏天的学业与消遣和冬天时一样。

用不着特别的观察便可看出这两位朋友身上具有特别优秀的思想品质,比如,他们对穷人、弱者以及无自卫能力者怀着同情。陀思妥耶夫斯基与别烈谢茨基的这种思想品质在冬天表现得比夏天更多。比如,看到同学们以粗暴的态度对待勤杂人员和**小松鸡们**(刚入学的学员),陀思妥耶夫斯基与别烈谢茨基便用一切办法制止这种司空见惯的暴力,同样也用一切办法保护学校的看守及其他各种校役。学员们公开对抗和捉弄外语教师,尤其是德国教师的种种行径,常使陀思妥耶夫斯基与别烈谢茨基愤慨。利用他们在同学中间的巨大威信,他们,陀思妥耶夫斯基与别烈谢茨基,或是制止捉弄教师的勾当,或是打消这种念头。只有那种突然发生的事情他们无法加以制止,比如,下课时发生这么一件事:学员奥骑在某德语教师身上,从被人称为西伯利亚的第四教室的敞开的门里冲了出来。这一桩恶作剧自然并没有不了了之。根据陀思妥耶夫斯基与别烈谢茨基的裁决,肇事者被高年级同学狠狠揍了一顿。

对穷人和没有自卫能力的人的同情,在费奥多尔·米哈伊洛维奇身上大概很早就产生了,至少是在童年时代,他生活在莫斯科的父亲的家里时就有了。他

---

① 法语:离群索居的人。

父亲当时在彼得与保罗教堂附设的贫民医院里做医生。费奥多尔·米哈伊洛维奇每天可以在父亲的窗口前看到许多穷人、乞丐和衣衫褴褛的贫民，聚集在医院的院子里、楼梯上，或坐或躺，等候诊治。费奥多尔·米哈伊洛维奇在工程学校里也保持着对人的同情心。作为该校学生（学员），夏天，学员连步行到彼得果夫营地去，在老基肯卡村宿夜，他势必会看到另一种穷人——近郊农村的农民。这里呈现出一片赤贫景象，穷困到了惊人的地步，缺乏谋生的手艺，土地贫瘠，失业。主要原因全在于附近有奥尔洛夫伯爵的富裕的庄园，伯爵需要的或他的管事需要的一切东西，都由他们自己人就地制作。惊人的贫穷，破烂的小屋，大群的孩子，缺吃少喝，更增加了年轻人对老基肯卡村农民的同情。陀思妥耶夫斯基、别烈谢茨基以及许多其他同学攒钱，凑在一起，分给最穷苦的农民。费奥多尔·米哈伊洛维奇青年时代目睹的穷困现象是一种底布，高明的艺术家日后在这块底布上创作了他的《穷人》，这是丝毫不难理解的。青年学员们对获得战功的人怀有崇敬的心情，看到获得圣乔治勋章的人，崇拜战功的情绪更形强烈。这些得勋章的人为学员而工作，每天待在他们身边。11 月 26 日，圣乔治勋章获得者谢尔科夫奉皇上之命，与学员们共进午餐，这一情况尤为显著。他讲的一八二八年战争的故事特别有趣。当时谢尔科夫以工兵的职务参加向白拉依洛伏与舒姆拉的进攻，挂彩之后还把一名受了重伤而躺在要塞壕里的军官背了出来。

　　根据职务，我每天到工程学校的学员连去，因为我比那些在学的青年稍长几岁，故而赢得了他们的好感。他们常常坦率地把片刻间的感想、他们的欢乐和痛苦告诉我。我有时不得不制止那些调皮捣蛋的事情，或者亲自出马，或者在年纪大的学员的协助下，把他们所策划的调皮捣蛋活动（即所谓拒绝回答所布置的功课，把它挡回去等等）加以制止。我值班时比较有趣的是格里戈罗维奇与陀思妥耶夫斯基来和我聊天。他们两人都是极有修养的青年，本国文学和外国文学造诣很深；这两个青年，每人都以其独特的个性引起我的强烈兴趣。很难说他们的谈论谁比谁更出色。陀思妥耶夫斯基的谈吐中显出一种平心静气的、深思熟虑的气度；格里戈罗维奇则相反，说话有一种快乐生动的格调。他们两人都是搞文学的时间多，钻研学科的时间少；陀思妥耶夫斯基对图鲁诺夫与普拉克辛讲授的历史课和语文课［比较］感兴趣，对杰尔-斯切潘诺夫与车尔涅夫斯基的微积分课则不大感兴趣。陀思妥耶夫斯基本人还担任过石印的校报《雷维尔胡瓜鱼》的编辑。格里戈罗维奇从踏进工程学校的头一天起就不喜欢数学，用他的话说是"consideration calcul"①，而且害怕数学教师；他感兴趣的是维克多·雨果、斯达尔夫人、薄伽丘、杜德万②等人的作品。格里戈罗维奇精通法文，有语言天才，博闻强识，常常口头引用翻译的拜伦及其他人的诗歌。

工程学校里的日常生活按规定的制度进行：课堂作业一天两堂，上午从八时到十二时，下午从三时到六时。晚上七时到八时学员们复习功课，八时至九时，或体操，击剑，或跳舞。这些相对比较灵活的课程，费奥多尔·米哈伊洛维奇还是参加的，但某些课程却不见他的影踪。当学员们，他的同学们坐在小桌旁准备第二天的功课时，费奥多尔·米哈伊洛维奇总是跟一个同学（别烈谢茨基或格里戈罗维奇）在大休息厅里踱步，或者和值班军官闲谈。有时可以看到他待在某个同学处，给那个同学解释某个公式或投影几何的某个图形，像西特洛夫斯基③等人对这种图真所谓一窍不通。更多的是看见费奥多尔·米哈伊洛维奇在替同学做作文。吹夜间休息号之前，所有学员，包括仆役在内，常常聚集在大休息厅里，听老文书依古姆诺夫讲故事。

这个老文书是学员连的文书，长期置身行伍，在团里服务。为人非常正直，善良，很得学员们的爱戴，酷爱文学，记忆力极好。他对青年们有巨大的精神影响。他讲的俄国古代历史故事十分引人入胜，尤其是关于英热涅尔城堡，二十年代"神人教派"④在该城堡中所过的生活，他们的稀奇古怪的宗教仪式（跳舞、旋转及唱歌），关于城堡看守人勃雷兹加洛夫⑤的故事，这个人身穿大红背心，缀着金色大纽扣，头上戴敷粉的假发和三角帽。冬天的夜晚，依古姆诺夫往往应费·米·陀思妥耶夫斯基的邀请，来到大休息厅，站在中央。所有的学员立即挤满了

---

①　法语：计算。

②　即乔治·桑（1804—1876），法国女作家。杜德万（Dudevant）系其丈夫的姓。

③　西特洛夫斯基＊十分迟钝，与记性好的同学截然不同。他在两个学校毕业，当了国家的大官（省长，内务部部长助理），可是由于他的举止行为，被人称作脑袋瓜里装满馅子的人（谢德林），或者简单点，叫作鼓手。——亚·伊·萨维里耶夫注

＊　这里是指米哈伊尔·罗曼诺维奇·西特洛夫斯基（1828—1880），后来做到议员，陆军中将。确实，他除了工程学校之外，还毕业于帝国陆军学院。他做过图拉省省长（从1859年起），出版总署主任（1870—1871），内务部部长助理（1871—1874）。

④　"神人教派"，或称"基督派"，是俄国第一个神秘教派，出现在十七世纪后半期，有各种不同的支派，整个十八世纪与十九世纪的前三十年间存在。

⑤　勃雷兹加洛夫四十年代还活着。——亚·伊·萨维里耶夫注

大休息厅,搬来长椅和凳子,寂静下来。依古姆诺夫记忆力甚好,完整地背诵茹科夫斯基的一首一首叙事诗,普希金的诗歌,果戈理的中篇小说等等。在场的人听了依古姆诺夫的背诵,欣喜异常,不仅鼓掌,每次还凑一大笔钱给他作为酬谢。

　　不应忘记,费奥多尔·米哈伊洛维奇待在工程学校期间,校内外的事件和他周围的人对他的精神上是有影响的。他的内心蕴藏着高尚的正直的感情,向我详尽倾诉了他对某些长官的深刻的不满。这些长官掠夺当时长期服役的士兵,激起他们的愤懑,比如巴土林将军,特利沙特纳伊将军(后被降为士兵),达基扬公爵,他是在高加索率领过部队的罗静男爵的女婿。达基扬公爵后来被降为普通士兵,关在鲍勃鲁伊斯克要塞。费奥多尔·米哈伊洛维奇对俄国人普氏兄弟的恶劣行径感到愤慨。普氏兄弟之一是北美公司的经理,将阿留申群岛卖给了美国。另一兄弟侵吞残废军人的经费。费奥多尔·米哈伊洛维奇知道一批名单,这些人都是军界与官场上的头目,他们不是根据功绩得奖,而是凭家庭出身以及与军界有势力人物的关系。他知道工程学校某年级前任学监的恶劣行径:学生的家长给他送过钱或送过礼的,他就给那些学生行方便,作安排。除了我所提到的和不曾说过的情况之外,工程学校的一个教师托尔先生(著名的百科全书式人物)①对学生中一切情况了解得都比我清楚。后来,他被辞退以后,学员们公开议论他的许多有趣的事情。他是三年级学员班的俄语教师,文学教师。他讲课时连高年级的学员也设法挤进去听课。谈到他时,无论是费奥多尔·米哈伊洛维奇,还是其他学生,都讲不出他的哲学是什么体系,他跟随的是哪一个社会主义学者。只要知道他向青年们讲些什么东西就够了,他讲的东西他们既未听说过,也未看过,比如讲现今的真正的宗教,佛教和道教,共产主义和平均主义等等。他讲课时,学员在教室里爱坐哪儿就坐哪儿,所有的纽扣和风纪扣可以不扣,最主要的是可以抽烟。为了防备值班军官突然闯进三年级的教室里来,学

---

　　①　费里克斯·古斯塔伏维奇·托尔(1823—1867),傅立叶学说的拥护者。在彼得拉舍夫斯基的星期五聚会上讲授宗教史。他和其他最积极的彼得拉舍夫斯基派分子一起被判处死刑,后经批准流放到西伯利亚柯列夫厂服苦役。1855年准许他住在鄂木斯克,他在那里与巴枯宁过从甚密,巴枯宁对他作了这样的性格描绘:"头脑清醒[……],金子一般的心,纯洁,高尚,和自私自利、虚荣完全格格不入。好冲动的骑士性格……"(《巴枯宁给赫尔岑与奥加辽夫的信》,圣彼得堡,1906年,页155—161)托尔是个出色的教师、批评家,也写过文艺作品。最有价值的是他的《常用辞典》,连附录三大卷的著作(1863—1866)。

员或者托尔教师本人不时在锁孔里张望。

　　现在很难说这种讲课对听讲的年轻人,其中包括费奥多尔·米哈伊洛维奇,产生了不良的影响;很可能是军事法庭的旧制度以及惩治严厉的旧规章激怒了当时的年轻人。费奥多尔·米哈伊洛维奇从青年时代起就对担任军职没有好感,尽管学校当局(有一位阿·契·费列)对他十分器重,准备让他当"传令官"。有一次,陀思妥耶夫斯基担任传令官,去见米哈伊尔·巴甫洛维奇大公爵,走到他身边,做他的警卫,费奥多尔胆怯了,本来应当高声说:"向大公爵殿下……",结果他说成"向大人阁下",弄得长官和传令官本人都尴尬得够呛。费奥多尔·米哈伊洛维奇在喀琅施塔特担任工程技术军官的时候,公务中的许多事情以及家里的迫害和法庭的惩处使他愤慨。他不能眼看着农奴囚犯戴着脚镣手铐在他的管区里劳动,也不能看着在喀琅施塔特担任警卫的部队中进行的惩罚而无动于衷。这些情况破坏了费奥多尔·米哈伊洛维奇对技术工作的好感。他作的图(建筑物的平面图和立体图,哨所及其平台图等等)往往不准确,比例不对,受到申斥或讽刺性的评语退回工程队……还给作者。凡此种种使年轻的工程师惴惴不安,无论我与同学们怎样安慰他,要他忍受失败的考验,他对担任军职已经心冷了。这时再加上使他苦恼的疾病,把他彻底压垮了。费奥多尔·米哈伊洛维奇退学了。

题解:

　　亚历山大·伊万诺维奇·萨维里耶夫(1816—1907),据马克西莫夫斯基的《工程总校史抄》一书称,1869 年,即该书出版那年,他"是尼古拉耶夫工程学校士官生连上校连长。1837 年开始服役时在校任连级军官,1857 年继斯卡隆上校之后被任命为连长,故而在校任职达三十有二年"。1884 年晋升为中将。

　　萨维里耶夫是《军事百科辞典》的撰稿人,著有《俄国工程学史料》(《工程学论丛》,1853 年),《军事工程学新旧技术语汇汇编》(1869),《俄国工程管理史大纲》(第一部,1879;第二部,1887)等书,还写过许多历史与考古学方面的文章,发表在《古俄罗斯与新俄罗斯》、《俄国旧事》及《历史通报》上(见《历史通报》,1884 年,第 3 期,页 691—692)。几篇回忆陀思妥耶夫斯基、格里戈罗维奇以及其他工程学校学生的文章也出自他的手笔。(见《传记》,第一种页码,页 35—38;《俄国旧事》,1900 年,第 8 期;《新时代》,1896 年,第 7150 号)

　　本文根据《俄国旧事》1918 年第 1—2 期刊印。

回忆费·米·陀思妥耶夫斯基

康·亚·特鲁托夫斯基

1839 年我进入工程总校(即如今的尼古拉耶夫工程学校)的第四班(初级班),当时我十三岁。费奥多尔·米哈伊洛维奇那时在二班。我们低年级学生和高年级学生(当时称为"学员")毫无共同之处,因为入学的头一年对新生来说是毫无权利的一年,要受高年级学生的摆布。学校里存在着这样的风气:所有的高年级学生有全权对新生下命令,而新生则必须绝对地执行他们的命令。对他们的命令稍有违抗或表现出独立不羁,立即就会遭到他们极其残酷的惩罚。谢天谢地,这种野蛮的风气如今已经不存在了。

我本人则是以一种特殊情况处于受摆布的境地:由于我绘画比别人好,我常常应高年级学生的要求,大多数是遵照他们的命令,不得不替他们画图。或者画建筑设计图上的装饰,作建筑设计图,或者干脆画普通的画。"军官班"(如今的学院班①)的军官们有时竟将建筑设计图拿来交给我画,我只得给图中的建筑物添上柱头及装饰。

有一回,费奥多尔·米哈伊洛维奇也请我替他做同一类的作业,我按他的要求做了之后,费奥多尔·米哈伊洛维奇对我的才能产生了兴趣,他成了我的保护

---

① 工程总校是一所中等专科学校,"学员"相当于技术员水平。后来开设"学院班",大致相当于大专水平,培养技术军官,故而又称"军官班"。

人,以对付高年级学生中那些粗暴的统治者。

当时费奥多尔·米哈伊洛维奇很瘦,脸色苍白泛青,浅色头发,稀稀朗朗,眼睛凹陷,然而目光深邃,炯炯有神。

整个学校里,没有一个学生像费·米·陀思妥耶夫斯基那样跟军人的姿式不相称的。他的举止有点儿笨拙,而且还抖抖嗦嗦。制服穿在他身上挺别扭,临时不得不披挂在身上的背囊、圆筒军帽和枪,于他无异是一种铁锁链,他简直不堪其苦。

在思想气质方面,他也与那些多少有点轻率的同学们迥然不同。他总是独自凝神思索,空闲时常常在旁边的某个地方沉思地踱步,对周围发生的事情,视而不见,听而不闻。

他始终心地善良,性情温和,但不大与同学来往。只有两个人,他常常与他们闲聊,长时间谈论各种问题。这两个人,一个是别烈谢茨基,另一个好像是亚·尼·贝凯托夫。费奥多尔·米哈伊洛维奇这样与世隔绝的状态引起同学方面的善意的嘲笑,正因为这样他得了个"福迪"的外号。不过费奥多尔·米哈伊洛维奇对同学们的这种态度并不介意。同学们尽管嘲笑他,但一般说来对他还是怀着几分敬意。青年人总是感到这个同学在智力上和精神上有超群出众之处,——只不过有时候忍不住要取笑他一番。

费奥多尔·米哈伊洛维奇在学院班毕业后,就到圣彼得堡工程部任职。这时他住在弗拉基米尔街与伯爵胡同的街角上。

有一回,费奥多尔·米哈伊洛维奇在街上遇到我,便问我是否在作画,看什么书,然后他劝我认真搞艺术(他发现我有才能),同时读一些伟大作家的作品。他请我有空时去看望他。我赶紧利用这一盛情的邀请,在头一个星期天就去找他。他的寓所在二楼,有四个房间:宽敞的前室,小客厅,还有两间房间;一间费奥多尔·米哈伊洛维奇住着,其余的房间空无一物。他住的那个狭小的房间,又工作,又睡觉,里面有一张写字桌,一张长沙发,他当床用,还有几把椅子。桌上、椅子上、地板上都堆着书和写过的稿纸。

费奥多尔·米哈伊洛维奇非常亲切地接待我,关切地询问我的功课。他跟我讲艺术和文学,讲了很久,提出一些作品,劝我看,还借给我几本书。保存在我的记忆中最鲜明的是他谈到果戈理的作品。他给我解释果戈理的作品的深度与意义,简直大大开阔了我的眼界。我们工程学校的学生缺乏那种思想训练去理解果戈理，这是不难理解的：俄国文学课的教师，普拉克辛教授在我们面前把果戈理说成是毫无才气的，称他的作品是粗糙、肮脏的东西，毫无意义。然而当时果戈理的影响已经如此之大，青年人敏锐地感觉到那是一位新的伟大的天才，无论哪个老顽固教授都无法向我们掩盖伟大的果戈理的形象。我们津津有味地看他的《狄康卡近乡夜话》。对于我们青年人，不消说，他的作品的外在方面——幽默和抒情风格，给予我们的印象更为深刻。

后来费奥多尔·米哈伊洛维奇建议我也看看其他俄国作家与外国作家的作品，尤其是莎士比亚的作品。遵照他的建议，我加紧学习法文；读课本，做翻译。总而言之，费奥多尔·米哈伊洛维奇通过他的谈话，有力地促进我的思想的发展，引导我的读书和学习功课。

1843 年，我十七岁，念完工程学校的课程，转入学院班。我念学院班期间（在彼得堡）一直和一个叫别茹斯的同学住在一起，费奥多尔·米哈伊洛维奇偶尔也来看我。这期间，他完成了他的中篇小说《穷人》。[①] 但是关于他的这部作品，在他拿出去发表之前，谁也不知道，因为他没有跟任何人谈起过他的创作。

1844 年，我十八岁，照例坠入情网，和我的情人书信往还，我还写诗给她。

我以年轻人的坦率，把我的恋爱的种种波折告诉费奥多尔·米哈伊洛维奇，兴致勃勃地描述我的情人的美貌，她的举止、言谈……这位可爱的姑娘名字叫安娜·利沃夫娜。家里叫她**涅朵奇卡**。费奥多尔·米哈伊洛维奇很喜欢这个名字，于是他就把他新作的小说题名为《涅朵奇卡·涅兹万诺娃》。[②]

1845 年，工程学院[③]的课程修业期满，我留在工程学校，尽管我还极年轻，才十九岁，但是担任了绘画课和建筑课的辅导教师，因为工程学校当局想给我一个机会，让我同时在美术学院进修。那时候，工程学校当局如果发现学生有某种才能，便尽量给学生机会以发展他的天赋才能。只消向已故的尼古拉·巴甫洛维奇阁下或米哈伊尔·巴甫洛维奇大公爵报告一声，说是学生有才能，尽可能给他

---

① 《穷人》作于 1844—1845 年。但是小说的酝酿时间可能还要早些，第一稿可能还是陀思妥耶夫斯基在工程学校时写的。参见本书页 102 注②。

② 这很可能是画家无谓地想象出来的。诚然，陀思妥耶夫斯基可能喜欢听青年人的带有抒情意味的可爱的恋爱故事，然而他的中篇小说（指《涅朵奇卡》——译者按）却作于 1849 年，在画家讲恋爱经过之后约五年。

③ 原文如此。前面说是"学院班"。

便利,事情就成了。因为他们知道,任何人只有在自己擅长的领域工作,方能成为有用的人才。

当时有多少军人,领着薪饷,暂时离职,或是在美术学院进修,或是学音乐。

请原谅我说话离了题,因为我本人体验到他们对待我的高度通情达理的态度,我将永远感激这些人,对一切向上的愿望,如此充满同情……

到 1849 年之前,我全身心沉浸在绘画学习中,很少与费奥多尔·米哈伊洛维奇见面。我偶尔去看望他一次,在他那里遇到过菲利波夫、彼得拉舍夫斯基及其他人等,他们后来同他一起遭到迫害。他们的意图我自然一无所知,因为费奥多尔·米哈伊洛维奇认为没有必要把他们的计划告诉像我这样的年轻人。有一回,1849 年,费奥多尔·米哈伊洛维奇在我的寓所住了几天。他睡觉时,每次总是请求我,如果他昏睡症发作,不到三昼夜不要把他埋葬。昏睡症可能发作的念头一直使他忧虑不安。

1849 年底,有一次,费奥多尔·米哈伊洛维奇和我讲起,他那里每逢星期五有个聚会,朗读和讲解文学作品,都是民众,也就是来聚会的小市民和工匠们所能够理解的作品。他要我也去参加这些晚间聚会。

不知为什么——至今我还想不起来,——我一直未能碰上这种聚会,对之一无所知。末了,好奇心占了上风,我决意去参加这种晚会,哪怕只参加一次。但这时发生了一件事情使我没能把自己的打算兑现,而且在短时期内改变了我的整个生活。我得悉我母亲去世了。学校立即给我假期,我到哈尔科夫省自己的庄园去了。到了乡下以后,我又因为分领地的事立即赴哈尔科夫,在那里我骇然获悉,恰恰就在我打算去的那个星期五,参加聚会的人统统被捕了。

1862 年,费奥多尔·米哈伊洛维奇流放回来。① 我那时住在彼得堡。当我看见获释的他跨进我的寓所时,我欣喜异常。他详细告诉我他的苦难的生活,他所遭受的肉体上和精神上的迫害。尽管如此,他还是显得比过去健康。他的外表精神勃勃,他说他的癫痫发作的次数减少了。他对许多事物的看法彻底改变了……这几乎是最后一次见面。环境和生活把我们彻底分离了。

最后一次是在莫斯科,我匆匆见了他一面,他去参加普希金纪念像的揭幕典礼。

---

① 陀思妥耶夫斯基流放回来不是 1862 年,是 1859 年。

题解：

　　康斯坦丁·亚历山大罗维奇·特鲁托夫斯基(1826—1893)，风俗画家，插图画家。1839 年入彼得堡工程总校，与费·米·陀思妥耶夫斯基相识。1845 年毕业，留校做绘图课和建筑课的辅导教师。同年进美术学院。不过仍旧常与陀思妥耶夫斯基见面，替他画了像。1849 年离开美术学院去到他父母的庄园。乌克兰的大自然与人民的生活给他以强烈的印象，成为他创作的主要源泉。他的作品浸透了对人民的爱，真实地反映乌克兰与俄罗斯农民的生活和风习(《库尔茨克省的轮舞》,1860;《索罗庆采市集》,1872;以及其他作品)。还应当指出，他替俄罗斯作家与乌克兰作家如克雷洛夫、普希金、果戈理、莱蒙托夫、谢甫琴科等人的作品作了插图。

　　根据 1893 年一月号《俄罗斯评论》刊印。

[文学生涯的开始]*

亚·叶·里森坎普夫

1838 年 11 月，亚历山大·叶果罗维奇·里森坎普夫为了进外科医学院学习，自雷维尔来到彼得堡，在工程学校看望了费奥多尔·米哈伊洛维奇。里森坎普夫在雷维尔与米哈伊尔·米哈伊洛维奇①相识，后者托他捎一封信给费奥多尔·米哈伊洛维奇。里森坎普夫先生回忆道："在工程学校城堡南面那间悄静的会客室里，我们度过了令人难忘的几小时。他以他所特有的那种兴致，向我朗诵了诗歌：普希金的《埃及之夜》中的诗，茹科夫斯基的《施马尔高尔姆斯基男爵》及其他，谈他自己的文学创作经验，只是学校里制度严格，不许他离校，他感到遗憾。不过这样对我在星期日午餐之前常去看望他反而方便。此外，每逢星期五我们还在瑞典人德·隆的体操房见面，德·隆住在工程学校城堡的一个小房间里。"

里森坎普夫医生这样描写当时的费奥多尔·米哈伊洛维奇："稍瘦，浅色头发，圆脸，鼻子微翘……浅栗色头发剪得短短的，高高的前额，稀疏的眉毛底下藏着一对不大的、凹陷得相当深的灰眼睛；脸颊苍白，有雀斑；面色灰白，带病容，嘴唇稍厚。他比他的老成持重的哥哥活跃，有生气，热情得多……他酷爱诗歌，但是写作只写散文，因为他没有足够的耐心在形式上进行加工……他头脑中思想的产生犹如漩涡中溅出水花……他的天生的绝妙的朗诵超过演员的自我控制。"

---

* 题目系编者所加。

① 作家的哥哥。

　　1840年底,费奥多尔·米哈伊洛维奇得到机会与哥哥见面,据里森坎普夫先生称,他哥哥是为了参加准尉军衔的战地工程师的考试而到彼得堡来的。1841年1月,他被提升为军官,其后待在彼得堡,直到2月17日。离开的前夕,他在自己家里邀集朋友举行告别晚会。

　　不消说,费奥多尔·米哈伊洛维奇也在场,朗诵了他的两个剧本试作的片断(应当认为,剧本的试笔是由阅读席勒和普希金的作品所引起的):《玛丽亚·斯图亚特》与《鲍里斯·戈都诺夫》。至于前一个剧本的情节,据里森坎普夫先生证明,时至1842年费奥多尔·米哈伊洛维奇还继续热心地在搞,促使他这样做的原因是德国悲剧女演员利莉·辽娃①扮演玛丽亚·斯图亚特一角给他以强烈的印象。陀思妥耶夫斯基想按自己的构思对这一悲剧性的主题进行处理,为此他在仔细阅读一些备用性历史著作。他的《玛丽亚·斯图亚特》以及《鲍里斯·戈都诺夫》的草稿在哪里,迄今还不知道。

　　正好是在费奥多尔·米哈伊洛维奇自由地生活的头几年,他与哥哥的通信中断了一个长时期。

　　书信来往中的空白,在某种程度上由里森坎普夫医生的更为珍贵的回忆录作了补充。亚历山大·叶果罗维奇·里森坎普夫1842年7月到雷维尔去,与米哈伊尔·米哈伊洛维奇见过面,秋天回到彼得堡,开始比较经常地去看望费奥多尔·米哈伊洛维奇。里森坎普夫从他的哥哥处听说他的物质生活状况并不令人羡慕。经过实地核对,发现费奥多尔·米哈伊洛维奇所住的一套寓所中,果然只有一间书房是生火取暖的。1841年及1842年初,费奥多尔·米哈伊洛维奇在亚历山大戏院花费了不少钱,现在几乎把娱乐完全放弃了。当时亚历山大戏院很繁荣,他的钱一部分花在看芭蕾舞上(不知为什么他当时很喜欢看),另外一些则是花在像奥莱·布尔②和李斯特③那样名家演出的票价昂贵的音乐会上。

---

　　① 德国女演员利莉·辽娃1841年在彼得堡演出。

　　② 即布尔·乌莱(1810—1880),挪威著名的提琴家。

　　③ 1842年4月8日,李斯特在彼得堡举行首场音乐会,演出罗西尼的《威廉·退尔》,唐尼采蒂的《露契亚》中的行板,他自己的根据莫扎特的《唐璜》主题改编的幻想曲,贝多芬的《阿黛拉伊达》浪漫曲以及他自己的半音阶加洛普舞曲。4月11日举行第二场音乐会,演出肖邦的马祖卡舞曲,舒伯特的《魔王》,贝多芬的田园(第六)交响曲中的《农民舞曲》、《暴风雨》以及《终曲》。第三场音乐会上演出韦伯的《音乐会》,贝多芬的《月光》奏鸣曲。这次在彼得堡共举行五场演出。李斯特第二次到彼得堡是在1843年,只举行了一场音乐会。

现在,他上午到军官班去转一转以后就把自己关在房里埋头于文学写作。他的脸色是一种土灰色,干咳经常折磨他,早晨尤其剧烈;他的嗓子的特点是嘶哑得厉害;在患病的症状之上又增加颚下腺肿瘤。不过这一切都牢牢地瞒着大家,连做医生的朋友也是好不容易才给费奥多尔·米哈伊洛维奇开上一点咳嗽药,强迫他少抽一些甲虫牌烟草。同学之中,当时经常来看望陀思妥耶夫斯基的只有德·瓦·格里戈罗维奇,他在许多方面都与费奥多尔·米哈伊洛维奇相反。里森坎普夫回忆道:"格里戈罗维奇年轻,举止灵活,身材匀称,面貌英俊,风度潇洒,生气勃勃。他的父亲是富裕的骠骑兵上校,母亲是法国贵族。他和陆军中尉托特列边是朋友,中尉当时就显示出后来闻名遐迩的苗头;他和演员拉玛尚诺夫也是朋友;他崇拜女性,喜欢女人,经常周旋于彼得堡最上层的社交界。"格里戈罗维奇由于天生爱好文学而与孤僻隐居的陀思妥耶夫斯基感情很要好。据里森坎普夫先生记得,当时格里戈罗维奇正从法文翻译一个描写中国风习的剧本,陀思妥耶夫斯基则把正在写的《玛丽亚·斯图亚特》停下,热心地写起《鲍里斯·戈都诺夫》来,但同样也未完成。此外,费奥多尔·米哈伊洛维奇当时已经在写作各种中、短篇小说,作品的构思在他那丰富的想象中移花接木,互相替代。他平日阅读文学著作也保持这种效率。(费奥多尔·米哈伊洛维奇似乎在工程学校时就写了《穷人》,里森坎普夫医生对此一无所知。①)俄国作家中,他当时特别喜欢读果戈理的作品,喜欢整页整页地背诵《死魂灵》。法国作家,除了他已经特别喜爱的巴尔扎克、乔治·桑与维克多·雨果之外,据里森坎普夫先生证明,他还看拉马丁②、弗里德利克·茹利埃③(特别喜欢他的《恶魔札记》)、爱弥尔·苏维斯特④的作品,甚至保尔·德·科克⑤的部分作品也看。可想而知,陀思妥耶夫斯基的文学爱好越来越深。他必定把到军官班去听课当作一件苦差。要不是监护人吓唬他说如果他不去上学就要停止供给他钱用,他早就想把功课弃置不顾。然而费奥多尔·米哈伊洛维奇又是经常缺钱用的。

1842 年 11 月,得到雷维尔来的消息说,米哈伊尔·米哈伊洛维奇生了个儿

---

①　见本书页 120。

②　拉马丁(1790—1869),法国诗人。

③　弗里德利克·茹利埃(1800—1847),法国作家。

④　爱弥尔·苏维斯特(1806—1854),法国作家。

⑤　保尔·德·科克(1794—1871),法国作家。

子。费奥多尔·米哈伊洛维奇做他的教父,据里森坎普夫的看法,这种事情上他表现出一贯的慷慨。十二月,据我们从书信中知悉,自 1841 年起就住在费奥多尔·米哈伊洛维奇处的弟弟安德烈·米哈伊洛维奇进了建筑学校。费奥多尔·米哈伊洛维奇只剩下一个人,因此他开始更加勤奋地准备军官班的毕业考试。与此同时,里森坎普夫先生也要认真考虑医学院的毕业考试。他们的见面不得不逐渐减少。

但是,里森坎普夫先生记得,1842 年的大斋期,费奥多尔·米哈伊洛维奇忽然又有了一大笔钱(可能是监护人大大慷慨了一番以鼓励他勤奋学习工程学科),他让自己在艰苦的学习之后稍事休息,去听听再次莅临彼得堡的李斯特的音乐会,欣赏一下著名歌唱家鲁比尼①和黑管演奏家勃拉兹②的演出。复活节过后,四月间,他和里森坎普夫医生一起去观看《鲁斯兰与柳德米拉》的演出。③ 但是从五月份起,费奥多尔·米哈伊洛维奇又放弃一切娱乐,全身心地投入毕业考试的准备,考试从 5 月 20 日起一直持续到 6 月 20 日。其时,里森坎普夫医生也在参加自己的毕业考试。由于加紧温课,他病了,从 6 月 30 日起便卧病在床。这天费奥多尔·米哈伊洛维奇突然来看他,费奥多尔变得叫人认不出来,他神色健康,心情愉快,对自己的遭遇感到满意,他郑重地宣布,考试顺利通过,以中尉军衔(的战地工程师)从学校毕业,还说到他的监护人给了他一笔钱,使他能还清所有债务,最后又说他得到二十八天的假期,他打算第二天就去雷维尔。现在他使劲儿把朋友从床上拉起来,拽着他上马车,把他带到涅瓦大街的莱尔哈大饭店。陀思妥耶夫斯基要了一间有钢琴的房间,定了一桌丰盛的菜,备有各种酒,硬要生病的朋友陪他吃喝。尽管费奥多尔·米哈伊洛维奇这样强行请客起初对于有病的里森坎普夫先生是多么不好受,但是也起了富有感染力的作用:里森坎普夫美美地饱餐了一顿佳肴,弹弹钢琴——病居然霍然而愈了。

---

① 鲁比尼(1795—1854),意大利歌唱家。

② 勃拉兹于 1842 年在彼得堡首次演出。《北方蜜蜂》报(1842 年 3 月 13 日,第 57 期)有消息报道说:"3 月 15 神奇的黑管演奏家勃拉兹先生将在安格里尔加特夫人府邸举行音乐会,先生吹奏此乐器达到令人难以置信的尽善尽美的境地。"

③ 1842 年 4 月陀思妥耶夫斯基与里森坎普夫不可能去看《鲁斯兰与柳德米拉》,因为该剧的首次演出是在 1842 年 11 月 27 日。(见《米哈伊尔·伊万诺维奇·格林卡》,《文学遗产》,莫斯科-列宁格勒,1952 年,第 1 卷,页 224)陀思妥耶夫斯基观看此剧与里森坎普夫相遇显然是在 1843 年春天。

　　第二天上午十点钟,他像什么事情也没有似的,送费奥多尔·米哈伊洛维奇上轮船。三个星期后,他自己也到雷维尔去了。到了那里,他发现陀思妥耶夫斯基正在哥哥家里享清福,悠闲自在,好不快活。但是陀思妥耶夫斯基还是不得不和雷维尔的社交界人士相交往,而当地的社交界,按里森坎普夫医生的说法,"以其传统的帮派习气、裙带关系和假仁假义,以其由当时的摩登牧师、小兄弟会会员古纳的狂热布道所煽起的虔信主义,尤其是以军人方面的顽固偏执",给了陀思妥耶夫斯基极其恶劣的印象。这种印象他一辈子没有忘记。由于他原本期待着在有教养的人士中看到良好的文化教养的表现,现在他颇为惊讶。里森坎普夫医生说:"我好不容易才说服费奥多尔·米哈伊洛维奇,这仅仅是雷维尔居民所特有的地方特点……他喜欢推而广之,所以从那时起他对所有的德国东西产生了一种偏见。"

　　与此同时,米哈伊尔·米哈伊洛维奇在妻子的帮助下,替兄弟充分添置内衣外套,在雷维尔,衣服价格颇为便宜。按里森坎普夫先生的说法,米哈伊尔相信费奥多尔永远也不会知道自己有多少东西,所以他请里森坎普夫在彼得堡和费奥多尔·米哈伊洛维奇去住在一起,如有可能的话,以德国人的办事认真精神作榜样去影响他。回彼得堡以后,1843 年 9 月,里森坎普夫医生果然这样做了。他遇到费奥多尔·米哈伊洛维奇身无分文,以面包和牛奶充饥,而且连这点东西也是从小铺子里赊来的。"费奥多尔·米哈伊洛维奇属于这样的一种人,"里森坎普夫说,"他们身边的人生活都过得很好,而他们自己却经常手头拮据。人家狠狠地盗窃他的钱财,可是他由于轻信和善良,不想追究事情,不想揭露女仆以及女仆的食客们,他们利用他的粗心大意而寄生在这里。"和医生同住在一起,对于费奥多尔·米哈伊洛维奇几乎又成为新增加的经常性开支的一个原因。每个来求医的穷人,他都愿意待之如贵客。他像自我辩解似的说:"我着手描写穷人的生活,我很高兴有机会比较接近地了解一下京城里的无产者。"可是核对下来,月底送来的账单中,仅面包一项就要支付一大笔钱,原因与其说是在于费奥多尔·米哈伊洛维奇的殷勤好客,倒不如说是因为他的勤务兵谢苗。原来这个人跟洗衣妇有暧昧关系,他不仅供养那个女人,还供养她的一家人以及她的一大帮朋友,他们都吃主人的白食。此外,不久还查明,由于同样的原因,内衣迅速不翼而飞,每三个月,也就是每次莫斯科寄来的钱收到以后,总要添置一批。费奥多尔·米哈伊洛维奇对他的裁缝、靴匠、理发匠等人也和对勤务兵一样,不能不感到失望。他同样也意识到在他所招待的来访者当中,未必是人人都值得同情的。

费奥多尔·米哈伊洛维奇手头十分拮据的日子持续了将近两个月。到了十一月,他在大厅里走路的神气忽然有点儿与平时不大一样了——脚步声音很响,充满了自信,几乎神气活现。原来他收到莫斯科寄来的一千卢布。"可是到了第二天早晨,"里森坎普夫医生接下去说,"他又以平日那种悄没声儿的、畏怯的步态走进我的卧室,要求借给他五个卢布。"原来他得到的钱大部分拿去偿付赊购各种物品的欠款了;其余的钱,一部分打弹子输掉了,一部分被某个对手偷去。费奥多尔·米哈伊洛维奇没有防人之心,喊这个对手来,撇下他单独在办公室待了一会儿;他的最后五十个卢布放在办公室里,没有上锁。

费奥多尔·米哈伊洛维奇喊来的那个陌生人大概也是他觉得好奇而要进行观察的一个人。他特别注意到一个青年人,较长一个时期在里森坎普夫先生处就医,这个人是钢琴师傅凯勒①的兄弟。医生说这个人轻浮,会拍马屁,几乎是个衣衫褴褛的德国佬,论职业是掮客,实际是个吃白食的食客。他发现费奥多尔·米哈伊洛维奇省己待客,有个时期他就成了每天必至的座上客,来喝茶,吃午饭,吃晚饭。费奥多尔·米哈伊洛维奇耐心地听他讲京城的无产者的情况。他常常把听到的东西记下来,里森坎普夫先生后来确信,凯勒所谈的材料,有些后来反映在小说《穷人》、《两重人格》、《涅朵奇卡·涅兹万诺娃》等等之中。

1843 年 12 月,费奥多尔·米哈伊洛维奇在经济上又落到山穷水尽的地步。事情弄得向一个退役的下级军官借钱的程度,这个人过去原先是在第二陆军医院当验收员的,验收包工头送来的肉,兼作抵押借款。费奥多尔·米哈伊洛维奇只得向高利贷者借支 1844 年一月份薪水的三分之一,由工程学校的出纳作担保。用这种办法借款三百纸卢布,费奥多尔·米哈伊洛维奇总共只到手两百。那一百卢布当作四个月的利钱预先扣除了。可想而知,借这笔款子,费奥多尔·米哈伊洛维奇对高利贷者必定是深感厌恶的。好些年后,当他描写到拉斯柯尔尼科夫初次去找高利贷者的感觉时,他可能不由得会想起这种厌恶的感觉吧。在唯一遗留下来的 1843 年最后一天所写的那封信中,费奥多尔·米哈伊洛维奇

---

① 1806 年 1 月 5 日第 2 号《圣彼得堡公报》的《私讯》内提到乐器师凯勒。陀思妥耶夫斯基所"注意"到的那个人是否即这个凯勒的兄弟,无从查明。

自己谈到了债务,尽管监护人并没有使他身无分文。他鼓动哥哥一起出力把欧仁·苏①的《玛蒂尔达》翻译过来,同时,年轻人的活跃的想象力向他预示有大宗款项,足以改善他们的乱糟糟的经济状况。②

1844 年 2 月 1 日之前,莫斯科又给费奥多尔·米哈伊洛维奇寄来一千卢布,可是到傍晚时,据里森坎普夫先生证明,他的袋里总共只剩下一百卢布了。真倒霉,他到多米尼克去吃晚饭时,怀着好奇心看起打弹子游戏来了。这时有位先生悄悄走到他身边,把他的注意力吸引到一个参加打弹子的人身上,那人是个狡猾的骗子,饭店里的全体侍役都被他买通了。"这是玩骨牌,"陌生人继续说,"完全是无伤大雅的游戏,老少无欺。"结果,费奥多尔·米哈伊洛维奇当即就想学会新的游戏,可是不得不付出昂贵的学费:这种游戏要玩整整二十五盘才能学会。于是陀思妥耶夫斯基的最后一百卢布就转到当老师的对手袋里去了。

第二天,又是身无分文,仅仅为买点糖、买点茶叶等等又得借债,往往付出高得吓人的黑心利钱。三月间,里森坎普夫医生有事,不得不离开彼得堡,他终究没有能够使费奥多尔·米哈伊洛维奇养成德国人的办事认真和讲究实际的习惯。

题解:

亚历山大·叶果罗维奇·里森坎普夫生于 1821 年。"在家里受最基本的、多方面的教育,能流利地操四种现代语言,灵活自如地用拉丁文写作,画一手好水彩画,是个优秀的钢琴家,甚至还是个作曲家,酷爱植物学。"(《医生》,1895 年,第 50 期,页 1426)

1843 年亚·叶·里森坎普夫在外科医学院获得医生称号。在《札记》中他怀着特别景仰的心情回忆他的著名的教师和指导者尼·伊·庇罗果夫③和陀思妥耶夫斯基。他与

---

①　欧仁·苏(1804—1857),法国作家,著有《玛蒂尔达》、《巴黎的秘密》等。

②　1843 年 12 月 31 日的信中,陀思妥耶夫斯基向哥哥米哈伊尔·米哈伊洛维奇提议他们一起来翻译和出版苏的一本最风行的小说:《玛蒂尔达或一个年轻女人的忏悔》。(见《书信集》,第 1 卷,页 66—67)这本小说以及另外两本小说:《巴黎的秘密》和《永恒的犹太人》,反映了"世纪的理想",圣西门、傅立叶、拉门奈及其他空想社会主义代表人物的社会主义学说,这对于俄国的进步的读者尤其有吸引力。陀思妥耶夫斯基的"事业"没有实现。《玛蒂尔达》在 1846 年才由弗·姆·斯特罗耶沃依译出。

③　尼·伊·庇罗果夫(1810—1881),外科医生。

陀思妥耶夫斯基曾有若干时间同住一室。里森坎普夫曾断断续续地到西伯利亚去,在鄂
木斯克军医院任职,同时准备他那本皇皇巨著《鄂木斯克地区植物图表》。1869 年退休,
专门在俄国欧洲部分旅行,从事科学研究。他到处带回丰富的科学资料,大量图表,描述
所见地方的诗歌与记叙文字。1875 年起,他在皮雅季戈尔斯克定居,继续从事植物学研
究。在他已出版的著作中,特别有价值的是《皮雅季戈尔斯克地区植物总表》(莫斯科,
1883 年)。他有数量众多的植物学方面的著作,还有《札记》,写了五十五年,迄未出版。
(见亚·叶·里森坎普夫的生平事略,载《医生》,1895 年,第 50 期)这些《札记》现在何
处,不详。

　　亚·叶·里森坎普夫回忆陀思妥耶夫斯基的文章由奥·费·米勒摘引在《陀思妥耶
夫斯基传记材料》一书中。现在这里所载的就是根据这唯一保存下来的史料刊登的。
(见《陀思妥耶夫斯基全集》,圣彼得堡,1883 年,第 1 卷,《传记、书信及笔记本中的札
记》,页 34—35,41,48—53)

作家的成长

《文学回忆录》选

德·瓦·格里戈罗维奇

进工程学校①的头一年,于我是颇为苦恼的。直到如今,离开当时已经半个世纪以上,回想起来还不无痛楚之感。这与其说是由于校方对学生的森严的纪律、步法操练和枪法操练,以及由于课堂上艰深的功课造成的,倒不如说是由于当新生的缘故,因为要跟他们同屋居住,同室睡觉。很难想象,在公立学校,并且还是军事学校,居然会存在一些只有最野蛮的团体中才会存在的风气,而且还根深蒂固。校方不可能不知道这类情况。应当这样看:校方认为恶劣风气是不可避免的,便眼开眼闭,主要只关心表面上的正常无事,只要上级机关对校方满意就行。

全部学生,或者叫**学员**,以区别于武备中学学生,共一百二十人。我在校时,三分之一是波兰人,三分之一是波罗的海沿岸省份的德国人,三分之一是俄罗斯人。高年级两个班的学员早就是些剃胡须的人了,他们大部分时间独来独往地生活,只在万不得已时才与其他人接触。新生在年纪比较轻的高级班学员那里实在没有好日子过。从进校第一天起,新生便得到**小松鸡**的外号——这个名称大概是从松鸡一词来的,当时军人称文官就叫松鸡。当时的风气就是把小松鸡当作贱民看。尽可能地考验这些人,侮辱这些人,被看作是特别光彩的事情。

---

① 即工程总校。见本书页40注①。

　　新生站在那里,不敢动一动;老生走过去,以挑衅的口气说:"您,没出息的小松鸡,大概开始喝酒作乐了吧?""您哪……我什么也没干……""说得倒好,什么也没干……瞧我的!"接着是用手指狠狠地弹一下鼻子,或者把他的手扳到肩膀后面去,无缘无故地饱以一顿老拳。或者:"喂,您,小松鸡,叫什么名字? ……到三号房间去,把我床边的一本练习本拿来! 快点,要不,小心挨整!"在新生的床上倒水,在他的领子里浇一勺子凉水,在纸上倒墨水,逼着他舔干净,逼着他说下流话,老生发现他们把妈妈的娇儿搞得狼狈不堪时就认为是天大的乐事。

　　在教室里准备功课的时候,等值班军官一走开,两个教室之间的门口就放上桌子,新生们必须手脚着地从桌子底下爬过去,爬到另一边就被几股皮子绞成的鞭子噼里啪啦滥抽一通,打到哪里就是哪里。而且,遇上这样令人憎恨的暴行还千万哭不得,躲不得。医生的儿子 K,和我同时进校,刚想用拳头抵挡几下,他身边立即围拢好一帮人,把他毒打了一顿,他只好让人家抬进校医室;幸亏人家教他说是自己碰在教室的楼梯上撞伤了。他若是照实说了是怎么一回事,那他大概要付出重大的代价。

　　凡此种种都发生在公立学校里,对每个学生都严厉苛求到了吹毛求疵的地步,使他们经常战战兢兢,犹如大祸临头。为一点最无辜的过失,如领子或纽扣未扣上,就被罚关禁闭,或者背上背囊,手持枪械,在门口罚站几小时。

　　学校里有一间办公室,与连长费莱的住宿房间相连;办公室里经常坐着一个军士文牍员,名叫依古姆诺夫。学生时常走进办公室去看看,有没有信件,有没有亲人来访。费莱偶尔出现在门口,立即用手指着进去的人,用瞌睡蒙眬的声音说:"依古姆诺夫,把他记下来!"依古姆诺夫执行命令,于是到了节假日,进办公室去的人就得无缘无故地留在学校里。

　　责怪校方纵容学生胡闹无疑是不公平的。不应当忘记,当时校方受到的威胁比我们学生大,承担的责任也更大;关起门来在学校里胡闹,校方是眼开眼闭的,如同我已发现的那样,只要学生在下述时刻一切都做得道地就行:在街上遇到军官,向他举手敬礼,一个不漏;外出证挂在规定的第二颗纽扣与第三颗纽扣之间;当勤务兵或者交接班时表现出色,参加五月的检阅式时个个精神抖擞。应当说,校方对休息厅里发生的情况是毫无所知的,不知为什么,校方很少去留意那里的情况。那里除了虐待新生之外,还出现其他理应受到谴责的场面;常常唱淫秽的曲子,其中包括那首出名的《费尼亚》,结尾是叠唱:

　　你呀,费尼亚,费尼亚,

　　我的小浆果费尼亚!……

　　每年复活节前夕,文牍员依古姆诺夫身穿制服,纽扣扣得严严的,微微侧着沉思的脸,走进休息大厅。他在大厅正中央站住,等学生围上来,他朝着手掌咳嗽一声,也不望望在场的人的眼睛,用低哑而又单调乏味的声音朗诵起茹科夫斯基的著名的诗:

　　主显节的夜晚

　　姑娘们拿纸牌算命……①

　　朗诵完毕,依古姆诺夫一鞠躬,依然带着沉思的神情缓缓走出大厅。

　　每次这样聚会以后都收集到捐款签名,帮助依古姆诺夫,推派一个高年级学生去交钱给他。

　　学校的师生员工,民族不同,但感觉不出来,或者至少是反映出来的很微弱,几乎觉察不出。全体人员中普遍存在的森严的从属关系,各年级功课的深奥复杂,一部分是普遍的自尊自大,把民族的差异给磨平了。我在学校那个时期学校里是充满了自大感的。这种自尊自大建立在对其他军事学校的优越感之上,这种优越感就是在学校里不许体罚。这种优越感在相当大程度上提高了每个人的气派,造成他的骄傲自大。

　　向值班军官去告状,说老学生的恶劣态度,被认为是告密,当奸细。我在学校四年,有过一次这样的情况,即便是这一次,与其说是根据事实,不如说多半似乎是根据猜测。有个比我早入学的学员,做了连长费莱的心腹,大家都怕他,一致不喜欢他。费莱对他一反其过去几乎从来不与学员说话的习惯,开始常常把这个心腹叫到自己的房里去;过了若干时候,这位心腹的肩膀上佩了军士的肩章,而这种荣誉通常是嘉奖在前线部队的特殊功绩和操行优良的。这种做法足以引起人们对他的怀疑;种种传说随之而起,四散传播,说那心腹算个什么东西,

————————————

　　①　茹科夫斯基的故事诗《斯维特兰娜》中的诗句。

不过是个告密者罢了。我不记得对付他的计谋是怎么凑起来的,怎么酝酿成熟的,因为我没有参与其事。我只记得下述的一幕。有一天晚上,这位当了军士的心腹值班;他走过我们睡了六十个人的大房间,房间里有高高的洋铁烛台,里面灌了水,浮着蜡烛头,光线暗淡。那心腹刚一出现,蜡烛火立刻熄灭;正等着这一时刻的几个人从床上一跃而起,用被子向他掷去,痛殴他一顿,打得他半死不活。在闹哄哄的呼喊声中,值班军官奔了进来;土豆儿四面八方朝他掷去,毫无疑问这是晚饭后预先藏起来的。军官喊道:"老天爷,我不是挨土豆儿砸,是挨枪弹,不过我不怕!……"土豆子弹继续如雨点般飞来。军官跑去找连长;连长大概也吓得不敢露面,但是跑去喊校长夏林戈尔斯特。第二天早晨,叫全连人按小房间排好队;夏林戈尔斯特将军来了,照例先问好;可是大家不理他。继他之后,军事学校参谋长盖鲁亚将军迅速驱车来到。他一边经过小房间,一边也开始问好,然而还是没有一个人应声。他大概没有料到会有这么倔强的不服从行为,认为这是危险的罢课,所以他没有走到最后一间小房间,猛然转身,在校长陪同下走了出去。校长垂头丧气,嗒然若失。结果是全连人都被不定期地关在学校里。只是到了必须去营地时禁令才解除。

　　谈到欺压新生的野蛮风气,有件事至今还鲜明地留在我的记忆中,不可不提一下。两个高级班的学员中有一个学员突然挺身而出保护挨打的新生,向那个欺侮人的家伙扑去,把他推开,力气用得好大,使那家伙跌倒在地板上。好几个人向见义勇为的保护人冲上去,但是他声明,谁第一个靠近他的身边,谁就得断几根肋骨。这一番吓唬的话可能会兑现的,因为他孔武有力。人围了一大堆。他宣布,从今以后谁也不准再碰一碰新生,他认为欺侮没有自卫能力的新生这种风气是卑鄙的,下流的;谁若要欺压新生,他就跟这个人过不去。这样做是需要相当的勇气的。这位勇士就是拉迪茨基①,就是后来成了希普卡的英雄的费奥多尔·费奥多罗维奇·拉迪茨基。在庆贺他的筵席上,我向他致贺词,提到他青年时代的这一见义勇为的壮举。②

---

　　①　费奥多尔·费奥多罗维奇·拉迪茨基(1820—1890),侍从武官长,1877至1878年俄土战争的参加者。
　　②　拉迪茨基的庆功宴在1878年10月19日举行,参加宴会的除军人之外,还有格里戈罗维奇、陀思妥耶夫斯基及谢切诺夫。(《声音》,1878年,第293期)

　　在我当时的同学中,也有后来出类拔萃的人,如:托特列边,康·彼·考富曼①,陀思妥耶夫斯基以及巴乌寇尔②。

　　新连长罗静男爵接替费莱,学校的风气跟着也淳和多了。[……]

　　有一个星期天,我离开学校,想去拜望一下我从前的导师科·费·柯斯托马罗夫。③ 我是早上去的,这时候他的弟子们还没有开始学习。他们是一群新人,仍旧有五个人左右。他们一下子高兴地将我团团围住;我成了他们最感兴趣的人物,我可以告诉他们学校里的生活情况,他们来年春天就要进那个学校了。

　　这群年轻人之中有个十七岁左右的青年,中等身材,体格壮实,淡黄头发,脸上的特点是面色苍白,带病态。这个青年人便是费奥多尔·米哈伊洛维奇·陀思妥耶夫斯基。他和他的哥哥米哈伊尔·米哈伊洛维奇一起从莫斯科来。他哥哥没有参加工程学校的考试,到学员的工兵连工作,提升为军官,派往雷维尔④任职。几年后从雷维尔回来,米哈伊尔·米哈伊洛维奇退职,开了一家纸烟厂,同时翻译歌德的作品,写作剧本《老的和少的》⑤,在费奥多尔·米哈伊洛维奇流放回来后,米哈伊尔又当《时代》⑥杂志的编辑。

　　几乎从费·米·陀思妥耶夫斯基进工程学校的第一天起我便和他接近。到如今半个多世纪过去了,但我仍旧清楚地记得,在青年时代的所有同学中,没有一个人像陀思妥耶夫斯基那样使我马上喜欢了他,跟他形影不离。他起初似乎也以同样的感情回报我,尽管他生性拘谨,缺乏年轻人的开朗,感情不外露。在周围

――――――――――

　　① 康斯坦丁·彼得罗维奇·考富曼(1818—1882),侍从武官长,军人,国务活动家,陀思妥耶夫斯基在工程学校的同学。

　　② 巴乌寇尔(1822—1889),陀思妥耶夫斯基在工程学校的同学,1888 年起任交通部长。

　　③ 格里戈罗维奇 1836 年 1 月起在柯斯托马罗夫寄宿学校读书,1837 年 1 月 10 日进工程学校。费·米及米·米·陀思妥耶夫斯基在 1837 年进该寄宿学校,1838 年 1 月 16 日费·米被工程学校录取。

　　④ 米·米·陀思妥耶夫斯基由于健康状况没有被准许参加工程学校考试;1838 年 6 月起在雷维尔读书,并开始在工兵连任职。退职后,1847 年底迁居彼得堡。

　　⑤ 米·米·陀思妥耶夫斯基把歌德的叙事诗《列那狐》译成俄文(《祖国纪事》,1848 年,第 2、3 期;又见弗·齐尔蒙斯基的《俄国文学中的歌德》,列宁格勒,1937 年,页 477),还译了席勒的剧本《唐·卡洛斯》(《读书文库》,1848 年,第 2、5 期),译文均优秀。在 1848 至 1850 年间的《祖国纪事》上,他发表了一系列自传性作品,1851 年又发表喜剧《老的和少的》。

　　⑥ 陀思妥耶夫斯基兄弟办的《当代》杂志(《Время》)时间要早得多,在 1861 至 1863 年间,后因书报检查停刊,1864 年起办的《时代》杂志(《Элоха》),1865 年被费·米·陀思妥耶夫斯基停办,那已经是他的哥哥去世以后的事了。(见尼·尼·斯特拉霍夫的回忆录,又参见《书信集》,第 1 卷,页 396—403)

尽是陌生人的场合,他是很乐于碰到我这个熟人的,因为这些陌生的同学遇到有粗野无礼地向新生找岔子的机会总是不肯放过的。费奥多尔·米哈伊洛维奇在那时就表现出孤僻的性格,躲在一边,不参加游戏,专心致志地读书,寻找僻静的地方;他很快就发现这样的地方,一直很喜欢去,那是在四号房间的一个很深的角落,有一扇窗户朝丰坦卡;休息时间总可以在那里找到他,而且总是捧着书本。

我的气质过分热情,性格又极其温和柔顺,我不仅依恋陀思妥耶夫斯基,还完全接受他的影响。这影响,在当时应当说对我是极为有益的。陀思妥耶夫斯基的思想发展在各方面都超出于我,他的博览群书使我惊讶。他提到的作者名字,我还从来不曾听说过,是新发现。在结识他之前,我和大多数其他同学只看专业教科书及讲义,这不仅是因为与功课无关的闲书禁止带入学校,也因为大家对文学普遍不感兴趣。

我确信,1837年普希金的去世,我们之中只有陀思妥耶夫斯基一个人深感痛苦①,他在莫斯科的车尔马克寄宿学校时②就读过普希金的作品;在伟大诗人的遗体搬出寓所时采取了预防措施,对学校大概也同样采取了措施:下令要尽可能把事件掩盖起来,并注意监视,使人们少去谈论。

后来我常常遇到从陀思妥耶夫斯基求过学的车尔马克寄宿学校出来的人,他们的出众之处都是博览群书,有很好的文学修养。

我用俄语阅读的最初一些文学作品,是陀思妥耶夫斯基告诉我的。那是霍夫曼的《雄猫穆尔的生活观》的译本③与玛丢林的《一个吸鸦片者的自白》④——这本书内容晦涩,但当时陀思妥耶夫斯基对它评价极高。瓦尔特·司各特的

---

① 1837年5月,从莫斯科赴彼得堡途中,陀思妥耶夫斯基和哥哥相约,"到彼得堡后,立即到决斗地点去,到普希金从前住过的寓所去,看看他去世的那个房间"。(1876年《作家日记》,《1926—1930年版全集》,第11卷,页169;又见本书页40—41)

② 关于车尔马克寄宿学校见本书页34安·米·陀思妥耶夫斯基的回忆录。

③ 1838年8月9日陀思妥耶夫斯基写信给兄弟谈到他对霍夫曼的喜爱,那年夏天他在彼得果夫营地看了"霍夫曼的全部作品"。(《书信集》,第1卷,页47)

④ 《一个吸鸦片者的自白》是英国作家托马斯·德·昆西的作品,1821年匿名出版。俄译本(1834)当作是麦丢林(十九世纪时在俄国音译作玛丢林)的作品,他的长篇小说《流浪者美尔莫特》在俄国很风行。(见姆·普·亚历克赛耶夫的《费·米·陀思妥耶夫斯基与德·昆西的〈Confessions of an English Opium Eater〉》,《敖德萨高校学术论丛》,1922年,第2卷)由于该书第二版问世,赫尔岑写信给屠格涅夫道:"我当即买了Opium Eater'a。是的,这是一本出色的书——De Quincy(德·昆西)至今还活着[……]。没有一个法国人能写得如此真诚,如此坦率,又如此勇敢。"(《赫尔岑》,第24卷,页60)

《星相家》，尤其是库柏的《寻迹捕兽的猎人》①，使我彻底爱上了读书。看《寻迹捕兽的猎人》中巴特法因德尔与玛黛尔分别的场面，我流下了痛苦的眼泪，拼命扭过脸去，偷偷擦去泪水，生怕被人家看到，引起他们取笑我。受陀思妥耶夫斯基的文学影响的，不仅限于我一个人，还有贝凯托夫、维特科夫斯基及别烈谢茨基②三个同学也受他的影响。这样一来，形成了一个小组，单独存在，一有空闲便立即凑在一起。过去我热衷于绘画，这时绘画的兴趣被酷爱读书所代替。凡是秘密地带到学校里来的书，落到我手里的书，我都不加选择地看了。我记得，有一次我居然耐着性子把拉马丁的枯燥透顶、冗长无比的长诗《Josselin》（《约瑟兰》）全部看完，还有同样枯燥乏味的英国小说的译本《La Mapplle d'Dayton》，居然也看完。卡拉姆津的作品中描写一些著名画家的生平③使我欣喜异常。我和陀思妥耶夫斯基热烈地争论，证明拉斐尔·山蒂就是**圣**·拉斐尔，因为他的创作的伟大成就而这样称呼他。陀思妥耶夫斯基则论证：**山蒂**只是艺术家的姓④。这一看法我无论如何不愿表示同意。越读书，想象力越受到吸引，已无法仅仅局限于阅读了。

看过席勒的剧本《强盗》以后，我立即动手写一个取材于意大利风情的剧本；我首先关心的是找出剧名，叫《莫尔维诺城堡》。写好第一幕，我便停了下来：一则是想象枯竭，使我难以为继；二则我运用俄语还不能做到得心应手。

看文艺书籍，看书后又引起思考，不仅使我无法跟上学校的功课，连做课堂作业的兴趣也明显地冷淡下来。据我记得，陀思妥耶夫斯基的学习也松松垮垮，他硬着头皮读完课程，逐个年级不断升上去。不过后来有一次他没有能做到，一次升级考试没有通过，只得留级一年。这一失败使他十分震惊，他病倒了，在学

---

① 《寻迹捕兽的猎人》*，卡特科夫、雅寿科夫和帕纳耶夫的译本发表时书名叫《荒漠指南，或海湖》。（《祖国纪事》，1840 年，第 8、9 期）

　* 《寻迹捕兽的猎人》是美国作家詹姆斯·菲尼莫尔·库柏（1789—1851）的作品。

② 亚·尼·贝凯托夫是安·尼及尼·尼·贝凯托夫的哥哥，关于他们，格里戈罗维奇下文还要谈到。关于陀思妥耶夫斯基与贝凯托夫兄弟的关系见本书页 88 注②。亚·伊·萨维里耶夫的文中谈到陀思妥耶夫斯基与别烈谢茨基的友谊。（见本书页 54）

③ 大概是指尼·米·卡拉姆津的《一个俄国旅行家的书信》中大画家的生平记述。（1789 年 7 月 12 日寄自德累斯顿的信）

④ 山蒂是拉斐尔的姓。

校医务室躺了一阵①[……]。

大约就在这段时期,在一些外国人开的书店里开始出现为数众多的小册子,总的名称叫《生理学》;每本小册子的内容都是写某种类型的巴黎生活。著名的巴黎出版物《法国人自己写自己》②是这一类描写的滥觞。[……]我们这里马上出现摹仿者。[……]

富有实际办事经验的涅克拉索夫,脑子一向比较灵活,他马上想到也要出版这一类的读物。他考虑出版几本小册子,标题为《彼得堡生理学》。除了类型之外,还应收入日常生活场景,彼得堡街头生活与家庭生活的特写。涅克拉索夫来找我,要我为第一卷写一篇这样的特写。[……]

我想到描写一下身背手摇风琴的街头乐师的生活,热心地动手写作。[……]

在这前后,我在街上偶然间遇到陀思妥耶夫斯基,他已经离开工程学校,换上了便服③,不必再穿军装。我兴奋地呼喊着扑过去拥抱他。陀思妥耶夫斯基见了我也很高兴,可是他对待我的态度显然有几分拘谨。还是在工程学校的时候,他在我们如孩子一般亲密的一伙人当中,虽然亲切,甚至很热心,但他就以不是他那个年龄所应有的含蓄和精神专注而显得与众不同,尤其不喜欢大声武气地表白感情。意外地与他相遇使我由衷地感到高兴,而且太高兴了,也就想不到要为他的外表上冷淡而感到生气。我立即兴奋地向他说起我与文学界的交往和创作试笔,要求他马上到我那里去,把我目前正在写的东西读给他听,他欣然同意。

看来他对我的特写还是满意的,尽管他并没有大肆赞扬我。他只是对《街头乐师的观众》那一章有一个地方的写法不满意。我是这样写的:等乐师演奏完毕,有个官员从窗口扔了一枚五戈比的铜币给他,落在他的脚旁。陀思妥耶夫斯基突然不满地说:"不是这样,不是这样写,完全不是这样写! 你这样写法太

---

①　陀思妥耶夫斯基一年级时留级,1838 年 10 月 30 日及 31 日他分别写信给父亲和哥哥告知此事。

②　这里说的是四十年代初期。《Les Français peints par eux-mêmes》出版于 1840—1842 年间。别林斯基在为《彼得堡生理学》文集(1845)作序时提到巴黎出版的这本书,也提到其他许多描写社会风貌的法国"生理学的"文集。(《别林斯基》,第 8 卷,页 377—378)

③　这次相遇在 1844 年秋。陀思妥耶夫斯基在同年 10 月获准退学。(见本书页 102 注①)

干巴巴了：铜币落在他的脚旁……应该说：**铜币叮叮当当响着蹦跳着落在马路上……**"他这意见，我记得很清楚，使我茅塞顿开。是的，确实，**叮叮当当响着蹦跳着**绘形绘声地刻画了铜币滚动的形态，比原来的生动得多了。我天赋有艺术感觉，铜币不是普普通通地落在路上，而是**叮叮当当响着**、**蹦跳着**落在路上，这几个字足以使我顿时领悟干巴巴的语言与生动活泼的文学笔调之间的差别。①
[……]

　　这期间，我和陀思妥耶夫斯基经常见面，次数越来越多。结果是我们一致同意住在一起，开销各人自理。② 妈妈每月寄给我五十卢布；陀思妥耶夫斯基从莫斯科的亲戚处拿到的钱大致也是这个数目。按当时来说，这些钱对两个青年人是够用的了，可是我们的钱藏不住，往往上半个月就花光，下半个月常常只得以白面包充饥，以大麦咖啡代咖啡，这种大麦咖啡我们是在附近的弗里德烈克斯家买的。我们住的房子坐落在弗拉基米尔街和伯爵胡同的拐角上；住所里有两个房间，一间厨房；房间里有三扇窗户，朝伯爵胡同；后房间陀思妥耶夫斯基住，靠门口的前房间由我住。我们没有雇女仆，茶炊我们自己烧，面包和其他食品也是我们自己去买。

　　我开始和陀思妥耶夫斯基住在一起时，他刚译完巴尔扎克的长篇小说《欧也妮·葛朗台》。巴尔扎克是我们喜爱的作家；我说"我们"，是因为我们两人看他的作品同样地看得入迷，认为他比所有的法国作家都要高明得多。我不知道陀思妥耶夫斯基后来是怎么认为的，我可是直到现在仍旧保持过去的看法，而且时常重温巴尔扎克的某些作品。我想不起《欧也妮·葛朗台》的译本是通过谁的手，怎么会捅到《读书文库》③上去的；我只记得杂志出版落到我们手里的时候，陀思妥耶夫斯基心里很不痛快，因为刊出的《欧也妮·葛朗台》被删节得不到原文的三分之一。但是人家说，该杂志的编辑森科夫斯基经常是这么干的，就是对待作者们的创作也是这样粗暴。搞创作的人总是那么温顺迁就，但求有看到自己的稿子和名字能排成铅字的幸运，他们也就不吭声了。

---

　　① 格里戈罗维奇的《彼得堡的街头乐师》发表在《彼得堡生理学》文集第 1 卷，文中已采纳了陀思妥耶夫斯基的这一意见。
　　② 格里戈罗维奇与陀思妥耶夫斯基一起居住是在 1844 年 9 月底。
　　③ 陀思妥耶夫斯基的译本未具名，刊登在《剧目与文选》1844 年第 6、7 期上。

　　第一次领我去见别林斯基的是涅克拉索夫，别林斯基给了我一个跟我的预期相反的印象，其原因就是我喜爱巴尔扎克。在涅克拉索夫的撺掇下，我期待着见到别林斯基，拿这当作一种幸福；我怀着激动的心情，怯生生地跨过门槛，预先斟酌着话语，该怎样来表达我对著名的法国作家的喜爱。可是我刚提起此事，说是与我同住的一个人，他的名字当时还无人知晓，他译了《欧也妮·葛朗台》，别林斯基马上对我们共同崇拜的偶像一顿臭骂，称他为市侩文人，说是如果这本《欧也妮·葛朗台》落到他手里，他可以证明每一页都是庸俗下流的。① 我窘极了，竟把跨进别林斯基寓所前准备好的话一股脑儿给忘记了；我茫然不知所措，像挨了热水烫似的走出他家。我对别林斯基不满，但对自己更为生气。我不知道他对我作何感想，他大概把我当作小孩儿，为了维护自己的意见，连两句话也说不上来。

　　那阵子陀思妥耶夫斯基整天坐在写字桌旁写东西，还熬夜。至于写的什么，他一字不提。我问他，他回个三言两语，不大情愿。我知道他性情孤僻，也就不再询问。我只能看到许多稿纸，写满了字，是陀思妥耶夫斯基所特有的字体：从他的笔端流出来的字母赛如珍珠，好似一个个画出来的。这样的字体后来我只在一个作家处看见过，那就是大仲马。陀思妥耶夫斯基放下笔，立即又捧起书来看。一个时期，他十分喜欢看弗·茹利埃的小说，尤其赞赏他的《恶魔札记》。拼命地工作，长久待在家里，对他的健康极为有害，加剧了他的病，这种病在他年轻时，在工程学校生活时期就发过几次。我们偶尔为之的散步中他也有好几次发病。有一回，我和他一起在三一胡同走，我们遇到出殡的队伍。陀思妥耶夫斯基急忙转身，想往回走，可是我们还没走上几步，他就发病了，来势那么猛，我只得在路人的帮助下将他抬到最近的一家牛奶铺；大家使劲儿救他，才使他恢复知觉。这样发作过后他往往心情抑郁，一直要延续两三天。②

　　一个夏天的早晨，陀思妥耶夫斯基叫我到他房里去。我进去，他坐在兼作床

① 别林斯基对巴尔扎克持否定态度（在《文学的幻想》中作了好评之后），在1836年之前就完全确立了。（见《论批评与〈莫斯科观察家〉的文学见解》，《别林斯基》，第2卷，页158；又参见1840年3月14日给弗·帕·鲍特金的信，第11卷，页496；《一八四五年的俄国文学》，第9卷，页396）陀思妥耶夫斯基则在1836年便在书信中欣喜地谈到法国小说家："巴尔扎克伟大！他的典型是全世界智慧的产物！不是一个时代的精神，而是整整几千年的历史以自己的奋斗在人的心灵里造成这样的结果。"（《书信集》，第1卷，页47）陀思妥耶夫斯基这样对待巴尔扎克，一生未变。

② 见本书页110、189、285—287。

用的长沙发上,前面一张小小的写字桌,桌上摆着一本篇幅相当可观的大开本信纸,页边向上翘起,纸上写着密密麻麻的字。

"你请坐,格里戈罗维奇。昨天我刚抄好,想念给你听听;你坐,别打断我念,"他说得异乎寻常地快。

他一口气念了下来,几乎没有停顿。这篇东西不久便刊登出来,书名叫《穷人》。

我对陀思妥耶夫斯基一向评价很高。他的博览群书,他的文学修养,他的见解,他的严肃认真的性格,都给我以巨大的影响。我常常想,怎么会发生这样的情况呢,我倒是写了点儿什么,发表了一点东西,我已经自以为是某种文学家了,而陀思妥耶夫斯基在这方面却还无所作为?听他朗读《穷人》,从前几页起我便明白了,陀思妥耶夫斯基所写的东西比我迄今所写的东西不知要高明多少,越听下去,这种想法便越强烈。我对他钦佩得无以复加,几次想要扑过去抱他的脖子。只因为他不喜欢咋咋呼呼,露骨地表示感情,才使我克制住自己。但我毕竟还是不能平静地坐着,而时时发出了欢呼声,打断他的朗读。

这次朗读的结果或多或少已为读者所知悉。我几乎硬把《穷人》的手稿抢了过来,拿去给涅克拉索夫,这事情的经过陀思妥耶夫斯基自己已经在《日记》①中写了。大概是出于谦虚,在涅克拉索夫处朗读的详细情况他略而未提。作品是我念的。念到最后一页,当杰武什金老头与瓦莲卡诀别时,我再也控制不住自己,呜咽起来。我偷偷瞥了涅克拉索夫一眼:他也泫然泪下。我开始热烈地说服他,好事不宜迟,尽管夜已深了(将近凌晨四点钟),应该马上去找陀思妥耶夫斯基,告诉他,作品是成功的,当天与他商定小说出版的条件。

涅克拉索夫也兴奋得不得了,欣然同意,立即穿上衣服,我们一起出发。

应当承认,我在这件事情上做得很不周到。我深知与我同住的人性情孤僻,不爱交际,然而又过分容易动感情。我应当在第二天把发生的情况告诉他,并且要讲究分寸,而不该以猝然的惊喜去吵醒他,打扰他,更不该深夜把一个陌生人带去见他。然而我自己当时处于兴奋状态,这种时候要比较冷静的人才会考虑得周到。

我们敲门;陀思妥耶夫斯基来开门。看到我身边有个陌生人,他慌了神,脸色发白,涅克拉索夫对他说话,他好久都答不上来。等涅克拉索夫走后,我以为陀思妥耶夫斯基会骂我热心过头,瞎起劲,结果倒是没有。他只是把自己关在房里;我

---

① 即 1877 年的《作家日记》。(见本书页 101—105)

躺在沙发上,过了很久还听见他的沙沙的脚步声,向我诉说他的激动的心情。

　　认识了涅克拉索夫以后,通过他,又结识了别林斯基。别林斯基看过《穷人》的手稿以后对陀思妥耶夫斯基的看法有很大的改变。在《穷人》出版时他经常处于极其神经质的激动中。由于他的落落寡合的脾气,他没有告诉我,他是怎样跟涅克拉索夫交往,以后他们之间又有什么情况。只有小道消息传来说他要求用特别的字体排印《穷人》,而且要每页加花边。这些谈话当时我不在场,无从知道这种说法是否符合事实。不过即令有些根据,夸大之处大概也在所难免的吧。①

　　我只能很有把握地说,《穷人》的成功,更有甚者似乎是别林斯基的过分热情的赞扬,对陀思妥耶夫斯基的影响肯定是有害的。在这之前,陀思妥耶夫斯基一直与世隔绝般地独自过活,只与少数同学接触,次数也不多,而这些同学与文

---

　　①　最初是伊·伊·帕纳耶夫在《文学界的大小偶像》的小品文中提到此事,但没有提到陀思妥耶夫斯基的名字。帕纳耶夫的小品文(见《新诗人描写彼得堡生活的札记》,载《现代人》,1855 年 12 月,页 235)发表时,陀思妥耶夫斯基还在塞米巴拉金斯克服军役。

　　后来帕·瓦·安年科夫的消息中又提到陀思妥耶夫斯基的这一要求。(见本书页 93)亚·谢·苏沃林在《新时代》(1880 年,第 1473 号)上反驳安年科夫:"我们收到 1846 年的《彼得堡文集》,发现安年科夫君的这一情况大概是他出于好心而编造出来的,《穷人》刊印出来时并未加上任何花边,所用字体也与文集中其他作品的字体无异。[……]因此,安年科夫应当承认自己有罪,《欧洲导报》也应当一起认罪。"《欧洲导报》以编者按答复苏沃林,坚持有加"花边"一事,不过已换了另一种说法,说是要求加花边的不是如安年科夫说的那本《穷人》,而是原拟在别林斯基所筹备的《大河马》文集中发表的陀思妥耶夫斯基的某个短篇。"《穷人》的作者不是要求涅克拉索夫,而是要求别林斯基,不是把他的新作放在集子的卷首,就是放在末尾,但无论如何不要放在其他作品的中间,而且要求加上花边框子。别林斯基当时被这古怪的要求弄得很窘,把自己的苦衷讲给要好的朋友们听。涅克拉索夫、帕纳耶夫和其他人为了安慰他,想出个主意,以别林斯基的名义写一首诗寄给《穷人》的作者,结尾四句是:

　　　　你对我会感到满意,
　　　　我会低三下四,
　　　　我拿花边围住你,
　　　　把你放在末尾。"

　　在编辑部对这四行诗所加的注释中说:"诗是从五十年代的一本笔记本中抄来的,这本笔记本是当时与《现代人》编辑部很接近的一个人的。"(《欧洲导报》,1880 年,第 5 期,页 412—414)这个人可能是屠格涅夫,因为 2 月 1 日与 4 月 17 日他在彼得堡,跟《现代人》编辑部确实很接近。(《书信集》,第 4 卷,页 413—415,多利宁作的注)不过关于加花边一事的新的说法以及上述《欧洲导报》编辑部的诗也可能来自格里戈罗维奇,他的笔记本的内容后来发表了。(见《格里戈罗维奇的笔记本摘抄》,《涅瓦》文学副刊,1901 年,第 11 期,页 393—394;屠格涅夫的"笔记本"则不知下落)陀思妥耶夫斯基后来断然否认加花边的流言。(见他 1880 年 5 月 14 日致苏沃林的信,《书信集》,第 4 卷,页 143)

学又毫无缘分。陀思妥耶夫斯基在新的生涯中刚迈出第一步便赢得这样的声誉：别林斯基向他表示钦佩，大声宣告俄国文坛升起了新的明星。试问，这样的人，即使以他那样的智慧，能保持正常的精神状态吗？[①] 在《穷人》之后不久，陀思妥耶夫斯基又写了中篇《普罗哈尔钦先生》或《戈利亚德金先生》，名称我记不清了。决定在涅克拉索夫处朗读小说，我也受到邀请。别林斯基坐在作者的对面，贪婪地捕捉着作者所念的每个字，好些地方他都无法掩饰他的赞赏之情，一再说只有陀思妥耶夫斯基一个人才能找到这样惊人的心理细节。[②]

别林斯基及其周围的人对陀思妥耶夫斯基的意见突然来了个大转变，否则别林斯基的喜爱也许还不至于会对陀思妥耶夫斯基造成这样大的影响。在这前后别林斯基写信给安年科夫道："我不知道我是否写信告诉过你，陀思妥耶夫斯基写了中篇《女房东》——纯粹是胡说八道！他在小说中想把马尔林斯基与霍夫曼糅合在一起，再加上几分果戈理。之后他还写了些什么，可是每一篇新作都是一次新的失败。在外省，人家受不了他，首都的人甚至对他的《穷人》都抱反感；每当我想到要重读这些作品，我便心里发怵。我的朋友，我们对陀思妥耶夫斯基的才能吹嘘过头了！"[③]这是别林斯基，一个最正直、然而喜爱他的人所写的，像以往一样按照自己的信念，完全出于真情所写下的话。别林斯基大声说出他对陀思妥耶夫斯基的看法，并没有觉得不好意思；接近他的那一群人重复他的意见。

对《穷人》的作者表示钦佩，高度评价他的才能，几乎要把他捧到天才的高度，忽然又彻底否定他的文学才能，这样骤然的变化是可能毁掉像陀思妥耶夫斯基那样不太敏感而又自尊心甚强的人的。他开始回避别林斯基那一伙人，他比

---

① 别林斯基在评论《彼得堡文集》的文章中对《穷人》的社会意义与文学意义给予极高的评价，在这之前，别林斯基已经提到过陀思妥耶夫斯基及其小说《穷人》（在关于乔治·桑的长篇小说《安吉堡的磨坊工人》的书评中）："即将来临的一年，——这我们大概是知道的，——应当大力唤起公众注意文学界的一位新人的名字，这个人似乎注定要在我们的文学中扮演只有极少数人才能扮演的角色。什么名字，什么人的名字，因什么而引人注目——这一切我们暂时保持沉默，因为公众日内自会知道。"（《别林斯基》，第 9 卷，页 407—408）

② 陀思妥耶夫斯基朗读《两重人格》的开头几章不是在涅克拉索夫处，而是在别林斯基处。（见本书页 92 注②）

③ 这一段引文出自 1848 年 2 月 15 日致帕·瓦·安年科夫的信，但引文不准确。（《别林斯基》，第 12 卷，页 467；全文第一次发表在《安年科夫与其友人》一书中，圣彼得堡，1892 年，页 607）在《一八四七年俄国文学一瞥》一文中也有同样的严厉的评语。（《现代人》，1848 年，第 3 期，第 3 栏，页 38—39；《别林斯基》，第 10 卷，页 350—351）

以前更加闭门不出，变得极其容易动怒。陀思妥耶夫斯基遇到属于别林斯基圈子里的屠格涅夫，真遗憾，他控制不住自己，尽情发泄了郁积在胸中的不满，说是他们当中随便哪一个他都不在乎，只要有时间，他要统统把他们搞臭。我记不得陀思妥耶夫斯基这样大动肝火的原因是什么，好像是他们谈到果戈理。

无论如何，我认为过错在陀思妥耶夫斯基方面。屠格涅夫的脾气好是出名的，人家倒是往往怪他温和谦让过了头。自从与屠格涅夫发生冲突以后，陀思妥耶夫斯基与别林斯基那一群人彻底断绝来往，再也不看他们一眼。尖刻的话，讽刺挖苦的打油诗朝他纷纷而来，责怪他爱面子爱得异乎寻常，妒忌果戈理，而他对果戈理本来应当是恭敬致谢的，因为在受到赞扬的《穷人》的每一页上都叫人感觉得出果戈理的影响。[①][……]

有一次，我不记得为了什么事情，我与陀思妥耶夫斯基发生激烈的争论。结果是我们决定分开住。我们分手了，但是客客气气，没有争吵。我们两人都经常上贝凯托夫家去，作为老同学，相遇时颇为亲切。围绕着贝凯托夫逐渐形成一个圈子；我们参加进去是因为他的哥哥亚历克赛·尼古拉耶维奇是我们过去工程学校里的同学。他的弟弟尼古拉·尼古拉耶维奇如今是著名的化学教授，安德烈·尼古拉耶维奇是植物学教授，也很有名，他们当时都还是大学生。[②] 每次在

---

① 关于陀思妥耶夫斯基与以别林斯基为首的《现代人》那一派人的关系的恶化与彻底破裂，见《书信集》，第 1 卷，页 88—89，102—103，104，114—116，482，以及《别林斯基》，第 12 卷，页 467。

② 陀思妥耶夫斯基与贝凯托夫兄弟的相识和接近，是他生活中很重要的一个时期。他由于与《现代人》派的关系破裂，心情沮丧，但是在贝凯托夫兄弟身上找到了新的支持和真正的新朋友。（见《书信集》，第 1 卷，页 103）贝凯托夫三兄弟中有两个人（即亚历克赛·尼古拉耶维奇和尼古拉·尼古拉耶维奇）住在彼得堡。亚历克赛·尼古拉耶维奇·贝凯托夫在工程学校念书，并于 1844 年毕业。据格里戈罗维奇证实，亚·尼·贝凯托夫在工程学校时便与陀思妥耶夫斯基接近。（见本书页 81）另一个工程学校的学生，著名画家康斯坦丁·特鲁托夫斯基也谈到当年陀思妥耶夫斯基与亚·尼·贝凯托夫友善。（见本书页 60）贝凯托夫兄弟那个小组，或者如陀思妥耶夫斯基所称的"团体"，是许多具有社会主义思想的青年组织之一，后来在彼得拉舍夫斯基周围联合起来。

搞社会思想史的历史学家和写陀思妥耶夫斯基传记的作者们，直到现在还完全没有研究过贝凯托夫兄弟小组。1847 年春这个"团体"解散，显然不是自发解散，而是在某种外来的刺激的影响下解散的，尽管这一团体对陀思妥耶夫斯基的精神上的自我感觉有良好的作用。贝凯托夫兄弟于 1847 年初去喀山，同年春天，亚历山大·弗拉基米罗维奇·哈南科夫 * "因品行不良"被彼得堡大学开除，他原来也参加贝凯托夫小组，后因彼得拉舍夫斯基案件被捕。虽然贝凯托夫兄弟离开彼得堡的确切原因还不清楚，但看来他们转学到喀山大学与哈南科夫的开除是有某种同样的原因的。

* 亚·弗·哈南科夫（1825—1853），彼得拉舍夫斯基派分子，车尔尼雪夫斯基的朋友。

那里都遇到许多人，大部分都是和我们自己一样的年轻人；其中遇见次数特别多的是亚·尼·普列谢耶夫①，当时也是大学生。

　　我一生中见过不少有学识修养、待人殷勤、和蔼可亲的人，他们殚精竭虑想要在自己身边拉一帮子人而拉不成。贝凯托夫兄弟却没有费什么力气，他们身边的一伙人倒是他们的负担，因为妨碍他们的学业，然而他们身边还是形成了一个小圈子。对大哥亚历克赛·尼古拉耶维奇的好感同样也吸引着大家。结合在一起的都是些智慧发达的热心肠的人，对任何假话都会感到愤怒，对任何高尚正直的意图都会加以响应，这一群人襟怀坦荡，是善的化身。

　　他们多半在晚上聚会。参加的人有时多达十五个，人多嘴杂，往往很难大家一起闲谈，难得在一件事情上深入下去，除非是提出牵涉到大家的问题。大部分时间是分散成几堆，三五成群，各自进行谈话。然而，无论是谁发言，无论谈什么，涉及彼得堡的事情，俄国的事情，还是外国的事情，无论是讨论文学问题还是艺术问题，在在可以感觉出生气勃勃的力量，年轻人的敏感的神经，发热的脑子在心驰神往之际突然冒出来的辉煌的思想，处处可以听到对压迫和非正义表示愤懑的高尚的热情迸发。争论常常是热烈的，但从来没有闹到争吵的地步，这是多亏贝凯托夫家的老大，他善于当场进行调解分歧，带来和睦，使意见一致。年纪轻对于消除分歧也很有帮助，年轻人容易激动，同样也容易忘记自己向往的东西。常常是滔滔不绝的议论发表够了，叫喊得够了，有人提议出去散散步，于是大家欣然接受这一建议。有一次我们大家一致同意去作一次远足——步行到巴尔果洛伏，在耸立于湖畔的包克龙山上过夜；每个人都要带上粮食；分配给贝凯托夫兄弟的任务是带上煮咖啡用的铜壶以及其他需要之物。

　　我到现在还记得这一次旅游。整个旅途中，在湖畔度过的整个夜晚洋溢着快乐，人人心头充满了幸福。欢快的心情发而为歌，表现为机智的俏皮话，滑稽可笑的故事，嘻嘻哈哈之声不绝于耳。我想，巴尔果洛伏湖从来没有见过这样欢乐的场面吧。

　　两个人闲聊，无论聊的人多么聪明，听的人如何专心，往往没有参加大伙一起谈话那么有利于思想的发展。这里，个人的自尊心是主要推动力；思想必须保持警惕，不要流露出比别人迟钝的样子，注意谈话的思想，准备当着众人的面表

———————
　　①　亚历克赛·尼古拉耶维奇·普列谢耶夫(1825—1893)，诗人。

示赞成或予以反驳，——凡此种种在很大程度上都激发人的思想，磨练人的智慧，使它更加敏锐，如同俗话所说的"刺激脑子"。

题解：

　　德·瓦·格里戈罗维奇（1822—1899）的《文学回忆录》，有一部分谈到与陀思妥耶夫斯基的相识，与他同住一套房间的生活，谈到《穷人》的成功，在文学史上具有重要意义。格里戈罗维奇回忆录的这一部分准确叙述事件有余，发挥回忆录作者的文学风格特点——加强文章的风趣可笑方面不足；叙述事件的过程时不大追求奇闻逸谈性质。格里戈罗维奇自己也承认他的回忆性散文的这一特点是"不适宜的"。他在1892年1月20日致亚·谢·苏沃林的信中写道："我没有跟任何人过不去的坏心眼儿，但我有另外的缺点，对于写回忆录是不适宜的，因为我觉得一切都是令人发噱的，而不是辛辣的讽刺……"（《俄国作家致亚·谢·苏沃林的信》，列宁格勒，1927年，页33）

　　在格里戈罗维奇与陀思妥耶夫斯基之间从来不曾有过特别亲密的关系，连得1844至1845年间两人短时期同住一个寓所时也没有很密切的来往。后来，生活使他们分道扬镳。陀思妥耶夫斯基的《时代》杂志上曾登载过阿·格里戈利耶夫①的《文学中的陈腐现象》（1864）一文，尖锐地评论了格里戈罗维奇的整个创作，这很可能也促使他们分道扬镳。格里戈罗维奇回忆自己与陀思妥耶夫斯基的交往，对于陀思妥耶夫斯基因为《穷人》而在《作家日记》上所作的回忆，作了一些小小的，然而在某种程度上于自己有利的更正。按陀思妥耶夫斯基的说法，格里戈罗维奇还没有看过《穷人》的手稿就向他要手稿。格里戈罗维奇则坚称他已经看过，而且后来把稿子拿去给了涅克拉索夫。格里戈罗维奇所述陀思妥耶夫斯基与《现代人》派断绝来往的情况，同帕纳耶娃的回忆录中所述的情况针锋相对。（见本书页94—98）据格里戈罗维奇说，情况是这样：陀思妥耶夫斯基与屠格涅夫的关系尖锐化，过错在陀思妥耶夫斯基身上，而不是如同帕纳耶娃所写的那样在屠格涅夫身上。格里戈罗维奇的回忆录在某些方面有着第一手资料的意义，例如，其中讲到陀思妥耶夫斯基与贝凯托夫兄弟的交往，这是回忆录中唯一证明他在认识彼得拉舍夫斯基之前就属于具有社会主义情绪的小组。

　　按《德·瓦·格里戈罗维奇全集》，1896年，圣彼得堡马克施出版社，第12卷，页223—227、231、234、266、267—277刊印。

---

　　①　阿·亚·格里戈利耶夫（1822—1864），批评家，诗人。

《引人注目的十年》摘抄

帕·瓦·安年科夫

我有一次去看望别林斯基,时间是在午饭前,他上午写作后正在休息。我在院子里就看见他站在会客室的窗口旁,手里捧着个大本子,满脸激动的神色。他也发现了我,大声喊道:"快来,我告诉你一个消息……"和我问过好以后,他接着说:"这一部稿子,就是您现在看见的这部稿子,我放不下手,已经看了两天啦。这是正在露头的天才写的小说:这位先生的外表如何,他的思想境界如何,我不得而知,但小说倒是揭示出俄罗斯生活和人物的秘密,在他之前,谁都做梦也没有想到过。请想一想吧,这毕竟是咱们社会小说的初次尝试,并且像艺术家通常所做的那样写成的,连他们自己也没有料到会写出什么东西来。事情很简单:有些心地善良的怪人认为,热爱整个世界是每个人的一种责任,是非凡的快事。他们丝毫不能懂得,当生活的车轮挟带着种种规章制度朝他们滚来时,会无声无息地碾碎他们的躯体与四肢百骸。这就完了,——然而那是多妙的戏剧,多精彩的典型!对啦,我忘了告诉您,这位艺术家叫陀思妥耶夫斯基。现在我让您看看他的小说情节的范例。"说着别林斯基以迥非寻常的热情朗读了最使他震惊的几个地方,以抑扬顿挫的声调和激动的表达方式使它具有更强烈的色彩。他便是这样迎接我们这位小说家的处女作的。①

　　事情还不止于此。别林斯基还想为年轻的作者做点事情,他已经为许多作者例如科尔卓夫与涅克拉索夫做过事情,也就是使他的才能摆脱那种爱说教的倾向,使他具有所谓坚强的神经与健壮的肌肉,那将会有助于他直接地一下子把握对象,而不致在摸索试探中遭受挫折,但在这方面评论家已经遇到了坚决的反对。新作家的第二个短篇《两重人格》也是在别林斯基家里朗读的②;这篇作品的人物描写扣人心弦,这个人物生活在现实世界和幻想世界之间,可是两个世界,哪一个也不让他完全落脚。别林斯基喜欢这个短篇,因为作者把独特的主题开掘得既充分又有力量。可是,朗读时也在场的我,却觉得评论家还有着深一层的意思在,他认为毋须当场说出这一层用意。他不断地要陀思妥耶夫斯基注意,必须做到**得心应手**,在文学写作中就是所谓获得轻巧地表达自己思想的能力,克服叙述的困难。别林斯基显然不习惯故事作者当时还很含糊的写作手法,因为作者不时回到陈旧的字句上去,没完没了地重复和改变这些句子,别林斯基把这种写作手法归因于青年作家的经验不足,还未能克服语言和形式方面的困难。然而别林斯基错了,他遇到的不是新手,而是已经完全定型的作者,因而有着根深蒂固的写作习惯,尽管他显然只带着他的处女作登上文坛。陀思妥耶夫斯基感激地、然而冷淡地倾听着评论家的教诲。他的小说突然获得成功,把他埋藏在心里的高度自尊、高度自我理解的种子和幼芽一下子催育成熟了。这一成功使他完全摆脱了怀疑和犹豫,而一个作者的最初几步总是伴随着怀疑和犹豫的。他还把这成功当作梦谶,预示着桂冠和神殿。因而在他决定把长篇小说交给当

---

　　①　1846 年我第二次到国外时,据人家告诉我,别林斯基对另一部小说几乎又充满了同样的心情,那是对冈察洛夫的《平凡的故事》的手稿,他初次看到稿子便预言两个作者在文学上都有远大的前程,不难获得成功,但他同时还预言,这要求他们在积累无愧于他们天才的创作思想之前,作更大的努力,花更多的时间。——安年科夫注

　　②　《两重人格》当时尚未完成,头几章的朗读看来是在 1845 年 12 月 3 日前后。陀思妥耶夫斯基在 1877 年 11 月的《作家日记》(《动词"惶惑"的故事》)中回忆此事时说:"大约是 1845 年 12 月初,别林斯基坚持要我到他那里去朗读这篇小说,哪怕朗读两三章。为此他甚至邀集亲密朋友,举行了晚会(他几乎从来没有这样做过)。我记得伊万·谢尔盖耶维奇·屠格涅夫也出席了晚会,我的朗读他只听了一半便赞扬几句,匆匆赶往别处。我朗读的三章或四章,别林斯基极为喜爱(虽然并不值得他喜爱)。但是别林斯基不知道小说的结局,他只是受到《穷人》的感动。"(《1926—1930 年版全集》,第 12 卷,页 298)

时已在筹备中的文集发表时,作为作者的他,完全心安理得地要求他的小说与集子中的其他作品在排印上有区别,比如围上花边①,这也是他有权应当可以提出的条件。

大家知道,后来陀思妥耶夫斯基成为人类思想和感觉中罕见的、惊人的特殊现象的非凡的探索者,这位探索者因其心理描写方面的准确、宝贵、有趣的发现而闻名于世,同样也因其骗人的方法和结论的数量而闻名于世。他的结论仍旧是用最细腻的、外科手术般锐利的所谓心理分析的方法得到的,这种心理分析方法又帮助他创造了全部最鲜明的典型。他不久即与别林斯基分道扬镳——生活引导他们走向不同的方向,虽然在相当长的时间内他们的见解与观点还是相同的。

题解:

帕维尔·瓦西里耶维奇·安年科夫(1812—1887),回忆录作者,文学史家,第一本学术性的普希金传记的作者。

他与果戈理和别林斯基关系亲密,与屠格涅夫有四十年的友谊,与格拉诺夫斯基、赫尔岑、奥加辽夫、谢德林以及皮谢姆斯基保持友好关系,这些都反映在他的内容引人入胜的回忆录中(《一八四一年夏果戈理在罗马》、《1838—1848,引人注目的十年》、《1840—1856,屠格涅夫的青年时代》等)。

安年科夫对陀思妥耶夫斯基的态度,是在陀思妥耶夫斯基与《现代人》派那次冲突的影响下形成的,这次冲突很快就导致陀思妥耶夫斯基与杂志出版人的决裂。不久,陀思妥耶夫斯基与别林斯基也分道扬镳。(见本书页 87—88、106)

---

①　见本书页 86 注①。在杂志上,原文接下去是:"小说在文集中确实围上了表示荣誉的花边",在单行本《引人注目的十年》中,这句话由安年科夫删去。

《回忆录》选

阿·雅·帕纳耶娃

  帕纳耶夫在他的《回忆录》中详细谈了陀思妥耶夫斯基的《穷人》所产生的影响,对此我不准备再多发议论了。[①] 陀思妥耶夫斯基第一次上我们家是在

---

  ① 关于这件事,伊·伊·帕纳耶夫在《回忆别林斯基》中写道:

  "应当说,第一个知道《穷人》存在的是格里戈罗维奇,陀思妥耶夫斯基是他在工程学校的同学。

  陀思妥耶夫斯基把自己的稿子给格里戈罗维奇,格里戈罗维奇转交给涅克拉索夫。他们一起看了原稿,把它作为一部非常引人注目的作品转交给别林斯基。

  别林斯基不大相信地接下了稿子。他似乎好几天都没去看。

  他上床睡觉时第一次拿起稿子,想稍微翻一翻,可是从第一页起稿子就把他吸引了……他越来越着迷了,通宵未睡,一口气把它看完。

  早上涅克拉索夫遇到别林斯基时后者已经处于害热病似的兴奋状态。

  在这种情况下,他往往整个人激动异常,不安地、不耐烦地在室内走来走去。这时候他必定需要一个亲近的人,以让他倾吐一下满得溢出来的感想……

  用不着说,别林斯基遇到涅克拉索夫是何等的高兴。

  '把陀思妥耶夫斯基介绍给我!'这是他的第一句话。

  然后,他喘着气,把感想告诉涅克拉索夫,说是《穷人》表现了作者的巨大的、伟大的天才,《穷人》的作者将要前进得比果戈理更远,如此等等。《穷人》当然是一件了不起的作品,完全应当得到它所享有的成功,但是别林斯基对它毕竟迷恋到了极点。

  等人家把陀思妥耶夫斯基带来见他时,他对陀思妥耶夫斯基很亲切,几乎怀着父辈的爱,立即向他说出**所有的**看法,充分表达了自己的热情。"(伊·伊·帕纳耶夫,《文学回忆录》,莫斯科,1950 年,页 308—309)

傍晚①,和涅克拉索夫与格里戈罗维奇一起来的,格里戈罗维奇刚开始文学生涯。一眼可以看出,陀思妥耶夫斯基是个非常神经质的、敏感的年轻人。他瘦削,小个子,淡黄头发,面带病容;灰色的小眼睛不知为什么惶恐地游移不定,苍白的嘴唇神经质地抽搐着。

　　当时所有来我们家的人几乎都是他已经认识的,可是他分明很难为情,没有参加大家的谈话。大家竭力关心他,以便消除他的拘束,让他知道,他是人群中的一员。从那天晚上起,陀思妥耶夫斯基经常晚上到我们家来。他的拘束不见了,他甚至发表一些激奋的话,和所有的人争论,显然是出于一种固执才去反驳其他人的。由于年轻与神经质,他不善于控制自己,过分露骨地表现了作者的自尊心,过高估计了自己的作家的才能。他为文学生涯中意想不到的初次成功和文学界的权威人士们的赞扬所震动,作为一个敏感的人,他在其他文学青年面前掩饰不住他的得意之感,而青年们带着自己的作品谦逊地开始这种生涯。随着小组中年轻文学家的出现,成为他们的笑柄是够倒霉的事情,可是陀思妥耶夫斯基却像故意似的,以他的容易激动的和高傲的口气声称,论才能他比他们无可比拟地高得多,这就授人以把柄。大家都在背后说他的坏话,在讲话中刺伤他的自尊心;这事情,屠格涅夫特别是一把好手,——他故意把陀思妥耶夫斯基拖入争论,激得他极度恼怒。陀思妥耶夫斯基气得快要发疯,有时候便狂热地坚持在急躁中随口说出的对事物的荒唐看法,而屠格涅夫便把话头接过来,嘲笑一番。

　　一个朋友②把圈子里的人所说的对陀思妥耶夫斯基和他的《穷人》的那些话告诉了他,因此他产生极大的怀疑。陀思妥耶夫斯基的朋友据说是出于爱好艺术,把谁说了谁,说了什么话统统告诉他。陀思妥耶夫斯基怀疑大家妒忌他的才能,他在每一句丝毫没有一点用意的话里发现他们想要贬低他的作品,要侮

----

　　① 陀思妥耶夫斯基第一次上帕纳耶夫家是在1845年11月15日,关于这次拜访,他写信给兄弟道:"昨天我初次到帕纳耶夫家,我似乎爱上了他的妻子。她聪明,漂亮,而且又客气,坦率得不得了。"(《书信集》,第1卷,页85)过了三个月他写道:"我真的爱上了帕纳耶娃,现在正爱着呢,但我不知道还会怎么样。"(同上,页87)年轻的阿·雅·帕纳耶娃的外貌,陀思妥耶夫斯基久久未能忘怀。他还把帕纳耶娃的外貌上一个很富有个性的特征给了《罪与罚》的女主人公,名字也叫阿芙多蒂娅的拉斯柯尔尼科娃:"她的嘴小小的,下嘴唇鲜艳,红润,连同下巴微微朝外翘——这是这张漂亮的脸蛋上唯一的不足之处,然而却赋予这张脸以特殊的个性,而且仿佛有傲慢的味道。"(《1956—1958年版十卷集》,第5卷,页212)

　　② 大概是格里戈罗维奇。

辱他。

他到我们家来已经带着一肚子怨气,在人家的话里找岔子,以便向妒忌他的人发泄他闷在肚里的怒火。大家不仅没有宽厚地对待一个有病的神经质的人,反而变本加厉地用嘲笑去激怒他。

陀思妥耶夫斯基对别林斯基不满,因为后者要玩朴烈弗伦斯,而不跟他谈他的《穷人》。

"一个聪明人怎么可能去做打牌这样白痴做的事情呢,哪怕打十分钟也不行啊!……可他却会坐上两三个小时!"陀思妥耶夫斯基愤恨地说,"真的,官吏和文学家丝毫没有什么不同,一样糊里糊涂地打发时光!"

别林斯基避免任何认真的谈话,免得激动。陀思妥耶夫斯基认为这是别林斯基冷落他。别林斯基有时听到陀思妥耶夫斯基发火,和屠格涅夫在争论,便悄悄对跟他打牌的涅克拉索夫说:"陀思妥耶夫斯基怎么啦!尽说没有意义的话,还那么狂热。"等陀思妥耶夫斯基离去,屠格涅夫把陀思妥耶夫斯基对某个俄国作家的苛刻而又不公正的看法告诉别林斯基,这时别林斯基向他指出:

"嗯,您真好,跟有病的人去争吵,故意刺激他,好像您没有看见他在发火,他自己也不知道在说些什么。"

人家告诉别林斯基,说是陀思妥耶夫斯基已经自以为是个天才,这时别林斯基耸耸肩膀,忧愁地说:

"真不幸,要知道,陀思妥耶夫斯基无疑是有才能的,然而,要是他不去发展他的才能,却自以为已经是个天才的话,那他就不会前进了。他一定得去治病,这一切完全是因为神经受到强烈刺激。一定是生活把他这个病人的身体搞垮了!艰难的时期来临,得有非常坚强的神经才能忍受现代生活的一切条件。如果没有一线光明,那么恐怕人人心理上都会出毛病!"

有一次屠格涅夫当着陀思妥耶夫斯基的面描述他在外省遇见一个人的全部情况。这个人自以为是天才,屠格涅夫很出色地模仿了这个人的可笑之处。陀思妥耶夫斯基没有听完屠格涅夫的故事,便脸色苍白,浑身发抖地走了。我向大家指出:干什么要这样折磨陀思妥耶夫斯基呢?然而屠格涅夫情绪极其高兴,也吸引了其他人,因而谁也没有去重视陀思妥耶夫斯基的匆匆离去。屠格涅夫拿《穷人》的主人公杰武什金来编打油诗,好像该主人公给陀思妥耶夫斯基作了一首诗,感谢他向整个俄国宣告主人公的存在,诗中屡次重复出现"妈咪"一词。①

这一天晚上以后,陀思妥耶夫斯基不再来我们家,甚至在街上也避免和我们圈子里的人照面。有一次帕纳耶夫在街上遇见他,本想停下来问问他,为什么许久见不到他的面,可是陀思妥耶夫斯基迅速跑到街对面去了。他只跟过去他自己的朋友[格里戈罗维奇]见面。格里戈罗维奇说,陀思妥耶夫斯基痛骂大家,不想和圈子里的任何人再有来往,他对大家都很失望,认为他们都是好妒忌的人,没有心肝,渺小的人物。

1848 年,我们在巴尔果洛伏过夏;彼得拉舍夫斯基也住在那边别墅里,许多青年人从城里来到他那里。陀思妥耶夫斯基、普列谢耶夫与托尔有时候在他那里做客。② 自从别林斯基在《现代人》上发表文章批评他的《两重人格》与《普罗哈尔钦》以后,陀思妥耶夫斯基已不上我们这里来。他甚至认为这篇分析批评文章侮辱了他。③ 他甚至不再向涅克拉索夫与帕纳耶夫点头致意,而高傲地、讥讽地对待他们,他们对陀思妥耶夫斯基的这样的乖常行为感到惊讶。

陀思妥耶夫斯基有一次来编辑部,希望与涅克拉索夫交换一下意见。他很气愤。我离开了涅克拉索夫的书房,在餐室里听到两个人都火气很大;等陀思妥耶夫斯基从书房里奔到前室,他脸色煞白,仆人拿外套给他,他怎么也伸不进外套的袖子里;陀思妥耶夫斯基从仆人手中夺过大衣,一下子跳到楼梯上。我走到涅克拉索夫那里,发现他也处于激动状态。

"陀思妥耶夫斯基简直发疯了!"涅克拉索夫激动得声音发抖地对我说,"他

---

① 未查到屠格涅夫有这样的诗。

② 1848 年夏陀思妥耶夫斯基也住在巴尔果洛伏。

③ 别林斯基在《一八四六年俄国文学一瞥》一文(《现代人》,1847 年,第 1 期)指出陀思妥耶夫斯基在《穷人》之后写的作品中的重大不足:"在《穷人》中对于初次练笔是可以原谅的一切缺点,在《两重人格》中却是骇人听闻的缺点,这一切都归结为一点:不善于用过分丰富的天才的力量为自己所酝酿的思想的艺术发展定出一个合理的程度和界限。[……]在《祖国纪事》第 10 期上出现陀思妥耶夫斯基君的第三部作品、中篇小说《普罗哈尔钦先生》,这部小说给所有景仰陀思妥耶夫斯基才华的人一个不愉快的惊讶。小说中闪耀着巨大的天才的火花,然而这火花在那么浓重的黑暗中闪耀,它的光华使读者毫无所见……"(《别林斯基》,第 10 卷,页 40—41)

来威胁我,让我下一期不敢刊登我的分析评论他的作品的文章。是谁跟他胡说八道了,好像我到处在念我写的毁谤他的诗!真是发疯了。"①

题解:

　　阿芙多蒂娅·雅科夫列夫娜·帕纳耶娃(戈洛瓦乔娃;1819—1893),四十年代至五十年代间很有才华的小说家,所作《回忆录》详尽叙述了创办《现代人》的别林斯基、涅克拉索夫、车尔尼雪夫斯基、杜勃罗留波夫及屠格涅夫等人的故事,是俄国文学回忆录著作中最生动的篇章之一。出现在她的回忆录中的陀思妥耶夫斯基,是一个对自己的才能过分自信的作家,因而成了编辑部同人的嘲笑对象。

　　这里是根据阿·雅·帕纳耶娃的《回忆录》(莫斯科,1956 年)页 143—146、175、177—178 原文刊印。

---

　　① 涅克拉索夫没有发表过任何亲自"论评"陀思妥耶夫斯基作品的文章。这里显然是指别林斯基的《一八四六年俄国文学一瞥》一文,原拟在 1847 年第 1 期的《现代人》上发表。

　　"毁谤诗"指《可悲的辞藻勇士》一诗,1846 年底由涅克拉索夫和屠格涅夫合作写成。

《回忆录》选

弗·亚·索洛古勃

一次,总共只有一次,我总算把陀思妥耶夫斯基拖到自己的住处。我就是这样与他相识的。

1845 年或 1846 年,我看了当时月刊上的中篇小说,题目叫《穷人》。[①] 小说显示了那样独特的才能,那样淳朴和有力,使我欣喜万分。[②] 看完小说,我立即去找杂志的出版者,好像是安德烈·亚历山大罗维奇·克拉耶夫斯基,向他打听作者的情况。他告诉我,作者叫陀思妥耶夫斯基,并且给了我地址。我立即乘车前去,在彼得堡一条偏僻的街道上,好像是毕斯克街,一座小公寓里找到一个面色苍白、带病容的青年。[③] 他身上穿的是一套相当旧的常礼服,袖子短得异乎寻常,好像不是为他缝制的。我报了自己的姓名,以热情的语言表达了他的小说所

[①] 《穷人》不是刊登在"当时出版的月刊"上,而是刊载在涅克拉索夫编的《彼得堡文集》上,出版于 1846 年 1 月 25 日。

[②] 1845 年 11 月 16 日,陀思妥耶夫斯基写信给兄弟谈到自己的成就:"奥陀耶夫斯基公爵请求我给他以拜访他的荣幸,索洛古勃伯爵懊恼得直揪头发。帕纳耶夫向他宣布,有个天才将使他们所有的人都丢尽面子。索洛古勃跑遍所有的朋友家,拐到克拉耶夫斯基处,突然问道:'这个陀思妥耶夫斯基是个什么人?我到哪里去找陀思妥耶夫斯基?'克拉耶夫斯基这个人是对谁都满不在乎的,对所有的人说话都毫无顾忌,回答他说,陀思妥耶夫斯基不想给他这个面子,不会去拜访他。果然如此:小贵族如今踩在高跷上,心里以为他们的爱惜人才的高贵感情会使我无地自容哩。"(《书信集》,第 1 卷,页 84)

[③] 陀思妥耶夫斯基当时不住在毕斯克街,而是住在弗拉基米尔胡同与伯爵胡同的拐角上。(见《列宁格勒的古代文献》,页 401—402)

给予我的深刻又惊人的印象,说他的小说不落窠臼,和时下的一般作品绝少相似之处。他听了很窘,怪难为情的,只是把屋里唯一的一张老式的旧安乐椅端给我坐。我坐下,我们谈了起来。说老实话,还是我讲的话多——我老是犯这个毛病。陀思妥耶夫斯基谦虚地回答了我的问题,他说得很谦虚,甚至躲躲闪闪。我立即看出这是一种腼腆的、拘谨的性格,自尊心很强,但是极其富有才华,讨人喜欢。在他那里坐了二十来分钟我便起身告辞,邀请他到我处便饭。

陀思妥耶夫斯基简直害怕了。

"不,伯爵,请原谅我,"他搓着两手,不知所措地说,"说实话,我生平从来不涉足社交界,因而我怎么也不敢……"

"谁跟您说社交界啦,最亲爱的费奥多尔·米哈伊洛维奇,我和妻子确实属于社交界,我们也经常出入于社交界,可是我们不让社交界人士到我们家里来!"

陀思妥耶夫斯基放声大笑了,但依然不为所动,只是过了两个月光景,他才到我家的兽苑来了一下。① 但不久便到了 1848 年,他因与彼得拉舍夫斯基案有关而被流放到西伯利亚去服苦役了。②

题解:

　　弗拉基米尔·亚历山大罗维奇·索洛古勃(1814—1882),伯爵,三四十年代自然派很受人欢迎的小说家,著有好几部中篇小说(《两双套鞋的故事》、《药房老板娘》、《半篷马车》),甚得别林斯基好评;五十年代,以有才能的轻松喜剧作家著名,又以"暴露性"喜剧《官僚》(1857)的作者而驰名。索洛古勃的《回忆录》写于暮年,主要写三四十年代的事。索洛古勃与陀思妥耶夫斯基,一般说来与别林斯基周围的青年文学家们以及未来的彼得拉舍夫斯基派分子们一样,并不接近。

　　伊·伊·帕纳耶夫回忆道:"他被陀思妥耶夫斯基的《穷人》所吸引,缠住我们大家问:'这个陀思妥耶夫斯基是谁? 看在上帝分上,指给我看,把我介绍给他!'"(伊·伊·帕纳耶夫,《文学回忆录》,页 132)索洛古勃与陀思妥耶夫斯基的交往不深,只有很短一个时期。关于这一交往的记述在他的回忆录中相应地也只占很少的篇幅。

　　本文按《历史通报》1886 年六月号页 561—562 原文刊印。

---

　　① 陀思妥耶夫斯基确实到索洛古勃家去过。1859 年,他在特维尔遇到伯爵夫人巴兰诺娃后回想起此事,他写信给亚·叶·弗兰格尔说:"伯爵夫人是个漂亮的女人[……]她还是个姑娘的时候,我在彼得堡她的亲戚索洛古勃家里见过她。"(《书信集》,第 1 卷,页 261)

　　② 陀思妥耶夫斯基的被捕是在 1849 年 4 月 22 日夜里,被流放是在 12 月 24 日夜里。

1877 年《作家日记》选

费·米·陀思妥耶夫斯基

　　我看了《祖国纪事》一月号上的涅克拉索夫的《最后之歌》。① 这是一束热情之歌，是没有说完的话，涅克拉索夫作诗一向如此，然而这是一个病人的何等痛苦的呻吟！我们的诗人身患重病，——他亲自对我说过，——他对自己的病况知道得一清二楚。但是我不相信……这个健壮而又敏感的身躯。他痛苦不堪（他的肠道患某种溃疡，病症很难诊断），但是我不相信他拖不到春天。到了春天，他到温泉去，到国外去，换一换气候，快些去，他就会痊愈，我相信准是这样。人与人相处往往是很奇怪的，我们在我们的一生中难得见面，我们之间常常不了解，但是我们的生活中有过这样一件事，我永远不能忘怀。那就是我们生活中的第一次见面。前不久，我顺路去看望涅克拉索夫②，他患着病，痛苦到极点，开口头一句话就提到我们初次相识那些日子。当时（三十年之前！）发生了一件事情，那么新鲜，生气勃勃，美好，故而永远保留在有关人士的心灵里。我们当时才

----

　　① 《祖国纪事》(1877 年，第 1 期，页 277—282)上刊登了《最后之歌》，包括：《序曲》、《致播种者》、《祈祷》、《致齐娜》、《判决》、《时光在消逝……空气依旧那么沉闷》、《我即将成为腐朽之物……》以及《致友人》。

　　② 1877 年 1 月陀思妥耶夫斯基到涅克拉索夫处去过。

二十出头。我住在彼得堡，从工程学校退学已经快一年①，自己也不知道为什么退学，总是抱着十分模糊不定的目的退学的吧。那是 1845 年的 5 月。头年初冬我突然动手写我的第一部中篇小说《穷人》②，在这之前我什么也没有写过。写完后，我不知道拿它怎么办，交给谁。文学界的友人，除了格里戈罗维奇，我一个也不认识。他当时除了写过一篇短文《彼得堡的街头乐师》刊登在一个文集里③之外，也是什么都没有写过。那时他好像准备夏天到自己的村子里去，暂时在涅克拉索夫处住一阵子。他顺便路过来看我，说："把稿子带来（他自己也还没有看过）。涅克拉索夫打算在明年之前出个集子④，我拿给他看看。"我带着稿子去了，匆匆见了涅克拉索夫一面，我们互相握握手。想到我带了自己的作品来，我感到难为情，赶紧离去，和涅克拉索夫几乎没有说过一句话。我很少想到作品会成功，这些人，如当时人们所说的"《祖国纪事》派"，我是害怕的。我兴致勃勃地看别林斯基的文章已经有好几年了，可是我觉得他这个人严厉，可怕，"他会嘲笑我的《穷人》！"——有时我不禁这样想。但有时候又这样想：我怀着激情，几乎含着眼泪写下的东西，"难道我握笔写作这个中篇时所体验到的一切，全是虚妄，是幻影，是不真实的感情？"不过我这样想自然只是短短的一瞬间，狐疑不决的心情立即重又出现。交出稿子的当天晚上，我到住在远处的一个老同学家里去。我们整夜谈论和朗读《死魂灵》，读了几遍我也记不清。当时青年人往往如此，两三个人聚在一起，"诸位，咱们是不是念点儿什么，念果戈理吧！"于是他们坐下来就念了，说不定念个通宵。那时青年人中间似乎传播着许许多多东西，似乎期待着什么。我回家时已是深夜四点钟，当时是明亮如同白昼的彼得堡的白夜。正是晴朗、暖和的季节，我走进自己的寓所，没有去睡，却打开窗户，坐在窗前。突然门铃响了，使我极为惊讶，格里戈罗维奇和涅克拉索夫奔过来拥抱我，

---

　　①　陀思妥耶夫斯基 1844 年 10 月 19 日获准退学，但他的退学申请书在同年的 8 月中旬即已提出。

　　②　1844 年 9 月 30 日陀思妥耶夫斯基写信给兄弟说："我快要把一部和《欧也妮·葛朗台》篇幅相当的长篇小说写好了。相当独特的长篇小说。我已经誊好了，14 日之前大致可以接到回音。我把它投给《祖国纪事》。"（《书信集》，第 1 卷，页 73）这显然是《穷人》的第一稿。从后来的信中可以看出，1845 年初小说已改好（第二稿），陀思妥耶夫斯基信中提到时已当它是卖掉的作品。我们从格里戈罗维奇的回忆录中同样也可找到旁证，说明《穷人》写作的主要工作在 1844 年。（见本书页 85）

　　③　见本书页 83 注①。

　　④　当时涅克拉索夫在筹备出文集，名叫《彼得堡文集》，1846 年 1 月出版。

他们两人欣喜若狂,几乎要哭出来了。原来他们傍晚时很早就回家,拿了我的稿子试读:"读上十页就知道了。"可是读了十页,他们决定再读十页,后来他们欲罢不能,不停地读下去,读了一整夜,一个人读累了就轮流着大声朗读,一直到凌晨。后来格里戈罗维奇单独和我在一起时对我说:"他读到大学生死去,父亲跟着棺材奔跑的那个地方,我突然发觉涅克拉索夫的声音哽住了,一连哽咽了两次,他突然忍不住了,用手掌拍了一下稿纸说:'唉,他呀!'他这是说的您,我们就这么念了一整夜。"等他们念完(七个印张!),异口同声地决定立即到我这里来:"睡觉算什么,我们喊醒他,这比睡觉要紧!"后来,等我仔细观察了涅克拉索夫的性格以后,我常常为这个时刻感到惊奇:他的性格是孤僻的,几乎是谨慎而多疑的,不大喜欢流露自己的心情。至少我觉得他始终是这样,因而我们初次会面那个时刻真正是最深沉的真情流露。那天夜里他们在我的寓所逗留了半小时,这半小时,天知道我们讲了多少话,急急忙忙,夹杂着惊叹,从三言两语中去了解对方。我们谈到诗歌,谈到真实,还谈到"当前形势",自然,也谈到果戈理,引用《钦差大臣》,引用《死魂灵》中的话,但主要是谈别林斯基。"我今天就把您的中篇拿去给他看,您等着吧,——他这个人,他这个人多么好!等您认识他以后,您会知道,他的心眼有多么好!"涅克拉索夫双手摇着我的肩膀,非常兴奋地说。"嗯,现在您睡吧,睡吧,我们走了,明天上我们那儿去!"倒好像他们这样来过以后我还能睡得着似的!多么巨大的成功,多么令人高兴,最主要的是多么珍贵的感情,我清清楚楚记得:"有的人获得成功,大家跑去看他,赞扬啊,祝贺啊,可这两个人却是含着眼泪,在凌晨四点钟跑来把我喊醒,因为这比睡觉要紧……唉,太妙了!"我想的是这个,哪里还有睡意!

涅克拉索夫当天便把稿子拿去给别林斯基看。他钦佩别林斯基,而且一生中最爱的也是他。当时涅克拉索夫还没有写出什么东西来,达到像他一年以后所写的那样的水平。据我所知,涅克拉索夫十六岁左右单枪匹马来到彼得堡,几乎也在十六岁开始写作。他如何与别林斯基相识,我知之不详,但别林斯基一开始便了解他,而且可能对他写诗的情绪有过极大的影响。尽管当时涅克拉索夫年纪还轻,他们之间年龄相差悬殊,但想必他们当时就有那样的时刻,说过那样的话,使他们一辈子互相影响,牢不可分地结合在一起。"新的果戈理出现了!"涅克拉索夫举着《穷人》走进他屋里,高声叫道。"您那里果戈理出得像蘑菇一样快!"别林斯基严厉地批驳他,但稿子还是收下了。傍晚,当涅克拉索夫再次去时,别林斯基"简直激动地"迎接他说:"带他来,快点带他来!"

于是(大概已经是第三天),他们带我去见别林斯基。我记得,乍一看见,他的外貌,他的鼻子,前额,使我颇为吃惊。我不知为什么,原先把"这位严厉的、可怕的评论家"完全想象成另一个模样。他极其自大而又矜持地接待我。"没什么,应该如此呗!"我心里想。但是过不了一会儿,一切都改观了:脸上不是自尊自大的神气,不是大评论家接见刚动笔写作的二十二岁青年作者的傲慢,而是——这么说吧——他有感触,尽快要向我倾吐,他有重要的话,急于要向我诉说,那俨乎其然的神色正表示他对这些感想和话语的重视。他目光炯炯、热情洋溢地说了起来:"您自己是否明白,"他按照习惯突然提高嗓音,把这句话对我说了好几遍,"您写了什么!"他要表达强烈的感情时总是提高嗓音。"您像画家一样,只凭直感,凭直感可以写作,但是,您向我们指出的那整个可怕的现实,您自己是否了解它的意义呢? 您才二十二岁,说是已经了解了,那不可能。您写的那个不幸的小官员,他长期当差,把自己搞成这样,逆来顺受,连承认自己是个不幸的人都不敢,把小小的牢骚几乎都当作是自由思想,连得承认自己不幸的权利都不敢。当那个好人,他的将军把一百卢布给他时,他垮了,惊奇得不知所措,'阁下'居然会体恤像他这样的人,是'阁下',不是大人,您把他表现得多么生动!至于那颗蹦落的纽扣,吻将军的手的一刹那,——那已不是对这位不幸者的同情,那是惶恐,万分的惶恐! 他的惶恐就在于那次道谢之中! 这是悲剧! 您触及了事情的实质,一下子揭示了要害。我们,政论家和批评家,只是评论,我们竭力用语言去说明实质,而您是艺术家,只用线条,一下子就用形象揭示出本质,让人可以用手去触摸得到,让最懵懂的读者茅塞顿开! 这就是艺术的奥秘,这就是艺术的真谛! 这就是艺术家的为真理服务! 真实启示了您,真实昭示了作为艺术家的您,真理作为一种才能为你所掌握,珍惜您的才能吧,始终做个诚实的人吧,您将成为一个伟大的作家! ……"

他当时对我讲的就是这些话。后来他对其他许多人讲到我时说的也是这些话,这些人如今还活着,可以作证。我心里如陶醉一般从他那里出来。我在他家的屋角里停下,望望天空,望望明亮的白天,过往的行人以及一切,我全身心地感觉到,我生活中的重大时刻来临了,永久性的变化发生了,崭新的情况开始了,那是即令我的天花乱坠的幻想都不曾遐想过的情况(那时候我是个不得了的幻想家)。"难道我真的这么伟大?"我处于战战兢兢的兴奋中,惭愧地暗自想道。

啊,不许想到自己伟大不伟大,后来我永远也没有想过,但当时——能忍得住不想吗!"啊,以后我要使自己无愧于这些赞扬,这些人多么好,多么好!这些人原来在这里!我要受之无愧,我要努力做个像他们那样的优秀人物,我要始终'诚实'!唉,我是多么轻率,万一要是别林斯基知道了我的头脑里是些什么不体面的、恶劣的东西!可人家还说这些文学家骄傲,自高自大呢!不过,这种人只有俄国才有,他们是同样的人,有同样的真理,而真理、善和真实总会战胜邪恶与陋习,我们必将胜利!啊,去接近他们,和他们在一起!"

我一直想着这一切,历历如绘地想起那个时刻。以后我永远也难以忘怀。那是我一生中最美好的时刻。我在服苦役时,回想起这一时刻,增强了勇气。现在我每次回想起来还心情激动。三十年以后的此刻,我又回想起这一时刻,不久以前坐在涅克拉索夫的病床边时,似乎又经历了一次当时的情景。我没有向他细说,我只提到,当时我们的那些时刻是什么,我看到他自己也就回想起来了。我并且知道他回想起了什么。我服苦役回来,他指着他书中的一首诗给我看。"这是我那时候写的一首关于您的诗,"他对我说。① 然而我们天各一方地过了一辈子。他缠绵病榻,想起如今已经作古的友人:

> 正当盛年,他们的预言之歌犹未唱完,
> 便成为邪恶和背信弃义的牺牲品而倒下,
> 他们的遗像
> 从墙上责备地望着我。②

这里,使人难堪的是**责备地**这个词儿。我们依旧是"诚实的"吗,依旧是吗?让每个人凭自己的良心去判断去决定吧。不过你们自己念一念这痛苦之歌吧,让我们心爱的热情的诗人复活吧!一位热衷于忍受苦难的诗人!……

---

① 指《不幸者》这首诗。
② 陀思妥耶夫斯基引用的是《我即将成为腐朽之物……》一诗的最后四行。

题解：

身患不治之症的涅克拉索夫的来访使陀思妥耶夫斯基想起他的青年时代最有意义的一段时期，于是在1877年1月的《作家日记》中出现陀思妥耶夫斯基所回想起来的这一插曲，主要的是非常确切地叙述了与他的文学处女作有关的事情的表面过程以及思想内容，这些思想因《穷人》而为别林斯基所发挥，起先是在与作者的谈话中，后来又在刊物上。

别林斯基对陀思妥耶夫斯基的生活和创作起过特殊的作用，别林斯基使陀思妥耶夫斯基的信仰转而倾向社会主义，这一"转变"在他们当面结识之前，通过别林斯基的文章就开始了，陀思妥耶夫斯基"兴致勃勃地看别林斯基的文章已经有好几年了"。他照着别林斯基的意见学着去了解果戈理，领会自然派的实质，评价四十年代的文学现象。这个时期陀思妥耶夫斯基所形成的审美标准，在他后期的创作中实质上依旧未改变。陀思妥耶夫斯基越是紧跟别林斯基，越是伤心；从《两重人格》开始，别林斯基对他越来越冷淡，《女房东》发表后，对他大失所望了。和别林斯基的分歧主要是在文学问题上，在他去服苦役之前，他始终信仰别林斯基的思想。从西伯利亚回来，他仍旧是别林斯基的热烈崇拜者。这从他的《——波夫君与艺术问题》一文中与克拉耶夫斯基的论战可以看出。

等到他的信念"蜕化"开始明显地暴露出来，那么，最清楚的是表现在他对别林斯基的态度上。早在写《群魔》之前，他义愤填膺、怒火万丈地试图连根拔除自己的过去，彻底背弃自己年轻时的思想。这时陀思妥耶夫斯基首先开始与别林斯基进行斗争。在写作《群魔》时期，斗争达到顶点，别林斯基的身价降低了。但是，当陀思妥耶夫斯基创作的最后一个时期，即第三个时期（1874年底）来临时，他又满怀爱戴去靠近别林斯基的影子①，起先胆怯地靠上去（借口是别林斯基的提法中肯，才智卓越）；稍后，在与自由主义者们的斗争中，陀思妥耶夫斯基拿"纯洁的、真诚的"别林斯基与他们作对比；最后，在他的社会主义，他的革命性上，陀思妥耶夫斯基看到俄国历来的特点——彻底否定欧洲文明。出现在陀思妥耶夫斯基的精神演变中的别林斯基就是这样一个非常复杂的形象，好比是一种象征，随着陀思妥耶夫斯基的社会—政治信仰和宗教—哲学信仰的这样或那样变化而每次改变其思想和轮廓。

这里按1877年一月号《作家日记》第二章刊印。

---

① 指别林斯基已于1848年去世。

回忆陀思妥耶夫斯基

斯·德·亚诺夫斯基

我与费奥多尔·米哈伊洛维奇·陀思妥耶夫斯基相识是在 1846 年①,其时我在内务部医药采购局任职。我住在干草广场与奥布霍夫桥之间,当时有名的产科医生肖尔茨的宅子里。我原在森林与测量学院任校医,还担任自然史的几门课的教师,从学校辞职后立即搬到这个住所,因而我在彼得堡的行医业务还不多。我的病人中有瓦·尼·迈科夫②,我喜欢跟他聊天,他讲的些知识界与戏剧界人士的小掌故使我颇感兴趣,这些人士当时都在他父母家聚会。那时,费·米·陀思妥耶夫斯基由于处女作《穷人》的巨大成功,他的名字传诵一时,我们也常常谈到他,而且我经常表示我对这部小说的喜爱。有一天,迈科夫忽然对我说,费奥多尔·米哈伊洛维奇要我允许他来向我求教,因为他也病了。我自然十分乐于从命。次日上午十时,弗拉基米尔·尼古拉耶维奇·迈科夫③来我处,并把一个人介绍给我,这个人后来天天与他见面,直到他被捕。

1846 年的陀思妥耶夫斯基的外貌的真实写照是这样:身材中等以下,骨骼粗大,肩膀与胸廓尤其宽阔;头部比例相称,但前额极饱满,分外开阔突出;眼睛

---

① 陀思妥耶夫斯基与斯·德·亚诺夫斯基的相识在 1846 年 5 月底。

② 瓦列里扬·尼古拉耶维奇·迈科夫(1823—1847),文学评论家。

③ 此处似系笔误,应为瓦·尼·迈科夫。

不大,淡灰色,非常灵活;薄嘴唇,常常抿紧,赋予整个脸容以一种专心向善、专心向爱的神情;头发比浅色的还要淡,几乎是淡白色,异常细,或者说柔软;手腕和脚掌大得引人注目。他衣着清洁,甚至可以说雅致;身穿优质黑色呢料的常礼服,做工讲究,黑色细呢背心,洁白得无可挑剔的荷兰布衬衫,头戴圆顶高筒大礼帽;如果说有什么东西破坏他的全身打扮的和谐的话,那就是不太漂亮的皮靴,以及他那有点儿笨拙的动作。他的举止不像军事院校的学生,倒像神学院的毕业生。他的肺部经过极仔细的检查与听诊证明是完全健康的,但心跳不太均匀,脉搏也不齐而且非常细微,像女人与神经质的人的脉息。

　　第一次来访过后,接着又来了三四次,我们之间是病人与医生的关系。不过随后我请费奥多尔·米哈伊洛维奇早些来,以便有机会尽可能与他多谈谈与疾病无关的事情,因为在这几次短促的会面中,费奥多尔·米哈伊洛维奇就以他的智慧,十分深刻细致的分析以及非凡的人道精神使我倾倒。他尊重我的要求,改在每天八点半钟来,不是十点钟。我们一块儿喝茶。几个月以后,他开始晚上九点钟再来一次,我和他闲聊,直到十一点,有时甚至在我处过夜。这样的晨昏于我是难以忘怀的,因为在我的一生中,我没有经历过比这更愉快、更有教益的时光。[①]

　　费奥多尔·米哈伊洛维奇的治疗持续了一个相当长的时间;等局部的病完全治好后,他又继续服用修改处方的齐特曼汤药三个星期光景,以消除病人身上极其明显地存在的瘰疬症——坏血症型的恶病体质。整个治病期,从五月底开始,继续到七月中,费奥多尔·米哈伊洛维奇每天来我处,除非是阴雨天气他不能出门,或者是我去看望他。那时他住在大滨海街与小滨海街之间的一条什么胡同里,在一个招收房客的女房东那里租了一个小房间。[②] 每天上午,起先是十点钟光景,后来是恰好八点半,前厅的门铃响过,我看见费奥多尔·米哈伊洛维奇快步走进会客室。他把礼帽放在第一张椅子上,迅速瞥了一下镜子(同时迅速用手掠一掠淡黄色的柔软的梳成俄国式的头发),直接对着我说:"嗯,好像没什么,今天气色还好,喂,你看怎么样,老兄?(这是费奥多尔·米哈伊洛维奇喜欢用的称呼,确实有点儿亲热味道,他说出来非常讨人喜欢。)嗯,我看得出,看

---

　　①　亚诺夫斯基的每天与陀思妥耶夫斯基见面的说法似乎有些夸大,尽管他们确实常常在亚诺夫斯基处和共同的朋友处见面。

　　②　即现今的赫尔岑大街与果戈理大街之间的砖瓦胡同。1846 年春陀思妥耶夫斯基居住于此。

得出,没什么。你看舌苔怎么样? 我好像觉得有点儿白,神经过敏。睡眠倒是还好,老兄,就是各种幻觉多,搅得脑袋好难受。"

往往是等他这一番开场白说过,我才仔细替费奥多尔·米哈伊洛维奇进行检查,摸他的脉息,听心跳,没有发现任何异常之处,就安慰他,一切正常,幻觉是因为神经的缘故。他很满意,于是又补充说:"嗯,当然,是因为神经的缘故。那么,不会中风? 很好! 只要不中风,其他的病好对付!"

他放心了,迅速改变他的面孔的表情和诙谐的口气:眼睛里专心致志的、似乎是惊骇的神色消失,紧紧地抿成一条线的嘴唇张开了,露出一口结实的好牙齿;他走到镜子前,但已经像个完全健康的人那样观看自己,又打量一下他的舌苔,这时已经这样说道:"嗯,对,当然是神经质,普通的白色,没有黄斑,那就是——好的!"

然后我们在小茶桌旁坐下喝茶,我通常听到这样的话:"喂,我要半杯,别放糖,我先嚼着糖喝茶,第二杯放糖,就着面包干吃。"天天如此。我们一面喝茶,一面天南地北地随便扯,但是谈得最多的是医药、社会问题、文学艺术问题,关于宗教也谈得很多。

费奥多尔·米哈伊洛维奇的所有见解,尤其是他的观点的正确,知识的渊博,令我吃惊,也使当时我们的其他友人吃惊。和我们比较起来(尽管我们都有大学的知识水平,而且都是读过一些书的人),他知识广博,分析深刻,使我们不由得不信服他的论据,像是某种具体的、可以触摸到的东西似的。

1846 年底,我与费奥多尔·米哈伊洛维奇的交往进而成为亲密的友谊,我们的闲聊具有最诚挚的、推心置腹的性质。[……]

费奥多尔·米哈伊洛维奇和我有了深厚的交情之后,他才把情况告诉我。他对我说,他是个相当贫穷的人,靠写作为生的作家。这时他告诉我许多他童年时代的艰难又凄凉的景况,尽管他谈到母亲、姐妹和大哥米哈伊尔·米哈伊洛维奇时总是怀着崇敬的感情。关于父亲,他绝不愿意提起,也要求我不要问起他。[1] 对弟弟安德烈·米哈伊洛维奇也很少提及。[2] 有一回,我问他为什么不去

---

[1]　这可能是他回想起米·安·陀思妥耶夫斯基的怪僻的性格,不愿意泄露家庭的悲剧:米哈伊尔·安德烈耶维奇在切列莫什尼亚村被自己的农奴打死的悲惨结局。(见本书页 43—45)

[2]　费奥多尔·米哈伊洛维奇与弟弟安德烈向来是不亲的。

服役,为什么放弃自己的专业生涯,他给我的答复我在给奥列斯特·费奥多罗维奇·米勒的信中已经写了,其可靠性我到现在依旧肯定,尽管与米勒先生在陀思妥耶夫斯基的传记中所述有出入。① 为什么我这样有把握地坚持认为费奥多尔·米哈伊洛维奇退学的原因就是我信中所说的尼古拉·巴甫洛维奇皇帝对陀思妥耶夫斯基的设计图不称心,作了不满的评语,而不是因为在大公爵那里当传令官呢? 我的回答很简单:因为我所说的一切都是费奥多尔·米哈伊洛维奇本人亲口对我讲的,我当时立即记入我的《日记》中。②

费奥多尔·米哈伊洛维奇找我来治的第一种病,纯粹是一种局部性的病,但他在治疗期间经常抱怨头晕得厉害,认为是一般所说的中风。我呢,仔细观察他的症状,知道他所诉说的许多神经方面的现象,是在童年时就有了的,同时我观察他的气质与身体,常认为他可能是某种神经性的疾病。他的头晕病发作有时候到了很外露的程度,下面所述的情况是最好的说明,我不能略而不提,因为其中有些地方可以证实费奥多尔·米哈伊洛维奇所相信的预感。

我和费奥多尔·米哈伊洛维奇相识的第二年夏天,我住在巴甫洛夫斯克,费奥多尔·米哈伊洛维奇住在巴尔果洛伏的一所别墅里。那时我们有君子协定,我因为料理公务每星期必定要到彼得堡去三次,那几天,费奥多尔·米哈伊洛维奇可以在下午三时到六时之间在我的寓所与我见面。有几次我们就是这样见了面。可是有一回,星期一的晚上我过得十分忐忑不安,总觉得有一种按捺不下

---

① 亚诺夫斯基是指奥·费·米勒的下述说法:"安娜·格里戈利耶夫娜根据他的话记下了派他去给米哈伊尔·巴甫洛维奇大公爵当传令官的事,这也是费奥多尔·米哈伊洛维奇在工程学校所遇到的不愉快的事情之一。当时他把报告的话'向大公爵殿下'忘记了。大公爵说:'派了这么个傻瓜来。'"(《传记》,第一种页码,页45)又见本书页58亚·伊·萨维里耶夫的回忆录。

亚诺夫斯基这里说的信,米勒没有公开发表。这封信(文研所手稿部,29916/CCXI614)中有陀思妥耶夫斯基对亚诺夫斯基提出的问题的答复:"为什么不愿放弃文学去担任公职? 为什么他恰恰要抛弃工程师的前程?"对第一个问题陀思妥耶夫斯基好像回答说:"巴结讨好令人恶心,再说我也不会。"对第二个问题他回答说:"不行,我不能,皇上给了我很难听的雅号,大家知道,有些雅号会一直背到死的……"接下去,亚诺夫斯基讲到工程学校毕业时,陀思妥耶夫斯基交出的实习作业完成得不好,沙皇对他的设计图批示道:"何来笨伯作此图。"从那以后陀思妥耶夫斯基似乎决意离开工程部门。米勒以论战性的注释答复亚诺夫斯基信中引自《费·米·陀思妥耶夫斯基传记材料》的上述地方。米勒在注释中简括地复述亚诺夫斯基的说法,然后声明,根本无法找到尼古拉一世的这条"批示"。

② 亚诺夫斯基的日记不详,大概未保存下来。

的、尽管也是没来由的欲望,要到彼得堡去。我无论怎样努力让自己安下心来,把行期拖到明天,就是我平常到彼得堡去料理公务的日子,可是我却控制不住自己。我一早喝了茶,动身去彼得堡。到了城里,无事可干,我顺便到局里去了一下。午后三时我到小滨海街的 Hôtel de France(法兰西饭店)去,我的一些朋友请我去吃饭。吃饭也没有什么胃口,总还是急于要到什么地方去。四点钟光景,我来到街上,我本该从滨海街往左拐,回奥布霍夫大街的家里去,或者往皇村铁道去,可我在一种怔忡不安的感觉的影响之下,完全不知不觉地、本能地往右拐,向枢密院广场走去。刚走到广场,便看见费奥多尔·米哈伊洛维奇在广场中央,没戴帽子,常礼服和背心的纽扣敞开,领结松散,在一个军队里的文书模样的人搀扶下走着,扯开嗓门在大喊大叫:"瞧,就是这个人,这个人救了我",等等。关于费奥多尔·米哈伊洛维奇发病这件事,我在给阿·尼·迈科夫的信中作了描绘,而且发表在《新时代》上。① 费奥多尔·米哈伊洛维奇称这件事情是重大事件,以后我们回忆起来时,他总是说:"有过这么一件事以后,你还能不相信预感?"费奥多尔·米哈伊洛维奇本想在一期《日记》中详细记述此事,尤其是那时候,他常常谈到招魂术。② 可是招魂术士很不称他的心,因而他也就没有提起

---

① 《费·米·陀思妥耶夫斯基的病》。(《新时代》,1881 年 2 月 24 日至 3 月 8 日,第1793 期)

由安·米·陀思妥耶夫斯基的《致出版者的信》,引起亚诺夫斯基写了回信,亚·叶·里森坎普夫(见他的回忆录,页 111—118)遂于 1881 年 2 月 16 日自比亚基戈尔斯克寄信给安·米·陀思妥耶夫斯基(《新时代》,1881 年 3 月 1 日至 13 日,第1798 期),信中称:"我于 1845 年去西伯利亚,先后在伊尔库茨克及涅尔琴斯克,最后在鄂木斯克的军医院任职,费奥多尔·米哈伊洛维奇和杜罗夫正在那里就医[……]。西伯利亚独立军团前军医主任伊·伊·特罗伊茨基和陀思妥耶夫斯基过去在工程部门工作时的老同事穆塞利乌斯中校对他也很同情。虽然这些人以及全体医生都具有代表性,费奥多尔·米哈伊洛维奇还是遭到鄂木斯克要塞司令德·格拉夫少将和他的最亲密的战友、当时的教官克利甫卓夫少校的迫害。克利甫卓夫竟然闹到这种地步:利用陀思妥耶夫斯基健康刚恢复的机会,要他出院,派他和其他囚犯去干最有伤自尊心的活儿。他们作了一些反抗,克利甫卓夫竟对他施行体罚。您想象不出已故的费奥多尔的朋友们的惊骇情状,他们亲眼目睹神经质的、自尊心甚强的费奥多尔·米哈伊洛维奇当着他的私敌克利甫卓夫的面受笞刑。以致 1881 年第一次癫痫大发作,此后每月发作。"(见本书页 189 及页 286—287)西伯利亚(犯人)营的医生叶尔马科夫也把癫痫的发病原因和在西伯利亚的留居联系起来。(《1956—1958 年版十卷集》,第 10 卷,页 565)然而根据他的女儿柳·费·陀思妥耶夫斯卡娅的说法则是:"家里传说,陀思妥耶夫斯基刚得知父亲死了,他便第一次发了癫痫。"(《在女儿柳·陀思妥耶夫斯卡娅的描绘中的陀思妥耶夫斯基》,页 17)

陀思妥耶夫斯基自己向兄弟讲到苦役犯的可怕生活时写道:"由于神经错乱,我发了癫痫,不过并不常发。"(《书信集》,第 1 卷,页 37)

② 陀思妥耶夫斯基在《作家日记》1876 年一月号第八章中写到招魂术。

此事。

在被捕之前，费奥多尔·米哈伊洛维奇不喜欢写洋洋洒洒的长信①，偶尔给谁写封信，总是把事情一股脑儿写在一些小纸片上。我所收到的费奥多尔·米哈伊洛维奇的所有来信中，最有意思的一封信是住在巴尔果洛伏的他寄给住在巴甫洛夫斯克的我，说是现在他不至于中风了，因为他忙于募捐以帮助一个不幸的酒鬼，这家伙没有钱喝酒，后来没钱一醉，最后连喝一点点酒以解除宿醉的钱也没有，只好到一家家的别墅去，表示要**自己打自己**以乞讨几个钱。费奥多尔·米哈伊洛维奇所说的事在艺术方面是尽善尽美的；对一个贫穷的酒鬼有着那样的人道精神，那样的同情，叫人不由得不落泪，但是其中也有费奥多尔·米哈伊洛维奇的才能中所固有的那种幽默和疾恶如仇的精神。

在劫难逃的 auto da fe②，这张信纸不见了……

费奥多尔·米哈伊洛维奇在与我相识的时候也好，后来从西伯利亚回来靠自己家人生活的时候也好，甚至在米哈伊尔·米哈伊洛维奇确实拥有富裕的钱财，看来对兄弟的无论什么要求都不会拒绝的时候也好，他始终是贫穷的，经常需要钱。想起费奥多尔·米哈伊洛维奇的笔耕收入往往是丰厚的，他过的生活，尤其是做单身汉时候的生活，极为俭朴，一无嗜好，你就不由得要发生疑问：**他的钱究竟到哪里去了**？对这个问题，我可以回答得相当正确，因为在这方面费奥多尔·米哈伊洛维奇对我比对任何人都坦率：他把自己的钱几乎全都分给了别人，哪怕仅仅只比他穷一点的人；有时候甚至分给并不比他穷的人，只不过他们善于从他这个滥好人身上榨取钱财罢了。费奥多尔·米哈伊洛维奇不惟不打牌，而且随便哪种打法他都一窍不通，他讨厌打牌，绝然反对纵酒狂饮。③ 同时，他天生极其多疑（他有某种脑子痛的确凿无疑的征兆，而且恰恰是那种性质的症状，后来以纯粹的癫痫症的形式暴露出来），又经常害怕**中风**，他千方百计弃绝一切刺激性的东西。他的多疑在旁人眼中到了可笑的地步，可是这一点却使他非常生气。你看到这种情况，往往不由得不发笑：谁如果无意间说了一句："好香呀，多好的茶！"——其实费奥多尔·米哈伊洛维奇往往不喝茶，喝的是热

①　陀思妥耶夫斯基给哥哥米哈伊尔·米哈伊洛维奇写过冗长的信。
②　出自葡萄牙文：作为异端著作处以火刑。
③　陀思妥耶夫斯基完全不是像亚诺夫斯基所写的那样"行为模范"的青年人。

水，——他会突然站起身来，走到我身边，跟我咬耳朵说："喂，老兄，我的脉搏怎么样？嗯？真是好花茶啊！"于是你得收起笑容，一本正经地安慰他说，脉搏没什么，舌苔也挺好，头脑也清楚。

费奥多尔·米哈伊洛维奇唯一喜欢的，是偶尔在小海滨街的法兰西饭店宴请他的所有亲密朋友。饭菜费用一般每人不超过两卢布；可是这种请客几乎给每个人都留下愉快和美好的记忆，一直保留到下一次重新聚会。饭菜总是由费奥多尔·米哈伊洛维奇预先订好，每人一卢布计算。饮料方面，饭前允许喝一小杯伏特加，很小的小酒杯（看到这种杯子，雅科夫·彼得罗维奇·布特科夫①作个不愉快的鬼脸），吃饭时两大杯香槟，饭后喝茶是 á discrétion②。当时费奥多尔·米哈伊洛维奇不喝伏特加，香槟酒只斟大杯子的四分之一，在席间致辞以后呷上一口。他喜欢席间致辞，讲得兴致勃勃。喝茶要延续到很晚，直到离开饭店才停止。费奥多尔·米哈伊洛维奇很喜欢这样的饭局；他在吃饭时作亲切的闲聊，对于他，这种便宴委实像是过节。他本人这样向我解释他为什么喜欢这种聚会，"看到可怜的无产者（他把每个靠计日工资而不是靠地租或其他固定收入，例如担任公职的薪俸过活的人叫作无产者）悠然坐在富丽堂皇的房间里，吃着精美的菜肴，喝着冒汽的酒，而且是真正的香槟酒，心里就快乐！"过节似的宴会快要结束时，费奥多尔·米哈伊洛维奇怀着一种特别满意的心情走到各人身边，跟大家一一握手，一边说："菜不坏，挺好，加调味汁的鱼味道非常非常好。"他这样说着，还吻吻雅科夫·彼得罗维奇·布特科夫。

说起费奥多尔·米哈伊洛维奇对待布特科夫的特别富有人情味的态度，倒使我想起一桩事情来。我们绝不是富翁，布特科夫即使在我们中间也是个出名的真正的穷光蛋。有一回，费奥多尔·米哈伊洛维奇估计自己某一天将从《祖国纪事》杂志社得到一笔钱，他打算就在那天在法兰西饭店举行聚餐。头天晚上我们大家都接到通知，第二天三点钟光景大家已到齐。这时，钟敲三点，又到了三点半，可是我们还没有入席，连冷盆也没有端上来。我们自然纷纷问费奥多尔·米哈伊洛维奇，为什么不上菜。对此，他似乎有点儿窘，同时诉苦似的答复我们说："唉，我的天哪，难道你们没看见雅科夫·彼得罗维奇没来吗！"说着，抓

---

① 雅科夫·彼得罗维奇·布特科夫（？—1856），散文作家，《祖国纪事》的撰稿人。

② 法语：必要的条件。

起帽子,跑出去了。亚历山大·彼得罗维奇·米柳科夫碰到这一场面说了句俏皮话,非常愉快而逗人喜爱;素来一本正经的瓦·尼·迈科夫和亚·尼·普列谢耶夫嘀咕开了,好像说哪怕先上冷盆也好啊。临了费奥多尔·米哈伊洛维奇与布特科夫出现在门口:前者焦急异常,后者耸耸他那宽阔的肩膀,反复地说:"不信你去对他们讲,总是一句话,杂志没出版,你就没话说了。""您不会要求他们给一半吗,您懂吗,喏,哪怕支付一点儿。要不,现在可怎么办? 我还答应替他们每人付两个卢布;您哪怕要求他们给一张红票子①也好呀。现在可怎么办呢? ……"我们盯住费奥多尔·米哈伊洛维奇问,要他向我们讲清楚,既然雅科夫·彼得罗维奇已经来了,为什么还不给我们开席。这时费奥多尔·米哈伊洛维奇才告诉我们是怎么一回事。我们了解原因后,吩咐开饭。问题在于将要刊登费奥多尔·米哈伊洛维奇的一篇小说的那期《祖国纪事》出版脱期,故而该刊账房拒绝向持了作者的条子去取钱的布特科夫付款。这顿饭吃得特别愉快;亚历山大·彼得罗维奇说了许多俏皮话,都极为成功;米哈伊尔·米哈伊洛维奇·陀思妥耶夫斯基与阿波隆·尼古拉耶维奇·迈科夫也情绪很好,讲了许多有趣又动人的话;费奥多尔·米哈伊洛维奇还利用雅科夫·彼得罗维奇遇到的这件事,发表了一篇关于帕维尔·伊万诺维奇·乞乞科夫②剥削文学创作的讲话,我们全体一致听得十分高兴,报以热烈的掌声,长时间地欢呼"**好啊**"! 然而这餐饭无论吃得多么快乐,回想起来多么亲切……现在我提到它,几乎还喘不过气来,因为这是最后一次聚会,接踵而来的是逮捕的惨剧,继而又是对于我们这一伙人都是痛苦的四散分离。

　　想到我和永远难忘的费奥多尔·米哈伊洛维奇每天在一起度过的时光,我不能对文学谈话默然置之。这种谈话有时候是他与我单独进行,有时候也有我们共同的友人在场。他自然是把普希金与果戈理看得比所有的其他作家都高,谈起这两位作家,他常常凭记忆整章整章地引用他们的作品,或者背出一个个完整的场面。莱蒙托夫和屠格涅夫他也看得很高,屠格涅夫的作品中他特别赞赏《猎人笔记》。他十分推崇伊万·亚历山大罗维奇·冈察洛夫的全部作品,尽管

---

　　① 十卢布的钞票。

　　② 指安德烈·亚历山大罗维奇·克拉耶夫斯基(1810—1884),记者,《祖国纪事》杂志的发行人。

论数量当时还不多。陀思妥耶夫斯基兴致勃勃地引用单独发表的《奥勃洛莫夫的梦》①（长篇小说《奥勃洛莫夫》尚未全文发表）。老一代作家中他介绍了拉谢奇尼科夫。对于我国的其他小说家，诸如索洛古勃伯爵，（伊·伊·）帕纳耶夫，他的看法就不太赞许，他不否认他们有才，但不承认他们有艺术才华。我当时有一批数量可观的藏书，我回家常常遇到费奥多尔·米哈伊洛维奇从书架上抽出书来在看，最常碰到的是他手里捧着果戈理的作品。费奥多尔·米哈伊洛维奇看果戈理的作品从来不会觉得疲倦，并且往往一边大声朗读，一边作解释，发议论，对一些细小的地方都如此。他看《死魂灵》几乎每次都要掩卷赞叹："对于全体俄国人，尤其是对于我们作家兄弟，他是个多么伟大的导师呀！这才是一本真正的书！老兄，您每天看它一点，哪怕只看一章，可是要看。因为我们每个人身上既有马尼罗夫的甜言蜜语，又有罗士特莱夫的厚颜无耻，既有梭巴凯维奇的粗野笨拙，又有种种愚蠢与恶习。"

　　除了小说类作品，费奥多尔·米哈伊洛维奇经常从我处拿医学书看，尤其论述脑病和神经系统疾病的书，精神病的书和按旧的说法论述头颅发展的书，——当时流行的是加尔②的体系。这本书有插图，引起他的极大兴趣，使他晚上经常到我处来，谈论头颅与脑子的解剖，脑与神经的生理机能，颅骨高的意义，加尔认为颅骨的高是有重大意义的。我每解释一点，他必定要应用到他自己的头相上去，要求我对他的头颅上每个突出点与洼窦作浅显易懂的说明，他常把这样的谈话拖到半夜以后。费奥多尔·米哈伊洛维奇的颅相确实气象不凡。与整个头部相比，他的前额宽阔，额窦清晰，眼眶边缘十分突出，后脑骨下部无任何突起，这种长相使费奥多尔·米哈伊洛维奇的头部很像苏格拉底。他对这一相似感到满意，他自己也发现是相像的，谈起来时还常常补充说："后脑上没疙瘩，好呀，就是说，我不是裙子派③。对，很对，老兄，因为我不喜欢裙子，您知道吗，我喜欢软帽，像叶甫盖尼娅·彼得罗夫娜戴的软帽，此外什么都不喜欢。嗯，这么说来，是对的。"（彼得罗夫娜是包括阿波隆·尼古拉耶维奇·迈科夫在内的迈科夫兄弟

---

① 《奥勃洛莫夫的梦》发表在1849年3月26日出版的《插图文学作品集》上。

② 法兰茨·加尔（1758—1828），奥地利医生，颅相学奠基人。

③ 原文 Юбошник 是从"裙子"一词来的，意思是"好追求女性的人"。这里为照应下文"不喜欢裙子"而"喜欢软帽"的说法，姑且译为"裙子派"。

的母亲,费奥多尔·米哈伊洛维奇和我们大家都深深尊敬和喜爱她。)[……]

　　费奥多尔·米哈伊洛维奇最初与我相识时手头就很不宽裕,靠自己挣钱过日子。后来,等我们从泛泛之交进而产生了友谊,到他被捕之前,他经常缺钱用。不过,因为他生性正直到了一丝不苟的地步,客气得有点神经过敏,所以他不喜欢向人家借钱①,以免惹人家讨厌。他经常对我说:"我知道,我从您这儿总是可以借到钱的,但毕竟有点儿那个……嗯,好吧,我会向您借的,不过您知道,我会还您的。"然而穷困常常使他心情沮丧,而且不光是他一个人,还使他的许多亲友心情颓唐,所以他有一次和我说起此事:"我们能不能凑一笔钱,哪怕是很小的一笔,百把个卢布,到尴尬时可以借一借,好比从自己钱包里掏钱,比较方便。"我同意他的建议,不过有个条件,就是在四个月内凑成这笔款子,为此我将从自己的薪水中和行医的收入中每月抽出二十五卢布。这笔款子我们比预定的时间早就有了,因为我的一个朋友弗拉索夫斯基给了我一百卢布,以后分期还给他。费奥多尔·米哈伊洛维奇立即拟了几条规则,从这笔现金中借钱的人必须遵守,我们通知了其他一些人。这几条规则长久保存在我处,可是由于意想不到的逮捕突然落到我们大家头上,在匆忙混乱当中,它就和其他的实际上完全无辜的纸张一起,被付之一炬了。这 auto de fe 是怎么发生的,我在后面再交代;这里我不能不声明一下,对我来说极为宝贵的我与费奥多尔·米哈伊洛维奇的全部来往信件,还有他的哥哥米哈伊尔·米哈伊洛维奇给我的信,阿波隆·尼古拉耶维奇·迈科夫给我的信,都被米哈伊尔·米哈伊洛维奇·陀思妥耶夫斯基亲手扔在为了销毁信件书稿而特地生起火来的炉子里了。

　　供大家借支的现金存放在我处,我把它放在写字桌的一只抽屉里,钥匙挂在桌子上方。抽屉里还放着费奥多尔·米哈伊洛维奇手写的一张规则:每人可借多少钱,借款数额如何计算,何时必须归还,最后还附带规定,若有一次违反还款规则,须有别人担保方可使用贷款;以后若此人仍逾期不还,则停止其借款。许多人用过这笔周转金,认为对他们极有帮助。我过去的藏书也订了类似的规则,供大家使用。

　　设立金库,办小图书馆,跟傅立叶或路易·勃朗的理想是风马牛不相及的。费奥多尔·米哈伊洛维奇在流放到西伯利亚去之前以及回来之后,虽则也知道

---

　　①　后来还是向人家借钱了。——亚诺夫斯基注

人们对社会主义写过和说过些什么,但他并不赞成这一学说。①

　　除了一百卢布现金的大金库之外,我们还有个小扑满,我们手头有了五戈比硬币便投在里面。这笔钱我们原定是为了那些赤贫的穷人的,他们拒绝领取当时彼得堡的公共食堂的饭票。有一回,费奥多尔·米哈伊洛维奇本人也迫不得已从这只扑满中拿了几枚五戈比的硬币,拿了之后,不幸的他恰好又没有机会归还。情况是这样的:有一天星期五,著名的青年小组——其中可能也有并不年轻的人,确切情况我说不准,因为我不属于那个小组,——到彼得拉舍夫斯基处去聚会,费奥多尔·米哈伊洛维奇十分意外地来看我。那天从早晨起便是阴天,傍晚时下起滂沱大雨,我待在家里没出去。七点钟,我正准备喝茶,忽然门铃响了,接着我听见前室有费奥多尔·米哈伊洛维奇的声音。我立即奔出去迎接他,看见他身上的水像小河似的往下淌。他头一句话便向我说明,他是到彼得拉舍夫斯基家去,路上看到我这儿有灯亮着便拐了进来,顺便需要把衣服烤烤干。他的衣服是无法烤干的,因为他真可谓是浑身湿透了,所以他换了我的衬衣穿上,靴子叫仆人拿到炉灶边去烘着,他自己坐下来喝茶。将近九点钟光景,靴子烘干了,费奥多尔·米哈伊洛维奇开始准备到彼得拉舍夫斯基处去。可是外面大雨倾盆,我就问:"这样的天气您怎么去? 从买卖桥(当时我的住地)到博克罗夫,路虽不远,可是一路上雨不是还会把您淋得湿透吗?"费奥多尔·米哈伊洛维奇回答说:"倒也是的,既然这样,您就给我几个钱吧,我乘马车去。"我身上连一个戈比也没有,公共的金库里十卢布以下的小票子又没有。费奥多尔·米哈伊洛维奇皱了皱眉头,说了声"真要命"就想走了。这时我建议他从铁的扑满里拿点钱,他同意了,拿了六枚五戈比的硬币。他大概是用这一点钱乘车到了彼得拉舍夫斯基处。至于够不够他回家的车钱,我就不得而知了,因为第二天上午十一时整,他的哥哥米哈伊尔·米哈伊洛维奇脸色惨白,惊慌失措地跑来告诉我,费奥多尔·米哈伊洛维奇被捕了,已被押到第三厅②去了。这时便动手销毁信件与稿纸,前面我已提及此事。此后我没有见过费奥多尔·米哈伊洛维奇,直到在

　　① 亚诺夫斯基的这一看法是不对的。费·米·陀思妥耶夫斯基在被捕之前是四十年代空想社会主义学说的坚定的追随者,尽管他对傅立叶和卡柏*的思想体系持批判态度。

　　* 卡柏(1788—1856),法国空想社会主义者。

　　② 陀思妥耶夫斯基1849年4月22日到亚诺夫斯基处,随后去彼得拉舍夫斯基处,凌晨四时回家,被捕。

特维尔与他见面,这次见面我在一篇关于**癫痫**的文章中已经述及。①

　　费奥多尔·米哈伊洛维奇很喜欢和人交往,或者最好说是他很喜欢和渴望得到某种思想开展的青年人待在一起,不过他尤其喜欢这样的社交场合,他在那里觉得自己像在讲坛上一样,可以进行宣传。费奥多尔·米哈伊洛维奇喜欢跟这些人谈天,因为按他的天赋和才能而论,或者就知识而言,他比他们当中的许多人要无可估量地高得多,所以发展他们的才能,关心这些年轻同志的才能和文学习作的发展,这是一种特殊的乐趣。费奥多尔·米哈伊洛维奇的同伴我几乎都认识,我记得这些同伴都认为把自己的文学作品念给他听是自己的责任。亚·乌·波列茨基②、雅·彼·布特科夫、彼·米·采德列尔③都是这样做的。至于亚·尼·普列谢耶夫、克列肖夫④与米·米·陀思妥耶夫斯基,我就不说了,因为后者,尤其是亚·尼·普列谢耶夫从费奥多尔·米哈伊洛维奇处得到过作品的题材,甚至完整的小说构思。倘若出题作文是一件令人不满的事情的话,那么这样的短篇小说或中篇小说是立即会被作者本人郑重其事地摒弃的。

　　我举两件事来证明我的这种说法,其中之一与雅·彼·布特科夫有关。费奥多尔·米哈伊洛维奇清楚了解这位擅长描写**彼得堡的各个角落**的作者的才能特点,建议他写以某一奇闻逸事为题材的短篇小说,或者写以费奥多尔·米哈伊洛维奇所构思的稀奇古怪的事件为题材的小说。雅科夫·彼得罗维奇完成了任务,按费奥多尔·米哈伊洛维奇的规定,应于第一个星期二在我处朗读。当时我住在商人街谢斯特林凯维奇天主教堂的房子里。晚上八点钟,那天来聚会的人都围着一张桌子坐定,桌上摆着一杯一杯的茶。雅科夫·彼得罗维奇以他特有的咳嗽、吐唾沫、极其滑稽的耸肩膀动作开始朗读。可是,他的小说念了还不到一半,我们大家就嘻嘻哈哈地笑个不停,忽然听见费奥多尔·米哈伊洛维奇要求作者停止。布特科夫只朝费奥多尔·米哈伊洛维奇瞧了一眼,发现他脸色煞白,嘴唇抿成了一条线,作者不但停止朗读,还把那本稿子也塞进大衣袋里。连人也钻到了桌子底下,连声喊道,"对不起,对不起,我错了,我还以为写得不是那么

　　①　《新时代》1881 年 2 月 24 日至 3 月 8 日的第 1793 期。

　　②　亚历山大·乌斯季诺维奇·波列茨基(1819—1879),作家,1864—1865 年间任《时代》正式编辑。

　　③　彼得·米哈伊洛维奇·采德列尔(1821—1873),作家,教师。

　　④　伊万·彼得罗维奇·克列肖夫(1824—1859),诗人,翻译家。

拙劣哩!"但费奥多尔·米哈伊洛维奇对布特科夫的反常的举动微微一笑,以极其宽容的口气回答他说,这样写法不仅拙劣,而且是不容许的,因为"您写的东西既没有思想,又没有真实,只有虚假与不道德的犬儒主义"。然后,费奥多尔·米哈伊洛维奇向我们指出雅科夫·彼得罗维奇所写的作品的缺点,于是作品也就作废了。

还有一件事和亚·尼·普列谢耶夫有关。他当时还是个小青年,还没长唇髭和胡子,好像还不到十八或十九岁。据我现在记得,有一个星期天,上午十一时,费奥多尔·米哈伊洛维奇离开我家,告别时他邀请我上他的新居去。这时米哈伊尔·米哈伊洛维奇刚退役,单身一人未带家眷来到彼得堡①和费奥多尔·米哈伊洛维奇同住。我接受他的邀请,偕我的朋友法拉索夫斯基一起于早晨五时许到陀思妥耶夫斯基处,在那里遇到普列谢耶夫、克列肖夫、布特科夫、一个工程兵军官(姓名已忘记)以及戈洛汶斯基②。那时退役的下士叶甫斯塔菲已住在陀思妥耶夫斯基家当仆人,这个人我们大家都认识,而且都很喜欢他,费奥多尔·米哈伊洛维奇已经以亲切的语言把他的名字用在一篇小说中。叶甫斯塔菲给我们每人送上一杯茶,费奥多尔·米哈伊洛维奇对亚·尼·普列谢耶夫说:"喂,老弟,您拿我讲的奇闻逸事写出了什么东西?给我们念念吧。"普列谢耶夫立即开始朗读。可是作品很差劲,我们勉勉强强听完。普列谢耶夫对自己的作品似乎很满意,可是费奥多尔·米哈伊洛维奇却直截了当地对他说:"首先,您没有懂得我所讲的,写的完全是另一码事,不是我对您讲的故事。其次,即使您自己想出来的那些东西,表达得也很糟。"普列谢耶夫听了这番话以后就把自己写的东西作废了。

我讲的这两件普通事情,很典型地说明费奥多尔·米哈伊洛维奇对待自己的同伴、文学朋友的态度,不过类似的事情在他的一生中不止两件,有几十件。

一方面,他喜欢参加社交活动,爱好思想活动;另一方面,除了他离开工程学校后所进入的那个社会圈子之外,在其他社会圈子里缺乏熟悉的人;这两点就是

① 米·米·陀思妥耶夫斯基到彼得堡是 1847 年秋季,显然是在 10 月底。
② 瓦西里·安德烈耶维奇·戈洛汶斯基(1829—?),彼得拉舍夫斯基派分子。

他很容易和彼得拉舍夫斯甚意气相投的原因。[①] 我常常和费奥多尔·米哈伊洛维奇谈起,他本人为什么那么准时地去参加博克罗夫处的周五聚会,为什么这种集会总是有那么许多人,费奥多尔·米哈伊洛维奇总是回答我说:"我自己常去是因为在彼得拉舍夫斯基处可以遇到许多好人,这样的人在其他朋友处是不常有的。至于他那儿有许多人聚会嘛,那是因为他那里的气氛亲切、自由,而且他总是愿意提供晚饭。最后,**在他那儿可以自由主义一番,我们这些凡人,谁不喜欢搞搞自由主义,尤其是一杯酒下肚之后**。而彼得拉舍夫斯基也给大家酒喝,虽然,酒是发酸的劣酒,但毕竟是给酒的。嗯,于是各式各样的人都到他那里去了;**但您是永远不会上那里去的,因为我不会让您去**。"他果然没让我去,作为我的真诚的朋友和导师,我一辈子感激他,直到现在我依然衷心地感激他。费奥多尔·米哈伊洛维奇十分喜爱与人交往,在他生病期间或者赶一件什么活儿的时候,他不能一个人待着,总是请一个好友待在他身边。然而,当他出于爱朋友的内心欲望而去看望朋友的时候,当他在同样的心情的驱使之下常常到彼得拉舍夫斯基处去的时候,他总是带去人的精神修养,不过他只以福音书中的道理作为修养的基础,绝不包括1848年社会民主主义的内容。[②] 费奥多尔·米哈伊洛维奇爱朋友,只有虔诚的教徒才会那样爱朋友。他无比地善良,又善于洞察人心,像他这样的人我一生中没有看见过。既有这些品质,难道还能让人想到他是个阴谋家或无政府主义者?[③] 既然费奥多尔·米哈伊洛维奇天生是极其神经质的、敏感的,那么他有什么办法能克制自己在和我们谈话时不流露他对社会主义的同情呢? 其实,我倒是几乎天天看到费奥多尔·米哈伊洛维奇,听到他说话的,每逢星期日可以在迈科夫家和普列谢耶夫家遇到他;凡是经常到彼得拉舍夫

---

① 侦讯小组所提供的陀思妥耶夫斯基关于他与彼得拉舍夫斯基相识的自供词是很有意思的:"我第一次看见他是在1846年春天。[……]我们的相识事出偶然。[……]我第一次与彼得拉舍夫斯基相遇是在我动身去雷维尔尔的前夜,后来看见他已是冬天了。我觉得他是个很奇特的人,但并不浅薄。我发现他博览群书,知识广博。我第一次到他那里去是1847年将近大斋节的时候。"(《诉讼案》,页110)

② 亚诺夫斯基按照自己暮年时的世界观,"一模一样"地描述了陀思妥耶夫斯基四十年代观点的特征,他可以在《作家日记》中找到这些观点的证据。

③ 陀思妥耶夫斯基当然不是就字面上来理解的无政府主义者,但亚诺夫斯基不可能知道陀思妥耶夫斯基也参加杜罗夫的秘密小组。这个小组在彼得拉舍夫斯基派分子案件的侦讯中仍旧没有暴露。(关于这一点,见《在彼得拉舍夫斯基派分子中间》,页512—545)

斯基家去的人几乎也经常到普列谢耶夫家去（中学生、神学院学生和某些契尔克斯人除外①）。但无论是我还是我的友人都从来没有听到过费奥多尔·米哈伊洛维奇说过什么煽动人们去搞无政府主义的话。诚然，他到处组成小圈子，喜欢在这种小圈子里用他特有的低声絮语进行谈话。但是这种谈话始终是或者纯粹是谈论文学的。如果他偶尔涉及政治与社会学的话，那么他总是先对某一事实或情况作分析，随后再作出符合实际的、但是又**不违反福音书的结论**。人家传说，陀思妥耶夫斯基因为是个阴谋家所以才被流放去服苦役。他不幸被流放过，**这是事实；但他是不是个阴谋家，这个问题还没有得到证据，也不符事实**。尽管费奥多尔·米哈伊洛维奇常常参加彼得拉舍夫斯基的集会，很可能也说过反对当时国家制度的话，尤其是如果我们不忽略那是在农奴解放之前的话。但他不是，也不可能是阴谋家和造反者。［……］

　　费奥多尔·米哈伊洛维奇从来不让自己撒谎，即使开玩笑也不撒谎。不但如此，别人无意间撒谎，他也会流露出厌恶感。我记得，有一天晚上，所有与费奥多尔·米哈伊洛维奇接近的人都在亚·尼·普列谢耶夫家聚会。费奥多尔·米哈伊洛维奇照例情绪很好，说话很多。可是吃晚餐时谈到，怎样才能使格列奇、布尔加林，甚至使巴·伊·乞乞科夫（有个出版商我们叫他乞乞科夫）永远不撒谎，在这一场谈话中，有个人完全以玩笑的口吻替乞乞科夫辩护道："他倒是可以原谅的，因为他尽管欺侮我们的同行兄弟，但钱还是付的，而且不克扣。至于有时候撒个谎嘛，那也算不了罪孽，因为福音书上也说，谎话有时候也是一条生路。"听到这话，费奥多尔·米哈伊洛维奇立即不作声，极其聚精会神地去思索，在余下的时间里只是不断地和坐在他身边的我们说："原来这样，居然还引用了福音书。但这其实是不对的，福音书上没有说过这话！你听到一个人撒谎，就会觉得讨厌，可是当他既撒谎**又诽谤基督时，这就不但讨厌而且可恶了**。"

　　费奥多尔·米哈伊洛维奇真心喜欢社交集会，喜欢社交集会上的某些娱乐和消遣。比如，当时，也就是在被捕以前，他喜欢音乐，所以他尽一切可能去观看意大利的歌剧。逢到星期日迈科夫家举行舞会，他不仅爱看人家跳舞，自己也很

---

　　① 显然是指担任宫廷警卫的契尔克斯人，彼得拉舍夫斯基曾试图在他们中间进行鼓动。（见《案件》，第 3 卷，页 384—385，408—409）

喜欢跳舞。歌剧之中,他特别喜欢《威廉·退尔》①,剧中的坦贝利克三重唱使他
欣喜异常,他很愉快地倾听莫扎特的《唐璜》②,剧中采林娜一角他尤其喜欢,他
赞赏《诺尔玛》③,开始是朱丽雅·包茜④演的,后来是葛丽琪⑤演;当梅耶贝尔的
歌剧《法国清教徒》⑥在彼得堡上演,费奥多尔·米哈伊洛维奇为它而欣喜不已。
他不喜欢歌唱家法莱卓里尼⑦和男高音歌手萨尔维⑧,说前者不过是有副好嗓子
的布娃娃,对后者他又觉得声音太甜腻而感情太空虚。费奥多尔·米哈伊洛维
奇喜欢跳舞,当作是内心愉悦的表现,也作为身体健康的可靠表征,但是从来不
把它与有机会接近妇女的问题搅在一起,因为有人在跳舞时通过和妇女热烈交
谈而达到接近她的目的,也不把它与跳舞者的优雅风度和灵巧的舞姿问题搅在
一起。关于芭蕾舞,他只听人家说说,但当时从来没有去看过。

　　写到这里,我冒昧地顺便说一说,在我与费奥多尔·米哈伊洛维奇交往期
间,以及我们所有的谈话中,我从来没有听见他说过他恋慕过什么人,或者甚至
热情地爱过某个女人。在费奥多尔·米哈伊洛维奇流放到西伯利亚之前,我甚
至从来没有看到他"评头品足",也就是仔细研究与分析我们认识的某位夫人或
少女的人品,然而自他从西伯利亚回到彼得堡之后,这却是他所喜爱的消遣了。
一般说来,费奥多尔·米哈伊洛维奇一辈子都深深尊重妇女的使命,高度评价妇
女的忠诚。但是当谈话提到妇女完全解放这一当时颇为时髦的话题时,他往往
这样表示:"希望嘛倒是可以说不少,问题是妇女本身的处境会不会因为这样的
解放而变得更糟糕、更艰难呢? 我想是会的!"

　　到此为止,我一直在努力描绘费奥多尔·米哈伊洛维奇的最真实的肖像,以

---

　　①　罗西尼的歌剧《威廉·退尔》按书报检查机关的要求改名为《勇敢的卡尔》于 1838 至 1839,
1839 至 1840,1846 至 1847,1848 至 1849 年间的戏剧季节在俄国上演。

　　②　莫扎特的歌剧《唐璜》四十年代几乎每年都在彼得堡的舞台上演出。仅 1842 年及 1846 年未
上演。

　　③　贝里尼的歌剧《诺尔玛》自 1837 年起几乎每年在彼得堡上演。

　　④　朱丽雅·包茜,意大利歌唱家,1846 至 1847,1847 至 1848 年间在彼得堡演出。

　　⑤　朱丽雅·葛丽琪(1811—1864),意大利歌唱家,于 1849 至 1850 年的戏剧季节在彼得堡
演出。

　　⑥　雅科莫·梅耶贝尔(1791—1864)的歌剧《法国清教徒》于 1849 至 1850 年间的戏剧季节在
彼得堡上演。

　　⑦　爱弥尼亚·法莱卓里尼(1818—1884),意大利歌唱家,1848 至 1850 年间在彼得堡演唱。

　　⑧　萨尔维系意大利歌唱家。

反映在我们交往的 1846 至 1848 年间，他是个怎样的人。我希望，这个期间认识他的友人，即使是最亲密的友人中也没有一个人会发现我的叙述中有丝毫不真实的地方。

现在我来描述一下费奥多尔·米哈伊洛维奇的性格特点。1848 年底出现在我面前的他好像是另外一个人，**如果不是就实质上**，那么，至少**就外貌上说**是如此。这个变化是什么呢？是怎样发生的？原因是什么呢？这些问题，我竭力想作出尽可能接近真实的回答。

费奥多尔·米哈伊洛维奇的整个改变，至少在我的心目中，是他变得有点儿乏味，肝火比较旺，容易动气，即使最不足道的鸡毛蒜皮的事情他也要找岔子，而且不知为什么经常诉说他头晕。

这一变化如果不是突然产生的，不是出人意料地发生的，那么也没有隔了很漫长的时间，不过两三个星期光景。

这事情的整个起因，正如他后来亲口对我说的，是他与斯佩什涅夫的接近①，或者，最好是说他向斯佩什涅夫借钱。在这之前，费奥多尔·米哈伊洛维奇和我谈起彼得拉舍夫斯基小组的人员时喜欢怀着特殊的好感评论杜罗夫②，经常称他是异常聪明的人，有信仰，常常指出毛姆贝利③与巴尔姆④如何如何，可是对斯佩什涅夫，或者是什么也不说，或者是简单扼要地敷衍几句："我对他不了解，说实话我也不希望与他太接近，因为这位老爷太厉害了，与彼得拉舍夫斯基不能比。"我知道，费奥多尔·米哈伊洛维奇自尊心很强，他说出反感的话表明他知道棋逢敌手了。我对自己作了这样的解释以后，也就不坚持要他说详细的了。甚至当我看到费奥多尔·米哈伊洛维奇的性格起了变化，尤其是他的心情苦闷，定有某种原因的时候，我也没有流露想要直接了解它的愿望，我只说，我看不出有任何器官性的功能失调，因而我尽力使他相信这种情况就会过去的。可是对我的劝慰，有一回，他回答说："不，不会过去

---

① 陀思妥耶夫斯基与斯佩什涅夫的接近是在 1848 年秋，跟他参加杜罗夫秘密小组有关。（见本书页 120 注③，页 156 注①）

② 谢尔盖·费奥多罗维奇·杜罗夫（1816—1869），作家，翻译家，彼得拉舍夫斯基派分子，小组的创建人，费·米·陀思妥耶夫斯基是这个小组的成员。

③ 尼古拉·亚历山大罗维奇·毛姆贝利（1823—1891），彼得拉舍夫斯基派分子。

④ 亚历山大·伊万诺维奇·巴尔姆（1822—1885），诗人，彼得拉舍夫斯基派分子。

的,它要使我苦恼很久很久,因为我拿了斯佩什涅夫的钱(同时他说总数是将近五百银卢布),现在我跟**他就有了这笔账**。归还这笔款子我永远没有这个能力,他也不会来讨这笔钱,他就是这么一个人。"这一番话深深印入我的记忆中,一辈子没有忘记,而且,因为费奥多尔·米哈伊洛维奇和我讲这番话时一再说:"您知道吗,我从那时起就有了自己的靡菲斯特,"所以我到现在仍旧不由自主地认为他这话当时确实包含着命里注定的意思。我本能地相信费奥多尔·米哈伊洛维奇出了什么特别的事情。不幸得很,我知道他最近时期强烈地抱怨没有钱,我对他说,除了扑满以外,我可以把自己的钱分十五至二十卢布给他,这时他说:"我要的不是二十卢布乃至五十卢布,而是好几百:我得付钱给裁缝,给女房东,得还米奇-米奇①(他这样称呼他的大哥)的债,总共在四百卢布以上。"为了应付这几项需要,他问斯佩什涅夫借了钱。他在一个星期天去拿钱,中午十二时左右从我这里出发到斯佩什涅夫处去,傍晚在迈科夫家告诉我,斯佩什涅夫怎样把钱交给他,怎样要他保证永远不提起此事。从这件事以后,我只发现一个情况对我来说是新的:过去,费奥多尔·米哈伊洛维奇与他的哥哥米哈伊尔·米哈伊洛维奇讲话时,他们的论点与结论常常是一致的,自从费奥多尔去找过斯佩什涅夫以后,他常常对哥哥说:"不是这样的,你如果看看我昨天带给你的那本书(这是路易·勃朗的一本著作),你就不会这样说了。"米哈伊尔则是这样回答费奥多尔:"我除了傅立叶之外,其他无论什么人的学说都不想知道,而且,说句老实话,连傅立叶我都快要抛弃了;这些书都不是为我们而写的。"费奥多尔·米哈伊洛维奇很爱哥哥,对后面那句话,非但没有朝他发火,甚至也没有反驳他。

我知道,费奥多尔·米哈伊洛维奇按他的社会思想的性质和信仰的力量来说,他是不喜欢向任何权威屈服的,因此就是在谈到别林斯基的时候他其至也常常这样说:"没什么,没什么,维萨里昂·格里戈利耶维奇,避而不答吧。等时间到了,您再说话(他说这话是因为别林斯基赞扬过他的《穷人》,后来对他的作品似乎忽视了;但是对费奥多尔·米哈伊洛维奇来说,对他的创作保持沉默比骂他还难受)。"向斯佩什涅夫借过钱后,他以明显的方式向后者的威信屈服。至于斯佩什涅夫,则正如当时大家所说的,是个绝对的社会主义者。

---

① 米哈伊尔·米哈伊洛维奇的法语爱称。

　　显然，直到现在，我们当中还有许多人以为费奥多尔·米哈伊洛维奇好像果真是个红色的社会主义者，照某些人的意见，他甚至领导了某个威胁到国家安全的秘密团体。其实费奥多尔·米哈伊洛维奇的活动，甚至包括他的参加彼得拉舍夫斯基的集会，他的属于杜罗夫及某君的所谓秘密团体与上述看法都毫无相似之处。只要看一看这些集会与这个团体的组成人员，考虑一下他们所具有搞阴谋的思想，联系到这些臆想的阴谋者所掌握的手段，最后，再好好考虑一下他们所读的书与所谈的事，那么以为他们搞阴谋的整个错觉便会烟消云散。彼得拉舍夫斯基处和杜罗夫处的所有集会仅仅是少数人的聚会，他们在彼得堡是看不出来的，好比一滴水掉进湍急的涅瓦河。这一群为数不多的人是形形色色的头衔，各种不同的阶层、职业和年龄的混合体，单单成员驳杂这一点就表明他们对社会公众没有，也不可能有任何影响。金钱手段这一伙人是丝毫没有的，因为除了斯佩什涅夫、彼得拉舍夫斯基、杜罗夫与格里戈利耶夫①之外，所有人员都是穷人；武器，除去外表凶狠的契尔克斯人随身携带的和彼得拉舍夫斯基特别喜爱的朋友哈南科夫经常带在身边的倒霉的燧石枪之外，他们也是没有的。许多人至少在四十年代末竭力认为某些近卫军军官的参与彼得拉舍夫斯基的集会有某种特殊的作用，同时说单是这一情况就使他们的案件有重大的意义。但是，两个近卫军步兵团和一个骑兵团中的少数几个人，与其他同事或下级毫无任何联系，又没有共同思想，未必有什么重大作用。我到现在还记得，费奥多尔·米哈伊洛维奇本人怎样批判地、完全不相信地看待类似的推论。团里比较有经验的、聪明的同事如莫斯科团的姆·恩·哈纳科夫大尉，精锐骑兵团的符拉索夫斯基上尉，兹伏梁斯基及其他人，简直嘲笑同事们的热情，称他们是疯子。费奥多尔·米哈伊洛维奇本人也认为彼得拉舍夫斯基处的集会没有任何意义。他开始去参加，后来又继续去，唯一的原因是我已经指出的：那里有人听他说话。他经常到彼得拉舍夫斯基处去，无拘无束地向许多亲密友人表示他对彼得拉舍夫斯基的不尊敬②，而且常常叫他鼓动家、阴谋家。他经常取笑哈南科夫的宽边帽和

---

　　①　这里指尼古拉·彼得罗维奇·格里戈利耶夫（1822—1886），彼得拉舍夫斯基派分子，写过鼓动士兵的读物。

　　②　关于陀思妥耶夫斯基对彼得拉舍夫斯基持批判的态度详见《陀思妥耶夫斯基在彼得拉舍夫斯基派分子中间》一书。

他老是穿西班牙式短斗篷的体形,尤其嘲笑他的燧石枪。这些话我讲得肯定而且有把握,因为这些都是我从费奥多尔·米哈伊洛维奇本人处听到的。[……]

题解:

斯杰潘·德米特里耶维奇·亚诺夫斯基(1817—1897),医生,在森林与测量学院任职,后在内务部官费医药采购局工作;1871 年退休,1877 年起居住在瑞士,直至去世。陀思妥耶夫斯基在 1846 年与亚诺夫斯基相识。他们成了朋友,但是他们之间从来没有思想上的接近,尽管 1846 至 1849 年间由于陀思妥耶夫斯基的病频频发作,他们几乎天天见面。据亚诺夫斯基认为那是癫痫的早期症状。亚诺夫斯基在四十年代曾受到进步思想的一些影响。稍后,他开始做官生涯,三十六岁时已当上五等文官。到六十年代中期,他顽固地站在反动的斯拉夫派立场上。

亚诺夫斯基一辈子对费·米·陀思妥耶夫斯基保持着最诚挚的亲切感情。1859 年,陀思妥耶夫斯基获准在特维尔居住,但无权到首都去,这时正如亚诺夫斯基自己所写的,他"是陀思妥耶夫斯基的亲密友人中第一个到那个城市去看望他的[……],唯一的目的仅仅是看看和拥抱我的亲爱的费奥多尔·米哈伊洛维奇"。(《新时代》,1881 年 2 月 24 日至 3 月 8 日,第 1793 期)

1860 年,陀思妥耶夫斯基不由自主地卷入亚诺夫斯基与他的妻子、女演员阿·伊·舒贝尔特的家庭纠纷中。其后,亚诺夫斯基与陀思妥耶夫斯基偶有书信来往,他们之间的关系再也没有像四十年代那样友好了。

亚诺夫斯基发表在刊物上的回忆陀思妥耶夫斯基的第一篇文章,涉及作家生平中的个人方面。这是亚诺夫斯基致阿·尼·迈科夫的信,刊登在 1881 年 2 月 24 日至 3 月 8 日第 1793 期的《新时代》上,题目叫《费·米·陀思妥耶夫斯基的病》。这封信的起因是《秩序》报(1881 年,第 39 期)上报道了安·米·陀思妥耶夫斯基在《新时代》1881 年 2 月 8 日至 20 日第 1778 期上发表的《致出版者的信》。写这封《致出版者的信》也是为了回答亚·谢·苏沃林的《谈亡友》一文(《新时代》,第 1771 期),该文中谈到陀思妥耶夫斯基童年时害了癫痫。安·米·陀思妥耶夫斯基则证明,"费奥多尔哥哥的癫痫不是在家里时得的,不是童年时得的,是在西伯利亚得的"。亚诺夫斯基驳斥亡友的弟弟的这种看法,写道:"已故的费奥多尔·米哈伊洛维奇·陀思妥耶夫斯基在彼得堡时就患癫痫,在他因彼得拉舍夫斯基案件被捕之前三年,也许还要早几年,因而,是在他流放西伯利亚之前。问题在于这种严重的疾病,所谓 epilepsia(癫痫),1846、1847 及 1848 年在费·

米·陀思妥耶夫斯基身上有轻度的显示;同时,旁人虽然没有发觉,病人自己却是意识到的,尽管只是模糊地意识到,通常称为小中风。"下面接着讲到1847年7月陀思妥耶夫斯基的第一次大发作,因听到别林斯基去世的消息而引起第二次发作以及其他详细情况,后来都记载在回忆录的正文中。

在1883年12月30日及1884年1月11日给安·格·陀思妥耶夫斯卡娅的信中(文研所,29916/CCXI614),亚诺夫斯基解释了他为什么要详细写下他与陀思妥耶夫斯基的相识,原因是他不满意奥·费·米勒与尼·尼·斯特拉霍夫合写的陀思妥耶夫斯基的《传记》,因为他发现其中并没有他亚诺夫斯基所了解的那个"善良而完美的、正直的、为所有的人喜爱的"陀思妥耶夫斯基的形象。

把四十年代的陀思妥耶夫斯基描绘成温和的、非常令人愉快的基督徒,这一意图贯穿在亚诺夫斯基的回忆录中。因而对他所说的年轻时陀思妥耶夫斯基的社会—政治观点,应当很谨慎地看待。

正文按《俄国导报》1885年四月号页796—819原文刊登,略有删节。

在彼得拉舍夫斯基派分子中间

惨　剧

西伯利亚

费·米·陀思妥耶夫斯基

亚·彼·米柳科夫

一

[……]我与费·米·陀思妥耶夫斯基是在 1848 年冬天相识的。对于当时受过教育的青年来说,这是个艰难的年代。从巴黎二月革命的最初几天起,欧洲便相继出现最意想不到的事件。庇护九世①的前所未有的改革引起米兰、威尼斯、拿坡里的起义;德国自由思想的兴起触发了柏林与维也纳的革命。整个欧洲世界似乎酝酿着一场普遍的变革。旧的反动势力的腐朽基础衰落了,新的生活在整个欧洲萌芽。然而这时俄国依旧处在沉重的停滞②的笼罩之下;科学与刊物出版越来越受到限制;社会生活遭到压制,没有表现出一丝一毫的活力。通过走私的途径,从国外有大量的自由派的著作流入国内,既有学术性著作,又有纯

---

① 教皇庇护九世以自由主义的精神开始他的统治:大赦政治流放犯和因犯,创立委员会以制订新的改革,准许工业联营,批准召开科学家代表大会,设立工人学校等等。关于意大利人对待庇护九世这些改革的态度以及嗣后由于教皇流露了动摇,国内各城市开始爆发革命而形成的意大利的历史,赫尔岑在《法意书简》中有十分详尽的叙述。(《赫尔岑》,第 5 卷,页 90—138)

② 1848 年俄国的反动派猖狂到极点。"用避雷针去对付西欧事件在俄国重演的可能",按尼古拉一世政府的意见,进一步加强"警惕性",1848 年 4 月 12 日建立常设"委员会",由德·普·布杜尔林任主席,以"高度监督新闻业及其机构"。

文学著作;德国和法国的报纸,尽管都是些阉割过的报纸,上面却不断出现鼓动性的文章。与此同时在我们国内,科学与文学活动却比从前更加受限制,书报检查机关害了极厉害的恐惧书籍症。可以理解,这一切自然使青年人感到恼火,他们一方面从国外流传进来的书籍中不仅了解了自由派的思想,而且还了解了社会主义的最极端的纲领;另一方面,他们看到,国内对任何自由思想,哪怕只有一点点,都要进行迫害;他们看到法国议会上、法兰克福代表大会上①的激烈的发言,同时也就明白,为了某一遭到禁止的著作,甚至为了一句不谨慎的言论,是很容易受到迫害的。几乎每一包国外邮件都会带来关于新的权利的消息,不管愿意不愿意,新的权利还是赐给人民了;与此同时,在俄国社会上却只听到传闻要有新的限制。谁若是还记得那个时代,谁就会明白这一切在青年知识分子的思想上会引起什么反响。

这样,在彼得堡,年轻人按思想方式相近而开始逐渐形成一些小组,这些年轻人不久前刚离开高等学校,怀着唯一的目的开始在友人家里聚会,交流消息与传说,交换思想,自由交谈,而不必顾忌旁人的不知廉耻的耳朵与口舌。在这种有交情的小组里新的朋友关系开始建立,友谊的纽带也得到加强。我去得最多的是我当时的同事,著名的狄更斯作品翻译家伊林纳赫·伊万诺维奇·维坚斯基处每星期的晚会。那里的常客有迪利凯尔——文学家,后来又是顺势疗法医生,有车尔尼雪夫斯基与格·叶·博拉果斯维特洛夫②,他们当时还是大学生,有京城一个中学的俄国文学教师彼奇金,后来当了斯莫尔尼修道院③的学监助理。晚会上大多数时候谈论文学与欧洲的形势。这些年轻人常常也到我处来。

有一天早晨,彼奇金来我处,问我是否愿意与刚开始写作的青年诗人普列谢耶夫相识。在这之前,我刚看过他的一册诗集,一方面,我喜欢诗的感情的真挚与纯朴,另一方面也喜欢青年人的思想的热烈与新颖。小诗《致诗人》与《前

---

①　法兰克福代表大会,1848 年革命所引起的一次自由资产阶级和知识分子的代表大会,即所谓"预备国会"(3 月 31 日)。代表大会决议召开由所有日耳曼国家全民投票产生的国会。

②　格里高里·叶夫拉姆比耶维奇·博拉果斯维特洛夫(1824—1880),新闻记者,政论家,六十年代是地下革命工作者。

③　即后来的斯莫尔尼大学。

进》①尤其引起我们的注意。以当时年轻人的心情,对这样的章节能无动于衷吗,比如:

> 前进! 朋友们,抛弃胆怯与怀疑,
> 英勇地夺取丰功伟绩!
> 在高高的苍穹,我已望见
> 神圣的赎罪的霞光。
> 让我们彼此携手,
> 更勇敢地共同前进!
> 让我们的联合
> 在科学的旗帜下巩固、壮大!

　　我自然回答彼奇金说我很乐意和年轻诗人相识。我们很快见了面。普列谢耶夫开始常常上我处来,过了一段时间,他也邀我去他处参加友人聚会,说是我在他那里将会发现几个优秀人物,他打算介绍我与他们相识。

　　我果然在这个晚会上和一些人会面,对他们的记忆将永远是我的珍贵的回忆。他们是:波尔费利·伊万诺维奇·拉孟斯基,谢尔盖·费奥多罗维奇·杜罗夫,近卫军军官尼古拉·亚历山大罗维奇·毛姆贝利与亚历山大·伊万诺维奇·巴尔姆,以及陀思妥耶夫斯基兄弟——米哈伊尔与费奥多尔。②我对这群

---

①　普列谢耶夫的第一本诗集出版于 1846 年,其中有《前进,抛弃胆怯与怀疑……》与《致诗人》,集子用法国诗人奥·巴尔比埃的诗作题词:"为了真理和人性,诗人应当成为高尚的叛逆者。"

②　普列谢耶夫与陀思妥耶夫斯基的相识大概是在 1846 年的贝凯托夫小组或迈科夫小组里,他们之间很快便建立了亲密的友谊。这一时期,陀思妥耶夫斯基创作了一些"感伤主义的、有人情味的"作品,像《脆弱的心》与《白夜》,都是献给普列谢耶夫的。当彼得拉舍夫斯基派分子中分离出一些独立的小组来时,他们俩和杜罗夫一起成立了自己的特别小组,思想情绪更积极、更革命的小组。在举行死刑仪式的时候,陀思妥耶夫斯基和他们并肩站在谢苗诺夫练兵场上,与他们拥抱告别。陀思妥耶夫斯基被流放到鄂木斯克,普列谢耶夫则被送到奥连堡驻防军当列兵。1856 年,两人快要完全释放时,他们之间开始频繁地通信,一直继续到六十年代中叶(普列谢耶夫的信见《素材与研究 2》,陀思妥耶夫斯基的信显然丢失了)。稍后,从 1856 年起,显然冷淡下来了,这多半是因为他们属于不同的政治阵营(普列谢耶夫和涅克拉索夫及萨尔蒂科夫的《祖国纪事》保持联系),不过在他们偶尔交往的信件中始终保持着私人关系亲密的老口吻(例如陀思妥耶夫斯基 1875 年因为《少年》写给普列谢耶夫的信)。

年轻人都很有好感。我与陀氏两兄弟及毛姆贝利特别意气相投。后者当时住在莫斯科的兵营里,也有一群年轻人常在他那里碰头。我在那里还遇见过几个新的人,得知在彼得堡有一个规模更大的米·瓦·布塔舍夫维奇-彼得拉舍夫斯基小组,在人数相当多的集会上发表政治性与社会性的演说。我不记得究竟是谁建议我与这一伙人认识一下,我拒绝了,但我不是因为怕危险或者没有那个劲头,而是因为不久前我和彼得拉舍夫斯基本人见过一面,我觉得他不太可亲,因为他的观点过分离奇,他对俄国的一切态度冷漠。[①]

有人建议我与杜罗夫小组的人接近,我的态度就不同。据我所知,杜罗夫小组的人都是去拜访过彼得拉舍夫斯基的,但不完全同意他的意见。这是一群比较温和的青年人。[②]杜罗夫当时和巴尔姆及亚历克赛·德米特里耶维奇·肖尔科夫一起住在谢苗诺夫桥那边的豌豆街上。在他们小小的寓所里,若干时间以来,已经组成一个年轻军人与文官的小组在那里聚会;因为主人不是有钱人,而客人又每星期碰头一次,并且往往待到夜里三点,所以大家每月缴款付茶钱、饭费及钢琴的租费。聚会通常是每逢星期五举行。我在仲冬时节参加这个小组,并且定期去,直到彼得拉舍夫斯基及其参加者被捕以后晚会停止。这里,除去我在普列谢耶夫与毛姆贝利处认识的那些人之外,经常来的有尼古拉·亚历山大罗维奇·斯佩什涅夫与巴维尔·尼古拉耶维奇·菲利波夫,这两个人都十分有修养,很可爱。

关于彼得拉舍夫斯基处的集会,我只是根据传说知道一些。至于杜罗夫小组,我经常参加,当它是个友爱的家庭,我可以肯定地说,组里没有纯粹的革命思想,这种集会,不仅没有成文的章程,甚至也没有明确的纲领,无论何种情况下都不能称之为秘密团体。在小组里只是得到和互相交换一些当时禁止的有革命思想和社会内容的书籍而已,谈论的大多是当时不许公开议论的问题。最引起我

---

① 米柳科夫断言彼得拉舍夫斯基对俄国的一切都态度冷漠,这个看法是不正确的。米柳科夫在这里已经开始有违反真实的表现,这与后来八十年代的反动时期的观点是一致的。

② 这个看法不对。彼得拉舍夫斯基派分子当中,恰恰是杜罗夫小组的人最左,恰恰是他按照起义不可避免的信念开始发展自己的活动。后面,米柳科夫把四十年代的陀思妥耶夫斯基就当作是十足的斯拉夫主义者也是不对的。恰恰相反,当巴尔姆以亚历克赛·斯洛博琴的形象来描写陀思妥耶夫斯基时,后者是同意可以通过起义的途径解放农奴的;其他资料也证明了这一点。(《在彼得拉舍夫斯基派分子中间》)

们关心的是农奴解放问题,在晚间集会上经常讨论什么时候、用什么办法才能解决这个问题。有些人发表意见说,由于欧洲革命引起我国的反动,政府未必会着手去解决这件事情,与其期待自上而下的行动,不如寄希望于自下而上的运动。另一些人则相反,他们说,我国人民不会踩着欧洲革命者的脚印走,不相信会有新的普加乔夫运动,他们将耐心等待最高当局来决定他们的命运。费·米·陀思妥耶夫斯基特别执拗地表述过这一层思想。我记得,有一回,他以他向来的劲头朗诵普希金的诗《孤寂》①。我到现在都仿佛听见他以激越的声音朗诵诗的末尾一节:

> 啊,朋友,是否有一天,我会看见人民不受欺压
> 沙皇点点头而农奴制灭亡?
> 我能否在我们的国土上看见
> 开明和自由的美丽霞光终于升起?

这时有人表示怀疑通过合法途径能够解放农民,费·米·陀思妥耶夫斯基严厉反驳说,他不相信有任何其他途径。

另一件事情我们小组里闲谈时经常接触到的,就是当时的书刊检查制度。应当回顾一下,书刊检查制度的束缚当时达到何等穷凶极恶的地步,社会上对此事流传着什么样的说法,当时的作家们怎样巧妙地想办法在纯洁谦逊的面纱底下提出某种大胆的思想,只有这样才能想象得出热爱文学的青年人在我们组里表现了什么思想。我们中间不仅有初涉文坛的文学家,还有已经引起公众注目的人物,而陀思妥耶夫斯基的长篇小说《穷人》已经使人相信作者拥有巨大的才能,这种情况更加说明我们的思想是可以理解的。废除书刊检查制度的问题,我们中间自然是没有一个人会反对的。

谈论文学,大部分是因当时期刊杂志上一些重要文章,尤其是和小组成员的倾向一致的文章引起的。但是也议论到老作家,同时还会发表一些尖锐的意见,

---

① 1826 年出版的普希金诗集中,以同一题目发表了《乡村》中的第一批三十四首诗。末尾一节为"啊,朋友,我能看到……"的这首诗,题目就叫《孤寂》,全文以手抄本流传,直到 1870 年才以如今的《乡村》为题在俄国正式发表。

有时甚至是相当片面的、不公正的意见。有一次,我记得谈到杰尔查文,有人说与其把他看作是伟大的诗人,倒不如把他当作是一个夸张的修辞学教师,卑躬屈膝的颂辞作者,伟大诗人云云是他的同时代人和老学究对他的恭维。听到这话,陀思妥耶夫斯基像被虫蜇了似的霍地跳了起来,嚷道:

"什么?难道杰尔查文就没有鼓舞人心的、诗情洋溢的灵感?难道这不是崇高的诗情?"

说着,他以那样的力量、那样欣喜的感情背诵了《致君王与法官》一诗,他的朗诵吸引了所有的人,不用再发表什么议论便在大家的心目中提高了费丽察的歌手①的地位。另一次他念了几首普希金和维克多·雨果的诗,基本思想和画面相同,他雄辩地证明我们的诗人,作为画家也要比后者高明得多。

在杜罗夫小组里有几个狂热的社会主义者。他们醉心于欧洲改良主义者的人道主义的乌托邦,在他们的学说中看出新宗教的因素,这种新宗教似乎应当能够改造人类,在新的社会基础上建设社会。我们的聚会中经常得到法国文学中出现的与这一题目有关的所有新东西,加以传播和讨论。议论罗伯特·欧文的新村,卡贝的伊加利亚公社,尤其是议论傅立叶的法朗吉斯特和蒲鲁东的累进税制的理论,常常占去晚间集会的大部分时间。这些社会主义者我们都加以研究,但并不是所有的人都相信他们的计划有实现的可能的。不相信的人当中就有陀思妥耶夫斯基。他研读社会主义著作家的著作,但批判地对待之。他承认他们的基本学说中包含着崇高的目的,但是,他认为他们仅仅是一些正直的幻想家。他特别坚持一点:所有这些理论对于我们是没有意义的,为了俄国社会的发展,我们不应在西方社会主义者的学说中寻找源泉,而应当在生活中,在我国人民世代相传的历史制度中去寻找,在村社、劳动组合和连环保中早就存在着比圣西门的一切幻想及其学说更加合理而持久不变的原则。他说,伊加利亚公社或法朗吉斯特中的生活,他想象起来比任何苦役还要可怕,还要令人厌恶。当然,我们那些顽强地宣传社会主义的人是不同意他的意见的。

对当时立法和行政方面的新闻我们谈得也不少,而且自然发表了尖锐的看法,这些看法,有时是根据不确切的传闻,或者不完全可信的轶事与口头说说的

---

①　杰尔查文以献给叶卡捷琳娜二世的颂诗《费丽察》著名,所以同时代人称他为"费丽察的歌手"("费丽察"一词源出拉丁文,意为"幸福")。

事情。当时青年人发生这种情况也是自然的,因为他们一方面对于我们行政机关的横行霸道现象,科学与文学上的束缚感到十分愤慨,另一方面,欧洲所完成的宏伟事业又唤醒了他们,使他们产生了更美好、更自由、更积极地生活的希望。在这方面,费·米·陀思妥耶夫斯基和组里的其他人一样,发表意见尖锐而又激烈。我现在无法确切地引述他说过的话,但我清楚地记得,他总是坚决表示反对用来束缚人民的措施,尤其对滥用职权表示愤慨,滥用职权使最低贱的阶级和青年学生吃尽苦头。从他的意见中经常可以听出《穷人》的作者是热烈同情处于最受屈辱地位的人的。根据我们组里一个成员的建议,决定写一些揭露性内容的文章在我们晚会上朗读,费·米·陀思妥耶夫斯基赞成这个主意,答应他自己也参与其事。但据我所知,他来不及写出任何东西。第一篇文章是一个军官写的,其中讲到当时城里尽人皆知的一桩怪事,陀思妥耶夫斯基对此文不以为然,既指责其内容,又非难其文字形式上的缺点。我这方面,在一个晚间集会上朗读了由我译成教会斯拉夫语的拉门奈的《教徒故事》中的一章。陀思妥耶夫斯基对我说,这部作品的严肃的圣经语言,经过我的翻译,比原作生动。自然,他体会的仅是语言的性质本身,不过他的反应对我却是很受用的。遗憾的是我没有把稿子保存下来。在杜罗夫小组存在的最后几个星期里,产生一种设想:把得到大家一致赞同的文章用石印印出来,尽可能地广为传播。不过这一设想并没有付诸实行,因为我们的大部分朋友,恰恰是所有去参加过彼得拉舍夫斯基的晚会的人,不久就被捕了。

在小组停止活动之前不久,我们组里的一个成员到莫斯科去,带来了别林斯基给果戈理的那封著名的信的抄本;这封信是因为果戈理的《与友人书简选》而写的。陀思妥耶夫斯基在晚会上看了这封信,后来据他自己说,他在好些熟人家里看过这封信,叫人抄了副本。[①] 后来这成了他被判刑与流放的主要理由之一。这封信,以它片面性的奇怪议论在今天未必能吸引得了什么人,但在当时却产生过强大的影响。在我们的许多熟人家里,这封信和也是从莫斯科传来的赫尔岑

---

　① 别林斯基给果戈理的信是 1849 年 3 月由普列谢耶夫交给陀思妥耶夫斯基的。陀思妥耶夫斯基在侦讯委员会供述,他立即念给杜罗夫与巴尔姆听,还答应到彼得拉舍夫斯基处去念。(《诉讼案》,页 136)4 月 15 日举行朗读。阿赫沙鲁莫夫、季姆科夫斯基、雅斯特尔任勃斯基及菲利波夫供称,陀思妥耶夫斯基给他们稿子,菲利波夫抄了副本。(同上,页 101)

的幽默文章一样,都有抄本,赫尔岑的文章机智而辛辣地把两个京城作了比较。[①] 大概在逮捕彼得拉舍夫斯基派分子时,抄走了这些文章的副本,转交给了第三厅。杜罗夫常常朗诵自己的诗,我记得,我们是何等高兴地听他翻译的巴比叶[②]的名剧《基阿伊雅》,书报检查机关删去剧中若干首诗。除了闲谈与朗读之外,我们在晚间集会上也常常听音乐。我们的最后一次晚会是这样结束的:有才气的钢琴家卡谢夫斯基在钢琴上演奏了罗西尼的《威廉·退尔》序曲。

二

1849 年 4 月 23 日,我讲完课回家,遇到米·米·陀思妥耶夫斯基,他已经等我很久了。我一眼就发现他十分不安。

"您怎么啦?"我问。

"您难道不知道?!"他说。

"什么事情?"

"费奥多尔弟弟被捕了。"

"您说的什么?什么时候被捕的?"

"昨天夜里……搜查了……把他带走了……屋子查封……"

"其他的人怎么样?"

"彼得拉舍夫斯基、斯佩什涅夫被抓走了……还有谁,我不知道……不是今天就是明天,我也要被抓走的。"

"您为什么这样认为?"

"安德烈弟弟被捕了……他从来不和我们在一起,什么情况都不知道的……他们搞错人了,把他当成我,抓走了。"

我们约好立即分头去打听,我们的朋友中还有谁被捕,晚上再碰头。我首先

---

① 指赫尔岑的《莫斯科与彼得堡》(1842),对斯拉夫主义者进行论战的文章。

② 巴比叶·奥古斯特(1805—1882),法国诗人,著有充满激愤之情的讽刺诗集《抑扬格诗集》(1831)。十九世纪五六十年代,他的诗在俄国进步读者中极为流行。

到杜罗夫的寓所：屋子的门锁着，门上有政府机关的大印。在莫斯科兵营的毛姆贝利处，瓦西里耶夫岛上的菲利波夫处，也看到同样情况。我问勤务兵和看院子的，他们回答我说："先生夜里给抓走了。"毛姆贝利的勤务兵认识我，说话时眼泪汪汪。晚上我拐到米·米·陀思妥耶夫斯基处，我们交换了打听得来的消息。他去找过我们共同认识的其他几个朋友，得知他们大多数是昨天夜里被捕的。根据我们打听到的情况，我们可以得出结论，被捕的只是到彼得拉舍夫斯基处去参加聚会的人，属于杜罗夫小组的人暂时还平安无事。对这个小组，当局显然还不知情。如果杜罗夫、巴尔姆与肖尔科夫也被捕，那么并不是因为他们的晚间集会，而仅仅因为他们与彼得拉舍夫斯基有来往。米·米·陀思妥耶夫斯基也经常到彼得拉舍夫斯基那里去的，他之所以没有被捕分明是因为他们搞错人了，把他的弟弟安德烈·米哈伊洛维奇抓了去。所以，他也危险临头，整整两个礼拜，他天天晚上等待着避不开的客人光临。这期间，我们天天见面，交换消息，尽管我们打听不到重要消息。除了城里流传的关于彼得拉舍夫斯基案件的谣言（在这种情况下通常都有添油加醋的说法）之外，我们只打听到逮捕了将近三十人，首先全部解往第三厅，然后再解送到彼得保罗要塞，关押在单人牢房里。现在了解清楚，对彼得拉舍夫斯基小组早就在密切注意中，内政部有一个年轻人，假装成同情自由主义思想的青年，打入晚会，积极参加聚会，主动引诱别人发表激进的言论，然后把晚会上说过的话记下来，交给有关方面。米·米·陀思妥耶夫斯基对我说，他早就觉得此人形迹可疑。后来很快得知，为了调查彼得拉舍夫斯基案件，成立了专门的审查委员会，以要塞司令纳博科夫将军为首，由陀尔戈鲁科夫公爵、列·瓦·杜别尔塔、加加林公爵以及雅·伊·罗斯托夫采夫等人组成。①

　　过了两个星期，有一天大清早，有人来对我说，米·米·陀思妥耶夫斯基在昨夜被捕了。②他的妻子和孩子毫无财产，因为他从来没有在任何地方担任过公职，没有任何财产，单靠为《祖国纪事》写些文学作品过活，每月撰写"国内评论"，发表些小小的中篇。随着他的被捕，家属顿时陷于极端困难的境地，只有

①　陀尔戈鲁科夫，1856 至 1866 年间任宪兵队长和第三厅厅长。列·瓦·杜别尔塔，陆军中将，1839 至 1856 年间主持第三厅。雅·伊·罗斯托夫采夫，1835 年起任主管军事学校的总参谋长。

②　米·米·陀思妥耶夫斯基是 1849 年 5 月 6 日夜里被捕的。

安·亚·克拉耶夫斯基帮助他们度过这一不幸时期。我深知米·米·陀思妥耶夫斯基为人谦逊,克制,并不特别为他担忧。他尽管也常到彼得拉舍夫斯基处去,但是他对那里的大多数客人并没有好感,他常常向我表示,那些比较极端而又不谨慎的人竟在那里发表激烈的言论,他是很不赞成的。据我所知,在他身上是得不到任何十分危险的口供的,况且后来他几乎完全与小组脱离了。因而我希望他的拘留时间不会长,我的猜想果然不错。

1849 年 5 月底,我在克列斯托夫岛附近的科尔托夫村租了一套夏季住宅,把米·米·陀思妥耶夫斯基的大儿子接来做客。如果我没有搞错的话,他当时七岁左右。他妈妈每星期来看他。有一天,好像是七月中旬,我坐在小花园里,忽然小费佳叫喊着向我奔来:"爸爸来了! 爸爸来了!"果然,这天早晨我的朋友获释了,他赶紧来看儿子,和我见面。经过两个月的分离之后,我们是多么快活地拥抱,情况可想而知。晚上我们到岛上去,他向我讲了他的被捕、蹲单人牢房、侦讯委员会的审问以及他作供词的详细情况。他也告诉我,向他提问的疑点有哪些是针对费奥多尔·米哈伊洛维奇的。我们推论,尽管他仅仅因为有自由主义的言论,指责某些要人,扩散当局禁止的著作以及别林斯基那封要命的信而受到控告,但是,如果他们要把案情看得严重起来——在当时十之八九是这样,——那么结局可能是悲惨的。诚然,有几个被捕的人四月间已陆续获释,可是关于其他人的谣传却无法叫人放心。据说,许多人要去流放,不可幸免。

夏天过得凄凄惨惨。我的一些亲密朋友,有的关在要塞里,另一些友人待在别墅里,有的在巴尔果洛伏,有的在皇村。我和维坚斯基偶尔见面,和米·米·陀思妥耶夫斯基每星期见面。八月底,我又回到城里,我们开始互相频繁地来往。关于我们的朋友们的消息很不确实:我们只知道他们身体还好,但未必有人会获释。侦讯委员会的调查会议已经结束,只须等待案件的最后裁决了。然而离最后裁决还很遥远。秋天过去,冬天也慢慢地过去,直到圣诞节节期之前,被告的命运才决定。使我们极其吃惊和害怕的是,所有的人一律被判处死刑(枪决)。不过,大家都知道的,这一判决没有执行。临刑那天,所有判了刑的人都被带到谢苗诺夫练兵场,在这刑场上向他们宣读了新的决定,按照这个决定,让他们活命,死刑改判其他刑罚。根据这份判决书,费·米·陀思妥耶夫斯基被判处流放,服苦役四年,期满后他将被编入西伯利亚常备军的一个营当列兵。这一切发生得那么快,那么突然,我和他的哥哥都没有到谢苗诺夫练兵场去,等我们得知朋友们的遭遇，一切都已经结束，他们又被押回彼得保罗要塞，只有彼得拉舍夫斯基被直接从刑场送往西伯利亚。

判了刑的人三个一群，两个一伙，从要塞送去流放。如果我没记错的话，那是在谢苗诺夫练兵场宣判之后的第三天，米·米·陀思妥耶夫斯基来我处，说是他的弟弟当天晚上要出发，他去和他告别。我也想去和他告别，因为要很久看不到他，也可能永远没有机会见到他了。我们乘车去要塞，直接找我们已经认识的那位少校教官马依杰勒，希望通过他得到准许，见上一面。这是个心地极其善良的人。他明确告诉我们，陀思妥耶夫斯基与杜罗夫确实当天晚上就要解往鄂木斯克了，可是除了近亲之外，没有要塞司令的允准是不许与行将出发的人见面的。这一情况起先使我很伤心，然而我知道纳博科夫将军心地善良，为人宽厚，决定亲自去找他，请他允许我与朋友告别。我的希望没有落空：要塞司令决定让我也与费·米·陀思妥耶夫斯基及杜罗夫见见面。

我们被领到司令部底层的一个大房间里。早已是晚上时分，屋里一盏孤灯照明。我们等候了许久，要塞里的自鸣钟用各种不同音调敲了两次一刻钟。门终于开了，门外响起枪托的砰砰声，费·米·陀思妥耶夫斯基与杜罗夫在一名军官的陪同下走了进来。我们互相热烈地握手。尽管他们在单人牢房里关了八个月，可是他们几乎没有改变：一个的脸上依旧是严肃而安详的神情，另一个的脸上依旧笑容可掬。他们两人都已经穿上犯人出外穿的囚衣——短皮袄，毡靴。要塞的军官知趣地坐在离门不远的椅子上，一点也不使我们感到拘束。费奥多尔·米哈伊洛维奇首先把自己的喜讯告诉哥哥，他并没有和别人一起吃过苦头。接着关切地询问起他的家属与孩子们，他们的身体和功课，极为详细。在我们会见期间，对家属和孩子他问了好几次。问到他们监禁在要塞里的情况如何，陀思妥耶夫斯基和杜罗夫特别亲切地谈到对司令的意见，他经常关心他们，尽可能改善他们的处境。两人对法庭的无情和判决的严厉都丝毫没有表示一点抱怨。未来的苦役犯生涯没有使他们感到害怕，当然，这时候他们并不知道苦役生活对他们的健康会有什么影响。[……]

看着陀思妥耶夫斯基兄弟告别，任何人都会发现，他们之中，是自由地留在彼得堡的那个更加痛苦，而不是即将去西伯利亚服苦役的。哥哥的眼里泪水汪汪，嘴唇发抖，而费奥多尔·米哈伊洛维奇却平静自若，反而去安慰哥哥。

"别哭了，哥哥，"他说，"你知道我的，我又不是去进棺材，你也不是送我去墓地，——服苦役的不是野兽，是人，说不定是比我优秀的人，说不定是比我更有价值的人……我们还会见面的，对此我是满怀希望的，——我毫不怀疑我们还会见面……您要写信给我，等我在那边安顿下来，您可要寄书给我，要些什么书，我写信告诉你，因为以后还是能够看书的……等我服苦役期满——我要动手写作。这几个月我经历了许多事情，自身的体验也很多，到了那边我还会看到和经历许多——将来会有东西可写的[……]"

我们的见面延续了半个多小时，可是我们只觉得时间很短，尽管我们说了许许多多话。要塞上的钟凄惨地敲响，少校教官进来说，时间到了，我们该分手了。我们最后一次互相拥抱，握手。我当时并没有预感到和杜罗夫永远不会再见面了，跟费·米·陀思妥耶夫斯基也是八年之后才见面。我们向马依杰勒道谢，感谢他的通情达理。他对我们说，我们的朋友一个钟头以后就要出发，或者甚至还要早些。他们在一名军官和两名押送队的士兵的押解下穿过院子走了。我们在要塞里还逗留了一会，然后我们出来，站在判了刑的人将要经过的大门旁边。夜色明亮，并不寒冷。要塞钟楼上的自鸣钟打了九点，两辆驿站的雪橇从大门里奔驰而出，雪橇里各坐着一个犯人和一个押解的宪兵。

"别了！"我们叫道。

"再见！再见！"他们回答我们。

三

现在我把费·米·陀思妥耶夫斯基本人被捕的事摘引在这里，这是他自己的说法，1860 年流放回来后题写在我女儿的纪念册上的。这则故事逐字逐句就原样摘引在下面：

(1849 年)4 月 22 日，或者最好是说 23 日，凌晨三点多钟，我从格里戈利耶夫处回家，上床睡觉，立即睡熟。过了不到一个钟头，我迷迷糊糊地发觉有几个形迹可疑、非同一般的人走进我的房间里来。军刀无意间碰到了什么东西，铮的一声响。奇怪，什么事情？我使劲儿睁开眼睛,听到温和的并不使人讨厌的嗓音:"起来!"

我一看,是区警察局局长或派出所所长,蓄着漂亮的络腮胡子。可是讲话的不是他;讲话的是一位先生,身穿天蓝色制服,佩中校肩章。

"什么事情?"我一边问,一边从床上欠起身子。

"奉命……"

我一看:果然是"奉命"。门口站着一个士兵,也穿天蓝色制服。他的军刀也碰得铿铿地响……

"咦？哦,原来是这么回事!"我想。"请让我……"我刚开口说。

"没什么,没什么! 穿衣服吧。我们等您,"中校以更加讨人喜欢的声音说。

我穿衣服的时候,他们要求查看全部书籍,开始搜查;他们寻到的东西不多,但全都搜遍了。他们把我的稿纸和信件仔细地用绳子捆了起来。警察局长这时表现出许多先见之明:他爬到炉子里,用我的长杆子烟管在陈炉灰中拨弄了一番。一名军士级宪兵按他的要求站上椅子,爬到炉台上去,可是从炉台的边沿上掉下来,扑通一声摔在椅子上,再从椅子跌到地板上。这时有先见之明的先生相信炉台上是没有什么东西的了。

桌上有一枚十五戈比的银币,旧而翘曲。警察局长注意地打量了一会,最后对中校点了点头。

"是不是假的?"我问。

"唔……这要查起来看……"局长嘟囔一声,结果把这枚银币也牵到案情中去了。

我们出来。惊慌的女房东和她的佣人伊万送我们出门。伊万虽然也很惊慌,可是看上去有一种迟钝的庄重的神气,只不过这是由眼前事情所引起的并非快乐的庄重神气。大门口停着一辆马车,士兵、我、警察局长和中校坐上马车。我们朝丰坦卡,朝夏园旁边的链子桥驶去。

那里来来往往的人很多。我遇到许多熟人。大家都睡意未消,默默无言。有一位文官先生,官衔很大,接待来人……穿天蓝色制服的先生们押着形形色色的受害者不断地进来。

"这下子真是到了尤里耶夫节了！"①不知是谁附在我耳朵边说。

4月23日果然是尤里耶夫节。

我们逐渐围住了文官先生，他手里拿一份名单。名单上面在安东涅里先生的姓名之前用铅笔写着："发现本案的谍报员"。

"原来是安东涅里！"我们心里想。

他们让我们分散坐在各个角落里，等待最后决定把谁关在哪里。他们把我们集中在一个叫作白厅的大厅里，一共十七个人……

列昂季·瓦西里耶维奇(杜贝尔特)走了进来……

我的故事在这儿打住，因为否则说来话长了。不过我相信列昂季·瓦西里耶维奇是个很讨人喜欢的人。

费·陀思妥耶夫斯基

1860年5月24日

四

[……]想到不得不长时间丢下文学工作，是十分令人痛苦的，从陀思妥耶夫斯基给他哥哥的信中可以看出这一思想。信是12月22日他从刑场回去之后在彼得保罗要塞写的。谈到面临的苦役时，他写道："宁愿手里拿笔关在单人牢房里十五年，"同时又添加说，"我身上的这颗脑袋生来是搞创作的，它的唯一的兴趣在于研究最高深的艺术生活，它习惯于崇高的精神要求，可是已经被人给砍掉了。"

杜罗夫熬不住囚犯生活的艰苦。[……]

费·米·陀思妥耶夫斯基幸亏有毅力，对美好的未来从来不曾放弃过信念，所以比较顺利地经受了苦役生活的艰苦考验，虽然苦役生活也影响到他的健康。

---

①　尤里耶夫节是俄历11月26日。旧俗在这节日前后一周，农奴可以换东家。后来这一权利取消了，于是这句俗话便成了"这下子糟了"、"没指望了"的意思。

倘若如人们所说的那样，他在流放之前就有癫痫，那么，病的发作无疑是轻微的，次数也是不多的。至少在他从西伯利亚回来之前，我是没有料到的。可是他到了彼得堡，他的病对于所有与他接近的人来说已不是秘密了。他说，有一次，秋天里，人家派他们到河里去拆一条旧的木船，同时其他囚犯站在齐膝盖深的河水中，杜罗夫的健康，自从那次以后特别受到损害。很可能，这一趟苦差事也影响了陀思妥耶夫斯基的健康，加快了病的发展，达到后来所暴露出来的那种程度。

赦免以后开头一个时期只准陀思妥耶夫斯基住在外省，因而他住在特维尔，这样离亲属们可以近一些。他的亲属一部分住在彼得堡，一部分住在莫斯科。他哥哥接到信后立即赶去与他会面。这时陀思妥耶夫斯基已是个有家眷的人：他在西伯利亚与寡妇玛丽娅·德米特里耶夫娜·伊萨耶娃结了婚，如果我没有记错的话，她是 1863 年因痨病去世的。这次结婚他们没有生过孩子，不过遗下一个他妻子与前夫所生的儿子归他照料。陀思妥耶夫斯基在特维尔住了几个月。他准备恢复因服苦役而中断的文学活动，读了许多书。我们都寄杂志和书籍给他。同时，根据他的要求，我把斯拉夫文的《赞美诗集》和卡齐米尔斯基翻译的法文的《可兰经》寄给他，还有《Les romans de Voltaire》[①]。他后来说他曾构思一部哲学著作，可是仔细斟酌后又打消了这一念头。

这期间，米·米·陀思妥耶夫斯基办了一家烟厂，营业不错：他的纸烟附有赠品，行销全国。可是烟厂的业务并没有使他放弃文学。而且，他应我的要求，为《火炬》杂志翻译了雨果的《Le dernier jour d'un condamné》[②]，这份杂志当时是我和出版人卡林诺夫斯基共同编辑的。有一天上午，米哈伊尔·米哈伊洛维奇来到我处，带来了好消息，说他的弟弟获准在彼得堡居住了，他当天就来。我们匆匆赶到尼古拉耶夫火车站，在那里我终于拥抱了我们的被放逐者，分别了将近十年的朋友。我们一起度过晚上。根据我的感觉，费奥多尔·米哈伊洛维奇身体方面没有变化，看上去甚至似乎比过去精力充沛，丝毫没有失去他一向的劲头。我想不起那天晚上我们共同的友人中还有谁在场，我的印象中只记得这次久别后的初次见面，我们只是交换消息和感想，回忆过去的年代和我们共同的朋

---

①　法语：《伏尔泰长篇小说集》。

②　法语：《死囚末日》。

友。从此之后,我们几乎每星期会面。我们在一群为数不多的新朋友中闲聊,内容和从前杜罗夫小组所谈的大不相同。有可能相同吗? 西欧与俄国在这十年间似乎互换了角色:在那边,从前吸引过我们的人道主义的乌托邦业已烟消云散,反动势力在各方面都趾高气扬;在这里,我们幻想过的许多东西却开始付诸实现,我们准备改革,改革更新俄国的生活,孕育着新的希望。很明显,我们的闲谈中已没有从前的悲观主义了。

费奥多尔·米哈伊洛维奇渐渐地开始谈起他在西伯利亚生活的详细情况以及那些被社会唾弃的人的习气,他在服苦役的监牢里不得不和这些人一起生活了四年。这些故事后来大部分写入他的《死屋手记》。这部作品问世时情况十分有利:书报检查机关当时已充满了容忍的气氛,文学界出现了一些作品,不久以前这些作品要出版还是无法想象的。这本书的新鲜之处是专写苦役犯的生活,全部故事都是描写可怕的凶犯,基调暗淡,最后,作者本人又是刚释放回来的政治犯,尽管这些情况搞得书报检查机关有几分为难,但是并没使陀思妥耶夫斯基回避真实。《死屋手记》果然产生了震撼人心的影响:人们把作者看成是新的但丁,他下到地狱中去过,更可怕的是这地狱不是存在于诗人的想象中,而是存在于现实中。[1] 按照当时书报检查的条例,费奥多尔·米哈伊洛维奇不得不从作品中删去关于被流放的波兰人和政治犯的插曲。关于这一对象,他告诉我们不少有趣的细节。除此之外,我还想起他的一个故事,大概也是按照那个书报检查机关的意见而没有放进《死屋手记》里,因为这个故事触及当时颇为棘手的滥用农奴法的问题。我现在想起,有一天晚上,在他哥哥处,陀思妥耶夫斯基在回忆自己的牢狱生活时讲了这则故事,他讲得非常真实,非常有力,使人永远不会忘记。应当在他讲故事的时候听一听他的富有表情的嗓音,看一看他的生动的

---

① 指屠格涅夫与赫尔岑对《死屋手记》的意见。1861 年 12 月底,屠格涅夫写信给陀思妥耶夫斯基道:“十分感激您寄我两期《当代》月刊,我正以极大的兴趣在看,尤其是您的《死屋手记》。浴室那个场面简直是但丁式的。”(《屠格涅夫　书信集》,第 4 卷,苏联科学院,1962 年,莫斯科-列宁格勒,页 320)赫尔岑在《俄国文学中的新时期》一文中写道,尼古拉一世死后的觉醒时代留给我们一本可怕的书,一首独特的 carmen horrendum(吓人的歌),它将永远高挂在尼古拉的阴暗王国的出口处,犹如但丁在地狱的入口处的题词,因为陀思妥耶夫斯基的《死屋》是一则可怕的故事,大概连作者本人也没有想到,在他用戴镣铐的手给苦役犯难友画像时,他竟由描绘西伯利亚监狱的风习而创作了一幅布纳罗蒂*式的湿壁画。(《赫尔岑》,第 18 卷,页 219)

＊　即米开朗琪罗。

面部表情，就可以明白他给我们以什么印象了。现在我尽我所能，尽我所记得的来转述这个故事：

"我们牢房里有个年轻的囚犯，"费奥多尔·米哈伊洛维奇说道，"沉默寡言，安分守己，不爱说三道四。我很久都没有跟他交往，不知道他服苦役是否很久了，为什么落入特号，只有犯了重罪的人才编入特号。为人小心的监狱长对他的品行有好感，犯人们也喜欢他，因为他性情温和，乐于助人。我们逐渐和他接近，有一天收工回来，他给我讲了他被流放的原因。他是莫斯科附近省份里的一个农奴，是这样到西伯利亚来的。

"他说：'费奥多尔·米哈伊洛维奇，我们的村子不小，也挺富裕。我们的老爷是个鳏夫，年纪还不老，人也不太凶，可就是头脑糊涂，放荡，喜欢搞女人。村里人都讨厌他。我考虑要结婚了，老婆总是要的，况且已经爱上了一个姑娘。我们情投意合，老爷也准许了，我们按教会仪式结了婚。可是我和新娘刚行了婚礼出来，回家去，走到老爷的庄园附近，一下子奔出六七个什役来，拽住我的年轻的妻子往庄园里拖。我冲上去救她，那几个人一下子朝我猛扑过来。我一边叫喊，一边跟他们搏斗，可他们拿长腰带把我的双手捆住。我没法儿挣脱。我老婆就这么给抢走了。他们把我拽到我家小屋里，就这么把手被捆得结结实实的我扔在长凳上，还派了两个放哨的守住我。我挣扎了整整一夜，到了第二天早晨很晚他们才把年轻的妻子陪来，给我松了绑。我从凳子上起来，可婆娘扒在桌上哭了，伤心了。我说："咋啦，伤心呀，又不是你自己要失身！"从这一天起我就寻思，老爷看中我的老婆，我该怎样谢谢他！我在板棚里磨快一把斧子，快得能割麦子，带在身上，不让人家看出痕迹。别的庄稼人看到我在庄园附近转悠，也许已经料到我在打什么主意，可是谁也不来干预，因为咱们村的人都很讨厌那位老爷。不过我守了很久都没有等到机会：有时候他跟客人们在一起，有时候他身边有听差小厮……不便下手。可我心里好像搁了块石头，他污辱了我妻子，此仇不能不报，眼看着妻子这样伤心，我心里更加痛苦。嗯，有一天将近傍晚时，我走到老爷家的花园后面，一看：他一个人在小径上散步，没有发现我。花园的围栅不高，是一根根木棍钉成的栅栏。我让老爷稍微走过去一点，我悄悄地一下子越过栅栏。我抽出斧头，从小路走到草地上，免得他先听见脚步声。我从草地上偷偷地跟在他后面走。靠近他的身边时，我双手握住斧头。我要让老爷看到是谁要他流血送命的，所以我故意咳嗽一声。他回过头来，认出是我，这时我一步冲上去,抡起斧头对准他的脑袋砍去……喀嚓一下! 我说,为了爱情,给你这一下……立刻,脑浆和鲜血飞进……他没喘一口气就倒下了。我就到警察局去自首,说如此如此,这般这般。嗯,他们把我抓起来,噼噼啪啪揍了我一顿,判我到这里关十二年。'

"'可您编在特号呀,是无期?'

"'这个,费奥多尔·米哈伊洛维奇,是为了另一起案件,他们判我无期流放,服终身苦役。'

"'什么案件?'

"'我把上尉干掉了。'

"'什么上尉?'

"'犯人宿歇站的站长。看来他这样下场也是命该如此。那是我结果了老爷的性命之后的第二年夏天,我来到一群犯人中间。那是在彼尔姆省。老大的一群人被撵着走。正好又遇到大热天,热得不得了,从一站到下一站的路又很远。大太阳底下把我们晒得都蔫了,大家都疲惫得快要死了:押送的士兵几乎迈不动腿,我们戴了镣铐不习惯,痛苦不堪。犯人的身体并不个个都壮实,有些人几乎是老头子。其他人整天没有一块面包皮到嘴:押解途中连得施舍的一片面包也不给,我们只喝了两次水。我们怎样勉勉强强地拖到宿歇站,只有上帝知道。嗯,我们走进宿歇站的院子,有的人竟然就躺下了。我不能说浑身乏力,只不过很想吃东西罢了。当时的宿歇站,只要大群的犯人一押到,就要给犯人开饭。我们一瞧,还一点动静也没有。犯人们就说开了,说这是不给我们饭吃,我们瘦得力气都没了,有的坐着,有的躺下,可是竟然连一块面包也不扔给我们。我觉着这事儿欺人太甚。我自己饿得肚子咕咕叫,那些身单力薄的老头儿更加可怜。"快开饭了吗?"我们问站里的兵。他们说:"等着吧,长官还没下命令呐。"喏,费奥多尔·米哈伊洛维奇,您评评理,听见这种话是什么滋味儿:公道吗? 一个文书从院子里走过,我对他说:"为什么还不吩咐给我们开饭?"他回答说:"等着吧,你不会饿死的。"我说:"怎么能这样说话呢,您瞧瞧,人都快累死了,您知道,这样的大热天,路上可是够呛的……快开饭吧。"他说:"不行,上尉有客,正在吃早饭,待会儿吃完了,会下命令的。""很快就会下令吗?""等他吃饱了,剔清了牙缝,他会出来的。"我说:"这算是什么规矩:他自己慢条斯理地享口福,我们可快要饿死了!"那文书说:"你嚷嚷什么?"我说:"我没嚷嚷,我只是说我们没有力气了，连腿都提不动了。"他说："你吵吵闹闹，煽动别人造反；我去报告上尉。"我说："我没吵闹，你要报告上尉尽管去告。"这时，听着我们说话，有的犯人也嘀咕开了，不知是谁还骂了站长。文书火了，他冲着我说："你个造反胚子，上尉这就来跟你算账。"说着走了。我心里好气愤，话也说不出。我感觉到，这事情不犯罪是过不去的了。当时我身上有把折刀，是在尼日尼附近用一件衬衫向一个犯人换来的。现在我记不得我是怎样从怀里摸出折刀，藏在袖子里的。我瞧见一个军官从小房间里出来，脸孔那么红，眼睛鼓得似乎要弹出来，准是酒喝多了。那小文书跟在他后面。"造反胚子在哪里？"上尉直冲着我嚷。"是你造反，哎？"我说："我没造反，大人，我只是替大家发愁，上帝和沙皇都没说要饿死人哪。"他可吼了起来："你这该死的东西！我让你看看，上面吩咐是怎么对付强盗的。叫士兵来！"这时我把小折刀拉开来笼在袖子里，想好办法了。他说："我来教训教训你！"我说："大人，用不着你来教训一个有学问的人；我不用你教训也知道。"我说这话是故意气他，让他更加火冒万丈，冲到我跟前来……我估计他受不了，要跳的。嗯，他果然受不了，攥紧拳头，冲到我面前，我趁势身子往下一蹲，朝前一蹦，一刀子捅进他的肚子，从下往上一挑，几乎一直划到他的喉咙。他像一段木墩子似的摔倒了。有啥办法呢？他欺压犯人，把我气疯了的嘛。费奥多尔·米哈伊洛维奇，就为了这个上尉，我被判了无期，列入特号。'"

据陀思妥耶夫斯基说，这都是犯人讲的，讲得那么平静、朴实，好比讲森林里砍倒一株腐烂的树。他没有夸大自己的所作所为，也没有为自己辩白，只当作是一件日常琐事来叙述。然而这个人又是整个监牢里最温顺的囚犯之一。《死屋手记》中有若干处地方跟杀死宿歇站上尉站长的情节相似。不过我所引述的故事是我亲耳听费奥多尔·米哈伊洛维奇讲的，我转述的语言如果不完全是他的原话，无论如何也是近似的，因为当时这故事使我极为震惊，深深地印入我的记忆中。也许我们的朋友中有人会记得的。［……］回想起他在苦役监牢里不得不与之待在一起的罪犯们，他并不以按教育而论不可估量地高出于他们之上的人那种厌恶与轻蔑的态度对待他们，而是努力在最残酷的心灵中发掘某种人性的表现。另一方面，他从来不抱怨自己的遭遇，既不埋怨法庭判决的严峻，也不为断送了青春年华而嘀咕。诚然，我从其他服苦役回来的彼得拉舍夫斯基派分子嘴里也没有听到过强烈的埋怨，然而那在他们似乎是由于俄国人固有的不念旧恶的本性。但是在陀思妥耶夫斯基，则似乎还跟对命运的感激结合起来，命运给了他机会,使他在流放中深入了解了俄国人民,同时也更好地了解了自己。监狱中长期的艰苦生活他不愿讲,只是热烈地回忆起自己脱离文学创作,不过他总是立即又说,他在出于无奈只好看看一本《圣经》时,他倒是能够更清楚、更深刻地了解基督教的思想了。[……]

题解:

亚历山大·彼得罗维奇·米柳科夫(1817—1897),作家,教育家,文学史家,评论家。和彼得拉舍夫斯基派团体有接触,出席过杜罗夫的小组,醉心于傅立叶主义思想,用教会斯拉夫语翻译了拉门奈①的《教徒故事》中的一章。《俄国诗史纲要》(1848)一书使他成名,书中反映了别林斯基的文学观点。1858年,由于该书第二版问世,尼·亚·杜勃罗留波夫写了他的一篇重要文章:《论俄国文学发展中人民性渗透的程度》。米柳科夫和弗·科斯托马罗夫一起写作并出版了《古代世界与新世界文学史》(1862)。他的《俄国诗歌的珍宝》一书出版于1874年。一年后,《文学现象与社会现象的反响》问世。1890年,他的《文学界的会见与交往》一书出版,这里刊登的回忆陀思妥耶夫斯基的文字即摘自该书。

和陀思妥耶夫斯基的亲密交往——米柳科夫很乐意强调他与陀思妥耶夫斯基有友谊关系——应当认为是在1848年,当时米柳科夫因《俄国诗史纲要》一书逐渐成名。他在杜罗夫处遇到巴尔姆、普列谢耶夫、菲利波夫以及毛姆贝利,这些人不久就因为自己的信仰而受到了残酷的迫害。米柳科夫本人则竟未受到法庭的传讯。

陀思妥耶夫斯基从西伯利亚回来后(1859年底),他们先前的友好关系得到恢复,并且几乎一直维持到作家出国(1867年4月)。陀思妥耶夫斯基1860年9月10日、1863年1月7日致米柳科夫的信,尤其是1866年7月中旬的一封详细的长信上的语气和内容,证明了这一点。这封长信谈到由于长篇小说《罪与罚》遭到《俄国导报》编辑部方面的检查而造成的痛苦。(见《书信集》,第1卷,页299、313、442—444)但他们之间的关系毕竟只是日常生活上的亲密朋友,思想上并没有真正地接近。陀思妥耶夫斯基对待米柳科夫有时甚至带几分讥讽味道:安·格·陀思妥耶夫斯卡娅在《回忆录》中引用费·米议论报上一则简讯的话说:"根据叙事有点庸俗的语调来看,这件事倒是不会没有米柳科夫。"

---

① 弗里西特·罗伯尔·德·拉门奈(1782—1854),法国政论家,哲学家,"基督教社会主义"思想家。

(《陀思妥耶夫斯卡娅回忆录》,页78)陀思妥耶夫斯基在国外期间(1867—1871)没有给米柳科夫写过一封信,为了米柳科夫待女儿的态度不好,他倒是几次表示过严厉的看法。例如,1867年10月23日他写信给安·格·陀思妥耶夫斯卡娅说:"米柳科夫的情况我早有所闻。这些可怜的孩子,这个可笑的人! 既可笑又愚蠢的人!"(《书信集》,第2卷,页53—54;又见《陀思妥耶夫斯卡娅日记》,页107)

从可靠性的观点来评价米柳科夫的回忆录时,应当估计到这些情况。谈到陀思妥耶夫斯基参加彼得拉舍夫斯基派分子的集会时期的政治和社会观点的地方,尤其应当批判地对待。米柳科夫的有意无意地歪曲真相,还因为他撰写回忆录时距离他所写的那个时代已经有四十多年了,在这一段漫长的时间中,他记忆中的许多久远的往事因为受到上一世纪八十年代政府里的和社会上的反动派猖獗的影响而变得模糊与歪曲了。

米柳科夫的回忆录性质的随笔发表在《俄国旧事》1881年第3至5期上,这里以及下面"走向第一高峰"部分(页267—270)所载是根据米柳科夫的《文学界的会见与交往》一书经过删节而来的。(圣彼得堡,1890年,页169—203,207—222)

《回忆录》选

彼·彼·谢苗诺夫-天山斯基

摘自第一卷《童年时代与青年时代(1827—1855)》

兄弟和叔叔离开彼得堡以后,在我与达尼列夫斯基一起生活期间①,我们的熟人圈子显著扩大了,主要是因为达尼列夫斯基没有任何财产,他必须以写作来维持生计,写作内容丰富的、有根有据的学术性文章给《祖国纪事》刊用。这使他不仅认识了杂志的编辑克拉耶夫斯基,还认识了许多其他的文学工作者及批评家——别林斯基与瓦列里扬·迈科夫。他们器重达尼列夫斯基的逻辑性非常强的头脑,惊人的辩证法和渊博的、多方面的学识修养。这么一来,在我们去大学听课期间,我们的关系密切的朋友的圈子里,不仅有大学生,还有年轻的、已经受过高等教育的知识分子。属于这个圈子的不仅有某些青年学者,还有已开始文学活动的青年文学家,如达尼列夫斯基的高等政法学校的同学萨尔蒂科夫-谢德林及梅伊②,费·米·陀思妥耶夫斯基,德·瓦·格里戈罗维奇,亚·尼·普列谢耶夫,阿波隆·迈科夫,瓦列里扬·迈科夫以及其他人。我们不太经常互相

---

① 1845 年秋谢苗诺夫-天山斯基和达尼列夫斯基住在彼得堡瓦西里耶夫岛上。
② 列夫·亚历山大·梅伊(1822—1862),诗人,剧作家。

串门,不过我们交往的主要地点和时间是固定的,每逢星期五这一天,我们在我
兄弟和达尼列夫斯基的高等政法学校的同学米哈伊尔·瓦西里耶维奇·布塔舍
维奇-彼得拉舍夫斯基处聚会。我们在那里和当时彼得堡青年知识分子界相识,
这群人之中,我最了解彼得拉舍夫斯基案件中吃过苦头的斯佩什涅夫,迪布两兄
弟①,杜罗夫,巴尔姆,卡什金②以及逃脱了他们被捕命运的德·瓦·格里戈罗维
奇,热姆丘日尼科夫③,迈科夫两兄弟,拉孟斯基④,别克列米谢夫⑤,摩尔德维诺
夫⑥两兄弟,弗拉基米尔·米留金⑦,帕纳耶夫及其他人等等。这些人乐意到殷
勤好客的彼得拉舍夫斯基家去,主要是因为他有自己的住宅,可以举行对我们来
说是极为有趣的诸如此类的晚会,尽管我们觉得彼得拉舍夫斯基本人太古怪了
些,如果不说他狂妄的话。⑧ 作为高等政法学校的学生,他是担任公职的人,在
外交部当翻译。他唯一的职责是外侨进行诉讼案件时派去当翻译,比较多的是
去编制外侨的因无继承人而充公的财产清单,尤其是图书的清单。后一项差使
很合彼得拉舍夫斯基的胃口:他从图书中把所有外文版的禁书挑出来,以非禁
书补进去,而把这些禁书拿去充实他自己的藏书了。他购买各种图书补充他的
收藏,供所有的朋友使用,甚至包括商会会员、市民董事会会员及市杜马议员,他
本人是市杜马议员。作为一个极端的自由主义者,当时的激进主义者、无神论
者、共和主义者及社会主义者,他天生是个卓越的宣传家的典型:他所喜爱的正
是宣传鼓动工作,他竭力在社会的各个阶层展开这一工作。尽管他的宣传很不

---

① 伊波里特·马特维耶维奇·迪布(1821—1890),康斯坦丁·马特维耶维奇·迪布
(1810—?),均为彼得拉舍夫斯基派分子。

② 尼古拉·谢尔盖耶维奇·卡什金(1829—1914),彼得拉舍夫斯基派分子,傅立叶学说的拥
护者。

③ 热姆丘日尼科夫(1821—1908),俄国诗人。

④ 拉孟斯基(1825—1902),经济学家。

⑤ 别克列米谢夫(1824—1877),傅立叶主义者,参加彼得拉舍夫斯基小组活动。

⑥ 尼古拉·亚历山大罗维奇·摩尔德维诺夫(1827—?),内务部官员,参加杜罗夫小组活动。

⑦ 弗拉基米尔·阿列克谢耶维奇·米留金(1826—1855),经济学家,彼得拉舍夫斯基派分子。

⑧ 许多友人显然都这样看待彼得拉舍夫斯基。他的传记作者写道:“关于彼得拉舍夫斯基,颇
有许多不友好的看法,有几分同情和尊敬,但很少有好感。与他比较接近的人客观地高度评价他,
也只是因为他的渊博的学识修养[……]以及他在社会文化上所起的作用,但是作为一个人而真正爱
他的,却一个也没有。任何人看出他身上古怪的、可笑的、不好的地方,都一点也不肯原谅他[……]。
外界与彼得拉舍夫斯基接触的人[……]最多不过看到他身上的无益的古怪,‘好标新立异’,想要
‘与众不同’而已。”(《彼得拉舍夫斯基派分子》,页64)

连贯,自相矛盾,他所宣传的却是一种反君主制思想乃至革命思想及社会主义思想混合在一起的大杂烩,不仅在当时青年知识分子圈子里宣传,还在市杜马选举人阶层中宣传。为了宣传的目的,他竭力要在军事学校当教师。当罗斯托夫采夫请他自报一下他能教些什么科目的时候,他交出一份单子,上面开列了十一门科目。校方允许他试教其中的一门科目,他用这样的话开始他的试教课:"这门课可以从二十个观点去看,"他果然讲了二十个观点,不过他并没有被录用为教师。他的衣着是古怪的奇装异服,显得与众不同,且不说他的长头发、小胡髭和长胡须当时被人侧目而视,他还常常穿西班牙式的短斗篷,戴四只角的大礼帽,千方百计要引起人们对他的注意。他想方设法要吸引群众,譬如,放烟火,发表演说,分发小册子等等,然后开始跟他们进行秘密谈话。有一次他身穿女人的衣服来到喀山大教堂,站在妇女中间,假装虔诚地祈祷,可是他那没有特别仔细加以遮掩的、带有几分强盗气概的面孔和那一把黑胡子引起旁人的注意。临了,警察分局的警官走到他身边,对他说:"阁下,您大概是个乔装打扮的男人吧。"他回答道:"阁下,我可觉得您是个乔装打扮的女人。"警察分局的警官大窘,彼得拉舍夫斯基趁机从人群中溜之大吉,回家去了。

我们朋友圈子里的所有的人,自然并没有把彼得拉舍夫斯基本人当作是什么了不起的重要人物,不过每逢星期五都去拜访他,每次都在他那里看到一些新的人而已。在圣灵周的星期五,平时摆冷盆小吃的桌子上,他摆上了圆柱形甜面包、奶渣糕、红蛋等等。星期五的晚间集会,往往进行活跃的谈话,尤其是青年作家纷纷倾吐自己的积愫,抱怨当时沉重地制约着文学工作的书报检查制度的压迫,除此以外,还有文学作品朗读,各种各样学术问题和文学问题的简单的口头介绍,这种口头解释自然带有当时书刊出版物的语言中所不容许存在的自由主义思想色彩。我们当中许多人的理想是要使农民从农奴的依附地位中解放出来,可是这种企图还停留在空想的范畴,只在亲密的友人圈子里才作比较认真的讨论,后来通过一个参加晚会的人传来一份报告,在小组的部分成员的一次集会上念过,这是国有财产部部长基萨列夫①的同事安・巴・查勃洛茨基-杰谢托夫

---

① 基萨列夫(1788—1872),伯爵,1837 至 1850 年间任国有财产部部长。

斯基①就尼古拉一世所提出的农奴解放问题而作的报告，是当时的国家机密。

　　达尼列夫斯基念过许多关于社会主义，尤其是关于傅立叶主义的文摘，他对傅立叶主义极为向往，以异常引人入胜的逻辑发展自己的思想。陀思妥耶夫斯基朗读了他的中篇小说《穷人》与《涅朵奇卡·涅兹万诺娃》的片断，热情洋溢地发表了反对地主滥用农奴制的意见。书报检查制度为全体人所痛恨，如何向书报检查机关作斗争的问题被提出来讨论，彼得拉舍夫斯基提出一项试验作为试金石，他的小组里的许多人参加这项试验。他们着手出版读物，标题为《俄语中使用的外来语词典》，每一个词常常写出从当时书报检查机关的观点看来是不许可的条文。检查机关审查这本少量印行的词典，审查的人各不相同，所以如果一个审查人通不过的条文，他们把它几乎原封不动地搬到另一词目的条文中去，送给另一个人审查，这样就能勉强通过审查，尽管遭到一些删削。彼得拉舍夫斯基亲自校对送审的条文，他用了巧妙办法：放上标点符号，等拿到审查者已通过的原稿后，他再重新改动标点符号，改动几个字母，把审查者已经通过的文句的意思完全改变过来。这本词典的发起人和最初的编纂者是个军官，军事学校的教员基理洛夫，从书报检查机关的观点看来完全是个可靠的好人，压根儿想不到他这本献给米哈伊尔·巴甫洛维奇大公爵的著作②转到彼得拉舍夫斯基的手中以后成了什么东西。

---

　　①　安·巴·查勃洛茨基-杰谢托夫斯基(1807—1881)，政论家，经济学家，参加 1861 年农奴改革活动。他的秘密报告《关于俄国农奴的状况》(1841)被当作农奴制必须废除的根据。

　　②　书名全称是《基理洛夫出版的俄语外来语袖珍词典》。1844 年 12 月 24 日的《俄国残疾人》报上登出广告称该词典有四千条词目释文，是科学史方面一本按字母排列的特种百科词典。这本词典共出了两卷，第一卷 1845 年 4 月，次年出第二卷，到"玛尔太教团"这一条目戛然中止。词典的护封上印着"出版者的话"，说明这本词典"是艺术与科学的简明百科词典，或者，更确切地说，是欧洲文明给我们带来的一些概念的简明百科词典"。词典的出版，作为彼得拉舍夫斯基提出的"一次试验"，作为与书报检查机关进行斗争的一块试金石，这一说法大概不无根据。彼得拉舍夫斯基决定参与词典的出版工作，他能够遵循这一宗旨。但是想起编词典的不是他，是词典的实际上的出版人，即在巴甫洛夫中等武备学校教务处工作的近卫军炮兵上尉尼古拉·萨尔盖耶维奇·基理洛夫。据佐托夫证明，基理洛夫是"以尼·德聂伯罗夫斯基的笔名发表很不错的短篇小说的作者"。1845 年，在基理洛夫主编出版的《现代风习典型》一书中收了他的短篇小说《捻碎的白面包，外省生活散景》。基理洛夫是访问穷人协会的秘书，该会的主席是奥陀耶夫斯基。(见佐托夫的《四十年代的彼得堡》，载《历史通报》，1890 年，第 6 期，页 554)

彼得拉舍夫斯基当时二十七岁。斯佩什涅夫①和他几乎是同年,斯佩什涅夫以杰出的才能著称,后来被判了死刑。斯佩什涅夫又以出众的男性的英俊美貌著称。若要画救世主的头与身躯可以直接照着他的模样画。他在高等政法学校求学,受过良好的教育,博览群书,有文化素养,出身于富裕的贵族家庭,本人就是个大地主。他生活中的风流韵事迫使他在四十年代初期及中期到法国去住了几年。[……]

旅居法国六年,他成了典型的四十年代的自由主义者,他的理想是解放农民与人民代表制。他具有良好的欧洲语言知识,学识又渊博,在法国居住期间不仅醉心于乔治·桑与贝朗瑞的作品,奥古斯特·孔德的哲学著作,还热心研读圣西门、欧文与傅立叶的社会主义理论。不过,斯佩什涅夫是作为人道主义者而赞成他们的理论的,同时又认为这些理论是无法实现的空想。他没有护照逃跑到国外,得到赦免以后,他来到彼得堡,在彼得拉舍夫斯基小组中发现有许多人的观点和理想与他一致,他成为这个小组中最杰出的活动家之一。他相信,必须通过书籍刊物上言论宣传的办法使俄国社会对接受农民解放与人民代表制的想法有所准备,他憎恨国内的书报检查制度的压迫,第一个想到在国外创办一份自由的俄语刊物②,而不考虑他将怎样回到俄国来。要不是落到一群犯了叛国罪的人当中,斯佩什涅夫的意图无疑是会付诸实现的。

他在苦役中度过六年,丧失了领地,在他被剥夺一切财产权期间,领地归他

---

①　尼古拉·亚历山大罗维奇·斯佩什涅夫(1821—1882),彼得拉舍夫斯基派分子中最具有革命情绪的人之一,给予陀思妥耶夫斯基以不可磨灭的影响。论信仰,他是个无神论者、空想共产主义者,看过马克思的《哲学的贫困》,可能也看过《共产党宣言》。

关于他,陀思妥耶夫斯基写道:"这个人的遭遇好极了!无论他走到哪里,无论他怎样出现在那里,最直率、最迟钝的人立即怀着崇拜、尊敬的心情围住他。"(《书信集》,第1卷,页140)

斯佩什涅夫意志坚强,有过神秘的风流韵事,目光敏锐,善于观察,爱思索,几乎总是沉默寡言,又是个很有魅力的美男子。他对大多数彼得拉舍夫斯基派分子都带有一种优越感,这倒也为大家所承认。在某种程度上,他可能是《群魔》中的尼古拉·斯塔夫罗金的原型。在《少年》的草稿中,写到陀尔古辛派分子小组成员坚决与彼得拉舍夫斯基派分子的团体采取联合的态度,有个青年,是个富裕的地主,曾在德国人工厂里的工人中学习过,建议要密切注意技术革命,"这比向人民作一切[……]呼吁都还要无可比拟地有力又有效",这个青年应当就是斯佩什涅夫。陀思妥耶夫斯基补充说:"有一部分是斯佩什涅夫。"(《最后几部长篇小说》,页84)

②　从彼得拉舍夫斯基派分子案件的材料中可以看出这指的是在彼得堡办秘密印刷所刊印各种文章,但是并没有关于在国外创办杂志的材料。

姐姐所有了。仅仅因为逢到亚历山大二世接位,才恩准将财产发还给他。他忠于自己的理想,欣喜万分地注视着农民解放事业的进展,1861 年 2 月 19 日以后,他成为最优秀的首届调停人之一。他判罪后,我在 1863 年第一次见到他,其时他正担任这一职务,虽然他正当盛年(四十二岁),看上去却仿佛是个高龄老者,只不过身躯尚魁伟而已。

小组里的著名人物是迪布兄弟,哥哥康斯坦丁是外交部亚洲司的一个科长。与斯佩什涅夫相反,他们在地方上无根无叶,属于京城里的官僚知识分子。迪布两兄弟都是大学毕业,1848 年便在外交部担任行政职务。和当时的许多自由主义官员一样,他们受过良好的教育,博览群书,埋头研究政治学与经济学,把废除农奴制度,实行宪法治国作为理想。然而对于以何种革命方法去实现这些理想,迪布兄弟俩连想也没有想过。他们之所以和彼得拉舍夫斯基小组接近,是因为他们在小组里遇到许多人赞成他们的理想,为了能和这些比他们更了解俄国人民的日常生活的人热烈地交换思想。迪布老大异常深入地研究过法国革命的历史,另一方面他又拥有过多的行政经验,以致他不会不知道在当时的俄国是无从发生革命的。向京城的知识分子无论提出什么希望,尤其是提出要求,都是徒劳的,甚至是发疯。而被地方上的同样一些知识分子所迷惑的民众,则是连手脚都被农奴制捆住了的。

然而四十年代末期席卷全欧洲的那场运动,恰恰在京城的知识分子身上(不仅彼得堡的,还有莫斯科的知识分子身上)得到反响和同情,他们的情绪当时很明确地反应在阿克萨科夫的下面的一首诗中:

站起来了,匈牙利,斯拉夫各民族……
大家都振作精神,奋勇向前;
我们欣喜地凝神倾听
远方传来的神圣斗争的喧闹声,
我们的胸膛直颤抖,
紧张不安地等待着
决定命运的搏斗。
我们把自由的捍卫者当作兄弟,
我们无法不爱他们……

> 强大的精神会激励人民！
> 能不使我们折服？①

　　然而像迪布兄弟那样的自由主义思想的、知识分子的官员（这种官员很多）只是欣喜地凝神倾听远方传来的争取自由的斗争的喧闹声而已，他们自己不是革命者，并没有进行任何斗争，只局限于争取些许出版自由。

　　被判过刑的人当中最独特、最与众不同的是伟大的俄国作家—艺术家陀思妥耶夫斯基。

　　达尼列夫斯基和我跟陀思妥耶夫斯基两兄弟认识的时候，费奥多尔·米哈伊洛维奇正好以他的长篇小说《穷人》一下子赢得了巨大的声誉，但已经和别林斯基及屠格涅夫争吵过。他完全脱离他们的文学小组，开始经常去参加彼得拉舍夫斯基与杜罗夫小组。这时的陀思妥耶夫斯基照例在和穷困作斗争。《穷人》的成功起初给他带来一些物质上的利益，可是随后物质方面给他带来的害处却多于益处，因为初次成功刺激了他的难以实现的希望，引起他后来不加计算地花钱。② 他后来的作品，例如他下了那么大工夫的《两重人格》，他抱了很大希望的《女房东》，都告失败，这使他得出结论：用普希金的话来说，名声仅仅是

> ……歌手的破烂衣衫上
> 一块彩色斑斓的补丁。③

　　有人详细写过陀思妥耶夫斯基的传记④，可是某些传记作者的两个结论我

---

　　① 谢苗诺夫错把拉甫罗夫*的一首以手抄本广为流传的诗《响应宣言》当作阿克萨科夫的诗了。（拉甫罗夫的诗见《十九世纪下半期自由俄国诗集》，列宁格勒，1959年，页619—627）
　　* 彼·拉·拉甫罗夫（1823—1900），民粹派革命家。
　　② 1846年给哥哥的信中，一部分1847年的信中，包含着"花钱不精打细算"的含糊的暗示。（见《书信集》，第1卷，页87、88、97、107、111）
　　③ 引自普希金的诗《书商与诗人的谈话》。
　　④ 自然首先是指奥·费·米勒的《费·米·陀思妥耶夫斯基的生平材料》及尼·尼·斯特拉霍夫的《回忆费·米·陀思妥耶夫斯基》（传记）。

无论如何没法表示赞同。① 第一个结论是说陀思妥耶夫斯基这个人似乎看书虽多，却没有受过教育。我们对陀思妥耶夫斯基很了解，1846—1849 年间他经常上我们住处来，与达尼列夫斯基进行长时间的谈话。我可以和奥·费·米勒一起断定，陀思妥耶夫斯基不惟博览群书，而且是个受过良好教育的人。童年时，他从有科学知识的父亲，一个莫斯科的军医那里受过出色的准备教育。陀思妥耶夫斯基懂法文、德文，足以充分了解他所阅读的法文、德文书籍。他的父亲甚至教过他拉丁文。一般来说，在他十六岁进入高等学府——工程学校之前，他受过正确而系统的教育。在工程学校时，他也进行过系统的学习，除了普通教育科目之外，还学过高等数学、物理、机械学以及与工程学有关的技术科目，大有收获。1843 年他学完课程，当时二十二岁。他的博览群书又大大地补充了他所受的教育，尽管这种教育是专业性的，然而也是系统的高等教育。他从童年起就读过，而且多次反复阅读所有俄国诗人与小说家的作品，卡拉姆津著的历史他读得几乎滚瓜烂熟。② 他以极大的兴趣研究法国与德国作家，特别喜爱席勒、歌德、雨果、拉马丁③、贝朗瑞、乔治·桑的作品。反复研读过许多法国历史著作，其中包括梯也尔、米尼埃及路易·勃朗④的法国革命史，孔德的《实证哲学的发展》，看过圣西门与傅立叶的社会主义著作。⑤ 如果考虑到上述情况，那就无法不承

---

　　① 谢苗诺夫-天山斯基批驳了亚·米·斯卡比切夫斯基的意见。(《最新俄国文学史》，圣彼得堡，1891 年，第 1 版，页 183)

　　② 关于这件事，他在 1873 年《作家日记》的《现代的虚妄之一》一文中写道："我才十岁时便知道卡拉姆津的俄国史中几乎全部主要内容，那是父亲每天晚上大声朗诵给我们听的。"(《1926—1930 年版全集》，第 11 卷，页 139)

　　③ 陀思妥耶夫斯基喜爱拉马丁可能是在青年时代，当时他和全体俄国的进步知识分子一起兴奋地感受了 1848 年革命时期法国发生的事件以及拉马丁在革命中所起的作用。《作家日记》中只有一处以极其讽刺的口吻谈到拉马丁，"对他说来，没有比滔滔不绝地发表演说更愉快、更美妙的事情了[……]。这些演说他那时可能作了几千次。这是个诗人，天才"。他"写《诗与宗教的和谐》——'长得没有尽头的非凡的诗卷'，已有三代大学毕业的小姐陷在里面了"。(《1926—1930 年版全集》，第 11 卷，页 197)

　　④ 梯也尔(1797—1877)，法国政治家，历史学家。
　　　米尼埃(1796—1884)，法国历史学家。
　　　路易·勃朗(1811—1882)，法国空想社会主义者，历史学家，参加过一八四八年革命。

　　⑤ 在陀思妥耶夫斯基的作品中没有提到过米尼埃与奥古斯特·孔德以及他们的著作。但是这里既然讲的是他四十年代的情况，也就不能否认谢苗诺夫的论点。陀思妥耶夫斯基对在这里列举的其他法国思想家和政治家的评论证明他确实很仔细地研读过他们的作品。

认陀思妥耶夫斯基是个有文化素养的人。无论如何,他比当时的许多俄国作家,如涅克拉索夫、帕纳耶夫、格里戈罗维奇、普列谢耶夫更有文化修养,甚至比果戈理本人更有修养。

不过我大致能够同意传记作者们说陀思妥耶夫斯基是一个"歇斯底里神经质的**都市之子**"的看法。他确实是歇斯底里神经质的,但那是天生如此,即使他从来没有离开过他童年时代度过最美好年头的农村①,他仍旧可能是歇斯底里神经质的。

在这些年头他比较接近农民,比较了解俄国人民的生活和整个精神面貌,这一点,不仅童年时代与青年时代从来不曾到农村去过的京城里具有自由主义思想的、有知识的官员不及他,甚至许多上了年纪的京城里的世袭贵族,像亚历克赛·托尔斯泰伯爵、索洛古勃伯爵,乃至屠格涅夫也可能不如他熟悉(屠格涅夫在打猎巡游中比较熟悉了农村,不过那已经在他的生活的稍后一个时期了),他们的父母都有意与农民保持距离,不愿有任何交往。

我们只要回想一下安德烈·米哈伊洛维奇·陀思妥耶夫斯基关于他哥哥的童年时代的记述②,我们所听到的费·米·陀思妥耶夫斯基本人说过的农村对他的一生留下不可磨灭的印象,再回忆一下他自己写的关于农民马列伊的故事,他在彼得拉舍夫斯基处的晚会上所作的关于地主怎样对待农民的充满激情的报告以及他对俄国人民(意思是指对农民这样的乡村居民)所抱的深刻的信心③,就可以确信费·米·陀思妥耶夫斯基是**乡村之子**,不是都市之子。

费·米·陀思妥耶夫斯基的具有高度艺术性的创作特点是:他所能够描写,而且是以非凡的力量去描写的仅仅是他十分熟悉的人,他似乎钻到他们的心里去了,和他们合而为一,以他们的痛苦为痛苦,以他们的欢乐为欢乐。他就是这样的一个人,童年时他帮助农民们干活时便提一壶水给干渴的孩子喝。④ 他最初写长篇小说《穷人》的时候,除了"城市无产者—平民知识分子"以外,他手

---

① 这一点不对:从 1832 年到 1836 年,以及 1838 年,夏天他们才到乡下去(约三个月)。

② 谢苗诺夫是指奥·费·米勒引用在他的《费·米·陀思妥耶夫斯基的传记材料》一书中安·米·陀思妥耶夫斯基的"记述"。(《传记》,页 12—16)见本书页 23—31。

③ 这一信念确实贯穿在陀思妥耶夫斯基的整个创作中,是他的所有长篇小说中正面主人公们的主要特点,也是他在《当代》及《时代》上所发表的一些文章的中心思想。

④ 安·米·陀思妥耶夫斯基讲到过这件事。(《传记》,页 15;本书页 29)

头暂时没有其他可供他创作的对象。

　　然而，陀思妥耶夫斯基本人既不是平民知识分子，又不是无产者。他即使在服役时也觉得自己是个贵族，他不是同实际的需要作斗争，而是同自己的与环境不相称的经济状况作斗争，甚至不是同实际生活上的需求，而往往是同他的变态心理的要求作斗争。譬如，就拿他向父亲讨野营的开销来说①，我和他同在一个营地，我住的帐篷和他的一样是麻布帐篷（当时我们还未相识），离他的帐篷总共才二十来俄丈。我凑合着过日子，没有**自备的**茶喝（公家供应我们早晚喝两次茶，在工程学校一天喝一次茶），没有**自备的**靴子，只好满足于公家的供应，又没有装书的箱子，尽管我看书不比陀思妥耶夫斯基少。所以，这些都不是实际的需要，仅仅是为了不让自己显得不如其他同学而已，他们有自备的茶喝，又有自备的靴子和箱子。在我们那个比较有钱的贵族化的学校里，我的同学们露营时平均花去三百卢布左右，也有一些人花费达三千卢布的；至于我，寄到营地供我花的钱，不过十个卢布，而且寄得也不准时，但我并没有因手头拮据而感到苦恼。

　　陀思妥耶夫斯基在工程学校肄业，到退职，他得的薪水和从监护人那里得到的钱，总共五千纸卢布。② 我在军事学校修完课程后，在大学听课期间，一年总共才拿到一千纸卢布。

　　只是在他退职后的头一年（1844），到他的《穷人》获得成功，陀思妥耶夫斯基可能确实是穷困的，因为除了写作的收入以外，他一无所有。从1841年到1849年，达尼列夫斯基也一无所有，毫无任何收入，以卖文为生，却并没有陷于穷困，尽管那位克拉耶夫斯基付给他的稿酬比付给陀思妥耶夫斯基的小说作品的稿酬要少。可是，陀思妥耶夫斯基即使在1845年一下子名声大噪之后，慢性病似的相对穷困情况也并未停止。那时我们交往密切，他生活在"时刻要预先算计生活来源"之中，但是1854年解除苦役后便同确确凿凿的贫穷结了不解之缘。1859年从流放地回来后，陀思妥耶夫斯

---

　　①　见1839年5月10日给父亲的信。（《书信集》，第1卷，页52—54）

　　②　见1845年3月24日给哥哥米·米·陀思妥耶夫斯基的信："收到莫斯科人寄来的五百银卢布。"（《书信集》，第1卷，页74）

基完全获得了他理应享有的声誉①，尽管他在钱财方面还缺乏，但他不是，也不可能是个无产者。

服苦役对陀思妥耶夫斯基有些什么确凿无疑的影响，这一点我在下面另行叙述。这里我只能说，陀思妥耶夫斯基从来不是，也不可能是**革命者**，然而，作为一个重感情的人，看到有人对被压迫与被侮辱的人施加暴力，譬如，当他看到或者得知芬兰团的司务长被逼着通过队列②，他的愤懑乃至憎恨的感情便会油然而生。只有在这样激情勃发的时刻，陀思妥耶夫斯基才会扛着红旗走上广场，而彼得拉舍夫斯基小组中几乎没有一个人会想到这一点。

已经获致盛名的抒情诗人亚历克赛·尼古拉耶维奇·普列谢耶夫比陀思妥耶夫斯基年轻。他金发碧眼，仪表俊秀，但"他的面容苍白，朦胧如雾霭"……这位理想主义者，性格温和善良的人，他的内心倾向也同样朦胧模糊。他赞成一切他觉得是高尚的、人道主义的事物，然而他没有明确的倾向，他之所以参加小组是因为他看到组里的理想主义的愿望比实践的渴望更强。他在彼得拉舍夫斯基小组里获得 Andre Chenier③ 的雅号。

所有被判刑的人当中最年轻的是卡什金，第十五届高等政法学校学生，刚从皇村高等政法学校毕业，出身于拥有大量领地的富裕贵族家庭，故而在此之前受过良好的家庭教育。卡什金具有相当浓厚的人道主义观点，是个极其讨人喜欢的青年人。他把解放农民作为自己毕生的主要理想之一。他忠于这一理想，和斯佩什涅夫一样，1861 年以后当了第一届调停人。

格里戈利耶夫、毛姆贝利、李伏夫和巴尔姆都是近卫团的军官。

前三位以认真好学的精神著称。他们反复阅读了彼得拉舍夫斯基收集在"禁书图书馆"里的许多著作。彼得拉舍夫斯基想把这批书变成社会性的藏书，让大家可以借阅。有军官参加他的小组他甚为高兴，他把希望寄托在他们的宣

---

① 陀思妥耶夫斯基不是回来以后一下子"名声大噪"的，而是过了两三年，发表了《死屋手记》之后。一年之前在《当代》杂志上出现的《被侮辱与被损害的》，在思想意义方面得到杜勃罗留波夫的肯定的评价（在《逆来顺受的人》一文中），可是并没有为陀思妥耶夫斯基造成什么声誉；杜勃罗留波夫这样论述长篇小说，说它"低于文学批评的审美标准"。

② 一种体罚。

③ 法语：安德烈·谢尼埃。安德烈·谢尼埃（1762—1794），法国诗人。1794 年在巴黎被雅各宾派以叛国罪送上断头台。

传上,他们不是在低级官员中间作宣传(除了也是很有分寸的《士兵闲谈》的作者格里戈利耶夫之外,谁也没有想到这一点),他们在自己的同僚中进行宣传,这些人出身于俄国最优秀的贵族家庭。

第四个人近卫团军官巴尔姆,为人浅薄而心地善良,出于年轻人的兴趣而参加小组,没有任何既定的目的。

被判刑的人当中,除了彼得拉舍夫斯基之外,只有一个杜罗夫[①]在某种程度上可以算是革命者,也就是希望通过暴力的途径进行自由改革的人。然而彼得拉舍夫斯基与杜罗夫之间有着本质上的不同。彼得拉舍夫斯基**按才能**是个革命家,对他来说,革命不是达到任何既定结果的手段,而是**目的**;他喜欢宣传者的活动,他渴望为革命而革命。对于杜罗夫则相反,革命分明是一种手段,但不是达到既定目的的手段,而是摧毁现存制度的手段,是为了个人在新产生的制度中达到某种超群出众地位的手段。对他来说这一点尤其必要,因为他由于一连串的放荡行为[②]而和家庭及社会断绝了关系,唯有期待革命活动才能恢复名誉。他以成立(杜罗夫派分子的)特别小组来开始他的革命活动;该小组与彼得拉舍夫斯基的小组既分不开,又合不到一起。已经知道杜罗夫与陀思妥耶夫斯基蓦然间来到同一所"死屋"服苦役时,他们两人一致得出结论:他们的信仰与理想中丝毫没有共同的东西,他们之所以落到同一地方来坐牢是由于命里注定的差错。

与彼得拉舍夫斯基小组接近(我重复一遍:与小组接近,因为在当时情况下从来没有过正式组织起来的、纵然是秘密组织起来的社会团体)的人当中,有两个人没有被审查委员会列为犯人,那是因为他们恰巧在该委员会着手工作时死去。这两个人,一是瓦列里扬·尼古拉耶维奇·迈科夫,他非常积极地参加了彼

---

① 谢尔盖·费奥多罗维奇·杜罗夫是诗人、作家。所谓杜罗夫小组经常在他的寓所聚会,彼得拉舍夫斯基派分子中的左翼人士也经常去参加。(见本书页134注②)杜罗夫与陀思妥耶夫斯基向来不接近。服苦役时他们之间的关系是疏远的,但不是敌对的(正如马尔季扬诺夫所写的,见本书页187—188)。从苦役监狱释放回来,杜罗夫与陀思妥耶夫斯基一起住在克·伊·安年科夫家整整一个月。(见1855年9月18日给波·叶·安年科娃[*]的信,《书信集》,第1卷,页162)陀思妥耶夫斯基在1856年12月14日给乔·钦·瓦利哈诺夫的信中写道:"替我问候杜[罗]夫,祝他诸事顺遂。告诉他,我爱他,真诚地忠实于他。"(《书信集》,第1卷,页202)

* 波林娜·叶果罗夫娜·安年科娃(1800—1876),十二月党人安年科夫的妻子。

② 在关于杜罗夫的传记札记里对这一点写得很含糊:"雅·伊·罗斯托夫采夫伯爵的一位亲戚,抛弃原来的熟人圈子,离开亲人,置身于年轻的生活浪漫的名士中间。"

得拉舍夫斯基所组织的基理洛夫那本词典的出版小组，工作很有才气，1847 年夏天在水滨浴场中风死去。另一个是维萨里昂·格里戈利耶维奇·别林斯基（1848 年春去世），在四十年代的所有小组中享有崇高的威望（他的那些书报检查机关未通过的文章在各小组里被人们如饥似渴地传诵，其中一人因散布别林斯基致果戈理的信而被判处死刑①）。其他经常来圈子里走动的人之所以逃过审查委员会的注意，是因为他们没有在会议上发表过任何讲话，而他们的学术性文章与文学作品没有带上太强烈的倾向或反对书报检查制的味道。也许米哈伊尔·叶甫格拉福维奇·萨尔蒂科夫除外，他幸亏在大逮捕开始之前受到书报检查机关的行政性的控告，1848 年初春被按行政方式放逐到维亚特卡。②

1849 年 4 月底，我们中间便迅速传开一个消息，说彼得拉舍夫斯基以及许多经常去看望他的人已被捕，他们的寓所遭到搜查，他们被判处叛国罪。我们特别感到伤心的是斯佩什涅夫、陀思妥耶夫斯基、普列谢耶夫与卡什金的被捕，也为某些人如别克列米谢夫［……］，还有弗拉基米尔·米留金的被捕难过，不过他们后来获释了。搜查米留金的住宅时找到一本秘密的笔记本，是查勃洛茨基-杰谢托夫斯基按秘密指示调查了解俄国各地的地主对农奴的态度，呈交给国有财产部部长基萨列夫的一份报告。这本笔记本是第一份对俄国农奴制度的极其大胆的起诉书，在渴望解放农奴的小组中宣读以后产生了强烈的反响。米留金家的人当中，只有弗拉基米尔一个人经常参加彼得拉舍夫斯基小组的活动。他的兄弟们，即基萨列夫伯爵的亲侄子们担心在彼得拉舍夫斯基小组找到查勃洛茨基的笔记本会造成许多人被捕，更何况皇帝尼古拉一世还不知道这本笔记本，基萨列夫不敢呈给皇上，因为他发现自 1848 年起国内想要把农民从农奴制的依附地位解放出来的热潮已骤然冷却下来。米留金家的家庭会议上决定想尽一切办法把笔记本找回来，免得落到审查委员会的手中。这一任务委托给家属中办事最谨慎、最周到的德米特里·阿列克谢耶维奇（后来的伯爵与元帅）。米留金

---

① 谢苗诺夫不可能不知道陀思妥耶夫斯基是因此而被"判刑"的，这里没有提到他的名字，未悉何故。

② 1848 年 2 月 28 日，萨尔蒂科夫因为在《祖国纪事》上发表的中篇小说《矛盾》与《莫名其妙的事》而被流放到维亚特卡。彼得拉舍夫斯基派分子案件的大逮捕开始于 1849 年 4 月 22 日。萨尔蒂科夫被人从第三厅拉到工作地点按问题逐项进行审讯。（见斯·马卡申的《萨尔蒂科夫-谢德林》，第 1 卷，莫斯科，1951 年，页 277—298，319—332）

当时在总参谋部任上校,去找亚历山大·费奥多罗维奇·高黎曾公爵,高黎曾公爵很敬重基萨列夫伯爵,原任接受呈文委员会的御前大臣,被皇上亲自任命为审查委员会成员。幸亏亚历山大·费奥多罗维奇公爵酷爱搜集珍贵手稿。德·亚·米留金以最委婉的方式提出问题:在审查委员会的案件中公爵有否见到过查勃洛茨基的关于俄国各省农奴情况的笔记手稿,高黎曾公爵一句话也不答,只是把米留金请到自己的卧室,打开秘密的书橱,让他看放在书橱的一只抽屉里的手稿,上面批着:"余一人已阅。余在世一日,决不让此文流传出去。"［……］

过了一个月,1849 年 12 月,全体犯人由审判委员会最终审判,判决之严厉,使我震惊。他们全体一无例外地被判处死刑,1849 年 12 月 22 日[①]被押到谢苗诺夫练兵场的断头台上。

在我面前自然产生一个问题:说实话,四十年代经常参加我们的小组来活动的一些最极端的人,他们的罪行究竟是什么? 他们与其他没有受审判、没有被判刑的人究竟有什么区别?

我如今栩栩如生地回想起我们借助欧洲语言的基本知识,怀着多么喜悦的心情,轻而易举地阅读外国著作,既有严肃的科学著作、哲学著作、历史著作、经济著作及法学著作,也有小说、散文及政论作品,当然,我们看的是原著,没有任何书报检查机关的荒谬绝伦的涂改和删节,尤其是那些严肃的科学著作,没有充分的理由书报检查机关是根本通不过的。我难以忘记的是来自我们中间的一些最有才华的作家多么愉快地在我们面前倾吐他们的积郁,向我们朗读他们的作品,也朗读我们最喜爱的其他同时代作家的作品,这些作品不是经过当时书报检查机关之手被弄得面目全非的样子,而是

> 发自心底的歌声

的原样。

我们之中许多人都喜欢热烈地谈论他们对出版物上的言论自由与理想的司法制度的向往,司法制度将使俄国从警察国家变为法治国家! 倾听这样无拘无束的言论,我们为"旋风在空中自由地呼啸"而感到高兴,却不明白"它来自何

---

① 日期错误,应为 12 月 29 日。

处,飞向何方"。当然,在我们听到的这些谈话中有某种令人精神振奋的东西,我们都为那一刻所主宰。然而我们毕竟感觉到,对俄国来说,最伟大的事情可能是从农民解放中产生,我们期待着不是通过革命的途径,而是"奉沙皇之命"来实现农民的解放。

四十年代的人,在当时的自由主义的彼得拉舍夫斯基小组和其他小组里经常碰头的人,便是这样一种共同的思想情绪。被判处死刑的人,在愿望和倾向方面与其他人很少有差别。只有对彼得拉舍夫斯基一个人,可以指出他有几分像狂妄的鼓动家,在一切可能的情况下想方设法要唤起他所熟悉与不熟悉的人去反对政府。其他的人,在他那里碰头或者相互间来往的人,都没有组织过任何秘密团体,没有犯过任何罪行,不仅没有犯过,甚至连想也没有想到过,而且也没有追求过任何明确的反政府的目的,没有作过任何**犯罪的**宣传鼓动,根本也没有为自己的理想而互相来往过,像后来陀思妥耶夫斯基与杜罗夫关押在同一犯人连队时所表现的关系一样。

唯有一件事情,如果付诸实现的话可能被法院判刑,那就是打算在国外出版俄语杂志,不受书报检查机关的钳制,不必担心杂志在国内的流通,必定会自行渗透进来。但是这一意图并没有着手去实现,所以审查委员会对此一无所知。因此唯一的过错依然只是彼得拉舍夫斯基小组里的人对待禁书的随便态度,以及彼得拉舍夫斯基的晚会上闲谈时所采取的某种形式,其实也不过是在议论任何题目的时候推选一位主席,他摇铃让想说话的人发言而已,这种形式也只是最近几年才采用的。给我以惊人印象的是所有判处死刑的人几乎都是偶然地从小组中抓来的,说句良心话,从他们的行动上,甚至信仰上,我找不出任何犯罪的地方。显然,刑法法典中关于死刑的条款以及一般的关于政治犯罪的条款,定有什么不对头的地方……

《天山之行》第二卷摘录

在塞米巴拉金斯克,我没有什么事情要做,除了去拜访省长,因为总督曾经把我介绍给他。我对这个小县城及附近的郊区没有什么兴趣,因而我决定在这里只逗留一昼夜。这期间我受到省长、总参谋部的潘诺夫少将方面极其殷勤的接待。少将事先得知我要来,便派出副官来迎接我。副官是个出色的陆军军官,名叫杰姆青斯基,殷勤邀我去他那里暂住,因为当时的塞米巴拉金斯克还没有一家旅馆。不过最使我高兴的是杰姆青斯基精心安排的一次意外的会见:他在自己的寓所里,完全出乎我的意料地把身穿士兵军大衣的费奥多尔·米哈伊洛维奇·陀思妥耶夫斯基,我的彼得堡的亲爱的朋友引来见我。我初次见到陀思妥耶夫斯基是在他的《死屋》出版后在彼得堡的一个友人处。①陀思妥耶夫斯基迅速把他在流放期间所遭受的种种事情告诉我。同时他告诉我,他在塞米巴拉金斯克的处境很过得去,他认为这不仅多亏了他的顶头上司营长待他好,整个塞米巴拉金斯克的行政当局对他也不坏。不过省长认为把降职的普通军官当作朋友对他是不合适的,但他并不阻止他的副官跟陀思妥耶夫斯基保持几乎是友好的关系。应当指出,当时,在西伯利亚,上级对待已经获释的流放者或被监视者一般来说态度都是比较宽容的。潘诺夫将军家晚上的"常客",玩惠斯特时做将军的老搭档的,是一位医生,他同时也照顾省长的衰弱多病的身体。亚历山大二世发表即位宣言时,潘诺夫正式接到通知,经他的推荐而晋升为五等文官的这位医生已被解除警察的监视,省长由此才初次知道他原来是受警察监视的人,因而省长对我开玩笑说,自从他受命当省长以来,不是医生受他的监视,而是相反,他受医生的监视。

费奥多尔·米哈伊洛维奇·陀思妥耶夫斯基给了我一个希望,他跟我约好,在我回去时,他将到我在巴尔纳乌的冬季寓所来看望我,事前他会和我先通信联系的。［……］

我在科帕尔只逗留了一天,告别了我亲爱的阿巴库莫夫,我那有趣的库尔德扎之行完全应该感谢他,经过驿道上三天马不停蹄的奔波,回到塞米巴拉金斯克②,依旧在好客的杰姆青斯基处落脚,这一次住了四五天,很愉快地和陀思妥耶夫斯基一起度过这几天。

这时我才彻底弄清楚他的整个精神状态和物质生活状况。尽管他已经享有相对的自由,但是,要不是命运在他对玛丽娅·德米特里耶夫娜·伊萨耶娃的亲

---

① 这次见面是在 1856 年 8 月。
② 谢苗诺夫在 1856 年 11 月 1 日回塞米巴拉金斯克。

切关系中赐给他一线光明,让他在她的家里和交往的人们中找到每日的栖身之处和最温暖的同情的话,他的处境就会依旧是凄凉的。

伊萨耶娃是个年轻妇女,还不满三十岁。她的丈夫受过充分的教育,在塞米巴拉金斯克有优越的职位,在陀思妥耶夫斯基搬进去住后不久,便对他抱友好的态度,在自己家里殷勤地接待他。年轻的妻子伊萨耶娃是阿斯特拉罕人,他在阿斯特拉罕任职时娶她做了妻子。伊萨耶娃在阿斯特拉罕女子寄宿中学顺利地完成学业,因此她在塞米巴拉金斯克的社交界是最有教养的知识妇女之一。但是,不管陀思妥耶夫斯基怎样看待她,她是个"好人",是个名副其实的"好人"。他们很快就同居了。她的婚姻是不幸的。她的丈夫为人并不坏,然而是个无可救药的酒鬼,经常出现无责任能力①状态,表现出极其粗野的本能,她无法提高他的精神状态,只是为自己的孩子操心。她每天得保护孩子,免得他受到无责任能力的父亲的伤害,就是这一点牵挂在支撑着她。忽然间有个人出现在她的生活的地平线上,他有那么崇高的精神品质,那么细腻的感情,这就是费·米·陀思妥耶夫斯基。他们俩当然很快就互相了解而且同居了,她从他那里得到多么温馨的同情,她和他每日闲谈,从中得到极大的愉快和精神上的提高,她发现了崭新的生活。同时,在他郁郁不乐地滞留在毫无精神乐趣的塞米巴拉金斯克城期间,她又怎样成了他的快乐的泉源。

1856 年 8 月我初次经过塞米巴拉金斯克时伊萨耶娃已不在那里了,我只是从陀思妥耶夫斯基的讲述中才了解她。她搬到托木斯克省的库兹涅茨克去住,因为她的丈夫不能胜任塞米巴拉金斯克的职位而被调往该地。她和费·米·陀思妥耶夫斯基之间开始了热烈的通信,大大地鼓舞了两人的情绪。可是秋天我路过塞米巴拉金斯克时两人的境况和关系大变了。伊萨耶娃成了寡妇②,但是,尽管她没有能力迁回塞米巴拉金斯克,陀思妥耶夫斯基却想和她结婚。主要的障碍在于他们两人都近乎贫穷,物质生活上完全没有保障。

费·米·陀思妥耶夫斯基自然可以从事文学写作,但他那时还远远没有充分相信自己的强大的才能的力量。她则由于丈夫去世而完全为贫困所压倒。

无论如何,陀思妥耶夫斯基把他所有的计划都告诉了我。我们约定,等冬天

---

① 一个人因神经不正常而不能对自己的行为负法律责任叫无责任能力。
② 谢苗诺夫搞错了:亚·伊·伊萨耶夫死于 1855 年 8 月 4 日。

一到,我在巴尔纳乌安顿好以后,他到我处来做客,彻底决定自己的命运。如果与她的通信有了预期的结果,而经济情况又容许的话,他到库兹涅茨克去找她,和她结婚,他将带着她和孩子到巴尔纳乌来,在我处做客小住几天后,回塞米巴拉金斯克去住,一直逗留到他完全获得大赦。

我和费奥多尔·米哈伊洛维奇的会面以及1856年的旅行便是以这样的打算结束的,1856年11月初我回到巴尔纳乌的冬季寓所。[……]

1857年1月,费·米·陀思妥耶夫斯基来我处,我感到很高兴。他事先与玛丽娅在信中商量定当,玛丽娅已打定主意把自己的命运和他的命运永远联系在一起,他到库兹涅茨克去,以便在大斋期来临之前举行婚礼。陀思妥耶夫斯基在我处逗留了两星期左右为自己的婚礼作些必要的准备。一天总有几个小时我们进行有趣的谈话,逐章朗读当时尚未完成的《死屋手记》,用口头的叙述加以补充。

可想而知,这部作品的朗读给了我多么强烈的、震撼心灵的印象,我活龙活现地想象着受尽苦难的人可怕的生活条件,他们从艰苦的斗争中表现出比任何时候都更纯洁的灵魂,更清醒的智慧,这场斗争"沉重的大锤,锻打利剑,震动窗上的玻璃"①。当然,从来没有哪一个这样规模的作家曾经被安置在比这更有利的环境中去对性格截然不同的人物进行观察和心理分析,他却有机会和这些人过同样的生活,而且为时很长。可以说,在"死屋"里的生活经历使天才的陀思妥耶夫斯基成了一个伟大的作家—心理学家。

可是以这样的方法发展自己的天赋才能绝不是一件轻松的事情。他落得一辈子的病痛。癫痫发作时看到他真难受,那时候他不但周期性地发病,而且次数相当频繁。再说他的物质状况也极为艰难,开始过家庭生活时,他得准备好应付种种匮乏,可以说是为了生存而进行艰苦的斗争。

我感到幸福的是我首先有机会用生动的语言,以自己的深刻的信心去鼓舞他,说是《死屋手记》中他已经有了那样一笔财富,可以保证他摆脱艰难的贫困,其他一切即将滚滚而来。陀思妥耶夫斯基受到美好未来的希望的鼓舞,去到库兹涅茨克,一星期后,带着年轻的妻子与继子,心情极为舒畅地回到我处,在我家又客居了两个星期后,到塞米巴拉金斯克去了。[……]

_____

① 引自普希金的诗《波尔塔瓦》。

　　我于[1857年]4月21日晚乘驿车离开鄂木斯克。[……]

　　4月26日傍晚,我已乘车抵达塞米巴拉金斯克。在那里我见到陀思妥耶夫斯基心情极其舒畅:期望得到大赦和恢复他的公民权利已经没有疑问;唯有物质状况没有保障仍旧使他苦恼。

题解:

　　彼得·彼得罗维奇·谢苗诺夫伯爵(1827—1914),为了纪念他的1856至1857年间著名的赴天山的旅行(当时的天山还是欧洲人难于到达的荒僻之地),被人称为天山斯基。他是著名的学者、地理学家、植物学家与昆虫学家,重要的国务活动家(密切参与1861年农村改革的准备工作);他又是人数众多的探险活动的组织者与思想领导人(普尔日瓦尔斯基、波捷欣、克鲁鲍特金、柯马罗夫等等);对俄国统计学的发展起过重大作用(列宁用过他的统计学著作)。收藏、搜集了极其丰富的十六与十七世纪佛来米人①与荷兰画家的画,齐全的程度居欧洲第二位(1910年转赠给爱尔米塔什博物馆),出版过内容丰富的著作:《尼德兰绘画史探讨》(1885—1890)。

　　彼·彼·谢苗诺夫著有内容充实的《回忆录》四卷。这是一个博闻强识的学者根据个人回忆写成的一种"家庭纪事"。他始终竭力设法准确传达事实,在这里是传达他那个时代的俄国历史与生活中的现象和事件。其中,对待陀思妥耶夫斯基,不论在私人生活方面还是思想方面,彼·彼·谢苗诺夫尤其表现出他的不偏不倚的态度,对于围绕着作家和他的创作进行的长达十年之久不曾平息的那场斗争,他置身事外。他是尼·雅·达尼列夫斯基②的亲密朋友;达尼列夫斯基在四十年代极其向往傅立叶主义,在彼得拉舍夫斯基派分子的团体中看过许多论述社会主义的文摘,谢苗诺夫和这个团体也有过接触,不仅把"某些青年学者,也把已开始创作活动的青年文学家"如米·叶·萨尔蒂科夫、费·米·陀思妥耶夫斯基、亚·尼·普列谢耶夫、阿波隆·迈科夫及瓦列里扬·迈科夫当作自己的亲密朋友。

　　陀思妥耶夫斯基在从西伯利亚写给某些亲密友人的信中,以很亲切的口吻提到谢苗诺夫,好像在彼得堡时就与他很相知。例如1859年10月给他在塞米巴拉金斯克的朋友

――――――――――

　　①　佛来米人是居住在法国、比利时、荷兰的日耳曼语系民族。

　　②　尼古拉·雅科夫列维奇·达尼列夫斯基(1822—1885),自然科学家,评论家,彼得拉舍夫斯基派分子,六十年代是斯拉夫主义者。

弗兰格尔的信中,他这样问道:"您认识彼得·彼得罗维奇·谢苗诺夫吗?他在您之后到西伯利亚来看过我们,他是我的出色的朋友。这是个优秀人物,而优秀人物是应该去寻找的。如果您认识他,请代我向他致意并告诉他我的情况。"(《书信集》,第1卷,页262)1856年12月14日给瓦利哈诺夫①的信中也提到他。(同上,页202)

　　这里是根据彼·彼·谢苗诺夫-天山斯基所著《回忆录》第一卷《童年时代与青年时代(1827—1855)》,彼得格勒,1917年,页194—207,212—215;第二卷《天山之行》,莫斯科,1946年(第二卷的初版),页69—70,123—124,127—128,130刊印的。

---

① 乔坎·钦根索维奇·瓦利哈诺夫(1835—1865),哈萨克启蒙民主主义者,人种学家,旅行家,民俗学者。在鄂木斯克与陀思妥耶夫斯基相识。

《我的回忆(1849—1851)》一书节选

德·德·阿赫沙鲁莫夫

　　十二月份非常乏味,没有任何使人精神爽朗的新鲜印象或者令人难受的感想来冲破岁月的平淡。从我所待的新地方可以得到的好处都已为我享用殆尽,别的也想不出什么了,只好等待外面有什么事情降临到我的坟墓似的监狱里,我苦闷地落在监狱里,我似乎觉得我连生活下去的最后一点力气也没有了。即便是现在,当我回想起我那可怕的处境,即便是过了那么些年之后的现在,我仍觉得,要不是我的脑器官一辈子受到严重的损坏或伤残,我可能再也忍受不了单独的监禁,虽然我明知道在我之前或之后,有许多人忍受过为时更久的单独监禁。人的忍受力自然是不同的。一般说来,健康的人生命力强,生活常常使我们相信,我们所能忍受的实际上远比我们所认为的要大得多。我蹲监狱已经七个多月了,心情苦闷,精神沮丧,达于极点,事情根本没有,无论怎么样,我再也不能使自己精神振作起来;我不再自言自语,机械地在牢房里走动,或者漠然地躺在床上。难以忍受的苦闷心情不时袭来,我坐在地板上的次数比从前更多,时间也比以前更长。做的梦惊悸不安,梦里见到的总是那些可怜的人,非常可怕的事情。这样一直生活到1849年12月22日。这一天,和平日一样,夜里过得惊恐不安,天亮以前,六点钟左右,我从床上起来,按照早已养成的合理的习惯,本能地走到窗口边,站到窗台上,打开气窗,呼吸新鲜空气,同时领略一下新的一天的天气的印象。这一天我和往日一样心情沮丧。

　　天色还暗,彼得-保罗大教堂的钟楼上响起悠扬的钟声,接着大钟响了,报告时间已是六点半。不久,我看清地面上覆盖着一层刚下的新雪。传来不知什么说话声,看守们似乎担心着什么。我发现新的情况,继续留在窗口旁,这样更加发现这里那里有某种异常的动静,听到急匆匆的要塞职员们的谈话声。这时,天色渐渐亮了,要塞的长官来来去去地走动,心事重重的样子流露得越来越明显。这种情况继续了一个钟头左右。看到要塞里从来不曾出现过的这种异常迹象,尽管我心绪不好,精神却一下子提起来了。对于所发生的情况的好奇与关注,每时每刻在增长。忽然,我看见一队马车从大教堂后面驰骋而来,一辆,二辆,三辆……滚滚而来,滚滚而来,不见尽头,纷纷在白房子附近和大教堂后面停下。接着,我的眼前又出现新的景象:一队人数众多的骑兵和许多宪兵连队,一队接一队驰来,在马车旁边站停……这是什么意思呢? 是不是又要埋葬什么人? 那些空马车又是干什么的呢? 莫非我们的案子要结案了? ……心怦怦直跳……对了,这些马车一定是为我们而来的! ……难道完蛋了? 那么我终于等到末日了! ……从4月22日到12月22日,我蹲了八个月监牢。现在又将如何呢?!

　　瞧,这些穿灰色军大衣的勤杂们在搬不知什么衣服,搭在肩膀上,跟在军官后面快步朝我们的走廊走来;听见他们进了走廊;钥匙串叮当作响,开始打开锁着的单人牢房。轮到我了:一个面熟的军官带着一个勤杂走了进来;给我拿来被捕时穿的衣服,此外还有暖和的厚袜子。他们对我说,要我穿好衣服,穿上厚袜,因为天气寒冷。"这是干什么? 要把我们弄到哪里去? 我们的案子结案了?"我问他。他匆匆离开,给了我一个简短又模棱两可的回答。我迅速穿好衣服,袜子挺厚,我好容易才套上靴子。我面前的牢门随即打开,我走出牢房。我从走廊上被带到台阶上,一辆马车立刻驶到台阶旁,命我上车。我跨进马车,一个穿灰色军大衣的士兵陪着我同时爬上马车,坐在我的旁边——马车是双座的。我们的马车开动了,车轮吱吱咯咯地响,滚过冻得结结实实的深深的雪地。马车上的玻璃窗是拉上的,结了厚厚的冰花,从玻璃窗里什么也看不见。到了一个什么停车站:大概是在等其他的马车赶上来吧。随后又开始一齐快速行驶。我们在行进,我用手指甲刨去结在玻璃上的冰花,张望了片刻,玻璃又模糊了。

　　"我们往哪儿去,你知道吗?"我问。

　　"我不可能知道,"我的邻座回答。

　　"我们此刻到什么地方去? 好像是到维堡?"

他嘟哝了一句。我使劲往玻璃上哈气,从而片刻间总算从窗子里看到了一些什么。我们这样行驶了几分钟,越过涅瓦河;我不停地用指甲刨玻璃,或者往玻璃上哈气。

我们沿着复活节大街行驶,折入基罗奇街,再拐到士纳敏街,——到这儿,我费了好大力气一下子把玻璃窗放了下去。这时我的邻座丝毫没有流露厌烦的样子。我顿时欣赏起晴朗的冬天清晨京城从睡梦中初醒的景色,我已经许久没有看见这样的景色了。过往行人纷纷驻足观看眼前这不寻常的景象:一队飞驰的马车,四周团团围着宪兵,手持出鞘的军刀,骑在马上疾驰! 人们从市场上回来;家家屋顶上的烟囱里冒出刚生火的炉灶的浓烟;马车的轮子在雪地上吱吱咯咯作响。我朝窗外张望了一下,看到马车前后都是骑马的宪兵连。突然,一个宪兵纵马驰到我的马车旁,跳到窗口边,威胁地命令道:"不许开窗!"这时我的邻座才忽然想起,赶紧把窗子关上。我又只得从一闪而过的缝隙中张望! 我们的车来到利戈夫卡,随即沿着环城运河行驶。这一段路走了大约三十分钟。然后往右拐,又行驶了片刻,车子停下;我面前的马车门打开了,我下了车。

环顾四周,发现这地方是我所熟悉的——他们把我们载到谢苗诺夫练兵场来了。练兵场上覆盖着刚下的新雪,四周围着军队,站成方阵。远处城墙上人山人海,在观看我们;晴朗的冬天早晨,一片寂静。初升的太阳,透过渐渐变浓的云雾,像一只又大又红的球,在地平线上闪射着光华。

我已经八个月没有看见太阳了,呈现在我眼前的美妙的冬天景色,从四面笼罩着我的空气,使我熏熏欲醉。我感觉到难以描述的幸福,片刻之间忘怀一切。旁边的人用手轻轻碰了碰我,把我从观赏自然美景的陶然忘情中拉了回来。不知是谁无礼地抓住我的臂肘,想推着我往前走,指了指方向,对我说:"朝那边走!"刚才和我同车的士兵押着我朝前走去。这时我发现自己站在深雪地里,整个脚板都陷在雪中;我感觉到寒气向我袭来。我们是 4 月 22 日穿着春天的衣服被捕的,12 月 22 日依旧穿着春天的衣服被带到广场上来。

我从雪地上往前走了一阵,看到在我的左首,广场中央,搭起一座台,记得好像是正方形的,大小约有三四平方俄丈,有一节小梯子通往台上,所有东西都围着黑色丧布——这是我们的行刑台。这时我看到一群同伴,聚集在一起,互相在握手,经过飞来横祸般的分别之后彼此在问候。我打量他们的面容,变化之大使我吃惊;那里站着彼得拉舍夫斯基、李伏夫、菲利波夫、斯佩什涅夫以及其他人。

他们的面容瘦削、苍白、痛苦不堪,脸孔拉得长长的,有几个人的脸上长满了胡子和毛发。斯佩什涅夫的脸尤其使我吃惊,过去他相貌英俊出众,身体健壮,朝气勃勃。如今英俊的相貌与健壮的体态消失了;丰满的圆脸变成了椭圆形;脸色灰白泛黄,脸颊瘦削,充满病容;眼睛似乎凹陷下去,眼眶四周是很大的黑圈;长长的头发和新长出来的一大把胡子把脸四周围住了。

彼得拉舍夫斯基也模样大变,皱着眉头站在那里。他长了一头浓头发,密密的大胡和络腮胡子连在一起。"想必大家都差不多,"我想。这些仅是一闪而过的感想。马车陆续来到,囚禁在要塞里的人一个接一个从车上下来。这是普列谢耶夫,哈南科夫,卡什金,叶甫罗彼乌斯……都很瘦,愁苦不堪。这是我的亲爱的伊波里特·迪布——他见了我,扑到我的怀里:"阿赫沙鲁莫夫! 你也在这里!"我回答说:"我们永远在一起呀!"我们互相拥抱,心里充满了生离还是死别前途未卜之前仓促会面的特殊感触。我们的寒暄与谈话突然被骑着马奔驰到我们身边来的一位将军的大声吆喝所打断。他分明是向大家发话,使我们大家永远也忘不了他。

"现在用不着道别! 阻止他们,"他叫嚷道。他不懂得,我们只不过刚见面稍微交谈几句,还来不及去想到面临的死刑。我们当中许多人确实有真挚的友谊,有的人是亲属——例如迪布两兄弟。他大声吆喝过以后,一个官员手捧名单来到我们面前,开始按名单点名。

彼得拉舍夫斯基第一个叫到,接着是斯佩什涅夫、毛姆贝利,再下去是所有其他的人——我们总共二十三个人(我挨到第八名)。点过名之后,一个神甫走过来,手里举着十字架,在我们面前站停,说道:"今天你们将听到对你们案件的公正判决,跟我走!"我们被领往行刑台,但不是直接领到台上去,而是沿着排成方阵的一排排军队绕圈子。据我事后得知,这样绕场一周,原意是给军队作前车之鉴,而且恰恰是给莫斯科团一个教训,因为我们之中有几名军官以前就是这个团里的:毛姆贝利,李伏夫……神甫手里举着十字架走在前头,我们跟着他在深雪地里鱼贯而行。我似乎觉得有好几个团的军队围成方阵,因为我们沿着四面的队伍绕场一周花去相当长的时间。走在我前面的是身躯高大的巴维尔·尼古拉耶维奇·菲利波夫,他后来在1854年进攻卡尔施时受伤死去。走在我后面的是康斯坦丁·迪布。这支队伍的后面是:卡什金,叶甫罗彼乌斯与巴尔姆。我们最关心的是接下来拿我们怎么办。我们迅即注意到埋在行刑台一边的灰色的柱子。据我记得,柱子有好多根……我们一边走,一边交谈:"他们要把我们怎么样?""为什么领着我们在雪地里走?""行刑台旁边的柱子干什么用的?""待会儿用来绑人,军事审判……枪毙。""不知道会怎么样,大概判我们去服苦役……"

时而是前面的人,时而是我后面的人,大声表示着这样的看法。我们从积雪的路上缓缓地经过,走到行刑台旁。走到台上,我们全都挤作一堆,又交换了三言两语。押送的士兵也和我们一起走到台上,在我们各人背后站停。随后有一名军官和一个手持名册的官员上来下命令。又开始点名,排次序,这时队伍稍稍有些变化。他们把我们分成两排,直对着城墙。一排人数少些,站在行刑台的左边,打头的是彼得拉舍夫斯基,其他是:斯佩什涅夫、毛姆贝利、李伏夫、杜罗夫、格里戈利耶夫、托尔、雅斯特尔若姆勃斯基、陀思妥耶夫斯基……

另一排是谁打头,我记不得了,但第二个是菲利波夫,接着是我,我后面是迪布老大,他后面是他的弟弟伊波里特·迪布,然后是普列谢耶夫、季姆科夫斯基、哈南科夫、戈洛汉斯基、卡什金、叶甫罗彼乌斯与巴尔姆。我们总共二十三人,但是其余的人我想不起来了……等我们按指定的次序站好,士兵们奉令"举枪",几个团的士兵同时做举枪动作,整个广场响起这一动作所特有的哗啦声。接着是命令我们"脱帽!"但我们对此毫无思想准备,因此几乎没有一个人执行命令,于是命令又重复了几遍:"脱掉帽子,宣读判决书了,"而且下令站在我们背后的士兵们,替迟迟疑疑不执行命令的我们摘去帽子。我们都觉得冷,尽管我们的帽子只是春季帽,毕竟还替我们遮盖一下脑袋。穿制服的官员随即开始宣读叙述每个人罪行的条文,一边读,一边在我们每个人的面前站停。他读得又快又含糊不清,再说我们又都冷得嗦嗦发抖,究竟讲的什么,一点也听不清。轮到我时,我的主要罪行是我在纪念傅立叶时说过的话:"论摧毁一切首都与城市。"

宣读罪行持续了整整半个小时,我们大家都冷得要命。我戴上帽子,把冰冷的军大衣裹裹紧,可是很快就被发现,站在我背后的士兵又动手把我的帽子摘去。读完每个人的罪状之后,判决书以这样的话作结束:"战地刑事法庭判处所有罪犯死刑——枪决,12月9日,皇上亲笔批示:'照此执行'。"

我们全都吃惊地站着;那官员从行刑台上下去了。接着,发给我们白色的长袍、帽子及尸衣,站在我们背后的士兵替我们临死前穿上尸衣。等我们全体穿好尸衣,不知是谁说道:"我们穿上这样的衣服多神气啊!"

这时,刚才领我们绕场一周的那位神甫,拿着福音书及十字架,登上行刑台,还有人替他搬了一张读经台上来,放好。他在我们对面的台口处站好,位置正好在两行队伍中间,对我们说了如下的话:"兄弟们! 临死之前应当忏悔……救世主会赦免忏悔者的罪孽……我召唤你们作忏悔……"

我们之中没有一个人去理会神甫的召唤,我们一声不吭地站着;神甫看着我们大家,再一次召唤我们去作忏悔。这时,我们当中有一个人——季姆科夫斯基,走到他跟前去,和他悄悄地说了几句话,吻了吻福音书,回到原地。神甫又朝我们看了一会,看到再也没有人表现出要忏悔的样子,便拿着十字架走到彼得拉舍夫斯基身边,对他进行劝说,彼得拉舍夫斯基回答他几句。至于他说的什么,却不得而知;彼得拉舍夫斯基的话只有神甫听见,也许还有站在他附近的极少数人,甚至可能只有旁边的斯佩什涅夫一个人听见。神甫什么也不回答,但是把十字架送到他嘴边,于是彼得拉舍夫斯基吻了吻十字架。这之后,神甫一声不响,拿着十字架在我们中间绕了一圈,大家都轻轻碰了碰十字架。做完这件事以后,神甫站在我们中间,仿佛陷于沉思。这时,骑着马,站在行刑台旁边的将军发话了:"神甫! 您的事情完了,这儿没您的事了! ……"

神甫走了,顿时有几个兵上来,走到彼得拉舍夫斯基、斯佩什涅夫及毛姆贝利身边,抓住他们的臂膊,押到行刑台下,带到灰色的柱子旁,用绳子把他们一个个分别绑在柱子上。这期间,听不到谈话声音。犯人没有表示反抗。他们被双手朝后反绑在柱子上,腰间再绑上一道绳子。随后发下令来:"帽子遮住眼睛",于是我们被捆绑着的同伴们的脸孔便被帽子遮住了。一声命令"举枪",站在行刑台旁的约莫十六个士兵一齐端起枪来瞄准了彼得拉舍夫斯基、斯佩什涅夫与毛姆贝利……这个时刻真是可怕极了。看到快要开枪,并且是朝着亲爱的同志们开枪,看到枪杆子几乎对准了他们,又等待着——眼看就要血肉横飞,同志们立即会倒下死去,这种情景真是可怕,令人憎厌而又毛骨悚然……我的心在等待中停止了跳动,这可怕的时刻持续了约半分钟。在这片刻间,我倒是没想到我自己也面临着死亡,整个注意力都被那即将来临的血淋淋的场面吸引去了。等我听到鼓声响起来时,我的愤懑的心情更加强烈,当时,我这个没有担任过军职的人还不懂得鼓声的含意。"这下子全完蛋了! ……"我想,可是紧接着我却看到瞄准好了的枪杆突然都举了起来,枪口朝天。我的心一下子轻松了,仿佛压在心上的石头落了地! 随后他们动手替彼得拉舍夫斯基、斯佩什涅夫与毛姆贝利松绑，又把他们带到行刑台上原来站立的地方。一辆轻便马车飞驰而来，从车上下来一个军官——侍从武官，带来一张什么公文，交人立即宣读。来文通知我们，皇上赦免我们的死刑，各人按罪行分别处以特别的刑罚。

这件批文刊登在1849年12月的一期《俄国残疾人》报上，大概是在事情的次日，即12月23日的报上。我认为没有必要再扩散这些情况，所以我简单地提一提。据我记得，彼得拉舍夫斯基判终身流放，服苦役；斯佩什涅夫判二十年①，其余的人各按罪状依次递减。我被判处流放到陆军部的犯人连充军四年，期满后到高加索独立军团去当列兵。迪布兄弟也被发配到犯人连，期满后进军人劳动连。卡什金与叶甫罗彼乌斯被判直接到高加索独立军团当列兵。巴尔姆以原来的军衔调入军队。这张批文宣读完，便有人把我们的尸衣与帽子脱去。

接着有些人来到行刑台上，好像是刽子手，身穿旧的印花布长袍，他们是两个人，站在以彼得拉舍夫斯基打头的那一排的后面，对着即将被流放到西伯利亚去的、跪在那里的人，把剑折断。这种举动，对大家都是无所谓的，只不过使我们这些本来就已经冻得直哆嗦的人在严寒中多待了一刻钟。这之后，发给我们每个人一顶囚犯戴的皮帽子，一件肮脏的光板羊皮袄和一双皮靴。我们不管那光板皮袄是什么样子，赶紧拿来穿上御寒，靴子，他们命令我们提在手里。

分发衣帽之后，他们搬了许多脚镣手铐到行刑台的中央，把这一大堆沉重的铁家伙扔在行刑台的木板地上，他们抓住彼得拉舍夫斯基，拉到中间，两个分明是铁匠模样的人替他戴上脚镣，开始用锤子敲钉子。彼得拉舍夫斯基起先平静地站着，后来从一个铁匠手里拿过沉重的铁锤，在地板上坐下，自己替自己钉镣铐。是什么东西促使他要自己动手给自己钉上镣铐，他想以这一行动来表明什么，很难说得清，不过我们大家的情绪都不大正常，或者过度亢奋。

这时，一辆由三匹快马拉的带篷马车来到行刑台下，车上乘着一个传令兵和一个宪兵，彼得拉舍夫斯基被指定坐到这辆马车上去，可是他看了看派来的马车，说："我还有事情！"

"您还有什么事情？"骑马来到行刑台下的将军似乎有些惊奇，问道。

"我要和我的同志们告别一下！"彼得拉舍夫斯基回答。

"您可以告别，"跟着来的是一句宽宏大量的回答。（可以认为，这个人不是

---

① 斯佩什涅夫不是被判二十年，是十年苦役。

铁石心肠,他按照自己的理解在执行落在他身上的艰难的使命,不过归根到底他的心情也并不轻松。)

彼得拉舍夫斯基第一次戴着脚镣走路,脚还不习惯,举步艰难。他走到斯佩什涅夫跟前,和他说了几句话,拥抱了他,然后走到毛姆贝利身边,也跟他告别,吻了吻,说了些什么。他按我们站立的次序,依次走到我们身边,和我们每个人默默吻别,或是说点儿什么告别的话。走到我身边时,他一边拥抱我,一边说:"永别了,阿赫沙鲁莫夫,我们再也不会见面了!"我流着眼泪回答他说:"我们也许还会再见面的!"只是在行刑台上,我才第一次爱他!

和所有的人告别过以后,他再向我们大家鞠了一躬,挪动还戴不惯镣铐的双脚,在宪兵与士兵的搀扶下,顺着小梯子艰难地走下行刑台,坐上马车。传令兵坐在他的身边;腰佩军刀、挎着手枪的宪兵坐在车夫的并排;三匹强壮的马掉过头去,随即缓步走出拥挤围观的人群和人群后面的停着的马车,拐向通莫斯科的大道,从我们的眼前消失了。

他的话应验了——我们没有再见面;我还活着,而他的命运却比我坏得多,他已不在人世了!

1868 年 12 月 7 日,在叶尼塞省的密努辛斯克,他因心脏病突然死去,葬于1869 年 1 月 4 日。[①]

1882 年,在别尔斯克和他一起生活过的尼基塔·符谢沃洛日斯基君在他的坟墓上临时安了个木头十字架。关于他的死亡以及最后一年在密努辛斯克地区艰苦的流放生活,1889 年 5 月的《俄国旧事》上刊登过一则简讯,署名为姆·马克斯,结尾是这样几句话:"Gravis fuit vita, laevis sit ei terra!"("他的一生苦难深重,让大地减轻他的苦难吧!")

眼前发生的情景使我们大家十分惊讶,彼得拉舍夫斯基乘车离去时,我们大家都裹紧了散发着难闻的气味的皮袄,还在原地站着。事情结束了。两三个在现场指挥的人登上行刑台,分明怀着同情的口气向我们宣布,说是我们不会直接从广场出发,动身之前先回要塞的原处去,大概允许我们同亲人告别。这时我们

---

① 彼得拉舍夫斯基不是死于 1868 年,是 1866 年的 12 月 7 日,也不在密努辛斯克,而是在别尔斯克村,葬于 1867 年 1 月 4 日。这些资料在阿赫沙鲁莫夫所提到的《俄国旧事》的简讯上都是有的,不过他显然是凭记忆引用日期,所以造成错误。

走动起来,开始互相谈话……

举行死刑仪式,其后又宣布改判各种流刑,这几个钟头对我们大家所产生的印象是如此的不同,正如我们的性格各不相同。迪布老大垂头丧气地站着,跟谁也不说活;伊波里特·迪布在我走到他跟前时,他说:"还是枪毙了我们的好!"

至于我,那么我感到十分满意,因为我提出请求宽恕而没有受到重视(这个请求后来使我很苦恼),又因为我终于从单独监禁中放出来了。我觉得遗憾的只是我被派到不知什么地方的犯人连,而不是被发配到遥远的西伯利亚去。可是我对遣往西伯利亚的极其新奇有趣的长途旅程颇感兴趣。后来,痛苦的现实证明我的遗憾是有理由的:流放到西伯利亚的国事犯中去,也就是到人们已经跟他们打惯交道的地方去,要比落到愚昧粗野的犯人连队中去,也就是沦落到盗贼与杀人犯中间去要好得多,何况后者还面对着人人望而生畏的长官。

但我毕竟还是幸运的,因为监狱生活已经结束,我被派去干活,再也不会一个人单独生活,而是和人们待在一起,这群人不管是什么样的,总是不幸的人,被活儿折磨得精疲力竭,按我的心境跟这些人倒是合适的。

在行刑台上的其他同志也流露了自己的想法,不过没有一个人是眼泪汪汪的,只除了一个人,按罪行排在最后面,免去了一切处分的,我说的是巴尔姆,他站在梯子边上,望着我们大家,眼里流下大滴大滴的眼泪。同志们从行刑台下去,经过他的身边,他就说:"上帝保佑你们!"

马车纷纷驶过来,我们被眼前发生的事情弄得呆若木鸡,没有互相告别就登上马车,各自离去。这时,我们当中有一个人站在行刑台下来的梯子口等待马车,喊了起来:"放一辆车过来!"我等到自己的马车过来,便上了车。玻璃窗是紧闭的,骑马的宪兵举着出鞘的军刀,还是那样地包围着我们迅速返回去的马车行列,只是米哈伊尔·瓦西里耶维奇·彼得拉舍夫斯基的一辆马车不在其中了!

题解:

德米特里·德米特里耶维奇·阿赫沙鲁莫夫(1823—1910),彼得拉舍夫斯基派分子,卡什金小组成员,傅立叶学说的拥护者。1848年春开始参加彼得拉舍夫斯基的星期五聚会。1849年4月7日在彼得拉舍夫斯基派纪念傅立叶的宴会上发表有力的演说,主要论点是:"由于已经建立的制度是跟人类生活的主要使命相抵触的[……],因而它迟早必定会寿终正寝,将会有新而又新、新而又新的制度取而代之[……]。这座古老的、衰朽的大厦终究将完全倒塌,大厦坍毁时我们当中有许多人会被压死,然而生活将会复苏,人们将生活得富足、自由、快活!"(《案件》,第3卷,页110)

逮捕阿赫沙鲁莫夫时,从他的住所抄出1848年版的《死屋手记》一本,第一页上作着笔记,大概是必须记下来的论题的细目:"论迄今为止用通常的方法——宗教及宗教所制订之规则,神甫的布道,法庭及法律制度以改善人性之不可能——论变革一切,改革社会一切基础,即改革我们整个的愚蠢、空虚而又无意义的生活之极端必要性。论消灭现今的使自己与他人疏远的家庭生活形式","论消灭现今的劳动形式,或互相并吞","论私有制",论"国家与大臣、沙皇以及他们的永远无理、无益的政策之毫不中用","法律、战争、军队","城市与首都,人们在其中感到苦恼,还会痛苦下去,他们过着同样困苦的生活,患可恶的疾病死去"。(《案件》,第3卷,页89—90)

阿赫沙鲁莫夫的这些观点,一般说来,对于卡什金小组的成员如哈南科夫、伊·马·迪布及其他大学生是颇为典型的。他们受波罗新教授的讲课的影响,开始研究经济问题与社会问题,研读路易·勃朗、傅立叶及蒲鲁东的著作,施泰因的论法国社会主义的书籍。根据审查委员会证实,卡什金小组"比彼得拉舍夫斯基小组严整得多,思想一致得多"。成员中的某些人以无私的热情"醉心于空想社会主义的科学意义;某些人想把它应用于俄国生活,另外一些人则已经在考虑尽快实现这些空想的可能性",他们在会上发表的讲话,远远超过彼得拉舍夫斯基处的聚会上的发言和谈话。(《彼得拉舍夫斯基派分子》,肖高列夫主编的材料汇编,第3卷,莫斯科-列宁格勒,1928年,页9、282)

1849年4月23日阿赫沙鲁莫夫被捕,和其他彼得拉舍夫斯基派分子一起被判处死刑,后又改判为流放和服苦役。流放回来,他念完外科医学院,当了医生,在乌克兰从事医疗和科研活动。

这里根据德·德·阿赫沙鲁莫夫的《我的回忆(1849—1851)》,圣彼得堡共同利益出版社,1905年,第十七章,页100—113刊印。

《世纪的转折时期》一书节选

彼·库·马尔季扬诺夫

鄂木斯克城当时是西西伯利亚的军事与民政的管理中心,地处额尔齐斯河的河湾,靠近奥马河与额尔齐斯河的汇流处,有古老的城堡。城堡三面是郊野,额尔齐斯河从第四面,即城堡的正面流过,河对岸当时是草原。城堡是一座相当大的斜方形建筑,占地约有数俄亩,四周有土城墙及护城壕环绕。有四座大门:一,额尔齐斯门——朝额尔齐斯河;二,鄂木斯克门——正对奥玛河口;三,塔尔斯克门——面向城里的花园及市政机关;四,托博尔斯克门——朝额尔齐斯河的河湾。每个大门都设警卫哨所,有军人站岗放哨。一般说来,城堡作为抵御敌人的工事,是没有任何作用的,尽管也配备了数量相当多的铁炮,锈迹斑斑,叫人想起戈罗赫沙皇时代的遗物;一堆堆摞成金字塔形的圆炮弹,缝隙里躲着毒蜘蛛、避日①及蝎子。城堡中央是个大广场;广场上,距塔尔斯克门不远处,耸立着一座规模宏大的东正教教堂,附带教堂职员的住房,这是城堡里的教堂;沿广场四周是一溜溜普通的古代营房式建筑物,这是各种公家机关用房,列成方方正正的阵式,式样整齐,气象肃穆。其中有总督的官邸,警备司令部,工兵部,军团部,宿舍——里面居住着上述各部门的长官,带家眷的职员。后面是第四、第五、第六常备军营的营房以及著名的鄂木斯克苦役监牢。所有这些房屋,除了军团部及

---

① 避日也是毒蜘蛛。

常备军营的营房是两层楼之外,其余都是单层建筑物,偶尔来到这里的彼得堡人觉得它寒伧,小得可怜,不由得要想到从前闯入欧洲的野蛮民族的近乎荒唐的建筑。哈尔科夫大学的米哈伊尔·彼得罗维奇·克洛布茨基教授1840年在讲课时曾经讲到这些民族:"鬼知道他们是从哪里来的,鬼知道他们做了些什么,鬼知道他们溜到哪里去了。"城堡里大多数是军人:军官,士兵,哥萨克,勤务兵,职员,辎重兵及苦役犯。到处只听见兵器的铿锵声,持枪的哨兵的吆喝声,行军礼的吆喝声,装载粮秣的大车的吱吱咯咯声,炮车的辘辘声以及囚犯身上的脚镣手铐的郎啸声。[……]

当时对青年人来说,最苦的勤务是站岗,尤其是代替军官到要塞的监牢里去值班。这个监狱就是费·米·陀思妥耶夫斯基在《死屋手记》中描写过的那座臭名昭彰的监狱。当时里面关着两名彼得拉舍夫斯基派分子:费奥多尔·米哈伊洛维奇·陀思妥耶夫斯基及谢尔盖·费奥多罗维奇·杜罗夫。不知道彼得堡的青年们以前是否认识他们,但当他们关在监牢里的时候,青年人对他们的遭遇寄予热烈的同情,替他们做了一切能够做的事情。[①]

这些从前出色的彼得拉舍夫斯基派分子那时是一副极其凄惨的景象。身穿普通的囚服——半灰半黑的短上衣,背上有黄色棱形方块,夏天戴同样半灰半黑的无檐软帽,冬天穿短皮袄,戴耳朵套及手套,还戴着脚镣手铐,每走一步郎啸作响,从外表看,他们和其他囚犯毫无区别。只有一点,那就是无论怎样也永远消除不掉的受过教育和有教养的痕迹,使他们与许多囚犯有了差别。费·米·陀思妥耶夫斯基的外表像个结实、健壮、矮墩墩的工人,受过良好的军纪训练。[②]可是意识到自己艰难的命运,毫无出路,似乎使他变得呆愣愣的了。他沉默寡言,笨手笨脚,动作迟缓。他脸色灰白,面颊枯瘦,布满了深红色的斑点,从来不曾露过一丝笑容,嘴巴只是在回答案情或苦役事务时才张开,简短地、断断续续地答复一声。帽子扣在额角上,一直压到眉梢,眼神忧郁、愁闷而专注,低着头,

---

　　① 马尔季扬诺夫所说的"青年"是指七个海军少尉候补生,后来称他们为"海员",这些人是彼得堡海军学校的学生,因微小的过失而被降为列兵,1850年1月被放逐到鄂木斯克。他们降职的事情详细记述在回忆录第一部《海军少尉候补生》中。

　　② 陀思妥耶夫斯基外表像个"结实的工人,受过军纪训练",这是第一次有人这样描写陀思妥耶夫斯基的外表特征,其他的回忆录作者没有人这样写到当时的陀思妥耶夫斯基。

垂下眼睛望着地面。苦役犯们不喜欢他①,可是承认他的精神上的威望,不愉快地、不无憎恨地对待他的精神上的优越地位,看着他,一声不吭地让在一边。看到这一层,陀思妥耶夫斯基就自动避开大家,只是在极罕见的情况下,当他心情沉重,烦闷得受不了的时候,他才和几个犯人讲讲话。谢·费·杜罗夫则相反,即使身穿背上有个棱形方块的双色囚衣,他还是一副贵族子弟的派头。他身材高大,体格匀称,相貌英俊,头昂得高高的,乌黑的暴眼睛,尽管近视,眼神却很亲切,嘴巴似乎向所有的人微笑,帽子歪扣在后脑勺上,即使在最倒霉的时刻也是一副快活人的样子。他对待每个犯人都很亲切,因而犯人都喜欢他。②可是他被病折磨得体力衰竭,常常勉强支撑着走路。他的腿嗦嗦发抖,几乎撑不住他那消瘦衰弱的身体。尽管如此,他精神不垮,竭力表现出愉快的样子,以机智的玩笑和爽朗的笑声把身上的病痛压下去。

不过,在谈到"海员们"对待囚禁在监狱里的彼得拉舍夫斯基派分子的态度之前,我们先把"死屋"里几位最著名人物作几句交代。陀思妥耶夫斯基讲到阿基姆·阿基梅奇,说他曾在高加索当准尉,是某一处碉堡的头儿,邻近有位和气的公爵,夜间袭击了他的碉堡,放火烧了他的碉堡,过后不久,他把公爵硬拉来做客,用枪打死了这位公爵……这个人是别洛夫,高加索哥萨克军的大尉,根据他对"海员们"讲的事情经过说,他临时占领了边境上的一个哥萨克镇,当时的哥萨克镇一般都是筑了碉堡的。没有人来袭击这个小镇,也没有放火烧过小镇,可是山民们从城墙底下把哥萨克们放在牧场上的牲口抢走了。他偶尔从调查中得知这是住在邻近的和气的山民干的,便把山民中七个最有威望的人请来做客。他没有用枪打死他们,而是把他们吊死在碉堡前的斜坡上。就是为了这件事他被判刑,流放服苦役。他要是在公爵夜间偷袭碉堡和放火烧碉堡的时候把公爵打死,那他立刻会得到嘉奖而不是受到严惩了。贵族伊里英陆军少尉是因弑父

① 斯·恩·白拉依洛夫斯基也写到这一点,见《费·米·陀思妥耶夫斯基在鄂木斯克苦役监牢及波兰人中间。托卡尔日夫斯基的回忆录〈服苦役七年〉选》。(《历史通报》,1908年,第4期,页189—193)

② 对杜罗夫的这一番性格描写,基本上符合他的朋友——彼得拉舍夫斯基派分子巴尔姆对他的描写:"自己遭到不幸时,对友人的不幸异常敏感,异常亲切地同情,这种严格的坚韧不拔的精神,是高尚的、诗人气质的杜罗夫的主要性格特征。"(见《彼得拉舍夫斯基派分子》,页118)

罪被发配到这里来的①，他原在托博尔斯克门的常备军营服役。由于不道德的行为，根据法院判决，被降为列兵；至于杀死父亲的罪行方面，由于证据不足，法院便把他列为重大嫌疑。但是，军事法庭的判决书在呈送给皇上尼古拉·巴甫洛维奇审批时，他作了批示："杀父之人不宜在部队中任职。服苦役二十年。"画家阿利斯托夫②是告密者，也是少校教官的勤务兵斐迪克的朋友，曾经是属于纨绔少年一伙的。年轻时大吃大喝，把财产挥霍殆尽，后来为了搞钱又十分卑鄙下流，当了密探。在这里他想快点飞黄腾达，诬告将近十个无辜的人参与反政府的阴谋，等到调查证明这全是谎言诬告，他恶意为别人所设下的惩罚落到了他自己头上。在监狱里享有最大的同情的波兰人是马尔切夫斯基③与茹科夫斯基④，因参加波兰的尚达⑤而被流放服苦役。马尔切夫斯基是个富裕的地主，拥有好几处领地，据说当过"掌礼官老爷"。他极端憎恨俄国人，但是个很有教养、知道分

---

① "杀死父亲的贵族"在《死屋手记》中没有写出名字。陀思妥耶夫斯基在《手记》的第一章中写道："我自然是不相信这桩罪行的，不过他那个城里的人应当是知道他的身世的详细情况的，他们把他的案情全都告诉了我。事实是这样确凿，不由得人不信。"过了几年，陀思妥耶夫斯得获知"杀父者"无罪的确切消息，他便在《死屋手记》的第二部分第七章中告诉读者。后来，在七十年代，这一事件成了他的一个作品构思的素材，这一构思与《卡拉马佐夫兄弟》的构思有关。（见《1956—1958年版十卷集》，第10卷，页465—467，格罗斯曼的注释）这里说杀死父亲的是伊里英，与马尔季扬诺夫的说法相仿。

② 在《死屋手记》中阿利斯托夫首次出场时是没有名字的，仅是四个贵族之一，他们都是"卑贱下流的人，极其堕落，以当密探和告密者为业"。《手记》接近尾声时，在倒数第二章《逃亡》中，他已被称为"阿——夫"，其中讲到"他在我们这里多少也搞一点假护照买卖［……］，他的无耻到了令人愤慨的地步，引起人家最冷酷的嘲笑，使人产生克制不住的厌恶"。关于阿利斯托夫的情况，详见白拉依洛夫斯基的刑法法典著作，托卡尔日夫斯基引用了他的话。

③ 马尔切夫斯基参加1831年波兰起义，在鄂木斯克服刑。

④ 茹科夫斯基即约瑟夫·若霍夫斯基（1800—1851），参加波兰的1848年起义，被判在鄂木斯克服苦役。在《死屋手记》中没有用他们的全名，仅称作"马——基与茹——基老头"（《1956—1958年版十卷集》，第3卷，页670），称作茹——基的自然是约瑟夫·若霍夫斯基无疑。马尔季扬诺夫显然把姓名搞错了，他也讲到这个人，说他曾当过教授（陀思妥耶夫斯基写的是"他过去曾在某处当过数学教授"，马尔季扬诺夫则说得比较具体："已撤销的维林大学的教授"）。马——基，在陀思妥耶夫斯基是指亚历山大·米莱茨基，因参加1845年的密谋而被判刑，1849年关在鄂木斯克监狱。马尔切夫斯基则因参加1831年的起义而被流放，四十年代末至五十年代初，他大概不在监狱里，已住在流放者的移居地。此外，米莱茨基与马尔切夫斯基不同，他不是贵族。（《1956—1958年版十卷集》，第3卷，页673）

⑤ 尚达是指1830至1831，1846，1863至1864年波兰民族解放斗争期间起义政权的中央组织机构。

寸的人,即使置身在他所憎厌的人们中间,他也有很大的威信。茹科夫斯基是已撤销的维林大学的教授,波兰思想的狂热信奉者,不过作为一个人和基督徒,确实赢得大家的尊敬。[①]

当时对监狱的看守要求精力充沛,注意力集中,警惕性高。不仅犯人去干活时他要押送,犯人关在牢里时他也要留神注意他们。早晚点名检查人数,检查牢房的清洁与秩序,检查私自夹带进来的酒、烟草、纸牌及其他禁止的物品,注意犯人中间保持秩序与肃静,对犯人进行突击检查、突击搜查等等,诸如此类的事情使得看守长的职务极为繁重,责任十分重大。可是"海员们"特别乐意代军官们值勤,在监狱站岗,因为他们有机会在上司那里露面,同时可以减轻几分罪犯们的艰苦处境,他们的遭遇总是引起人们的同情。除去分配犯人在城堡及近郊干活之外,还安排若干犯人在监狱里面干活。后一种犯人归岗哨调度,乃至派他们到需要的地方去——或者到岗哨的哨所,或者到他们自己的牢房里去。逢到这种情况,"海员们"为了监狱里的活儿,总是能够把他们想留的犯人留下来[……]。想把某个犯人留下来在监狱里干活,头天晚上先写条子给第二天早晨由他去替代的看守长,后者便会把所要求的犯人留在监狱里。陀思妥耶夫斯基及杜罗夫常常这样被留在监狱里干活,逢到老的看守换班,新的看守长把他们叫到哨所里,在看守长的房间里待上一阵,这时人家把白天的新闻告诉他们,把心肠慈善的人捐助的东西转交给他们,允许他们看看青年人带进来的书籍,看看彼得堡的亲属或伙伴们寄来的信。叫他们进来的时间往往正好是上级不会来巡查的那几个钟头里;不过为了防备万一,哨所里总是配备一名护卫兵随时押送他们去干活。特罗伊茨基医生在私下谈话时甚至将这种情况告诉管理犯人全部劳动的鲍里斯拉夫斯基将军与城堡司令德·格拉夫将军,他们只是笑笑,劝他转告青年们,还是小心谨慎为妙。

按一个"海员"的说法,陀思妥耶夫斯基的性格一般说来是不讨人喜欢的,他有一副狼落入陷阱似的神气;且不说那些犯人,他向来回避他们,不与他们有任何合乎人情的接触,就是那些对他的遭遇表示关切,想方设法尽可能要给他方

---

① 《死屋手记》中讲到他的宗教信仰:"他整天跪着向神祈祷,因而得到苦役犯的普遍尊敬,直到他死去。"同时陀思妥耶夫斯基指出:"我似乎觉得他的理智有点儿毛病。"(《1956—1958年版十卷集》,第3卷,页673)

便的人,他们的人道的态度,他也觉得受不了。他老是皱眉蹙额,脸色愁苦,远远避开众人,宁肯在闹哄哄、吵吵嚷嚷的牢房里独自待着,只是在必要的时候才跟一个什么人交谈,把话看得十分金贵。当他被"海员们"叫到长官的房间里,他对他们的态度更加拘束。他们请他坐下歇一歇,他常常拒绝,只是他们盛情难却,他才让步,勉勉强强地回答问题,但他几乎从来不让自己同他们作推心置腹的谈话,吐露自己的心事。任何表示同情的话他都半信半疑地听着,好像他怀疑在这种同情的话语后面隐藏着不良的动机。他甚至拒绝看青年人带进来的书籍,只有两三次,他对维坚斯基译的狄更斯的《大卫·科波菲尔》与《匹克威克外传》发生了兴趣,带到医院里去看完了。[①] 特罗伊茨基医生以陀思妥耶夫斯基的身体有病来解释他的孤僻与多疑,大家知道,他发过癫痫,整个神经系统受到损伤,尽管他外表上看来身体健康,结实,精神饱满,干什么活儿都不落人后。"海员们"的看法则认为他的孤僻是由于恐惧,怕让上司知道他的待人态度或者非法的包庇,怕他们会因此而使他的处境变得更困难。杜罗夫则相反,替自己赢得普遍的同情。尽管他的外表极其虚弱,疲惫不堪,他却对什么都感兴趣,喜欢接触他所感兴趣的监狱外的普通的人间生活,对人家给予他的力所能及的优待或物质上的帮助,他都表示衷心感谢。他什么事情都乐意谈,甚至参与争论,能以他的热烈而又生动的言论吸引听者。他的话语透露出诚实而又坚毅的性格,有真诚的信念,不幸并没有损害他的性格,因此他得到了比陀思妥耶夫斯基多得多的同情。不过往往有这样的情况,一句什么话触犯了他,他烦躁起来,就忘乎所以了。比如,只要在他面前说话时提到(哪怕是无意中提到)他的亲戚雅科夫·

---

①　狄更斯是陀思妥耶夫斯基最喜爱的作家之一,给他以重大的影响。两人的题材相同:城市与最穷苦的市民阶层;两人所喜爱的主人公相同:受命运播弄的性格软弱的、不幸的被压迫者;对儿童有特殊的爱,对人的思想活动作深刻的心理上的议论;情节方面,都力求引人入胜。也可以说他有受狄更斯的直接影响的迹象:狄更斯的《董贝父子》之于他的《涅朵奇卡·涅兹万诺娃》,狄更斯的《老古玩店》之于《被侮辱与被损害的》及《罪与罚》等等。在陀思妥耶夫斯基的心目中,狄更斯往往与莎士比亚、拜伦、瓦尔特·司各特、巴尔扎克、维克多·雨果及乔治·桑等人并列,他们都是不可超越的典范,都处在他的创作的源头,对他来说,他们永远是这样(例如1876年的《作家日记》中说到这些作家"在俄国他们始终'最深刻、最亲切'地为人们所理解,所接受",见《1926—1930年版全集》,第11卷,页309)。1868年1月1日及13日给索·亚·伊万诺娃*的信中,联系《白痴》的构思,谈到匹克威克,认为他是"肯定的、非常好的",但又很可笑的人物典型。(《书信集》,第2卷,页71)《少年》中提到过《老古玩店》。(《1956—1958年版十卷集》,第8卷,页483)

*　索菲娅·亚历山大罗夫娜·伊万诺娃(1847—1907),陀思妥耶夫斯基的外甥女。

伊万诺维奇·罗斯托夫采夫将军(后来是公爵)的名字,他便会忘掉一切克制的分寸,落到偏激的程度。他喜欢看书,特别如饥似渴地阅读法国小说,例如大仲马的《玛戈皇后》、《沙尔尼伯爵夫人》及《基度山伯爵》,欧仁·苏的《巴黎的秘密》与《流浪的犹太人》,保尔·费伐尔的《魔鬼的儿子》等。他向人借这些小说,几夜工夫囫囵吞枣地看完,又去借其他的书。[①] 不过他的要求并不总是能够满足的,因为鄂木斯克的藏书实在有限。使"海员们"吃惊的是这两个彼得拉舍夫斯基派分子的性格,他们以心灵的全部力量互相憎恨着,从来不走到一起,他们关在鄂木斯克监狱期间,始终不曾交换过一句话。[②] 叫他们一起到军官房间里去聊天,他们两人你坐这只角,他坐那只角,皱着眉头,对青年们的问话,他们也只是简单地回答一声"是"或"不是";因此只好把他们分开,一个一个叫他们进去。人家就这件事问杜罗夫,他回答说,他们两人谁也不会先开口说话的,因为监狱生活使他们成了敌人。陀思妥耶夫斯基在《死屋手记》中提到了和他一起待在监狱里的所有最优秀的犯人,只有几个人是用他们姓名的开头字母来代表;可是对杜罗夫,无论是用全名也罢,用假名也罢,哪里也没有提到过他,好像监狱里没有他这个人似的。逢到实在无法不提到他的地方,陀思妥耶夫斯基用这种说法:"他们吓唬我们,就是我与另一个贵族出身的流放犯,我和他一起来服苦役……"或者:"我骇然望着我的一位(贵族出身的)同志,在监狱里如何像一支蜡烛般地熄灭了。他是和我一起进监狱的,那时他还年轻,漂亮,善良,出监狱时他的身体一半已经垮掉,满头白发,腿也没了,呼吸困难……"医院里的主任医生特罗伊茨基十分同情彼得拉舍夫斯基派分子。他经常通过"海员们"通知他们(这个或那个),现在可以到医院里去休息一阵,于是他们去了,在医院里躺上几个星期,吃些丰富的伙食、茶、酒及其他食物,一部分来自医院,一部分来自医生的厨房。据特罗伊茨基对一个青年人说,《死屋手记》是陀思妥耶夫斯基得到他的同意之后,在医院里动笔写的,因为未经上级准许,犯人是不准持有任何文具的,该书的开头几章长期保存在老助理医生处。鲍里斯拉夫斯基将军通过他

---

　　① 他甚至等不及人家去叫他,在需要时,他做工回来,得知"海员"中某人在站岗,他就自行拐到警卫的哨所里来了。——马尔季扬诺夫注

　　② 见本书页163注①。

的管理处的副官伊万诺夫少尉①,对彼得拉舍夫斯基派分子也很照应。他允许给他们派最轻巧的活儿(下述情况除外:他们——例如陀思妥耶夫斯基——自己跑去和其他犯人一起干活,尤其是刚到苦役监的初期),在城堡里面或外面,都派他们漆油漆,揢车轮,烧石膏,铲雪等等。费奥多尔·米哈伊洛维奇甚至曾经被派到工程管理处的办公室里去做案头书写工作,不过由于马尔吉上校向兵团司令作了报告,说是这一类工作不宜交给因犯政治罪而被流放服苦役的人去做,他很快又被退回来了。一个"海员"也给陀思妥耶夫斯基帮了不少忙。有一天他被派在监狱里干活,他待在自己的牢房里,躺在木板床上。少校教官克利甫卓夫——这个人在《死屋手记》中被写成是个衣冠禽兽——突然来了。

"这是怎么一回事?"看到费奥多尔·米哈伊洛维奇躺在板床上,他吼叫起来。"他为什么不去干活?"

"他生病了,大人,"代替长官站岗的"海员"跟着少校教官走进监狱的牢房,回答道,"他有羊癫风。"

"胡说!……我知道您在纵容他!……带到看守室去!……用树枝抽打!……"

他们把这个彼得拉舍夫斯基派分子从木床上拖下来,带到看守室去,他果然被吓得突然发病了,看守长派上等兵去向要塞司令报告发生的情况。德·格拉夫将军立即驰马赶来,制止了即将执行的体罚,当众申斥了少校教官克利甫卓夫,厉声强调,绝对不能对患病的犯人施加刑罚。[……]

他[特罗伊茨基]的一个助手,住院医生克娄让诺夫斯基,到彼得堡去告密,说他对政治犯过于纵容姑息。因此,那边派了专人来调查[……]。

按照住院医生克娄让诺夫斯基的指点,调查人员询问证人们,他们不给告密者的揭发作证明。审问政治犯时,他们仅作了模棱两可的寓言式的回答,使调查人员束手无策,只好骂娘。譬如,调查人员问陀思妥耶夫斯基:他在监狱里或住在医院里时,有没有写过什么东西? 陀思妥耶夫斯基回答道:

"什么也没有写过,现在也没有写,不过我在为将来的写作收集材料。"

"这些材料放在哪里?"

"在我脑子里。"

---

①　康斯坦丁·伊万诺维奇·伊万诺夫后来在工程总署供职。他娶了十二月党人安年科夫的女儿为妻。他千方百计为陀思妥耶夫斯基做了他所能够做到的一切。——马尔季扬诺夫注

题解：

彼得·库兹米奇·马尔季扬诺夫（1827—1899），作家，在《世界作品》、《古俄罗斯与新俄罗斯》、《历史通报》、《涅瓦》、《士兵闲谈》及其他杂志上发表过许多诗歌、小说、历史著作及历史文学作品，还有论述军事问题的文章。又以不同的笔名（如爱佐普·卡克特乌斯、布姆-布姆、彼佳、克留克等等）发表过幽默诗。单行本出过《士兵诗人心中的歌》（圣彼得堡，1865 年），《春苗。论文、草稿、速写及诗歌》（圣彼得堡，1872 年），《我国知识分子的精华。十九世纪俄国活动家影集——辞典》（出过几版），《生活、眼泪及笑声之歌》（1891 年，第 2 版）以及其他著作。

马尔季扬诺夫回忆陀思妥耶夫斯基与杜罗夫在鄂木斯克苦役监狱的情况是他的回忆录《世纪的转折时期》中的一部分。显然，这些回忆录确实是从当时凭着印象新鲜记在笔记本上的材料来的，不仅回忆录的基础是依据这些材料，连得具体叙述事实与细节时所依据的也是这些材料。首先，叙述的语调本身证明这一点，作者的语调客观而平静，间接地使人想到《死屋手记》的语调，倒好像回忆录的作者有意在回避任何激情，把唯有他一个人目睹的情况真实地再现出来作为自己的任务。

彼·库·马尔季扬诺夫的回忆录《世纪的转折时期（老笔记本片断）》最初刊登在《历史通报》1895 年第 10—11 期。后来收入马尔季扬诺夫文集第三卷《世纪的事和人。老笔记本中的片断、论文与摘记》，圣彼得堡，1893—1896 年。现在这里刊印的选自该书第二章《海员们》（页 246—247，263—270，275—276）。

《回忆费·米·陀思妥耶夫斯基在西伯利亚》选

亚·叶·弗兰格尔

陀思妥耶夫斯基不知道是谁叫他,为什么事情叫他,极其拘束地来到我处。他穿的是一件灰色的士兵军大衣,红色竖领,红色肩章,苍白的病态的脸,布满了雀斑,神色抑郁。淡黄色的头发剪得短短的,身材中等以上。他那聪明的、灰蓝色的眼睛凝然地打量我,他似乎要看透我的心,似乎在说:你是什么人?后来他向我承认,当我派去的人对他说,"刑事案件诉讼代理人先生"叫他去时,他是忧心忡忡的。我当即表示歉意:我没有首先亲自去看他,我把信件和包裹转交给他,转达别人对他的问候,诚恳地和他谈了话,他立即改变了态度,心情快活起来,对人也比较相信了。[……]

1854 年春天,解除苦役后,大家知道,陀思妥耶夫斯基就被调到塞米巴拉金斯克去无期限地当兵。他和其他人一起经犯人歇宿站被解到该地。刚到时,他和士兵们一起在兵营里住了一个短时期,但是不久,经伊万诺夫将军及其他人的请求,允许他单独生活,住在兵营附近,由他的连长斯捷潘诺夫替他担保。此外,他还受司务长的监督,这位司务长因为贪图一点小小的"贿赂"就不常常去打扰他了。[……]

我在塞米巴拉金斯克时[……]这地方一半像城市,一半像乡村。所有的建筑物都是木头的、圆木造的,木板盖的倒不多。居民连同驻卫军、亚洲人以及从科坎德、布哈拉、塔什干与喀山等地来的商人一起才五六千人。半定居的吉尔吉

斯人住在左岸,大部分住帐篷,有些富人虽然也有小屋,不过只是过冬才住。他们共计约有三千人。[……]

我想,全城大约有十至十五人订阅报纸,这也不足为奇,当时在西伯利亚的人只对打牌、吃喝、搬弄是非感兴趣,还有就是自己的买卖。不要忘记,当时克里木战争正在进行,不过很少有人去关心它:因为相距实在太远,再说这又不是"西伯利亚人"自己的事情。当时西伯利亚人自己表示特殊,往往说:"他是俄国人。"

我订了三份报纸:《圣彼得堡科学院公报》、《Augsburger Allgemeine Zeitung》(《奥格斯堡汇报》)及《Independance Belge》(《比利时独立报》),费奥多尔·米哈伊洛维奇极为高兴,他特别喜欢看《比利时独立报》,俄国报纸更不用提了。《奥格斯堡汇报》他碰也不碰,那时他对德语懂得不多,又不喜欢德语。

塞米巴拉金斯克被砂砾的荒原分隔成三个部分。北部是个哥萨克镇,是塞米巴拉金斯克最舒适、最美丽、最清洁、最幽雅的地区。那里有街心小花园、菜园以及相当漂亮的建筑物:团长官邸、团部、军事学校和军医院。供哥萨克住的营房是没有的,所有的哥萨克都住自己的房子,靠自己的家产过日子。

城的南部是鞑靼人的村镇,是最大的镇;同样的木头房子,不过有朝着院子的窗户,那是为了他们的妻妾而设的。高高的院墙把穆斯林居民的室内生活遮蔽起来,不让好奇的人去窥望;房子周围连一株树也没有,是一片光秃秃的砂砾荒原。[……]

坐落在这两个村镇之间、和它们连成一片的,是俄罗斯人自己的城市,附带着被称之为城堡的部分,尽管当时就已经没有人提起它。城堡的围墙早已拆毁,壕沟为沙土所淹没,只留下几道石砌的大门作为纪念。所有的军队都居住在这里:常备军营,哥萨克骑炮兵,全体长官,总警卫室与监狱——这是我工作的部门。没有一棵小树,没有一丛灌木,唯有一片流沙,遍地荆棘。

陀思妥耶夫斯基也住在这里。我手头保存了他的小屋的一幅画。

我住在额尔齐斯河边,省长官邸附近;不远处有小岛,岛上有菜园和瓜田,种着香瓜和西瓜。我窗外的河对岸是吉尔吉斯人的村庄,伸展着无边无际的草原,地平线上是蓝莹莹的群山,那是远在七十俄里以外的萨米塔乌山。[……]我租了三个房间一套的住所,外带前室、马厩、堆房,还有三个人住的地方,连我们的伙食与取暖费在内,每月付三十卢布。费奥多尔·米哈伊洛维奇连住宿、洗衣服及伙食在内付五个卢布。然而,一般说来,他吃的是什么伙食呀! 士兵的口粮当时是发四个戈比,面包在外。这四个戈比,连长、炊事员和司务长还要从中揩油一个半戈比。当然,那时的生活便宜:一俄斤肉半戈比,一普特荞麦三十戈比。费奥多尔·米哈伊洛维奇每天把自己那份白菜汤、粥及黑面包领回来,如果他自己吃不掉,就给可怜的女房东吃。[……]

诚然,费奥多尔·米哈伊洛维奇常常在我处吃饭,不过朋友们也请他吃饭的。陀思妥耶夫斯基的小屋坐落在最凄凉的地方,周围一片荒漠,流沙,既无树林,又无灌木丛。小屋是用圆木建造的,古老,往一边歪斜,没打过地基,房子往地下陷,没有一扇朝外的窗户,因为怕强盗和小偷。他的房间里有两扇朝院子的窗户;院子宽阔,有水井和辘轳架。院子里辟了一块小小的菜园,园地里有一丛野生的覆盆子,还有一丛野生的醋栗。房屋和院子都有高高的围墙围着,墙上有大门,还有低矮的边门,我总是猫着腰走进边门;造低矮的边门在当时也有历史原因:据人家告诉我,敌人若偶尔闯进来,他低着的脑袋就容易砍。一只凶猛的狗用链子锁着看守院子,夜里则把链子放掉。

陀思妥耶夫斯基有一间房间,相当大,但十分低矮,里面永远是半暗不明的。圆木的墙壁抹上了黏土,从前是曾经粉刷过的;沿墙两边是宽阔的长凳。墙壁上,这里那里挂着些简陋的木版画,停满了苍蝇,污渍斑斑。进门靠左首是一只俄罗斯大炉灶。费奥多尔·米哈伊洛维奇的床铺,小桌子,一只代替五斗橱的简陋的木箱子,就放在炉灶后面。这些卧房用具以一道普通的印花布的帷子跟其他东西隔开。布帷前面房间的主要地方摆着一张桌子,一面木框小镜子。窗台上放着几盆天竺葵,挂着窗帘,从前大概是红色的。整个房间被烟熏得黑糊糊的,而且那么暗,傍晚点上油脂蜡烛,——硬脂蜡烛那时是十分奢侈的东西,而煤油灯当时还没有,——我才能勉强看看书。凭着这样的灯光照明,费奥多尔·米哈伊洛维奇怎么彻夜写作,我压根儿不能理解。他的卧室还有一个愉快的特点:蟑螂成群在桌子上、墙上和床上爬,夏天跳蚤尤其叫人不得安宁。这种情况在一切砂砾地带是屡见不鲜的。

我和费奥多尔·米哈伊洛维奇一天天接近起来。白天他开始越来越频繁地随时上我的住所来,在他的士兵职务和我的军官职务所能允许的范围内,他常常在我处吃饭,尤其喜欢晚上过来喝茶(一杯又一杯,没完没了地喝),用长烟管抽我的"包斯坦柔格洛"(当时一家烟草行的)烟草。他自己像大多数俄罗斯人一样,平常抽"茹科夫"牌烟。不过他常常连这种烟也买不起,于是他就掺和一些最蹩脚的马合烟抽,我每次上他那里去,抽过这种烟草之后总是头痛欲裂。

塞米巴拉金斯克是没有任何娱乐的。我在那里的两年间没有听过一个过路的音乐家的演出,城里连钢琴也只有绝无仅有的一架,像什么稀罕物儿似的。连得一些粗俗的消遣如杂耍和变戏法之类也没有。我记得,有一回,营部的文书们在练马场演出一个什么戏。陀思妥耶夫斯基提出一些意见帮助他们,他带了我去看。[……]

由于我与陀思妥耶夫斯基的交往日益密切,我们之间的关系变得极为单纯自然,我的房门对他是日夜敞开的。我下班回来经常在自己屋里遇到陀思妥耶夫斯基,他已比我先到,或者是操练回来,或者从团部办公室回来,他在那里担任各种文牍事务工作。他解开军大衣的纽扣,嘴里衔着长烟管,一边在房间里踱步,一边常常自言自语,因为他的头脑里总是冒出一些新的想法。他处在这样时刻的情景,我依旧如在眼前,当时他在构思写《舅舅的梦》与《斯契潘奇科沃村》(见给迈科夫的信)。[1] 他心情很愉快,富有感染力,笑呵呵地给我讲了舅舅的历险情节,唱了歌剧的某些片断,可是看到我的亚当端进来琥珀色的鲟鱼汤,他便催促亚当快给他吃饭。[……]

费奥多尔·米哈伊洛维奇很喜欢看果戈理与维克多·雨果的作品。[……]

费奥多尔·米哈伊洛维奇情绪好的时候喜欢朗诵,尤其喜欢朗诵普希金的诗;他喜爱的诗是《克娄巴特拉的宴会》(《埃及之夜》)。当他念起:

> 富丽的宫殿里灯火辉煌。
> 歌手伴着长笛和竖琴齐声歌唱。
> 女王的流眄和美妙的声音

---

① 斯特拉霍夫文集[*]。——弗兰格尔注

[*] 指 1856 年 1 月 18 日给阿·尼·迈科夫的信,这是我们已经知道的五十年代陀思妥耶夫斯基给迈科夫的唯一的一封信。斯特拉霍夫在 1883 年发表了这封信。(《传记》)从信中可以看出陀思妥耶夫斯基当时确实在写"喜剧性的长篇小说"——显然是《斯契潘奇科沃村》。(《书信集》,第 1 卷,页 163—168)1859 年 5 月 9 日陀思妥耶夫斯基写信给兄弟说他写完《斯契潘奇科沃村》,写了两年,中间停顿,写了《舅舅的梦》。(同上,页 244—248)

使欢宴的人群活跃而欢畅！

他的脸上容光焕发，眼睛闪射着光芒。

在这样的时刻，陀思妥耶夫斯基的嗓音不知为什么有种庄严而热情奋发的味道。[……]

不过我们还是回到亲爱的费奥多尔·米哈伊洛维奇身上来，我那时就已经打心坎儿里喜爱他了；至于我对他的评价是多么高，我在西伯利亚写给亲属的信件可以作为最好的证据，这些信至今还保存着。我在其中的一封信（写明日期是4月2日，发自塞米巴拉金斯克）上写道："命运驱使我和一个人接近，他无论心地还是资质都是罕见的人物；这个人就是我们的不幸的青年作家陀思妥耶夫斯基。我非常感激他，他的话，他的意见和思想将一辈子增强我的力量。我每天和他一起工作，现在我们要翻译黑格尔的哲学和卡鲁斯①的《心理学》。他是个极其虔诚的人，身体有病，但意志如铁……"[……]

费奥多尔·米哈伊洛维奇待人的宽厚简直世间少有。他为人的最丑恶方面寻找辩解的理由，把一切都归诸人的缺乏教育，归诸人所生活、成长的环境的影响，有时甚至归诸他们的性格和禀赋。

"唉，亲爱的朋友亚历山大·叶果罗维奇，你可要知道，是上帝把他们创造成这样的呀，"他说。一切受命运打击的人，不幸的人，患病的人和贫穷的人他都格外同情。所有深刻了解他的人都知道，他的心地善良是非常突出的。谁不记得他为他的哥哥米哈伊尔·米哈伊洛维奇一家人操心（见他给我的信），他对小帕沙·伊萨耶夫②以及其他许多人的关怀。

我也经常和他谈谈政治性的话题。关于他自己的案件，他不知为什么愁闷地闭口不谈，我也没有问他。我只听见他说过，他不喜欢彼得拉舍夫斯基，很不赞成他的意图，他发现，在俄国，政治上的变革**暂时**还是毫无意义的，还为时过早。至于按西方形式的宪法，在民众尚处于愚昧无知状态的时候，连想想也是可笑的。我有一次从哥本哈根写信给他，俄国还没有进步到可以实施宪法的地步，而且很长一个时期内也达不到，倒是需要一个咨议性的缙绅会议。对此，陀

---

①　古斯塔夫·卡鲁斯(1789—1869)，德国医生。

②　即帕塞诺克·陀思妥耶夫斯基。

思妥耶夫斯基回信说,他在很多地方同意我的意见。①

自己的同志中,费奥多尔·米哈伊洛维奇常常回想起杜罗夫、普列谢耶夫与格里戈利耶夫。他和他们谁也不通信,只有他给兄弟米哈伊尔的信,偶尔有一次给阿波隆·迈科夫的信,给姨妈库玛宁娜和小雅库什金的信是经过我的手发出去的。[……]

我们的生活单调得令人厌烦地过去。我很少去拜访什么人,多半待在家里,看很多书,写了很多东西。[……]

费奥多尔·米哈伊洛维奇的交游比我稍广,尤其是常常去拜访伊萨耶夫一家。晚上他待在他们家里,答应给他们的独生子帕沙上课,帕沙是个八九岁的机灵聪明的孩子。如果我没有记错的话,玛丽娅·德米特里耶夫娜·伊萨耶娃②是阿斯特拉罕一个寄宿中学校长的女儿,嫁给教师伊萨耶夫③。他是如何来到西伯利亚的,我记不得了。伊萨耶夫是个病人,害的是肺病,好喝酒。人倒是个性子沉静而温顺的人。玛丽娅·德米特里耶夫娜年纪三十出头,中等身材,相当纤瘦,金发碧眼,很有风韵,性格热情又容易兴奋。那时,她的苍白的脸上已经闪耀着不祥的红晕,几年以后,肺痨把她拖入了坟墓。她博览群书,很有修养,求知欲甚强,秉性善良,异乎寻常地敏慧。她热烈同情费奥多尔·米哈伊洛维奇,待他很亲热,我不以为这是她看重他,倒不如说她怜惜受到命运打击的不幸者。她知道他有癫痫,经济极其拮据,再加上他又是个像她所说的那样"没有前途"的人。费奥多尔·米哈伊洛维奇则把怜悯和同情当作了相互的爱,以年轻人的全部热情爱上了她。陀思妥耶夫斯基整天在伊萨耶夫家,硬把我也拖去,可是因为她丈夫的缘故,我觉得那里的人并不可亲。[……]

———————

① 显然是指1866年2月18日给弗兰格尔的信。陀思妥耶夫斯基在信中写道:"你这样关心我们俄国的、内部的、公民的思想生活,我十分高兴。"他没有举出弗兰格尔在信中提到的问题,只是告诉弗兰格尔说他"虽然不是全部",但"在很多地方"同意他的意见。(《书信集》,第1卷,页433)关于陀思妥耶夫斯基对彼得拉舍夫斯基的态度见本书页120注①;又见《在彼得拉舍夫斯基派分子中间》。

② 玛丽娅·德米特里耶夫娜·康斯坦特,跟她的前夫姓伊萨耶娃,她后来是陀思妥耶夫斯基的妻子。照陀思妥耶夫斯基的话说,"她聪明,可爱,有教养,是知识妇女中少见的人物"。(《书信集》,第1卷,页208)关于陀思妥耶夫斯基对她的悲剧性的爱,这一私人生活"事件"在他的创作中的反映,可看多利宁的注。(《书信集》,第1卷,页516—517)

③ 亚历山大·伊万诺维奇·伊萨耶夫是玛·德·伊萨耶娃的前夫。

塞米巴拉金斯克的夏天非常难受,闷得要命,如烤如燎的阳光下,砂石火烫火烫。最轻微的一阵风也会刮起一阵灰沙,极细小的沙子迷人的眼睛,到处钻。六月份在荫影处也热到摄氏三十二度。我决定四月份等草原和树林刚绽出绿芽便搬到城里去。整个塞米巴拉金斯克城里,只有一所带大花园的别墅,在哥萨克镇后面,营房附近。这对费奥多尔·米哈伊洛维奇也很方便,因而我建议他也离开那个窝,搬到我的住所来。这所别墅属于一个富裕的哥萨克商人,所以叫作"哥萨克花园"。[……]

早在冬天时我就从里加订购了各种花卉、蔬菜及葱、蒜之类的种子。在城里的院子里我们已预先做好温床,准备育苗。这引起陀思妥耶夫斯基的兴趣,他极其高兴,不止一次回想起他的童年时代和故乡的田庄。

四月初,我们和费奥多尔·米哈伊洛维奇搬到我们的黄金国①——"哥萨克花园"。我们所住的木头房子相当破旧,屋顶漏雨,地板坍陷,不过屋子相当宽敞,我们的地方是够大的。当然,室内家具是一件也没有——空空如也,像个大木棚。大厅朝着凉台,屋子前面我们修了花圃。[……]

我们的庄院坐落在额尔齐斯河的高峻的右岸,一片平缓的绿茵草地直达河边。我们在河边搭了个洗澡用的棚子;浴棚四周是各种灌木丛、浓密的柳树林和大片的芦苇。绿叶丛中这儿那儿露出春汛泛滥所形成的小湖和水塘,有许多鱼和水禽。五月间我们开始洗澡。

我和费奥多尔·米哈伊洛维奇热心种植花圃,很快就把它侍弄得一片花团锦簇。

费奥多尔·米哈伊洛维奇的形象十分鲜明地印在我的脑子里,他热心地帮我浇秧苗,满面流汗,脱去士兵的军大衣,穿一件洗得褪了色的玫瑰红的布背心;脖子上经常晃荡着一圈长长的、天蓝色的细小的玻璃珠串,那是手工制品,不知是谁送给他的,珠子串上挂着一只很大的胖壳儿银怀表。他常常全神贯注地干活,分明在这消磨时光的活儿中找到极大的乐趣。[……]

有一天,费奥多尔·米哈伊洛维奇皱着眉头、快快不乐地回家来,难过地对我说,伊萨耶夫要调到离塞米巴拉金斯克五十俄里的库兹涅茨克去了。"可恨的是她已经同意了,没有表示反对!"他痛苦地一再说道。

---

① 意即异常美妙的地方。

　　不久,伊萨耶夫果然调到库兹涅茨克去了。陀思妥耶夫斯基绝望至极;想到他与玛丽娅·德米特里耶夫娜要分别,他像发疯似的直打转;他似乎觉得他生活中的一切都失去了。这时伊萨耶夫家出现亏空,只得把所有的家产变卖了,待到动身时已经所剩无几。我救了他们急,他们才终于上路。

　　分别的情景我永远不会忘记。陀思妥耶夫斯基哽咽着失声痛哭,像个孩子。过了许多年之后,他在1865年3月31日给我的信中还提起此事。是啊! 这一天是刻骨铭心的一天。

　　我和费奥多尔·米哈伊洛维奇乘着车去送伊萨耶夫夫妇,在美妙的五月之夜,深夜出发。我带着陀思妥耶夫斯基坐上自己的敞篷马车,伊萨耶夫夫妇乘坐无篷大驿车——他们没钱购置带篷马车。离开之前他们乘车顺路来到我处,我们喝了送行的香槟酒。我想给陀思妥耶夫斯基安排一个机会,让他跟玛丽娅·德米特里耶夫娜告别时亲亲热热嘟囔一阵,在我家里时,我就拼命给她的丈夫斟香槟酒。到了路上,我又按照西伯利亚的风俗,一再给他斟酒。这时他已经完全听我摆布,我立即把他带到我自己的马车上,他很快便睡去,睡得像个死人。费奥多尔·米哈伊洛维奇坐到玛丽娅·德米特里耶夫娜身旁去。道路被来往车辆轧得平展展的,周围是密密的松林,月色溶溶,空气甜美,困人。车子走呀,走呀……然而离别的时刻还是来临。我那两个可爱的朋友像鸽子般拥抱,都在揩眼睛。我把喝醉了酒、沉沉睡去的伊萨耶夫拖到大车上坐好;他顿时鼾声大作,分明不知道什么时候,身在何处。帕沙也睡着了。马猛然奔跑起来,马车飞驰,扬起一团团的尘土,转眼之间,驿车和车上的乘客便去得影影绰绰,驿马的铃铛声也渐渐听不见了……可陀思妥耶夫斯基依旧像生了根似的站着,垂着头,默默无言,眼泪顺着脸颊潸潸地流下。我走过去,拉起他的手;他仿佛久梦初醒,一句话也不说,和我一同坐上马车。我们回到住所时天色已经微明。陀思妥耶夫斯基没有躺一下,一直在房间里踱来踱去,自言自语。一夜未睡,离别的忧伤使他精疲力竭,他到近旁的兵营去上操了。回来后他整天躺着,不吃不喝,只是神经质地一支接一支抽烟……

　　时光发挥了作用,这痛苦的绝望心情开始缓解。和库兹涅茨克频繁地通起信来,不过这种书信来往并不总是使费奥多尔·米哈伊洛维奇愉快。他感觉到有点不妙。况且她的来信中老是抱怨生活的困苦,诉说她的病,她丈夫的治不好的病,抱怨未来毫无欢乐可言——这一切不能不使费奥多尔·米哈伊洛维奇感到压抑。他更瘦了,心情抑郁,容易发火,像幽灵似的徘徊。他甚至把不久前那么兴致勃勃地动手写作的《死屋手记》也丢下了。喜爱的消遣是在暖和的夜晚,我们摊开手脚仰卧在草地上,仰望繁星在碧空深处闪烁。这样的时刻使他感到宽慰。静观造物主的伟大,无所不能、无所不见的神的力量使我们受到某种感动,意识到自己的渺小,不知怎么使我们的心灵趋向宁静。我和陀思妥耶夫斯基很少谈论宗教。他是个比较虔诚的人,不过很少上教堂,他讨厌神甫,尤其是西伯利亚的神甫。谈起基督,他非常高兴。他说话的习惯十分特别。一般情况下他说话声音不响,开始时往往是耳语,但是他越说越兴奋,声音也越来越响,在特别激动的时刻,他说话有点儿气喘喘的,热情的言词吸引了听者的注意力。我和他一起度过了美妙的时光。和这样禀赋卓绝的优秀人物接近使我得益良多。在我们一起生活期间,我们之间没有出现过一丝阴霾,不曾有过一点儿误解。他比我年纪大十岁,比我经验丰富得多。那时我不得不和一些卑鄙的人一起工作,当我由于年轻,缺乏生活经验,屡次被周围的人弄得灰心丧气,似乎再也没有力量与邪恶作斗争,费奥多尔·米哈伊洛维奇却屡屡千方百计地以他的热情来支持我,以他的劝告和同情鼓励我。我在许多地方感激他。在许多事情上他打开了我的眼界,我尤其牢记不忘的是他启发了我的人道的感情。[……]

……我想再说几句,陀思妥耶夫斯基在社交场合的举止是多么尊严和敏感,尽管他自己所处的社会地位需要他小心翼翼地去应付。因为我们经常接触的那些人没有突出的文化修养。此外,这里的长官是典型的"行伍出身",粗鲁,而且傲慢自大。

当然,费奥多尔·米哈伊洛维奇从来没有表现出一点儿谄媚、奉承,从来不想往上流社会钻,同时他是极其沉着、谦逊的人,似乎没有意识到自己身上的所有突出的优点。正如我在文章的开头就提到的那样,靠着他的老成持重,他赢得普遍的尊敬。[……]

我们的生活照老样子过去:费奥多尔·米哈伊洛维奇心情忧郁,或者一阵子发狠工作。我尽我所能地使他快乐。然而我们那沉闷的生活简直是死水一潭。对我们的职务无论是费奥多尔·米哈伊洛维奇还是我都不感兴趣,每天在乏味的几个钟头的例行公事之外,拿什么来填补我们的日子呢?

依旧是沿着额尔齐斯河散步,侍弄花草,洗澡,凉台上喝茶,抽长烟管。不过我作为一个钓鱼迷,还捕鱼;陀思妥耶夫斯基则常常躺在草地上,大声朗读,把我们贫乏的藏书大部分都反复念了不知多少遍。不过,我记得,他念书给我听是"为了指导"我,他念了阿克萨科夫的《钓鱼》与《带枪的猎人的笔记》。城里是没有图书馆的。我带来的许多是地理、自然科学及其他专业书籍,我已经看过,而且大概早已记得滚瓜烂熟了。陀思妥耶夫斯基更喜欢文学,每一本新书我们都贪婪地抢着看。不过当费奥多尔·米哈伊洛维奇的创作热情勃发的时候,我们的单调乏味的日子也就从中得到了补偿。在这种时刻,他的情绪那么昂扬,他的兴奋也不由得反映在我的身上。似乎连塞米巴拉金斯克的生活也变得比较过得去了;遗憾的是这种情绪像来的时候一样突然消失了。从库兹涅茨克传来的不愉快的消息太多,——于是一切都完蛋了,我的费奥多尔·米哈伊洛维奇精神颓唐,消瘦下去了。[⋯⋯]

有一回[⋯⋯]亚当跑来报告说来了一位年轻女士,想要见费奥多尔·米哈伊洛维奇,"还有你老爷"。

他们放她从花园进来;陀思妥耶夫斯基老远就认出她是监牢里的难友瓦妮卡-塔妮卡。她是茨冈女人的女儿,这女人因为吃醋杀了自己的丈夫而被流放。塔妮卡本人则被流放的波兰人与匈牙利人的案件所牵连,而且还与其中两个人于1854年从鄂木斯克监狱逃跑的事有关。

这次越狱逃跑的目的是极其荒唐的:溜到草原上去,发动不满的吉尔吉斯人,联络可汗的军队,和他们一起来解救同伴——真是荒唐透顶。

这不,我们的新客人兴高采烈地、闹闹嚷嚷地向我们跑来。这是个皮肤黝黑的女子,年纪在二十至二十二岁左右;乌黑的眼睛像燃烧的煤,闪闪发亮,并不柔顺的鬈发围住她的脸盘;她一直在微笑,露出亮闪闪的牙齿,犹如精心挑选过的珍珠。中等身材,瘦小,柔软,又高度灵活,我们的来访者就是这样的一个人。和陀思妥耶夫斯基见面显然使她由衷地感到高兴,而且按照监狱里的习惯,称他为"你"。她跟我可是不拘礼节,不等我们问话,她先就泼辣地在我们身边坐下,发出响亮的笑声,她分明是想给她还不认识的我一个印象。人家说她喜欢卖弄风情得要命,她不能容忍有谁从她身边走过而不被她迷得神魂颠倒的想法。[⋯⋯]

这次会面也是陀思妥耶夫斯基给他的《死屋手记》增添新的一章(第九章《逃跑》)的原因。上文我已提到,在我们一起生活的时期,费奥多尔·米哈伊洛维奇正在写他的著名作品——《死屋手记》。我有幸第一个看到在创作期间的费奥多尔·米哈伊洛维奇,第一个听到这部无与伦比的作品草稿的朗读,直到现在,过了许多年之后,我还怀着特殊的感情回忆起这些时刻。从他的闲聊中,我可以吸收多少有趣的、深刻的、富有教益的东西!值得注意的是,虽然命运给他种种沉重的考验:苦役,流放,可怕的疾病以及经常的物质上的困苦,但费奥多尔·米哈伊洛维奇的心里却怀着最崇高、最坦荡的人道的感情,永不熄灭。无论如何,陀思妥耶夫斯基身上这种异常的宽厚善良始终令我吃惊。[……]

经过长久的请求,在总督的帮助下,我终于得到营长的同意,让陀思妥耶夫斯基和我一起到兹梅因诺戈尔斯克去一趟,盖尔格罗斯将军请我们去。这地方离库兹涅茨克不远,所以费奥多尔·米哈伊洛维奇盼望着能有机会与玛丽娅·德米特里耶夫娜见上一面,再说到兹梅因诺戈尔斯克去跟有教养的人待上一阵对我们也是个不小的诱惑。

在去洛克吉夫斯克养牧场的路上,我们带了总督的副官杰姆青斯基同行。因为费奥多尔·米哈伊洛维奇与他很熟悉,有些小事常常要烦他出力,在给我的信中提到他的名字,所以我要交代几句关于这个人的情况。除了两个炮兵军官以外,他是我们在塞米巴拉金斯克结识的唯一的年轻人。他是从无知的士官生提拔成军官的,因为托人情,他很快又戴上了副官的披缨带的肩章。这是个二十五岁左右的美男子,颇为自信的花花公子,性情快活,很幽默。他自以为是所向无敌的唐璜,对待妇女,他是个无耻之徒,对于塞米巴拉金斯克的丈夫们,他是个威胁。他看到他的上司和其他当权人物待陀思妥耶夫斯基那么亲切,他也想到我这里来托人情,于是他对费奥多尔·米哈伊洛维奇也表现了极大的关切。真实的感情是没有的:他本人过分追求外表的鲜亮,费奥多尔·米哈伊洛维奇的灰色军大衣和那副寒酸相,自然是不合杰姆青斯基的口味的。一般说来,他对塞米巴拉金斯克的所有政治犯都不大喜欢。后来,他当上了宪兵,或者,照那时的说法,当上了"蓝衣警察"。在奉命押送一批流放的政治犯到西伯利亚去的时候,他对这批犯人表现得极为粗暴,毫无人性。陀思妥耶夫斯基不能不跟他打交道,仅仅是因为杰姆青斯基的副官职务,陀思妥耶夫斯基也不得不时常去找他,那家伙果然屡次给过他好处。在洛克吉夫斯克养牧场过了一天以后,我们继续前行。[……]

我们在兹米耶甫做客逗留了五天;按照风俗,他们带我们到一位富裕的商人家里住宿。山区的长官们殷勤接待我们,不知道怎样让我们消遣才好——又是宴会，又是野餐，晚上甚至还举行舞会。场长波列季加上校有个合唱队，由养牧场的职工组成。这些活动搞得那么简单，快乐，可爱，无拘无束，连陀思妥耶夫斯基的心情也愉快起来，尽管玛·德·伊萨耶娃这一次又没有来，因为这时她的丈夫病势很重，可是她又连一封信也没有寄给在兹米耶甫的陀思妥耶夫斯基。他这一回可是穿戴得漂亮极了。他头一次脱下他的士兵的军大衣，穿上我的亚当缝制的常礼服，我的灰裤子，背心和浆洗过的高高的硬领，领角一直翘到耳朵上，这是当时流行的款式。再加上浆洗过的胸衣和黑缎领结，他的打扮才算齐全。[……]

谈到兹梅因诺戈尔斯克，我不能对著名的喀勒望湖略而不提。喀勒望湖离矿山十八俄里。凡是到兹梅因诺戈尔斯克来的人都认为到湖边一游是题中应有之义。著名的龚色尔特男爵看到这一奇妙的自然美景为之陶醉，说是走遍天下不曾见过比这里更美的地方。

我未能免俗，也到湖边一游。费奥多尔·米哈伊洛维奇身体不适；他又心绪不好，留在家里。[……]

我这一辈子见过许多山区的湖泊，可是像这里那样令人陶醉的美景，我至今难以忘怀。我简直像着了迷似的，目不转睛地看着，不忍离去。我感到十分遗憾的是陀思妥耶夫斯基没有与我同来，我认为自然界的美妙景色定会唤起心境最淡漠的人的欣赏兴致。陀思妥耶夫斯基身上一直使我感到惊奇的是他那时对自然的美景会全然无动于衷：既没有打动他，也没有使他激动。他全身心沉浸在对人的研究中，研究人的一切优点、缺点与欲念。其余的一切对他来说都是次要的。他以一个伟大的解剖学家的技巧去发现人类灵魂中最细微的曲折……[……]

我和费奥多尔·米哈伊洛维奇筹划将来，我们毫不怀疑，他很快就会得到赦免，我最近得到的来自彼得堡的消息也是令人宽慰的。离开我如此依恋的费奥多尔·米哈伊洛维奇，我深感惋惜，何况还有我的小说，当时在我心目中占据极重要的地位，它也把我牢牢地拴在这里。我和费奥多尔·米哈伊洛维奇打定主意，我到巴尔纳乌去谋个职位，陀思妥耶夫斯基也幻想着自己获释以后迁居到那里去，他快活地幻想着，开玩笑说："我离玛丽娅·德米特里耶夫娜受苦的地方会近一些，您离慈爱的×也可近一些。"[……]

最近来看望我们的少数人之中，我记得有个青年人顺路来见过陀思妥耶夫斯基。他是个极可爱的吉尔吉斯军官,鄂木斯克武备中学的学生,中亚汗国最后一个可汗的孙子穆罕默德·哈纳菲雅-瓦利哈诺夫(在陀思妥耶夫斯基给我的最后几封信中提到瓦利哈诺夫的名字①)。

他在鄂木斯克的伊万诺夫家和费奥多尔·米哈伊洛维奇相识,很喜欢他。[……]瓦利哈诺夫的外表是个受过充分的教育、聪明、很有修养的人。我很喜欢他,陀思妥耶夫斯基也很乐于见到他。后来我在彼得堡和巴黎遇见过他。据我所知,这可怜的人不久就害肺病死了——彼得堡的气候断送了他的性命。[……]

陀思妥耶夫斯基对伊萨耶娃的眷恋一向是很深的,现在,她只剩下孤单单一个人,费奥多尔·米哈伊洛维奇立即把庇护她和她的孤儿帕沙当作他的生活的目的。应当知道,他得知玛丽娅·德米特里耶夫娜在库兹涅茨克喜欢青年教师万[尔古诺夫]②,当时他是很高兴的。万尔古诺夫是她去世的丈夫的同事,据说这个人极其平庸。我不认识此人,也从未见过。陀思妥耶夫斯基自不免也有妒忌的感情,但是对他的高贵的灵魂不能不表示敬佩,他忘了自己,全身心地为伊萨耶娃的幸福和安宁而操心。

为了想把玛丽娅·德米特里耶夫娜安置好,他的心情很是苦恼,这从他的信中可以看出。例如,下面这几行摘自1856年1月18日陀思妥耶夫斯基给迈科夫的信:

"我不能写作。一个情况,一件事情,在我的生活中拖延了很久,最后终于降临到我身上,吸引了我,将我整个儿吞没。我不能工作,然而我是幸福的。后来,忧郁和痛苦降临到我的头上。"

从我离开塞米巴拉金斯克之后,在陀思妥耶夫斯基给我的所有信件中,这一时期他的生活充满了对玛丽娅·德米特里耶夫娜的担忧。③ 他到了完全绝望的

---

① 陀思妥耶夫斯基在1856年12月4日给乔·钦·瓦利哈诺夫的信中说:"我对任何人(包括亲兄弟在内)都从来没有像对您那样产生过仰慕之情。"陀思妥耶夫斯基建议他写些草原生活的随笔,"在幻想中……安排和珍惜"他的命运,给他描绘一下受过充分的欧洲教育的、第一个哈萨克学者的未来。(《书信集》,第1卷,页200—202)在1859年10月31日给弗兰格尔的信中,陀思妥耶夫斯基请他在地理学会中打听一下瓦利哈诺夫:"我很爱他,也很关心他。"(《书信集》,第1卷,页279)

② 尼古拉·鲍里索维奇·万尔古诺夫,1832年左右生于托木斯克。经过陀思妥耶夫斯基的张罗,他在库兹涅茨克得到教师的职位。

③ 陀思妥耶夫斯基给弗兰格尔的信见《书信集》第1卷。

境地。1856 年 4 月 13 日,他写信给我说,他多么忧愁,处于可怕的境地;如果他从兄弟处要不到他到库兹涅茨克去所必需的一百卢布的话,将使他陷于"绝望"。"怎么知道会发生什么事情呢?"应当认为,他是暗示某种悲剧,可以假定为:他认为在类似的情况下可能会出现悲剧性的结局。我和他闲聊时屡次谈到过这一话题。1856 年 11 月 9 日给我的信中,他也说过:"近来我对您想念得不得了(而且我近来常常生病)。我想象您发生了什么悲剧,类似我们从前谈过的悲剧。"1856 年 4 月 13 日给我的信中他补充道:"我的朋友,我不是为了我自己来求情,而是为了我现在生活中仅有的最珍贵的一切来求情。"

1856 年 5 月 23 日的信中他写道:"我的事情糟透了,我几乎陷于绝望。我尝过的辛酸是难以忍受的。"1856 年 7 月 14 日的信中说:"我简直像发了疯……现在已经晚了。"7 月 21 日的信中说:"我心里突突直跳,但愿她别嫁人……老天爷——哪怕投河,哪怕开始酗酒。"

"但愿您知道我现在是多么需要您的爱。要是我能拥抱您,也许我会轻松些。抑郁得叫人受不了。尽管我也知道,您如果不来西伯利亚,那自然是因为您留在俄罗斯将更为有利,不过还是原谅我的自私吧。我连睡觉也想着快些在这里见到您。我需要您,那么需要您!……"

看到他为自己的情敌——教师万[尔古诺夫]而操切不安地张罗,您自己去判断吧,费奥多尔·米哈伊洛维奇的灵魂是多么高尚,善良,没有丝毫妒忌。在他给我的一封信(奥列斯特·米勒在他的文集中提到过这封后来丢失了的信①)中,陀思妥耶夫斯基写道:他愿意"**跪下来**"为他,**为教师万**[尔古诺夫]而求我。"眼下他对于我比亲兄弟还亲,我于心无愧地求您,他值得……看在上帝分上,做点儿什么吧——考虑考虑,做我的亲兄弟吧。"这样富于自我牺牲精神的天性,为别人的幸福而忘了自己的人世上未必很多。

1856 年 12 月 21 日,命运之神终于向费奥多尔·米哈伊洛维奇微笑了。1856 年 12 月 21 日的信中陀思妥耶夫斯基对我写道:"如果没有什么干扰的话,那么,在谢肉节之前,我要结婚了,您知道我娶的是谁。直到现在她仍爱我……她亲口答应了我。我在夏天的信中告诉您的她的情况,丝毫没有影响她对我的

---

① 弗兰格尔引用 1856 年 12 月 21 日的信不确切。(《书信集》,第 1 卷,页 206)在米勒的《材料》中这封信大致上写明日期是 12 月 1 日。(《传记》,第一种页码,页 152—153)

怀恋。她爱我。这我确切知道。夏天我写信给您时就知道。她很快就不再相信她的新的恋情了①……还在夏天,我从她的来信中就知道了。一切情况都已向我公开了。她对我从来没有什么秘密。啊!如果您知道这是个什么样的女人那就好了[……]"

从巴尔瑙尔回到塞米巴拉金斯克,我发现陀思妥耶夫斯基面容消瘦,抑郁不乐,活像个死人。因为我来了,费奥多尔·米哈伊洛维奇才稍稍振作了一些,但我不得不让他痛苦,告诉他,我很快就要离开塞米巴拉金斯克。

临别之前的最后几天飞快地过去。十二月底,我准备上路。费奥多尔·米哈伊洛维奇整天和我待在一起,帮我收拾行装……我们两人都心情抑郁,凄惶不安。情不自禁地想到……我们还会再见面吗?!

我敢说,这两年间,我们两人相处得很融洽,亲密无间,情深意笃,依依不舍,共同分享了西伯利亚生活的欢乐与痛苦,像俗话所说的,互相掏出心来了。在远离一切亲人的艰难时刻,这是多么难能可贵,遇到过这种情况的人都会懂得,这样的友情会减轻人的痛苦。[……]

然而……我出发的时刻终于来临。

暮色渐渐浓了。

亚当出来,扛起皮箱,我们紧紧地、紧紧地拥抱。热烈地亲吻,一吻再吻,互相发誓决不忘记。我尽我所能,千方百计鼓励他,给他打气。

我们两人好像初次见面一样,眼泪汪汪的。

我坐上马车,最后一次拥抱我那可怜的朋友。

车夫抖了抖缰绳,我的三驾马车猛地向前滚动……我走了。

我再次回头望去:昏暗的暮色中,只看到沮丧的陀思妥耶夫斯基的身影渐渐模糊了。

题解:

亚历山大·叶果罗维奇·弗兰格尔男爵(1833—?),律师,外交家,考古学家。1854年被任命为塞米巴拉金斯克的检察官,当时,流放到西伯利亚的费·米·陀思妥耶夫斯

---

① 指她对万尔古诺夫的爱。

基正在该地当兵。弗兰格尔的检察工作有自由主义的倾向,他企图改善低微阶层出身的"身不由己的"罪犯们的命运,和流放的波兰人来往,这些行动引起地方当局的不满(这是弗兰格尔很快离开塞米巴拉金斯克的原因之一)。在西伯利亚,他结识了十二月党人伊·伊·普辛、姆·伊·穆拉维约夫、恩·弗·巴沙尔金、伊·亚·安年科夫与普·恩·斯维斯土诺夫,并长期和他们通信。

业余时间,弗兰格尔用来研究自然科学和旅行。1857 年春,他返回彼得堡,同年,他随一支分舰队出发考察,这支分舰队将环游世界,到中国的东海岸、日本及阿穆尔河口;弗兰格尔被任命为考察队队长的秘书,担负特殊使命:搜集自然历史的收藏品,对行程作准确的描述。

1858 至 1859 年,弗兰格尔参加与中国签订《瑷珲条约》的准备工作。从这时起,到 1906 年(中间只有一些小小的间断),他在外交部门任职,晋升很快。退休后,弗兰格尔写了一本书:《回忆陀思妥耶夫斯基 1854 至 1856 年在西伯利亚》,最初发表在 1908 至 1909 年间的《新时代》报上。(关于弗兰格尔的详细情况,参见《书信集》,第 1 卷,页 517—518;又见《二百五十年至今的弗兰格尔家庭史》,柏林和德累斯顿,1887 年,第 1 卷,页 381—387)

陀思妥耶夫斯基与弗兰格尔的友谊开始于 1854 年。弗兰格尔把陀思妥耶夫斯基引入塞米巴拉金斯克的高级行政官员界,因此而减轻他当小兵的艰苦处境。弗兰格尔很有教养,性格温和,富有同情心,陀思妥耶夫斯基常把自己的想法告诉他。弗兰格尔在物质上给了陀思妥耶夫斯基很多帮助,不仅在他们的友谊比较亲密的时候给过帮助,而且在以后的六十年代也是如此。

陀思妥耶夫斯基在 1856 年 1 月 18 日给阿·尼·迈科夫的信中写道:"亚历山大·叶果罗维奇,即弗兰格尔男爵,人很年轻,心灵很美,心地极好,抱着了解边疆、做点好事的宏大理想,从利采伊直接来到西伯利亚。他在塞米巴拉金斯克任职,我们和他意气相投,我很喜欢他。[……]他为人过于善良,没有任何特别的信念,心地高尚,有头脑,——可是心太软,脆弱,尽管他的外貌乍看起来有几分难于接近的样子[……]。他生长在那个半贵族式的或四分之三贵族式的男爵圈子里,我不太喜欢这种圈子,他也不太喜欢,因为他有优秀的品质,但是看得出也有许多旧的影响。[……]他为我做了许多好事。[……]然而我之所以喜欢他,却不仅仅是因为他为我做过好事之故。"(《书信集》,第 1 卷,页 164—165)

陀思妥耶夫斯基与弗兰格尔的通信中断了一个时期,1864 年恢复,继续到 1866 年,中间停顿过一个长时间。1864 年,陀思妥耶夫斯基在复弗兰格尔的信中向他诉说了自己的不幸——妻子玛·德·伊萨耶娃及兄弟相继去世,物质生活境况艰难,这和《时代》杂志停刊有密切关系。陀思妥耶夫斯基赴巴登-巴登治病,回国途中顺便到哥本哈根去看望了弗兰格尔。他们在彼得堡也会过几次面。可是从前的友谊关系没有恢复。1873 年,他们在彼得堡最后一次见面。

弗兰格尔所写的关于陀思妥耶夫斯基的书,是同时代人关于作家在西伯利亚流放时期的生活的为数不多的见证之一。书中详尽叙述了陀思妥耶夫斯基的日常生活情况,描写了这一时期他与之交往的人们的特点。书中也反映了作家私生活的几个插曲:他娶伊萨耶娃的经过以及从西伯利亚流放获释的经过。出于他对地志学研究的兴趣,弗兰格尔在书中也记载了陀思妥耶夫斯基待在西伯利亚期间当地居民及流放者的政治与经济状况。

弗兰格尔的回忆录选自他的《回忆费·米·陀思妥耶夫斯基在西伯利亚(1854—1856)》,圣彼得堡,1912 年。

走向第一高峰

回忆费·米·陀思妥耶夫斯基

尼·尼·斯特拉霍夫

　　我认为,把我记忆中保存的关于费奥多尔·米哈伊洛维奇·陀思妥耶夫斯基的一切多少是有趣的和重要的事情写下来,这是我的责任。有相当长的一个时期,我跟他很接近,尤其是在办杂志那个时期,他是杂志的领导人。因此,最有可能要求和期待我来叙述他在从事这一公共事业期间的见解和情绪。我们关系密切,所以我有充分的机会去了解他的思想和感情,我将尽我所能,根据我所记得的,我所能够理解的,努力加以叙述。这几个杂志的命运,波折和变化的历史,现在别人未必见得能像我一样说得那么详细;而这段历史在费奥多尔·米哈伊洛维奇的生活中却有着重要意义,又构成他的写作生涯中的重要方面。我也将努力以全部的真诚和准确指出我所能够了解的他个人的特点与态度。不过,我叙述的主要对象毕竟还是我们作家的文学活动。不仅作为一个艺术家,长篇小说的作者,而且作为一个办杂志的报人,他在文学史上将成为值得纪念的人物。我还是从叙述他办杂志业务开始我的回忆录,这样最为合适。

尼·斯特拉霍夫

一　初　期　会　面

费奥多尔·米哈伊洛维奇的办杂志工作,如果统统加在一起,恐怕有相当大的分量。他对这种工作怀着极大的兴趣,他的绝笔之作恰恰是他的最末一期《日记》①中的几篇文章。

他作为办杂志的人,也就是作为编辑、政论家和评论家办过的刊物有如下几种:

其一,《当代》(《Время》),大型月刊,由费奥多尔·米哈伊洛维奇的哥哥米哈伊尔·米哈伊洛维奇·陀思妥耶夫斯基主编,自1861年1月至1863年4月底出版。

其二,《时代》(《Эпоха》),同样的大型月刊,从1864年初至1865年2月底出版,起先也由米哈伊尔·米哈伊洛维奇·陀思妥耶夫斯基主编,他死后,1864年6月起由亚·乌·波列茨基主编(波列茨基如今已作古)。

其三,《公民》,弗·彼·梅谢尔斯基公爵于1872年创办的周报。第一年的编辑是格·康·格拉多夫斯基,后来,1873年是费奥多尔·米哈伊洛维奇。他在这里开始写作题为《作家日记》的小品文;这是下一个刊物的胚胎。

其四,《作家日记》,月刊。1876年与1877年出版。1880年出了一期八月号;1881年的一月号出版时编者已去世。

这些杂志的精神和方针在彼得堡的期刊中构成完全别具一格的版面,大家知道,彼得堡的期刊的特点是意图完全相同,这大概是因为它们是在相同的条件下发展起来的缘故。费奥多尔·米哈伊洛维奇的活动与彼得堡的这种普遍的情绪截然相反,他多半以其强有力的才能和热情的宣传,使另一种情绪,比较广阔的——俄罗斯的情绪而不是彼得堡的情绪,受到很大的重视。

我试着合情合理地指出这件事的过程。我和费奥多尔·米哈伊洛维奇正是在办刊物生涯中开始相识的,还要早一些,是在《当代》出版之前。1859年底就

---

①　即《作家日记》。

宣布第二年有新的月刊《火炬》出版,由德·伊·卡林诺夫斯基主编。这本杂志的主要撰稿人是亚·彼·米柳科夫,当时是我同一个学校的同事。我把我的作品交给他供杂志创刊号用,这是我的第一篇大块文章,我是以这篇文章开始彼得堡的报人生涯的。[①] 令人十分高兴的是文章得到赞扬,米柳科夫请我去参加他的文学小组,每星期二例会,地点在军官街的雅科勃斯家。从我去参加这个小组的第一个星期二起,我认为自己仿佛终于被一个真正的文学家团体所接纳了,对一切都很感兴趣。陀思妥耶夫斯基两兄弟,费奥多尔·米哈伊洛维奇与米哈伊尔·米哈伊洛维奇原来是米柳科夫的主要客人,又是房东的老朋友,互相很要好的,所以经常在一起。除去他们之外,经常来的有阿·尼·迈科夫、符·弗·克列斯托夫斯基、德·德·米纳耶夫[②]、斯·德·亚诺夫斯基医生、亚·亚·楚米科夫[③]、弗·德·雅科夫列夫[④]等等。在小组中占首位的自然是费奥多尔·米哈伊洛维奇:他是大家公认的大作家,他的首席地位不仅因为他有名,还因为他有丰富的思想和他表达它们时的热情。小组不大,成员之间很亲密,因而所有俄国人团体中司空见惯的拘束气氛这里是连影子也没有的。不过就是在那时候,费奥多尔·米哈伊洛维奇平常说话的习惯也是颇惹人注目的。他常常轻声和人谈话,几乎耳语一般,直到有什么事情特别刺激了他,这时他精神来了,才骤然提高声音。不过,这种时候以他通常的情绪而论可说是相当快活了。他身上原本还有许多温柔的地方,到后来几年,他经受了无数艰难和焦虑以后,全变了。他的外表我还记得清清楚楚:那时他只蓄着小胡子,尽管他脑门大,眼睛很美,却完全是一副当兵的面孔,也就是一副平民百姓的相貌。我也记得,我初次看见他的前妻玛丽娅·德米特里耶夫娜,几乎是匆匆的一瞥;她的苍白而柔美的面容给我十分愉快的印象,尽管这面容显得纤细,也不规则;看得出患病的迹象,这病引她走向坟墓。

小组里的谈话使我极其感兴趣。这是一所新的学校,我有机会得以毕业于这个学校,这一派人在许多方面跟我已经形成的见解与趣味都是相左的。在这

---

① 1860 年第 1 期《火炬》上刊登了斯特拉霍夫的文章《黑格尔哲学的意义》。

② 德米特里·德米特里耶维奇·米纳耶夫(1835—1889),讽刺诗人。

③ 亚历山大·亚历山大罗维奇·楚米科夫(1819—1902),作家。

④ 弗拉基米尔·德米特里耶维奇·雅科夫列夫(1817—1905),作家。

之前,我也参加过一个小组,不过是自己的小组,不是公开的文学小组,纯粹是私人性质的小组。这样的小组在彼得堡一向是很多的,往往是读书小组,求知识,好学习,养成自己的好恶,但是根本不打算公开活动。

　　我相识的这一类朋友尽是些年纪比我轻的人;我报出名字来:在世的人当中有德·瓦·阿韦尔基耶夫①;去世的有米·巴·波克罗夫斯基、尼·尼·沃斯科鲍依尼科夫、伊利英、伊·格·陀尔戈莫斯季耶夫及费·伊·陀谢②。这些人非常崇拜科学、诗、音乐、普希金与格林卡;他们态度严肃,情绪很高。我参加纯文学小组时所抱的那些观点也是在这里形成的。

　　那时我研究动物学和哲学,因而我自然勤奋地阅读德国人的著作,把他们看作启蒙教育的领袖。文学家们却是另一种情况;他们都十分热心地阅读法国人的著作,对德国人的却颇为冷淡。不过大家都知道米·米·陀思妥耶夫斯基是个例外,他懂德文,能看书和翻译。费奥多尔·米哈伊洛维奇则尽管学过德文,可是和其他人一样,全荒废了,一辈子只看法文书。在流放中,看来,他原本打算认真学习一番的,曾请他的哥哥把黑格尔的哲学史的原著寄给他③,然而书寄来后没有看过,跟我认识之后立即把书送给了我。

　　小组的趋向自然也是在法国文学的影响下形成的。政治问题和社会问题在组里占主要地位,往往超过对纯艺术的兴趣。按照这个观点,艺术家应当关心社会的发展,引导人们认清社会上所产生的善与恶,因而要做引导者、揭露者和领导者;这样一来,无异直截了当地声称永恒的、共同的利益应当服从暂时的、局部的利益。费奥多尔·米哈伊洛维奇充满了这种政论式的倾向,并且保持终身。

　　文学艺术家的活动主要应当是观察和描写各种不同类型的人,大部分是卑贱、可怜的人,把他们在**环境**的影响下,在周围情况的影响下是怎样定型的表现

---

　　①　德·瓦·阿韦尔基耶夫(1836—1905),作家。

　　②　这些人*后来都属于文学界,尽管有些人很少参加,甚至根本不为人所注意。——斯特拉霍夫注

　　*　米·巴·波克罗夫斯基是1861年"大学生风潮"的参加者,大学生组织领导人之一。

　　　尼·尼·沃斯科鲍依尼科夫(1838—1882),政论家,《读书文库》及《莫斯科电讯》的撰稿人。

　　　伊·格·陀尔戈莫斯季耶夫,新闻记者,翻译家。

　　　费·伊·陀谢(1831—1876),作家,1863年"大学生风潮"的参加者。

　　③　见《书信集》,第1卷,页138—139。

出来。文学家往往有这样的习惯：有机会时常到最肮脏的下等地方去走走，和一些为商人和官吏所厌恶的人作友好的谈话，又满怀同情地看待各种最粗野的现象。小组里谈话的话题总是落到这种人的各种类型上，从这种**生理学**的见解中透露出许多机智和细致的观察。开头一个时期，对人的特性和行为，不是从道德要求的高度，不是按照理性、崇高和美的标准来判断，而是从各种影响的无法避免的威力，从人的不可避免要顺从的本性的观点出发来作判断，这种方法着实使我吃惊。费奥多尔·米哈伊洛维奇的独特的思想情绪，比这种生理学高出一筹，我是在后来才恍然大悟的，起初在大家滔滔不绝地谈论对我来说是新鲜的见解中，我并没有发现他的独特之处。

这一思潮显然是在法国文学的影响下形成的，是富有成果的**四十年代**的思潮之一，那时，欧洲的精神生活格外蓬蓬勃勃，对我们俄国人产生巨大的影响，在我国撒下种子，后来终于长期地蓬勃生长起来。［……］至于我，在文学方面我也是属于四十年代的一个流派的，不过比文学小组还要资格老一些；说到这个流派，它认为**了解黑格尔、熟读歌德**就是文明的顶峰。因此，又由于其他导致不一致的原因，文学小组的情绪十分引起我的注意。

这种情绪的基础自然是在于美好的感情，人道主义的精神，对处于困难境地的人的同情以及对他们的弱点的谅解。其实，我们在指出别人不能实现的要求——哪怕是道德上的要求时，很容易犯硬心肠的毛病。因此，我所参加的文学小组，对于我，在许多方面是人道主义精神的学校。不过这里的另外一个特点，极为错误，使我颇感吃惊。我惊奇地发现，这里对任何一种**肉体上**的放纵和违反常规看得毫不重要。在道德方面极为敏感的人，具有最高的思想方式，大部分人自己甚至没有什么肉体上的放纵，可是看待这种混乱却全然无动于衷，谈到这种混乱情况好像谈什么有趣的小事，空闲时逢场作戏也是完全可以的。精神上的丑陋会遭到严厉而细致的谴责，而肉欲上的丑事却不会被当作一回事。这种古怪的**性的解放**起着诱惑的作用，在某些情况下引起的后果，回想起来是既可怕又痛苦的。［……］

这里顺便概括地说一说，读者不应当把这几则笔记和下述笔记看作是企图完整地反映已故的作家；我直截了当地、断然地否认这一点。他对于我是太亲密而又太不了解了。当我回想起他来，使我吃惊的正是他的才智的无限敏捷，心灵的永不枯竭的丰美。他身上似乎一点也没有定型的东西，思想感情如潮涌般地产生,在来得及表达的思想感情之下隐藏着如许没有表现出来的、人家无从知道的思想感情。因此他的文学活动也像某种热情迸发一般在开展,扩大,不符合一般的发展形式。在文学活动的平稳的进行中,甚至仿佛是在松弛之后,他突然显示出新的力量,从新的方面出来亮相。这样的高潮算来有四个:第一,《穷人》;第二,《死屋》;第三,《罪与罚》;第四,《作家日记》。当然,这四本书里到处都是那个陀思妥耶夫斯基,但怎么也不能说,他充分表达了他的思想感情;死亡使他没有能够达到新的高潮,使我们看不到也许是更加和谐、明朗的作品。

一个人非常强烈地沉浸在某种思想感情中,可是心里却保存着不屈不挠、不可动摇的观点(他以这样的观点看待自己,又用来看待自己的思想感情),这种独特的两重性在他身上流露得极其明显。他本人有时也谈到这一特点,称之为反射。这样的内心结构,结果往往是一个人始终有可能去判断他的内心充满了什么,不同的感情和情绪往往能够传入内心而无法彻底控制它;从这样深刻的内心中往往会产生一种能量,使思想和创作的全部活动和整个内容得以活跃和改观。

无论如何,费奥多尔·米哈伊洛维奇的丰富的同情心,善于了解各种不同的乃至相互对立的观点的本领,总是使我颇为惊讶。初次认识他时,他是果戈理和普希金的五体投地的崇拜者,在艺术方面对他们无限钦佩。我到现在还记得我第一次听他朗诵普希金的诗歌的情景。米哈伊尔·米哈伊洛维奇分明很钦佩他的弟弟,要他朗诵,兴致勃勃地听他朗诵。费奥多尔·米哈伊洛维奇朗诵了绝妙的两个片断:"春雪消融的地方"①和"春暖时节"②,他对这两节诗评价很高,后来挑选后一片断在普希金纪念会上诵读。我初次听他朗诵是在这个纪念会之前的二十年,我还记得我当时的失望心情:费奥多尔·米哈伊洛维奇朗诵得很好,不过是用稍稍克制的、压低的声音念的,是那种没有经验的人朗诵诗歌时通常所用的声音。我还记得他朗诵过其他的诗歌和散文:当时他确实不是一个很有技巧的朗诵者。我顺便提到此事是因为他在世的最后几年朗诵得好极了,确确实

---

①　指 1828 年的《寒风还在吹》一诗的草稿,第一次由安年科夫在《普希金的生平传记的材料》(1855)中发表。

②　指《大狗熊的故事》草稿的开头部分,属于 1830 年前后的作品,第一次由安年科夫在《普希金的生平传记的材料》(1855)中发表。

实以自己的艺术使听的人赞赏不已。

　　五十年代末期,果戈理在大家的记忆中还很鲜明,尤其在文学界,大家都还记得他,谈话中经常引用他的文句。我记得费奥多尔·米哈伊洛维奇对果戈理笔下的各种典型的耐人寻味,像赫列斯塔科夫、波德科列辛、考奇卡列夫等人①的生命力,曾经作过非常精辟的论述。一般说来,文学在当时对大家还有着那样的作用,对于现在这一代人却已经没有了。费奥多尔·米哈伊洛维奇则是自己全身心地投入文学中,不仅从普希金和果戈理那里受教育,也经常以他们的作品为养料。他在普希金纪念日发表的演说超过所有其他人的演说,给他赢得了胜利,没有亲眼看见他的人很难理解这一胜利,我不禁屡次想到这一褒奖归费奥多尔·米哈伊洛维奇所得完全是公平的,所有的崇拜者和颂扬者当中,没有人比他更爱普希金的了。

二　创办《当代》

　　整个1860年,我几乎只在米柳科夫处才见到费奥多尔·米哈伊洛维奇。我尊敬而又好奇地倾听他的谈话,我自己则未必说什么;不过在《火炬》上登过我几篇自然哲学的小文章,引起费奥多尔·米哈伊洛维奇的注意。陀思妥耶夫斯

---

　　①　对于陀思妥耶夫斯基来说,果戈理是他不断地受到吸引又不断地被他排斥的核心。他从别林斯基的论述和理解中去领会果戈理,也知道对果戈理的一些摇摆不停的看法。因此,他在世的最后时期,在1876年的《作家日记》中,他几乎逐字逐句地重复了别林斯基的话,说"果戈理在他的《通信集》中是差劲的,尽管有个性;果戈理在《死魂灵》中有些地方不是作为一个艺术家而自己直接开始议论的地方,简直是差劲的,甚至也没有个性,然而他的作品,他的《结婚》,他的《死魂灵》又是最深刻的作品,内容最丰富的作品"等等。(《1926—1930年版全集》,第11卷,页250)在四十年代,作为自然派的首领、艺术家的果戈理和作为思想家的果戈理之间的这种区别,对于陀思妥耶夫斯基来说更加明显。

　　四十年代,陀思妥耶夫斯基在与兄弟的通信中一直把自己和果戈理作比较,寻找不同之处的根据,他对别林斯基的比较感到高兴:他,陀思妥耶夫斯基,"运用分析法而不是综合法",果戈理则是"整个儿直接拿来,因而就不那么深刻"。(《书信集》,第1卷,页86—87)他的早期作品,尤其是《穷人》,是按照果戈理风格的途径创作出来的。

　　关于陀思妥耶夫斯基对果戈理喜剧中人物的独特理解见本书魏恩贝尔格的回忆录。

基兄弟那时已经邀集一些撰稿人,他们决定明年创办大型的《当代》月刊,早就在诚恳邀请我去工作。我虽然在文学上已有了小小的成就,引起米·尼·卡特科夫①与阿·亚·格里戈利耶夫对我的几分注意,但我毕竟应该说,在这方面首先要感谢费奥多尔·米哈伊洛维奇,他从那时起就对我另眼看待,常常鼓励我、支持我,并且比别人更热心地始终肯定我的作品的优点。读者对此自然可能看作是他那方面的一个错误,然而我应当提到这一事实,尽管那好比他的文学上的偏爱的一个小小的例证,我心甘情愿地承认,我本人常常看出费奥多尔·米哈伊洛维奇对我的活动赋予重要意义,其中确有夸大之处,尽管我的虚荣心在小声嘀咕。

1860年9月,各主要报刊上刊登了《当代》出版的广告②,还贴出海报。

费奥多尔·米哈伊洛维奇自然是希望自己担任杂志的真正编辑并予以宣布的;可是他当时是受警察监视的,所以后来也未批准他任《时代》的编辑。只是在1873年,这一障碍消除了,他才正式被任命为《公民》的编辑。因为两兄弟很合得来,所以开始时作了非常恰当的分工:一切物质上琐事由米哈伊尔·米哈伊洛维奇自己担任,思想领导归费奥多尔·米哈伊洛维奇。[……]

三　新的流派——乡土派作家

回过头再来谈谈创办《当代》的主导思想。为了理解我们大家当时的情绪以及在这种情绪影响下所形成的陀思妥耶夫斯基兄弟对杂志的看法,有必要回忆一下这一切是在什么时候发生的。那是1861年,也就是农奴解放那一年,上

---

① 卡特科夫于1860年3月请斯特拉霍夫参加他的杂志工作。这样在《俄国导报》五月份第2期上出现斯特拉霍夫的文章《物质的原子论》,在七月号和八月号上又发表他的两首诗。

② 下面斯特拉霍夫引用了这则广告的全文,这里从略。(见《1926—1930年版全集》,第13卷,页496—502)广告是由费·米·陀思妥耶夫斯基拟的,刊登在第1期杂志上。主要意思是必须把"俄国的知识阶层"和民间因素结合起来,他们的分离是彼得大帝的改革引起的,这种状况行将结束:俄国人相信他们永远也不会变成欧洲人,他们有独特的民族性,俄国人的任务是替自己创造一种形式,来自民间土壤里的形式。俄国的思想有可能成为欧洲各民族中所发展的思想的综合体。

一个朝代最光明的时刻,真正令人欢欣鼓舞的时刻。在俄国,新的生活好像应该是开始了,有的地方跟过去完全不一样了;好像最大胆的、令人振奋的希望正在实现而且是可能实现的;轻松地相信一切都很美好也就很自然的了。[……]

书报检查制度逐年放松,出版的书籍和杂志如雨后春笋。1855 年之前的沉默时期所产生和郁积下来的意见和情绪,这时表现出来了,毫无保留地发表出来了;在没有拘束和普遍的活跃气氛中,各报刊勇敢地办起附刊来,而且方式方法有了发展;从前的老习惯和书报检查机关监督的放松使一切都呈现出很不错的诱人景象。

这样一来,这七年中形成了一些流派,直到现在还占主要地位。费奥多尔·米哈伊洛维奇所推行的《当代》的流派是这种流派的最新现象。按照他的推测,那完全是新的、特别的流派,与分明已经在俄国开始的新生活相适应,它应当取消或超过从前的西欧派与斯拉夫派。想法本身的含糊并不使他感到担心,因为他坚信想法是在发展的。然而,最值得注意的是在当时情况下文学界有些古怪的特点,使他以为过去的文学流派——西欧派与斯拉夫派已经枯竭或者行将枯竭,新的情况就会产生。问题在于那时各派的区别不是很清楚的,整个文学界是打成一片的。我还记得当时在耍笔杆的人之间盛行的几乎是友好的感情。由于不久前才得到发言权,由于对共同的看管人——过去很吓人的书报检查机关还余悸犹在,文学家们认为自己有必要互相保护,互相支持。一般认为,文学是一种共同的事业,意见的分歧在共同的事业前面应当退居次要地位。确实,大家一致赞成教育、言论自由,解除一切束缚与限制等等,总而言之,赞成最流行的自由主义的基本原则,这种原则被理解得非常抽象,以致各种极不相同的以及互相抵触的意图都可以装在这些原则下面。各种不同流派的代表人物自然知道各自的差别的界限,可是对于一般读者及大部分搞写作的人来说,文学界却是个统一体。其实这是一片混乱,形状模糊而又五花八门,所以很容易使人产生一种愿望:给它形式,或者至少从中区分出某种比较明确的派别来。至于直接涉及费奥多尔·米哈伊洛维奇,那么,纵观他办刊物的整个活动,不能不说,他的愿望是实现了的。在彼得堡文学界,有时他的声音很高,尤其是他在世的最后几年,他甚至压倒其他人的声音,抗议着,指出另外一条道路。

无论如何,在《当代》创刊时就断定斯拉夫主义者们和西欧主义者们已经过时,该有新的东西问世了。①

　　……在《广告》中对西欧主义与斯拉夫主义谈得过于粗率,需要更明确地表述关于取消这两种派别的想法。除去费奥多尔·米哈伊洛维奇以外,这一看法还得到阿·格里戈利耶夫的全力支持,他从第2期②起开始热心地为《当代》写稿。在某种程度上是我促使他参加杂志工作的,我过去认为,直到现在仍认为他是我们最好的评论家。我还记得那次谈话。他们一定要我写文学评论文章,我拒绝写,坚持指定叫格里戈利耶夫去写。费奥多尔·米哈伊洛维奇声称他本人很喜欢格里戈利耶夫,很希望他来合作,这使我喜出望外。可是邀请已经有点儿嫌迟了,第1期出来时没那个评论家的文章,后来,直到他去世,我们一直认为他在文学判断方面是我们的领袖。[……]

　　这一在彼得堡文学界长期以**乡土派**闻名的流派便是这样形成的,说我们**脱离了自己的土壤**,我们应当去**寻找自己的土壤**,这是费奥多尔·米哈伊洛维奇所喜爱的语汇,在他的第一篇文章中便可见到。③[……]

　　陀思妥耶夫斯基兄弟是彼得堡文学直接培养出来的;在评价他们的文学方法和见解时始终要记住这一点。米哈伊尔·米哈伊洛维奇自然是比较温顺的、冷静的,或者甚至对斯拉夫主义者们是抱着成见的,这一点在他提出的问题上也反映出来:"霍米亚科夫④和基列耶夫斯基⑤究竟算是什么深刻的思想家?"这一问触到了阿·格里戈利耶夫的痛处。格里戈利耶夫在发自奥连堡的第一封信中

---

　　① 下面是1861年第1期上的编辑部按语全文(《1926—1930年版全集》,第13卷,页502—503),这里略去。文中也发挥了斯拉夫主义者与西欧主义者已经过时,该是有新的东西开始出现的时候了的看法,并指出杂志将"特别注意[……]一切现代的现象,但愿我们多少能用这些现象来证实和透彻表达我们的思想"。

　　② 阿波隆·亚历山大罗维奇·格里戈利耶夫(1822—1864),著名评论家,诗人。从1850年起,格里戈利耶夫在所谓"莫斯科人"的"青年编辑"中是为首的,参加的有奥斯特罗夫斯基、皮谢姆斯基、费特、波捷欣*等等。1856年起他在各种极不相同的杂志中工作,1861年起他是陀思妥耶夫斯基办的杂志编辑部的固定撰稿人,在他们当中以名为"乡土派"这一社会思潮的主要理论家的面目出现,这一思潮基本上与斯拉夫主义相近。阿·格里戈利耶夫对陀思妥耶夫斯基的影响,不仅在哲学方面,就是在社会思想方面也是很显著的。

　　* 亚历克赛·安季波维奇·波捷欣(1809—1865),散文家,戏剧家。

　　③ 见《论俄国文学中的几篇文章。序言》。(《1926—1930年版全集》,第13卷,页47、60)斯特拉霍夫对陀思妥耶夫斯基的话复述不甚准确。

　　④ 亚·斯·霍米亚科夫(1804—1860),斯拉夫主义者,作家。

　　⑤ 伊·瓦·基列耶夫斯基(1806—1856),政论家,哲学家,斯拉夫主义的理论家。

把这个问题当作促使他在发了四篇文章以后为什么想要离开杂志的直接原因提出来的。① 费奥多尔·米哈伊洛维奇当时和斯拉夫主义者们几乎不认识,自然不想去反驳格里戈利耶夫,而且以他广博的头脑,他感觉到真理在谁一边。[……]

因此,乡土派自有它的信奉者,并且正如我已指出的,它也有单独存在的几分理由。无论如何,这是一种俄国的流派,爱国的流派,它在给自己寻找定义,正如逻辑所要求它的,最终又归附于斯拉夫主义了。可是在若干时间内它保持独立,这有双重的原因:一是它相信自己的力量,希望独立;二是希望尽可能比较顺利地把自己的思想传播到群众中去,引起他们的兴趣,避免和群众的成见冲突。陀思妥耶夫斯基兄弟作很大的努力要使他们的杂志办得引人入胜,有更多的人看。考虑刊物上文章的多样化,作品的影响,避免一切艰涩枯燥的东西,这都是十分重要的事情。这就是为什么在杂志上会出现像《让·卡赞诺夫从威尼斯的普洛姆勃逃跑》②、《拉赛涅尔讼案》③等等文章。同时其他文章也力求轻松诙谐,滔滔不绝,当时整个杂志界盛行的是这种风气。《当代》在轻松和趣味性方面不想落在别人后面,又考虑到刊物要获得成功,不但一般地承认它对自己、对公众双方都有利,而且直接是为了尽可能广泛地传播杂志带到文学界来的思

---

① 见《时代》杂志 1864 年十月号上《回忆阿·格里戈利耶夫》一文 *。——斯特拉霍夫注

* 阿·格里戈利耶夫与《当代》杂志编辑部(主要就是与杂志的思想领导人费·米·陀思妥耶夫斯基)分手,不仅仅是因为他在几篇连续性文章的第四篇《俄国文学中人民性思想的发展》(《反对停滞不前》)中维护了斯拉夫主义者的思想,称霍米亚科夫和基列耶夫斯基是"深刻的思想家"。斯特拉霍夫所引用的格里戈利耶夫在 1861 年 6 月 18 日发自奥连堡的信中写到,他必须离开《当代》,因为照他的意见,杂志不应"与《现代人》保持可耻的友谊"。(《阿·格里戈利耶夫。传记材料》,克壤日宁编,彼得格勒,1917 年,页 267)格里戈利耶夫在给斯特拉霍夫的信中屡次谈到这一想法:"《当代》有明显的倾向性,偏向车尔尼雪夫斯基及其同伴。"(同上,页 278)格里戈利耶夫对费·米·陀思妥耶夫斯基与阿克萨科夫的《日报》的激烈论战深表不满(同上,页 286),一般说来,《当代》对斯拉夫主义者的态度,他也是不满意的。下面斯特拉霍夫承认这是"杂志和格里戈利耶夫之间产生小小分歧"的原因。

② 让·卡赞诺夫的回忆录的这一片断刊载在《当代》第 1 期上。

③ 《拉赛涅尔讼案。法国刑事案之一》这篇文章发表在杂志第 2 期上,加了这样的编者按语:"我们今后如将不时刊登一些著名的刑事诉讼案例,那是因为我们想以此满足读者的需要。且不说刑事案例比形形色色的长篇小说更加引人入胜,尤其因为案例亮出了人的灵魂的丑恶方面,那是连艺术也不愿触及的方面[……],我们觉得,看看这样的诉讼案对于俄国读者不无裨益。"

想。就因为这个原因,杂志即使打算直接引用斯拉夫主义者的话①也是不适宜的。杂志与阿·格里戈利耶夫之间产生小小分歧的真实原因就在这里。格里戈利耶夫的几篇文章我们《当代》的同事们很用心地看过,其他派别的认真的文学家们大概也看了;但是对于公众,这些文章分明是不合适的,因为要看懂它既要大费脑筋,还要熟悉现在不大用到的文学界的传闻。明显地引用斯拉夫主义也会给杂志带来某些不便。②

四　疾病——作家的劳动

[……]费奥多尔·米哈伊洛维奇以惊人的热情开始工作。他从第 1 期起发表他的长篇小说《被侮辱与被损害的》,还主持评论栏,开头的文章是《关于俄国文学的几篇文章》的"序言"。但此外他还参加了杂志的其他工作,编辑刊物,选文章,约稿,创刊号上还担任写小品文。其实小品文本来是约德·德·米纳耶夫写的;我不知道他写的小品文的内容费奥多尔·米哈伊洛维奇为什么不满意,他自己匆匆写了一篇,题目叫《诗歌和散文中的梦》,按照当时流行的风气,把米纳耶夫的小品文里所夹的诗句统统放在自己的文内;这风气似乎正是杜勃罗留波夫在《现代人》上著名的"口哨"栏里③所开创的。费奥多尔·米哈伊洛维奇终于支持不住这样的工作,到第三个月他生病了。四月号的《当代》上他的长篇小说没有五印张或六印张,只有十八页,加了个编辑部按语,说是作者病了。这病是可怕的癫痫症,他躺了两三天,几乎人事不省。

我记得我们大家都惴惴不安,尽管一般说来,他的病对于他的亲友是司空见

---

① 引用斯拉夫主义者的话,就是引用霍米亚科夫、基列耶夫斯基,甚至《火炬》的出版人(即布拉克奇克、扎果斯金及其他人)的话,在阿·格里戈利耶夫发表在《当代》上的第一篇文章上就有了。(《当代》,1861 年,第 5 期,《评论概述》,页 4,9)

② 下面是陀思妥耶夫斯基对斯特拉霍夫的《回忆阿·亚·格里戈利耶夫》一文所作的内容丰富的"注释",这里从略。(《时代》,1864 年,第 9 期,《1926—1930 年版全集》,第 13 卷,页 350—353)

③ 杜勃罗留波夫在"口哨"栏发表的一些小品文确实是散文中夹了诗句,不过这种"风气"早已存在(例如帕纳耶夫在《现代人》上的小品文,阿尔马若夫在《莫斯科人》上的小品文均如此)。

惯的事情了。

文学写作使他付出重大的代价。后来我无意间听他说,为了治疗他的癫痫症,医生们提出的主要条件之一是完全停止写作。这样做自然是不可能的,即使他本人能下决心过这种生活,不去做他看作是自己使命的那种工作。而且连好好地休息一年或两年都不可能。只是在他临死之前,他的事务首先多亏安娜·格里戈利耶夫娜的操心安排,他才有休息的可能;可是临死前他比以往任何时候都更加不愿意半途而废。

他的病大致上一个月发作一次,一般情况是这样。但有时候发作的次数还要多些,常常是一星期发作两次,虽然这种时候很少。在国外时,处于病情很稳定的时期,又因为气候良好,结果四个月左右没有发作。发病前往往有预感,但也可能不灵,上当。长篇小说《白痴》中详细描绘了病人在发作时所体验过的感觉。[①] 我自己有一次曾亲眼看到费奥多尔·米哈伊洛维奇的一次普通的发作。那大约是在 1863 年,正好是复活节那个礼拜天的前夕。深夜十点多钟,他顺道来到我处,我们很兴奋地谈话。聊的什么事情我想不起了,只记得是很重要而又抽象的题目。费奥多尔·米哈伊洛维奇很兴奋,在房间里踱起步来,我则坐在桌子旁。他讲着什么崇高而又令人愉快的事情;我不知以什么意见支持他的看法,他向我转过脸来,满面欣喜的神色,看得出,他兴奋达于极点。他停顿了片刻,似乎在寻找话语以表达他的思想,嘴已经张开。我全神贯注地望着他,感觉到他将要说出什么不寻常的话来,我就要听到什么启示了。突然从他张着的嘴里吐出一种古怪的、没有意义的拖长的声音,接着就失去知觉倒在房间中央的地板上。

这次癫痫发作并不严重。由于抽搐,全身挺直,嘴角冒出白沫。半个钟头以后他苏醒过来,我步行送他回家,他的家就在不远处。

费奥多尔·米哈伊洛维奇多次向我详细讲过他在发病之前常常有一个极度兴奋的时刻。他说:"有片刻工夫我感觉到通常情况下不可能有的幸福,其他的人是根本不会知道的。我感觉到自己身上和整个世界都十分和谐,这种感觉是那样强烈,甜美,为了这无限愉快的片刻可以付出十年生命,也许整个生命。"

由于癫痫发作,跌倒时常常摔伤,肌肉抽搐得发痛。脸上偶尔出现红斑,有时出现乌青。但主要的是病人丧失知觉,有两三天工夫觉得自己完全像个死人。

---

① 《1956—1958 年版十卷集》,第 6 卷,页 253—257。

他的心情异常沉重；他几乎承受不了苦闷的心情和异常强烈的感受。这种苦闷的性质，用他的话来说，在于他觉得自己是个罪人，他似乎感到他的头上压着无人知晓的罪孽和深重的恶行。

血往头上涌，主要是写作所引起的一切后果，对费奥多尔·米哈伊洛维奇显然是很有害的。这是作家不得不忍受的苦难的许多例子之一。有的人，他们的劳动不一定会破坏机体的平衡，不会随之而产生近于害病般的紧张和强烈感受，从而不可避免地引起痛苦，这样的人大概可以算是例外。创作的喜悦和想象的快乐有它相反的一面，很少有人能避免得了。飞得越高，跌得越痛；敏锐的感觉往往是由痛苦的环境造成的，但无论如何敏锐的感觉会把普通的环境变成痛苦的环境。

这里我要说一说写作方法，费奥多尔·米哈伊洛维奇在"注释"①的开头情不自禁地以抱怨口吻提到过。

通常他总是写得很匆忙，快要到期时才写，急就章，又往往脱期。原因在于他是单靠写作为生的，到最近，到近三四年来，他穷了，所以预先支钱，答应了人家，订了合同，以后不得不执行。他的开支没有做到依靠卖文为生的人所需要的那种高度的克制和调度有方，文学写作没有定法，没有定则。他一辈子负债，写了借据，像落在网里，一辈子很紧张，匆匆忙忙写作。不过还有一个原因，更为重要的原因，经常加剧他的困难。费奥多尔·米哈伊洛维奇总是把活儿放在一边，直到期限到了，不能再拖了。等到剩下的时间恰恰足够把东西写完，他这才动手，奋力写了起来。这是一种惰性，有时候达于极点的惰性，但不是普通的惰性，而是一种特殊的**作家的惰性**，我曾有机会在费奥多尔·米哈伊洛维奇的身上十分清楚地观察到这种惰性。问题在于他经常进行着内心的劳动，产生思想活动和思想的发展，他的写作往往很难脱离这种劳动。表面上他很空闲，实际上他不倦地在工作。不进行这种内心劳动的人，或者虽有内心劳动而十分轻微的人，通常因为没有外部工作而烦闷，便兴味盎然地进入这种内心劳动。费奥多尔·米哈伊洛维奇脑袋里有那么丰富的思想和感情，他从来不因空闲而感到烦闷，极其珍惜这种内心劳动。他的思想沸腾着；不断创造新的形象，产生新的作品计划，而老的计划酝酿成熟，发展。他把自己也写进了《被侮辱与被损害的》的场面里，他在一页上说："顺便说说，我一向比较喜欢反复酝酿我的作品，设想着我将

———————

① 见本书页222注②。

怎样去写,这比真的去写更有意思,真的,这可不是因为惰性。究竟为什么呢?"①

我们来代替他回答试一试。他的写作几乎始终是内心劳动的一种间隙,一种叙述,所叙述的东西本当还可以长久地发展下去,直到形象完美的程度。有一些作家,他们的作品从构思到完成之间的距离是很小的;他们的思想几乎是和形象与语言同时出现的;他们能够表达的只是完全形成了的思想,而且一旦说出就不能说得更好。可是大部分作家却要进行艰难而持久的工作,尤其是在写作篇幅巨大的作品的时候;他们没完没了地修改和重写,把产生时模糊的形象修改得越来越清晰、鲜明。费奥多尔·米哈伊洛维奇常常幻想:如果他有空闲的时间,他能写出多么优美的东西来;不过,正如他自己所说,他的作品中最精彩的篇章是一气呵成的,没有经过修改,——这自然是因为思想**已经酝酿成熟**。

他几乎毫无例外地在夜里写作。十二点钟左右,等整幢屋里的人都躺下睡觉了,他独自一人与茶炊作伴,喝着不太浓的、几乎是凉的茶,一直写到清晨五六点钟。他不得不在下午二点甚至三点钟起床,白天接待客人,散步,拜访朋友。

在费奥多尔·米哈伊洛维奇身上可以清楚地看到,对于像他这样思想丰富的作家来说,写作是一种多么巨大的劳动。他仅仅把自己头脑里进行的连续不断的劳动的一个部分写到自己的作品里。大家知道,有时候读者常有轻率的看法,认为对于有才华的人来说,写作算不了一回事,而且误以为诗和散文的写作是轻而易举的。其实读者在评价作者的劳动时是很少会出错的,因为一般说来,只有引起作者兴趣、打动了作者的东西才会引起读者的兴趣,打动读者的心,而且作者在作品中注入多少热情和劳动,作品才会对读者产生多少作用。

至于作品写得匆促与粗糙,那么费奥多尔·米哈伊洛维奇[……]是很清楚地看到自己的这些缺点而且直率地承认的。此外,尽管他也为这些"不完美的创作"感到惋惜,可是他不仅不为自己的匆促而后悔,反而认为那是必要的、有益的事情。对他来说,重要的是打动读者,表达自己的思想,对某一方面产生影响。重要的不是作品本身,而是作品发表的时刻和影响,哪怕是不充分的影响。从这一意义上说,他完全是个新闻记者,纯艺术理论的背叛者。由于他的提纲和构思没有完成,他总是几个题材同时酝酿,他老是幻想着等以后什么时候有整块

---

① 见《1956—1958年版十卷集》,第3卷,页7。

的、比较清静的空闲时光,他要把这些题材作充分的修饰加工。可眼前他写呀,写呀,写出的都是半成品,——一方面是为了获得生活费用,另一方面也是为了经常发出呼声,用自己的思想去提醒读者。[……]

费奥多尔·米哈伊洛维奇喜爱期刊杂志,心甘情愿为杂志效劳,他自然明确意识到他在做什么,在哪些方面偏离严谨的思想和艺术的形式。他自小就受期刊杂志的熏陶,终生忠实于它。① 他全身心投入在他周围沸腾的文学界,从来没有站在一旁,也没有脱离过。他经常阅读俄国的报刊杂志。他的注意力常常集中在收集一部分精彩的文学作品,搜集所有对他本人和对其他人的批评性的评论文章。他十分重视一切好评,一切赞扬,对攻击和谩骂又十分伤心。他的主要的思想兴趣在此,他的物质利益也在此。他只靠文学劳动为生,从来不打算去搞其他工作,也没有打过什么公家机关或私人机构的主意。没钱的时候他很洒脱地到各编辑部去借钱。他不在彼得堡的时候,我按他的要求几次替他到各编辑部去商量借钱,他希望以他**未来的**中篇小说②预支一些钱。商量的结果大多遭到拒绝,我有时不禁很痛苦地想到,他在向什么人提要求啊,何况这种要求都是白提的。然而他却把这种情况看作是他的职业无可避免的艰辛,他清楚地知道他们怎么也不能责备他的。依赖编辑部和书商,一切买卖和商量始终是一件和气的事情,是平等的人之间的交易,永远也不会像人与人之间的其他关系那样令人难受。

所以,文学是费奥多尔·米哈伊洛维奇的最血肉相连的领域;他选文学作职

----

① 按照斯特拉霍夫的看法,陀思妥耶夫斯基属于这样的作家,对他们来说,"长远的和共同的利益"服从于"暂时的和个人的利益"(前面斯特拉霍夫写过类似的看法)。陀思妥耶夫斯基在创作中确实始终十分关心期刊杂志和政论性文章。1845 年他曾准备和涅克拉索夫一起出版文集《挪揄者》,并拟了广告。(见《书信集》,第 1 卷,页 82—83)1847 年他在《圣彼得堡公报》上发表四篇题为《彼得堡年鉴》的文章。(《1926—1930 年版全集》,第 13 卷,页 8—32)在西伯利亚时他苦恼地渴望着能重新发表文章,在进行艺术作品构思的同时,还产生一些政论性的构思:在外省来信的"标题下"动手写了一系列论述现代文学的文章。(《书信集》,第 2 卷,页 570、585)1861 至 1864 年间,出版《当代》及后来的《时代》杂志,他的理想实现了。1873 年,陀思妥耶夫斯基出版《公民》,后来,1876 至 1877 年,1880 至 1881 年,出版了《作家日记》,这本杂志的最后一卷,陀思妥耶夫斯基直到去世前一天还在修改、校订。

② 例如,见 1863 年 9 月 18 日(公历 30 日)陀思妥耶夫斯基给斯特拉霍夫的信。(《书信集》,第 1 卷,页 332—334)陀思妥耶夫斯基在信上说自己手头很紧,请斯特拉霍夫有便去找一找《读书文库》杂志的编辑波波雷金(他在《当代》停刊后曾邀请陀思妥耶夫斯基去合作),代借三百卢布,作为陀思妥耶夫斯基打算写的作品的预支。这部作品就是未来的《赌徒》,到 1866 年底才写完。

业,有时甚至以自己的处境自豪。他勤奋工作,写作,达到了目的:他在辉煌的文学事业的一个方面进展顺利,获得了巨大的声誉,传播了自己的思想,到了生命的暮年,也获得了富裕的钱财。

因此,很容易明白,他是多么喜爱文学,尤其是开头,使他与彼得堡的期刊杂志界的普遍情绪相对立的分歧还没有尖锐地暴露出来的时候。他不能一下子与斯拉夫主义者们接近其原因也在此。他强烈地感觉到他们历来由于坚持自己的原则而对流行的文学所抱的那股敌意。1861 年,伊·谢·阿克萨科夫开始出版《日报》,在头几篇文章中就很雄辩地对各杂志所盛行的流派表示谴责。根据这一情况,费奥多尔·米哈伊洛维奇热情地为文学辩护。① [……]

五　《当代》的成功——同事们

《当代》杂志迅速获得了决定性的成功。订户的数字对我们大家都至关重要,我记得清清楚楚。头一年,1861 年,是两千三百户,米哈伊尔·米哈伊洛维奇说在费用账上能够收支相抵了。第二年订数达四千三百零二份;订户名单按省份刊登在 1863 年一月号《当代》页 189—210 上。创刊第三年的四月份,订户已达四千份,米哈伊尔·米哈伊洛维奇说剩下的三百份到年底一定要达到。这

---

① 　阿克萨科夫的《日报》1861 年 10 月 15 日起开始出版。1861 年第 11 期《当代》上出现陀思妥耶夫斯基的文章《文学界近况。〈日报〉》。但是这篇文章主要的打动人的力量在于它不仅保卫了文学,而且像斯特拉霍夫所证实的那样,还表现了陀思妥耶夫斯基对斯拉夫主义的反感,因为那是"贵族式的"、狂热的、"非常激烈的"爱国主义的意识形态。斯拉夫主义在生活和文学中,除了自己的理论之外,不愿看见任何其他的东西。《日报》第 4 期上署名恩·勃的文章和编者按特别使陀思妥耶夫斯基生气。编者按说过去的农奴制,"在普遍的复杂之中,地主和农民之间的私人关系倒是颇有人情味的"。对此,陀思妥耶夫斯基写道:"人要愚蠢到什么程度才会相信农奴制的仁慈的合理性。"(《1926—1930 年版全集》,第 13 卷,页 154)陀思妥耶夫斯基把阿克萨科夫比作"戴黄手套、拿马鞭"的贵族少爷,看到干粗活的小工"连八普特重的东西也扛不动",他会觉得惊奇。(同上,页 150)和阿克萨科夫的报纸的论战在 1862 年的第 1、2 期的《当代》上继续(陀思妥耶夫斯基的文章:《两个阵营的理论家们》)。十分明显,首先是阿克萨科夫的报纸的政治路线引起陀思妥耶夫斯基的憎厌。斯特拉霍夫显然是想抹去陀思妥耶夫斯基在 1861 至 1862 年间对斯拉夫主义者的思想意识的极端憎恶的态度。

样,事业一下子就变得牢靠了,从第二年起就有了大收入,因为两千五百家订户就足够抵消刊物的开支;那时作者的稿酬比现在低,每一印张大致五十卢布,很少有高出此数的,有也几乎从来没有超过一百卢布。

《当代》取得这样迅速而巨大的成功,其原因应当认为首先是由于费·米·陀思妥耶夫斯基的名气响亮;他被流放去服苦役的事尽人皆知;这一段经历反而扶持和扩大了他在文学上的名声。"我的名字值一百万!"有一回在瑞士他带着几分自豪地对我说。

另一个原因是出色的长篇小说《被侮辱与被损害的》,尽管有种种缺点,对于为费奥多尔·米哈伊洛维奇的名声所吸引的读者,是一种相称的报答。据杜勃罗留波夫证明,这部小说在 1861 年是文学界的一件大事。这位评论家写道:"陀思妥耶夫斯基君的长篇小说写得很不错,看这部小说的人几乎无不怀着愉快的心情,谈到它时也几乎都赞不绝口……"接下去又写道:"总之,陀思妥耶夫斯基君的长篇小说直到现在(即直到 1861 年 9 月)仍是今年最优秀的文学作品。"(《杜勃罗留波夫》,第 3 卷,页 590—591)①

第三个原因应该认为是公众的普遍的情绪,他们从来没有像当时那样如饥似渴地追求新的文学作品。头一阵热潮之后,继之而来的往往是迅速的失望;可是这一回情况却非常好。杂志非常有趣味;刊物上感觉得到令人鼓舞的气象,除此以外,还出现十足自由主义的倾向,不过那是一种特殊的倾向,与许多人已经开始感到腻烦的《现代人》的倾向迥然不同。但是《当代》在实质性的要点上显然与《现代人》没有分歧。在第 9 期的《现代人》上,不仅在分析陀思妥耶夫斯基的小说的文章中对之大加赞赏,我们已从中引用了几行,而且《当代》一创刊《现代人》就友好地欢迎它了。②《现代人》第 1 期出版于一月底,即《当代》创刊号问世后约三星期光景,就在这一期上刊登了《〈当代〉的颂歌》(大概是杜勃罗留波

---

① 斯特拉霍夫这里引用了杜勃罗留波夫的《逆来顺受的人》一文。

② 以车尔尼雪夫斯基为代表的《现代人》编辑部在《当代》创刊之初就断言,《当代》在许多问题上,包括在上流社会可能存在意见分歧的一些问题上的观点,要与《现代人》发生分歧。车尔尼雪夫斯基写道:如果我们没有搞错的话,《当代》既不打算成为《现代人》的相似之物,也不打算成为《俄国导报》的相似之物。(《新时期的出版物》,《现代人》,1861 年,第 1 期,页 90;见《车尔尼雪夫斯基全集》,第 7 卷,莫斯科,1950 年,页 956)《当代》杂志存在的头两年尽管与《现代人》也发生争论,但在很大程度上是支持它与《俄国导报》论战的(例如,见陀思妥耶夫斯基的《〈口哨〉与〈俄国导报〉》、《答〈俄国导报〉》、《文学界的一次歇斯底里大发作》及《有感于〈俄国导报〉的伤感的札记》诸文)。《当代》与《现代人》之间的关系在 1862 年底复杂化了。

夫或库罗奇金写的)①,诗中告诫新杂志要谨防敌人和危险。这个时候的《现代人》的一句话可是举足轻重的啊,它当时处在繁荣的顶峰,完全控制着彼得堡的公众;它的欢迎词比一切广告都管用。1861年十月号的《当代》上甚至出现涅克拉索夫的诗歌《农民的孩子》,同时还有奥斯特罗夫斯基的喜剧《巴尔扎米诺夫的婚礼》;1862年的《当代》四月号上又出现谢德林的剧本②。这样一来,《现代人》杂志文艺方面的最著名的同事,为这个刊物倾注了全力的涅克拉索夫和谢德林,连他们都对《当代》另眼看待。从这里当然也可看出《当代》所取得的成功,甚至可以看出对它的流派怀有几分敬意,这种敬意,我以为,涅克拉索夫是一直保持到去世的。

不管怎样,《当代》在读者心目中声望迅速提高,与此同时,老的杂志如《祖国纪事》、《读书文库》及其他刊物却纷纷下跌,唯独《当代》蒸蒸日上,几乎开始与《现代人》一争长短,起码它光凭自己的成就也有理由渴望这种竞争。这一成就无论如何不是一种虚假现象,就是说,不是在我国公众中司空见惯的一时轰动。后面我要详细叙述它是怎样衰落的,现在我只指出,迅速的成功使我们产生强大的自信,这种自信心,在顺利情况下于事业大有裨益,然而在不顺利的情况下于事业却十分有害。［……］

《当代》存在期间它的撰稿人由两部分人组成。一部分人围绕在阿·格里戈利耶夫身边,他善于以自己的思想和心灵上的诱人的特点,尤其是以真诚关心青年人的文学事业,把他们拉在自己身边;他善于激发他们的才干,引导他们作最大的努力。另一群人是由费奥多尔·米哈伊洛维奇和我组成③;我们特别友好,天天见面,甚至一天好几次。1861年夏季我从瓦西里耶夫岛搬到商人大街(如今的喀山大街)木工胡同对面的一幢房子里。编辑部设在米哈伊尔·米哈伊洛维奇家,他当时住在商人小街一家煤炭铺的宅子里,正面朝叶卡捷琳娜运河;费奥多尔·米哈伊洛维奇则住在商人中街。阿·格里戈利耶夫和他的年轻伴侣居住于沃兹涅先斯克大街索勃列夫斯基家的带家具出租的房间里,已经住

---

① 《〈当代〉的颂歌》系涅克拉索夫所作。(《涅克拉索夫》,第2卷,页478—480,763—764)

② 《当代》1862年第4期上刊登萨尔蒂科夫-谢德林的《协议》与《追求幸福》。

③ 《当代》编辑部内有两部分人的说法与事实不符。斯特拉霍夫与阿·格里戈利耶夫的通信(见弗·克壤日宁编的《阿·亚·格里戈利耶夫。传记材料》,页266—297)中反映得很明白,这个时期斯特拉霍夫的思想与阿·格里戈利耶夫大大接近,而不是与陀思妥耶夫斯基接近。关于格里戈利耶夫在《当代》杂志的作用,见本书页220注②及页221注＊。

了很久。我详细写到这些情况是为了说明我们彼此相距很近;不过我马上回想起当时这些街道的鄙陋情景,都比较肮脏,住满了境况并不怎么好的彼得堡居民。费奥多尔·米哈伊洛维奇在许多长篇小说中,尤其在《罪与罚》中对这些街道及其居民的面貌作了惊人的描绘。[……]

　　下午三点左右,我们通常在编辑部与费奥多尔·米哈伊洛维奇碰头,他喝过早茶,我呢,上午工作完毕。我们在那里浏览报纸,翻阅杂志,打听各种新闻,然后我们常常一起散步,直到用餐。六点多钟,黄昏时分,他往往顺道到我处来喝茶,在夜色降临那段时间里,总是有几个人来我处喝茶的。一般说来,他上我处来的时候比我到他那里去的时候多,因为我是单身汉,拜访我不必担心打扰了什么人。如果我有已经写好的文章,或者甚至只写了一部分,他总是坚持要我念给他听。直到现在我还听见他那亲切而迫不及待的声音在喧闹的闲谈声中响起:"念一念,尼古拉·尼古拉耶维奇,念念吧!"不过,当时我并不完全懂得这种迫切之中包含着那么多的对我的赞美。他从来没有与我发生过矛盾;我记得总共只有一次争论,是因为我的文章①而引起的。不过他也从来没有夸奖过我,从来没有表示过特别的赞许。

　　我们当时的友谊尽管主要是建立在思想上的,但十分亲密。人与人之间的接近一般说来决定于他们的性格,在最顺利的条件下不超越一定的限度。我们每个人仿佛都在自己周围划上一条界线,不允许任何人越界,或者,毋宁说是决不会允许任何人越界的。我们的接近在我们的精神气质的特性方面也遇到阻碍,我丝毫不想为这一阻碍承担些微的责任。费奥多尔·米哈伊洛维奇常有疑心病发作的时候。这时他就怀疑地说:"没人跟斯特拉霍夫说话,所以他才缠住我。"这种一时的怀疑只表明我们一向是非常坚信我们相互之间的好感的。最初几年,这是一种感情,后来变成了柔情。费奥多尔·米哈伊洛维奇癫痫发作,苏醒过来以后,首先是心情沉重极其难受。一切都惹他生气,使他害怕,连得最亲近的人在场他也感到厌烦。这时候他的兄弟或妻子便派人来找我——和我在

_____

　　① 可能是指《论战琐记》一文。(《当代》,1861 年,第 8 期)这篇文章的主旨是:"吹口哨,尤其是吹得太多,对于吹口哨的人也是一件危险的事情",这在某种程度上跟陀思妥耶夫斯基的看法是相左的,陀思妥耶夫斯基认为"有时候吹口哨也有好处,真的!"(见《〈口哨〉与〈俄国导报〉》一文,《1926—1930 年版全集》,第 13 卷,页 196)后面,斯特拉霍夫自己说,编辑,即陀思妥耶夫斯基,怎样坚持要在他的文章里加上这样一句话:"伏尔泰一辈子吹口哨,不是没有道理的,也不是没有影响的。(要知道,正是为了吹口哨,人家对他是多么恼火!)"(《当代》,1861 年,第 8 期,页 135)

一起他觉得好受些，稍稍得到恢复。回忆这些事情，我重又想起我的某些最美好的感情，我想，那时的我自然要比现在的我好。

　　我们的谈话没完没了，这是我一生中所能参与的最精彩的谈话。他用朴实、生动、毫不自以为是的语言说话，这种语言是俄国人谈话中最迷人的地方。同时他常常开玩笑，特别在当时；不过我不太欣赏他的机智，那往往是一种表面的机智，法国式的，多半是在词藻上和形式上玩花样，而不是在意义上，读者可以在费奥多尔·米哈伊洛维奇的评论文章与论战文章①中找到这一类机智的例子。可是他身上使我着迷，甚至使我震惊的最主要的地方是他的非凡的智慧，敏捷的才思，他能凭一句话、一个暗示迅速抓住任何意思。谈话的最有趣的地方就在于这种敏悟，思想可以随意地从容表达，不需要坚持和解释，问题立即得到答复，不同意时可以针对中心思想直接反驳，你对他有所求时他会当场表示同意，没有任何犹豫不决，含糊其词。因此我想象当时那些没完没了的谈话对我是一件天大的乐事，是一种骄傲。谈话的主要题目自然是关于刊物的事务，不过除此以外也还有各式各样的话题，很多时候常常是极抽象的问题。费奥多尔·米哈伊洛维奇喜欢谈谈事物的本质、认识的极限等这些问题。我记得，每当我把他的议论归纳到我们从哲学史上知道的各种哲学观点上去的时候，他可乐了。本来嘛，提出新的见解，哪会这么容易！所以他就开玩笑说，他的看法与这一或那一伟大思想家的见解不谋而合，以此来自嘲。

六　作为小说家和报人的费奥多尔·米哈伊洛维奇

　　我不谈他对周围的事物和现象的观点和感情。他在自己的作品中表现了他心灵中的最美好部分。为了某些没有经验的读者，我只说，这是最真诚的作家之一，他所写的一切都是他体验过、感受过的，甚至是怀着巨大的热情和兴致体验过、感受过的。陀思妥耶夫斯基是最主观的小说家之一，几乎总是照着自己的面貌和类似自己的面貌来创造人物。他很少做到充分的客观。对于熟识他的我来

---

　　①　例如《关于俄国文学的几篇文章。序言》。(《1926—1930 年版全集》，第 8 卷，页 36—40)

说,他的描述中的主观性是显而易见的,因此作品的印象往往有一半要化为乌有,而这些作品,作为纯粹客观的形象,使其他读者大为惊奇。

看到他描写自己的某些阴郁的病态心情,我常常感到诧异,为他担心。比如,在《白痴》中这样描写癫痫症发作,医生嘱咐羊痫风患者不要去回忆病情,那可能引起病的发作,就好比别人的发病情景会引起他旧病复发。可是陀思妥耶夫斯基不顾一切,无论他描写什么,他自己总是坚信他在化腐朽为神奇,使描写的对象具有充分的客观性。我屡次听见他说,他认为自己是个彻底的现实主义者,构成他的小说的常见情节的犯罪、自杀以及种种精神错乱、精神反常,这些原是现实中长期存在的常见现象,只是我们忽略过去了而已。抱着这样的看法,他大胆地着手描绘阴暗的图景;在刻画人的形形色色的灵魂堕落方面,谁也没有他走得那么远。他达到自己的目的,也就是说,他终于使自己的创作具有那样强的现实性和客观性,使读者为之惊讶,为之着迷。他所描绘的场面具有那么丰富的真实性,心理刻画的深度和准确性,这些场面,连对小说情节完全陌生的人都是明白易懂的。

我常常想到,如果他自己清楚地看到他描写的场面渲染着多么强的主观色彩,那可能会妨碍他写作;如果他发现自己创作中的缺点,他就可能无法进行创作了。可见,正如任何作家一样,一定程度的自欺自慰还是必要的。

然而,众所周知,每个人不仅优点之中包含着缺点,有时候缺点之中也包含着优点。陀思妥耶夫斯基之所以这样勇敢地把可怜又可怕的人物、各种精神上的溃疡描绘在场面中,是因为他能够,或者他认为自己能够对他们进行最高审判。他在最堕落的、最乖戾的人身上看到神的火花;他注视着这种火花的最微弱的闪露,从我们惯常以轻蔑、嘲笑或厌恶对待的现象中窥察到心灵美的特点。在丑陋、畸形的外表之下,他发现心灵的美,为着这种美的闪耀,他宽恕人们,热爱他们。可能是他的缪斯唤起他的崇高而又温柔的人道主义精神,是缪斯给了他衡量善恶的尺度,他带着这一尺度下到最可怕的灵魂的深渊。他坚定地相信自己,相信人,这就是为什么他那样真诚、那样容易把自己的主观性当作十分客观的现实主义。

我因为了解他本人的思想和感情,我无论如何可以作证,他以自己心灵中最纯洁的血液在哺育读者。负有使命感的真正的作家都是这样做的,他们对读者的强大影响就在于此,虽然公众往往以为作家不过是虚构得好,编得巧妙而已,而评论有时候硬要把自己的某个目的强加给读者,而不是读者自己的心灵向他们指出的那个目的。[……]

我从纯粹个人的性格特点说起。在他身上从来没有发现任何由于他受过苦难而产生的哀伤或冷酷,从来没有丝毫想要扮演一个受难者的愿望。他对当局绝对没有任何恶感。他竭力要维护和扩大的,仅仅是文学上的威望;从来没有表现过受过苦难的人的威望,除非是为了他必须要求思想自由和言论自由,除非证明谁也没有理由认为他对政府的看法是姑息或奉承讨好。费奥多尔·米哈伊洛维奇保持这样的态度,好像他过去毫无特殊的经历,既不让人家觉得他是个灰心失望的人,也不让人家看出他是心灵受过创伤的人,恰恰相反,当健康状况允许的时候,他还显得快乐而且精神饱满的样子。我记得,有一位女士初次参加在米哈伊尔·米哈伊洛维奇处(好像是每逢星期日)举行的编辑部的晚会,她聚精会神地打量费奥多尔·米哈伊洛维奇,临了说道:"看着您,我似乎从您的脸上看到您受过的苦难……"这话显然使他很不痛快。"哪有什么苦难!……"他高声说了一句,然后又开玩笑扯到完全不相干的事情上去了。我还记得,有一次要他为当时很风行的文学朗诵会准备一段朗诵,挑选作品时,他为难了。他对我说:"需要新的、有趣的东西。"我提出:"从《死屋手记》中选一段怎么样?"他说:"我经常朗诵的,不想再念了。念的时候我老是觉得我好像是在公众面前抱怨诉苦,老是抱怨诉苦……这可不好。"

总之,他不喜欢回顾过去,似乎要把过去彻底抛弃,即使回顾,也停留在愉快的事情上,好像以过去的快乐自夸。从他的谈话中很难了解他从前的生活情况,其原因就在这里。

对待当局的态度,他始终坚持那种对于所有真正的俄国人来说都是坚定而明确的观点。他使自己的见解极其严谨明确,但是摒弃任何不服从的想法。他既无意不负责任地随口乱说,也不想恶意诽谤,尽管他有时也极为痛苦而又愤慨地说起有些人物和有些事情的处理。他对自己的事不仅毫不抗争地忍受令人不快的现存秩序,而且常常十分心平气和,仿佛这件事情是普遍的情况造成的,与他本人无关,而普遍情况的性质又是不取决于这种个别情况的。比如,我就不记得他什么时候曾经对书报检查制度表示过深恶痛绝。① [……]

---

① 对这种情况,有理由不太相信斯特拉霍夫的证词。比如,陀思妥耶夫斯基因为书报检查机关对《地下室手记》作了修改而写信给他的哥哥米哈伊尔·米哈伊洛维奇说:"倒数第二章与其像现在这样胡乱删节文句,弄得自相矛盾地发表,还不如不发表的好[……]。可是有什么办法呢!"(《书信集》,第1卷,页353)

七　自由主义——大学生风潮

一般说来,《当代》圈子里的人绝无丝毫革命情绪的迹象,也就是说,不仅没有什么计谋,而且不与图谋不轨的人往来,也不去纵容和鼓励图谋不轨的人。我们,以费奥多尔·米哈伊洛维奇为首的所有的人,在混乱透顶的时候,我们所想的、所希望的还是仅仅限于文学上的角色,也就是为了使社会的道德和思想朝着我们认为是最好的方面转化而劳动。实质上我们是些只会务虚的报人,我们只谈论一般的问题和观点,在实际方面,我们停留在**纯粹的自由主义**上,也就是停留在绝难同意暴力改革思想的那种学说上,即使主张对现存秩序进行某些改革,也要单靠信仰和启发开导来实现。[……]至于自由主义者,按事情的实质来看,在大多数情况下应是保守主义者,而不是进步人士,更无论如何不是革命者,这一点,许多人未必知道,未必清楚地懂得。费奥多尔·米哈伊洛维奇保持这样真正的自由主义直到生命的终了,正像一切受过教育的人那样,保持这种观点而不会盲从。

在这里我详细说一说那时候的一件重大事件,所谓大学生风潮①,发生在1861年底,再好不过地反映了当时的社会状况。这一事件大概有各种内部的因素在起作用;但我且不去说它,我只讲讲事件的表面的、公开的概况,对于大多数人、当事人及旁观者有极为重要的意义。大学生们由于自由主义泛滥,越来越生气勃勃,然而可惜的是这股热心的劲头把他们的功课给断送了。学生们举行集会,设立互助贷款,办图书馆,出版集子,审判自己的同学等等;可是这些活动如此吸引他们,刺激他们,大多数人停止学习,连得许多最聪明、最能干的学生都是如此。也发生不少骚乱,就是越出一切特许范围之外的行动,上级最后决定采取措施以制止事态扩大。为了预先取得无可争辩的威信,上司呈请最高当局下令禁止集会、设立互助金、推派代表之类的活动。命令是夏天下达的,秋季学生返

---

① 1861年10月底,彼得堡大学的学生因警察扣留了他们派去与局长谈判的一群学生,他们撕毁学业成绩簿,在校院里举行集会以表示抗议。警察试图驱散他们,未成。于是在普列奥勃拉任斯基团的一个连队的协助下,逮捕了约两百名学生,关押在彼得保罗要塞。

校就应该执行。学生们打算反抗,但是决定作自由主义的校方所能允许的唯一的抵抗,也就是**纯粹消极的抵抗**。他们果然这样做了;他们牢牢抓住各种借口,以便尽可能多给当局制造些事端,把所有的事情都公开出去。他们非常巧妙地打听最大的丑闻,只要能够打听得到。当局不得不大白天在街上两次或三次大批地逮捕他们。使大学生们更高兴的是当局把他们关在彼得保罗要塞。他们毫不抗辩地接受这次逮捕,后来服从法庭的审判,最后服从判处放流,对于其中的许多人来说,这是沉重难熬的、时间很长的流放。做到这一步之后,他们想,该做的一切他们都已经做了,就是说,他们大声宣称他们的权利遭到侵犯,他们自己并没有越出法律的范围,好像仅仅为了一些坚决的要求而遭到沉重的惩罚。[……]

　　全城的人自然只谈论大学生。允许和被关押的人见面,所以每天有许多人到要塞去探监。《当代》编辑部也派人去给他们送慰问品。在米哈伊尔·米哈伊洛维奇处烤了一大块牛肉,再添上一瓶白兰地和一瓶红葡萄酒,送到要塞去。当局认为最有罪的大学生们终于被押送出去流放,亲属朋友们给他们送行,直到城外很远。告别时人很多,喧闹嘈杂,去流放的人大部分看上去像英雄。

　　这一事件后来完全照此继续下去。关闭大学,彻底进行改组。这时教授们便请求准许他们上公开课,这一请求毫无困难就得到批准。议会让出大厅供讲课之用,于是大学的课程竟在大学之外几乎以原班人马开办起来。学生们自己设法安排上课,维持秩序,对这所新型的自由的大学十分满意,也很以此自豪。

　　表面看来,他们为学业而奔忙,然而他们的心思不在学业上,他们感兴趣的是别的东西,这就把事情搞糟了。1862年3月2日在**鲁阿兹大厅**举办了一次著名的"文学音乐晚会"成了对办在议会厅里的大学进行破坏的理由。举办这个晚会的目的似乎是要展示所有先进的、进步的文学力量。从这方面来说,文学家是经过精心挑选的,听众也是经过仔细选择的。甚至在文学朗诵中间穿插演出的小曲子也是由思想倾向进步的作家的妻子和女儿们来担任。费奥多尔·米哈伊洛维奇是朗诵者之一,他的侄女是演出者之一。[①] 问题不在于朗诵什么和

————————

　　① 在这个晚会上朗诵的有车尔尼雪夫斯基(念他的回忆杜勃罗留波夫的文章),普·弗·巴甫洛夫(为了这次朗诵遭到流放),还有库罗奇金。陀思妥耶夫斯基念了《死屋手记》中的一段,据目睹者潘捷列耶夫证述,听众"对他也发出最令人感动的欢呼声",因为人们"尊敬不久以前受过苦难的人"。(尤·费·潘捷列耶夫,《回忆录》,国家文学书籍出版社,莫斯科,1958年,页225)陀思妥耶夫斯基的十七岁侄女,著名的钢琴家米·米·陀思妥耶夫斯卡娅和他一起参加这个晚会。

演出什么，而在于热烈的欢呼声，那成了先进思想的代表。

欢呼声和喧闹声响彻大厅，后来我老是觉得，这个晚会是我们社会自由主义运动所达到的最高点，也是我们的非常轻松的革命的顶点。［……］

八 论战——虚无主义

1861 年，1862 年，那时的思想状况在任何情况下都是高度激荡的，乡土派的作家们自然同样具有这种激荡的情绪。似乎一切旧的生活方式都行将变化，消失，新的生活可能开始，人民的思想情绪可能在新的自由的创作中流露出来。［……］

与虚无主义思潮作斗争的序幕是费奥多尔·米哈伊洛维奇自己在《——波夫君与艺术问题》一文（《当代》，1861 年，二月号）中揭开的，他在文中批驳了企图将艺术作为纯粹的服务工具的观点。[1] 他以相当温和的反驳开始；他主要是反对破坏艺术规律，反对那种认为没有鲜明的倾向性的艺术作品是无用的看法。可是我没有耐心，想快些对虚无主义的理论采取直率而果断的态度。可以说，我对虚无主义常有一种本能的厌恶，从 1855 年起，当虚无主义开始引人注目地出来发表意见的时候，我便十分愤怒地看着它在文学中表现出来。1859 年与 1860年，我就试图反驳如此明显而又放肆地发表的荒谬言论；可是我去找两个刊物的编辑，都是老朋友，他们断然拒绝刊登我的文章，说是往后也甭想刊登。这时我明白了，这一派别的机关刊物有着多么高的威信，我很担心我在《当代》也会遭到同样的命运。因此，当我的《再论彼得堡的文学》一文在《当代》1861 年六月

---

① 陀思妥耶夫斯基的《——波夫君与艺术问题》一文，根本不是与"虚无主义"（用斯特拉霍夫的术语来说），即与《现代人》的进步的政治信仰作斗争的开始。陀思妥耶夫斯基在责备杜勃罗留波夫对待文学的功利主义态度的同时，也看出他是个天才的、聪明的评论家，肯定"他的见解的主要本质是正确的"。（《1926—1930 年版全集》，第 8 卷，页 73）整个 1861 年，陀思妥耶夫斯基在《当代》上与《俄国导报》的反动的保守立场进行了尖锐的斗争，为进步青年作辩护。他在《答〈俄国导报〉》一文中写道："就算他们有时不对，走得太远，轻率，不知分寸，但他们的思想却是好的。"（同上，第 8 卷，页 203）陀思妥耶夫斯基对卡特科夫说："谁会想到要去嘲笑这样的人呢"，他们"正在寻找公式"，"不满足于仅仅从因循守旧中去找出那现有的和应有的公式来自慰，他们要自己去找出公式来"。（同上，第 8 卷，页 230—231）

号上刊登出来时(自然是多亏费奥多尔·米哈伊洛维奇),于我是一件极大的快事;那时我开始几乎在每期刊物上都写这一类的文章。我详细讲这些情况是为了评述当时的文学界。我本人真诚地认为,这些小文章与其说是正经事,不如说是消遣,因而它的出炉就比较愉快。不过开始时编辑部方面有过一些小小的抵制。编辑常常在我的文章所攻击的作者的名字前面添上称赞的修饰语,例如**天才的,有才华的**,或者加上括号:(**然而是值得尊敬的**)之类。还有增添的文句,如《且说论战》一文中就增添了下列文句:

"伏尔泰一辈子吹口哨,不是没有道理的,也不是没有影响的。(要知道,正是为了吹口哨,人家对他是多么恼火!)"

这种一般地称赞吹口哨,特别地称赞伏尔泰吹口哨,破坏了文章的基调,所表达的根本不是我的喜好。可是编辑部不能不维护按当时的风气所拥有的权力,认为自己在这方面有充分的权利。文句是费奥多尔·米哈伊洛维奇加上去的,我对他的相当激烈的坚决要求让了步。不过,所有这一类的增饰很快就停止了。[①]

这些文章都是用笔名**科西扎**写的,——我斗胆以**费奥费拉克特·科西奇金**为榜样,尽最大努力在对待我所攻击的对象上做到与人为善和准确。我一点不吹口哨,但是,我的文章越有影响,文章所阐明的问题越引起费奥多尔·米哈伊洛维奇的兴趣。

我详细谈到这些是因为这件事情有很重大的影响:导致《当代》与《现代人》的彻底决裂,后来造成几乎彼得堡的所有搞刊物的人一致对《当代》抱有敌意。[②]

一般地说,对于我们的文学,我们的社会意识,主要是由屠格涅夫的长篇小说《父与子》明确提出的我国出现的否定一切的问题,**虚无主义者**一词第一次也就是出现在这部小说里,从这部小说开始谈论**新人**,总而言之,一切情况都已明确了,大家都知道了。《父与子》自然是屠格涅夫的最出色的作品,不是在艺术性方面,而是在富有政论色彩的态度上。屠格涅夫时常观察我们这里大多数人的情绪变化,注意考察**当代英雄**的理想,那是在先进的文学小组里形成的理想;这一回他作了重大的发现,刻画了一个典型,先前几乎谁也不曾留意过,这下子大家豁然开朗,发现自己周围就有这样的典型。大家大为惊讶,引起一片混乱,

---

① 见本书页 230 注①。
② 斯特拉霍夫显然夸大了《当代》"几乎"与彼得堡"所有"办刊物的人之间的敌意。

因为被描写的人不知所措,起先他们不愿在小说中认出自己,尽管作者根本没有以绝对恶感的态度去对待他们。[……]

1862 年四月号《当代》上刊登了我的文章,文中对屠格涅夫评价甚高,称他是纯客观的艺术家,论证了他所描写的典型的真实性。[①] 文章发表后不久屠格涅夫即到彼得堡来了,通常他是准备到俄国来过夏的。他拜访了《当代》编辑部,遇到我们正好都在编辑部,他请米哈伊尔·米哈伊洛维奇、费奥多尔·米哈伊洛维奇与我到他下榻的克列雅旅馆(如今的欧洲旅馆)去午餐。已经掀起一股反对他的风潮显然使他颇为不安。席间他的谈话极其热烈,生动迷人,主要话题是外国人对待侨居国外的俄国人的态度问题。他详细描述外国人如何使用卑鄙、狡猾的手段,欺骗俄国人,诈取钱财,搞到遗嘱,捞到好处等等,讲得绘形绘声,极为生动。后来我多次想起这一番话,他长期居住在国外,类似这样的细致的观察必定是不少的,我惋惜的是他始终没有形诸文字。

虚无主义问题后来闹成什么样子大家都知道了。责难和谩骂纷纷落在屠格涅夫身上,持续达数年之久。他本人也长期感到困惑,有五年工夫(直到 1867 年写《烟》为止),他一点也没有写过类似从前的富有政论色彩的长篇小说,而且一般说来写得很少。这期间,1866 年《罪与罚》问世,以惊人的力量描绘了虚无主义的某些富有特征的、极端的表现。[……]

九　第一次出国旅行

这一年,1862 年的夏天,6 月 7 日或 8 日,费奥多尔·米哈伊洛维奇踏上旅途,第一次赴国外。我将尽我所能回忆起这次出国之行的情况;他自己在《冬天

---

① 斯特拉霍夫的《〈父与子〉和屠格涅夫》一文不具名刊登在杂志上。斯特拉霍夫以皮萨列夫与安东诺维奇的意见为出发点,肯定屠格涅夫"有胆量、有意图去创作一部反映各种思潮的长篇小说;他崇拜永恒的真,永恒的美,抱着一个足以自豪的目的——从暂时的现象中指出永恒的东西,写出了一部既非进步又非保守,而是所谓'永恒的'小说。[……]总之一句话,屠格涅夫拥护人类生活中的永恒的基本原则。[……]巴扎罗夫毕竟失败了;不是被个人和生活中的偶然事件所击败,而是被这种生活的思想本身所击败。"(《当代》,1862 年,第 4 期,页 78、81)

记的夏天印象》一书中记述了这次旅行的印象①。他去巴黎,后往伦敦,会见赫尔岑②,如同他自己在《公民》的《日记》上所提到的那样。③ 他那时待赫尔岑很客气,他的《冬天记的夏天印象》一书受到这位作家的某些影响;但后来几年,陀思妥耶夫斯基常常流露出对他的不满,因为他没有能力了解俄国人民,不珍惜俄国人民的生活特点。以有文化修养自傲,对朴实善良的人抱着厌恶轻蔑的态度——赫尔岑的这些性格特点使费奥多尔·米哈伊洛维奇很愤慨④,所以他不仅谴责过我们的革命者与渺小的揭发者身上所存在的这种缺点,就连格里鲍耶陀夫的作品中所存在的这种毛病也不放过⑤。

---

①　《冬天记的夏天印象》发表在 1863 年第 2、3 期的《当代》上。

②　陀思妥耶夫斯基与赫尔岑在国外的初次见面是在 1862 年 7 月 16 日(俄历 4 日),地点在伦敦。1862 年 7 月 17 日赫尔岑在给奥加辽夫的信中写道:"昨天陀思妥耶夫斯基来,他是个纯朴的、不很开朗、然而十分可爱的人。他满怀热情地相信俄国人民。"(《赫尔岑》,第 27 卷,页 247)

③　见《1926—1930 年版全集》,第 11 卷,页 6。

④　在陀思妥耶夫斯基的观点的发展变化上,赫尔岑对他的影响不见得比别林斯基对他的影响小。"乡土派"的思想最初是在《当代》上形成的,陀思妥耶夫斯基的第二个创作时期(直到他在普希金纪念会上发表演说为止)的整个创作都渗透了这种思想,它和赫尔岑的观点有着密切的、然而又是独特的联系。(详见多利宁的《陀思妥耶夫斯基与赫尔岑》,《素材及研究1》,页 275—324)

与赫尔岑在思想上的呼应,在四十年代陀思妥耶夫斯基的第三篇小品文中便可见端倪。这篇文章刊登在 1847 年 5 月的《圣彼得堡公报》上,是受到赫尔岑的《莫斯科与彼得堡》(1842)及《耶特罗伏车站》(1846)两篇文章的影响写的。在《冬天记的夏天印象》中,赫尔岑的影响表现得特别明显,包括修辞方面在内。《冬天记的夏天印象》有很多方面是与《法意书简》直接相呼应的。从苏斯洛娃的日记中,从陀思妥耶夫斯基给她的信中(见《素材及研究2》,页 216—217,261—265)可以看出陀思妥耶夫斯基是很重视赫尔岑的友好感情的,即使在后来几年,至少是他逗留国外时期(1867—1871)之前,在他与"老朋友"——别林斯基及赫尔岑的分歧明确形成的时候是如此。在 1873 年的《作家日记》中赫尔岑已经被称为"过去农奴制的产物","以最鲜明的典型反映了""我们受过教育的阶层的大多数人是脱离人民的"。(《1926—1930 年版全集》,第 11 卷,页 7)但即使在这个时期,在《群魔》时期,陀思妥耶夫斯基也没有像对付别林斯基那样用残酷无情的、侮辱性的语言来对付赫尔岑。一般说来斯特拉霍夫对赫尔岑在俄国的思想和文学方面的出色功绩还是抱着深深的敬意的,当陀思妥耶夫斯基知道斯特拉霍夫对赫尔岑的评价(《赫尔岑的文学活动》,《霞光》,1870 年,第 3 期)时,他完全同意这一看法。(《书信集》,第 2 卷,页 259)陀思妥耶夫斯基在赫尔岑的整个活动中发现悲观主义,看到他的"苦闷"以及想让自己转向俄国人民的"要求"。(《书信集》,第 2 卷,页 259,357)我们发现,陀思妥耶夫斯基最后一次提到赫尔岑是因为赫尔岑的女儿自杀,从此事引出一个对照性的题目叫《温顺的女人》。(见《作家日记》,1876 年十月号,《1926—1930 年版全集》,第 11 卷,页 424)后来,无论在文章中还是书信中都没有再提起过赫尔岑的名字。

⑤　在《冬天记的夏天印象》中,陀思妥耶夫斯基写到恰茨基,说这是个"机智的、痛苦的、向俄罗斯和乡土呼唤"的典型,可是他宁肯"溜到"国外去也不愿在国内工作。(《1956—1958 年版十卷集》,第 4 卷,页 82—83)

那时我收到费奥多尔·米哈伊洛维奇从国外的来信。①

复信时,我答应按期到达日内瓦。我于七月中旬动身,在柏林逗留两三天,又在德累斯顿逗留两三天,然后搭车径赴日内瓦。为了找到费奥多尔·米哈伊洛维奇,我使用人所共知的办法:到湖滨散步,进最著名的咖啡馆。结果似乎在头一家咖啡馆里就找到了他。我们好像在陌生人中间待得腻味了似的,彼此都十分高兴,于是大声说话,呵呵大笑,把庄重而安静地坐在小桌子旁的和看报的其他顾客给打扰了。我们赶紧溜到街上,自然就此形影不离。费奥多尔·米哈伊洛维奇不是旅游的大行家,自然风光也罢,名胜古迹也罢,艺术作品也罢,除去特别了不起的之外,他都不太感兴趣;他的整个注意力集中在人身上,他只捕捉人的个性和本性,还有就是街头生活的总的印象。他热烈地向我解释,说他瞧不起千篇一律的刻板的做法,按导游的指点参观名胜古迹。我们果然也没有去参观什么,只往人多的地方去散步,聊天。我本来就没有一定的目的,也就努力去捕捉这种我还从来不曾见识过的生活和自然风光的概貌。费奥多尔·米哈伊洛维奇发现日内瓦总的说来是阴郁的,乏味的。按照我的提议,我们去卢塞恩;我很想看一看四州之湖,于是我们乘船作了一次愉快的湖上之游。天气晴朗,我们得以尽情欣赏无与伦比的美景。后来我又觉得一定要到佛罗伦萨一游,阿·格里戈利耶夫曾经在信上热烈称赞过这地方,口头上也谈起过。② 我们踏上旅途,经蒙塞尼西奥与都灵往热那亚;在那里乘轮船赴里窝那,再搭火车往佛罗伦萨。我们在都灵过夜,这个城市的街道直而平坦,使费奥多尔·米哈伊洛维奇想起彼得堡。我们在佛罗伦萨待了约一星期,住在简朴的 Pension Suisse(Via Tornabuoni)③旅馆。我们住在这里觉得挺不错,因为这旅馆不仅舒适,而且有一种与众不同的古老的传统的气氛,还没有染上那种叫人讨厌的追求奢侈的时尚,也没有那些厚颜无耻的处处敲竹杠要你多花钱的办法。然而1875年,当我凭着过去的良好印象,再次下榻在这家旅馆,敲顾客竹杠的办法已经大为时行了。我们在这里也没有像一般旅游者那样去观光。我们除了在街上散步之外,还看书。

---

① 下面斯特拉霍夫引用了1862年6月26日的信。(《书信集》,第1卷,页309—312)陀思妥耶夫斯基在这封信中表示非常担心《当代》杂志的工作,建议斯特拉霍夫到日内瓦去。

② 阿·格里戈利耶夫于1857至1858年间出国旅行,在佛罗伦萨待过。他在《伟大的悲剧演员》一文中写到佛罗伦萨。(《俄罗斯的话》,1859年,第1期)

③ 瑞士公寓。

当时雨果的《Les Misérables》①刚问世，费奥多尔·米哈伊洛维奇一卷接一卷地买。他看完后把书交给我，一个星期工夫看完三到四卷。但我不愿意轻易放过参观伟大艺术品的机会，试图从静静的、专心致志的观摩中去揣摩和分享创造美的喜悦，所以我几次去参观 galleria degli Uffizi②。不过我们去还是一起去的；因为我们没有订出明确的计划，一点也没有准备仔细观赏，所以费奥多尔·米哈伊洛维奇很快就感到腻味，我们也就走了，大概连美第奇的维纳斯都没有去看。尽管费奥多尔·米哈伊洛维奇有时也发现阿尔诺河使他想起丰坦卡，尽管我们一次也没有去拜访过卡希纳③，但是我们在城里的散步却是挺愉快的。然而最愉快的还是临睡之前，一杯本地产的红酒在手，作夜间的聊天。提到酒（这一回的酒比啤酒稍浓），我总是要说，费奥多尔·米哈伊洛维奇在这方面是极其有分寸的，二十年来，我记不得有哪次曾发现他有饮酒过量的迹象。他倒是流露过对甜食略有嗜好，不过一般说来他吃得很有节制而已。

　　我们在瑞士公寓吃饭时发生了一件事情，记载在《冬天记的夏天印象》页 423 上（《文集》，第 3 卷）④。直到现在我还记得那位在谈话中占了首位的大块头的法国人，确实相当使人不快。不过小说里把他的话语写得太生硬粗暴了；还漏了一个细节：这一番话对费奥多尔·米哈伊洛维奇产生了这样的影响，当大家还在喝咖啡的时候，他愤而离席了。

----

① 雨果的长篇小说《悲惨世界》于 1862 年问世。陀思妥耶夫斯基还在年轻时就高度评价雨果的天才。（见《书信集》第 1 卷，页 47、58）1862 年底至 1863 年初，看完《悲惨世界》之后，他写了一篇文章（没有保留下来），想对小说进行评价。（见《书信集》，第 1 卷，页 313）1877 年 4 月 17 日陀思妥耶夫斯基写信给索·叶·卢里耶说："我自己也很喜欢《悲惨世界》[……]，但是我对它的喜爱并不妨碍我看出其中的重大缺点。"（《书信集》，第 3 卷，页 264）在长篇小说《少年》中维尔西洛夫对阿尔卡季说："伟大的艺术家的诗卷上，有时候常有这样使人难过的场面，看了以后一辈子都怀着痛苦想起它。例如莎士比亚的奥塞罗的最后的独白，奥涅金跪倒在达吉雅娜的脚边，或者像雨果的《悲惨世界》中逃犯在寒夜与小女孩在水井边的见面；这种场面一刺痛了心，以后[……]就永远留下了伤痕。"（《1956—1958 年版十卷集》，第 8 卷，页 524）论到雨果 1861 年的创作时，陀思妥耶夫斯基认为他的思想是十九世纪整个艺术的基本思想，"其公式是：堕落的人的恢复，他们是被环境的不公正的压迫、几个世纪的停滞和社会偏见所毁灭的"。按陀思妥耶夫斯基的看法，雨果是"这种'恢复'思想在本世纪文学中的几乎是第一个……几乎是主要的预言人"。（《1926—1930 年版全集》，第 8 卷，页 526）

② 乌菲齐画廊。

③ 卡希纳是佛罗伦萨的郊区。阿·格里戈利耶夫在《伟大的悲剧演员》一文中提到过。

④ 见《1956—1958 年版十卷集》，第 4 卷，页 112—113。

从陀思妥耶夫斯基自己写的《冬天记的夏天印象》中,读者定会极明显地看出,他在国外也像在任何地方一样,他的注意力是集中在什么东西上的。他感兴趣的是人,仅仅是人,连同他们的精神气质,他们的生活、思想和感情的方式。

我们在佛罗伦萨分手。如果我没搞错的话,他想到罗马去(没有成行),我想到他已去过的巴黎去一次,哪怕待上一星期也好。对于费奥多尔·米哈伊洛维奇引用过的法国警察的警惕性,我还要再补充一点。我乘轮船从热那亚[①]到马赛去,离岸几个钟头后,天色已经全黑了,他们忽然向我要护照,而且只向我一个人要护照。我记得,这使某些旅客大为吃惊,有人向我解释说,法国害怕形形色色的外来人。也许是某种类似的情况使警察上当了。

十　杂志的第三年——波兰事件

九月份,我们回到彼得堡,我们编辑部的全体人马也到齐了:阿·格里戈利耶夫仲夏时就从奥伦堡返回。大家尽各人的能力着手工作,事情进展顺利,甚可乐观。费奥多尔·米哈伊洛维奇的头一件事便是为九月号草拟 1863 年《当代》出版的长篇广告,读者在这一期刊物的《附刊》上可以找到该文。[②] 广告写得很好,真诚而有鼓舞力。主要内容除了坚定地重申刊物的主导思想以外,就是评论性地描述对手。用阿·格里戈利耶夫的术语来说,其中一部分人被称之为**理论家**——这是指虚无主义者;另一些人被称之为**空论家**——这是指正统的自由主义者,例如当时的《俄国导报》。整则广告几乎是专为理论家与揭发者而作的。不过也有溢美之词,像 1862 年的广告一样。1863 年的广告是一大成功,就是说它刺激了文学界的各派,大多数是敌对的派别。"鞭挞因循守旧的自由主义"这

---

① 见《1956—1958 年版十卷集》,第 4 卷,页 85—88。

② 这则广告的主要的感人之处在于:"道德上应当和人民完全相通,尽可能密切地和他们打成一片,道义上和他们站在一起,如同一个人一样。"(见《1926—1930 年版全集》,第 8 卷,页 509)这里,陀思妥耶夫斯基含着明显的敌意暗示,在杜勃罗留波夫去世、车尔尼雪夫斯基被捕以后,《现代人》里尽是些"吹口哨的人,为了啖饭而嘘溜溜地吹口哨","出则乘车骑马,满嘴拾人牙慧"。(见《1956—1958 年版十卷集》,第 4 卷,页 511—512)

种生动的说法,得到小刊物的响应,他们知道这指的不是他们。

次年,1863 年,在我国社会的发展中是个重要年代。一月初爆发了波兰起义,使我们的社会陷入极大的动乱,造成某些看法大转变。[……]

彼得堡的文学界从起义一开始几乎就是一片沉默,这或者是由于它不知道说什么好,或者是因为从自己的抽象的观点出发,甚至要直接对起义者的主张表示同情。这种沉默把莫斯科的爱国人士以及政府机关圈子里具有爱国情绪的人惹火了。他们感觉到当前社会上存在着敌视国家利益的情绪,他们对这种情绪公正地感到愤慨。一片沉默暂时只反映着一些隐秘的感情,只要有一种现象把这些感情最先露骨地表现出来,愤慨之情便必定会猛烈地发泄到这种现象上去。它果然发泄出来了。但由于不十分理解,怒气没有落在有过错的人身上;意想不到的讨伐把《当代》杂志搞垮了。

应当直率地承认,这份杂志没有很好履行当时摆在一切杂志,尤其是爱国的杂志面前的职责。1863 年的《当代》在文学方面办得极有趣味;出的刊物不仅很厚,花色也很繁多,充满了好作品。可是对波兰问题只字不提。关于这一事件的第一篇文章是我的《致命的问题》,发表在四月号上。这篇文章被人误解,导致杂志停刊。

自然,无论是陀思妥耶夫斯基兄弟还是我,都没有亲波兰的迹象,也不打算说什么对政府不满的话。[……]①

陀思妥耶夫斯基两兄弟起先对我的文章很满意,作过称赞。实质上这是我们从事的共同事业的继续,也就是把问题上升到一般的、抽象的形式。可是生活以它自己的具体的感情与事实进行得那么紧张,这一回它受不了抽象的东西。这篇倒霉的文章在这方面自然是写得很糟糕。刊物被禁以后,费奥多尔·米哈伊洛维奇稍稍责备我叙述的笔调抽象、枯燥,我当时对这种意见稍感不快;但现在我很乐于承认这种意见是公正的。[……]

有谣言流传说杂志受到危险的威胁,我们一下子不能置信,——我们的良心

---

① 斯特拉霍夫的文章可以概括为这样的意思:俄国人在道义上不可能与波兰人和解,因为波兰人认为自己的文明才是真正的文明,欧洲的文明,而俄国的文明则是野蛮的。可是由于叙述得极其抽象,含糊不清,斯特拉霍夫所举的波兰人的看法的那些话也可能被人当成是作者的观点,这样一来,由于误解,斯拉夫主义者的斯特拉霍夫就被指责为亲波兰派了。

是干干净净的。谣言传得越来越厉害的时候,我们只想到在下一期《当代》上写一则声明辟谣。但最后原来一天时间也不能浪费了,于是费奥多尔·米哈伊洛维奇便草拟了一则关于此事的简讯,以便立即刊登在《彼得堡公报》上。简讯被采用,已经付排,但是书报检查机关不许它刊出。[1]

书报检查机关禁止这则简讯,是因为它已经获悉,事情已报告皇上,决定杂志停办。我们被认为有过错,不准我们申辩。杂志无条件地永远停刊。自然,错误越大,受到严厉的措施后,再去揭露这措施是因为误解而采取的,也就更加难堪,这是可以理解的。从我自己这方面,我做了我所能做的以及人家劝我做的一切。我当即写信给米·尼·卡特科夫与伊·谢·阿克萨科夫,给内务部长写了声明,建议向皇上提出请求。但毫无结果,毫无作用。卡特科夫与阿克萨科夫立即作出反应,并竭尽全力采取行动。需要刊登一则启事,声明纯系误解。可是书报检查机关这也不行,那也不行,关于此事的消息连一行字也不让刊登。只好去见部长,坚持自己的请求。我给《日报》写了一篇长文章,没有刊出。我和已故的尼基简科商量去向皇上请求,打算由他转呈请求书。经过几次磋商后,他断然劝我放弃这一打算。

我们的处境不但是极其令人懊丧的,在某种程度上也是很艰难的。我一度以为他们会把我逐出彼得堡。所有在杂志社工作过的人都失去工作,编辑面临的是停止业务,停止业务后有大量清理工作落在他们身上。但是,尽管这样,也不能说我们感到痛苦了。我们谁也没有垂头丧气,大家都愿意把发生的事件看作是文学界习以为常的风波迭起中的一桩大事而已。到现在我们的事业进行得相当顺利而令人快慰;所以我们认为,往后即使再碰到十次波折,我们也经受得起,而且会得到更好的结果。社会上及各文学团体掀起的喧嚣也有它好的一面——我们的名气在公众中传开了。但是,这种希望和安慰的兑现毕竟远未超出我们所预期的程度。

最后,《俄国导报》上刊登的一则简讯终于使事情起了决定性的变化。《莫斯科新闻》的编辑部觉得自己在某种程度上有过错,便竭力张罗,患难相助,在

---

① 下面是《〈当代〉编辑部答〈莫斯科新闻〉》的攻击。这篇答复在斯特拉霍夫的《回忆录》中才初次发表。(《传记》,页249—254)文中从乡土派的观点出发,特别强调波兰人连同它那整个欧洲文明"从根本上给自己带来死亡",再次申述了斯特拉霍夫文章的基本论点。这里予以删去。

彼·亚·瓦鲁耶夫部长①处磨叨了许久之后,终于争取到给该报(但不仅仅给该报一家)把发生的混乱解释清楚的机会。这篇声明出现在五月号《俄国导报》上,但是因为通路子通了很久,而不登一篇声明编辑部又不愿让刊物出版,所以五月号的刊物书报检查机关6月28日才签字,到七月初才出版。简讯叫作《关于〈致命的问题〉一文》,以惯常的技巧见长。文中我受到许多责难,形式上十分严厉,实质上倒并没有多少使人难堪的地方;完全否定和驳斥了我的文章中所有论点,但同时也完全肯定与证明了我的文章的无辜。② 这样一来,所有对我的文章表示愤慨并把事情闹到使杂志停刊的人就皆大欢喜了,同时《当代》编辑部和我也避免了一切令人不快的后果。不过,对《俄国导报》的坚持不懈的努力以及它的简讯似乎应当补上一笔:我们之中没有人再遭到麻烦,八个月之后,又允许米哈伊尔·米哈伊洛维奇·陀思妥耶夫斯基创办新的杂志了。

不过我却从此受到特别的注意,一直受了十四五年,以致有两三次杂志出版人提出要我担任编辑工作,而书报检查处不批准我担任编辑的职务。[……]

十一　第二次出国旅行

1863年夏季,大概是夏末吧③,费奥多尔·米哈伊洛维奇出国去了。上次旅行对他的健康十分有益,从那时起,每当他感觉到需要恢复一下健康,调剂一下精神的时候,他总是想法到国外去。其中的原因究竟是什么——是空气的变换,还是他的非常消耗体力的生活方式的改变,反正旅行对于他大有裨益就是了。旅行的好处可以用癫痫发作次数迅速减少作为尺度来证明,这是丝毫没有疑

---

　①　彼·亚·瓦鲁耶夫(1814—1890),伯爵,1861至1868年间任内务部长。

　②　在编辑部的简讯《关于〈致命的问题〉一文》中说到,"写文章的本意完全不是文中所表现出来的那样[……]。在[斯特拉霍夫的]文章里感觉得出从情绪方面来看是良好的思想,不过这种思想是在无所事事的抽象议论中,在毫无成果的概念的概括中养成的"。(《俄国导报》,1863年,第5期,页400—401)

　③　最迟是八月中旬。(见1863年8月28日陀思妥耶夫斯基自巴黎给其弟弟尼古拉的信,《书信集》,第1卷,页321)

问的。

　　根据我所能回忆起来的种种迹象来看,根据事业的整个情况来判断,费奥多尔·米哈伊洛维奇是带了足够的钱去旅行的,但是到国外试了试轮盘赌,结果输了。① 他第一次出国时还没有到巴黎就熟悉了一下轮盘赌,当时赢了一千零十一法郎,对于一个旅客自然是逢场作戏。可是也只有初次得手,之后便没有再交好运,只是引得他着了迷。他看不出轮盘赌对自己有什么不好的地方,因为小说家体验一下这种消遣,熟悉一下赌场和赌徒的习气并非多余。果然,由于这种体验,我们有了中篇小说《赌徒》,里面对赌博有十分生动的描写。

　　无论如何,九月底我接到他[……]的来信,[……]信中描写了当时的几乎全部情况,说明了他自己的生活方法与习惯。②

　　这封信中也反映了费奥多尔·米哈伊洛维奇所过的日常生活的艰难处境,为了搞到费用而让自己沦为奴隶的办法,他向人央告借钱的方法,焦急而又固执地央告,一而再、再而三地说,详详细细地说明,变换着花样说。从信中也可看出我们的编辑部情况不妙。问题在于米哈伊尔·米哈伊洛维奇像我们的许多贵族一样,缺少搞事业的人精明老练的性格。他生活俭朴,处事比费奥多尔·米哈伊洛维奇谨慎周到得多;然而他家口众多,他的工厂又早已亏损,只是个让他继续得到贷款与逐渐增加债务的摊子而已。杂志办得非常成功的时候,他千方百计摆脱无利可图的业务,清偿债务,把厂卖掉。我记得 1863 年初,他拿出一叠撕碎的票据给我看,很以工厂盘出自夸了一番。他的打算是很好的,但是等到刊物突然遭到禁止,他一下子变得既没有钱,又没有任何买卖了。这对他的打击是很大的。再加上我们这些同事不了解他的处境,一味沉浸在我们的文学幻想中,不知道他的倒霉,甚至生他的气,以为四千份订户的订款,出四期刊物是不可能把钱花完的,所以他没有理由抱怨,哇哇叫。

----

　　① 1863 年 9 月,陀思妥耶夫斯基确实在巴登-巴登把他身上所带的钱——将近三千法郎输光了。(见《书信集》,第 1 卷,页 326—329)

　　② 下面斯特拉霍夫引用了 1863 年 9 月 18 日陀思妥耶夫斯基给他的信。信中陀思妥耶夫斯基请他赶紧将一篇未写完的中篇小说卖给随便哪一家杂志,甚至卖给一家报纸也行。小说中的主要典型人物应是“在国外的俄国人的典型”,他的整个“一生的精力、精华、胆量和暴躁脾气都耗费和发泄在轮盘赌上。他是个赌徒,但不是普通的赌徒[……]。他是个独特的诗人……”(《书信集》,第 1卷,页 333)这部小说的构思无疑就是《赌徒》,直到三年以后的 1866 年才付诸实现。

接［……］信之后，我当即去找彼·德·波波雷金，他对我说，事情非常合适，他可以出钱。他当时担任《读书文库》的编辑，尽心竭力要把这本杂志搞上去。到 1863 年，赫赫有名的《读书文库》订数惨跌，只剩下几百份订户。假如我没有搞错的话，从第 3 期起，彼得·德米特里耶维奇把编辑工作揽在自己身上。要使正在下跌的印数回升，在极不恰当的时刻开始去办一件事，是极不慎重的；这件工作果然耗费了不少金钱和精力。然而当时工作进行得热火朝天，编辑部千方百计要抓住像费奥多尔·米哈伊洛维奇这样的撰稿人。

第二天，米哈伊尔·米哈伊洛维奇来我处，向我打听托办的事情和我的交涉情况。他要我稍待时日，说是他也许自己能搞到钱。自然，他为兄弟感到遗憾，也为中篇小说可惜，本来这篇小说是可以刊登在他自己预期要办的杂志上的。① 我狠着心回答说我不能等了，当晚就对波波雷金说，希望他不要拖延。第三天事情就告结束；米哈伊尔·米哈伊洛维奇不愿意一争短长，把别人的钱汇去给他的弟弟。

然而这篇预约出去的小说注定不会刊登在《读书文库》上。编辑等了它很久，到《时代》创刊后他开始来讨还预付的稿费，也不是很快就讨了回去的。事情的过程便是如此，令人甚为不快。我由于不知究竟，完全怪罪于可怜的米哈伊尔·米哈伊洛维奇。至于费奥多尔·米哈伊洛维奇，完全是一些极正当的原因使他未能履行自己的诺言。他的妻子玛丽娅·德米特里耶夫娜快要死了，他得待在她的身边，也就是待在莫斯科，是医生建议把她送到那里去的。现在已经不是治病的问题，而仅仅是减轻病痛的问题，因为肺病已经到了晚期。②

十二　批准办新杂志

我说不出费奥多尔·米哈伊洛维奇究竟什么时候从国外回到莫斯科的玛丽娅·德米特里耶夫娜处去的。但是保存下来的他给米哈伊尔·米哈伊洛维奇的

---

①　米·米·陀思妥耶夫斯基希望从 1864 年 1 月起会准许他出版《真理》杂志。（见《书信集》，第 1 卷，页 358—363；《素材及研究 2》，页 570—571）

②　玛丽娅·德米特里耶夫娜 1864 年 4 月 15 日死于莫斯科。（见《书信集》，第 1 卷，页 373）

信是写于这个时期的头几天。①

这封信中提到张罗办杂志的事我记得不太详细了。我只记得,书报检查部门非常迟钝。《致命的问题》事件显然把书报检查机关搞糊涂了。因为在它完全没有料到的地方出现纰漏(和当时刊登出来的所有文章一样,这篇文章是经过审查的,而且没有遇到一点儿阻挠),所以书报检查机关已搞不清什么东西是它该阻止的,什么东西又是它该禁止的,于是它只好将把守的关口收得紧而又紧。刊物名称叫《真理》吧,好像是一种公然的暗示,没有通过;叫《行动》与其他类似的名称同样也被认为是危险的;经过长久的交涉,编辑部不得已用了一个并不令人满意的名称——《时代》,书报检查机关终于找不出任何不妥之处。非俄国的名称闹得叫人很不愉快;遇到有的读者记不得,管它叫《Эпоха》②,或者跟"回声"混淆了③,使我们很恼火。

此外,我记得,杂志的审批一直拖延着。不知为什么,从停刊时起经八个月才通过。照这样计算,新杂志要到1864年1月起才准许出版;但是由于种种使我们所有的人都很苦恼的拖延,《时代》创刊的广告只是在1864年1月31日才得以见诸《圣彼得堡公报》。④ [……]

广告拟得很精彩,正好和费奥多尔·米哈伊洛维奇的意图吻合。不能要求更明确的了,尤其是上面用黑体字排着:"**《时代》杂志征求订户,《当代》订户结清账款。**"但是这里也看得出过去造成的错误。如果只有一百个订户要求退款,那么另外几千个订户没有写信到编辑部来,他们大概是在等待编辑部为他们采取某种满意的措施,或者哪怕只给个答复,然而报上没有向他们打任何招呼,他们当然大为恼火。接着又是一连串的其他错误及不幸,以致事情每下愈况。

我竭力详细列举这许多不幸和倒霉的事情,一部分是因为它们对费奥多尔·米哈伊洛维奇有重大意义,一部分也是为了指出当时文学工作进行过程的特点,甚

---

① 下面引用了1863年11月19日陀思妥耶夫斯基给兄弟的信,谈新杂志《真理》的出版计划。(《书信集》,第1卷,页340—341)

② 《时代》原文 Эпоха,重音在第二节 по 上,念成 Эпохá,把重音搞错了。

③ "回声"的俄语读音与"时代"相近。

④ 广告刊登在1864年1月31日和2月1日的各报上,不是费·米,是米·米·陀思妥耶夫斯基拟的,主要内容是与1863年的《当代》订户结账。关于杂志的纲领,只说到《时代》将继续《当代》的方针。

至各杂志业务衰落的一般特点,众所周知,这种情况在我们这里是很稀松平常的。

陀思妥耶夫斯基兄弟俩是属于不会打算,或者不大会打算的人。[……]米哈伊尔·米哈伊洛维奇不能完全说是不会打算,他相当谨慎周到,瞻前顾后。费奥多尔·米哈伊洛维奇则尽管才思敏捷,尽管胸怀崇高的目的,而且始终在他的整个活动和所有行动中加以贯彻,但是,不如说,他正因为这些崇高的目的,吃尽了不会打算的苦头;他办事情时办得很好;但是他做事情凭热情,往往只是短短的一阵子,很容易感到满足,停顿下来,于是他周围的混乱便与时俱增。《时代》白手起家;一年以后,当刊物结束时(1865年第2期后停刊),不仅所有的订费全部亏损光了,连得陀氏兄弟从莫斯科一个富裕的亲戚那里继承来的那部分遗产(他们提前去讨来的,每人大约将近一万卢布)也亏损光了,此外还有一万五千卢布的债,那是费奥多尔·米哈伊洛维奇在杂志停刊后欠下的。①

十三　《时代》及其衰落

《时代》开办时情况十分不利。费奥多尔·米哈伊洛维奇在莫斯科,陪伴垂死的妻子于病榻前,他自己也是个病人,所以什么作品也不能写。我的《转折》一文遭到书报检查机关的禁止,该机关如惊弓之鸟,总是疑神疑鬼地监督着《时代》,把我当作极端危险的人物,不让我的一些文章发表;我在那几篇文章里恰恰急于要表白我的爱国主义,洗刷受指责的屈辱。所有的同事思想也有些不一致。但主要的是——读者和文学界的情绪变了。[……]

在这种情况下要求编辑部方面有特别的毅力。但这时米哈伊尔·米哈伊洛维奇确实精神委顿,可能是过去的烦心的事情折腾得他够呛,也可能是他已经得了病,不久这种病就送他进了坟墓。怀念过去《当代》的辉煌成就对眼前的事业十分不利。在《时代》存在期间陀思妥耶夫斯基两兄弟怎么也不肯相信他们会遭到失败,因而常常十分疏忽大意。无论如何,《时代》的第1期能够出刊已经

---

①　见陀思妥耶夫斯基1869年12月26日给索·亚·伊万诺娃的信。(《书信集》,第2卷,页241)

是二月份的事了,若不是早作准备的话,连三月上半月都出版不了。本来决定一月号和二月号合刊出特大号,结果未出,直到四月初才出来。出版特大号的广告刊登在 1864 年 3 月 24 日的《彼得堡公报》上。这时杂志的订户自然早已定局,脱离常轨的读者对文学界的新现象丝毫未予注意。①

从这一片断很明显可以看出我们这期特大号的可怜相,其原因之一是书报检查机关的严厉控制与惊惶失措。另一原因则是编辑部的疏忽大意:封面难看,铅字缺损,纸张蹩脚,排错的字很多——凡此种种极其令人不快,又丝毫没有理由请求原谅。善于享有成功、保持成功的杂志是从来不允许发生类似的草率的毛病的。例如《现代人》,无论刊物怎样空洞,没有分量,却始终以外表装帧漂亮见长,校对方面也十分认真。

《时代》就这么以一本面目可憎、没有生气的刊物苟延下去,还经常脱期。其实它和《当代》一样,只不过以前一切都**自行**向好的发展,现在也同样自行往坏的变化而已。同时死亡又接踵而至:玛丽娅·德米特里耶夫娜、米哈伊尔·米哈伊洛维奇及阿·格里戈利耶夫相继去世。玛丽娅·德米特里耶夫娜于 4 月 15 日病故,费奥多尔·米哈伊洛维奇立即驰往彼得堡。过去一直腿上有病的米哈伊尔·米哈伊洛维奇生了短短的几天病之后,于 6 月 10 日猝然病故。

这是个残酷的打击。原本就脱期的杂志,停刊两个月,用来物色和报批新的编辑,把工作整顿就绪。书报检查机关方面自然没有任何着急的理由,时间上拖延了很久。合适的文学界人士书报检查机关是怀疑的,所以只好请亚历山大·乌斯季诺维奇·波列茨基当编辑。② 他在林业局任职,在文学界默默无闻,不过人很聪明,有教养,除此以外,他还有一些特点:罕见的精神品质,无可指责的仁慈,心地纯洁。他衷心同情《时代》的方向,担任了正式编辑的职务,这时一切事务自然是由费奥多尔·米哈伊洛维奇来管。顺便说说,读者中间一些对名字不太留意的人也产生了一点混乱,许多人以为当时是费奥多尔·米哈伊洛维奇,也就是**著名的**陀思妥耶夫斯基死了。所以费奥多尔·米哈伊洛维奇还得格外使把

---

① 下面引证了陀思妥耶夫斯基给兄弟的信的片断,信中也评论了《时代》的第 1、2 期,对书报检查表示不满。(《书信集》,第 1 卷,页 352—354)

② 亚·乌·波列茨基还是在陀思妥耶夫斯基流放之前,在迈科夫家及亚诺夫斯基医生家遇到过他。波烈茨基在《时代》的作用,见《素材及研究 2》,页 574—577,以及《书信集》第 1 卷页 495—496 多利宁的注释。

劲儿,千方百计让人家知道,他,著名的作家活着,死去的是他的哥哥。

　　在费奥多尔·米哈伊洛维奇手里,事情立即变样。他以做这一类工作时特有的细致周到进行工作,精力相当充沛。遗憾的是这份精力集中在对事业无关紧要的目标上,白白耗费掉了。原先估计主要任务是在开办的头一年里要把刊物出下去,按期出版,征求新的订户,也就是根据过去情况看,应达到四千来份光景,或者更多些。到那个时候整个情况又会好转,一切费用就有着落了,忙碌操心也会得到补偿。刊物一期接一期在出;1864年的最后几个月,编辑部一个月内出了两期,因而1865年的一月号在2月13日即已出版,二月号在三月份出版。印刷和纸张也变了样;校对也认真了;再者,刊物的篇幅也在增加,1864年一月号几乎达到四十印张,而不是原定的二十五印张。[1]

　　然而编辑部越是努力去改善刊物的外表情况,就越是缺少时间和精力去提高刊物的内容质量,读者对此不可能没有察觉,尤其是在文学刊物达到这样大的规模的时候。刊物编得很有格调,很有味道;费奥多尔·米哈伊洛维奇不可能刊登十分低下的作品,然而出色的作品还是没有,——他自己不能写,又没有地方去给一期又一期的杂志搞到有意义的作品。主要是刊物丝毫没有表现出现代性,对当前现实无关紧要;这只是些普通的集子,尽管可读,却毫无吸引人的东西。[2] 刊物出得越快,越厚,这种情况就越明显。读者对它不可能有好感,因为

　　[1]　这里我按刊物上所标明的,把书报检查机关审查通过的时间摘录如下:三月号是4月23日通过的,五月号是7月7日,六月号——8月20日,七月号——9月19日,八月号——10月22日,九月号——11月22日,十月号——10月24日(!),十一月号——12月24日,十二月号——1865年1月25日。不过这些标明的时间并不确切,因为有时是在刊物开印时注明的(在首页),有时在印刷快要结束时加注的(在末页)。混乱到这样的地步,十月号上排印着:10月24日,分明应当是11月24日;六月号的封面上印着:7月,第6期,上面印的杂志发行人是米·米·陀思妥耶夫斯基家属。——斯特拉霍夫注

　　[2]　在《时代》开头几期上还能遇到多少算是精彩的文艺作品:屠格涅夫的《幽灵》(第1期),符·克列斯托夫斯基的速写《鲈鱼》(1—2期),高尔斯基的短篇小说(1—2期),迈科夫与波隆斯基的诗歌(第3、4期),阿·格里戈利耶夫、斯特拉霍夫、米柳科夫的文章,最后,还有陀思妥耶夫斯基的《地下室手记》(第2、4期)。1864年的最后几期杂志(第11、12期),除去巴比科夫[*]的长篇小说《偏僻的街道》和查耶夫[**]的剧本《亲家法迪伊奇》之外,没有刊登过一部文艺作品。刊物上是一些不著名的文学家——伊·格里戈利耶夫、伏龙诺夫、菲利波夫、希拉科夫、伊万宁、费奥多罗维奇及米隆诺夫等人的文章。批评栏由尼·索洛维约夫与德·阿韦尔基耶夫撰稿。

　　[*]　康·伊·巴比科夫(1841—1873),作家,《酒杯》杂志编辑。

　　[**]　尼·亚·查耶夫(1824—1914),作家,接近斯拉夫派。

在很大程度上读者是出于责任才看刊物,为了对作者或刊物有个了解,为了研究问题,为了能够谈论谈论,发表意见等等。因而,如果读者预先没有任何想要看看它的愿望,是不会去看的。《时代》编辑部就出版了八期或十期这样的刊物。频繁的出版反而使读者和文学界厌烦,没有一期刊物能引起读者和文学界的注意。

不仅书报检查机关的毫无必要的严厉措施损害了刊物的内容,没有费奥多尔·米哈伊洛维奇自己的作品也削弱了刊物的内容。阿·格里戈利耶夫于1864年9月去世了,他的文章对于刊物是至关重要的。诚然,读者是几乎不看他的文章的,就如现在不去看它一样;不过在我们的心目中,对于严肃的文学家来说,这些文章却是给刊物增加分量、增添色彩的。他死后我替他发表的两组书信,自然是真正给《时代》增添了色彩。

最后,还有一个方面,给事业的进展带来异常的损害的,恰恰是经营管理方面的混乱,在分送杂志、迅速而准确地满足订户方面存在的混乱。事情搞得如此之糟,不得不公开向订户道歉。[……]

费奥多尔·米哈伊洛维奇的灾难显然是继承得来的,在他手上不仅没有好转,反而更趋恶化了,编辑部深受其苦。经营管理没有直接掌握在他的手里,他也并不想紧紧地抓在自己手里,他对管理不感兴趣,他认为还是文学方面比较重要些。这个时期编辑部的现金十分短缺,常常是空空如也,因而,管理上的各种活动都拖延下来。最后,在征求新订户的关键时刻,订户的强烈要求传到编辑部来,却没有告诉编辑,这种情况屡次发生。

尽管整个情况如此,——真是怪事!——1865年的《时代》还是达到一千三百份订户,这个数字意味着,虽然稍有困难,新的杂志已经可以开办了。可是老杂志受到已经花去的费用的拖累,却维持不下去。二月号出版后编辑部里已一文不名,无法支付同事们的薪水、纸张费及印刷费。大家作鸟兽散,各奔前程。米哈伊尔·米哈伊洛维奇的家属分文没有,费奥多尔·米哈伊洛维奇负了一万五千卢布的巨债。

《时代》就这么完蛋了。讲起它的历史,有一个情况我没有提到,这个情况也有它的意义,那就是其他文学刊物对该杂志的态度,主要也就是彼得堡的一些出版物,直到现在大多数仍是定期刊物的态度。这种态度自始至终都是敌意的,而且，由于《时代》本身的努力，这种敌意逐月增加并且愈趋激烈。①《当代》尽管与《现代人》有过论战，然而在1862年底（在九月号上）还登过谢德林的文章，1863年第1期上还发表过涅克拉索夫的诗《普罗克之死》。② 但是《时代》却与《现代人》没有任何共同之处了。《时代》的方针已是有意识地斯拉夫主义化。我记得，有一回费奥多尔·米哈伊洛维奇为了一篇袒护《日报》的什么文章，直率地说："这样好，要尽可能帮它的忙。"和虚无主义派的决裂是很彻底的，有论战也仅仅是对虚无主义派而进行的，费奥多尔·米哈伊洛维奇一向是很喜欢进行论战的。他有讽刺挖苦的才能，有时是很愉快的揶揄，在《当代》的最后几期上他就曾经十分尖刻地刺伤过谢德林③，尽管是在与派别无关的问题上。同时，不仅有1863年起便是《现代人》的最佳撰稿人的谢德林给刊物带来他的机智和讥讽挖苦，1864年，这本杂志又开始进行论战，到了空前绝后的程度。④ 掀起一场可怕的战争，《时代》先是欣然迎战，最后不得不落在对手的后面，因为无论是论争的狠劲，遣字造句的强横，还是在容纳这许多词句的巨大篇幅上，《时代》都无法与对手相抗衡。继《现代人》之后，其他出版物也吸引到这一方面来了。对于那些充满了公民的激情，然而既无本事又无机会出来表现的人，再没有比在自己的圈子里寻找敌人并千方百计杀戮之更为合适的了。这么一来，论战就逐渐

---

① 《时代》上的论战是斯特拉霍夫首先发难。第1期上就刊登他的《致〈时代〉编辑部的信》，文中由于"年轻一代"的"唯物主义"而对他们进行严厉的抨击；第3期上斯特拉霍夫又触犯了《现代人》，该刊在五月号上登载了萨尔蒂科夫-谢德林的讽刺剧《雨燕》作答，连《地下室手记》也遭到批评。陀思妥耶夫斯基利用《现代人》与《俄罗斯的话》的论战，在第5期上以《谢德林君或虚无主义者的分裂》一文出来发言。《现代人》在第7期上以安东诺维奇的《胡诌者的胜利》以及《致雨燕（书致首席雨燕陀思妥耶夫斯基君）》两篇文章作答。陀思妥耶夫斯基在《时代》第7期上发表《对种种牟利问题和非牟利问题必要的文学解释》进行答辩。《现代人》继续论战，在第8期上刊载《向雨燕提出问题》，第9期上刊登《雨燕落入圈套》（两篇都是安东诺维奇的文章）。陀思妥耶夫斯基在《时代》第9期上发表《为了结束》一文以中止变为人身攻击和愚蠢的丑化的论战。《现代人》以冷嘲热讽的《和〈时代〉作一番含情脉脉的解释》（第10期）作答。（见斯·斯·博尔谢夫斯基的《谢德林与陀思妥耶夫斯基》，莫斯科，1956年，页107—108；还可参阅《与陀思妥耶夫斯基论战》。弗·爱·博格拉德的文章及广告——列宁格勒，第67卷，页363—402）

② 1862年《当代》第9期上发表萨尔蒂科夫-谢德林的《我省一日》；1863年第1期上以《普罗克之死》为标题，刊登了涅克拉索夫的长诗《严寒，通红的鼻子》中的第一、二、六、七章。

③ 斯特拉霍夫是指陀思妥耶夫斯基的《答〈口哨〉》、《稚嫩的文笔》（《当代》，1863年，第2期）及《再谈稚嫩的文笔》（《当代》，1863年，第3期）三篇文章。

④ 斯特拉霍夫显然是指1864至1865年间《现代人》与《俄罗斯的话》及《时代》的论战。

变成一件国民的大事,这就是论战有时会扩大的最重要原因。在这场笔墨官司中,《时代》的表现几乎是无可指责的,始终站在纯粹的文学的基地上,始终顾及原则,因而它自然不及论敌们强大,因为对手们是肆无忌惮的,他们放任自己,不仅进行种种尖酸刻薄的挖苦与谩骂,比如,称论敌为坏蛋、夹肉面包、雨燕等等,而且竟放肆地暗示说我们不老实,拍政府的马屁,充当告密者等等。我记得,当米哈伊尔·米哈伊洛维奇的《与订户结清账目》在某地遭到严厉批评,并且人家证明他蒙骗订户时,可怜的他真是沮丧极了。[……]①

十五 艰难的一年——《罪与罚》

1865 年夏天,七月底,费奥多尔·米哈伊洛维奇到国外去了。九月、十月他在威斯巴登度过(见他给弗兰格尔的信)。十一月,他又回到彼得堡,一直待下去,过了整个 1866 年。这一年在他的生活中有重大意义。从一月份起,他的长篇小说《罪与罚》开始在《俄国导报》上发表,秋天,1866 年的 10 月 4 日,费奥多尔·米哈伊洛维奇与他未来的妻子安娜·格里戈利耶夫娜·斯尼特金娜相识。②

在整个这段时间里我们没有见过面。我们之间发生了第一次小争执,内容我不准备细说了。一部分是因为共同的事业遭受挫折时往往会有的困难和不满,不过这仅仅是极微小的一部分。共同的不幸要大家分担,每个当事人自然竭力想让自己分担的那一份尽可能地小一些。回想起由此而暴露出来的利己主义的面目是很令人伤心的。但是我再重复说一遍,在我们的争执中,业务是丝毫不重要的。费奥多尔·米哈伊洛维奇很关心同事,所以大家对他也怀着尊敬和好感,这是用不着说的。但是他自己身陷困境,情不自禁要发火罢了。然而这种不

---

① 下面删去斯特拉霍夫的回忆录第十四章《费奥多尔·米哈伊洛维奇对〈当代〉及〈时代〉工作的叙述》——公开发表陀思妥耶夫斯基 1865 年 3 月 31 日给弗兰格尔的信。(《书信集》,第 1 卷,页396—403)

② 见本书后文安·格·陀思妥耶夫斯卡娅的相关回忆录。

满的阴影很快就过去了。德·瓦·阿韦尔基耶夫与我在费奥多尔·米哈伊洛维奇的婚礼上是他的证婚人，还有许多其他人也在教堂里见面，行过圣礼以后又到他家去聚首。① ［……］

　　成了鳏夫以后，尽管他境况窘迫，有时候看上去还像个未婚夫的样子，至少妇女的敏锐的眼睛在这方面看来是如此。这股子热情和生活的欲望达到了目的。新的婚姻迅速为他带来了他如此渴望的美满的、甚至异常的家庭幸福；这时，他与穷困和债务的残酷搏斗也变得比较轻松顺利了，但是胜利的结局姗姗来迟，直到不倦的斗士去世前两三年才来临。［……］

　　长篇小说《罪与罚》产生了非凡的影响。1866 年那年，人们只看这部小说，爱看书的人只谈论这部小说。谈论的时候，人们常常抱怨这部小说的强烈的压抑感，给人沉重的印象，神经健全的人看了几乎要生病，神经衰弱的人不得不掩卷而罢。然而最令人惊奇的是小说与现实的吻合。当时，《俄国导报》出版，刊载了一篇描写拉斯柯尔尼科夫的罪行的文章，各报纷纷登出消息，报道在莫斯科发生的完全相似的罪行。有个大学生杀死了高利贷者，抢走他的钱，从各种迹象来看，这个大学生这么干是出于虚无主义的信仰，可以不择手段地去改变不合理的情况。如果我没有记错的话，杀人案是在《罪与罚》问世前两三天发生的。②我不知道读者对此是否感到震惊，费奥多尔·米哈伊洛维奇是很注意此事的，常常谈起，经常以艺术上的洞察力有这种成就而自豪。我还想起，已故的米·巴·波克罗夫斯基③许多年后还谈到这部小说对一群年轻人产生过多么强大的影响，他们曾在俄国欧洲部分的一个城市里流放过。有一个青年，站在拉斯柯尔尼科夫一边，一度也想犯一桩类似的罪行，后来才回心转意。作者掌握那些脱离原则、胆大妄为地违背自己良心的人的思维逻辑是如此准确。

　　成就是非常了不起的，但也不是没有人反对。1867 年初，我在《祖国纪事》

---

　　① 据陀思妥耶夫斯基证述，争执起于《时代》的失败，仅仅随着《罪与罚》的成功才告结束。（见《书信集》，第 3 卷，页 155）陀思妥耶夫斯基写信给妻子谈到《时代》失败后与斯特拉霍夫的分手时说，未必是仅仅因为思想性质方面的原因而分手的。他们之间首先是因为《时代》停刊经济状况严重恶化而引起误会。

　　② 斯特拉霍夫是指轰动一时的大学生丹尼洛夫的案件。1866 年 1 月底《呼声报》及《莫斯科新闻》开始刊登该案的审判消息。

　　③ 六十年代初米哈伊尔·巴甫洛维奇·波克罗夫斯基就是"斯特拉霍夫的伟大的朋友"。（潘捷列耶夫，《回忆录》，页 246；又见《书信集》，第 4 卷，页 386—387）

上发表一篇分析评论《罪与罚》的文章,是用非常克制而又枯燥的笔调写的。①
这篇文章有两方面使我难以忘怀。费奥多尔·米哈伊洛维奇看过以后对我说了
称赞的话:"只有您一个人了解我。"可是编辑部不满,直率地责备我讲交情,大
肆赞扬小说。我则相反,恰恰因为冷淡地、没精打采地谈到如此惊人的文学现象
而深感内疚。②［……］

题解:

　　尼古拉·尼古拉耶维奇·斯特拉霍夫(1828—1896 年),哲学家,文学批评家,按所
受的教育是个自然科学家(毕业于数理系,写过动物学方面的硕士论文),有许多哲学著
作(《论自然科学的方法及其在普通教育中的意义》,1865 年;《宇宙一体》,1872 年;《哲
学摘记》,1895 年),写过许多文学评论文章(论述托尔斯泰、陀思妥耶夫斯基、屠格涅夫
及当前文学状况)。还写过一些心理学论文,三本著名的哲学修养方面著作(《我国文学
中与西欧的斗争》,1882—1887 年)以及其他作品。

　　1860 年初,陀思妥耶夫斯基刚从西伯利亚回来不久,斯特拉霍夫便与他相识。他们
两人经常到当时颇受欢迎的作家和教育家米柳科夫处去(关于米柳科夫的情况见本书页
150—151)。早在四十年代,陀思妥耶夫斯基兄弟就和作为彼得拉舍夫斯基派分子、杜罗
夫小组成员的米柳科夫关系密切。米柳科夫是 1860 年 1 月刚创办的《火炬》杂志的实际
上的编辑,每逢星期二,各种文学家在他那里聚会,有诗人阿·迈科夫,年轻的符·克列
斯托夫斯基③及其他人,斯特拉霍夫也在受邀请之列。

　　他们刚相遇时是兴趣和倾向截然相反的两种人,是不同时代和不同文化的两个代表
人物。斯特拉霍夫,用他自己的话来说,是搞哲学和动物学的,"勤奋地阅读德国人的著
作,把他们看作启蒙教育的领袖"。在同一时期,米柳科夫小组的文学家们,首先是陀思

---

　　①　斯特拉霍夫论陀思妥耶夫斯基创作的文章发表在 1867 年第 1—4 期的《祖国纪事》上,以
《我国的小说文学》为题,连续发了几篇文章。第一篇专门就当时刚由斯捷洛夫斯基出版社出版的两
卷集概括论述陀思妥耶夫斯基的创作,第二篇及第三篇文章论《罪与罚》。斯特拉霍夫此文的主要意
思可以归结为:"作者所写的虚无主义是发展到了极端的,再下去几乎已经无可发展了［……］。显
然,作者在这里选取了极端的形式之后才有可能以完全正确的态度作完整的表现。"这样,照斯特拉
霍夫的看法,小说中的虚无主义"不是作为一种可怜的野蛮现象,而是以悲剧的形式,作为一种伴有
残酷的痛苦的灵魂扭曲"而表现出来的。(《祖国纪事》,1867 年,第 3 期,页 330—331)

　　②　斯特拉霍夫的回忆录的下一章《普希金纪念日》见本书后文。

　　③　符谢沃洛德·弗拉基米罗维奇·克列斯托夫斯基(1840—1895),俄国作家。

妥耶夫斯基本人,则恰恰相反,他们"十分热心地阅读法国人的著作",政治问题和社会问题在他们那里"占首位,简直好像压倒了对纯文学的兴趣"。斯特拉霍夫的斯拉夫主义思想在米柳科夫的小组中看上去至少应是一种异己的思想。可是斯特拉霍夫看出在他们和陀思妥耶夫斯基的一些思想之间有着很大的相似之处。陀思妥耶夫斯基在 1861 年就《当代》杂志的出版所发表的《广告》中正是以这些思想为基础,他在文中强调说,在我国,人民和知识分子之间存在着严重的脱节,这是彼得的改革以后产生的,必须赶快回到自己的土壤中去,回到人民的基本原则中去,但不是为了拿它们去与全人类的高度文明的原则相对立,而是要完成某种综合,也就是要找到能调和"在人类历史上"暴露出来的一切矛盾的办法。以为俄国人民具有这样的特性和使命,这一想法,"构成费奥多尔·米哈伊洛维奇在纪念普希金大会上的演说的内容,可见他是信奉到底的。"——斯特拉霍夫这样写道。

不过在拟定《广告》的主旨时斯特拉霍夫大概也起过重要作用的。陀思妥耶夫斯基兄弟编《当代》杂志(1861—1863)和《时代》杂志(1864—1865),是充分信任斯特拉霍夫的,让他主持评论组,当时这个组比其他的组重要,甚至比小说散文组重要,因为评论组决定刊物的面貌。斯特拉霍夫的作用首先表现在一场斗争中,这是他在《当代》中进行的反对"虚无主义者"与"理论家"——即反对车尔尼雪夫斯基、杜勃罗留波夫及皮萨列夫的斗争。正是他,斯特拉霍夫,开始了《当代》与"虚无派"即革命民主派的斗争。诚然,陀思妥耶夫斯基在《——波夫君与艺术问题》(1861)一文中已经与革命民主派的美学观点展开论战了。"不过我受不了,"斯特拉霍夫说,"我想快些以直率而坚定的态度对待虚无主义的理论。"在《当代》1861 年七月号上《再谈彼得堡的文学》一文中,他果然首次采取这种直率、坚决又怀有敌意的态度,以后在每一期的《当代》上,后来在《时代》上,几乎都继续采取这种态度。斯特拉霍夫始终是唯物主义和革命民主主义理论的激烈的反对者。

斯特拉霍夫约略提到过 1865 年他和陀思妥耶夫斯基发生了小争执,在陀思妥耶夫斯基结婚(1867 年)之前,他们没有见过面。为什么争执,为什么分歧,斯特拉霍夫没有提起,应当认为这不仅仅是因为生活琐事问题。关于他和陀思妥耶夫斯基的关系,在他给托尔斯泰的信中有这么几句话:"我对陀思妥耶夫斯基深为不满:他分明逐日衰老了。"(《列·尼·托尔斯泰与斯特拉霍夫通信集》,第 2 卷,托尔斯泰纪念馆出版,圣彼得堡,1914 年,页 27,1873 年 3 月 15 日的信)"我[……]不喜欢自己像陀思妥耶夫斯基那样……"(同上,页 185,1878 年 9 月 14 日的信)陀思妥耶夫斯基在给安·格·陀思妥耶夫斯卡娅的信中几次提到斯特拉霍夫对他的态度不好,最后一次态度不好的原因是长篇小说《少年》。显而易见,小说发表在涅克拉索夫与萨尔蒂科夫-谢德林的《祖国纪事》上这件事本身,不仅使斯特拉霍夫极为反感,连迈科夫也大不愉快。陀思妥耶夫斯基写道:"我不喜欢他们两人,尤其不喜欢斯特拉霍夫本人;他们两人都有脾气。"(《书信集》,第3卷,页154)《少年》这件事之后,陀思妥耶夫斯基在书信中再也没有提起过斯特拉霍夫。在陀思妥耶夫斯基生前的最后五年,他们显然没有会过面(当然,意外的碰头与社交场合的见面除外)。

陀思妥耶夫斯基死后,斯特拉霍夫立即又激动又伤心,写信给托尔斯泰诉说他觉得"非常空虚",可是即使在这里,他也不能不添上一句:"后来我们一直合不来。"(《托尔斯泰与斯特拉霍夫通信集》,第2卷,页266)特别典型的是他公开承认他对陀思妥耶夫斯基的态度,证明他们彼此非但格格不入,而且对陀思妥耶夫斯基有一种明显的反对态度,几乎怀着憎恨。他把他刚写好的陀思妥耶夫斯基的传略寄给列夫·托尔斯泰时也写到自己的"忏悔":"我在写作期间一直在斗争,我和心里冒上来的厌恶感斗争。[……]我既不能把陀思妥耶夫斯基当作好人,也不能认为他是个幸福的人(实质上他是符合的)。[……]这真是个不幸的人,愚蠢的人,他自以为是幸运儿,是英雄,多情地爱着他自己。[……]我如果把陀思妥耶夫斯基的这方面记下来,讲出来,那么,在我想象中许多情况会比我所写的更生动,叙述也会真实得多,不过,还是让这种真实隐去吧,我们将只显耀生活的正面,就像我们到处在做的那样。"(《托尔斯泰与斯特拉霍夫通信集》,第2卷,页307—309,1883年11月28日的信)安·格·陀思妥耶夫斯卡娅在她的回忆录的结尾以恰当的方式评价了斯特拉霍夫的为人,援引大量事实揭露他在对待陀思妥耶夫斯基的精神面貌方面的谎言。(《陀思妥耶夫斯卡娅回忆录》,页285—292)

因此,为了判明真相,倒是极有必要尽可能小心谨慎地去研究斯特拉霍夫所说的那些事实,必须从可靠性的观点出发来分清事实,尤其是与陀思妥耶夫斯基的社会政治信仰有关的事实。问题与其说是在于事实本身,倒不如说是在于带着一定的目的对事实作与众不同的解释。这尤其是指斯特拉霍夫回忆录的头几章——关于陀思妥耶夫斯基的杂志的历史。然而陀思妥耶夫斯基的同时代人中实际上唯有斯特拉霍夫一个人清楚地了解和记得陀思妥耶夫斯基在办杂志活动中独特地反映出来的社交生活中所发生的一切,作为亲密的同事,他了解并且很积极地参与了当时的文学派别斗争。他抱定宗旨在各方面无论如何永远不把陀思妥耶夫斯基说成是他的志同道合者——忠诚的斯拉夫主义者,反"虚无主义"的斗士等等(关于陀思妥耶夫斯基与斯特拉霍夫的关系的更详细情况见多利宁的《陀思妥耶夫斯基与斯特拉霍夫》一文,在多利宁的《最后几部长篇小说》一书中)。

根据圣彼得堡1883年版《费·米·陀思妥耶夫斯基全集》第1卷,《传记、书信、笔记本摘记》删节刊印。

我与费·米·陀思妥耶夫斯基的见面

尼·加·车尔尼雪夫斯基

焚毁旧货市场的大火灾以后没几天,仆人递给我一张费·米·陀思妥耶夫斯基的名片,说是这位来访者想见见我。我立即去到大厅;一个中等身材或中等以下身材的人站在那里,他的脸,我在画像上似曾见过。我走过去,请他在沙发上坐下,我自己也一边坐下,一边说我很高兴见到《穷人》的作者。他踌躇了一下,就开门见山地说明这次来访的目的,以此来回答我的欢迎词。他的话简短,朴实,直率,大致如下:"我为一件要紧的事情来找你,有个强烈的请求。您很熟悉放火焚烧旧货市场的人,对他们也有影响。我请求您制止他们,不要再这样做。"我曾听说陀思妥耶夫斯基神经失常到了错乱的地步,近于思想混乱,但我没有料到他的病已发展到这样程度,竟然会把我同旧货市场纵火牵扯在一起。我看到可怜的病人有思想混乱的特征,碰到这种情况医生总是避免与不幸的人作任何争论,宁可说一些必要的安慰他的话,所以我回答说:"好的,费奥多尔·米哈伊洛维奇,我会按照您的意愿办的。"他抓住我的手,使出全部力气紧紧地握着,用快乐的、激动得发喘的声音说了些热情洋溢的话,表示他个人对我的感激,说是由于我对他的尊重,使彼得堡避免了毁于大火的厄运,这座城市有赖此举才得以保存云云。过了几分钟我发现感情的激动已经使他的神经疲劳了,为了使他平静下来,我向我的客人随便问些与他的病态的兴奋无关、同时又是他感觉兴趣的事情,医生们遇到类似的场合都是这样做的。我问他,他办的那份杂志经济情况如何，能抵消开支吗？杂志使他的哥哥米哈伊尔·米哈伊洛维奇负了债，这些债务能偿还吗？他和米哈伊尔·米哈伊洛维奇能否指望杂志将来可以维持他们的生活呢？他把前面的事儿忘掉，开始就向他提出的题目作回答。我让他谈自己的杂志情况，爱说多少就说多少。他讲了很久，大约有两个钟头左右。我很少听，不过装得好像在听的样子。讲累了，他想起他在我这里待得太久了，掏出表，说是他去看校样要晚了，大概也耽搁了我做事情，便起身告辞。我送他到门口，回答说他没有耽搁我，尽管我向来忙于工作，不过也始终可以随便把工作撂下一两个钟头。我说着这些话，和向门口走去的他告别。

过了一个礼拜或一个半礼拜，有位模样谦逊而又庄重的陌生人来找我。他作了自我介绍，应我的邀请坐下以后，他说他想出版一本书，供那些文化程度不高但求知心切而经济又不宽裕的人看；这将是一本供成人读的文选之类的书；他掏出两三张纸头来请我看一看。这是他拟议中的那本书的目录。我把第一页浏览了三四行，接着又翻阅了四五页，我对他说，看是没用的：根据我过目的那几行而论，十分清楚，选的人是很懂得怎样为成人编辑文选的，很了解我们的小说和普及性的学术文选，他不需要从我这里听取任何修改或补充的意见。他说在这种情况下，他另外有个请求：他对文学界很陌生，一个文学家也不认识，他请求我，如果此事对我不特别为难的话，请向书中入选作品片断的有关作者要求，同意让他选用。书的定价预计是很便宜的，只求书本售出后能抵消印制的费用。我对客人说，我保证他所选中的作品片断的几乎所有作者会同意他的；我若有机会遇到他们时，一定对他们说，我已经以他们的名义表示同意了；至于那些我预先不知道他们是否赞同的人，我会马上去跟他们说的，请他过一两天光临舍下听取答复。说了这番话以后，我又看了看目录上的作者名字，发现只有一个人事前不跟他说一声，他是否会同意我是没有把握的，这个人就是费·米·陀思妥耶夫斯基。我把目录中准备选用他的短篇小说片断的篇名抄下，第二天早晨带了单子去找他，告诉他事情的始末，请求他的同意。他很干脆地表示同意。在他那里坐了一会，按礼节所要求的，大约五分多钟，一刻钟不到，我告辞了。这几分钟的谈话，仅仅为了取得他的同意，是毫无意思的；他好像称赞了他的哥哥米哈伊尔·米哈伊洛维奇和同事斯特拉霍夫；他大概说了这一类的话；我听了未置可否。等主人把开了头的话题谈完，我祝他的杂志成功，道别一声，走了。

这是我与费·米·陀思妥耶夫斯基仅有的两次见面。

题解：

车尔尼雪夫斯基在 1888 年的《我与费·米·陀思妥耶夫斯基的见面》回忆短文中说,1862 年 5 月底或 6 月初,"焚毁旧货市场的大火灾以后没几天"(就是 5 月 28—30 日以后),陀思妥耶夫斯基来找他,请他去审判彼得堡大火的策划者,车尔尼雪夫斯基对这些人好像是"很熟悉的"。

当时彼得堡的形势是人心惶惶,十分不安。焚毁一切的大火,从 5 月 16 日开始,延续了两个星期,与《年轻的俄国》的传单的出现(5 月 18 日)凑巧合在一起。传单号召坚决地、无情地、从根本上摧毁俄国的社会制度与政治制度,消灭统治阶级("皇党")及沙皇家族。在反动报刊与自由主义报刊的参与下,挑拨性的谣言传播开来,说是革命的青年大学生参与了纵火。赫尔岑把这称之为"唆使受骗的人民去反对大学生"。(《赫尔岑》,第 14 卷,页 219)

这些事件,显然也是陀思妥耶夫斯基与车尔尼雪夫斯基闲谈的话题,他们的回忆录证明了这一点(虽然对于拜访的理由他们的看法不一：陀思妥耶夫斯基说是因为《年轻的俄国》传单的出现①,车尔尼雪夫斯基说是彼得堡的大火)。

维·尼·夏甘诺夫②转述他在流放中从车尔尼雪夫斯基处听来的关于陀思妥耶夫斯基去见他的情况,总的说来和以后车尔尼雪夫斯基的回忆短文是相符的："1862 年 5 月,就在彼得堡大火期间,有一天清早,费·陀思妥耶夫斯基突然闯进车尔尼雪夫斯基的寓所,直接对他说了下面的话：'尼古拉·加甫里洛维奇,看在上帝分上,快下命令停止放火吧！……' 车尔尼雪夫斯基说,当时花了好大力气向费·陀思妥耶夫斯基作解释。他什么也不愿意相信,大概怀着疑团,怀着绝望的心情跑回去了。"(《同时代人回忆车尔尼雪夫斯基》,第 2 卷,萨拉托夫,1959 年,页 121)

与陀思妥耶夫斯基见面以后过了一个月,车尔尼雪夫斯基被捕,7 月 7 日在口供中(供词作于 1863 年 6 月 1 日),谈到他的名字与大火及纵火者有联系的谣言,说,"对于控告,我可以直截了当地为自己辩白,因为控告是直截了当地表达出来的,但我知道除去控告之外,对我还存在着许多其他的怀疑。比如,有谣言说[……],我甚至是旧货市场 1862 年 5 月底那场大火的参与者。"(《尼·加·车尔尼雪夫斯基全集》,第 14 卷,莫斯科,1949 年,页 732)既然陀思妥耶夫斯基请车尔尼雪夫斯基"制止"纵火者,那么他必定

---

① 1873 年的《作家日记》,《一件私事》一章。

② 维亚切斯拉夫·尼古拉耶维奇·夏甘诺夫(1832—1912),"六十人案件"之一员,革命者。

如此这般地相信了谣言,好像是"革命党"鼓动放火(尽管对他来说,车尔尼雪夫斯基自然不可能亲自去参与旧货市场的放火的)。

诚然,在被书报检查机关禁止的《大火》一文中,《当代》编辑部(也就是费·米或米·米·陀思妥耶夫斯基)把《年轻的俄国》说得像是"可恨的传单","引起人的厌恶",但毕竟还是强调了"放火的人与《年轻的俄国》有联系"的谣言无法查实。(勃·普·科兹明的《陀思妥耶夫斯基兄弟与〈年轻的俄国〉的传单》,载《报刊与革命》,1929年,第2—3期,页71)

在大火的日子里陀思妥耶夫斯基的立场与反动圈子里的人无疑是有区别的,然而同时和革命民主派对事件的评价也是对立的;陀思妥耶夫斯基的立场反映了六十年代初期他与革命阵营的关系。1861年的那场论战实际上是与当时所有有影响的俄国报刊杂志机构在进行论战,陀思妥耶夫斯基也触犯了《现代人》(例如在《——波夫君与艺术问题》一文中)。在陀思妥耶夫斯基兄弟的杂志上公开地、十分激烈地攻击车尔尼雪夫斯基的是斯特拉霍夫的《再论彼得堡的文学》一文。(《当代》,1861年,七月号)后来陀思妥耶夫斯基特地强调了一下,说是"《当代》首先就表示不赞成,后来甚至攻击了车尔尼雪夫斯基与杜勃罗留波夫"。(《对种种牟利问题和非牟利问题必要的文学解释》,载《当代》,1863年,一月号,见《1926—1930年版全集》,第8卷,页285)可是,当《俄国导报》起来反对《现代人》中的《吹口哨的人》和《大叫大喊的孩子》时,陀思妥耶夫斯基尽管有保留,却在1861年的许多文章中站在车尔尼雪夫斯基与杜勃罗留波夫的杂志一边。1861年正当车尔尼雪夫斯基遭到反动报刊与自由主义报刊,尤其是《俄国导报》的猛烈攻击时,这样做就更加意义重大。

不过,整个说来,在1861至1862年,车尔尼雪夫斯基的革命思想对于陀思妥耶夫斯基来说当然已经是不能接受的(斯·博尔谢夫斯基在《谢德林与陀思妥耶夫斯基》一书中发表的陀思妥耶夫斯基笔记本中的许多札记也可以部分地证明这一点)。

本文根据《尼·加·车尔尼雪夫斯基全集》,第1卷,莫斯科,1939年,页777—779刊印。

《人生途中的会见》节录

帕·米·科瓦列夫斯基

我不知道有像涅克拉索夫那样优秀的编辑,在我们这里,未必还有另外一个这样的好编辑。有些人,学识比他渊博,修养比他好,例如德鲁日宁。但是在与作家和读者打交道方面比他更聪明、更有洞察力、更有办法的人却一个也没有。克拉耶夫斯基不过是备有味道很浓的富农阶级调料的文学小铺里一位头脑清醒的掌柜而已;他的文学鉴别力是连得味儿也尝不出的。涅克拉索夫是个嗅觉敏锐的编辑,审美专家,这种人是罕有的(虽然他也一定得把这一恶习瞒过自己编辑部的台柱车尔尼雪夫斯基与杜勃罗留波夫)。他一个人就能在刊物上搞走私,混过由否定艺术的人所筑起的关卡,把美的私货带进杂志,那时⋯⋯"带派性的稿子"使他甚为厌恶。

"现在,"他抱怨说,"除非懒汉才写没有派性的东西,那有才能的就没有听说过⋯⋯"

文章不问内容都得看。必须是文艺性的文章——这种形式的才看。

他熟悉读者的口味,在他笔下不无独特的幽默味儿地表现出来。

"读者希望什么? 他希望中篇小说乏味些;说是严肃的中篇小说,不是随便什么文章,而是深奥难道的文章写得比较令人愉快些,这种文章他能看得下去。"

他选稿子从来不会错,"会有人看的!"说着就拿去发表了。瞧着吧,果然有人看。有一回他搞错了,大错而特错,很糟糕地、很不值得地错了,那就是把陀思妥耶夫斯基的中篇小说《斯契潘奇科沃村》搞错了,这篇作品确实差劲,但那是作者流放回来时带来的,《现代人》的编辑单凭这一点就该用它。①

"陀思妥耶夫斯基才气已尽。他再也写不出什么东西了,"涅克拉索夫宣判说。结果搞错了:陀思妥耶夫斯基拿起笔,写出《死屋手记》及《罪与罚》作为回答。他只是亮出"所有的东西"。这一回涅克拉索夫的嗅觉不灵了。

这一可悲的事件还产生了可悲的后果。《现代人》自愿放弃本来可以为它的版面增辉的珍品,还不算是特别倒霉:它还可以从列夫·托尔斯泰、屠格涅夫、皮谢姆斯基及奥斯特罗夫斯基的丰富的作品中去挑选……②可是被苦役所毁的陀思妥耶夫斯基的命运,这个患癫痫的、心情抑郁、易动肝火、缩手缩脚的人的命运却从此起了变化,他的整个余生戴上了穷困和限时限刻干活的镣铐……③而他还只刚刚摆脱其他的镣铐。

"既然这样,那我要自己办杂志了。"他打定主意。

他也错了。

在亲兄弟米哈伊尔·米哈伊洛维奇的帮助下,他筹集了一笔资金。他自己负责论战栏:攻击,回击,争吵,责骂。不过他把自己的健康,自己的和已经成家的兄弟的最后一点钱财全投在这件事业上,结果落得四处碰壁,欠债累累,一身要命的病痛,那是在西伯利亚得的,在编辑部里又发展了。他生气了,而他的论敌却笑了——笑声得胜了。萨尔蒂科夫给他的杂志《时代》起外号叫"裙子",把编辑部的成员叫作"雨燕"④,涅克拉索夫本人在《口哨》上登了几首诗讥讽"冷

---

①　中篇小说《斯契潘奇科沃村及其居民》1859 年 4 月作于塞米巴拉金斯克,曾经寄给《俄国导报》,但是卡特科夫拒绝刊用。同年 9 月,这篇小说推荐给涅克拉索夫,他也否定。这使陀思妥耶夫斯基吃惊,更使他伤心,因为他很想把它发表在《现代人》上。陀思妥耶夫斯基与涅克拉索夫的关系是在六十年代初期形成的,和科瓦列夫斯基所述的略有出入(详情见本书柯罗连科的《我的同时代人的故事》片断的题解)。

②　从 1860 到 1866 年杂志停刊,托尔斯泰与皮谢姆斯基没有在《现代人》上发表过作品,屠格涅夫发表过一篇《哈姆雷特与堂吉诃德》(1860 年 1 月)。奥斯特罗夫斯基在这一时期确实与杂志积极合作。

③　科瓦列夫斯基夸大了。为《现代人》撰稿未必能使陀思妥耶夫斯基摆脱"限时限刻干活的镣铐"。

④　在 1864 年七月号的《现代人》上,姆·安东诺维奇的《致雨燕》一文称《时代》为"裙子";《现代人》1864 年五月号上"文艺界花絮"栏里刊登了萨尔蒂科夫-谢德林的《凄惨的往事》、《雨燕》。《现代人》还把陀思妥耶夫斯基的前一本杂志《当代》的编辑部比作"鸟儿",因为《当代》在 1863 年一月号上刊登了弗·贝尔格的诗歌《鸟儿》。《时代》与《现代人》的论战见本书页 253 注①。

淡的雾"和"月亮上的居民"①,整月整月地登载在刊物上。

> 偶然间有一篇短文付型,
> 评论冷淡的雾,
> 口袋里忽然响起口哨声。
> 这时你就躺下去死吧,——

《口哨》说道。

挖苦月亮上的居民的就更多了,甚至不看过文章就挖苦。后来他们果然写了,以证明月亮上没有任何居民。可怜的陀思妥耶夫斯基为这些讽刺挖苦深感痛苦;在《现代人》的敌意可能不比月亮上的居民多的地方,他看到敌意的迹象。刚好在季刊出版前,印刷厂的一根轧辊断了;《现代人》的手也伸到这里,——轧辊是它搞断的! 它不插手,轧辊不会断的! ……

"轧辊断的不单单是你们一家印刷厂,"人家竭力安慰他。

"轧辊会断的,说得是,可不是在快要出书的时候啊! 这里恰恰在快要出书的时候! 恰恰是在季刊收订之前。不,这儿不会没有《现代人》插手! 不会! 这我可是一清二楚!"

这时候看见陀思妥耶夫斯基真是又可怜又叫人心痛。他像一只被捕而还在呜呜反抗的野兽……

题解:

帕维尔·米哈伊洛维奇·科瓦列夫斯基(1823—1907),诗人,小说家,文艺批评家,

---

① 《冷淡的雾》是伊·魏恩贝尔格的文章,刊登在莫斯科的《雅曲娜神庙》杂志(1858 年,第 38、39 期)上,与陀思妥耶夫斯基办的杂志无关,第一份《当代》是 1861 年 1 月起才开始出版的。在《〈当代〉颂歌》(出自涅克拉索夫的手笔,《口哨》,1861 年 1 月,第 7 期)中以友好的、开玩笑的口气提醒新杂志那上面登的类似《冷淡的雾》的一些乏味的文章,据注释中说,这几篇文章断送了《阿捷涅伊》(《阿捷涅伊》出到 1859 年第 8 期便不存在了)。科瓦列夫斯基也(不很确切地)引用了这一节诗,但曲解了它的意思,以为是对《当代》杂志的挖苦。

至于《月亮上的居民》,《当代》第 1 期(1861 年 1 月)曾刊登过斯特拉霍夫一篇文章叫《行星上的居民》论证其他行星不可能有生命存在。《行星上的居民》和《冷淡的雾》一样,是《口哨》与《火花》方面屡次揶揄的对象。

按所受的教育是采矿工程师。他是作家、旅行家叶戈尔·彼得罗维奇·科瓦列夫斯基的侄子。

1853 至 1858 年,他居住在瑞士与意大利,写的文章,一部分发表在 1857 与 1858 年的《祖国纪事》上,总标题是《意大利与瑞士风景线》;一部分从 1859 年中开始发表在《现代人》上,总标题为《癔病患者的旅途观感》。这些文章作者于 1864 年汇编成集子出版,标题是《旅行者的探讨:意大利及瑞士。旅行者与游记》(圣彼得堡,1864 年)。集子受到读者与评论家的极为热烈的好评。

1859 年回到彼得堡,科瓦列夫斯基在《现代人》、《祖国纪事》及《欧洲导报》上发表翻译作品与一些形式新奇的诗歌。1861 年第 2 期的《现代人》刊载他的短篇小说《意大利一隅》,1864 年的第 11、12 期上刊登他的中篇小说《脱离实际的人们》;1870 年在《欧洲导报》上发表一些对艺术展览会的解说性文章。

科瓦列夫斯基有机会观察同时代的许多杰出的艺术活动家:屠格涅夫、费特、涅克拉索夫、格林卡及克拉姆斯科依。他写了回忆录《人生途中的会见》(关于陀思妥耶夫斯基的在第五章《尼古拉·阿列克谢耶维奇·涅克拉索夫》)。科瓦列夫斯基还写过一部自传性的长篇小说《生活的总结》,未完成。(《欧洲导报》,1883 年,第 1—3 期)

本文根据帕·米·科瓦列夫斯基的《诗歌与回忆录》,圣彼得堡,1912 年,页 275—278 刊印。

费·米·陀思妥耶夫斯基

亚·彼·米柳科夫

[……]从流放地回到彼得堡,费奥多尔·米哈伊洛维奇对我们文学中一切稍微重大些的现象都产生热烈的兴趣。他特别关切地注视着刚开始写作的青年作者,当他发现某个青年作者有才华又热爱艺术,他十分欣喜。在我主持《火炬》杂志编辑部工作期间,每星期总有些撰稿人夜间在我处聚会,大部分是青年人。① 不过我的常客却是著名小说家符谢沃洛德·弗拉基米罗维奇·克列斯托夫斯基,当时他刚离开大学,开始他的抒情诗的创作活动,以思想新颖、形式精致著称。有一次他在陀思妥耶夫斯基面前朗诵了一个小剧本《莎丽姆斯卡雅·格吉拉》,情节类似谢米拉德斯基的一幅著名的画《女罪人》。费奥多尔·米哈伊洛维奇听完这一诗剧,向作者表示最亲切的赞许,以后屡次要求克列斯托夫斯基再朗诵。他还非常喜欢听克列斯托夫斯基朗诵抒情诗的未定稿,那是篇幅不大的抒情长诗中的一部分,总标题叫《春夜》。他很喜欢这些诗歌,有些章节他听过就记住了。第一次,克列斯托夫斯基不知为什么没有来参加我的例行的晚间聚会,陀思妥耶夫斯基晚饭后亲自朗诵了他的《春夜》片断:

　　　　天哪,这里有多少浆果,

----

① 见本书页212—214。

多少成熟的草莓。

你记得吗,正好一年以前,

我们无邪地在这里相会?

只是有一次在丛林里

我们无意间遇到你的老舅舅。

以后他遇到我们,

总是狡黠地微微一笑,

眼睛瞧着你和我……

[……]后来费奥多尔·米哈伊洛维奇对社会和我们年轻一代的态度,大家从他的《日记》中都知道的。他始终愿意倾听年轻人的声音,鼓励他们,提出善意的意见帮助他们,却从来不曾为了猎取名声而讨好"新人"。我知道有这么一回事情:有一次,一个不相识的大学生来找他,不像是想要得到什么照顾的样子,只想对和蔼可亲的人倾吐一下他对宗教与道德的怀疑。经过相当长时间的谈话以后,这位年轻人受到鼓励,精神焕发,眼睛里噙着泪水走了。这一类的事情似乎也不止这一桩。没有对年轻人的热爱,能这样影响他们吗?

费·米·陀思妥耶夫斯基对孩子特别同情,不仅对他认识的家庭的孩子如此,即使对完全陌生的人家的孩子也是如此。我经常看见他十分关切地观察孩子们的游戏,了解他们的兴趣,倾听他们天真的谈话。我们在他的作品中发现几个讨人喜欢的孩子的形象,如小头头格辽莎,这是毫不奇怪的。有一件事我难以忘怀,明确懂得凡是与孩子的兴趣有关的一切陀思妥耶夫斯基都是很熟悉的。有一次,我把我亲眼看见的我们街上的一个小小的场面告诉他。有一年夏天的黄昏,我坐在敞开的窗口旁。一个牧童赶着几头牛,在我们屋前停下,用两俄尺长的喇叭吹出尖利的颤音,这种喇叭,凡是夏天没有离开市区的所有彼得堡的居民都是熟悉的。有个小童工,身穿粗花布长衣,光脚,走到牧童跟前,提出给他半戈比,让他吹一吹那乐器。牧童同意了,把喇叭交给他,告诉他怎么个吹法。孩子拿着这件怪模怪样的、他几乎拿不起的笨重的乐器。起先他腮帮鼓得像水泡,可是一点声音也吹不出,后来慢慢吹出虽然微弱但是相当尖利的断断续续的声音。孩子分明异常满意。在他摆弄这件乐器最起劲的时候,即当他忽然吹出很响的一声颤音,使几头牛一齐哞哞地叫了起来的时候,不知从哪里走过来一位警察,揪住孩子的耳朵,吼道:"你这淘气鬼,捣蛋!看我不揍你!"小家伙慌了,扔下喇叭,泄气地低着头跑了。

我把这件事讲给费奥多尔·米哈伊洛维奇听,他快步在房间里走动,热情地说了起来:

"这件事难道你只觉得可笑?这是一出戏,一出严肃的戏!这个可怜的孩子生在乡下,呼吸的是新鲜的空气,整天在田野里奔跑,跟顽皮的孩子们到森林里采蘑菇,采野果,看牛吃草,听鸟儿唱歌。可能他爸爸或者什么叔叔从割草的草场上让他坐坐大车,或者甚至让他骑骑马。孩子在乡下有一管笛子,也可能是芦笛,他就用他那孩子的小胸腔的全部力气吹笛子。现在人家把这孩子带到彼得堡,交给一个木匠或铜匠,让他学几年手艺,或者最好是说吃苦头,他就从大清早到夜里一直待在窒闷的地下室的作坊里,坐在对面不见人的浓烟和烟炱中,除了锤子敲打铜铁和小师傅的咒骂,什么也听不见。这是一座小小的'死屋',命里注定他要在那里度过多年的苦役生活,确切点说,是无期的苦役,正像西伯利亚的特别队。他的一切消遣唯有主人派他去买伏特加,往小铺子跑一趟,逢到晴天的休息日,他和其他苦役犯一般的小艺徒在臭烘烘的院子里懒洋洋地逛逛,还有就是他可以在大门口站上一阵,如果看院子的不撵他走的话。现在这孩子身上有了一点钱,他没有去买蜂蜜饼吃,也没有去买梨子克瓦斯喝,看到几头牛走来,牧童手上还有一支大芦笛。他已经听见笛子的声音。他不由得想要满足一下高级的、美感的要求,不管怎样,这是人人都有的天赋,于是他把最后半戈比交给牧童,让他玩一忽儿,真正只一忽儿,哪怕从他的被窒闷的作坊憋得慌的孩子的胸腔里只吹出几个短促的声音也好。多么大的满足!多么痛快的享受!他的喇叭响了,他亲自玩过了,母牛哞哞地叫了起来,——像乡下一样与他呼应。突然,城市的秩序与安静的维护者——警察抓住可怜的孩子的头发,夺走他的喇叭,吓唬他……你体会一下吧,这里面有多少催人泪下的东西,这是一出什么戏!可爱的孩子,可怜的孩子!"

近几年,我常听说人家责怪陀思妥耶夫斯基傲慢,待人态度轻蔑,不仅对他不大熟悉的人如此,连对他早就认识并且相当熟悉的人也是如此。人家说,他在街上经过似乎故意不理睬熟人,在家里遇到他们,人家向他致意,他也不搭理,有时对他早就认识的人,他还常常问:这个人是谁?这种情况也许确实有过,但是我觉得,这不是因为傲慢或自命不凡,而仅仅由于不幸的疾病,这种情况多半出现在发过病之后。凡是看见过这种病经常发作时的厉害的人,看见发过病以后好几天还有影响的人,他就会明白,为什么陀思妥耶夫斯基有时候连很亲近的人也不认识。我就记得有过这种情况。我住在巴甫洛夫斯克的时候,有一天,费奥多尔·米哈伊洛维奇不知为什么傍晚时来看我。我们喝茶。我女儿刚给他端上茶,他突然一跃而起,脸色发白,身子摇晃,我费了好大劲儿把他拖到沙发旁,他抽搐着倒在沙发上,脸孔扭歪。他瑟瑟发抖。过了一刻钟,他苏醒过来,什么也不记得了,只是嗓音低哑地问道:"刚才我怎么啦?"我竭力安慰他,请他在我处过夜,可他毅然拒绝,说是他一定要回彼得堡。为什么要回去——他记不起来了,只知道一定得回去。我要派人去找马车,可是他连这也谢绝了。他说:"我们最好还是步行到车站,这样可以使我恢复精神。"我们出来,天已经相当黑了。我的寓所坐落在喀尔宾大道的路口上,所以我们得穿过整个公园,这个时刻公园里几乎没有人影了。还没有走到所谓谢特卡,陀思妥耶夫斯基忽然停住脚步,大声说道:"我要发病了!"周围寂无人影。我让他坐在路边的草地上。他坐了约莫五分钟,幸而没有发作。我们继续往前走,可是,刚走到离皇宫不远的往斯拉维亚卡河上的小桥去的阶梯旁,他又站住了,拿浑浊的眼睛看着我说:"发作了,马上要发作了!"这时我们只好在长凳上坐了十来分钟。在我们走到车站之前,这种情况又有过两回。到了车站,我派看守到别墅去叫他的亲戚,那人立即赶来,送他到彼得堡。第二天,我去看望他,他很衰弱,好像生过一场病,起初他不认识我。我想,他自己料得到,人家怀疑他傲慢实在是冤枉了他。

　　根据其哥哥的叙述,费奥多尔·米哈伊洛维奇小时候就是个神经质的、极其敏感的孩子,后来一定是病的发作使他更加敏感和容易激动。我觉得,病的一次次发作甚至对他的创作特性也有巨大的影响。如果他所创造的人物大部分具有生活的真实感和心理刻画的准确性,尤其是后来的作品,人物身上有着某种病态的幻想的烙印,如果他们是像透过彩色玻璃似的披上幻影般的奇异色调而呈现在我们面前,——那么,这一切,无疑是受到他的不幸的疾病,从西伯利亚回来后特别发展的疾病的影响,就像他本人的性格受到影响一样。我相信,已故的陀思妥耶夫斯基的亲密朋友们,多年来对他有深刻了解的人,会同意我的看法的:他身上有时表现得很明显的不爱说话和粗暴生硬,完全不是因为傲慢或自视过高的缘故。[……]

文学家们演戏

(《我的回忆录》节选)

彼·伊·魏恩贝尔格

[……]从基金会①一成立我就是该会的成员，因而我自然而然地热烈同情该会的目的和活动。由于同情该会和文学家也是从协会的角度出发，我考虑为资助基金会举办一次文学家演戏，也就是尽可能争取多一些作家参加演出。

那时，我经常与"德鲁日宁小组"②接触，当时文学界的所有头面人物常在那里聚会。我与皮谢姆斯基特别接近，他除了巨大的文学才能以外，还拥有巨大的演剧才能，凡是看过他演出的人都这样说。我把我的想法告诉他，他热烈赞成，于是我们着手准备。决定演两个戏，先演《钦差大臣》，再演《结婚》。当然，首先要找到演员，我们一起商定，皮谢姆斯基演市长，我演赫列斯塔科夫，然后我开始物色人选。

所有的"大"文学家——最希望的是他们来参加演出——以极赞许的方式

---

①　文学基金会是1859年底成立的资助穷困文学家和学者的基金会的非正式名称。关于陀思妥耶夫斯基在会中的活动情况见《书信集》，第1卷，页314—316。

②　"德鲁日宁小组"大部分是自由主义派的作家(安年科夫、鲍特金、皮谢姆斯基、费特、屠格涅夫、列·尼·托尔斯泰及其他人)，在五十年代至六十年代初围绕着亚·瓦·德鲁日宁所形成的作家小组。德鲁日宁是文学基金会的倡始人之一，积极参与了基金会的活动。

对待我筹办的事情,可是却很少有人愿意积极参加担任较为重要些的角色。在这以前,他们没有一个人有过登台的机会,现在谁也不敢作初次尝试;连屠格涅夫也不敢,他一生中曾经多次演过戏,可现在不知为什么连得在他的《外省女人》中扮演伯爵也不愿意,我们准备把这个戏和《结婚》放在同一晚上演出。① 他朗读这个角色非常出色……这个小组中唯一的一位作家表示了极大的决心,甚至热烈的愿望来演戏的——不光上台,而且确实进行表演的——竟是不久之前回到彼得堡的费奥多尔·米哈伊洛维奇·陀思妥耶夫斯基②,对于认识这位作家的人,特别是后来了解他的人,这件事无论如何是很奇怪的。"好事情,很好的事情,我要直率地说,甚至是很重要的事情!"他兴奋而带着点儿慌乱地说。事情还在筹备中,他有两三次跑到我这里来打听,是否一切准备就绪。当然,皮谢姆斯基(没有他的意见我什么也不敢决定)和我让费奥多尔·米哈伊洛维奇有充分的自由挑选角色,他毫不犹豫地选了邮政局长西贝京一角。

他说:"这个角色,不仅在果戈理的戏剧中,而且在俄国的所有剧目中,都是一个高度喜剧性的角色,并且具有深刻的社会意义……我不知道怎么去对付,但我要怀着极大的喜爱非常努力地去演好它……"

这样,邮政局长一角就决定了,由陀思妥耶夫斯基来演。可是其余的角色怎么办呢? 最要紧的是怎样安排其他的"大"作家呢? 如果考虑到我搞这次活动的宗旨,他们不参加,义演就不成其为义演了。于是我想到请他们扮演先去见赫列斯塔科夫,后来又去见市长的没有台词的商人们。对这一邀请大家一致表示赞成,于是我这儿一下子出现了一群什么样的商人:屠格涅夫、格里戈罗维奇、迈科夫、德鲁日宁、克拉耶夫斯基及瓦西里·库罗奇金! 请想象一下导演的自豪心情吧,有这样的"配角"听他调度! 不过商人中间有个阿卜杜林,他有不少台词要说,可是我的"配角"中谁也不愿说。于是我写信给莫斯科的亚历山大·尼古拉耶维奇·奥斯特罗夫斯基。他回信说:"好的,我很高兴扮演阿卜杜林,不

_____

① 关于屠格涅夫参加业余演剧活动见屠格涅夫的《书信集》,莫斯科,1961 年,第 2 卷,页 284;叶·安·施塔肯施奈德的《日记与笔记》,页 115—116;德·瓦·格里戈罗维奇的《文学回忆录》,国家文学书籍出版社,莫斯科,1961 年,页 137—142;《屠格涅夫与萨温娜》文集,彼得格勒,1918 年,页 68—69。

② 陀思妥耶夫斯基 1859 年 12 月回彼得堡。

过你们先排练吧,我将在最后两次排练时赶到……"①这样一来,作家所写的剧中人物我一个不缺了,还有区警察局长一角由刚开始写作的文学家,就是以亚蒙斯·西史金的笔名在轻松的幽默刊物上写过东西而稍微有了些名气的斯尼特金②来扮演(呜呼!他为演这个戏牺牲了性命,因为演出时着了凉,得了热病)③;市长夫人一角由著名女演员伊林娜·谢苗诺夫娜·考妮(过去叫桑杜诺挂)担任;其他角色都在会员中分配停当。[……]

　　陀思妥耶夫斯基表现出很出色的演戏才能,——很久以后彼得堡的公众才知道他还是个出色的朗诵家。我想,在费奥多尔·米哈伊洛维奇的晚年认识他的人,谁也想象不出他曾经是个喜剧演员,而且还是个巧妙的喜剧演员,善于引人发出纯粹果戈理式的笑声;陀思妥耶夫斯基演的西贝京除去少数无关紧要的地方之外,是完美无缺的,这一点是千真万确的……伊·谢·考妮演安娜·安德烈耶夫娜也很绝;还有,我敢大胆地说,本地大学生洛维亚金扮演的奥西普一角妙在颇有独创性;我所见过的为数众多的奥西普(有一回我甚至同马尔蒂诺夫搭档,我演赫列斯塔科夫,他演奥西普)中,只有萨多夫斯基④堪与洛维亚金媲美。

　　至于我本人,那么,扮演赫列斯塔科夫使我回想起一段与之有联系的往事,就是在排练这个角色的戏时,演员们对台词处理有不同的意见,这一段往事我以为还是有点儿意思的。

　　到现在为止,我看过许多人扮演的赫列斯塔科夫,也看过演得最好的,亚历克赛·马克西莫夫演的赫列斯塔科夫,——所有扮演的人,即使是对角色极其细心地"精雕细刻"如舒姆斯基的,表现早饭后撒谎那个场面总是使我纳闷,据我的意见,他们都演得完全不符合作者把赫列斯塔科夫安置在这一场面中的情景,不仅内心活动不符,连外部表现也不符。我看见过的所有赫列斯塔科夫,谈到自己任职的衙门时,多多少少总是提高嗓门,但是到了独白的结尾,他们的声音开

---

　　①　奥斯特罗夫斯基同意扮演阿卜杜林一角的信见《奥斯特罗夫斯基全集》,第14卷,莫斯科,1953年,页75。后奥斯特罗夫斯基因病未能参加演出。阿卜杜林一角由弗·阿·科尼扮演。

　　②　亚历克赛·巴甫洛维奇·斯尼特金(1829—1860),作家,《读书文库》撰稿人。

　　③　关于斯尼特金之死,陀思妥耶夫斯基于1860年5月3日写信给女演员阿·伊·舒贝尔特表示遗憾。(《书信集》,第1卷,页294)

　　④　普·米·萨多夫斯基(1818—1872),演员。

始衰弱,说话的兴致——本来就不大——渐渐低落,变成半醉的瞌睡蒙眬状态,市长只好向着几乎已经陷入瞌睡的人说"大……大……人"这句台词。如上所说,我从两方面发现这样表演是不对头的:从内心方面,赫列斯塔科夫——正因为他是赫列斯塔科夫——既然自以为是司长,有三万个听差供他使唤,又看到人家在卑躬屈膝地洗耳恭听,他必定越来越狂妄,因而这时完全不可能进入半睡不醒状态;从外部表现方面则是因为在这段独白的结尾,"元帅"这个词儿说了一半的地方果戈理本人作了情景说明:赫列斯塔科夫"滑了一跤"。静静地坐在安乐椅上的人怎么可能滑跤呢? 市长惊恐万状,在一个几乎要睡去,而且分明是喝醉了酒而几乎要睡去的人面前,连两个字的一句话都说不清楚,这样的惊骇自然吗? ……有鉴于此,我作了不同的舞台调度:在"对不起,我来……不过我已经……"等等这句台词念过以后,我带着威胁口气提高声调,过了一会儿,我从座位上一跃而起,继续说下去,威胁的口气越来越重,摆出气焰嚣张的大官儿的架势,因而"滑了一跤",不过没有摔倒,因为市长和几个官员赶紧上前去搀扶……

很可能演出不符合我的构思(演员们经常如此),但构思是清清楚楚的。皮谢姆斯基在第一次排演时就充分肯定我对这一场面的理解,只对几个纯粹的外部动作提出了意见。陀思妥耶夫斯基十分高兴,——现在我以满意的、自豪的、我认为是有理由自豪的心情回想起这一点。

他神经质地说:"这个赫列斯塔科夫是带有悲喜剧之庄严的赫列斯塔科夫,"看到站在这里的几个人脸上有一种困惑不解的神色,他继续说:"真的,真的,悲喜剧的! ……这个词儿用在这里再恰当不过了! ……他正是这样一个自欺自慰的英雄——一点不错,是英雄,赫列斯塔科夫必定是个英雄,而且必定在这种时刻才是! 否则他就不是赫列斯塔科夫! ……"

这次演出以后过了许多年,每当我们见面,费奥多尔·米哈伊洛维奇还屡次回想起这个场面,说恰恰应当以这样的情绪和声调来演……

但是我并不满足于搞文学的人的评论;我想知道专家们,也就是演员们的意见,于是我去找马尔蒂诺夫,我不仅器重他的高度的天才,还看重他的极其灵敏的批评感觉,我经常与这位伟大的演员进行亲密无间的闲谈,我很信服他的意识,他的评戏,正如他对待角色创造的严肃认真、反复思考的态度一样,我是很信服的。不过,我要顺便指出,有一种相反的看法流传得相当广泛,那就是认为马尔蒂诺夫是个不自觉的创造者,舞台艺术的一切理论观点他都不熟悉,他的表演马马虎虎,差强人意,如此等等。

我事先没有告诉马尔蒂诺夫,我高度重视他对我(以及所有其他人)的表演的意见,我主要是想了解他对我所理解的撒谎一场戏有何看法。几年前,在马尔蒂诺夫还没有到哈尔科夫来以前[①],那时刚大学毕业的我,和作为"票友"的他合演过《钦差大臣》的第二幕,对于总的表演性质他是比较赞赏的。我只要求他来看一次我们的演出,指点指点,提提意见。马尔蒂诺夫很认真地看了,幕间休息时提出些意见,作了纠正,一般说来完全满意,但在第三幕之后他把我拉到一边,说:

"我说,吹牛这一场戏你们为什么让赫列斯塔科夫这样动作呢?"

"怎么样,亚历山大·叶甫斯塔弗耶维奇?"

"有点儿特别……我觉得……"

"不对头?"

"怎么对您说呢?……有点儿怪……演出与其说是滑稽,不如说是有戏剧性……这种手法,您是从别人那里搬来的,还是您自己想出来的?……"

我回答他说是我"自己想出来的",所有的赫列斯塔科夫在这一幕都不是这样演的,我想跟他们不同。他问道:

"您究竟有什么理由认为要像您那样表演呢?"

我三言两语说明我所遵循的设想,马尔蒂诺夫沉吟了一会,说道:

"我不想马上就答复……问题很有意思……今天晚上到我那里去吧,咱们随便聊聊。"

我当然赶紧到他那里去,急切地等待着他的"解答"。

"今天我看了您的排演回家,"他说,"特地再看了一遍第三幕,看了果戈理关于《钦差大臣》演出的信[②],然后又以理由最充分的方式想象了一下……"

"我应该认为自己是失败的?"

"您就假定不是吧。我得出结论,您是对的……只不过您的表演中也有不足之处,还不是小小的不足,一定要纠正。大概正因为这缘故吧,我第一次看时

---

①　1855年5、6月间马尔蒂诺夫在哈尔科夫巡回演出。这一年魏恩贝尔格积极参加了业余戏剧演出。(见《哈尔科夫省公报》,1854年12月4日,第48期)

②　《〈钦差大臣〉初次公演后作者迅即写给一个文学家的书信片断》。

没有同意您的看法。"

"究竟什么地方不足呢？请您指出！"

"您知道，费奥多尔·米哈伊洛维奇对您说，赫列斯塔科夫在这一场中的处境是悲喜剧式的，正如您告诉我的，他说得很对啊，那叫什么来着……不过……我不知道怎样向您说得清楚些……（一般说来，马尔蒂诺夫表达自己的思想和理论观点是很吃力的，因此，许多对他不甚了解的人，凭第一个印象作判断的人，总是肤浅地认为他'知识有限'）既然是悲喜剧式的，那么，应当是既有悲剧的，又有喜剧的……您把赫列斯塔科夫演成……叫什么来着，演成英雄——又用姿势，又用声调，又用手势去演；您演得很好（尽管只有一次嗓子'发沙'，演员可千万不能这样！），可是实际上喜剧的成分很少，脸上的很少，丑角身上，嗯，甚至作的怪相都很少喜剧性（因为这儿不作怪相不行）……我不知道怎样向您说清楚，您是否了解我的意思……最好等一等，让我做给您看……您给我提词，——拿着书不大方便。"

他在扶手椅上坐下，照着我的"提词"开始念起他记忆中相当熟悉的那一段独白，开头是讲彼得堡的舞会。这段台词念得我不满意。作为一个伟大演员的马尔蒂诺夫却是个蹩脚的朗诵者（例如法穆索夫的独白他就念得很不高明），加上赫列斯塔科夫这个角色跟他根本不对路。不过，为了给我上课，他这时已按照**我的路子**进行表演，从扶手椅上一跃而起，摆出"英雄"的架势，他脸上的表情，随着他念的台词，变得那样富有喜剧意味，变成"怪相"，就是他刚才提到的怪相，那实际上以惊人的面部动作装出来的，造成"悲剧性"与"喜剧性"之间那么富有艺术情趣的对比，那么富有艺术性的均衡配置，使我顿时恍悟了我那天才的老师刚才还不能十分清楚地向我讲述的东西……是的，我明白了，同时也懂得了，理论上充分掌握这一课之后，在实际运用上我将仍然是自己的榜样的最苍白的拷贝。不过无论如何，按马尔蒂诺夫、皮谢姆斯基和若干其他人在总排演中对我所讲的话来看，这一课并没有白上。[……]

题解：

彼得·伊萨耶维奇·魏恩贝尔格（1831—1908），文学史家，诗人，翻译家，《星火》杂志及其他期刊的撰稿人（见《〈星火〉诗人》关于他的部分，列宁格勒，1955 年，第 2 卷，页

617 及其他）。1859 年底,他在陀思妥耶夫斯基流放回来后立即与之相识。六十年代初,他们两人积极参加文学基金会的活动。魏恩贝尔格所述的演出是 1860 年 4 月 14 日举行的。(见资助穷困文学家与学者协会出版的《二十五年文集,1859—1884》,圣彼得堡,1884 年,页 431—432)

尤·费·潘捷列耶夫①所说的演剧与事实稍有出入。(《回忆录》,页 229—231)对演出的评论见《现代人》1860 年第 4 期中的《现代评论》,页 445—446;《星火》,1860 年,第 17 期,页 177—179。

魏恩贝尔格所引用的陀思妥耶夫斯基对西贝京一角的社会意义的评价是很引人入胜的。它同别林斯基致果戈理的信中对"西贝京们"的评价相呼应。

本文根据《帝国剧院年鉴,1893—1894 年戏剧季节》附刊第三册,圣彼得堡,1895 年,页 96—108 原文刊印。

---

① 尤金·费奥多罗维奇·潘捷列耶夫(1840—1919),参加六十年代革命运动,"土地与意志"社成员,1877 年起任出版人。

《童年回忆》选

苏·瓦·科瓦列夫斯卡娅

安纽塔在大厅里来来回回地踱步。每当有什么事情使她操心或特别感到兴趣的时候,她总是这样踱步。这时她的神情是那么心不在焉,灿烂的绿眼睛变得完全透明,对周围的一切都视而不见。她常常随着自己的思绪的节拍在走动,这一点连她自己也没有察觉。如果心情哀伤,她的步子就缓慢,懒洋洋的;如果心情兴奋,她开始在考虑什么,她的步子就加快,到末了,她不是踱步,而是满屋子奔跑了。家里的人都知道她有这个习惯,都取笑她。她踱来踱去的时候,我常在暗地里观察她,因为我很想知道她在想些什么。

尽管我凭经验知道这种时候走到她身边去是没有用的,不过此刻我看到她一直走个不停,我终于熬不住,拿话儿去试探她。

"安纽塔,我无聊极了!把你的书给一本我看吧!"我以撒娇的声调要求道。

可安纽塔继续踱来踱去,仿佛不曾听见。

又是几分钟的沉默。

"安纽塔,你在想什么?"我终于鼓起勇气问了。

"嗜,请你别来纠缠我!要我把什么事情都告诉你呀,你还太小,"我得到的是轻蔑的回答。

这下子我可是委屈极了。"噢,你原来是这样的人呀,你连跟我说句话也不愿意！现在玛格丽特①走了，我以为我可以跟你要好地待在一起了，结果你撵我走！好，我这就走，我一丁点儿、一丁点儿也不会爱你了！"

我几乎要哭了，我正打算离开，姐姐却喊住我。其实她自己也巴望跟什么人谈谈她心里翻腾着的事情，可是因为家里没有一个她可以谈谈的人，没有更好的听她说话的人，所以她也只好将就着跟十二岁的妹妹说说话了。

"听我说，"她说，"你如果答应无论怎样永远也不告诉任何人，那我就把一个大的秘密告诉你。"

我的眼泪一下子干了，仿佛我不曾动气过。我当然发誓我将守口如瓶，急切等待着她要告诉我什么。

"到我的房间里去，"她得意扬扬地说，"我给你看一样东西，一样东西，你一定意料不到的东西。"

当下她带我到她的房间，走到一张古老的写字台旁，我知道那里面藏着她最心爱的秘密物件。她故意磨磨蹭蹭以延长我的好奇心的急切难熬的时刻，她慢吞吞地打开一只抽屉，拿出一只公事用的大信封，印着"《时代》杂志社"的红字。上面写着：陀姆娜·尼坚季西娜·库兹明娜收（这是我们管家的名字，她对姐姐忠心耿耿，愿意为她赴汤蹈火）。姐姐从这只信封里抽出另外一只稍微小一些的信封，上面写明："转交安娜·瓦西里耶夫娜·考尔文-克鲁科夫斯卡娅"，她终于把一封信交给我，信上是男人的粗大笔迹。这封信如今已不在我手头，不过因为童年时经常看了又看，所以已经深深铭刻在我的记忆中，故而我以为我可以逐字逐句把它写下来。②

　　安娜·瓦西里耶夫娜女士！您的来信充满了对我的如此亲切而真挚的信赖，使我颇感兴趣，立即拜读您送来的小说。

　　坦白地对您说，开始看时我不无隐忧；我们，杂志社的编辑们，经常

---

①　玛格丽特·弗兰采夫娜，英国女人，考尔文-克鲁科夫斯基家的家庭女教师。由于她经常和安·瓦·扎克拉尔冲突（玛格丽特·弗兰采夫娜轻蔑地称她是"女虚无主义者"，"进步小姐"），她不得不离开考尔文-克鲁科夫斯基家。

②　陀思妥耶夫斯基这封信的原件不知下落。科瓦列夫斯卡娅转述的内容可能不确切。在《回忆录》中凭记忆复述的安·瓦·克鲁科夫斯卡娅的第一篇小说《梦》也不确切。显然是把《梦》与《米哈伊尔》两篇小说搅在一起了，添加了许多东西。

负有可悲的责任：年轻的初学写作者常把他们的文学习作寄给我们，要我们提意见，我们总是使他们扫兴。您的来稿如果这样我将深为惋惜。不过我一边看稿，一边我的忧虑也就渐渐消失，我越来越被您的小说里透露出来的少年的直率，感情的真挚与温馨的魅力所吸引。

正是您的这些素质使我对您产生了好感，以致我担心，是否直到现在还在影响着我。正因为这样，我还不敢公正而坚决地回答您向我提出的问题："您将来是否会成为一个伟大的女作家？"

我要告诉您一点：您的小说，我将（极其愉快地）把它刊登在下一期刊物上。至于您的问题，那么我要劝您：写吧，工作吧；其他的让时间来鉴定。

我不瞒您，您的小说中还有许多不够完善、过于幼稚的地方；甚至——请恕我直言，甚至有违反语文常识的错误。不过这些微小的不足，您经过努力是可以克服的；总的印象是极好的。

因此，我再说一遍，写吧，写吧。如果您觉得可以把自己的情况再多告诉我一些，我将由衷地感到高兴：您多大年纪，生活情况如何。了解这些情况对于我正确估计您的才能是很重要的。

　　　　　您的忠实的　　费奥多尔·陀思妥耶夫斯基

我看着这封信，惊奇得字行在我眼前飞舞。陀思妥耶夫斯基的名字是我所熟悉的；最近一个时期，我们吃饭的时候，姐姐和父亲争论的时候，常常提到。我知道他是最著名的俄国作家之一；可是他怎么会写信给安纽塔呢？这一切意味着什么呢？一时之间我不由得想到，姐姐是否在作弄我，然后再来取笑我的轻信呢？

看完信，我默然瞅着姐姐，不知说什么好。我的惊奇姐姐分明非常高兴。

"你懂吗，懂吗！"安纽塔终于用快乐的、激动得断断续续的声音说了起来。"我写好一篇小说，跟谁也没有说一声，把它寄给了陀思妥耶夫斯基。这不，你看，他发现小说写得好，要发表在他的杂志上。这样，我梦寐以求的理想终于实现了。现在我是俄国女作家了！"她高兴得抑制不住，几乎大声叫喊道。

要了解"女作家"这个词儿对于我们意味着什么，就应当记得我们是居住在乡村一般的偏僻地方,远离一切文化生活,甚至与文化生活的一点微弱迹象也相距甚远。我们家里看书很多,也订购许多新书。对每一本书,书上印的每个字,不但我们,而且我们周围的所有的人,都当作是来自远方的什么东西,来自神秘的异乡他国、和我们毫无共同之处的世界。无论这可能显得多么奇怪,然而事实是,无论姐姐还是我,至今都还没有机会遇到过一个发表过作品的人,哪怕只发表过一行字的作品的人。虽然我们县里有一位教师,忽然传说他在报上写了一篇关于我县的通讯,我记得从那以后大家对他是如何地肃然起敬,直到后来才弄清楚这篇通讯压根儿不是他写的,是彼得堡来的某个新闻记者写的。

现在,我的姐姐忽然成了女作家! 我找不出话儿来表示我的欣喜与惊奇;我只是扑上去搂住她的脖子,我们久久地亲热着,笑着,高兴得直说胡话。

姐姐不敢把自己的胜利告诉给家里的其他任何人;她知道,所有的人,就连咱们的母亲,都会大吃一惊,然后原原本本地去告诉父亲的。在父亲的心目中,她未经许可便写信给陀思妥耶夫斯基,请他来评论自己,授人以笑柄,这种行径近乎大逆不道。

我可怜的父亲! 他那么憎恨女作家,那么怀疑她们每个人的与文学无关的举动! 然而命运注定他要成为女作家的父亲。[……]

我记得,几个星期以后《时代》杂志来了,我是多么高兴啊,在目录页上我们看到:《梦》,尤·奥——夫作中篇小说(尤里·奥尔别洛夫是安纽塔取的笔名,因为她当然不能用真名去发表)。①

安纽塔自然早已照着她保存的草稿把小说念给我听了。可是现在,在杂志上看到小说,我却觉得是崭新的,异常漂亮。[……]

初次告捷,使安纽塔精神大振,她立即着手写另一篇小说,几个星期后即告完成。这一回她的小说的主人公是个年轻人,名叫米哈伊尔,在远离家乡的修道院里,由他当修士的叔叔教他念书。陀思妥耶夫斯基对第二篇小说比第一篇更加称赞,觉得它更加成熟。米哈伊尔的形象与《卡拉马佐夫兄弟》中的阿辽沙的

---

① 中篇小说《梦》发表在 1864 年第 8 期的《时代》上。

形象有些相似。[①] 若干年后,这部长篇小说问世,我看这部小说时,这种相似之处很引人注目,我向这时经常见面的陀思妥耶夫斯基指出此事。

"这大概是真的吧!"费奥多尔·米哈伊洛维奇用手拍拍脑门,说道,"但是,请相信我一句话,我在构思我的阿辽沙的时候,根本记不得米哈伊尔。不过,也许我无意识地梦见过他吧,"他想了想,又补充说。

安纽塔到彼得堡去时立即写信给陀思妥耶夫斯基,请他上我们家来玩。费奥多尔·米哈伊洛维奇在约定的那天来了。我记得,我们怎样狂热似的等待他,在他到来之前一小时我们就已经在侧耳倾听前厅里的每一下铃声响。然而他的第一次拜访很不成功。[②]

我的父亲,正如我已经说过的那样,对于所有文学界的人都很不相信。他尽管允许姐姐与陀思妥耶夫斯基相识,但只是事出无奈,暗地里不无忧虑。

"记住,丽莎,你要担负很大的责任,"他送我们从乡下出来时,临行叮嘱母亲。"陀思妥耶夫斯基不是我们上流社会的人。我们对他了解什么? 只知道他是个办刊物的,过去是苦役犯。介绍起来好光彩呀! 没话说的! 对他要非常、非常小心才是。"

正因为这样,父亲严格命令母亲,在安纽塔与费奥多尔·米哈伊洛维奇见面时,她必须在场,而且一刻也不要让他们两人单独待在一起。我要求客人来访时让我在场,也得到同意。两个年老的德国姑姑不时想出什么借口走到房间里来,好奇地打量作家,像是看什么罕见的牲口,临了她们竟然坐在沙发上,一直待到拜访结束。

安纽塔恼火了,她事先对与陀思妥耶夫斯基的初次见面作过许多幻想,可竟

---

① 中篇小说《米哈伊尔》发表在 1864 年第 9 期的《时代》上,作者称它为《见习修道士》。但是,正如陀思妥耶夫斯基 1864 年 12 月 14 日的信所证明的,这一名称"教会的检查机关认为不合适"。(《书信集》,第 1 卷,页 381)小说的主人公是个年轻人,想在生活中寻找目标,实现他在快乐清醒的时刻所想象的崇高理想,他为此而苦恼。他离开修道院,想过一过尘世生活,失望之后,他又返回修道院,疑窦没有解决,就这样死了。在安·瓦·克鲁科夫斯卡娅的小说中有些情节,陀思妥耶夫斯基在写作《卡拉马佐夫兄弟》的时候可能会想起。因此,可以把佐西马长老死去的晚上阿辽沙的心情和米沙在教堂作礼拜时虔敬的狂喜心情作个对比。(《时代》,1864 年,第 9 期,页 8—10)

② 按安·瓦·克鲁科夫斯卡娅的书面邀请,陀思妥耶夫斯基在 1865 年 3 月初与她第一次见面。(见 1865 年 2 月 28 日她给陀思妥耶夫斯基的信,载苏·瓦·科瓦列夫斯卡娅的《回忆录与书信》,页 329)

然在这么不成体统的情况下进行；她气呼呼地板着脸，倔强地一声不吭。费奥多尔·米哈伊洛维奇处于这样尴尬的局面，不好意思，很不自在；他置身在这些老太太们之间，又窘又恼火。这一天他显得苍老，有病，——不过他情绪不好的时候总是这样的。他一直神经质地捋着他的稀稀拉拉的淡褐色胡子，咬咬唇髭尖儿，同时他的整个脸孔不停地抽搐。

妈妈挖空心思要引起一场有趣的谈话。她堆起殷勤的、应酬的笑容，同时分明又胆怯又有点窘，搜索枯肠，跟他说说叫人愉快的奉承话，提个什么比较得体的问题。

陀思妥耶夫斯基简短地回答，故意显出生硬的样子。临了，妈妈 à bout de ses ressources①，也不吭声了。坐了半个钟头左右，费奥多尔·米哈伊洛维奇拿起帽子，笨拙地鞠了一躬，没有跟任何人握手，就匆匆离去。

他一走，安纽塔奔回自己房里，扑在床上，号啕大哭。

"永远，永远搞糟了！"她抽搐着痛哭，反复这样说。

可怜的妈妈觉得自己无过而受责。她本想竭力让各方面满意，结果大家都生她的气，她感到委屈，也哭了起来。

"你这个人总是这样：什么都不满意！爸爸依你的意思做，同意你和你的理想人物相识，我听他的粗鲁言语，听了一个钟头，你还怪我们！"她责备女儿，自己哭得像个孩子。

总而言之，大家都心绪恶劣。这一次来访，我们企盼已久，事前又做了不少准备，却只留下一个极为恶劣的印象。

但是四五天以后，陀思妥耶夫斯基又来我们家，这一回巧得不能再巧了，母亲和姑姑都不在家，只有我和姐姐在家，于是冰块一下子融化。费奥多尔·米哈伊洛维奇握着安纽塔的手，并排坐在长沙发上，立即一见如故地谈了起来。这一回，谈话已不像上次那么拖拖拉拉、勉强，从一个谁也不感兴趣的话题扯到另一个话题上。此刻安纽塔和陀思妥耶夫斯基好像都急于要说话，笑嘻嘻地互相打断对方的话，开着玩笑。

我坐在那里，没有介入他们的谈话，眼睛却看着费奥多尔·米哈伊洛维奇，贪婪地把他的话都记在心里。我觉得他此刻完全像是另外一个人，十分年轻，那

①　法语：心思用尽。

么朴实、可爱、聪明。"难道他已经四十三岁了?"我心里寻思,"难道他的年纪比我大三倍半,比姐姐大两倍多? 他还是个伟大的作家:和他在一起完全可以像和同学在一起一样!"我顿时觉得他是极其可亲可爱的了。

"您的妹妹真可爱!"陀思妥耶夫斯基忽然完全出人意料地说,虽然一分钟之前还在与安纽塔谈另外一件事,而且好像压根儿没有留意我。

我高兴得满脸通红;姐姐回答费奥多尔·米哈伊洛维奇的这句夸奖,详详细细地告诉他,说我是个多么可爱、多么聪明的女孩,家里只有我一个人始终同情她,帮助她,我心里充满了对姐姐的感激。姐姐兴奋起来,一边极口赞扬,一边给我想出并不存在的种种优点。临了,她甚至告诉陀思妥耶夫斯基,说我在写诗[①]:"真的,真的,以她这个年纪,写得还真不坏!"说着,无视我的无力的反对,她跑去把我那一厚本的歪诗拿了来。费奥多尔·米哈伊洛维奇淡淡地笑着,当即从中选了两三节来朗读,又夸奖了一番。姐姐高兴得容光焕发。我的天哪!这时刻,我是多么爱她! 我觉得,我真愿意为这两个亲切可爱的人而献出自己的整个生命。

三个小时光景不知不觉地过去。前厅忽然响起铃声:是妈妈从商场回来了。她不知道陀思妥耶夫斯基在我们家里,帽子没脱,手上捧着买来的东西进屋里来,一边抱歉说吃饭稍微迟到了一点。

看到费奥多尔·米哈伊洛维奇这么随随便便、单独和我们待在一起,她万分吃惊,起初甚至吓了一跳。她的头一个想法是:"瓦西里·瓦西里耶维奇会怎么说呢?"不过我们扑上去搂她的脖子。她看到我们那么快活,容光焕发,也就释然了。结果是她请费奥多尔·米哈伊洛维奇不要客气,和我们一块儿吃便饭。

从这一天起,他在我家完全成了自己人,由于我们在彼得堡逗留的时间不会太久,他开始经常上我们家来,一星期来三四次。

特别精彩的是他晚上到我们家来,家里除他之外没有旁人。这时候他很活跃,变得异常可爱、诱人。费奥多尔·米哈伊洛维奇受不了大呼隆的交谈;他只

---

　　① 苏·瓦·科瓦列夫斯卡娅确实早在童年时就写过诗。(见回忆她的家庭教师伊·伊·马烈维奇的《回忆录》,载《俄国旧事》,1890 年,第 12 期,页 641—642)在《童年回忆》(《乡村生活》的一章)中她讲到她从五岁开始作诗,十二岁时她深信她将成为诗人,尽管她在家庭女教师面前因为害怕,没有把诗写下来,只是记在脑子里。

会独白,而且要在所有在座的人对他都有好感,并且全神贯注地听他讲话的情况下。如果这些条件具备,他可以讲得十分出色,绘形绘声,如浮雕一般,其他的人讲得这么好的,我没有听见过。

有时候他给我们讲他酝酿中的长篇小说的内容,有时候讲他生活中的场面和插曲。例如,我还生动地记得,他向我们描绘他被判处枪决的那个时刻:他被蒙上眼睛,站在一排兵士面前,等待致命的口令:"放!"——忽然鼓声响了,传来赦免的消息。[①]

我还记得一件事情。我和姐姐都知道费奥多尔·米哈伊洛维奇患癫痫症,不过这种病在我们心目中充满了妖术般的恐怖,我们从来也不敢触及这个问题,哪怕只是隐约地暗示也不敢。使我们惊奇的是,他自己谈起这件事来,详详细细告诉我们,在什么情况下他第一次发作。后来我听到另一种完全不同的说法:陀思妥耶夫斯基是因为在服苦役时受了笞刑后才得了癫痫。[②] 这两种说法迥然不同;哪一种对,我不知道,因为很多医生都告诉我,这种病的患者几乎都有一个典型的特点,那就是他们自己记不得病是怎么发起来的,因此他们常常加以想象。

无论如何,陀思妥耶夫斯基告诉我们是这样的。他说,这病开始发的时候他已不在服苦役,而是在流放中。那时他孤独一人,接连几个月看不到一个可以与之进行合情合理的交谈的活人,使他极为苦闷。忽然,完全出乎意料地来了一个他的老同学[③](我现在忘记了陀思妥耶夫斯基叫他什么名字)。那正是基督复活节星期日的前夕。不过他们在见面的快乐中忘记了那一夜是什么夜晚,在家里坐着谈了个通宵,既没有发觉时间的过去,也不觉得疲倦,沉醉在谈话中了。

他们谈的是两个人看得比什么都珍贵的话题:谈文学,谈艺术,谈哲学,最后涉及宗教。

那同学是个无神论者,陀思妥耶夫斯基却相信宗教,两人的信念都热烈而坚

---

① 关于自己生活中的这一插曲,陀思妥耶夫斯基作为最值得纪念的事情在相识的第一天告诉过安·格·斯尼特金娜、瓦·瓦·季莫费耶娃。这同一插曲在长篇小说《白痴》中也有反映。(《1956—1958 年版十卷集》,第 6 卷,页 25,69—71;又见 1873 年《作家日记》,《1926—1930 年版全集》,第 11 卷,页 138)

② 见本书页 110—111 及页 111 注①。

③ 陀思妥耶夫斯基讲的是谁无法查明。

定,各人相信自己的。

"上帝有的,有的!"陀思妥耶夫斯基最后激动得不能自制,叫喊起来。正在这时候,附近教堂敲钟了,召唤人们去做复活节星期日的晨祷。整个房间的空气都震动了,嗡嗡地响。

"我感觉到天空落下来,落到地面上,把我吞没了。"费奥多尔·米哈伊洛维奇说,"我实实在在地理解了上帝,体验了上帝。是的,上帝是有的! ——我喊了起来,——此外我什么也不记得。"

"你们,健康的人,"他继续说,"都想象不出什么叫幸福,就是我们癫痫患者在发作前一刹那所体验到的那种幸福。① 穆罕默德在《可兰经》中断言,他看见过天堂,到过天堂。所有聪明的傻瓜都以为他不过是个吹牛大王,是骗子。啊,不! 他没有撒谎! 他像我一样,确实到过癫痫症发作者的天堂。我不知道这种无上的幸福持续了多久,几秒钟,几小时,还是几个月,但是请相信我一句话,我宁愿不要生活所能给予的一切欢乐而要它!"

陀思妥耶夫斯基以他所特有的低低的、热情冲动的声音说了最后那句话。我们大家都坐在那里,像受了催眠似的,完全为他的话所吸引。突然间,我们大家都产生了同样的想法:他马上要发作了。

他的嘴神经质地撇着,整个脸抽搐着。

陀思妥耶夫斯基大概从我们的眼神中看出我们的担忧。他忽然停住话头,用手捋了一把脸,诡谲地微微一笑。

"别害怕,"他说,"要发病我总是事先知道的。"

他料到我们的想法,我们有点尴尬,不好意思,可我们又不知道说什么好。费奥多尔·米哈伊洛维奇立即离开我家。后来他说,那天夜里他果然大发作一次。

有时候陀思妥耶夫斯基说话挺实在,压根儿忘记了有小姐在场。他常常把我母亲吓得要命。比如,他有一次谈起他还是在青年时代就在酝酿的长篇小说的场面:主人公是个中年的地主,受过良好的教育,彬彬有礼,经常到国外去,阅读内容丰富的小开本书籍,买些绘画和版画。年轻时他饮酒作乐,不过后来收敛

---

① 陀思妥耶夫斯基在长篇小说《白痴》中描写了自己发病前的感觉。(《1956—1958 年版十卷集》,第 4 卷,页 626)

了,成了家,有了孩子,受到众人的尊敬。

有一天早晨他醒来,太阳照着他的卧室的窗户;周围的一切是那么整洁,舒适,美好。他觉得自己也是那么整洁,受人尊敬。浑身有一种满意而安适的感觉。作为一个真正的贪图享乐的人,他不急急乎醒过来,想把这种普通植物般的静止的舒适宁静状态再延续下去。

滞留在睡梦与清醒之间,他心里又重温着最近一次出国旅行时的种种美好时刻。他又看到落在慕尼黑美术馆里圣采齐利娅①的裸露的肩膀上的奇妙光束。他的脑海里也浮现出不久前刚看过的《论世界的美与和谐》一书中言之成理的段落。

正当令人愉悦的梦幻与感受达到最酣畅的时刻,他忽然开始觉得不舒服——不知是身体里面痛,还是心神不安。受过枪伤,身上有子弹多年未取出的人常有这种情况:刚才还好好的,一点也不痛,突然之间老伤痛了起来,于是痛个没完没了。

我们的地主开始思索、想象了:这是什么意思呢? 他身上一点也没有痛的地方;精神上也没有什么痛苦。可是心里却像几只小猫在抓挠,越来越乱。

他开始觉得他应当回想些什么,于是他就使劲儿去想,努力去回忆……忽然,他果真回想起来了,而且那么真切,活龙活现,全身心感觉到那么强烈的憎恶,仿佛那件事就发生在昨天,而不是二十年前。然而二十年间从来没有引起过他的不安。

他回想起,有一天,狂饮了一夜以后,在几个喝醉酒的朋友的撺掇之下,他强奸了一个十岁的幼女。②

陀思妥耶夫斯基讲到这里,我母亲就把两手一拍。

"费奥多尔·米哈伊洛维奇! 行行好吧! 有孩子在这里呐!"母亲用绝望的声调恳求道。

我那时也不懂陀思妥耶夫斯基说这些是什么意思,只是根据母亲的不满,我

---

①　圣采齐利娅,教会认为她是音乐的庇护天使。

②　苏·瓦·科瓦列夫斯卡娅所转述的"在酝酿的长篇小说"里的场景在某种程度上预先说出了《罪与罚》中的插曲——斯维德里盖洛夫的梦,还有未写进《群魔》正文中的斯塔夫罗金的忏悔(《在吉洪家》一章,《1926—1930 年版全集》,第 7 卷)。

猜想那准是什么挺吓人的事情。

　　不过,妈妈和米哈伊洛维奇很快就成了莫逆之交。母亲很喜欢他,尽管有时候她也不得不容忍他一点。

　　我们在彼得堡逗留的日子快要结束的时候,妈妈想邀请所有的熟人,举行一个告别晚会。她自然也邀请了陀思妥耶夫斯基。他推辞了很久,但不幸的是妈妈终于还是说服了他。

　　我们的晚会搞得真没意思。因为我们的父母幽居在乡间已经十年,在彼得堡没有"自己的"真正交往的友人。故交旧友早已星散。

　　有些熟人在这十年间已经飞黄腾达,爬到了社会阶梯的高层。另一些人则相反,贫穷落魄了,在偏远的瓦西里耶夫岛上艰难度日,朝不保夕。这些人之间毫无共同之处;不过他们都接受妈妈的邀请,出于旧日的情谊,"pour cette pauvre chère Lise"①,前来参加晚会。

　　客人来了一大堆,不过流品很杂。客人之中有一位部长夫人及其女儿(部长本人②答应在晚会结束之前过来一下,不过这话没有兑现)。也有年纪很老、头发秃顶的德国显贵,一副煞有介事的样子,我只记得他极其可笑地咂巴着没牙齿的嘴唇,老是吻妈妈的手,一边连连说:

　　"您的母亲,她很曼(美)。女儿当中没有一个这么曼(美)的!"

　　有个奥斯特泽伊省的破产地主,待在彼得堡想找个肥缺而不得。有许多可敬的寡妇和老处女,还有几个年老的军校毕业生,是我祖父过去的老朋友。一般地说,大部分来客是德国人,循规蹈矩,拘泥古板,平庸乏味。

　　姑妈们的住所很大,不过由许多窄小的斗室组成;小房间里摆满了大量难看又无用的物件和小摆设,是两个做事认真的德国女人在漫长的、守身如玉的一生中搜集起来的。由于宾客众多,兼以点了无数蜡烛,室内窒闷异常。两个穿黑色燕尾服、戴白手套的侍仆用托盘分送茶、水果与甜食。我母亲过去十分喜爱京城里的社交生活,如今生疏了,内心虚怯,惴惴不安:我们家晚会的一切事宜是否都合规矩? 是否显得太老派,外省习气? 她过去的女友们是否发现她压根儿落伍了,和她们的上流社会脱节了?

---

　　① 法语:为这位可爱又可怜的丽莎。
　　② 指 1861 至 1881 年间的俄国陆军部长德·亚·米留金。

客人们彼此之间毫无关系。大家都很无聊，不过，作为有教养的人，乏味的晚会是他们生活中必不可少的内容之一，他们甘心顺从自己的命运，甘愿忍受这份苦恼。

然而可怜的陀思妥耶夫斯基落到这样的社交场合会怎么样，是可想而知的了！他的外表与身躯就和所有其他的人截然不同。他自我牺牲精神发作，认为应当穿上燕尾服。可是这套燕尾服穿在他身上又难看又别扭，整个晚上使他心里直冒火。他从跨进客厅门槛那一刻起就开始生气。像所有神经质的人一样，他来到陌生人聚会的场所，便感到懊恼又难堪。到场的人越是愚蠢、卑琐，他对之没有好感，这种难堪的感觉就越强烈。他显然很想把这种感觉所激起的怨气对着什么人发泄一通。

我母亲连忙把他介绍给客人们，可他不向人家问候，却含含糊糊地嘟哝些什么，好像发牢骚，还拿背脊对着人家。更糟的是他立即表现出完全占有安纽塔的意图。他把她带到客厅的角落里，显出他决不让她离开那儿的劲头。这自然违反了上流社会的一切礼仪；而且他对待她的态度也远远不是上流社会的风度：他拉住她的手；俯在她的耳朵边跟她说话。安纽塔本人显得挺尴尬，母亲可是按捺不住了。她先试着“委婉地”让陀思妥耶夫斯基明白他的举止不当。她从旁边走过去，好像不是故意的，朝姐姐喊了一声，想派她去做一件什么事情。安纽塔正待起身，可费奥多尔·米哈伊洛维奇极其冷淡地阻止她：

“不，等一等，安娜·瓦西里耶夫娜，我的话还没有说完呐。”

这时母亲已经完全失去耐心，发火了。

“对不起，费奥多尔·米哈伊洛维奇，她是家里的女主人，还得招待其他的客人哪，”她非常生硬地说，把姐姐带走了。

费奥多尔·米哈伊洛维奇勃然大怒，犟在角落里，固执地不吭声，恶狠狠地环顾所有的人。

客人之中有一个人从最初一刻起他就特别憎厌。此人是我们家舒贝尔特方面[①]的一个远亲，一个年轻的德国人，某近卫军团的军官。他被认为是个十分出

---

① 指阿·伊·考西奇，当时是总参谋部的上校，后来是国务院的成员。（根据苏·瓦·科瓦列夫斯卡娅的回忆录手稿确定。见斯·雅·西特拉伊赫在书中所作的注解。载苏·瓦·科瓦列夫斯卡娅的《回忆录与书信》，页467）

色的年轻人,英俊,聪明,又有教养,受到上流社会的欢迎——这一切都恰到好处,并不过分。他的追求功名也做得既体面又庄重,恰到好处,并不是厚颜无耻地急于飞黄腾达;他善于投人之所好,但不会露骨地谄媚奉迎,卑躬屈膝。他在姑妈家遇到表妹,以亲戚的权利追求她,但也很有分寸,没有做得让人家对他侧目而视,只是让大家知道他"有这个意思"。

正如这种情况下经常有的那样,家里的人都知道他是个合适的、有希望的未婚夫,但大家都装得好像根本没料到有这种可能的样子。连我的母亲单独和姑妈们在一起的时候也只敢用一言半语或暗示去接触这个微妙的问题。

陀思妥耶夫斯基只要一看到这位英俊高大、踌躇满志的人物,立刻就会恨得发狂。

年轻的胸甲骑兵,姿态优美地坐在扶手椅上,把他那条式样摩登,紧紧地裹住修长、匀称的双腿的长裤的美妙之处整个儿展览出来。他向我姐姐微微俯下身子,肩章轻轻晃动着,给她讲什么可笑的事情。安纽塔因为刚才跟陀思妥耶夫斯基有过那一段插曲,神情还挺尴尬,脸上挂着有点儿刻板的、应酬的笑容(她的英国家庭女教师刻薄地称之为"温柔的天使笑容"),在听骑兵说话。

费奥多尔·米哈伊洛维奇瞥见这一伙人,头脑里形成完整的恋爱关系:安纽塔蔑视、憎恨这个"德国佬",这个"踌躇满志的无赖";父母却想把她嫁给他,千方百计替他们牵线搭桥。整个晚会自然是为此而举行的!

设想好这一层恋爱关系,陀思妥耶夫斯基立即信以为真,气愤至极。

那年冬天风行一时的话题是谈论英国一个教会人士出版的把正教与新教作比较的一本小册子。① 在俄籍德国人的社交界中这是大家都感兴趣的话题;一接触到这个话题,谈话便会活跃几分。妈妈自己是德国人,她说新教徒比正教徒优越之一是他们念福音的时间较多。

"难道福音是为上流社会妇女写的?"一直死不吭声的陀思妥耶夫斯基突然开腔。"喏,那上面写着:'上帝先创造丈夫和妻子',还有:'人抛弃父母,迷恋妻子'。瞧,基督是这样理解婚姻的!可是,一心只想把女儿安排得幸福些的天下母亲,对此会说什么呢?"

陀思妥耶夫斯基异常慷慨激昂地大声说了这番话。按照他的习惯,他激动

---

① 不知道指什么书。

的时候浑身蜷缩起来，说话像射击一般。影响是惊人的，所有斯文有礼的德国人都一声不吭，睁大了眼睛瞪着他。过了片刻，大家才猛然醒悟自己受到奚落，一下子七嘴八舌议论开了，把窘状掩饰过去。

陀思妥耶夫斯基再次拿凶狠的、挑衅似的目光环顾所有的人，然后又躲在角落里，直到晚会结束没说一句话。

当他下一次又来登门拜访我们时，妈妈曾经试图待他冷淡些，好让他知道她在生他的气。可是，由于妈妈是个秉性异常善良、温柔的人，她对谁也不会长久地生气，更何况是像费奥多尔·米哈伊洛维奇这样的人，因而他们立即又成为朋友，一切如常了。

但是安纽塔和陀思妥耶夫斯基之间的关系打从那个晚会之后，不知为什么完全改变了——好像他们进入了生活的新阶段。陀思妥耶夫斯基完全失去对安纽塔的仰慕之情；反过来，她也出现反对他、嘲弄他的意图。他这方面，在对待她的态度上开始暴露出异常的神经质和好挑剔；他开始要求回答，他不在我家的那些日子里，她是怎么过的；凡是她曾经流露过若干赞赏意思的人，他一概对他们抱着敌意。他上我们家来的次数并没有减少，相反的，也许来得更加频繁，待的时间也比以前长，尽管所有的时间几乎都在与我姐姐的争吵中度过。

在他们相识的初期，我姐姐在等待陀思妥耶夫斯基来访的那些日子里，她总是摒弃一切玩乐，谢绝任何邀请，有他在房间里，她总是谁也不去理睬的。如今则是完全变了。如果他来的时候我们家里正好有客人，她就矜矜然动也不动，继续招待客人。有时候，人家请她去参加晚会，而那天本来约定是他来看她的日子，于是她就写信给他，表示歉意。

次日，费奥多尔·米哈伊洛维奇来的时候已是怒气冲冲。安纽塔装作没有看见他心绪恶劣的样子，拿起手工活儿做了起来。

这使陀思妥耶夫斯基更加怒不可遏；他往角落里一坐，阴郁地一声不响。我姐姐也一声不响。

"别缝了！"到临了，费奥多尔·米哈伊洛维奇会耐不住性子，从她手里夺走活儿，说。

我姐姐顺水推舟，双手操在胸前，但是仍不开口。

"昨天晚上您到哪里去了？"费奥多尔·米哈伊洛维奇怒气冲天地问。

"参加舞会去了，"我姐姐淡然回答。

"跳舞了?"

"那还用问。"

"跟堂兄弟?"

"跟他跳,也跟别人跳。"

"您开心啰?"陀思妥耶夫斯基继续审问。

安纽塔耸耸肩膀。

"没有更好的消遣,跳跳舞也开心的呀,"她回答,又拿起活儿做了。

陀思妥耶夫斯基默默地瞅了她一会。

"您呀,真是个空虚无聊、爱吵嘴的丫头!"最后他下定决心说。

如今他们的谈话常常在这样的气氛中进行。

他们之间经常进行激烈争论的话题是虚无主义。① 关于这个问题的辩论时常继续到半夜以后,两人越说火气越大,在剧烈的争论中各人说出来的观点远远比他们所持的真的观点偏激得多。

"如今的青年人全都头脑愚钝,思想不开阔!"陀思妥耶夫斯基有时候直叫嚷,"对于他们,涂过油的靴子就比普希金更可贵。"②

"对我们的时代,普希金实在过时了,"姐姐不动声色地说,她知道没有什么东西比亵渎普希金更使他怒火万丈的了。

陀思妥耶夫斯基怒不可遏,有时拿起帽子就走,激动地宣称与女虚无主义者争论毫无用处,今后他决计不再上我家的门。不过第二天他自然又来了,像什么事情也不曾有过似的。

---

① 安·瓦·考尔文-克鲁科夫斯卡娅从很早的青年时代起在信仰方面就表现出很大的独立性。十六岁左右她与一个彼得堡来的教会中学学生相识,这个学生显然是最初推动她去埋头研究先进思想的。她开始对进步刊物(《现代人》、《俄罗斯的话》、《警钟》)感兴趣,阅读自然科学和历史方面的严肃的书籍。其中苏·瓦·科瓦列夫斯卡娅称为《生活生理学》的显然是德·格·里尤伊斯的《日常生活生理学》(1861—1862 年俄译本)以及格·特·鲍克尔的《英国文明史》(1862—1863 年俄译本)。

② 陀思妥耶夫斯基模仿当时进步评论者对普希金的带有几份轻蔑的态度。(见本书页 307 注①)皮萨列夫、安东诺维奇,在某种程度上,连车尔尼雪夫斯基与杜勃罗留波夫也都对普希金的创作评价过低,认为他是"形式上的诗人",而不是内容上的诗人。比如,杜勃罗留波夫看到普希金的创作的"主要不足"在于"缺乏明确的倾向和严肃的信仰",没有发现他的性格中的"深度与力量"。(《杜勃罗留波夫》,第 3 卷,页 362;第 4 卷,页 130)

正当陀思妥耶夫斯基与我姐姐之间的关系明显地恶化的时候,我和他的友谊却一直在增长。我对他的景仰与日俱增,完全受他的影响。他自然觉察到我对他佩服得五体投地,觉得很是受用。他常常拿我给姐姐作榜样。

陀思妥耶夫斯基有时说出一种深刻的思想,或者颇有才气的、和因循的旧道德正好针锋相对的怪论,姐姐会突然之间装得不解其意;我欣喜得眼睛发亮。她却有意要惹他发火,拿庸俗陈腐的道理去回答他。

“您的心眼儿小,而且丑恶!”这时费奥多尔·米哈伊洛维奇焦躁起来,“您的妹妹就不同! 她还是个孩子,可她多么了解我! 因为她富有同情心!”

我高兴得满脸通红,如果必要的话,我可以让人把我剖开,借此向他证明我是多么了解他。陀思妥耶夫斯基现在没有向姐姐表示仰慕之情,像他们相识初期那样,对这一点,我在内心深处甚至感到满意。我自己对这种感情很觉羞耻。我责怪自己,这好像是对姐姐的某种背叛,我不自觉地跟自己的良心做着交易,竭力想以格外的温顺和殷勤向她赎取我这隐秘的罪过。内心尽管在谴责,可是每当安纽塔与陀思妥耶夫斯基发生争执的时候,我依旧会情不自禁地感到喜悦。

费奥多尔·米哈伊洛维奇称我为他的朋友,我居然极其天真地相信我同他比姐姐同他更接近,我更了解他。连得外貌上他也是赞扬我而贬低安纽塔。

“您以为您长得很好看,”他对我姐姐说,“但您的妹妹将来会比您漂亮! 光是她的脸庞就比你有韵味,又有一双茨冈人的眼睛! 您呢,您不过是个长得还算标致的德国姑娘而已!”

安纽塔轻蔑地一笑置之;我则喜滋滋地把那时闻所未闻的称赞我容貌美的话全都听了进去。

“说不定这是真的,”我对自己说,高兴得心跳都要停止。不过有一种想法又使我极度不安起来:陀思妥耶夫斯基向我表示偏爱可别惹恼了姐姐才好。

我很想确切地了解一下,安纽塔对此作何想法? 等我长大成人后是否真的会很漂亮? 后面一个问题我尤其关心。

在彼得堡时,我和姐姐同住一间卧室,夜里脱衣就寝时我们常常谈些体己话儿。

安纽塔照例站在镜子前面梳她那浅栗色的长头发,夜里她把头发编成两股辫子。这件事挺费时间,她的头发很浓,像丝一般,她不胜爱惜地用梳子梳着。我坐在床上,衣服已经脱掉,两臂抱着膝盖,考虑怎样开始我感兴趣的谈话。

“今天费奥多尔·米哈伊洛维奇说的事儿真可笑!”临了,我开了口,尽可能地装得淡然。

"什么事儿?"姐姐心不在焉地问,显然完全忘了在我看来是很重要的话。

"嗯,他说我的眼睛像茨冈人,我将来会很漂亮,"我说,自己感觉到连耳根都红了。

安纽塔拿梳子的手垂了下来,姿态优雅地弯着脖子,向我扭过脸来。

"你真的相信费奥多尔·米哈伊洛维奇觉得你很美,比我更美吗?"她一边问,一边狡黠而又令人捉摸不透地望着我。

诡谲的笑容,绿莹莹、笑盈盈的眼睛,浅栗色的散披的头发,使她很像一条美人鱼。她的身边,正好对着她的床,有一面大穿衣镜;我从镜子里看到我自己瘦小、黝黑的身躯,我可以把我们两人进行比较。我不能说这番比较使我感到特别受用,但是姐姐说话那种冷淡又自信的声调可把我惹火了,所以我也不甘示弱。

"爱好各有不同嘛!"我愤然说。

"是啊,爱好各有不同!"安纽塔不动声色地说,继续梳她的头发。

等蜡烛灭了,我躺下,脸埋在枕头里,依旧继续在思索这件事。

"也许费奥多尔·米哈伊洛维奇的爱好就是这样的:我比姐姐更讨他的喜欢,"我不由得想,按照小孩子的无意识的习惯,我开始默默祝祷:"我的上帝!让所有的人,让全世界都去称赞安纽塔吧,只要费奥多尔·米哈伊洛维奇觉得我最美就行!"

然而我的痴心妄想在不久的将来即遭到无情的破灭。

陀思妥耶夫斯基鼓励去发展的 talents d'agrement[1],是搞音乐。在这之前我学弹钢琴,像大多数女孩子一样,既不觉得格外喜爱,也未感到十分厌恶。我的听觉平平而已,不过因为从五岁起家里就逼着我每天弹一个半小时的音阶和练习曲,所以快到十三岁时我已经练得指法娴熟,触指优美,识谱迅速。

我们相识之初,有一次我在陀思妥耶夫斯基面前弹了一首小曲子,是我弹得特别拿手的俄国民歌变奏曲。费奥多尔·米哈伊洛维奇不是音乐家。他属于这样的一种人,他们欣赏音乐决定于纯粹的客观原因,决定于当时的心情。此时此刻,演奏得极优美动人的音乐只会使他们打哈欠;彼时彼刻,院子里拉得叽叽喳喳的手风琴却会使他们感动得直掉眼泪。

---

① 法语:文艺才能。

那次我弹琴的时候,费奥多尔·米哈伊洛维奇的心境正好是多情善感,所以他被我的琴声所陶醉,欣喜异常,按照他的习惯,以最夸张的溢美之词对我大加赞扬,说我是天才,又说我有灵气,还有天知道的什么!

我从那天开始自然格外喜爱音乐了。我要求妈妈为我聘请一位好的女教师,在我们留居彼得堡期间,空闲时我都在练琴,故而三个月工夫,我的琴艺果然有了长足的进步。

现在我要给陀思妥耶夫斯基一个猝然的惊喜。他有一次对我们说过,所有音乐作品中,他最喜欢贝多芬的 La sonate pathetique①,这支奏鸣曲总是使他坠入忘我的境界。故而虽然这支奏鸣曲就难度而论远远超出我当时已经弹过的作品,但我还是下决心无论如何要把它练熟。下了大量苦功夫之后,我果然可以把曲子弹得相当听得过去了。现在我只等待适当的机会以此曲飨陀思妥耶夫斯基。这样的机会不久就来临。

距我们离开彼得堡只剩下五六天了。妈妈和所有的姑姑应邀去参加瑞典大使的盛大宴会,他是我们家的老朋友。安纽塔对宴会、出游等等已经厌倦,所以借口头痛未去。家里只剩下我们两人。就在这天晚上,陀思妥耶夫斯基上我们家来了。

离京在即,想到长辈都不在家,这样的夜晚最近期间机会难得,时不再来,我们心情兴奋又激动。费奥多尔·米哈伊洛维奇也是古怪而神经质的,但不像最近期间和我们在一起时那样容易动气,相反的,他温柔又和蔼可亲。

眼下正是把他喜爱的奏鸣曲弹给他听的好机会。想到我会给他带来怎样的快乐,我心里先就乐开了。

我开始弹奏。曲子艰深,必须注意每个音符,又怕弹错,霎时间使我全神贯注于弹奏,完全忘掉了周围的一切,什么动静也没有发觉。我怀着扬扬得意的心情把曲子弹完,感觉到弹得不错。手上有种愉快的累乏的感觉。我还整个儿沉浸在乐曲的兴奋中,充满了愉快的激动,每当我演奏成功,期待着应得的赞扬时总是充满了这种情绪。可是周围一片寂静。我回头一望:屋里一个人也没有。

我的心往下一沉。我还没有怀疑到什么确切的事情,但是模模糊糊地预感到不妙。我走到隔壁房间去,那里也空无一人!最后,我微微挑起角落里小客厅门上的门帘儿,瞧见费奥多尔·米哈伊洛维奇和安纽塔在里面。

---

① 法语:热情奏鸣曲。

但是,天哪,我瞧见了什么啦!

他们俩并排坐在一张小小的长沙发上。屋里的灯有大灯罩,灯光暗淡;灯影直接落在姐姐身上,所以我看不清她的脸;但陀思妥耶夫斯基的脸我却看得清清楚楚:苍白又激动。他执着安纽塔的手,朝她俯着身子,用我很熟悉又很喜爱的那种热情的、断断续续的低语声在说:

"安娜·瓦西里耶夫娜,我亲爱的,请您理解我,从我看见您的最初一刻起,我就爱上您了;还要早些,我从信上就已经预感到了。我爱您,不是友谊,是爱情,我以整个身心……"

我眼睛发黑。痛苦的孤独感觉,深深的屈辱之感突然向我袭来,血好像先一下子全部集中在心脏,接着又以一股热流直往头上冲。

我放下门帘,奔出房间。我听见被我无意间撞倒的椅子咚的一声响。[……]

第二天我整天在焦躁的等待中度过:"往后怎么办?"我什么也没有问姐姐。我对她继续像昨天一样怀着哀怨,——尽管哀怨的程度已很淡薄,——因而我千方百计避开她。看到我这样不幸,她曾试图走到我身边来,跟我亲热,可我突然之间怒不可遏,粗暴地将她一把推开。这时她也感到委屈,于是她便撇下我,让我独自去作痛苦的沉思。

我不知为什么等待着,以为陀思妥耶夫斯基今天准会上我们家来,那时将会发生什么骇人听闻的事情,可是他没来。我们已经坐下吃饭了,他仍没有来。我知道晚上我们得去出席音乐会。

时间在过去,他却没有来,我似乎轻松了一些,心里甚至产生了一种朦胧的、捉摸不定的希望。我忽然想到:"姐姐准是不去参加音乐会了,留在家里。费奥多尔·米哈伊洛维奇来看她,那时只有她一个人了。"

想到这儿,我的心妒忌地揪紧了。但是安纽塔去参加音乐会了,她和我们一起乘车前往,而且整个晚上都十分快活,健谈。

从音乐会回来,我们上床睡觉,安纽塔正准备吹灭蜡烛,这时我实在憋不住了,眼睛不看她,问道:

"费奥多尔·米哈伊洛维奇什么时候来看你?"

安纽塔莞尔一笑。

"你不是什么都不想知道吗!你不是不愿意跟我说话吗!你去生气好啦!"

她的嗓音是那么温柔,和善,我心中的怨屈顿时冰释,在我看来,她又变得极其可亲可爱了。

"她这么美好,他怎么会不爱她呢! 我又凶,又惹人讨厌!"我忽然一阵自卑,心里想道。

我爬到她的床上去,紧紧偎依在她的身边,哭了。她抚摩着我的头。

"别哭啦,小傻瓜! 你真是个傻丫头!"她亲昵地反复说道。忽然她忍俊不禁,发出一串抑制不住的笑声。"你不是要爱人家吗? 爱的谁呀? 爱一个比你的年纪大三倍半的人!"她说。

这一番话,这一阵笑声忽然唤醒了我心灵中始终攫住我的强烈的希望。

"那么,难道你不爱他?"我悄声问,激动得几乎连气也喘不过来。

安纽塔沉思起来。

"你知道,"她开口说,分明在斟酌字句,不知怎么说好,"我自然是很爱他的,而且非常非常尊敬他! 他那么善良,聪明,有才华!"她整个儿活跃起来,我心里又酸溜溜的。"但是怎么跟你说清楚呢? 我爱得跟他不一样……嗯,总之,我爱他不是为了以后嫁给他!"她突然毅乎其然地说道。

我的老天爷! 我的心一下子豁亮了! 我扑在姐姐身上,开始吻她的手和脖子。安纽塔又讲了许久。

"你知道,我不能爱他,有时候连我自己也觉得奇怪! 他那么出色! 起先我以为将来我也许会爱上他的。但是他需要的,压根儿不是像我这样的人做妻子。他的妻子应当是整个儿、整个儿地把自己奉献给他,把全部生命奉献给他,只想到他。这我可做不到,我自己也想生活! 何况他是那么神经质,要求苛刻。他似乎经常在捕捉我,让我归属于他,在他面前我从来不是我自己。"

安纽塔这一席话好像是冲着我说的,然而实际上是为了理清自己的思路。我装出我理解并且同情她的样子,可是心里却想道:"老天爷! 经常待在他身边,完全听他支配,那该有多么幸福! 姐姐怎么能拒绝这样的幸福呢?"

无论如何,这天夜里我入睡时远远不像昨天那样不幸了。

眼下离预定动身的日子已经很近了。费奥多尔·米哈伊洛维奇又上我们家来了一次,是来告别的。他坐了没多久,不过对安纽塔的态度却朴实而友好,他们约好今后互相通信。和我告别时他很温柔。分手时他甚至吻了我,不过他一定没有想到我对他的感情是哪一类的,他给了我多少痛苦!

过了六个月光景,姐姐接到费奥多尔·米哈伊洛维奇的来信。他在信中告诉她,他遇到一位非常好的姑娘,他爱她,她也同意嫁给他。[①] 这个姑娘便是安娜·格里戈利耶夫娜,他的续弦。陀思妥耶夫斯基在信的末尾天真地说:“要是在半年前有谁向我谈起此事,我以名誉担保,我是不会相信的!”

题解:

苏菲娅·瓦西里耶夫娜·科瓦列夫斯卡娅(1850—1891),著名的数学家,哲学博士,美术硕士。她在斯德哥尔摩生活和工作期间(1886—1891),在大学里担任教职,写了许多数学方面和物理学方面的有名著作,同时还用瑞典文写下许多优美的著作,如:《女虚无主义者》,《争取幸福》等等。(见苏·瓦·科瓦列夫斯卡娅的《文学作品集》,彼得堡,1893年;在《回忆录与书信》一书中还刊载了她的未完成著作的手稿及片断,苏联科学院,莫斯科,1961年)

苏菲娅·瓦西里耶夫娜在1887年,她姐姐安·瓦·考尔文-克鲁科夫斯卡娅(扎克拉尔)死的那年动手写《童年回忆》,1889年4月完成。(见阿·克·列弗列尔的《回忆录》,圣彼得堡,1893年,页274)《童年回忆》写得很有艺术情趣,又有细腻的心理刻画,但是特别有价值的还在于书中对她的姐姐安娜给予特别的注意。六十年代中期,安娜在陀思妥耶夫斯基的生活和创作中曾起过重大作用。安娜·瓦西里耶夫娜·考尔文-克鲁科夫斯卡娅是著名的女革命家,巴黎公社的参加者,嫁给扎克拉尔(1843—1887)[②],作为女作家在陀思妥耶夫斯基的《时代》上开始活动时,年仅二十一岁。1864年第8期上刊登了她的短篇小说《梦》,第9期刊登了短篇《米哈伊尔》(具名尤·奥——夫)。陀思妥耶夫斯基写信给安·瓦·克鲁科夫斯卡娅说,“所有与编辑部接近的人和我们的长期撰稿人都很喜欢”第二篇小说。她谦虚地问,她可不可以认真对待自己的才能,他回答道:“您不仅可以,而且应当认真对待自己的才能。您是个诗人。单单这一点就很值得重视。”(《书信集》,第1卷,页381—382)

安娜·瓦西里耶夫娜似乎觉得她的命运早已定了……她和全家人来到彼得堡,开始

---

① 陀思妥耶夫斯基的这封信不详。

② 关于安·瓦·考尔文-克鲁科夫斯卡娅的出生年份,所有史料都说是1847年,其实是不对的。关于安·瓦·考尔文-克鲁科夫斯卡娅生平的所有资料都是采自伊·克尼什尼克的文章,许多未公开发表过的材料都掌握在他手里。(见《星》杂志,1928年,第10期)

与陀思妥耶夫斯基经常见面。据安·格·陀思妥耶夫斯卡娅称,安娜·瓦西里耶夫娜成了作家的未婚妻,只是过了若干时间以后他才给她回话。据苏·瓦·科瓦列夫斯卡娅的说法,是陀思妥耶夫斯基提出求婚而立即遭到断然拒绝。1865 年夏天,在安·瓦·考尔文-克鲁科夫斯卡娅离开彼得堡后不久陀思妥耶夫斯基写给她的一封信也可作旁证,当然,这封信与其说是从言语上,还不如说是从语气上间接证实了此事。(《书信集》,第 2 卷,页 617)苏·瓦·科瓦列夫斯卡娅看出他们分离的原因在于他们观点的分歧。安·瓦·克鲁科夫斯卡娅尊敬陀思妥耶夫斯基,可是并不爱他。此外,她当时又倾注很多精力于解决"共同问题"上,为妇女的独立而奋斗,她需要的是在见解和行动上的自由,无拘无束,她想要在生活中亲自去得到些什么,她明白,若与陀思妥耶夫斯基结婚,这些就不可能。

保存下来两封信,没有写明日期,也没有写完(1865 年夏,以及 1866 年 6 月 17 日的信),其中陀思妥耶夫斯基写到他可能在夏天到考尔文-克鲁科夫斯基家的庄园去。但是,安娜·瓦西里耶夫娜与陀思妥耶夫斯基的见面既不是 1865 年的夏季,也不是 1866 年。1870 年,安·瓦·考尔文-克鲁科夫斯卡娅嫁给法国著名的(巴黎)公社社员瓦·扎克拉尔,1871 年和丈夫一起留在巴黎,积极参加政治生活,直到公社存在的最后一天。公社被消灭后,安·瓦·扎克拉尔帮助被判了死刑的丈夫逃出法国。他们在俄国住了一个时期,安娜·瓦西里耶夫娜与陀思妥耶夫斯基见面并通信,他们终生保持了友好的关系。(见安·瓦·扎克拉尔给安·格·陀思妥耶夫斯卡娅及费·米·陀思妥耶夫斯基的信,刊载在苏·瓦·科瓦列夫斯卡娅的《回忆录与书信》一书中,页 328—340)1879 年 8 月,陀思妥耶夫斯基在从埃姆斯写给在旧鲁萨的妻子的信中,始终不渝地要她向在那里治病的安娜·瓦西里耶夫娜转致"特别的问候"。1878 至 1880 年,他们两人都在旧鲁萨度夏天,陀思妥耶夫斯基每天去看她。与安·瓦·扎克拉尔的关系无疑反映在陀思妥耶夫斯基的创作中。在《少年》中的阿赫玛科娃以及《卡拉马佐夫兄弟》中的卡捷琳娜·伊万诺夫娜身上可以认出她的面影。

1866 年以后,苏·瓦·科瓦列夫斯卡娅还与陀思妥耶夫斯基见过面。已知她有五封信给他。(见苏·瓦·科瓦列夫斯卡娅的《回忆录与书信》,页 244—248)在苏·瓦·科瓦列夫斯卡娅的文稿中有开了个头的自传性的长篇小说《拉耶夫斯基家的姐妹们》的草稿。所有的人物,除了女主人公(塔尼娅·拉耶夫斯卡娅)和她的家庭成员以外,一概用原名。这份草稿上保留了塔尼娅(苏·瓦·科瓦列夫斯卡娅)对陀思妥耶夫斯基的稚气的恋慕之情。(苏·瓦·科瓦列夫斯卡娅,《回忆录与书信》,页 129)

《童年回忆》是根据苏·瓦·科瓦列夫斯卡娅的《回忆录与书信》页 102—121 原文刊印的。

回 忆 录

玛·亚·伊万诺娃

1866 年的夏天,费·米·陀思妥耶夫斯基在柳泊林诺的伊万诺夫家度过。伊万诺夫家在离公园不远的地方租了一所大的木屋别墅。他们的大家庭到夏天还增加人员:亚·巴·伊万诺夫[①]请无处可去的大学生们到别墅里来做客,孩子们可以邀请同学和女友来住。由于费·米·陀思妥耶夫斯基夜里需要绝对的安静(他通常夜里写作),而伊万诺夫家的别墅对保持安静来说又嫌人太多,——一会儿孩子啼哭,一会儿年轻人散步很晚才归来,一会儿又是天刚微明就起床去捕鱼,——所以陀思妥耶夫斯基住在旁边的一幢两层楼的石头房子里,这是一所空房子,他在那里只租了一个房间。伊万诺夫家的一个听差夜里过去和他同住,因为知道他有癫痫[②],让他一个人在那边不放心。不过那年夏天他只发了一次。

到陀思妥耶夫斯基屋里去宿夜的那个听差,有一回死活不肯再去了。主人询问之下,他才说,陀思妥耶夫斯基打算杀人——整夜在房里走来走去,大声念叨着这件事(当时陀思妥耶夫斯基正在写《罪与罚》)。

白天与傍晚,陀思妥耶夫斯基和年轻人一起度过。虽然他已四十五岁,和青

---

① 作家的妹夫。
② 见本书页 312—313。

年们作伴却异常随和,各种消遣游戏与恶作剧,总是他兴头的。从外表看他比实际的年纪轻。他始终服装雅致,穿着浆过的衬衣,灰色裤子,宽大的蓝色背心。陀思妥耶夫斯基很注意自己的仪表,比如,他因胡子太稀而感到很伤心。年幼的外甥们利用这一弱点,常常偏去嘲笑舅舅的"胡子稀稀拉拉"。尽管和伊万诺夫家的孩子们亲密无间,陀思妥耶夫斯基却始终以"您"称呼他们,无论怎样喝过"交臂酒"也不能使他改变这一习惯。

　　陀思妥耶夫斯基喜欢窥察在场的某个人的弱点或可笑的地方,拿来逗乐,还拿笑话、信口胡诌的诗句去作弄他的受难者。年轻人勇敢地回击他,他们之间经常互相快乐地挖苦。用晚餐的时候尤其快活。伊万诺夫家的凉台上摆开一溜长桌子,约莫九俄尺长,桌子旁总是坐着二十来个人,甚至更多。桌子一端是伊万诺夫家的大人和费奥多尔·米哈伊洛维奇,另一端是最年轻的小青年。陀思妥耶夫斯基从这一头忽然向怯生生的小朋友娜嘉·阿列克谢耶娃发难:

　　"娜嘉,您怎么不害臊,老是不让我安静,老是在桌子底下用脚碰我!"

　　娜嘉涨红了脸,窘住了;她的女友尤丽娅·伊万诺娃机灵地出来保驾:

　　"瞧您,还算是个聪明人,您就没想到,娜嘉的腿不会有一丈长,她够不着您。说这话岂不是愚蠢……"

　　大人们为了制止这场互相的讽刺挖苦,便问青年人晚饭后打算到哪里去散步,这才使大家不再争吵。

　　晚饭后往往是最愉快的时刻。游戏,散步,直到深夜两三点钟,往往走到库兹明基,到察里津诺。住在柳泊林诺的左邻右舍熟识的消夏客也加入到伊万诺夫家这一群人当中来。在一切游戏和散步中居首位的是费奥多尔·米哈伊洛维奇。有时候正在游玩,他却撇下大家到自己的别墅里去给他的作品记下些什么。逢到这种情况,他要求大家过十分钟光景再去找他。然而人家去找他时,正好碰上他全神贯注地在工作,于是他恼火了,把来人撵走。过了一会儿,他自个儿又回来了,快快活活的,又准备继续游戏。他很不喜欢谈论自己的作品。

　　伊万诺夫一家爱玩猜谜语。他们常常出最难的字给费奥多尔·米哈伊洛维奇猜。他总是讲一个长长的故事来作答,长达两三页,字儿却猜不着。晚上他常常讲恐怖的故事,或者建议大家作这样的试验:关在空房间里,对着镜子坐上五六分钟,直定定地望着自己的眼睛。用他的话来说,这非常可怕,几乎是做不到的。

离伊万诺夫家不远住着马舒科甫采夫一家。父母到国外去了,几个女儿,年龄在十四至十七岁,留在家里,由一个德国人的女家庭教师照料。这个女教师待她们如同小孩儿,极其严厉。九点钟安顿她们上床睡觉,夜里把她们的鞋收去,以防她们偷偷溜出去散步。费奥多尔·米哈伊洛维奇受不了这个德国女人,叫她"穿裙子的鸡脚"①,为她的学生们感到惋惜。有天晚上,他建议大家带上备用的鞋子,深夜到马舒科甫采夫家的别墅外面去。他在女教师的窗下唱起普希金的抒情诗:"我在这儿,伊涅齐里雅……",等到探明女教师睡得正熟,不曾被歌声惊醒,那群小青年便绕着屋子走一圈,帮助姑娘们溜到屋外,供给她们最需要的鞋子,带她们去散步。这种调皮捣蛋的事儿接连干了好几夜。

当时柳泊林诺归富商高乐甫捷耶夫与拉赫马宁所有。他们一个叫彼得,一个叫巴维尔。6 月 29 日是彼得节②,过命名日的人都举行盛大的庆典,有宴会,娱乐活动,放焰火。富裕的莫斯科商人前来聚首;住在柳泊林诺的消夏客人也接到邀请。陀思妥耶夫斯基和伊万诺夫一家也接到这种邀请。他的妹妹维拉·米哈伊洛夫娜竭力怂恿他去出席宴会,他拒绝,最后他同意去了,条件是朗读一首事先准备好的小诗权充席间致辞。维·米·伊万诺娃想要先知道他想到的是什么诗,于是陀思妥耶夫斯基朗诵道:

啊,高乐甫捷耶夫,拉赫马宁!
你们是咱们这儿命名日的主人。
我盼望帕宁伯爵
亲自出席你们的宴会。
炫耀吧,作乐吧,做买卖吧,
装点柳泊林诺的山河。
然而无论你们怎样欣喜若狂,
你们俩毕竟……!

① 《罪与罚》中卡捷琳娜·伊万诺夫娜也是用这样的话骂德国女人:"你这个穿裙子的普鲁士鸡脚。"(《1956—1958 年版十卷集》,第 4 卷,页 412)
② 教堂的节日之一,以彼得命名的人都要庆祝这一节日。

　　陀思妥耶夫斯基没有去参加庆祝宴会,尽管妹妹请求他去。他悄悄地和青年们约好,带上食物,整个晚上到库兹明基去散步,到托洛康尼科夫家的别墅去玩。他们玩得十分高兴,夜里十二点钟光景才回柳泊林诺看焰火。维·米·伊万诺娃为此事对哥哥很是不满。

　　伊万诺夫家和陀思妥耶夫斯基的外甥,青年医生亚历山大·彼得罗维奇·卡列宾[①]的到来给伊万诺夫家带来许多欢乐。他二十六岁,还未结婚,特点是具有多方面的兴趣爱好。他总是搞出些狄更斯的匹克威克式的惊险事故。他虽是医学系毕业,在巴甫洛夫医院当医生,对于生活却几乎是个傻子。他是伊万诺夫家那一伙年轻人不断地开玩笑嘲笑挖苦的对象。陀思妥耶夫斯基在许多打油诗中歌颂他。诗句摘录如下:

献给卡列宾大夫的颂歌

诗　人

啊,应当享有荣名的你,
请让诗人大胆地把你瞻仰,
他用那并不娴熟的手
把美好的你歌颂!
我该把你比作谁呢?
比作什么星辰? 什么神祇?
为了不至于歪曲你的形象,
我叫杰尔查文来帮忙。

杰尔查文的幽灵

他侏儒的身材,萨堤罗斯[②]的脸相,

---

　　①　卡列宾以十分热情出名。玛·亚·伊万诺娃的回忆录是陀思妥耶夫斯基的《永恒的丈夫》的有价值的注解。在扎赫列宾一家人的描写中可以设想伊万诺夫家的生活的许多特点。特鲁索茨基的形象也与亚·彼·卡列宾相像。

　　②　萨堤罗斯是希腊神话中的森林之神,有羊角、羊腿和尾巴,是半人半兽的怪物。

充其量不过是蒙古人的偶像。

诗　人

我能相信自己的耳朵吗？
费丽察的诗人、部长——
杰尔查文也会弄虚作假，
活像狂热的虚无主义者！
不对啊，尽管他矮小墩实，
却有赫勾力士①般的身材。

杰尔查文的幽灵

他跳舞好比狗熊，
唱歌活像猫头鹰。

诗　人

这样损人缺德的话，
我可受不了！滚！
　　　　（杰尔查文的幽灵隐去）

沿着正在修建的铁路散步时，陀思妥耶夫斯基有一次念出这样的即兴诗颂扬卡列宾：

我的外甥卡列宾
沿着铁道往前行。
此人尚是有用之才，
模样儿也颇有风采！

----

① 即希腊神话中的赫拉克勒斯。

卡列宾还没有结婚，可是一直幻想着有个理想的未婚妻，她的年纪应当不超过十六七岁，他早就为了未婚妻而妒忌所有的人。他憎恨解放型的妇女，声称他的妻子将来准跟妇女平等、妇女劳动的一切现代思潮不沾边。那时大家正好在津津有味地看车尔尼雪夫斯基的长篇小说《怎么办?》，大家就逗卡列宾，说是他的妻子准和小说里的女主人公同样命运。有一次陀思妥耶夫斯基对他说，政府鼓励妻子离开丈夫，逃到彼得堡去学用缝纫机做裁缝活，还给逃跑的妻子安排专列。卡列宾竟信以为真，大发雷霆，差点儿为了未婚妻而跟人家打起来。陀思妥耶夫斯基提议举行即兴戏剧演出，模拟法庭，审判卡列宾及其未来的妻子。

费奥多尔·米哈伊洛维奇披上妹妹的鲜红的短大衣，头上倒扣着一只水桶，戴上纸做的眼镜，扮法官。旁边坐着书记官索菲娅·亚历山德罗夫娜·伊万诺娃作记录，还有被告卡列宾夫妇。费奥多尔·米哈伊洛维奇发表辉煌的演说，为妻子辩护，她想逃到彼得堡去学踩缝纫机。

结果，陀思妥耶夫斯基判丈夫有罪，流放到北极。卡列宾勃然大怒，向陀思妥耶夫斯基扑去。幕布落下，第一场结束。第二场——在北极。四周一片皑皑白雪——全是被单和棉絮做的雪。卡列宾坐在那里哀叹自己的命运。陀思妥耶夫斯基扮作白熊，偷偷接近他，要去吃他。

类似的演出经常举行。有一回演出普希金的《黑披巾》玩。还有一次举行庆祝游行，护送穆罕默德二世——卡列宾大夫。所有的青年和一个仆役敲打着铜盆，吹着哨子等等，经柳泊林诺往库兹明基。这一场游戏是陀思妥耶夫斯基跟卡列宾开玩笑才搞的；费奥多尔·米哈伊洛维奇开始一本正经地说服他，说是他"忽视自己的前程"，医生的头衔对他过于微不足道了，他有可能占据更高的地位。卡列宾问，他该做个什么人呢? 陀思妥耶夫斯基建议他自称穆罕默德二世。因为这缘故又组织了一次对卡列宾的审判。在审问时，卡列宾供称他二十六岁，为此，法官陀思妥耶夫斯基要书记官记录在案，"被告口供混乱"，因为穆罕默德二世乃穆罕默德一世之子，不可能是这个年纪。玩这一游戏时卡列宾对某位小姐说了一句粗话，为此被判处临时绞刑：用毛巾缚住双手，把他吊在树上。

下面这首打油诗也是陀思妥耶夫斯基献给卡列宾的，他母亲叫他沙尼亚，或沙涅奇卡，所有的亲戚也跟着叫。

更深夜阑。巴甫洛夫医院

已经鼾声一片，

偶尔还有一声喷嚏，

只有编外医生沙尼亚

在堂屋里辗转反侧。

无数跳蚤咬得他奇痒难熬，

然而这还不太使他苦恼，

脑袋瓜儿发高烧，

充满了痛苦和烦恼。

"我在大学里受过专业训练，

治疗卡他①一向手到病除。

即便在这间病房里，

我治病也妙手回春。

倘若老天赐给一个正式编制的位置，

再来一场霍乱，

那么老婆也许早就到手，

不过我自己得壮起胆子！"

咱们的卡列宾大叫大喊。

医士们跑了拢来，

病人们吓得惊恐万状。

列文塔尔②闻声而至，

手里拖着一根很长、很长的树枝：

"刚才是伲（你）在大吼大叫，

吵吵闹闹，脸皮都不要？……"

打油诗念到这里，卡列宾受不了啦，朝陀思妥耶夫斯基扑了过去，不让他再往下念，准备跟他打一架。等费奥多尔·米哈伊洛维奇念到下面一首诗，安慰了卡列宾，他们才算和解。

---

① 黏膜发炎叫卡他（Catarrh）。

② 列文塔尔大夫是医院的主任医生。——玛·亚·伊万诺娃注

　　　　无论上流社会

　　　　怎样沉默,怎样愁闷,

　　　　只要把沙尼亚带来,

　　　　它的愁闷便顷刻消失。

　　　　为什么有这现象?

　　　　为什么要笑容和笑声?

　　　　沙尼亚,我预祝你成功,

　　　　祝你万事如意。

　　陀思妥耶夫斯基即兴作打油诗,源源不绝。为了某个原因,他念了下面的一首诗,诗中写到曾在伊万诺夫家里待过的一伙人当中的福尔茨两兄弟。弟弟是中学七年级学生,不知为什么人家叫他"烂牛肉",哥哥是大学一年级学生。

　　　　我在"烂牛肉"身上

　　　　唤醒他的荣誉感,

　　　　他发誓,从今以后

　　　　连犀牛也不放过。

　　　　卑贱的福尔茨

　　　　受了人家欺侮,

　　　　准备五人一起去报仇雪耻,

　　　　可是因为发育不全,

　　　　他依旧是个粗鲁汉、大笨蛋,

　　　　只好当听差。

　　陀思妥耶夫斯基常常和待在伊万诺夫家的青年们争论风行一时的"虚无主义",争论什么更崇高:"是靴子,还是普希金的作品?"①他雄辩地捍卫了普希金诗歌的意义。

　　下面这首诗是陀思妥耶夫斯基为了揶揄玛丽娅·亚历山德罗夫娜·伊万诺

---

① "是靴子,还是普希金"是屠格涅夫的《父与子》中巴扎罗夫的警句,但文句略有改动。

娃而作的。她打算进音乐学院,须在规定期限之内提出申请。

　　她请费奥多尔·米哈伊洛维奇代她写申请。在规定日期的前一天夜里,玛丽娅·亚历山德罗夫娜问,申请书是否写好。费奥多尔·米哈伊洛维奇掏出一张纸片交给她。上面写着:

　　　　从春天起我就打算
　　　　进音乐学院,
　　　　跟尼古拉·鲁宾斯坦
　　　　学音乐。
　　　　这是我的申请书,
　　　　请您收下。
　　　　录取通知
　　　　也盼迅速送达。

　　姑娘动气了,陀思妥耶夫斯基把她取笑够了之后,掏出另外一张纸片,上面是按普通格式写的入学申请书。

　　有一次去莫斯科,陀思妥耶夫斯基在伊万诺夫家关得紧紧的房间里,和丹尼列夫斯基气氛严肃地谈了很久,等丹尼列夫斯基离开后,费奥多尔·米哈伊洛维奇便写了一出喜剧《老实人与舍马通》①,这两者,前者指他自己,后者指丹尼列夫斯基。

　　陀思妥耶夫斯基很容易对人产生感情,是个多情种子。他喜欢索菲娅·亚历山德罗夫娜·伊万诺娃的女友玛丽娅·谢尔盖耶夫娜-皮萨列娃,一个活泼的、生气勃勃的姑娘。有一回,快到复活节时,在莫斯科的伊万诺夫家,陀思妥耶夫斯基没有和大伙一起去做晨祷,留在家里。玛丽娅·谢尔盖耶夫娜也待在伊万诺夫家。等索菲娅·亚历山德罗夫娜从教堂回来,她的女友笑眯眯地告诉她,陀思妥耶夫斯基向她求婚了。她,一个二十岁的姑娘,听到这样上了年纪的人求婚觉得很可笑,——在她的心目中,陀思妥耶夫斯基是上了年纪的人。她拒绝他,开玩笑地以普希金的诗作答:

---

　　① 舍马通,意即吊儿郎当的人。

老头儿的僵硬多年的心，

忽然间热情如焚。

《波尔塔瓦》

陀思妥耶夫斯基对于他所遇到的人常有说不清楚的好感和反感。比如，不知为什么，他不喜欢一个很好的人瓦西里·赫利斯托福罗维奇·斯米尔诺夫，他的外甥女玛丽娅·彼得罗夫娜·卡列宾娜的丈夫。他想象那个人准是个酒鬼，到处涂写"瓦·赫·斯米尔诺夫到此一游并大饮其伏特加"之类。陀思妥耶夫斯基想把这个斯米尔诺夫写在《罪与罚》中的卢仁身上。他看人常常搞错。他以特别热烈的友爱谈到他的哥哥米哈伊尔。［……］

题解：

玛丽娅·亚历山德罗夫娜·伊万诺娃（1848—1929），陀思妥耶夫斯基的妹妹维拉·米哈伊洛夫娜的次女。陀思妥耶夫斯基对伊万诺夫一家怀着特别深挚的爱，这份情感始终存在，而且时时给作家以支持。（见《书信集》第1卷，页433；第2卷，页66）

1866年，陀思妥耶夫斯基和伊万诺夫一家在柳泊林诺度夏天，玛丽娅·亚历山德罗夫娜当时十八岁。陀思妥耶夫斯基看出她是个纯朴优雅的美人儿，有卓越的音乐才能。不久玛丽娅·亚历山德罗夫娜做了鲁宾斯坦的弟子，后来成为出色的音乐家。

陀思妥耶夫斯基在柳泊林诺写作《罪与罚》的第五部，在那里度过的两个月给他留下了愉快的回忆。玛·亚·伊万诺娃的回忆录中也提到1866年的夏天，这一篇回忆录用她的口气，由弗·斯·涅恰耶娃记下来，于1926年发表。伊万诺娃的回忆录是那种为数甚少因而弥足珍贵的回忆录之一，在这些回忆录中，出现在我们面前的陀思妥耶夫斯基，比通常写到的要开朗些、乐观些（见安·格·陀思妥耶夫斯卡娅对冯·福赫特的回忆的评语，本书页318），还有弗·斯·涅恰耶娃的文章《关于陀思妥耶夫斯基的文献摘录。达罗沃耶之行》也是如此（《新世界》杂志，1926年，第3期）。

这里根据《新世界》1926年第3期页138—144原文刊印，略有删节。

关于费·米·陀思妥耶夫斯基的生平[*]

恩·冯·福赫特

我与费·米·陀思妥耶夫斯基是 1866 年初在莫斯科相识的,那时我才十五岁半。事情是这样的。我当时求学的康斯坦丁诺夫土地测量学院,有位五等文官亚历山大·巴甫洛维奇·伊万诺夫在当校医,并且是唯一的医生。他是个极其出色的、道德非常高尚的人,这样的人我一生中所见不多。他娶费·米·陀思妥耶夫斯基的亲妹妹维拉·米哈伊洛夫娜为妻,生了一大帮孩子,将近九个。[①] 伊万诺夫一家待我如亲人,我常到他们家去度假期,夏天,除了夏令营之外,所有空闲时间也在他们家度过。关于亚历山大·巴甫洛维奇·伊万诺夫我有许多东西可写,但这不是本篇回忆录的主旨。我只说一点:学院里绝大多数的职员和学生都非常尊敬和爱戴亚·巴·伊万诺夫。1868 年 1 月,他去世时,学生们扛着他的灵柩一直走到离学校有几里之遥的墓地。整个莫斯科都知道亚·巴·伊万诺夫,大家都为他的过早去世而深感惋惜。

1866 年初的一天晚上,我请准假往伊万诺夫家,当时他们住在校院的公家

---

[*] 这里所述的一切,都是我根据很久以前,也就是将近三十年以前,我与陀思妥耶夫斯基相识时的强烈印象写成的。——恩·冯·福赫特注

[①] 伊万诺夫夫妇有十个孩子。(见费·米·陀思妥耶夫斯基 1868 年 2 月 1 日通知亚历山大·巴甫洛维奇去世的复信:"他有十个孩子,他几乎是在收养别人的孩子。"——《书信集》,第 2 卷,页73—74)

宿舍里。我在他们家遇到相当多的客人，和他们寒暄时，我被介绍给一位上了年纪的先生，他比中等身材稍高，直直的、淡褐色的头发和胡子，苍白而无光泽的脸，几乎带有病容，但极其富于表情。这个人是费·米·陀思妥耶夫斯基。他坐在一伙青年人中间，和他们闲谈。我怀着惊讶而又十分好奇的心情看着这个人，从伊万诺夫家人的口中听到过好多次了，从他的作品中对他也有部分的了解。我不由得想到他的《死屋》中的主人公，戴着脚镣手铐，身穿灰色的囚服。我想，难道这个仪表优雅的人也戴过哪哨作响的脚镣手铐？难道他也穿过囚服？是的，这一切都是事实，都是这个人在遥远荒僻的西伯利亚服苦役时经历过的，他在《死屋手记》中如此才气横溢地描绘了苦役生活……

那天晚上我得知费·米·陀思妥耶夫斯基决定在莫斯科郊区度过即将来临的夏天，就在柳泊林诺，那是距城五六里，位于莫斯科-库尔斯克铁路线上的一个小村庄。伊万诺夫一家也常在这个小村庄里租借一幢非常美丽的、瑞典风格的别墅消夏。柳泊林诺是属于莫斯科的头等商人高乐甫捷耶夫和拉赫马宁的，有寥寥几幢石头房屋，出租作别墅用。很久很久以前，柳泊林诺是个幽静而非常舒适的处所。一幢幢别墅坐落在古老的、景色如画的公园中。公园西临一个大的活水湖，南接一座巨大的、朝着列文镇方向绵延的混合林。概括地说，柳泊林诺四周森林环绕，因而是消夏的好去处。消夏客可在湖中游泳，捕鱼。浴棚附近停泊着许多式样不同的小木船，供消夏客无偿使用。一般说来，在柳泊林诺度夏可以过得极其舒适，主要好处在于没有城里人朝这里张望，没有茶炊、手风琴、江湖卖艺人以及中等阶层与平民百姓的其他消遣娱乐。柳泊林诺始终是幽静的、安谧的。

五月间，伊万诺夫家迁往别墅，不久，费·米·陀思妥耶夫斯基也从彼得堡来到乡间，他在伊万诺夫家近旁租了一幢单独的两层楼的石头房子。其实他只租了楼上一个大房间，作卧房兼工作室；其余的房间几乎都空着，因而这幢房子始终笼罩着一片沉寂。这对陀思妥耶夫斯基正好十分有利，因为当时他正在写他的著名小说《罪与罚》的第二部。①

费·米·陀思妥耶夫斯基通常上午九点左右起床，喝了咖啡和茶以后，立即

---

①　小说的几个部分在《俄国导报》上先发表，与单行本不符：杂志上的正文第二部相当于单行本第三、四、五部。

工作,一直写作到吃午饭,也就是午后三点钟。他在伊万诺夫家吃午饭,一直待到傍晚。因此,费奥多尔·米哈伊洛维奇很难得在晚上写作,尽管他说,他的作品中最精彩、最生动的地方总是在深夜写出来的。不过夜间工作是禁止的,因为他的神经系统本来就很衰弱,这么一来可能太兴奋。大家知道费·米·陀思妥耶夫斯基患着癫痫症,这病是他在西伯利亚流放时得的。有一个情况发生在所述的那个夏天,跟我有关,在这里我不能略而不提。有一天,伊万诺夫家来了好些莫斯科客人,在柳泊林诺过了一整天,经过殷勤好客的主人的再三挽留,他们留下来过夜,打算第二天一早返回莫斯科。客人相当多,夜里只好挤一挤,我得把自己的房间让给一位客人。费·米·陀思妥耶夫斯基建议我到他那里去过夜。我自然欣然同意,于是我们两人随即来到他的别墅。我向费奥多尔·米哈伊洛维奇道了晚安,便走进隔壁房间,极其舒服地在沙发上躺下,可是却怎么也不能入睡。屋里笼罩着死一般的寂静,隔壁房间里费奥多尔·米哈伊洛维奇的轻轻的脚步声,轻微的叹息以及好像某种低语声,不时在他的房间里响起,传入我的耳鼓,令我不安,我想尽办法,却怎么也睡不着。甚至有一种莫名的恐惧开始向我袭来,我但听见自己的年轻的心怦怦直跳。这样过了足足一个钟头。忽然,费奥多尔·米哈伊洛维奇的脚步声向我的房间靠近,接着,门悄悄地打开了,我看见了陀思妥耶夫斯基手里端着蜡烛的白色身影。我不由得打了个寒噤,从沙发上欠起身来。

"听我说,"陀思妥耶夫斯基用颤抖的声音说道,"今天晚上我如果发病的话,您可别害怕呀,不要去惊动大家,不要让伊万诺夫家知道。"

费奥多尔·米哈伊洛维奇一边说后面那句话,一边关上房门,退回到自己的房间里去了。作为一个年纪很轻的青年人,这一刹那我吓得莫可名状,我怕看见,也怕听见这种病(我们学校里也有过两三起这种事情),但这时我只好时刻等待着费奥多尔·米哈伊洛维奇倒下去,抽搐起来,发出病态的、十分古怪的叫喊声……我的睡意早已烟消云散,我全神贯注,紧张而又惴惴不安地听着。脚步声不久停止,我清晰地听出代之而起的是翻动书页的声音。费奥多尔·米哈伊洛维奇显然开始看书了。我竭力去想些不相干的事情,但无论我想什么念头,陀思妥耶夫斯基手里端着蜡烛的身影老是使我想起我在等待他发病。可怕的夜晚!忽然我开始辨别出隐约传到我的耳鼓的遥远而低沉的隆隆声。隆隆声迅速接近,增强,终于发出悠长的汽笛声,我恍然大悟:这是莫斯科-库尔斯克铁路上的列车从此地经过。我不由得高兴地去倾听渐渐远去的列车的隆隆声,随着列车渐渐远去,我也开始迷迷糊糊……等我一觉醒来,夏天的耀眼的太阳愉快地窥视我的房间,我的精神一下子恢复了。我迅速穿好衣服,遇到费奥多尔·米哈伊洛维奇已经愉快而安详地在喝早茶。原来他的病没有发作,虽然头天晚上他有快要发病的预感。

"病快要发作时我总是有预感的,"他对我说,"但昨天晚上不知为什么倒是顺顺利利过去了。我想您一定吓坏了吧?"他笑了起来,立即改变话题,谈起他的最近一次出国之行。①

陀思妥耶夫斯基精神很集中,声音轻轻地慢慢地讲述,看得出这时他头脑里正进行着巨大的思想劳动。他那双灰色的、目光锐利的小眼睛似乎能看透听者。这双眼睛一向流露着他心地的善良,但是当他接触到使他深为激动的问题时,他的眼睛偶尔也会闪射出一种内敛的、凶狠的光芒。不过这只有一刹那工夫,这双眼睛重又辉耀着善良而又安详的光。但是无论他谈论什么,言语之间总有一种吞吞吐吐、欲言又止的味道,似乎他想要坦率地谈谈什么,转瞬间又把思想埋藏在心底里。有时候他故意谈些离奇古怪、使人难以置信的事情,再现一些惊人的景象,使听的人事后久久难以忘记。亚·巴·伊万诺夫的一个女儿,已经是个大姑娘,出色的音乐家,但是胆子很小。费奥多尔·米哈伊洛维奇很了解这情况,但故意在就寝前给她讲些离奇可怕的故事,吓得可怜的玛丽娅·亚历山德罗夫娜好久都不能入睡。费奥多尔·米哈伊洛维奇却因此而乐不可支。

关于他在西伯利亚服苦役的事,陀思妥耶夫斯基从来不对我们提起。他向来不喜欢谈到此事。大家知道他的脾气,自然从来没有一个人敢于接触这一话题。只有一回,我坐在费奥多尔·米哈伊洛维奇旁边喝早茶时才听到他三言两语地说起那本他放在小书桌上的小开本的《福音书》。这本《福音书》的古色古香的皮封面的边上被割开过,这情况引起我的注意。我问封面为什么割开过,陀思妥耶夫斯基对我解释说,在他要到西伯利亚去流放的时候,亲人们用这本书为他祝福,替他送行,封面里藏了钱。② 犯人是不许私自带钱的,因而他的亲人们

---

① 到 1866 年夏天为止,陀思妥耶夫斯基曾于 1862、1863 及 1865 年三次出国。

② 回忆录作者所说不准确:《福音书》是十二月党人的妻子们送给每个彼得拉舍夫斯基派分子的,1850 年 1 月他们去服苦役,到达托博尔斯克时送的。陀思妥耶夫斯基在 1873 年的《作家日记》中谈到此事(但没有提到在封面里藏钱)。(《1926—1930 年版全集》,第 11 卷,页 10)

的这种未雨绸缪在某种程度上减轻了他转移到西伯利亚监牢初期的严峻又艰苦的处境。

"是的，"费奥多尔·米哈伊洛维奇忧郁地说，"钱是清清楚楚的自由……"

陀思妥耶夫斯基带着这本《福音书》，后来一辈子没有丢开过，始终放在写字台上。①

费·米·陀思妥耶夫斯基十分喜爱青年，工作之余，所有的空闲时间他几乎完全交给青年人，带领他们做各种消遣游玩。由于机缘巧合，本文所述的那年夏天，柳泊林诺来了好几家人家，不久彼此之间就互相熟悉了。青年人很多，有几位是十分俊俏的大姑娘，夜间散步时我们和成年人聚在一起多达二十人。这一群人始终快快活活，无忧无虑，始终充满了融洽无间的气氛，我们之间从来不曾有过一丝怀疑或不悦的阴影。这伙人的灵魂始终是亚·巴·伊万诺夫和费·米·陀思妥耶夫斯基。他们说什么，所有的人，大人和年轻人就做什么。我们年轻人自然每人都有自己的崇拜对象，不过这一切都带有那种程度的纯朴的、理想化的性质，大人们只是嘲笑我们，开玩笑地对待我们的叹息和幻想，从来没有对我们产生实质性的某种恶意的怀疑。因而我们所有的人之间也充满了友谊和团结一致的精神。是啊，这真是幸福的时光啊！

散步通常以在公园里做各种游戏作为结束，若不是天下雨把大家早些撵回家的话，这样的游戏往往要延续到半夜。费·米·陀思妥耶夫斯基最积极地参加这种游戏，而且在这方面很会出点子，翻新花样。他有一次甚至想出个主意：造一个类似露天剧场的戏台，让我们作即兴演出。用上百年的枝叶繁茂的老菩提树的树干拼成圆桌形的木头平台当作舞台。那时我们年轻人正热衷于看莎士比亚的作品，于是费·米·陀思妥耶夫斯基决定把《哈姆雷特》搬上舞台。按他的指点，舞台上应再现如下的情景：我和亚·巴·伊万诺夫的大儿子扮哨兵，在闲谈，回忆不久前已故丹麦国王的幽灵的出现。在他们闲谈时国王的幽灵突然出现了，幽灵由费奥多尔·米哈伊洛维奇扮演，拿被单裹着头。他从舞台上走过，消失了；我们呢，惊恐万状，跌倒在地。然后，哈姆雷特

---

① 这本《福音书》保存在陀思妥耶夫斯基家里。恩·恩·库兹明在《每月文库》1901 年一月号上曾发表过一则短文。——《历史通报》编者注

（费奥多尔·米哈伊洛维奇的外甥，青年医生卡［列宾］）缓步上场，看见我们倒在地上，他停住脚步，以威严的目光扫视观众，庄严地说道："人都是猪！"这句台词引起观众的响亮的掌声，这场戏到此就结束了。其他的戏也这样演出过，陀思妥耶夫斯基总是亲自参加演出。总而言之，他像孩子一样和我们一起游戏，也可能他在创作他的伟大作品（《罪与罚》）的繁重的思想和精神劳动之后，在游戏中得到休息与安慰吧。

　　费·米·陀思妥耶夫斯基很喜欢音乐，他几乎老是在哼着什么，这最好不过地表明他心绪良好。在这方面，亚·巴·伊万诺夫的次女，莫斯科音乐学院的女学生玛丽娅·亚历山德罗夫娜以其出色的演奏给他带来巨大的快乐。他们只在一点上有分歧：玛丽娅·亚历山德罗夫娜是肖邦的热烈崇拜者（所有的女人都是这样）；而费奥多尔·米哈伊洛维奇并不特别欣赏波兰作曲家的音乐，称它是"生病病的"音乐。他最推崇莫扎特和贝多芬的音乐，俄国作曲家中，他最喜欢格林卡和谢罗夫的作品，尤其是后者的歌剧《罗格涅达》。对《阿斯科尔多夫之墓》①我们分成两派：亚·巴·伊万诺夫和我肯定这部歌剧，对它的每个曲调都极为赞赏；所有其他的人是反对派，对歌剧态度冷淡，甚至嘲笑，称维尔斯托夫斯基的音乐是普通的抒情歌曲集锦，如此而已。费·米·陀思妥耶夫斯基没有发表过确切的意见，他很愿意支持亚·巴·伊万诺夫，以便给这个好人一点愉快。确实，只要对《阿斯科尔多夫之墓》持否定的看法，就会使亚历山大·巴甫洛维奇不能控制自己。他非常熟悉这部歌剧，能凭记忆演奏。莫斯科舞台上演这部歌剧时，亚·巴·伊万诺夫一场不落地去看。他说《阿斯科尔多夫之墓》上演的头一年演出六十场。当时托罗普卡一角由著名歌唱家本蒂肖夫扮演，他始终以他那罕有的歌喉把大批莫斯科人，主要是商人吸引到剧场里来。

　　既然提到音乐，我就在这里顺便谈谈一个小小的细节。有一次费·米·陀思妥耶夫斯基在场，我在钢琴上弹了（也是凭记忆演奏）德国抒情歌曲，歌词是海涅的著名诗篇：

---

　　①　《阿斯科尔多夫之墓》是俄国作曲家亚·尼·维尔斯托夫斯基（1799—1862）的歌剧。

Du hast Diamanten und Perlen,

Hast alles, was Menschenbegehr,

Und hast die schönsten Augen,——

Mein Liebchen, was willst du mehr?...①

费奥多尔·米哈伊洛维奇很喜欢这支抒情歌曲,他好奇地打听,我是在哪里听到的。我回答说,我在莫斯科时几次听见流浪乐师演奏过。陀思妥耶夫斯基显然是初次听到这支抒情歌曲,他也开始常常唱这支歌。我不敢肯定,但他也许是因此而产生了一个想法:在他的长篇小说《罪与罚》第二部第五章里,把这支抒情歌曲的歌词放在垂死的卡捷琳娜·伊万诺夫娜·马尔美拉多娃的嘴里,让她在呓语时说了出来。② 必须记住,卡捷琳娜·伊万诺夫娜也是背着手摇风琴,带着孩子走街串巷,逼着孩子们在围观的人面前边唱边跳的。费奥多尔·米哈伊洛维奇的小说的第二部恰恰是1866年夏天在柳泊林诺写的。

费·米·陀思妥耶夫斯基几乎每星期都上莫斯科,到刊登他的长篇小说的《俄国导报》编辑部去,又总是郁郁不乐地回家来。因为书报检查方面的种种限制,他几乎老是不得不修改作品,或者甚至直接把作品中某些地方删去。这当然使他很不痛快,不过他没有公开讲明,所以我们当中谁也不知道小说中哪些地方对于读者是无影无踪地消失了。③

有一次费奥多尔·米哈伊洛维奇步行去莫斯科,请我作伴和他同去。一路上他讲了最近的政治形势,当时人们对政治形势的全部兴趣都集中在奥普战争

---

① 你拥有钻石、珍珠,
　　你有着你想要的一切,
　　你有美丽的眼睛,——
　　亲爱的,你还想要什么?*

　* 选自文集《重返故乡》。

② 《罪与罚》的第五部第五章写了卡捷琳娜·伊万诺夫娜之死。(见本书页311注①)

③ 使陀思妥耶夫斯基痛苦的是按《俄国导报》的要求改写了《罪与罚》的第二部第九章(拉斯柯尔尼科夫初次拜访索尼娅,他们的争吵,索尼娅读福音书中关于拉撒路复活的故事)。陀思妥耶夫斯基认为"里面一点也没有违反德行的地方,甚至正好相反"(《书信集》,第1卷,页444),不过他被迫改写了正文。

上。我对政治当然是不甚了了的,但每天看报,对普鲁士的战胜还是颇为关心的。因而我自然怀着十分贪婪的心情去倾听费奥多尔·米哈伊洛维奇的观点、看法和分析说明,他能以渊博的知识真正吸引每个听者。我从他那里知道俾斯麦、拿破仑三世、法兰西士-约瑟夫以及其他操纵欧洲命运的人物。他对我提出的问题很耐心,很注意听,充分摆情况,千方百计把我由于年轻而不懂的地方统统解释清楚。我们这样闲聊着一直走到罗果日城关。费奥多尔·米哈伊洛维奇请我在那里留下,他要到编辑部去一趟。我坐在一家中等酒馆旁边的小店铺里,因为闲着没事干,就去数有多少死人从我面前的公路上送到罗果日墓地去。应当指出,本文所述的那年夏天,莫斯科霍乱流行,虽不特别猖獗,每天毕竟还是夺走了不少患者的生命。在我等候的三个钟头里,我计算了一下,将近有十个死人从我面前运过,几乎清一色是平民。一匹瘦马,拉着大车,车上是草草钉成的普通白皮棺材,两三个送殡的人,有的甚至连一个送殡的人也没有。多么凄惨的景象! 这时一辆四轮轻便马车迅速出现,车上有熟悉的费奥多尔·米哈伊洛维奇的身影,他正用眼睛在寻找我。等他乘车来到我身边,他首先告诉我,他饿坏了,他建议就在这家酒馆进餐。这一建议我十分满意,因为我自己也感到饿了。这样我们走进酒馆,占了一张单独的小桌子,桌上铺着白色的台布,停满了成群的苍蝇。因为时值夏天,酒馆里空荡荡的。穿白衣服的伙计们,腋下夹着餐巾,没精打采地在店堂里走来走去,我们的光临显然使他们吃惊,因为在城郊公路上,我们毕竟是不常光临的稀客。

堂倌给我们上了冷盆(顺便说说,费奥多尔·米哈伊洛维奇几乎什么也不喝),这是个十分轻浮然而又很殷勤的人,他不由得使我想起那个在某城旅馆里给乞乞科夫送饭的酒店小厮。我向费奥多尔·米哈伊洛维奇指出这一点,使他心情极为愉快。随便抓个什么理由提一下果戈理,就足以使陀思妥耶夫斯基兴高采烈,——他对这位伟大作家的才华佩服得五体投地。回想起果戈理作品中各种不同的地方,他多次说过,无论在俄国文学中还是外国文学中,在刻画人物的现实性和无法摹仿的幽默方面,他不知道还有什么人比果戈理更高明的。比如,有一回他说,没有一个作家能像果戈理那样想出更加富有性格特征、更加机智的写法,当罗士特莱夫硬逼着乞乞科夫打牌而没有成功时,他勃然大怒,突然向自己的仆人发命令:"波尔菲利,去告诉马夫,不要拿燕麦喂他的马,给它们光吃干草。"这在罗士特莱夫的性格描绘中真是才气横溢的一笔,一下子把他的面目突现出来,极其有力地点出了这个粗鲁蛮横的人的全部内涵。

遗憾的是费·米·陀思妥耶夫斯基从来没有为我们朗读过作品,所以我说不出他的朗读对听众会产生什么印象。

根据他说话、讲故事来看,应当认为,他的朗读也是很出色的。不过大家对他十分客气,谁也不愿意拿什么事情去麻烦他,没有他本人的愿望和冲动,谁也不肯提出要他朗读。[……]

题解:

冯·福赫特过去是康斯坦丁诺夫土地测量学院的学生,他的回忆录写到他和陀思妥耶夫斯基一起在柳泊林诺度过的夏天,正如现在所看到的,写得真实而富有诚挚的感情。

安娜·格里戈利耶夫娜·陀思妥耶夫斯卡娅指出,冯·福赫特是少数的"回忆录作者"之一,他们没有把陀思妥耶夫斯基描写成"上流社会里的一位阴郁的怪人[……],总是跟所有的人争吵",如此等等,落入旧套;却"发现有可能得出和说出对陀思妥耶夫斯基的完全不同、然而又是符合实际的印象"。(《陀思妥耶夫斯卡娅回忆录》,页292—293)

本文根据《历史通报》1901年第12期页1023—1033刊印,略有删节。

在矛盾的影响下

《回忆录》选

安·格·陀思妥耶夫斯卡娅

第一部分

与陀思妥耶夫斯基的相识　出嫁

一

1866年10月3日,晚上七点钟光景,我照例来到第六男子寄宿中学,速记教师帕·马·奥利欣在那里教课。还没有开始上课,在等迟到的人。我坐在自己的老位子上,刚打开本子,奥利欣便走到我的身旁来,和我并排在长凳上坐下,说:

"安娜·格里戈利耶夫娜,您想不想接受一项速记工作? 人家托我找个速记员,我想到您也许会同意担任这项工作。"

"我很愿意,"我回答说,"我早就盼着工作的机会了。只是我怀疑,我所学到的速记知识是否足以担当重要的工作。"

奥利欣叫我放心。照他的看法,他所推荐的工作不要求比我所掌握的书写法更快的速度。

"打算给谁做速记工作呢?"我产生了兴趣。

"给作家陀思妥耶夫斯基。他现在在写一部新的长篇小说,打算用速记员的帮助来写作。陀思妥耶夫斯基考虑,小说将达到大开本的七个印张,整个工作他愿意给五十卢布。"

我连忙表示同意。陀思妥耶夫斯基的名字我从童年时就熟悉:他是我父亲喜爱的作家。我自己对他的作品很赞赏,还曾为《死屋手记》哭过。想到我不仅能与天才作家相识,还能帮助他工作,这使我极其激动,极其高兴。

奥利欣交给我一张折了两折的小纸头,上面写着:"木工胡同,小市民大街拐角上,阿隆金宅院,十三号房间,问陀思妥耶夫斯基",他并且关照说:

"我要求您明天去找陀思妥耶夫斯基,十一点半,'不要早来,也不要晚到',像他今天亲自向我规定的那样。"[……]

二

10月4日,是我与未来的丈夫第一次见面的意义重大的日子,我一觉醒来,精神抖擞,愉快而激动地想到我多年来的夙愿今天就要实现了:在我所选择的职业上,我就要从一个女学生或学员成为一个独立的工作者了。

我稍稍提早些从家里出来,顺便先到劝业场去添置些铅笔备用,再给自己买一只小小的公文包,照我的看法,它会给我的稚嫩的外表增加好些精明老练的气派。十一点钟左右我买好东西,以便在规定的时间去到陀思妥耶夫斯基那里,"不要早来,也不要晚到"①。我顺着小市民大街缓步向木工胡同走去,一边不停地看手表。十一点二十五分,我走到阿隆金宅院,向站在大门口看院子的询问,十三号房间在哪里。他给我指了指右边,楼梯入口处在那边大门下,这幢房子很大,分成许多小套间,住着商人和手艺人。它使我一下子就想起长篇小说《罪与罚》中主人公拉斯柯尔尼科夫所住的房子。

————————————

① 这是费奥多尔·米哈伊洛维奇的习惯用语,他不愿意因为等人而浪费时间,他喜欢规定见面的确切时间,而且总是添上一句:"不要早来,也不要晚到。"——安·格·陀思妥耶夫斯卡娅注

十三号房间在二楼。我拉门铃,一个上了年纪的女仆,肩上披着绿色方格巾,立即给我开了门。我不久前刚看过《罪与罚》,不由得想到:眼前的这块头巾,莫非就是在马尔美拉多夫家起过如此重大作用的那块细呢头巾的原物? 女仆问我找什么人,我回答说是奥利欣叫我来的,她家的老爷预先知道我要来访。[……]

女仆请我进入室内,原来这是餐室。里面的陈设相当寒伧:靠墙摆着两口大箱子,用小小的毡毯遮着。窗口旁有一只抽屉柜,铺着手工编织的白色线毯。另一边沿墙放着一只长沙发,上面挂着挂钟。我满意地发现此刻钟上正好是十一点半。

女仆请我坐,说是老爷马上就来。果然,过了两分钟光景,费奥多尔·米哈伊洛维奇出来了,请我到书房里去,他自己却跑开了,后来知道,他原来是去吩咐给我们上茶的。

费奥多尔·米哈伊洛维奇的书房相当大,有两扇窗户,那天是晴天,十分敞亮,可是在其他的时候却给人以阴郁的印象:书房里昏暗而寂静;这种昏暗和寂静给人一种压抑的感觉。

书房尽里面摆着一张柔软的长沙发,褐色的面料,相当陈旧;长沙发前面有一张圆桌,铺着红色呢桌布。桌上放着一盏灯和两三本照相簿;桌子四周是软垫靠背椅和扶手椅。长沙发上方挂着桃木画框,是一个妇人的肖像,穿黑色衣服,戴黑色软帽,极其瘦瘦。我不了解他的家庭情况,心里想,"大概是陀思妥耶夫斯基的妻子吧。"

窗户之间,摆着一面大镜子,镶有乌木镜框。因为窗户之间的墙壁比镜子宽得多,为了照镜子的方便,把镜子挂在比较靠近右边窗子的地方,因此显得很不雅观。窗口上摆设着两只式样精巧美观的中国大花瓶。沿墙有一张绿色山羊皮的大型长沙发,旁边一张小桌子,桌上放着一只长颈玻璃水瓶。横对面,放着一张写字台,日后费奥多尔·米哈伊洛维奇向我口授时,我总是坐在这张写字台前。书房里的布置,是我在家道不富裕的人家常见的最平常的摆设。

我坐在那里听着。我老是觉得我马上就要听到孩子的叫喊声或儿童玩的手鼓的咚咚声了;或者是门要打开了,我在肖像上打量过的那个瘦削的妇人要走进书房里来了。

可是这时费奥多尔·米哈伊洛维奇进来了,他抱歉一声,说是人家把他耽搁

了,问我:

"您学速记时间长吗?"

"总共才半年。"

"你们老师的学生多吗?"

"起先报名想学的有一百五十多个,现在只剩下二十五人左右了。"

"为什么只有那么几个了?"

"因为许多人以为速记是很容易学会的,等到他们知道几天工夫什么也学不会,他们就放弃不学了。"

"咱们这儿对每一件新的事物都是这样,"费奥多尔·米哈伊洛维奇说,"动手的时候一股子热情,随后迅速冷淡,把事情撂下不干了。他们看到得花力气,可是花力气的事情如今谁肯干?"

乍看起来,我觉得陀思妥耶夫斯基相当苍老。不过只要他一开口说话,立刻就变得比较年轻些,我以为他未必会超过三十五或三十七岁。他中等个儿,姿态挺拔。浅栗色、甚至略微带点淡红色的头发,涂上厚厚的发蜡,精心梳理得平平整整的。如果说有什么使我吃惊的话,那就是他的眼睛。两只眼睛不一样,一只是褐色的,另一只瞳孔完全扩大,不见虹彩。① 两只眼睛的异样使陀思妥耶夫斯基的眼神有一种难以述说的表情。陀思妥耶夫斯基的脸色苍白而带病容,可我又觉得极其熟悉,大概是因为我从前看过他的肖像吧。他穿的是蓝色呢背心,相当陈旧,不过衬衣(活领和套袖)却是雪白的。

过了五分钟,女仆进来,端来两杯茶,很浓,几乎是黑色的。托盘上摆着两只小白面包。我端起杯子。我并不想喝茶,况且屋里很热,不过为了不至于显得拘束,我开始喝茶。我坐在靠墙边的小桌子跟前;陀思妥耶夫斯基一会儿坐在他的写字台旁边,一会儿在房间里踱来踱去,抽烟,常常把纸烟掐灭,又点上一支新的。他请我也抽烟。我谢绝了。

"也许您是因为客气才拒绝的吧?"他说。

我连忙对他说,我不光不抽烟,甚至也不喜欢看到女士们抽烟。

谈话进行得断断续续,而且陀思妥耶夫斯基常常转到新的话题上去。他有

---

① 费奥多尔·米哈伊洛维奇癫痫发作,摔倒时撞在一件尖的东西上,右眼受重伤。他开始在容格教授处治疗。容格处方用阿托品滴眼睛,因而瞳孔扩大。——安·格·陀思妥耶夫斯卡娅注

一种疲倦的、病恹恹的神情。他几乎一开头就声明他有癫痫症，近日内发作过，这种坦率使我很是惊讶。关于即将进行的工作，陀思妥耶夫斯基不知为什么说得含含糊糊。

"咱们看看再说，怎么进行，咱们来试一试，看看这能不能行？"

我开始觉得，我们共同工作未必会进行。我甚至想到，陀思妥耶夫斯基是在怀疑这样的工作方法是否可能，对他是否合适，也许是准备回绝吧。为了帮助他作出决定，我说：

"好的，我们来试一试吧。不过，假如您在我的协助下工作得不顺手，那就直接告诉我。请您相信，如果工作不成功，我是不会有什么意见的。"

陀思妥耶夫斯基想口授一段《俄国导报》上的文章，让我记录，要求我将速记译成普通的文字。他开始念得极快，不过我制止了他，请他口授时不要超过普通讲话的速度。

随后我开始把速记记录译成普通文字，而且很快就誊清了一遍，可是陀思妥耶夫斯基却一直催我，生怕我誊清太慢。

"以后我可以在家里誊清记录，不在这里誊写，"我安慰他，"这活儿花费我多少时间，对于您不是都一样吗？"

陀思妥耶夫斯基查看了我的誊清稿后，发现我把一个句号漏了，硬音符号写得不清楚，便严肃地向我指出。他分明很生气，思想也集中不了。一会儿问我叫什么，问了立刻又忘记，一会儿在房间里踱来踱去，踱了很久，似乎忘记了我的在场。我坐着一动也不动，生怕扰乱他的思路。

临了，陀思妥耶夫斯基说，此刻他决不能再口授了，问我能不能今天晚上八点钟再去他那里，到时候他才开始口授长篇小说。对我来说，第二次再去是很不方便的，但我不愿耽搁工作，所以就同意了。

和我告别时，陀思妥耶夫斯基说：

"我很高兴奥利欣向我推荐的是个女速记员，而不是男的，您知道为什么吗？"

"为什么呢？"

"因为若是男人大概早就喝起酒来了；您，我希望是不喝酒的吧？"

我觉得可笑得要命，不过我忍住了。

"我大概是不喝酒的，这方面您尽可以放心，"我一本正经地回答。

三

从陀思妥耶夫斯基处出来，我心情很沮丧。他给我留下不愉快的印象，我不喜欢他。我想，我恐怕难以同他一起工作，我那独立生活的理想有成为泡影的危险……昨天我的好妈妈还因为我要开始新的工作了而高兴，想到这一点，我心里更觉得难受。

我离开陀思妥耶夫斯基家时将近两点钟。回家去吧，路太远：我住在斯莫尔尼宫附近的科斯特罗姆街，我母亲安娜·尼古拉耶夫娜·斯尼特金娜的家里。我决定到住在灯笼胡同的一个亲戚家里去，在他们那里吃饭，傍晚再到陀思妥耶夫斯基处去。

亲戚们对我的新相识颇感兴趣，他们开始详细打听关于陀思妥耶夫斯基的情况。时间在闲谈中飞快地过去，快到八点钟时我已经来到阿隆金宅院。女仆替我开了门，我问她，她的主人叫什么。从他的作品的具名，我知道他的名字叫费奥多尔，但是我不知道他的父名。费多西娅（女仆的名字）又请我在餐室里稍候片刻，她去通报我来了。她回来，请我进书房去。我和费奥多尔·米哈伊洛维奇道好，坐在小桌子旁边不久前坐过的老位子上。可是费奥多尔·米哈伊洛维奇不喜欢这样，他要我坐到他的写字台边去，要我相信坐在那里写字会更舒适。［……］

我换了个地方；费奥多尔·米哈伊洛维奇则占了小桌旁我的位子。他又问起我的姓名，并且问我和不久前刚去世的年轻而有才华的作家斯尼特金是不是亲戚。我回答说，不过是同姓而已。他开始打听我家里有些什么人，我在哪里上学，是什么使我去学速记，等等。

对所有的问题，正如后来费奥多尔·米哈伊洛维奇告诉我的那样，我回答得简单，认真，几乎是严肃的。［……］

这时费多西娅在餐室里沏茶，给我们端来两杯茶、两只小白面包和柠檬。费奥多尔·米哈伊洛维奇又请我抽烟，开始请我吃生梨。

喝茶时，我们的闲谈更加具有真诚而善意的气氛。我突然觉得我似乎早就认识陀思妥耶夫斯基，我心里轻松了，愉快了。

不知怎么的,谈话涉及彼得拉舍夫斯基派分子和死刑。费奥多尔·米哈伊洛维奇沉浸在回忆中。

他说,"我记得,我站在谢苗诺夫练兵场上判了刑的同志们中间,看人家在做准备,我知道,我总共只能再活五分钟了。可是这几分钟在我的想象中像几年,几十年,好像我还要活很久!我们已经给套上了死囚服,分成三个人一排,我是第八个,站在第三排。第一排的三个人被绑在木桩上。过了两三分钟,两排人要被枪决了,接着就轮到我们。我多么想活下去,我的老天爷!生命于我是多么宝贵,我能做多少美好的、有益的事情啊!我想起我的整个过去,利用得不太好,我多么想一切都重新去感受,去尝试,在世上活很久,很久……忽然听得停止执行的声音,我精神为之一振。我的同伴们都给松了绑,带回原地,宣读了新的判决;我被判四年苦役。我不记得还有别的这样幸福的日子!我在阿列克塞三角堡的牢房里踱来踱去,一直唱呀,大声唱呀,为赦免我的死刑而高兴得那个样子!后来在分别之前,他们准许兄弟和我告别,圣诞节前夕我被解往远方。我保存着一封信,是在判决宣布那天①写给我的已故的兄弟的,我的侄子②不久前刚把信还给我。"

费奥多尔·米哈伊洛维奇讲的事情对我产生可怕的印象:我听得毛骨悚然。不过,我几乎还是个女孩子,今天又是他生平第一次跟我见面,却对我这样坦率,倒也使我颇感惊讶。这个外表上看城府很深的严肃的人,把过去的生活连同那样详尽的细节告诉我,说得那么诚恳、亲切,使我不由得不感到奇怪。只是到了后来,了解了他的家庭情况以后,我才明白这种坦率和信赖的原因:当时费奥多尔·米哈伊洛维奇十分孤独,周围尽是对他怀着敌意的人。碰到他觉得对他抱善意的、关切的态度的人们,他就感觉到很有和他们交流思想的必要。我与他相识头一天的这种坦率,我十分喜欢,给我留下良好的印象。

我们的谈话从一个话题扯到另一个话题,然而我们的工作却还没有开始。这使我不安:时间晚了,我回去还要走很远的路。我答应母亲从陀思妥耶夫斯基那里直接回家去,眼下我怕她要为我而忐忑不安了。我觉得,由我去提醒费奥

---

①　1849 年 12 月 22 日的信。(《书信集》,第 1 卷,页 128—131)又见本书页 285 注①。

②　(作家的哥哥)米·米·陀思妥耶夫斯基(1820—1864)的儿子,小米·米·陀思妥耶夫斯基(1846—1896)。

多尔·米哈伊洛维奇我到他这里来的目的是不妥当的,等他自己想到,而且向我提议开始口授时,我自然是很高兴的。我做好准备,费奥多尔·米哈伊洛维奇则以相当快的步子开始在房间里踱来踱去,从门口走到斜对面的火炉边,而且,到了火炉跟前必定敲它两下。同时他抽烟,不时把没吸完的烟扔在写字台边上的烟灰缸里,再换上一支烟。

口授了一些时候以后,费奥多尔·米哈伊洛维奇要我把记录念给他听,从头一句话就喝住我:

"怎么'从鲁列特恩堡回来'①? 难道我说过鲁列特恩堡?"

"是的,费奥多尔·米哈伊洛维奇,您口述过这个词。"

"不可能!"

"对不起,您的小说中有没有一个城市叫这个名字?"

"有的。情节发生在赌城,我把这个赌城叫鲁列特恩堡。"

"既然有,那么您一定口述过这个词儿,否则我这记录上是从哪里来的呢?"

"您说得有道理,"费奥多尔·米哈伊洛维奇承认了,"我搞乱了。"

我很满意,误会消除了。我想,费奥多尔·米哈伊洛维奇是过分专心沉潜于思索,也可能是白天工作太疲劳,所以才搞错。不过,他自己也感觉到这一点,因为他说他不能再口授了,请我明天十二点钟左右把记录稿带来。我答应按他的要求做到。

钟敲十一点,我准备走了。得知我住在沙滩地,费奥多尔·米哈伊洛维奇说他还一次也没有机会到城市那一带去过,他不知道沙滩地在哪里。如果路远,他可以派仆人送我去。我自然谢绝了。费奥多尔·米哈伊洛维奇送我到门口,吩咐费多西娅在楼梯上替我照亮。

到家里我欣喜地告诉妈妈,陀思妥耶夫斯基待我是多么坦率、和善,不过,我把过得这么有意思的一天所留给我的不愉快的、我从来不曾体验过的印象略而不提,免得妈妈不快。这印象真叫人沮丧:我生平第一次看到一个聪明、

---

① 后来,小说的开头改成这样:"离开两周以后,我终于回来了。我们待在鲁列特恩堡*已有三天了。"——安·格·陀思妥耶夫斯卡娅注

* 长篇小说《赌徒》起初叫《鲁列特恩堡》。这是陀思妥耶夫斯基虚构的地名,大概是从"轮盘赌"(рулетка)一词变化而来的,含有"赌城"的意思。

善良的人却很不幸,仿佛大家都抛弃了他,于是深深的怜惜和同情便在我心中萌生……

我累坏了,赶快去躺在床上,要求家里人早一点叫醒我,以便我把速记记录全部誊清好,在规定的钟点带去给费奥多尔·米哈伊洛维奇。

四

第二天我清早起来,立即动手工作,记录不太多,不过我想誊写得清楚些,漂亮些,这就费时间。不管我怎么赶,还是迟到了足足半小时。

我发现费奥多尔·米哈伊洛维奇正极其忐忑不安。

"我已经在想,"他一边问好,一边说,"我这里的工作您大概觉得太繁重了,所以您不会再来了。然而我又没有记下您的地址,所以昨天口授的东西有丢失的危险。"

"我真不好意思,迟到了这么多时间,"我道歉说,"不过我要让您相信,如果我不得不回掉这工作的话,我当然会通知您的,而且把记录的原稿送回。"

"我心里不安是因为10月1号之前我一定要写完这部小说,"费奥多尔·米哈伊洛维奇解释道,"可我连新小说的大纲都还没有拟好。我只知道它至少应当有七印张,给斯捷洛夫斯基出版。"

我开始探问详细情况,费奥多尔·米哈伊洛维奇向我解释,人家把他推进陷阱,真正令人气愤。

由于米哈伊尔哥哥死了,费奥多尔·米哈伊洛维奇把他办《当代》杂志①欠下的全部债务都揽在自己身上。债务是些票据,放债人狠逼费奥多尔·米哈伊洛维奇,威胁要查封他的财产,把他本人送进债户拘留所。这在当时都是可能的。

---

① 《时代》(不是《当代》)在1864—1865年间出版,代替1863年4月被迫停刊的《当代》。《时代》停刊后欠下了债务。米·米·陀思妥耶夫斯基突然死去(1864年7月)后,费·米·陀思妥耶夫斯基自己来管理杂志,按他的计算,杂志社欠了三千卢布的债。而据1865年3月31日陀思妥耶夫斯基给亚·叶·弗兰格尔的信所说,该杂志负债达三万三千卢布。(《书信集》,第1卷,页396—403)

刻不容缓的债务达三千左右。费奥多尔·米哈伊洛维奇到处张罗钱,结果却不顺利。说服放债人的一切尝试都没有效果,费奥多尔·米哈伊洛维奇陷于绝境,忽然出版商斯捷洛夫斯基来找他,提出以三千卢布购买他的三卷集的全集的版权。此外,费奥多尔·米哈伊洛维奇还得写一部新的长篇小说,报酬也包括在这笔款子里面。

费奥多尔·米哈伊洛维奇处境危急,所以他同意了契约上的一切条件,但求能摆脱要剥夺他的自由的威胁。

契约在186[5]年[夏天]签订,斯捷洛夫斯基把预先商定的款子带到公证人处。这些钱第二天当即付给了各放债人;这么一来,费奥多尔·米哈伊洛维奇连一文钱也没有到手。最使人难堪的是过了没几天,这些钱又回到了斯捷洛夫斯基手里。原来他以极低的价格收进费奥多尔·米哈伊洛维奇的票据,通过两个冒充的人向他讨钱。斯捷洛夫斯基是剥削我们文学家和音乐家(皮谢姆斯基、克列斯托夫斯基、格林卡)的狡猾而机灵的家伙。他善于趁人之危要挟人家,让他们落入圈套。三千卢布购买版权,比起陀思妥耶夫斯基的小说所取得的成就来,太微乎其微了。最苛刻的条件是在 1866 年 11 月 1 日前必须交出一部新的长篇小说。到期若交不出,费奥多尔·米哈伊洛维奇须付巨额违约罚款;若当年12 月 1 日之前还交不出小说,则将丧失著作的版权,永远归斯捷洛夫斯基所有。掠夺者自然也指望着这一点。

1866 年费奥多尔·米哈伊洛维奇埋头于长篇小说《罪与罚》的写作,他想写得艺术上精致一些把它结束。他这么一个有病的人,哪里还能写这么卷帙浩大的新作品?

秋天从莫斯科回来以后,费奥多尔·米哈伊洛维奇陷于绝望,因为他无法在一个半至两个月内执行他跟斯捷洛夫斯基所签订的契约条款。费奥多尔·米哈伊洛维奇的朋友们如阿·尼·迈科夫、亚·彼·米柳科夫、伊·格·陀尔戈莫斯季耶夫等人想救他出困境,建议他拟出小说大纲,他们每人分担写一部分,三四个人就可以如期完成小说。费奥多尔·米哈伊洛维奇只消通读加工一遍,把这种情况下不可避免的粗糙之处抹抹平就可以了。费奥多尔·米哈伊洛维奇拒绝了这个建议,他拿定主意,与其在别人的作品上签下自己的名字,他宁肯付罚款或失去著作权。① 这时朋友们便劝他借助于速记法。亚·彼·米柳科夫想起他认识一个速记教师帕·马·奥利欣，便去找他，请他到费奥多尔·米哈伊洛维奇处来一次。费·米尽管十分怀疑速记对他这样的工作是否有用。然而由于期限迫近，决定只好借助于速记了。

不管我当时对人的了解是多么肤浅，斯捷洛夫斯基的做法却使我极为愤慨。

上茶以后，费奥多尔·米哈伊洛维奇开始向我口授。他分明难以习惯于这项工作：他常常停顿，思考，请我把记录下来的东西读一遍，过了一个钟头，他说他累了，想歇一歇。

和昨天一样，开始聊天。费奥多尔·米哈伊洛维奇怔怔忡忡，话题换来换去。又问我叫什么名字，过了一会儿又忘了。两三次请我抽烟，尽管他已听我说过，我不抽烟。

我开始向他问起我们的作家，他的劲头来了。回答我的问题时，他似乎把萦绕不去的思绪撂在一边，讲得很平静，甚至快乐。他当时讲的话，有一些我记住了。

费奥多尔·米哈伊洛维奇认为涅克拉索夫是他青年时代的朋友，高度评价他的诗才。② 他爱迈科夫，不仅因为他是个才气横溢的诗人，而且是最聪明、最卓越的人物。③ 他对屠格涅夫的评价是第一流的天才。只是可惜屠格涅夫久居

---

　　① 亚·彼·米柳科夫在回忆录中提到过此事。*（《历史通报》，1881 年）——安·格·陀思妥耶夫斯卡娅注

　　* 亚·彼·米柳科夫关于陀思妥耶夫斯基的回忆录最初不是发表在《历史通报》上，而是在《俄国旧事》上（1881 年，第 3、5 期），见米柳科夫的《文学界的会见与相识》，圣彼得堡，1890 年，页222—237。

　　② 关于陀思妥耶夫斯基与涅克拉索夫的关系，见本书页 589—590。

　　③ 陀思妥耶夫斯基与阿·尼·迈科夫早在四十年代下半期之初就结下了友谊。迈科夫曾经在某种程度上参与过彼得拉舍夫斯基派分子的运动。比如，迈科夫在给维施科伐特的信中说，陀思妥耶夫斯基把事情的秘密告诉他，这事情是最革命的彼得拉舍夫斯基派分子如斯佩什涅夫、巴·尼·菲利波夫、陀思妥耶夫斯基及其他人应该参加的。（《素材及研究1》）六十年代下半期，当陀思妥耶夫斯基明显地表现出"信仰改变"时，他与早就经历过这一发展变化的迈科夫必定是更加意气相投了。

　　在国外期间（1867—1871），陀思妥耶夫斯基和他进行频繁的通信，交流文学上的设想，常常得到他的精神上与物质上的支持。只是到了七十年代下半期才出现一些冷淡，这可能是由于陀思妥耶夫斯基又开始转向，转到承认"老人"（其中包括别林斯基）的思想价值这方面来了。

国外,对俄罗斯和俄罗斯人的了解少了。①

　　稍事休息后,我们又着手工作。费奥多尔·米哈伊洛维奇又激动不安起来了:显而易见,他工作得不顺利。我把这解释为他在不大熟悉的人面前口授作品还不习惯。

　　将近四点钟,我准备走了,答应明天十二点左右把记录带来。告别时,费奥多尔·米哈伊洛维奇交给我厚厚一叠他通常写作用的隐条信纸,叮嘱我应该留出多大的页边。

五

　　我们的工作就这样开始并继续下去。我十二点钟之前到费奥多尔·米哈伊洛维奇处,待到四点钟。在这段时间里,我们口授记录三四次,每次半小时或稍

---

　　①　安·格·陀思妥耶夫斯卡娅所述的陀思妥耶夫斯基对屠格涅夫的态度的性质过于简单化了。对于陀思妥耶夫斯来说,屠格涅夫是他最相近的同龄人中最值得纪念的人物之一,陀思妥耶夫斯基常常用他来衡量自己在艺术创作领域,更多的是思想领域里的演变过程。从社会出身和社会地位,从自己的心理素质、世界观和文学上的遭遇来说,他们正好相反,他们知道彼此的态度,在私人关系方面和文学方面都充满了深刻的戏剧性。他们个人之间的冲突,早在四十年代中期他们初次相识之后便迅速开始了。六十年代上半期,他们的关系表面上相当友好,他们互相通信,屠格涅夫在《时代》上(1864 年 1 月)发表《幽灵》,对陀思妥耶夫斯基的窘迫处境表示同情。1865 年,当陀思妥耶夫斯基彻底破产时,屠氏还在物质上帮助过他。1867 年,因为《烟》中"波图金的思想"发生争论,他们之间产生了分歧。(见本书页 412—413)在文学方面,他们的关系更加复杂。陀思妥耶夫斯基嫉妒地注视着屠格涅夫的每一步,作为一个艺术家(因为题材类似,《父与子》与《少年》相同,与《群魔》更加相同;"虚无主义"的题材和《罪与罚》的基本题材相同等等),以及作为一个批评家和政论家,他常常对屠格涅夫的创作作出反应。不过,在思想方面及修辞方面,通过《群魔》中的卡尔马津诺夫来讽刺性地模仿屠格涅夫,这和陀思妥耶夫斯基对屠格涅夫的评论意见显著地相抵触。在实质上不接受他的创作的同时(《群魔》中的讽刺性模仿就是如此),陀思妥耶夫斯基在自己的杂志上从来没有对屠格涅夫发表过否定的意见,相反,对他的大部分作品,不仅是《猎人笔记》,还有他的长篇和中篇小说,尤其是《父与子》(显然,《烟》除外),总是或多或少说些赞许的话。屠格涅夫高度评价陀思妥耶夫斯基对巴扎罗夫的意见。(《屠格涅夫作品及书信全集》,《书信集》第 4 卷,页 358)关于陀思妥耶夫斯基与屠格涅夫之间的关系,见尤·尼科尔斯基的著作《一场敌对的历史》,索非亚,1920 年;阿·多利宁的文章:《在〈群魔〉中的屠格涅夫》(《素材及研究 2》),又见屠格涅夫与陀思妥耶夫斯基的通信集,西伯尔斯坦*编,《Academia》,莫斯科-列宁格勒,1928 年。

　　*　И. С. 西伯尔斯坦(1905—1988),俄罗斯文学评论家。

微多些,几次口授之间,我们喝喝茶,聊聊天。我愉快地发现费奥多尔·米哈伊洛维奇对新的工作方法开始习惯了,随着我一次次登门,他越来越平静了。等到我计算出我誊清过的稿子多少页正好等于斯捷洛夫斯基的一个印张,我确切地报得出我们已经记录了多少张,他的愉悦的心情尤其明显。稿子页数的增加给陀思妥耶夫斯基以极大的鼓舞和快乐。他时常问我:昨天我们写了多少页呀?我们总共完成了多少页啦?您认为我们能如期完成吗?

费奥多尔·米哈伊洛维奇友好地同我谈话,每天在我面前展示他的生活中的悲惨的一页。当他讲到他的艰难处境(他显然从来没有摆脱过,也无法摆脱),这时候,我心里不知不觉产生了深切的怜悯之情。[……]

费奥多尔·米哈伊洛维奇待我一天天地越来越亲切、和善。他常常叫我"亲爱的"(这是他喜欢用的亲热称呼),"亲爱的安娜·格里戈利耶夫娜","可爱的",这些话,我当作是他对我——一个几乎还是女孩子的年轻姑娘的宽容。我减轻他的困难,我保证工作会顺利进行下去,小说会如期完成,这使费奥多尔·米哈伊洛维奇感到高兴,鼓舞了他的情绪,看到他这样,我也觉得很是快慰。我很为自己感到骄傲,我不仅能够协助我心爱的作家工作,而且对他的情绪能产生良好的作用。这些在我自己的心目中提高了我自己的地位。

我不再害怕"著名作家",像对大叔或老朋友那样,坦率而无拘束地和他说话。我探问费奥多尔·米哈伊洛维奇生活中的种种情况,他很乐意地满足我的好奇心。他详详细细告诉我他在彼得保罗要塞囚禁八个月的生活,还告诉我他们怎样用敲墙壁的办法同隔壁的其他犯人交谈。他讲到他的服苦役生活,讲到和他一起服满刑期的犯人情况。他回想起在国外的生活,他的几次旅行和会见;讲到莫斯科的亲人们①,他很爱他们。有一次他告诉我,他结过婚②,妻子三年前死了,给我看她的遗像。我不喜欢这张像。据他说,已故的陀思妥耶夫斯卡娅是在死前一年照的相,当时正患着重病,因而神态可怕,几乎是一副死相。[……]费奥多尔·米哈伊洛维奇也常常抱怨自己的债务,没有钱,物质生活状况艰难。

① 陀思妥耶夫斯基心爱的妹妹维拉·米哈伊洛夫娜·伊万诺娃一家。
② 指陀思妥耶夫斯基的前妻玛丽娅·德米特里耶夫娜·伊萨耶娃,见本书亚·叶·弗兰格尔的回忆录及页196注②。

到后来我甚至亲眼目睹他的经济困难的情况。①

费奥多尔·米哈伊洛维奇所说的事情都带有那么哀伤的性质,使我有一次忍不住问道:

"费奥多尔·米哈伊洛维奇,您为什么尽回忆些不幸的事情? 您最好说说您过去是怎样幸福吧。"

"幸福? 我还不曾有过幸福! 至少是我经常向往的幸福还不曾有过! 我在等待幸福。最近我写信给我的朋友弗兰格尔男爵说,尽管我遭遇种种不幸,我却依旧幻想着开始新的幸福生活。"②

听了[这话]我真难受! 真奇怪,这个善良而有才华的人,到了他行将衰老之年,还没有找到他想要的幸福,而仅仅只是向往着幸福!

有一次,费奥多尔·米哈伊洛维奇详详细细告诉我,他怎样向安娜·瓦西里耶夫娜·考尔文-克鲁科夫斯卡娅求婚③,得到这位聪明、善良而又才气横溢的姑娘的同意,他又是多么高兴。但考虑到他们的信仰是对立的,双方不可能有幸福,他又是多么伤心地回绝了她的许诺。

有一天,费奥多尔·米哈伊洛维奇的心情特别惶惑不安,他告诉我,他如今正站在三岔口上,前面摆着三条路:或者到东方去,到君士坦丁堡④和耶路撒冷去,而且可能永远留在那里;或者到国外去玩轮盘赌,全身心陷到始终那么吸引他的赌博中去;最后,或者是第二次结婚,在家庭中寻找快乐和幸福。解决这些问题,要用彻底的办法改变他的如此糟糕的生活,使费奥多尔·米哈伊洛维奇很

---

① 有一次我去工作时,发现一只精美的中国花瓶不见了,那是他的西伯利亚的朋友们送给他的。我问:"难道花瓶打碎了?""不是,没打碎,"费奥多尔·米哈伊洛维奇回答,"拿到当铺里去了。急需二十五个卢布,只好把花瓶拿去典当。"过了三四天,另一只花瓶也遭到同样的命运。

另外一次,速记完了,经过餐室,我发现铺好桌布的饭桌上放着餐具,旁边摆着一木匙子,我便向送我出来的费奥多尔·米哈伊洛维奇笑着说:"我知道,您今天要吃荞麦粥了。""您怎么知道的?""看匙子呗。人们常说用木匙子吃荞麦粥才叫香呢。""噢,您搞错了:需要用钱,所以我叫人把银匙子当掉了。但是不满打的匙子当价要比成打的低得多,所以只好把我用的那把也拿出去了。"

费奥多尔·米哈伊洛维奇对自己银钱上的困难一向是心平气和的。——安·格·陀思妥耶夫斯卡娅注

② 1866 年底给弗兰格尔的信不详。但 1865 年 3 月 31 日(公历 4 月 14 日)的信及 1866 年 2 月 18 日的信却正是充满了这样的心情。(《书信集》,第 1 卷,页 402、432)

③ 见本书页 297—299 苏·瓦·科瓦列夫斯卡娅的回忆录。

④ 即现在的伊斯坦布尔。

是操切不安,他见我对他是友好的,就问我,我会劝他怎么办。

我承认,他这么信赖地问我,使我很为难,因为无论他想到东方去也罢①,想去做赌棍也罢,在我都觉得是不明确的,似乎是不切实际的。我知道我的亲戚朋友当中是有幸福的家庭的,我劝他再一次结婚,在家庭中寻找幸福。

"那么您认为我还能再结婚?"费奥多尔·米哈伊洛维奇问,"有人会同意嫁给我? 我该挑选什么样的妻子呢? 聪明的,还是心肠好的?"

"当然是挑聪明的喽。"

"不,既然挑选,我宁肯娶心肠好的,好让她爱我,疼我。"

由于自己打算结婚,费奥多尔·米哈伊洛维奇问我:为什么不出嫁? 我回答说有两家来向我提亲,两个人都很出色,我很尊敬他们,但是我觉得对他们没有爱情,而我只愿意出于爱情才嫁人。

"一定要为了爱情,"费奥多尔·米哈伊洛维奇热烈地支持我说,"幸福的婚姻,单有尊敬是不够的!"

六

[……]时间越过去,费奥多尔·米哈伊洛维奇对工作越习惯。他已经不是一边当场思索文句,一边向我作口授,而是夜间写作,照稿子向我口授。有时他可以写出那么多,我誊清记录一直要到深更半夜。不过,第二天我宣布我们写好的稿子增加了多少页的时候我是多么得意啊! 我曾保证工作将会顺利进行,无疑将会如期完成,当我看到费奥多尔·米哈伊洛维奇对我的保证报以快乐的微笑时,我心里是多么愉快啊!

我们两人都进入新小说中主人公的生活,我和费奥多尔·米哈伊洛维奇各有所爱,各有所憎。我同情输光家产的祖母,还有阿斯特列伊先生,我鄙视波林

---

①　费奥多尔·米哈伊洛维奇真的有过到东方去的打算,从他的文稿堆中发现的一封信证实了这一点。这封信是当时的文学基金会主席叶·彼·科瓦列夫斯基给阿·斯·恩格利加尔德(俄罗斯帝国驻君士坦丁堡公使代表)的介绍信,信上写的日期是186[3]年6月3日。——安·格·陀思妥耶夫斯卡娅注

娜和小说的主人公本人,我不能原谅他的胆小如鼠、嗜赌如命。费奥多尔·米哈伊洛维奇则完全站在"赌徒"一边,说赌徒的许多感情和印象都是他自己亲自体验过的。① 他肯定地说,一个人可能具有强大的个性,并且以自己的生活加以证明,然而没有力量克制自己爱玩轮盘赌的嗜好。[……]

离开他时,一些新的(对我来说是新的)想法在我的心头盘旋,我在家里感到寂寞,一心盼着明天和费奥多尔·米哈伊洛维奇再见面。眼看工作接近尾声,我们的交往也该结束了,我心里充满了忧伤。当费奥多尔·米哈伊洛维奇也说出了同样使我焦急的想法时,我真是又惊又喜。

"安娜·格里戈利耶夫娜②,您知道我在想什么吗? 喏,我和您这样合得来,每天这样友好地见面,这样习惯地作愉快的谈话;现在,随着小说的完成,难道这一切也都要结束了吗? 那真是太遗憾了! 少了您,我会感到很寂寞。我在哪里能见到您呢?"

"不过,费奥多尔·米哈伊洛维奇,"我不好意思地回答说,"山跟山不相碰,人跟人总相逢的。"

"可是在哪里呢?"

"随便哪里,在社交界,在剧院,在音乐会……"

"您知道的,我很少涉足社交界和剧院。再说这种地方能算是会面吗,有时连话也来不及讲一句。您为什么不请我上您家去呢?"

"请来吧,我们将很高兴您光临。我只是担心,您会觉得同我和妈妈谈话是很乏味的。"

"我究竟什么时候才能去呢?"

"等我们工作告一段落再约定吧,"我说,"现在对于我们最主要的是结束您的长篇小说。"

11 月 1 日,向斯捷洛夫斯基交出小说的期限快到了,费奥多尔·米哈伊洛

---

① 长篇小说《赌徒》的基本主题是嗜赌和痛苦的爱情,带有自传性质。大家知道,陀思妥耶夫斯基在 1862—1863 年及 1865 年的夏季出国旅行时曾经迷恋过轮盘赌。小说主人公与波林娜的关系在许多地方是陀思妥耶夫斯基对阿·普·苏斯洛娃的罗曼史的再现。(见阿·普·苏斯洛娃的《与陀思妥耶夫斯基接近的年头》,莫斯科,1928 年)

② 将近月底,费奥多尔·米哈伊洛维奇才记住了我的名字,要不他老是忘记,老是一遍遍地问我。——安·格·陀思妥耶夫斯卡娅注

维奇担心了，怕那个人要手段，以某种借口拒绝接受他的稿子，目的是要捞取违约罚款。我尽可能地安慰费奥多尔·米哈伊洛维奇，答应去打听一下，如果他的疑虑属实，他该怎么办。当天晚上我执拗地要求我妈去见一个熟识的律师。他建议将稿子交给公证人，或者交给斯捷洛夫斯基所住的那个区的警察分局局长，不过当然要凭正式收条才交出去。费奥多尔·米哈伊洛维奇找调解法官弗列伊曼（他的一个同学的兄弟）商量，法官也给他出了同样的主意。

七

10月29日，我们进行最后一次口授。长篇小说《赌徒》完成了。从10月4日到29日，也就是用二十六天工夫，费奥多尔·米哈伊洛维奇写出一部长篇小说，篇幅达大开本两栏排的七印张，相当于普通的十印张。费奥多尔·米哈伊洛维奇对此极为满意，对我说，稿子顺利地交给斯捷洛夫斯基以后，他打算在饭店请朋友（迈科夫、米柳科夫及其他人）吃饭，并预先邀请我参加宴会。

"您以前上过馆子吗?"他问我。

"没有，从来没有。"

"我请吃饭，您会来的吧？我要为我可爱的女助手的健康干杯！没有您的帮助，我恐怕不能如期完成小说。那么，您会来的吧？"

我回答说，我要去问问我妈的意见，心里我是决定不去的。我生性腼腆，到时候会显出一副无聊的样子，影响大家聚会的快乐。

第二天，10月30日，我把昨天记录的誊清稿带去给费奥多尔·米哈伊洛维奇。他不知为什么格外殷勤地迎接我，当我进去时，他甚至一下子脸红了。我们照例重新数了数誊清过的稿子的张数，竟有这么多，大大超过我们的预期，我们很是高兴。费奥多尔·米哈伊洛维奇告诉我，今天他要把小说再看一遍，稍作改动，明天一早送去给斯捷洛夫斯基。这时他将事先讲定的五十卢布的酬金交给我，紧紧地握了握我的手，热烈感谢我的协作。

我知道10月30日是费奥多尔·米哈伊洛维奇的生日，所以我决定不穿平常穿的黑色薄呢衣服，换上淡紫色的绸衣服。看见我一向穿孝服的费奥多尔·米哈伊洛维奇，对我的盛意很是感激，他发现，淡紫色于我很相称，我穿长连衫裙显得身材比较修长,体态更加匀称。我很愉快地听着他的赞扬,但是我的欣悦的心情被他的哥哥的遗孀埃米利娅·费奥多罗夫娜的到来所破坏,她是来祝贺费奥多尔·米哈伊洛维奇的生日的。[……]

阿波隆·尼古拉耶维奇·迈科夫进来。他跟我点点头,不过他分明不认识我。他转身向费奥多尔·米哈伊洛维奇,问起他的小说进展如何。费奥多尔·米哈伊洛维奇忙着和嫂子讲话,大概没听到问他的话,什么也没有回答。这时我决定替费奥多尔·米哈伊洛维奇代为作答,说小说昨天才写完,我刚把最后一章的誊清稿送来。迈科夫迅速走到我身边,伸出手来,表示歉意说,他一下子没认出来。他解释说这是因为他眼睛近视,也因为我以往穿黑衣服使他觉得我的身材比较矮。

他开始问起小说的情况,问起我的看法。我兴奋地对新的作品给予好评,它对于我已是如此珍贵;我说,小说中有几个异常生动又成功的典型(祖母、阿斯特列伊先生和堕入情网的将军)。我们谈了二十分钟左右,和这个善良、可爱的人谈话,我觉得是那么轻松愉快。[……]

迈科夫很快就离去。我学他的样,不愿忍受埃米利娅·费奥多罗夫娜对我的高傲态度。费奥多尔·米哈伊洛维奇再三说服我留下[……]。他领我到前室,提醒我曾经答应过邀请他上我家去。我正式提出邀请。

"我什么时候能去? 明天?"

"不,明天我不在家;中学里的女友叫我去。"

"那么后天?"

"后天我有速记课。"

"那么 11 月 2 日?"

"2 号是星期三,我要去看戏。"

"我的天哪! 您的日子都排得满满的! 您要知道,安娜·格里戈利耶夫娜,我要认为您是故意说得这样的了。您根本就不愿意我去府上。您老实说吧!"

"不是,我向您保证! 我们将很高兴在自己家里看到您。11 月 3 日,星期四,晚上七点钟左右,您请过来吧。"

"只能在星期四? 要等多久啊! 您不来,我可要寂寞死了!"

我自然是把这些话当作可爱的玩笑。

八

[……]11 月 3 日,星期四,我从早晨起就动手准备接待费奥多尔·米哈伊洛维奇:去买他爱吃的那种生梨,还有他时常请我吃的各种美味的点心。

我整天觉得自己怔忡不安,将近七点钟时,我的不安达于极点。可是,到七点半,八点,他还没有来,我已经断定他准是改变主意不想来了,或者是把自己答应过的话忘记了。到八点半,期待已久的铃声终于响了。我赶紧去迎接费奥多尔·米哈伊洛维奇,问他:

"费奥多尔·米哈伊洛维奇,您怎么找到我这儿的?"

"好啊,"他和蔼地说,"您说这话的口气,好像我找到您的家,您不乐意似的。我可是从七点钟找起,周围都跑遍了,所有的人都问遍了。大家都知道这里有科斯特罗姆街,可是怎么去法——都说不清①,感谢上帝,总算遇上个好人,他爬上车夫座位,指点车夫往哪走,我才找到这里。"

我母亲进来,我连忙把费奥多尔·米哈伊洛维奇介绍给她。他殷勤地吻她的手,说很感激我协助他的工作。妈妈去斟茶,这时费奥多尔·米哈伊洛维奇详细告诉我,送稿子去给斯捷洛夫斯基给他带来多大的不安。不出我们所料,斯捷洛夫斯基捣鬼了:他到外省去了,他的女仆说不知道他啥时候回来。费奥多尔·米哈伊洛维奇当即到斯捷洛夫斯基的出版社去,试图把稿子交给出版社的经理。可是那位经理断然拒绝接受,说是老板没有授权给他处理这件事情。费奥多尔·米哈伊洛维奇去找公证人,时间已经迟了,去区警察局,白天一个负责人也没有,要他晚上再去。一整天他在焦急不安中度过,直到晚上十点钟他才得以把稿子交给某区的警察分局,从监督那里拿到一张收条。

我们开始喝茶,谈天,像往常那样愉快而无拘无束。我原先设想好的话题只好搁在一边,——新的、有趣的话题多的是。费奥多尔·米哈伊洛维奇完全把我母亲迷住了,起先她被"著名"作家的来访弄得有几分惶惑不安呢。费奥多尔·

---

① 科斯特罗姆街在尼古拉耶夫医院后面,穿过医院大门走,路很近。晚上大门关闭,只好从大象街(如今的苏沃洛夫大街),或者从小沼泽街走。——安·格·陀思妥耶夫斯卡娅注

米哈伊洛维奇善于做个有魅力的人,后来我常有机会观察到,人们,甚至对他抱有成见的人,是怎么被他的魅力所征服的。

费奥多尔·米哈伊洛维奇告诉我,他想休息一个星期,然后动手写《罪与罚》的最后一部。

"我想请求您的协助,好心肠的安娜·格里戈利耶夫娜。我和您一起工作是那么轻松。往后我仍打算口授,我希望您不会拒绝跟我合作。"

"如果于您有帮助的话,我很乐意担任,"我回答,"我不知道奥利欣对此会有什么看法。他也许会派另外一个学生,男的或女的,到您那里去担任这件新的工作。"

"可我对您的工作方法已经习惯了,我十分满意。要是奥利欣想要给我另外介绍一个速记员,那才是怪事呢,我跟新来的人可能会合不来。不过,也许是您本人不想再到我那里去工作了吧?在这样的情况下我当然不坚持……"

他分明很怅然。我竭力安慰他,说奥利欣对新的工作大概是不会有什么安排的,但我毕竟还是应该问他一下。[……]

九

[……]11 月 6 日,星期日来临。这一天我准备到我的教母处去向她祝贺命名日。平时我和她并不热乎,仅在节日才去拜访她一下。今天她家会有许多客人,我巴望能排遣一下这几天来郁积在心的压抑心情。她住得远,在阿拉尔钦桥堍,我打算在天黑之前到她那里去。家人去叫马车时,我坐下弹了一会钢琴,因为叮叮咚咚的琴声,我没有听见门铃响。不知什么男人的脚步声引起我的注意,我回头望去,看到是费奥多尔·米哈伊洛维奇进来了,我大吃一惊,又喜出望外。他神情胆怯,似乎有点不好意思。我迎着他走上前去。

"安娜·格里戈利耶夫娜,您知道我做了件什么蠢事吗?"费奥多尔·米哈伊洛维奇紧紧握住我的手说,"这些天来我一直很寂寞,今天从早晨起就在考虑,我该不该到您这里来?合适吗?我星期四才来过,星期天又来!这么性急的拜访,您和您的母亲是否会觉得奇怪呢?我决定无论如何要来看您,这不,您瞧,我来了!"

"哪儿的话,费奥多尔·米哈伊洛维奇! 妈妈和我永远高兴在自己家里看到您!"

尽管我一再保证,我们的谈话却不顺利。我无法控制我的惶恐不安的心情,光回答费奥多尔·米哈伊洛维奇的问题,自己却几乎什么也没问。使我窘迫不安的也有外部原因。我们此刻所待的大厅还没来得及生火,冷得要命。费奥多尔·米哈伊洛维奇发现这情况。

"你们这儿好冷呀;您自己今天怎么也这样冷淡!"他说,发现我穿着浅灰色的缎子衣服,他便问我准备到哪里去。

得知我马上就要到教母家去,费奥多尔·米哈伊洛维奇声明他不想耽搁我,他提议用他那漂亮的马车送我,因为我们同路。我同意了,于是我们就乘车走了。遇到一个急转弯时,费奥多尔·米哈伊洛维奇想来扶住我的腰。可是我和别的六十年代的姑娘一样,对于所有表示关切的动作,诸如吻手、搂腰之类抱有成见,所以我说:

"请别担心,我不会摔倒的!"

费奥多尔·米哈伊洛维奇似乎受了委屈,说道:

"我真希望您现在就从雪橇上摔出去!"

我哈哈大笑,于是缔结和约:一路上我们快活地闲聊,我那抑郁的心情一扫而空。分别的时候费奥多尔·米哈伊洛维奇紧紧握住我的手,我答应他,过一天我上他那里去商量写《罪与罚》的工作。

十

1866 年 11 月 8 日,是我一生中有重大意义的日子之一:这一天,费奥多尔·米哈伊洛维奇对我说,他爱我,要我做他的妻子。半个世纪过去了,这一天的种种详情细节依旧那么鲜明地留在我的记忆中,仿佛是发生在一个月之前似的。

那是晴朗而寒冷的一天。我步行到费奥多尔·米哈伊洛维奇处去,因而比原定的时间晚了半小时。费奥多尔·米哈伊洛维奇显然早就在等我了:听到我的说话声,他立即来到前室。

"您到底来了!"他欣喜地说,一边动手帮我解长耳风帽、脱大衣。我们一起走进书房。这一次,书房里很明亮,我惊讶地发现费奥多尔·米哈伊洛维奇不知为什么有些激动。他的脸上有种兴奋的、几乎是兴高采烈的神色,使他显得年轻多了。

"您来了,我真高兴,"费奥多尔·米哈伊洛维奇开口说,"我很害怕您忘记了您答应过的话。"

"您为什么要这样想呢? 我既然答应了,总是做到的。"

"请原谅,我知道您一向是信守自己的诺言的。我又见到您了,我太高兴了!"

"我看见您也很高兴,费奥多尔·米哈伊洛维奇,而且您的心情这么快活。是不是您有什么高兴的事情?"

"是啊,有事情! 昨天晚上我做了一个奇妙的梦!"

"怪不得!"我笑了起来。

"请别笑。我很重视做梦。我做梦总是预兆着有事情的。当我梦见我已故的米沙哥哥,尤其是梦见我父亲的时候,我就知道,我要倒霉了。"

"说说您的梦吧!"

"您看见这只花梨木的大匣子吗? 这是我在西伯利亚时的一个朋友乔坎·瓦利汉诺夫送给我的礼物,我很珍惜它。匣子里放着我的稿子、信件和对我有纪念意义的宝贵物件。在梦中,我坐在这只木匣子前面整理文件。忽然发现纸张中间有什么东西闪烁了一下,像是一颗明亮的小星星。我翻寻文件,小星星忽而出现,忽而消失。这引起我的兴趣:我开始慢慢地重新翻阅纸头,在纸头中间找到一颗钻石,很小,但是非常光耀夺目,闪闪发亮。"

"您拿它怎么了?"

"糟糕的就是我记不得了! 当时另外一个梦又接上来,我就记不得拿它怎么了。不过这是一个好梦!"

"据说梦是相反的,好梦详起来是不好的,"我说,但是立即自己觉得失言了。费奥多尔·米哈伊洛维奇的脸色马上改变,好像黯淡了。

"那么您认为我这个人不会交好运了? 这只是镜花水月,空中楼阁?"他沮丧地高声叫道。

"我不会详梦,也压根儿不相信梦,"我回答。

我深感抱歉,费奥多尔·米哈伊洛维奇的好兴致消失了,我竭力使他快活起来。他问我做过什么梦,我以滑稽可笑的形式讲给他听。

"我做梦看见最多的是从前我们中学的女校长,一个严肃的女人,鬓角上梳着老式的鬈发,她总是为了什么事情而申斥我。我还梦见一只火红的猫,有一回从我们家花园的围墙跳到我身上,把我吓得要死。"

"唉,您呀,真是个小姑娘,小姑娘!"费奥多尔·米哈伊洛维奇笑着一边说,一边亲切地打量我,"连您的梦都是这种样子的! 喂,去参加您的教母的命名日,怎么样,快活吗?"他问我。

"很快活。饭后长辈们坐下打牌,我们小辈们聚集在主人的书房里,整个晚上热烈地聊天。那里有两个很可爱、很快乐的大学生。"

费奥多尔·米哈伊洛维奇又愁闷起来。使我吃惊的是这一回他的情绪变化是如此迅速。我不知道癫痫的特点,心里想,这情绪的变化可别是癫痫快要发作的预兆吧? 我觉得有点害怕了……

我们早已成了习惯,当我来作速记,费奥多尔·米哈伊洛维奇就把我们不在一起时,他做了什么,到哪里去了告诉我。我赶紧问费奥多尔·米哈伊洛维奇,最近几天他在忙些什么。

"构思新的小说,"他回答。

"您说什么! 有趣的小说?"

"对我来说是很有趣的;只不过小说的结尾我想不出。这里牵连到年轻姑娘的心理。我若是在莫斯科,我会去问我的外甥女索涅奇卡[①],现在只好求助于您啦。"

我充满自豪地准备"帮助"天才的作家。

"您的小说的主人公是什么人?"

"艺术家,年纪已经不轻,唔,总而言之是像我这样的年纪。"

"说下去,请您说下去,"我要求道,新小说已经引起我很大的兴趣。

作为对我的请求的回答,一篇绝妙的即席构思的故事便喷涌而出。无论是以前,还是以后,我从来没有听到费奥多尔·米哈伊洛维奇讲过像这一次那样激

---

① 索菲娅·亚历山大罗夫娜·伊万诺娃嫁给赫梅罗夫。陀思妥耶夫斯基与她友善,很器重她的聪明,尤其看重她的道德品质。陀思妥耶夫斯基在给她的书信中把他的艺术作品的构思和私人生活中的许多事情都详详细细告诉她。

动人心的故事。他越往下讲,我就越明显地感觉到费奥多尔·米哈伊洛维奇是在讲他自己的生活,只是把人物和环境改了而已。故事里有他以前对我匆匆讲过的所有片断。现在详细而连贯的故事把他对亡妻和亲属的关系中的许多事情向我讲清楚了。

新的小说中也有艰苦的童年时代,早年失去心爱的父亲,某些不幸的境遇(重病),使艺术家脱离生活,抛下心爱的艺术达十年之久。这里也有重返生活(艺术家康复),遇到一个女人,他爱上了她,因爱情而引起的痛苦,妻子和亲人(心爱的姐姐)的去世,贫穷,债务……

主人公的思想状况,他的孤独,他对亲人的失望,对新生活的渴望,爱的要求,想重新找到幸福的热切期望,都描绘得如此生动而才气横溢,分明是作者本人所体验过的痛苦,而不仅仅是他的艺术想象的结果。

费奥多尔·米哈伊洛维奇不惜使用晦暗的色彩描绘主人公。用他的话来说,主人公是个未老先衰的人,身患不治之症的病人(手瘫痪),愁眉苦脸,生性多疑;诚然,他有一颗温柔的心,但不善于表白自己的感情;他是个艺术家,可能还是个有才华的艺术家,但老是失败,一生中从来没有一次能把他的思想体现在他所向往的形式中,他始终为此而苦恼。

我认为小说主人公就是费奥多尔·米哈伊洛维奇本人,就忍不住用话去岔断他:

"费奥多尔·米哈伊洛维奇,您为什么这样贬损您的主人公?"

"我看到您对他没好感。"

"恰恰相反,很有好感。他的心非常好。您想想,多少不幸落到他身上,他毫无怨言地忍受了!换了另外一个人,在生活中尝到这么多的痛苦,大概会心肠变狠的吧。可是您的主人公依旧热爱人们,帮助人们。不,您对待他压根儿是不公平的。"

"对,我同意,他确实有颗善良、仁爱的心。您了解他,我真高兴!"

"那么,"费奥多尔·米哈伊洛维奇继续讲他的故事,"就在他一生中的这个关键时期,艺术家在人生的途程中遇到了一位年轻姑娘,年纪跟您相仿,或者稍微大一两岁。我们叫她安娜吧,不叫她女主人公。这是个好名字……"

这些话使我更加确信,他的女主人公是影射他从前的未婚妻安娜·瓦西里耶夫娜·考尔文-克鲁科夫斯卡娅。这时我压根儿忘记了我也叫安娜,——我没想到这个故事跟我有关。（我认为）新小说的主题可能是受到不久前收到安娜·瓦西里耶夫娜从国外来信的影响而触发的,最近费奥多尔·米哈伊洛维奇对我讲起过此事。想到这里,我的心痛苦地揪紧了。

描绘女主人公的肖像用的是另一种色彩,和男主人公的不同。用作者的话来说,安尼娅亲切,聪明,善良,热爱生活,待人接物很有分寸。那几年,我认为女人的美貌很重要,就忍不住问道:

"您的女主人公长得美吗?"

"当然,不是美人儿,可也长得挺不错。我喜欢她的脸蛋儿。"

我觉得费奥多尔·米哈伊洛维奇已泄露了真情,我的心揪紧了。我对考尔文-克鲁科夫斯卡娅充满了恶感,所以就指出:

"不过,费奥多尔·米哈伊洛维奇,您把您的'安尼娅'太理想化了。难道她是这样的吗?"

"正是这样! 我仔细研究过她!"费奥多尔·米哈伊洛维奇继续讲他的故事,"艺术家在艺术圈子里遇到安尼娅,他越是经常见到她,便越爱她,也就越加确信和她在一起,他能找到幸福。然而他又觉得这个向往几乎是无法实现的。实际上也是的,他,又老又病,负债累累,能给这位年轻、健康又热爱生活的姑娘什么呢? 从年轻姑娘方面来说,对艺术家的爱会不会是一种重大的牺牲呢? 把自己的命运和他联系在一起,将来她不会痛苦地后悔吗? 总之,在性格和年龄方面相差如此悬殊的年轻姑娘,会爱上我的艺术家吗? 这可能吗? 这种心理会不会不真实呢? 就是关于这一方面,我想听听您的意见,安娜·格里戈利耶夫娜。"

"为什么不可能呢? 因为既然如您所说,您的安尼娅不是个卖弄风情的无聊女子,而是富有同情心的人,她为什么不会爱上您的艺术家呢? 他穷困,有病,这有什么呢? 难道能够仅仅凭外表和为了财富而相爱吗? 在她这方面,又说得上什么牺牲呢? 既然她爱他,她就会感到幸福,永远不该后悔!"

我热烈地说。费奥多尔·米哈伊洛维奇激动地看着我。

"您真的相信她会真诚地爱他,而且一辈子爱他?"

他沉默了一会,似乎在犹豫。

"请您暂时把自己当作是她,"他声音发抖地说,"设想这个艺术家就是我,我承认,我爱上您,请求您做我的妻子。您说,您会回答我什么呢?"

费奥多尔·米哈伊洛维奇的脸上流露着这样的惶惑不安,这样的内心痛苦,使我终于恍然大悟,这不是普通的文学谈话,如果我给他个支支吾吾的回答,将会给他的自尊心以致命的打击。我对费奥多尔·米哈伊洛维奇的激动的脸,对我来说如此可爱的脸瞥了一眼,说道:

"我会回答您,我爱您,我将一辈子爱您!"

在这永远难以忘怀的时刻,费奥多尔·米哈伊洛维奇向我说了许多充满爱情的温柔话语,我不转述了,因为这些话语对我来说是神圣的……

我被我的巨大幸福所震惊,几乎为它所压倒,很久都不能置信。我只记得,几乎过了一个钟头,当费奥多尔·米哈伊洛维奇把我们的未来的计划告诉我,征求我的意见时,我回答他说:

"这会儿难道我能商量些什么吗!我觉得幸福得要命!!"

我们不知道情况会怎么样,我们的婚礼什么时候才能举行,我们决定在这之前除了我母亲,谁也不告诉。费奥多尔·米哈伊洛维奇答应明天上我们家来度过整个晚上,他说他将会迫不及待地等待着我们的见面。

他送我到前室,关怀备至地替我戴好风帽。我已经准备出去,费奥多尔·米哈伊洛维奇又用话把我留住:

"安娜·格里戈利耶夫娜,现在我知道钻石藏在哪里了。"

"难道你想起梦来了?"

"不,我没有想到梦。不过我终于找到了钻石,我要把它珍藏一辈子。"

"您错了,费奥多尔·米哈伊洛维奇!"我笑了。"您找到的不是钻石,是一颗普通的小石子。"

"不,我确信这一回我没有搞错,"费奥多尔·米哈伊洛维奇在告别时已经以很认真的神气说。[……]

十三

[……]在那幸福的三个月里,我们什么没有谈到啊!我仔仔细细问了费奥多尔·米哈伊洛维奇的童年,青年,工程学校,政治活动,流放西伯利亚以及流放回来……

"我想了解你的一切,"我说,"透彻了解你的过去,了解你的整个心灵!"

　　费奥多尔·米哈伊洛维奇很乐意回顾他的幸福又平静的童年,怀着热烈的感情讲到母亲。他特别爱大哥米沙和大姐瓦莲卡。对几个弟弟和妹妹则印象不深。我问费奥多尔·米哈伊洛维奇的爱好,我觉得奇怪,从他的回忆来看,他在青年时代没有认真地热烈地爱过任何一个女人。这情况我是以他过早地开始过精神生活来解释的。他整个儿沉浸在创作中,因而私人生活就退居次要地位。后来他把全部心思投入政治事件,为此而受到那么残酷的惩罚。

　　我试探着问起他去世的妻子,可是他不喜欢去想到她。有趣的是在以后我们结为夫妇后的生活中,费奥多尔·米哈伊洛维奇也绝口不提玛丽娅·德米特里耶夫娜,只有一次在日内瓦是例外,这一次的情况我在适当的时候交代。

　　他无可比拟地乐意回忆他的未婚妻安·瓦·考尔文-克鲁科夫斯卡娅。我问他们的婚事为什么会吹了,费奥多尔·米哈伊洛维奇回答道:

　　"安娜·瓦西里耶夫娜是我一生中遇到过的最优秀的妇女之一。她聪颖绝顶,思想开阔,有文学修养,还有一颗善良、美好的心。这是个具有崇高的道德品质的姑娘。可是她的信仰和我的正巧相反,她又不可能放弃她的信仰,——因为她太率直了,因此我们的结合未必会幸福。我让她收回她的诺言,衷心祝愿她会遇到一个和她思想一致的人,跟他在一起她将会幸福!"①

　　费奥多尔·米哈伊洛维奇终生都和安娜·瓦西里耶夫娜保持着最良好的关系,把她当作忠诚的朋友。[……]

十五

　　在新的令人晕头转向的快乐氛围中,我和费奥多尔·米哈伊洛维奇不知怎么忘记了《罪与罚》的结束工作,却依旧在写小说的第三部。② 十一月底,当《俄

---

　　① 在苏·瓦·克鲁科夫斯卡娅的回忆录中,陀思妥耶夫斯基与安·瓦·考尔文-克鲁科夫斯卡娅的关系是另外一种情况。

　　② 陀思妥耶夫斯基在给尼·亚·柳比莫夫*的信件中对长篇小说第三部及"尾声"的写作进程有详细叙述。(《书信集》,第 1 卷,页 444—447,448—449,450)

　　* 尼古拉·阿列克谢耶维奇·柳比莫夫(1830—1897),莫斯科大学物理学教授,政论家,1864—1882 年间为《俄国导报》的编辑及撰稿人。

国导报》编辑部来讨小说的续稿时,费奥多尔·米哈伊洛维奇才想起它。幸好那几年的杂志很少有按期出版的,而《俄国导报》更是以脱期出名:十一月号拖到十二月底才出,十二月号拖到次年一月初,如此等等,因而,前面的时间还有的是。费奥多尔·米哈伊洛维奇把编辑部的信带来给我,征求意见。我建议他闭门谢客,干上两天到五天,然后,晚上到我家来照稿子口授,记录。

我们就这样做:闲谈个把小时,然后我坐在写字桌跟前,费奥多尔·米哈伊洛维奇坐在我旁边,开始口授,不时被谈话、玩笑和笑声所打断。工作进行顺利,《罪》的最后一部,将近七印张,是在四个星期内写成的。费奥多尔·米哈伊洛维奇让我相信,他还从来没有工作得这么轻松过,工作的成绩归功于我的合作。

费奥多尔·米哈伊洛维奇的心情经常快乐而舒畅,给他的健康以有益的影响。在我们举行婚礼之前的整整三个月中,他的癫痫症只发作了三四次。这使我极为快乐,而且给我以希望:在更加平静、幸福的生活中,他的病将会减轻。后来果然如此:原先几乎是每星期发作,后来逐年减轻,次数也少了。癫痫症要完全治好是不可能的,何况费奥多尔·米哈伊洛维奇自己从来不去治疗,他认为自己的病是无法治疗的。不过发病次数减少,病发得轻些,对于我们已经是上帝的大恩大德了。病症减轻使费奥多尔·米哈伊洛维奇摆脱了那种真正可怕的阴郁情绪,这种情绪是每次发作的不可避免的后果,有时要持续到一个星期。至于我,则是不必流泪和痛苦了,以往这种可怕的病发作时,我在一旁总是流泪,痛苦。

我们的夜晚一向是快乐而融洽的,只有一个夜晚却过得完全出乎我们意料,风浪迭起。

事情发生在十一月底。费奥多尔·米哈伊洛维奇照例七点钟来到我家,这次来他分外怕冷。喝了一杯热茶以后,他问我们家里有没有白兰地。我回答说白兰地没有,不过有上好的西班牙白葡萄酒,并且立即把酒拿来。费奥多尔·米哈伊洛维奇一口气连干了三四大杯,然后又喝茶,直到这时身子才暖和过来。他这么怕冷,我感到纳闷,不知道是怎么一回事。谜底很快就找到:我有事走过前室时,发现衣架上挂的是秋季穿的棉大衣,而不是费奥多尔·米哈伊洛维奇平常穿的毛皮大衣。我当即返回客厅,问道:

"难道你今天没有穿皮大衣来?"

"没—有,"费奥多尔·米哈伊洛维奇嗯嗯吱吱,"穿的是秋季大衣。"

"多么不小心！为什么不穿皮大衣？"

"人家告诉我今天解冻了。"

"现在我知道你为什么这样怕冷了。我马上派谢苗把棉大衣送去，把皮大衣拿来。"

"不必了，请不必了！"费奥多尔·米哈伊洛维奇赶紧说。

"为什么不必呢，我的亲爱的？你回去的路上要着凉的啊，傍晚时天气还要冷。"

费奥多尔·米哈伊洛维奇不吭声。我继续坚持要派人去拿，于是他最后只好坦白了：

"皮大衣没有了……"

"怎么没有了？难道被人偷了？"

"没有，没有被偷，不过我不得不拿去典当了。"

我觉得好生奇怪。在我紧紧追问之下，费奥多尔·米哈伊洛维奇才分明很不情愿地说了事情的经过。今天早晨，埃米利娅·费奥多罗夫娜来，请求救救她的急：支付一笔五十卢布的紧急债款。他的继子也来讨钱；弟弟尼古拉·米哈伊洛维奇也缺钱，为此派人送信来。费奥多尔·米哈伊洛维奇手头没有钱，于是他们决定把他的皮大衣拿到附近的当铺去典当，还起劲地说服费奥多尔·米哈伊洛维奇，天气暖和，继续在解冻，他可以穿几天秋季大衣，等拿到《俄国导报》的钱再去赎当。

费奥多尔·米哈伊洛维奇的亲戚们这种没良心的做法使我很愤慨。我对他说，我理解他要帮助亲戚的愿望，但我认为，不必为了他们而牺牲自己的健康，甚至可能是生命。

开始时我说得很平静，但是越说我越气愤，越伤心。我完全失去控制自己的力量，像个疯子似的说话，也不考虑措辞。我说明，他要对我——他的未婚妻负责。我让他相信，他若死了，我会受不了的。我哭泣，高声叫喊，号啕大哭，像歇斯底里发作。费奥多尔·米哈伊洛维奇很难过，抱住我，吻我的手，求我安静下来。我母亲听见我号啕大哭，赶紧给我端来一杯糖开水。这使我稍微平静了一些。我开始感到不好意思，向费奥多尔·米哈伊洛维奇赔不是。他像解释似的告诉我，往年冬天他也曾不得不五次六次地把皮大衣当掉，只好穿秋季大衣。

"这样典当我已经非常习以为常了，这一次也没有当回事。我若知道你会

把这事情看得很凄惨的话,那我无论如何不会让帕沙把皮大衣拿去当掉的,"怪不好意思的费奥多尔·米哈伊洛维奇劝我说。[……]

十六

对于我和费奥多尔·米哈伊洛维奇,最喜爱的和主要的话题自然是我们未来的夫妇生活。

想到我将会和丈夫厮守在一起,参加到他的工作中去,我有机会照料他的身体,能替他挡驾,让他避开那些纠缠他、惹他生气的人,这些念头,在我的想象中是这么诱人;转而想到这一切又不能马上实现,有时候我简直要哭。我们的婚礼主要决定于跟《俄国导报》的事情是否办妥。费奥多尔·米哈伊洛维奇准备圣诞节到莫斯科去,向卡特科夫表示愿意把未来的长篇小说给他。他不怀疑《俄国导报》编辑部有让他做撰稿人的意思,因为1866年发表的《罪与罚》在文学界产生过巨大的影响,也给杂志增添了许多新订户。① 问题仅仅在于:杂志社是否有多余的资金可以预付几千卢布,没有这笔钱我们无法安置新的家。万一与《俄国导报》洽谈不成功,费奥多尔·米哈伊洛维奇准备在《罪与罚》结束后立即着手写一部新的小说,大部分写好后,投给另外一家杂志。在莫斯科洽谈不成功有使我们的婚礼推迟一个长时间的危险,可能会推迟整整一年。每当我想到这一点,便产生深深的沮丧之感。[……]

而且,受着债务牵累的费奥多尔·米哈伊洛维奇必须自己向刊物去推荐自己的作品,所得的报酬自然要比生活有保障的作家如屠格涅夫或冈察洛夫少得多了。当时付给费奥多尔·米哈伊洛维奇的《罪与罚》是每印张一百五十卢布,屠格涅夫同样在《俄国导报》上发表小说,得到的是每印张五百卢布。②

---

① 关于《罪与罚》的巨大影响,见本书前文斯特拉霍夫的回忆录(页254—256),又参见阿·费·科尼*的《在生活的道路上》,第2卷,圣彼得堡,1912年,页96—97。

* 阿·费·科尼(1844—1927),法官,社会活动家,政论家,1873年任彼得堡法院陪审团主席。

② 《俄国导报》编辑部给屠格涅夫的《父与子》的稿酬是每印张四百卢布,《烟》也是同样的稿酬。(见屠格涅夫1862年4月4日及1866年8月3日给卡特科夫的信)

　　最使人感到屈辱的是,由于债务没完没了,费奥多尔·米哈伊洛维奇不得不急匆匆地赶着工作。他没有时间,也没有机会精心修改自己的作品,这对他是莫大的痛苦。批评家们往往责怪费奥多尔·米哈伊洛维奇的小说形式驳杂,一部小说糅合了好几种形式,事件堆砌、芜杂,好些事件到结尾也没个交代。苛刻的批评家们大概不知道费奥多尔·米哈伊洛维奇不得不在什么情况下写作。有时候,小说的头三章已经发表,第四章正在排版,第五章刚寄出,第六章正在写,其余的还根本没考虑哩。后来,有多少回,我看到费奥多尔·米哈伊洛维奇突然意识到"那么宝贵的一个思想被他写坏了",纠正错误却没有机会,他真的陷于绝望了。

　　我为我的未婚夫的艰难的物质状况感到痛心,我以这样的想法安慰自己:不久的将来,一年以后,等我过了成年日,得到父亲在遗嘱里答应给我的房子以后,我就有可能以彻底的办法帮助他。

　　从四十年代末期起,有两大块地产(约两俄亩)是属于我父母的,分别坐落在雅罗斯拉夫街和科斯特罗姆街。一块地上有一幢两层楼的石头房子,就是我们目前住的;还有三所木头的厢房。另一块地上造了两幢木房子:一幢已给我姐姐做陪嫁,另一幢预定是给我的。把这幢房子卖掉,可得一万多卢布,我就打算用这笔钱替费奥多尔·米哈伊洛维奇去还一部分欠债。使我非常遗憾的是在我成年之前,我什么也无法进行。我母亲劝费奥多尔·米哈伊洛维奇做我的保护人,可他断然拒绝。

　　"这房子指定是给安娜的,"他说,"到秋天,等她满了二十一岁给她吧。我不想过问她的钱财上的事情。"

　　作为未婚夫,费奥多尔·米哈伊洛维奇始终拒绝我在金钱方面对他的帮助。我对他说,既然我们彼此相爱,那么我们应当一切都共同享有。

　　"等我们结了婚,当然会这样的,"他回答说,"但暂时我连一个卢布不想拿你的。[……]"

十七

　　时光流逝,很快到了复活节。近几年,费奥多尔·米哈伊洛维奇都是在心爱的妹妹维·米·伊万诺娃的家里过节的,这一次他仍决定到莫斯科去。此行的主要目的自然是想把自己的新小说推荐给卡特科夫,以便筹措一笔我们结婚所必需的钱。

临动身前几天,费奥多尔·米哈伊洛维奇颇快快不乐:他刚爱上我,跟我分离,他感到受不了。我也很忧伤,不知为什么,我好像觉得我再也见不着他了。我打起精神,藏起自己的忧伤,免得他更加难受。我去为他送行,在车站上他格外忧戚。他情意缠绵地瞧着我,紧紧握着我的手,一个劲儿地反复说:

"我抱着很大的希望去莫斯科,我们怎么见面?我亲爱的安涅奇卡,我们怎么见面?〔……〕"

费奥多尔·米哈伊洛维奇从莫斯科给我寄来两封情书,使我非常高兴。我翻来覆去地看了几十遍,急煎煎地等待他回来。①

费奥多尔·米哈伊洛维奇在莫斯科逗留了十二天,和《俄国导报》编辑部的谈判顺利结束。卡特科夫得知费奥多尔·米哈伊洛维奇打算结婚,热烈地向他祝贺,祝愿他幸福。对于提出的要求,他答应以预支稿费的形式,在明年一月份分两三次付给两千卢布。这么一来,到大斋节举行婚礼便有了可能。

从莫斯科寄来的七百卢布不知怎么一下子分给了亲戚们和债主们。费奥多尔·米哈伊洛维奇每天晚上都害怕地说,钱到他手里就会"融化"。这使我不安起来,等收到第二笔七百卢布时,我就要求留下一点作为结婚费用。

费奥多尔·米哈伊洛维奇拿着铅笔,计算在教堂举行婚礼后给教堂方面和办酒席的一切开支(他断然拒绝我母亲负担费用),得花四百或五百卢布左右。然而他有一大帮亲戚天天有花样翻新的需要,怎么保得住这笔钱呢?

"我说,安尼娅,你替我把钱存着,"费奥多尔·米哈伊洛维奇说,他很高兴,亲戚们开口要钱时,他有了适当的借口,第二天就带了五百卢布来。交给我的时候,他以一种玩笑式的得意神气说:

"喏,安尼娅,好好拿着,这可是决定咱们将来的命运的呀!"

不管我们如何赶紧筹办,二月中旬以前还是不能举行婚礼。要找一套新的住所,因为原来的四间套房我们嫌少了。费奥多尔·米哈伊洛维奇把原来的那套寓所让给埃米利娅·费奥多罗夫娜及其一家人住,答应一定每月替她付五十

---

① 见《书信集》,第 1 卷,页 450—454。

卢布。这套房间的好处在于房东阿隆金是个富裕商人，他很尊敬费奥多尔·米哈伊洛维奇，说他是个"伟大的勤勉的劳动者"[①]，从来不提起区区之数的房租来打扰他，因为深知费奥多尔·米哈伊洛维奇一旦有了钱，会自动送去的。此外，费奥多尔·米哈伊洛维奇也喜欢和可敬的老头儿聊聊天。[②]

费奥多尔·米哈伊洛维奇为我们自己在沃兹涅先斯克大街托利亚家的宅子（如今二十七号）里找了一套寓所，沃兹涅先尼耶教堂的正对面。入口处在院子里面，窗户朝着沃兹涅先斯克胡同。寓所在二楼，由五个大房间组成：会客室，书房，餐室，卧室，还有一间供帕维尔·亚历山大罗维奇用的房间。房子在整修，只好稍等几天，然后才搬费奥多尔·米哈伊洛维奇的东西以及我的家具什物等等，等等。待一切准备就绪，我们预定于 2 月 15 日，谢肉节前的那个星期三举行婚礼，于是我们分头向亲戚朋友发出请帖。[……]

在 国 外

在柏林待了两天后，我们转赴德累斯顿。因为丈夫面临着艰苦的文学工作，所以我们决定在这里至少待一个月。费奥多尔·米哈伊洛维奇很喜欢德累斯顿，主要是因为它那著名的美术馆以及四郊美丽的公园，他出国旅行必定去德累斯顿。因为城里有许多博物馆和宝库，费奥多尔·米哈伊洛维奇又知道我的求知欲很强，所以他认为这些地方会引起我的兴趣，而我也不至于想念俄国，他起初是很担心我会想念俄国的。

我们在 Neumarkt（新市场）下车，在当时最好的旅馆之一的"Stadt Berlin"（"柏林城"）旅馆下榻，换过衣服，立即前往美术馆，城里的所有瑰宝之中，丈夫首先想介绍给我的正是这个地方。费奥多尔·米哈伊洛维奇相信他清楚记得去

---

①　阿隆金说："我去做晨祷，他书房里的灯还亮着呐，——就是说，他在工作。"——安·格·陀思妥耶夫斯卡娅注

②　据我的意见，费奥多尔·米哈伊洛维奇用他的外表描写了《卡拉马佐夫兄弟》中格鲁申卡的保护人，商人萨姆索诺夫。——安·格·陀思妥耶夫斯卡娅注

茨威格尔的最近的路,但是我们很快就在狭窄的小巷里迷了路,立即就闹了这样一场笑话,丈夫在给我的一封信中曾引用过这类笑话作例子证明德国人的思想是认真而略带笨拙的。费奥多尔·米哈伊洛维奇向一位显然是个知识分子的先生问:

"Bitte,gnädiger Herr,Wo ist die Gemälde-Gallerie?"

"Gemälde-Gallerie?"

"Ja,Gemälde-Gallerie."

"Königliche Gemälde-Gallerie?"

"Ja,Königliche Gemälde-Gallerie."

"Ich weiss nicht."①

我们感到奇怪,既然他不知道美术馆在哪里,问得我们这么仔细干什么。

不过,我们很快就找到美术馆了,虽然离闭馆已不到一小时,我们决定还是进去。我丈夫匆匆经过所有的大厅,把我领到西斯廷圣母像②跟前,他认为这幅画是人类智慧的最高杰作。后来我看到我丈夫可以在这幅惊人之美的绘画前一连站上几小时,深受感动,流连忘返。可我要说,西斯廷圣母像给我的第一个印象是惊讶:我仿佛觉得,圣母抱着圣子凌空向行人飞来。后来我在 10 月 1 日去做通宵祈祷,走进基辅的(圣弗拉基米尔教堂)灯烛辉煌的神殿,看到画家瓦斯涅佐夫的天才作品时也有这种印象。圣洁的面容,带着关切又温柔的微笑的圣母向我走来,给我同样的印象,震撼我的灵魂,打动我的心灵。[……]

费奥多尔·米哈伊洛维奇做什么都喜欢井井有条,包括分配自己的时间,因而我们很快就建立起生活秩序,这样我们可以随心所欲地利用时间,谁也不会受到妨碍。丈夫在夜间工作,白天总要到十一点钟才起床。我和他一起用过早饭后,立即出发去参观某件 Sammlung③,在这种情况下,我的年轻人的求知欲得到

---

① 德语:"亲爱的先生,请问美术馆在哪里?"

　　"美术馆?"

　　"对,美术馆。"

　　"国王的美术馆?"

　　"对,国王的美术馆。"

　　"我不知道。"

② 见本书页 400。

③ 德语:收藏品。

充分的满足。我记得,无数的收藏品我一件也不漏,mineralogische, geologische, botanische① 以及其他等等,我都观看得极其认真仔细。但是两点钟左右我一定到美术馆(和所有科学方面的收藏品一样,就在那个茨威格尔博物馆里)。我知道,这时候我丈夫将到美术馆来,我们一起欣赏他喜爱的绘画,这些画自然很快也成了我喜爱的画。

费奥多尔·米哈伊洛维奇在绘画中最推崇拉斐尔的作品,认为西斯廷圣母像是拉斐尔作品中的杰作。他对提香的才能评价极高。尤其是名画《Der Zinsgroschen》(《纳税银》),《基督与钱币》,他伫足良久,目不转睛地观赏这幅描绘救世主的天才作品。至于其他画家的作品,费奥多尔·米哈伊洛维奇一到美术馆就弃其他瑰宝于不顾而去观赏,每次观赏都得到高度喜悦的,有《Maria mit dem kind》Murrillo,《Die heilige Nacht》Correggio,《Christus》Annibale Carraci,《Die büssende Magdalena》P. Battoni,《Die Jagd》Ruisdael,《Küstenlandschaft (Morgen und Abend)》Claude Lorrain②(这些风景画我丈夫称之为"黄金时代",在《作家日记》中提到过③),《Rembrand und seine Frau》Rembrandt van Rijn,《König Karl I von England》Anton Van-Dyk④,水彩画或粉笔画中,很重视《Das Schokolandenmädchen》Jean Liotard⑤。美术馆三点钟闭馆,我们便到附近的饭馆里吃饭。这家饭馆被称为"Italienisches Dörfchen"⑥,它的有遮檐的回廊就筑在河上。大窗户为你展示易北河两岸风光,天气晴朗的日子在这里进餐,观赏河上的种种动静是十分令人心旷神怡的。这里的饭菜比较便宜,但质量极佳,费奥多尔·米哈伊洛维奇每天都要一客"Blaues Asl"⑦,他爱吃鳗鱼,而且知道这里可以吃到刚捕到的鲜

---

① 德语:矿物学、地质学、植物学的(收藏品)。

② 牟利罗的《抱着圣子的马利亚》,柯勒乔的《神圣的夜》,阿尼巴·卡拉齐的《基督》;巴托尼的《忏悔的玛格达利娜》,雷斯达尔的《狩猎》,克劳德·洛兰的《海岸风光(晨与晚)》。

③ 克劳德·洛兰的《晨》与《晚》不在德累斯顿美术馆,是列宁格勒的爱尔米塔什美术馆收藏的。《晨》又名《雅各遇见拉结》。这幅画细腻传达爱情的恬静幸福的心情,和洛兰的另一幅画《阿西斯与伽拉忒亚》接近。陀思妥耶夫斯基说的"黄金时代"正是指《阿西斯与伽拉忒亚》,这幅画藏于德累斯顿美术馆,不过《晨》与《晚》充满了同样牧歌般的动人情调。

④ 伦勃朗·范·列因的《伦勃朗和他的妻子》,安东·凡·戴克的《查理一世像》。

⑤ 让·利奥塔尔的《做巧克力的姑娘》。

⑥ "意大利小村庄"。

⑦ 德语:"鳗鱼"。

货。他喜欢喝莱茵白葡萄酒，那时半瓶酒只要五戈比铜币。饭馆里有许多外国报纸，我丈夫看法国报纸。

在家里休息一阵后，六点钟我们到 Grossen Garten① 去散步。费奥多尔·米哈伊洛维奇很喜欢这个大公园，主要是因为它那英国式的漂亮的草地和繁茂的花卉树木。从我们家到公园，来回至少有六七俄里，我丈夫喜欢步行，很重视这种散步，即使下雨天也不停止，说是散步对我们有益。

那时公园里有一家"Zum grossen Wirtschaft"（"大饭店"），每天晚上时而演奏军队的铜管乐，时而演奏器乐。有时候是正经的音乐会的节目。我丈夫对音乐不内行，但很喜欢莫扎特的作品，贝多芬的《菲岱里奥》，门德尔松-巴尔托第的《Hochzeits-marsch》②，罗西尼的《Air du Stabat Mater》（《圣母哀歌》），听他喜爱的东西，他感到真正的愉快。费奥多尔·米哈伊洛维奇压根儿不喜欢瓦格纳。

我丈夫往往是在文学写作和其他方面用过脑力思索以后去作这种散步，而且总是情绪极好，讲讲笑话，放声大笑。我记得，音乐会节目单上常有 F. Von Suppe 的《Dichter und Bauer》③的变奏曲和集成曲。费奥多尔·米哈伊洛维奇由于一个情况而爱上了这些变奏曲：有一次我们信步往大公园走去，因为看法不同而争吵起来，我用尖刻的话语表示了自己的看法。费奥多尔·米哈伊洛维奇打断谈话，我们默默地走到饭店。我很懊丧，我为什么要破坏丈夫的愉快心情呢？为了使他快乐起来，等乐队演奏索贝歌剧中的集成曲时，我便说这歌剧是"写的咱们"，他是 Dichter（诗人），我是 Bauer（农夫），我合着乐队轻轻地唱起农夫的曲子。费奥多尔·米哈伊洛维奇喜欢我的这个想法，他跟着唱起诗人的咏叹调。这么一来，索贝使我们和解了。从那以后，跟着音乐轻轻吟唱主角的二重唱便成了我们的习惯：我丈夫唱诗人的声部，我跟着唱农夫的曲子。人家没有察觉我们的吟唱，因为我们总是坐在远处"咱们的橡树"下。欢声笑语不断，我丈夫肯定地说他和我在一起变得年轻了，咱们之间的年龄差别消失了。也发生过怪事：有一次，从"咱们的橡树"上落下一根小枝丫，掉在费奥多尔·米哈伊洛维奇的盛啤酒的大酒杯里，枝丫上还停着一只黑色的大甲虫。我丈夫嫌脏，不想

---

① 德语：大公园。
② 《婚礼进行曲》。
③ 冯·索贝的《诗人与农夫》。

喝那杯有甲虫浸在里面的啤酒,交给侍者,命他另外拿一杯来。侍者端着酒走了,我丈夫后悔不迭:为什么没想到先重新要一杯啤酒呢? 现在那侍者大概只把甲虫和枝丫捞出,又端着原来的那杯酒回来了。等到侍者来了,费奥多尔·米哈伊洛维奇问他:"怎么,您把那杯酒倒掉了?"那侍者回答:"干吗倒掉,我把它喝了!"从他那满意的神情看,他没有放弃多喝一杯啤酒的机会。

每天这样的散步代替了我们未结婚时的美妙的夜晚,使我们想起那时的夜晚充满了如许的欢乐、坦率和朴实。

九点半,我们回家,喝茶,然后坐定下来。费奥多尔·米哈伊洛维奇看他买来的赫尔岑的作品①,我写日记。我们结婚生活的最初一年半到两年间,我用速记写日记,仅在我生病期间稍有中断。[……]

我们思想分歧的理由之一是所谓"妇女问题"。论年龄我是六十年代的同时代人,我坚决拥护女权和妇女的独立,我对丈夫不满,因为照我的看法,他对妇女的态度是不正确的。我甚至认为这种态度是对我个人的侮辱,有时候就把这看法告诉他。我记得,有一次丈夫看见我快快不乐,便问我:

"安涅奇卡,你怎么这样呀? 我有什么事情委屈你了?"

"是的,委屈我了:不久前我们谈过女虚无主义者,你把她们痛骂了一顿。"

"你又不是女虚无主义者,干吗要生气呀?"

"我不是女虚无主义者,这话不错,但我是女人,听到你骂女人,我心里不好受。"

"哦,那你是什么样的女人呢?"我丈夫说。

"怎么什么样的女人?"我动气了。

"你是我的美妙的迷人的安涅奇卡,世界上独一无二的! 你是这样的人,而不是女人!"

由于年纪轻,我准备否认他那些过分吹捧的话,并且就要光火了,因为他不承认我是我自己所认为的那种女人。

我要说一句公道话,费奥多尔·米哈伊洛维奇委实不喜欢当时的女虚无主义者。她们否定一切女人气概,衣履不整,故作粗鲁的声调,都令他反感,他看重我的正是我身上截然相反的品格。后来,到了七十年代,这些人

---

① 见本书页 239 注④及页 400。

当中确实出现一批聪明、有教养、认真看待生活的妇女,这时费奥多尔·米哈伊洛维奇对待妇女的态度就完全两样了,他在《作家日记》中说,"俄国妇女大有希望"。[……]①②

　　我们在德累斯顿待了将近三星期,有一天丈夫讲起轮盘赌(我和他常常回忆我们怎样一起写作长篇小说《赌徒》),说了一个想法,眼下若是他一个人待在德累斯顿,他一定会去玩轮盘赌。这个想法丈夫又冒出来过两次,这时我不愿在什么事情上成为丈夫的障碍,便问他现在为什么不能去呢?费奥多尔·米哈伊洛维奇推说他不能撇下我一个人,两个人去费用又嫌贵。我就劝丈夫到戈姆堡去玩几天,并且使他相信,他不在时我不会出什么事情的。费奥多尔·米哈伊洛维奇试图推托,不过因为他自己很想去"碰碰运气",所以他同意去戈姆堡③,留下我让女店主来照料。尽管我勇气十足,但是等到车子开走了,我感到自己孤零零的一个人,我克制不住地伤心起来,放声大哭了。过了两三天,我开始收到从戈姆堡来的信,丈夫在信中告诉我,他赌输了,要求我寄些钱给他。我满足他的要求,但结果,寄去的钱他又输掉了,要求再寄。我自然又寄给了他。不过这种"赌徒"的焦急我是全然不了解的,所以我把它对我丈夫的健康的影响看得严重了。我想象,根据他的来信看,他留落在戈姆堡定会极其焦灼不安。我担心他旧病复发。我绝望地想到,我为什么要放他一个人去呢?为什么不跟他一起去,以便安慰他,劝解他呢?我觉得自己是个极端自私的人,几乎是个罪人,因为在他这样难受的时刻,我却丝毫不能给他以帮助。

　　八天后,费奥多尔·米哈伊洛维奇回到德累斯顿,极其快活、幸福,因为我不仅没有心疼输掉的钱而责备他,还亲自安慰他,劝他不要难过。

　　戈姆堡之行的失败,影响了费奥多尔·米哈伊洛维奇的情绪。他开始反复提到轮盘赌,后悔耗费掉的金钱,赌输了只怪他自己。他相信他有过许多机会,

----

① 《作家日记》。(《公民》杂志,1873 年,第 35 期)——安·格·陀思妥耶夫斯卡娅注

② 安·格·陀思妥耶夫斯卡娅指的是 1873 年《作家日记》中的第十五章:《谈谈吹牛》。陀思妥耶夫斯基用下述的话作结束:"在我们的妇女身上越来越多地呈现出真诚、坚毅、严肃、忠贞、追求真理与自我牺牲的品质;[……]妇女在事业上更坚定,更耐久;她比男人**更严肃认真**,她是为了事业本身而做事情,而不是仅仅做**给人看**。那么我们是否真的要期待来这个方面的巨大帮助呢?"(《1926—1930 年版全集》,第 11 卷,页 129;又见 1876 年的《作家日记》,同上,页 306—307,330—333)

③ 陀思妥耶夫斯基于新历 1867 年 5 月 4 日去戈姆堡,答应四天后回来,但是在那里一直逗留到 15 日。关于此事见安·格·陀思妥耶夫斯卡娅的《日记》,莫斯科,1923 年,页 46—86。

但他不善于把握时机,心急慌忙,经常改变赌注,尝试各种赌法,——结果输了。之所以这样是因为他太匆忙,独自一人去戈姆堡,却又心挂两头,一直惦记着我。再说从前去玩轮盘赌他只去两三天,身边总是只带少量的钱,这点钱,手气不顺的时候是支撑不了的。倘若他能到赌城去待上两三个星期,有若干数目的赌本,那么他大概能成功:他没有必要着急,可以采用那种稳当的赌法,不可能不赢,即使不赢个大数目,扳回输掉的本钱还是绰绰有余的。费奥多尔·米哈伊洛维奇说得那么自信,举了那么多例子来证明他自己的意见,把我也说得相信起来了。我们是否能在赴瑞士(我们是往那里去)的途中顺便到巴登-巴登去待上两星期左右呢?这个问题一提出,我就欣然表示同意,我认为赌钱时我若在场会起几分克制作用。我无论在哪里都无所谓,只要不跟丈夫分开。

我们最后决定收到钱后到巴登-巴登去待两个礼拜。费奥多尔·米哈伊洛维奇静下心来,动手把他始终没有写成的一篇文章改写,结束掉。这篇文章是关于别林斯基的①,我丈夫想把藏在心里的对这位著名批评家的看法一股脑儿说出来。别林斯基是费奥多尔·米哈伊洛维奇所器重的人。在尚未当面结识别林斯基之前,他就高度推崇别林斯基的才华,1877 年的《作家日记》②中还谈到这一点。

不过,在高度评价别林斯基的批评才能,因为鼓励他的文学才能而对其怀着真诚的感激之情的同时,费奥多尔·米哈伊洛维奇却不能原谅这位批评家对他的宗教观点和宗教信仰所持的讽刺的、几乎是亵渎神圣的态度。

费奥多尔·米哈伊洛维奇在与别林斯基的交往中所得到的许多不愉快的印象,可能是一些"朋友"在背后喊喊喳喳造谣生事的结果,他们先是承认陀思妥耶夫斯基的才能,大肆吹捧他,后来因为某些我不清楚的原因,他们又开始迫害

---

①　指陀思妥耶夫斯基的《我与别林斯基的相识》一文,原定是给巴比科夫的文学作品集《酒杯》用的。文章的手稿遗失。1873 年《作家日记》中《故友旧交》一章很可能是从这篇文章生发出来的。(见阿·多利宁对陀思妥耶夫斯基 1867 年 9 月 15 日给阿·尼·迈科夫的信所作的注解。陀思妥耶夫斯基在信中写到这篇文章的写作过程,见《书信集》,第 2 卷,页 388—389)若然如此,那就意味着陀思妥耶夫斯基企图讲到别林斯基的社会主义的观点和无神论的观点,这在书报检查制度存在的情况下不可能完全做到;不得不从文章中"删去"许多"极宝贵的事实"。(《书信集》,第 2 卷,页 36)关于陀思妥耶夫斯基对别林斯基的态度见本书页 106。

②　见《1926—1930 年版全集》,第 12 卷,页 27—33。

《穷人》的腼腆的作者，造他的谣言，写嘲讽他的打油诗①，千方百计惹得他发火②。

人家建议费奥多尔·米哈伊洛维奇写一篇"论别林斯基"的文章，他欣然接受这个很有意思的题目，他不打算一笔带过，而是郑重其事地写一篇文章奉献给别林斯基，说出自己对这位起先是亲爱的、后来对他又是那么怀有敌意的作家的最重要的肺腑之言。

显然，许多话费奥多尔·米哈伊洛维奇还没有酝酿成熟，许多话还得考虑，斟酌，决定，因此我丈夫不得不把这篇论别林斯基的文章改写了四五遍，结果还是不满意。1867 年 9 月 15 日，费奥多尔·米哈伊洛维奇在给阿·尼·迈科夫的信中写道："问题在于我得写完《我与别林斯基的相识》这篇该死的文章。不能拖延耽搁。况且，我连夏天都在写，这篇文章搞得我好苦，这样难写，拖到现在，最后咬牙切齿才把它结束掉。这事儿是因为我一时糊涂才动手去写这样的文章的。刚一动笔，立刻就知道我不可能写得符合书报检查制度（因为我想畅所欲言）。写十印张的小说也比这两印张容易！结果，我写这篇该死的文章，如果把复杂情况都算在里面，那就写了将近五遍，后来统统打上叉（作废），从写好的文章中重新改写。最后勉强敷衍成文，——但是蹩脚得叫人受不了。多少极其宝贵的事实我不得不删去。正如早就应该料到的那样，剩下的都是糟糕透顶的中庸之道的东西，真讨厌！"

这篇文章的命运叫人掉眼泪。作家康·伊·巴比科夫为了编集子约费奥多尔·米哈伊洛维奇写这篇文章，还付了两百卢布做定金。文章应当在将近秋天时写好，寄到莫斯科的"罗马"旅馆。费奥多尔·米哈伊洛维奇担心巴比科夫可能搬到别处去住，就请阿·尼·迈科夫帮忙，把稿子送给莫斯科的书商伊·格·索洛维约夫，由他转交巴比科夫。阿·尼·迈科夫照我丈夫的吩咐办了，也通知了我们。③ 我们在国外，一点也不知道文章是否发表了。只是在 1872 年，费奥多尔·米哈伊洛维奇接到某个书商的来信，要求把巴比科夫所约的那篇稿子让给

---

① 《涅瓦》1884 年第 4 期有雅·彼·波隆斯基的文章：《阿·雅·戈洛瓦乔娃-帕纳耶娃的回忆录》。——安·格·陀思妥耶夫斯卡娅注

② 关于这一点，见本书第一卷安年科夫、格里戈罗维奇及戈洛瓦乔娃-帕纳耶娃等人的回忆录。

③ 阿·尼·迈科夫 1867 年的信。——安·格·陀思妥耶夫斯卡娅注

他，并且告诉我们，集子没有编成，康·伊·巴比科夫已经死了。我丈夫非常担心稿子丢失，况且他花了许多工夫在上面，文章尽管不尽如人意，还是敝帚自珍的。我们开始寻找，稿子可能丢失在哪里呢？我们也请莫斯科的书商协助寻找，结果却很惨：影踪全无。我个人对此很觉得惋惜，因为根据我当时的印象和我的速记本上的记载，这篇文章是写得才气横溢、引人入胜的。

六月底，我们收到《俄国导报》编辑部寄来的钱，立即准备启程。我怀着真诚的遗憾的心情离开德累斯顿，我在这里那么幸福而美好地度过了一段时光。我隐约预感到在新的环境中我们的心情会大大改变。我的预感应验了：回想在巴登-巴登度过的五个礼拜，重新看看用速记写的日记，我相信，这是一场噩梦，完全控制了我的丈夫，给他套上沉重的枷锁。

费奥多尔·米哈伊洛维奇说的用他的方法去赌轮盘赌有可能赢钱的所有议论是完全对的，完全可能成功，不过有个条件，运用这个方法的须是冷静的英国人或德国人，而不是像我丈夫那样神经质的、容易入迷而且各方面都爱走极端的人。但是除了冷静和克制之外，玩轮盘赌还得有大量的钱，才能在手气不顺的时候顶过去。在这方面费奥多尔·米哈伊洛维奇也有欠缺：相对说来，我们的钱不多，手气不顺的时候完全没有可能到什么地方去搞钱来。这样过不了一星期，费奥多尔·米哈伊洛维奇便把现钱全部输光了，他立即焦急起来：从哪里去搞些钱来继续赌下去呢？不得已只好去典当东西。但是即使在典当东西，丈夫有时也还是控制不住自己，把当来的钱又输了个精光。有时候他输得只剩最后一枚塔列尔①，突然手气又转了，于是他带回家几十个腓特烈金币。我记得他有一次带回来满满一袋钱，我数了数，里面有二百一十二枚腓特烈金币（每一枚值二十塔列尔），就是说，有将近四千三百塔列尔。但是这些钱在我们手里保存了没多久。费奥多尔·米哈伊洛维奇熬不住：赌博的激动还没有平静下来，他拿了二十枚硬币去，输掉，回来再拿二十枚，又输掉，如此这般，两三小时内几次三番回家拿钱，终于把钱全部输光了。我们又去典当，不过因为我们值钱的东西不多，这种来源也迅即告罄。与此同时，债务却在增加，我们自己也感觉到，因为事出无奈，只好欠女房东的钱。她是个爱吵嘴的女人，看到我们陷入困境，她便恬不知耻地怠慢我们，不给我们各种方便，按照我们跟她订的契约，我们原是有权

---

① 德国旧银币，值三马克。——译者注

享受这些方便的。写了几封信给我的母亲,苦恼地等待她寄钱来,但是寄来的钱不是当天就是第二天又在赌博中输去,我们只能稍微偿付一些刻不容缓的债务(房钱,饭钱,等等),又不名一文地坐守在家,心里寻思,我们该怎么去张罗到一笔数字可观的款子,还清欠债,最终离开这座地狱呢? 这时已不想赢钱了。

我对自己说,我以极大的冷静忍受这"命运的打击",这是我们自作自受。在我们最初损失金钱焦急了一阵之后,我形成了一个坚定的看法:费奥多尔·米哈伊洛维奇不会赌赢,就是说,他也许会赢钱,说不定赢一大笔钱,不过这笔钱当天又会输掉,不会超过明天,无论我怎样向丈夫恳求、劝导、说服,叫他不要去赌轮盘赌或者不要继续赌博,都不会起作用的。

起先我觉得奇怪,这个费奥多尔·米哈伊洛维奇,他以那样的勇气经受了他的生活中多种多样的苦难(要塞囚禁,绞刑台,流放,亲爱的哥哥和妻子的死),他怎么没有毅力控制自己呢? 输了一笔钱就应适可而止,不要去作孤注一掷的冒险。我觉得这样甚至有几分卑劣,与他那高尚的禀性不相称,承认我亲爱的丈夫有这一缺点,我感到痛苦,难堪。但是我很快就明白了,这不是普通的"意志软弱",而是吞噬人的嗜好,一种自发性的现象,即使性格坚强的人也无法与之抗衡。只能容忍,把喜欢赌博看作是一种不治之症。唯一的斗争方法是逃避。然则在收到俄国寄来的大笔款子之前,我们无法逃离巴登。[……]

看到费奥多尔·米哈伊洛维奇自己怎样痛苦,我真是痛彻心肺:他从轮盘赌场回来(他认为规矩的年轻妇女到赌场去不合适,从来不带我去),总是脸色苍白,疲惫不堪,几乎站也站不住,向我要钱(他所有的钱都是交给我的)。他走了,过了半个钟头他回来拿钱,神情更加沮丧,直到把我们有的钱全部输光。

等到没有钱去赌轮盘赌,也没有地方去搞钱的时候,费奥多尔·米哈伊洛维奇往往苦恼不堪,号啕大哭,跪在我面前,请求我原谅他因自己的行为而给我带来痛苦,他陷于彻底的绝望。于是我得费好大的力气说服他,劝他,安慰他,说是我们的处境还不是那么没有希望,设法把他的思想和注意力转移到其他事情上去。在我能这样做的时候,我是多么满意、多么幸福啊,我带他到阅览室浏览报纸,或者进行长时间的散步,这对丈夫总是有好的影响。在等待钱寄来的漫长的时间里,我和丈夫在巴登四郊漫步了几十俄里。这时他又恢复了无忧无虑的好情绪,我们接连几个小时海阔天空、天南地北地闲聊。我们最喜爱的散步场所是在 Neues Schloss(新城堡),从那儿沿着美妙的林木葱郁的小径信步走到老城堡,到了那里我们必定喝牛奶或咖啡。我们朝远处的埃伦布赖特施泰因堡走去（离巴登约八俄里），在那里吃饭，回来时太阳已经快落山了。我们的散步是美好的，谈话又是那样富有情趣，我倒是希望彼得堡一直不要寄钱来，尽管我们缺钱，而且和旅店女主人的关系也不愉快。但是钱寄来了，我们如此可爱的生活变成了一场噩梦。

我们在巴登没有一个熟人。有一次，我们在公园里遇到作家冈察洛夫，我丈夫介绍我与他相识。他的模样使我想起彼得堡的官吏，他的谈吐我觉得也平淡得很，因而我对新结识的朋友有几分失望，我甚至不愿相信这就是《奥勃洛莫夫》的作者，这部小说是我所赞赏的。

费奥多尔·米哈伊洛维奇也曾去看过当时住在巴登-巴登的屠格涅夫。从他那儿回来，我丈夫非常气愤，把他同屠格涅夫的谈话①详详细细告诉了我。

离开巴登-巴登，我们在国外生活的狂热时期也随之而结束。［……］

起先我和丈夫幻想着从巴登到巴黎去，或者悄悄到意大利，但是计算一下手头的钱，我们决定在日内瓦逗留一个时期，等情况好转，再迁居到南方。去日内瓦的途中，我们在巴塞尔停留一天，目的是看看当地博物馆中的一张画，我丈夫听人家给他讲过。② 这张画是汉斯·霍尔拜因的手笔，绘的是耶稣基督遭受惨无人道的折磨，被人从十字架上抬了下来，已经腐烂。脸孔发肿，布满了血淋淋的伤痕，模样十分可怕。这幅画给费奥多尔·米哈伊洛维奇以压抑的印象，他站在这幅画前，好像为它所震惊。③ 我不能看这张画，它给我的印象太难受了，尤其是我有病在身，所以我溜到别的大厅里去了。十五至二十分钟以后，我回来，发现费奥多尔·米哈伊洛维奇依旧呆呆地站在这幅画跟前。激动的脸上像是有种惊骇的神情，他以往癫痫发作的开头片刻，我屡次发现过这种神色。我轻轻挽起丈夫的手，带他到另外一间大厅，让他坐在凳子上，随时等待他癫痫发作。总

---

①　这场谈话，安·格·陀思妥耶夫斯卡娅的《日记》中有记载，见本书页412—413。（又见《书信集》，第2卷，页30—32,384—387）两个作家的争吵成了文学界飞短流长的话题。屠格涅夫去世后，耶·迦尔洵在回忆录中谈及此事（《历史通报》，1883年，第11期），但是作者在文中有许多不准确的记述，故而后来巴尔捷涅夫又谈及此事（《俄国档案》，1884年，第3期）。

②　去日内瓦途中参观巴塞尔博物馆的情况见本书页137—138。

③　这幅画的印象反映在长篇小说《白痴》中。——安·格·陀思妥耶夫斯卡娅注

算幸运,病未发作:费奥多尔·米哈伊洛维奇稍稍平静了些,离开博物馆的时候他执意要再去看一次那幅使他如此震惊的画。

　　到达日内瓦,我们当天就去寻找带家具出租的房间。我们走遍所有的主要街道,看了许多 chambres garnies①,没有丝毫令人满意的结果:不是房钱太贵,我们租不起,就是人多,太嘈杂,于我的身体状况不合适。只是到了傍晚,我们才找到一套房间,对我们完全适合。这套房间位于 rue Guillaume Tell(纪尧姆·泰尔街)和 rue Bertellier(贝尔特利埃街)拐角上一幢房子的二楼,相当宽敞,从中间一扇窗户看得见罗讷河上的桥和让-雅克·卢梭岛。我们也很喜欢女房东——两个年纪很老的老处女,m-lles Raymondin(雷蒙丹小姐)。她们俩很殷勤地欢迎我们,对我那么亲切,我们不再犹豫,当即决定寄居在她们家。

　　我们开始我们的日内瓦生活,身边带的钱很少:预付给女房东一个月的房租,在到达的第四天,我们总共只剩下十八法郎了,不过我们估计会收到五十卢布的。②靠少量的钱过日子,我们已经习惯了,等这些钱用完,我们就靠当东西过日子。因此,起初我们觉得生活还是很愉快的,尤其是经过不久以前那场焦虑之后。

　　在这里,也像在德累斯顿一样,我们的日子安排得井然有序:费奥多尔·米哈伊洛维奇夜里写作,白天十一点钟之前不会起床。和他一起用过早餐以后,我出去散步,那是医生嘱咐我的;费奥多尔·米哈伊洛维奇则工作。下午三点钟我们到饭店进餐,饭后我休息,丈夫送我回家,顺路到 rue du Mont-Blanc(勃朗峰街)的咖啡馆,那里有俄国报纸,看上两小时左右《呼声报》、《莫斯科新闻》及《彼得堡公报》等。再浏览外国报纸。晚上七点钟光景,我们去作长时间的散步,为了不让我感到疲劳,我们常常在豪华的百货商店灯光灿烂的橱窗前停留片刻,费奥多尔·米哈伊洛维奇就在心里挑选那些贵重物品,他若是有了钱,他就要买了送给我。应当说句公道话:我丈夫有艺术鉴赏力,他打算买的几件贵重物品都是令人神往的。

　　晚上,不是口授新作品,便是阅读法文书,我丈夫督促我有系统地阅读和研究一个作家的作品,不要被其他作家的作品分散了注意力。

―――――――――――

①　法语:带家具(出租)的房间。

②　费·米·陀思妥耶夫斯基,《传记与书信》,页176。——安·格·陀思妥耶夫斯卡娅注

　　费奥多尔·米哈伊洛维奇高度评价巴尔扎克[①]和乔治·桑[②]的才能,我逐步反复看了他们的所有小说。我们在散步时便对我所读的作品进行交谈,丈夫向我解释看过的作品的种种优点。我不由得感到惊奇,费奥多尔·米哈伊洛维奇常常忘记不久前发生的事情,却清楚地记得他心爱的两个作家的小说中主人公的名字和情节。我记得丈夫特别推崇《Père Goriot》(《高老头》)——长篇史诗《Les Parents pauvres》(《穷亲戚》)的第一部[③]。费奥多尔·米哈伊洛维奇自己在1867至1868年冬天重读了维克多·雨果的著名长篇小说《Les humiliés et les offensés》[④]。

　　在日内瓦我们几乎没有一个熟人。费奥多尔·米哈伊洛维奇结交新朋友总是非常拘谨。他在日内瓦遇到一位老朋友——尼·普·奥加辽夫,著名诗人,赫尔岑的朋友,他们以前就是在赫尔岑处相识的。奥加辽夫经常上我们家来,带来书籍和报纸,有时还借给我们十个法郎,我们一有了钱马上还他。费奥多尔·米哈伊洛维奇很看重这位诚恳的诗人的许多诗作,我们俩对他的光临总是非常高兴。奥加辽夫当时年事已高,和我特别要好,为人非常和蔼可亲,使我惊奇的是他对待我像对待一个女孩子,不过我当时确实也还是个女孩子就是了。使我们极为遗憾的是大约过了三个月之后,这个善良的优秀人物的来访便停止了。他发生了不幸的事情:回城外别墅去的时候,奥加辽夫癫痫发作,跌倒在路旁的水沟里,摔断了腿。因为事情发生在黄昏时分,路上行人稀少,可怜的奥加辽夫躺

---

　　①　陀思妥耶夫斯基对巴尔扎克的创作的态度见本书格里戈罗维奇的回忆录。

　　②　大家知道,陀思妥耶夫斯基在1844年翻译过乔治·桑的作品。(《书信集》,第1卷,页71)他对她始终保持热情洋溢的态度,和四十年代的别林斯基的态度相同。别林斯基的关于崇高的文学形式——"社会小说"的思想是在乔治·桑的作品的影响下产生的,为自然派(屠格涅夫、格里戈罗维奇、陀思妥耶夫斯基等)所接受。《当代》第1期上,陀思妥耶夫斯基回忆青年时代时写道:"我们如饥似渴地只拿乔治·桑一个人的东西来看,天哪,那时我们看得多么入迷!"陀思妥耶夫斯基始终不渝地拿四十年代的主导思想和她的名字联系在一起。(《关于俄国文学的几篇文章》,《1926—1930年版全集》,第13卷,页49;《故友旧交》,同上,第11卷,页9)在致乔治·桑的悼词中,他称她为"预见到人类所期待的、比较幸福的前途的最有远见的先驱者之一,她一辈子都精神振奋地、豁达地相信人类的理想会达到"。(同上,页314—315)

　　③　安·格·陀思妥耶夫斯卡娅搞错了:《高老头》不是《穷亲戚》的第一部,《穷亲戚》的第一部是长篇小说《贝姨》。

　　④　无疑是指雨果的《Les Misérables》(《悲惨世界》)。陀思妥耶夫斯卡娅在这里错把陀思妥耶夫斯基的《被侮辱与被损害的》的通常译名《Les humilliés et les offensés》当作《悲惨世界》了。

在水沟里一直到天亮,得了重感冒。朋友们把他送到意大利去治疗,这么一来我们失去了在日内瓦的唯一可以与之愉快地见面、闲谈的朋友。

1867年9月初,和平代表大会①在日内瓦举行,朱赛帕·加里波第来参加开幕式。人们对他的莅临十分重视,城里为他准备了盛大的欢迎仪式。我和丈夫也到勃朗峰街去,加里波第从铁路来必定经过这条马路。家家户户用花草和小旗子装饰得五彩缤纷,成群的人聚集在他经过的路上。加里波第穿着他的别致的衣服,站在马车上,向兴高采烈地欢迎他的人群挥舞着小帽子答礼。我们在很近的地方看到加里波第,我丈夫发现意大利英雄有一张极其讨人喜欢的脸,和善的笑容。

我们对和平代表大会感到兴趣,去参加了第二次会议,听了近两个钟头发言者的演说。费奥多尔·米哈伊洛维奇从这些演说中得到的印象是极不愉快的,他在给伊万诺娃·赫梅罗娃的信中写了下述的话:"他们一开始就说,为了得到世界上的和平,应当消灭基督教的信仰,大国应当消灭,分别成立小国,所有资本家都滚蛋,使一切东西根据一声命令归大家所有,等等。这一切没有一点儿论据,二十年前就听得会背了,可是一切依旧如故啊。要紧的是火与剑,——等一切消灭了,那时,照他们的意见,和平就来临了。"②

遗憾的是,我们很快就不得不为选择日内瓦作长期居住地而后悔了。秋天刮起强劲的旋风,所谓bises(东北风),天气一日数变。这种变化使我丈夫的神经很难受,癫痫发作的次数大大增加。这种情况使我极度不安,也使费奥多尔·米哈伊洛维奇闷闷不乐,主要是因为该着手工作了,可是经常发病大大妨碍了工作。

1867年的秋季,费奥多尔·米哈伊洛维奇忙于仔细拟订提纲,写作《白痴》,这部长篇预定是给《俄国导报》1868年开头几期刊用的。③ 这部小说的思想是

---

① 第一届"和平与自由同盟"大会1867年9月9日至12日在日内瓦召开。会上出现极不相同的各种政治派别。陀思妥耶夫斯基对大会持完全否定的态度。(1867年9月15日给阿·尼·迈科夫的信——《书信集》,第2卷,页36—38)

② 引文出自1867年10月11日给索·亚·伊万诺娃的信,但不准确。(《书信集》,第2卷,页44—45)

③ 关于《白痴》的构思经过及写作过程见《陀思妥耶夫斯基的档案材料。未出版的材料。〈白痴〉》,帕·恩·萨库林及恩·弗·别利奇科夫编,国家文学出版社,1931年,莫斯科-列宁格勒。《白痴》发表在《俄国导报》1868年第1、2、4—12期,第四卷第八至十二章发表在1869年二月号的附页上。

"古老而可爱的——描绘一个真正美好的人",不过费奥多尔·米哈伊洛维奇似乎觉得这个任务是"无限的"①。这一切使我丈夫容易激动。糟糕的是在这以外他又增加了不安的心情,担心(尽管根本是没有道理的)我和他两个人在一起,待在"荒无人烟的岛上",——如同他给阿·尼·迈科夫的信中所说的②③——处于完全隔绝状态,我会不会感到寂寞。无论我怎样想方设法说服他,使他相信,我十分幸福,什么也不需要,只要和他待在一起,只要他爱我。可是我的劝说没有什么用,他苦恼,为什么他没有钱到巴黎去,给我消遣,譬如上剧院,参观卢浮宫。④ 当时丈夫对我很不了解!

总之,费奥多尔·米哈伊洛维奇闷闷不乐,这时,为了排遣他的愁闷心情,我给他出主意,要他到 Saxon les Bains(萨克森海滨浴场)去,再在轮盘赌上"试一试运气"(萨克森海滨浴场离日内瓦五个钟头左右的路程,当时那里有一家轮盘赌赌场,现已关闭)。费奥多尔·米哈伊洛维奇赞成我的主意,在 1867 年 10 至 11 月到萨克森去了几天。果然不出我所料,他去玩轮盘赌钱财上并没有带来好处,却得到另外一个良好的结果:旅行,换个环境,重新体验一下暴风骤雨般的感受⑤,从根本上改变了他的心情。回到日内瓦后,费奥多尔·米哈伊洛维奇热情充沛地干起中辍了的工作,在二十三天之内为《俄国导报》一月号写出将近六印张(九十三页)的作品。

长篇小说《白痴》已经写好的部分费奥多尔·米哈伊洛维奇觉得不满意,说第一部是失败的。⑥ 顺便说一句,我丈夫对自己总是过分严格,他对自己的作品很少肯定。费奥多尔·米哈伊洛维奇对自己的小说的中心思想时常是很欣赏、很喜欢的,酝酿过很久,但在自己的作品中体现中心思想却几乎总是很不满意,只有极少数是例外。

---

① 引自 1868 年 1 月 1 日给索·亚·伊万诺娃的信。(《书信集》,第 2 卷,页 71)

② 《传记与书信》,页 180。——安·格·陀思妥耶夫斯卡娅注

③ 见 1868 年 2 月 18 日给阿·尼·迈科夫的信。(《书信集》,第 2 卷,页 78)

④ 《传记与书信》,页 181。——安·格·陀思妥耶夫斯卡娅注

⑤ 1867 年 11 月 17 日给我的信。——安·格·陀思妥耶夫斯卡娅注

⑥ 1868 年 1 月 12 日陀思妥耶夫斯基写给阿·尼·迈科夫的信中谈到对小说开头几章的不满,担心小说的完整性。

　　我记得,1867 年冬,费奥多尔·米哈伊洛维奇对轰动一时的乌梅茨基家案件①的详情细节颇感兴趣,以至他曾打算把案件的女主角奥尔迦·乌梅茨卡娅作为自己新的小说的女主人公(在计划的初稿中)。他的笔记本中以原来的姓名记载着她。他很遗憾,我们不在彼得堡,否则他一定会用自己的言论评述这一案件。

　　我也记得 1867 年冬天,费奥多尔·米哈伊洛维奇对不久以前实行的陪审员审判制极其感兴趣。有时他甚至为他们的公正、合理的判决感到欣喜,受到感动,把他在报上看到的、跟诉讼活动有关的一切著名的案例告诉我。②

　　时光流逝,我们增添了一桩心事:我们所等待的我们生活中的一件大事——我们第一个孩子,是否能顺利地降生? 我们的心思和幻想主要集中在面临的这件事情上,我们俩已经充满柔情地爱着我们未来的孩子。我们意见一致,决定如果将来是个女儿的话,叫她索菲娅(我丈夫想叫她安娜,可我不同意),以纪念我丈夫所喜爱的外甥女索菲娅·亚历山大罗夫娜·伊万诺娃,也是为了纪念"索涅奇卡·马尔美拉多娃",我也为她的不幸而落泪。如果生的是儿子,那就叫他米哈伊尔,以纪念我丈夫的心爱的哥哥米哈伊尔·米哈伊洛维奇。

　　我怀着最强烈的感激之情回忆起费奥多尔·米哈伊洛维奇对待我的虚弱的身体是多么关切、爱护,他怎样保护我,为我操心,不断地提醒我,说是剧烈行动于我有害,我因为缺少经验却没有给予应有的重视。最慈爱的母亲也不会像我亲爱的丈夫那样保护我。

　　来到日内瓦后,第一次收到钱时费奥多尔·米哈伊洛维奇就坚持要去看最

　　① 乌梅茨基家案件报告刊登在《呼声报》(1867 年 9 月 26、27、28 日,第 266、267、268 期)及《莫斯科报》(1867 年 9 月 23、24 日,第 136、137 期)。十四岁的奥尔迦·乌梅茨卡娅受到她的父母的极残酷的折磨。她企图自杀未成,曾四次试图放火烧掉父母的庄园。陪审员认为奥尔迦是对的,她的父母有罪。乌梅茨基家案件只出现在长篇小说《白痴》的草稿中,在定稿上没有反映出来。

　　② 1864 年司法改革以及实行陪审员制的审判活动不仅在 1867 年陀思妥耶夫斯基创作《白痴》时引起他的兴趣(小说中大量反映了当时的司法的实际状况),在以后几年也引起他的兴趣。关于这一点,例如,1873 年的《作家日记》上陀思妥耶夫斯基以《环境》一文发表意见,文中他不同意"环境哲学",提出个人完善的要求:"自己变好之后,我们将改造环境,使之更加美好。"(《1926—1930 年版全集》,第 11 卷,页 14)他从陪审员制的活动中看出这种"没有说出来的、无意识的"思想。在《卡拉马佐夫兄弟》中也广泛议论了新的审判工作的原则。

好的妇产科医生,请他介绍一位 sage-femme①,让她来照料我,每星期来看望我。临产前一个月才弄清楚一件事实,让我十分感动,也让我知道,我丈夫对我体贴关怀到多么细致入微的程度。m-me Barraud(巴劳德太太)有一次上门检查时问我,我们哪个朋友和她住在同一条街上,因为她经常在那里遇到我丈夫。我纳闷,不过我想到她搞错人了。我问起我丈夫;他起初推托,但后来说了:巴劳德太太住在从日内瓦商业要道 rue Basses(巴塞街)通往山里的无数街道中的一条街道上。这些街道陡峭,马车不容易到达,彼此又非常相像。费奥多尔·米哈伊洛维奇认为我也许会突然临产,也许在夜间分娩,可能需要这位太太的帮助。他自己认地方的记性靠不住,所以就把这条街当作散步的目的地,每天看报以后经过巴劳德太太的房子,而且要多走过五六家再折回来。我丈夫在最后三个月一直作这样的散步,在他已经患了哮喘病的时候还去登陡峭的山,真是不小的牺牲。我要求丈夫别去走这一趟路,别跟自己为难了,他还是继续他的散步。后来他得意扬扬地说,在事情来临的困难时刻,认识街道和巴劳德太太的家对他有用,他能在半暗不明的大清早迅速找到她,领她到我的身边。[……]

为了写长篇小说,我们连续不断地共同工作,还要应付其他烦心的事情,冬天就这样迅速过去了。1868 年的二月来临,那件既令人向往又使我们焦灼不安的事情终于发生了。

年初的时候日内瓦天气晴朗,可是从二月中旬起天气骤变,每天是狂风暴雨。气候的骤然改变照例刺激费奥多尔·米哈伊洛维奇的神经,他在短短的一段时间内癫痫症两次发作。第二次发病来势很猛,2 月 19 日夜里病倒,很消耗他的体力,次日早晨起来,他几乎连站也站不住。他昏昏沉沉地度过了一天。看到他这样虚弱,我劝他早点睡觉,他在七点钟就睡着了。他睡熟不到一个钟头,我就觉得肚子痛,起先还轻微,可后来一个钟头一个钟头过去,越来越痛。因为痛得很有特点,所以我明白是临产了。我忍了将近三个钟头,临了,我害怕起来,担心没人来照料我,无论我多么不忍心去打扰我有病的丈夫,我还是决定喊醒他。于是我轻轻推了推他的肩膀。费奥多尔·米哈伊洛维奇迅速从枕头上抬起头来,问道:

"你怎么样,安涅奇卡?"

① 法语:女助产士。

"好像开始了,我很不好受!"我回答。

"我亲爱的,我多么心疼你!"我丈夫用十分怜惜的声音说,他的头突然倒在枕头上,顷刻之间又沉沉睡去。他情意真挚,同时又束手无策,使我极为感动。我明白,费奥多尔·米哈伊洛维奇眼下的情况不可能去叫女助产士,不给他长时间的睡眠以恢复他那受损的神经,可能引起新的发作。[……]

快到早晨时,疼痛加剧,七点钟光景,我决定喊醒费奥多尔·米哈伊洛维奇。[……]

除了临产时的普通阵痛之外,我还为我这副痛苦的样子会影响刚发过癫痫且又心绪不佳的费奥多尔·米哈伊洛维奇而感到难受。他的脸上流露出那样的痛苦,那样的绝望,有时我看见他在号啕大哭,因而我自己也开始害怕了:我是不是快要死了?回想起当时的思想和感情,我要说,与其说我是可怜自己,不如说是可怜我的丈夫,我若死去,对于他可能是一场灾难。我当时意识到,我亲爱的丈夫把多少热烈的希望与期待维系在我以及我们未来的孩子身上。以费奥多尔·米哈伊洛维奇的急躁和脆弱的性格,这些希望突然破灭很可能送了他的命。我为丈夫着急和激动可能造成分娩推迟。巴劳德太太也发觉这一情况,她终于禁止丈夫进入我的卧室,说服他,他那绝望的样子影响我的分娩。费奥多尔·米哈伊洛维奇听从她的劝说,可是我却更为不安了,在阵痛的间歇,我一会儿请求女助产士,一会儿要求 gardemalade(助理护士)去看看我丈夫在做什么。她们一会儿告诉我,他跪在那里祷告,一会儿说他双手蒙脸,坐在那里沉思。我的阵痛一个钟头比一个钟头厉害;我不时失去知觉,醒过来时看到陌生的助理护士凝然注视着我的黑眼睛,我害怕了,不知道身在何处,发生了什么事情。最后,(俄历)2 月 22 日凌晨五时左右,我的痛停止了,生下了我们的索尼娅。事后费奥多尔·米哈伊洛维奇告诉我,他一直在为我祈祷,在我的呻吟声中他忽然听到一种奇怪的、仿佛是孩子的声音。他不相信自己的耳朵,等孩子又一声叫时,他明白是孩子生下来了,他欣喜若狂,一跃而起,奔到关着的房门跟前,用猛力推开,一下子扑到我的床旁边跪了下来,连连吻我的手。我也感到万分幸福,因为我的疼痛停止了。我们两人都那么激动,在开头的五分到十分钟,都不知道我们生的是男是女。我们听到一个在场的女士说:"un garçon, n'est-ce pus?"①另一位女士回

---

① 法语:"一个男孩子,是吗?"

答:"Fillette,une adorable fillette !"①我们俩是这样幸福,无论生的是男是女,我和丈夫同样高兴,我们的夙愿实现了,我们的头生子女,上帝赐予的新人出世了。

与此同时,巴劳德太太已给婴儿穿好衣服.祝贺我们生了个女儿,把她包在白色褓裸里抱来给我们看。费奥多尔·米哈伊洛维奇虔诚地给索尼娅画十字,吻了吻她那皱巴巴的小脸,说:"安尼娅,你瞧瞧,咱们的孩子多漂亮!"我也给女儿画了十字,吻了吻她;看着丈夫的高兴又感动的脸上充满了幸福的神情,我也为我亲爱的丈夫而高兴;他这样欣悦的脸色我至今没有看见过。

费奥多尔·米哈伊洛维奇欣喜若狂,拥抱了巴劳德太太,和助理护士几次紧紧地握手。女助产士告诉我,在她一辈子的多年的行医生涯中,没有见过新生儿的父亲如此激动、如此不知所措像我丈夫那样的,她一再反复地说:"oh,ces russes,ces russes!"②她派助理护士到药房去拿什么东西,要费奥多尔·米哈伊洛维奇坐下来看住我,别让我睡着。③[……]

我们家里建立起相应的秩序,生活开始了,它给我永远留下了最愉快的记忆。我真幸运,费奥多尔·米哈伊洛维奇原来是个极温柔体贴的父亲:女儿洗澡时他必定参加,帮我忙,亲自替她包好舒适的小被子,用英国别针别好,抱在手臂上,轻轻摇着;一听到她的声音便撂下自己的工作,奔到她身边去待着。他睡觉醒来或回家来首先问:"索尼娅怎么样? 好吗? 睡得好吗? 吃过了吗?"费奥多尔·米哈伊络维奇一连几个小时坐在她的小床边,一会儿为她唱歌,一会儿跟她说话,而且,当她长到三个月时,他确信,索涅奇卡认识他,因而他在1868年5月18日写信给阿·尼·迈科夫说:"这个小东西,三个月的小人儿,这么个小可怜儿,这么个小不点儿,——对我来说却已经是个人物,是个角色了。她开始认识我,爱我,我走过去时,她笑了。我用我那可笑的嗓子为她唱歌,她喜欢听。我吻她时,她不哭,也不皱眉头;她哭时,我走过去,她就不哭。"

然而我们享受宁静幸福的时间并不久。五月初天气非常好,我们根据医生的坚持的意见,每天带着我们心爱的小宝贝到Jardin des Anglais(英国花园),在

---

① 法语:"女孩子,迷人的女孩子!"

② 法语:"啊,这些俄国人,这些俄国人!"

③ 长篇小说《群魔》中,在沙托夫的妻子临产这一场面中,费奥多尔·米哈伊洛维奇详尽描写了我们第一个女儿出生时他自己的许多感受。——安·格·陀思妥耶夫斯卡娅注

花园里,她在小车上睡两三个小时。有一天是倒霉的日子,在作这样的散步时天气骤然变了,刮起了寒冷的东北风,女孩子显然着凉了,因为当天夜里她体温升高,咳嗽起来。我们立即去找最好的儿科大夫,他每天上门来看病,安慰我们说女孩子的病会好的。甚至在她死之前的三个钟头,他还说小病人好得多了。不管他怎么劝说,费奥多尔·米哈伊洛维奇还是什么事也不能做,几乎不离开她的摇篮。我们俩深为不安,我们的不祥的预感应验了:(俄历)5月12日白天,我们亲爱的索尼娅死了。我们看着我们可爱的女儿死去,我无法描述向我们袭来的悲痛。我为女儿的死而深深感到震惊和悲痛,又为不幸的丈夫焦虑万分:他的绝望之感难以抑制,他号啕大哭,呜呜咽咽,像个女人,站在他的心肝宝贝的僵冷的尸体之前,在她的惨白的小脸上,小手上,到处热烈地亲吻。这样难以抑制的绝望感我以后再也没有看见过。我们俩似乎都觉得我们忍受不了我们的悲痛。两天工夫我们俩一刻也不分离,一起到各机关奔走,以取得准许埋葬我们的小女儿。我们一起订购殡葬她所需的一切用品,一起替女儿穿上白缎子的连衣裙,一起把她放进盖着缎子的白色小棺材,我们哭了,无法抑制地哭了。看着费奥多尔·米哈伊洛维奇的样子真可怕,他本来就瘦,索尼娅生病一个星期里,他更瘦了。第三天,我们把小宝贝送到俄国教堂去做安魂祈祷,然后从教堂送到Plain Palais的墓地,把她安葬在儿童墓区。几天后她的坟墓周围种满了柏树,柏树中间竖起白色大理石的十字架。我和丈夫每天到墓地去,带去鲜花,哭上一场。我们要离开我们的心肝宝贝时真是难受极了,我们已经那么真挚地、深沉地爱她,我们已经把那么多的幻想与希望同她的在世联系在一起!

继续待在日内瓦,一切都使我们想起索尼娅,那是没有意思的了,我们决定立即实行我们设想已久的打算,搬到同在日内瓦湖畔的Wevey(沃韦)去。[……]

我将永远也不会忘记无穷悲哀的一天,我们把行李送上轮船以后,最后一次到我们亲爱的女儿的墓地去告别,为她放上临别的花圈。整整一个钟头,我们坐在墓碑脚下哭着,回忆着索尼娅,失去了亲人的我们终于走了,犹屡屡回头去望她的最后的安息之所。

我们所乘的轮船是一艘货船,我们这一头的旅客人数寥寥无几。那天天气暖和,但是阴霾沉沉,就像我们的心情。受了向索涅奇卡的坟墓告别的影响,费奥多尔·米哈伊洛维奇极为激动,内心激荡,这时我听到他生平第一次沉痛地抱怨那一辈子与他作对的命运(他很少发牢骚)。他一边回忆,一边给我讲他心爱的母亲死后,他那悲惨而又孤独的青年时代,回顾了文学界的同行们的嘲笑,他们起初承认他的才能,后来又残酷无情地侮辱他。他回顾服苦役的情况,四年服役他吃了多少苦。他讲到他幻想着在与玛丽娅·德米特里耶夫娜的婚姻中寻找他如此向往的家庭幸福,可是,唉,却成了泡影:玛丽娅·德米特里耶夫娜没有给他生孩子,而她的"古怪的、多疑的、病态地好幻想的性格"①倒是他和她在一起时过得极其不幸福的根源。现在,当"人的唯一的伟大幸福——有自己的亲生孩子"②降临到他身上,他有可能去领略和品味这种幸福的时候,凶恶的命运之神却不饶恕他,夺走了他如此珍爱的人!无论以前还是以后,他从来没有以那么细致的、有时是感人的详情细节述说过痛苦的委屈,他这一辈子由于他心爱的亲人而不得不忍受这些委屈。

我试着安慰他,请求他顺从地接受上天赐予我们的考验,可是他的心里显然充满了哀痛,他必须发泄一下,哪怕把一辈子迫害他的命运抱怨一番也好。我衷心同情我的不幸的丈夫,和他一起为他的如此悲惨的生活而痛哭。我们共同的深深的痛苦,推心置腹的闲聊——他那创巨痛深的心灵中的一切秘密都在闲谈中向我吐露,从而把我们两人更紧密地维系在一起了。

在我们整个十四年的夫妇生活中,我记不得有像我和丈夫在沃韦度过的1868年夏天那样悲惨的时候。对于我们来说,生活仿佛停顿了;我们的一切思想、一切谈话都集中在回忆索尼娅上面,集中在她的出世给我们的生活带来光明的那个幸福的时期。遇到每个孩子都使我们想起我们的丧女之痛,为了排遣我们心碎肠断的哀痛,我们到山上去散步,那里不至于遇到孩子,免得触动我们的情怀。我也艰难地忍受着我们的痛苦,为女儿流了许多眼泪。但是内心深处我暗暗抱着希望,仁慈的上帝会怜悯我们的苦难,再赐孩子给我们,为此我热烈地祈祷着。我母亲千方百计安慰我有重新做母亲的希望,她也很想抱外孙。由于祈祷和希望,我的剧烈的哀痛渐渐缓和。费奥多尔·米哈伊洛维奇的变化却不是这样,他的心情着实使我担忧。我在他7月22日给迈科夫的信上必须添几笔

① 费奥多尔·米哈伊洛维奇1865年3月31日给亚·叶·弗兰格尔的信中正是用这样的话描述他前妻的性格。(《传记与书信》,材料,页278)——安·格·陀思妥耶夫斯卡娅注

② 《传记与书信》,材料,页288。——安·格·陀思妥耶夫斯卡娅注

问候他的妻子时,看到这样一段话:"时间越过去,在我的想象中死去的索尼娅的形象就越鲜明,回忆就越苦涩。有些时候简直难以忍受。她已经认得我了,她,在她死的那天,当我离开家出去看报纸时,我没想到两个钟头以后她就要死了,她用小眼睛盯住我,目送我出去,她那样地瞧着我,到现在我觉得越来越清晰,越来越清晰。我永远忘不了,我的痛苦也永无尽期。即使将来有了另一个孩子,我也不知道,我会怎样去爱他,到哪里去找到爱? 我要索尼娅。我无法相信,她已经不在人世了,我永远看不见她了。"①②

我母亲安慰费奥多尔·米哈伊洛维奇时,他也以同样的话回答我母亲。他的压抑的心情使我极为不安,我伤心地想道:倘若上帝允许我们再生孩子,难道费奥多尔·米哈伊洛维奇会不爱他? 难道他不会像生索尼娅时那样感到幸福? 我们的面前似乎张起了黑色的帷幕,我们家里是那样的愁闷,凄惨。

费奥多尔·米哈伊洛维奇继续写他的长篇小说,可是工作并没有给他安慰。在我们的哀痛心情之上又增添一重烦恼,因为人家寄给我们的信频频丢失,这么一来,我们和亲戚朋友们的联系便发生困难,而这种联系却是我们唯一的慰藉。[……]

秋天将临时我们才明白无论如何得改变一下我们的沉重的心情,因而九月初我们决定到意大利去,第一步是在米兰居住。[……]

环境的改变,旅途的印象,新的人(照费奥多尔·米哈伊洛维奇的看法,伦巴第的农民外表上很像俄国农民)——影响了费奥多尔·米哈伊洛维奇的心情,到米兰的头几天他异常兴奋:领着我参观著名的米兰大教堂 Il Duomo③,那永远是他真诚地深深赞美的对象。费奥多尔·米哈伊洛维奇只是感到惋惜,教堂前面的广场上,离教堂很近的地方造了好些房子(现在广场扩大了许多),他说,这样一来,Il Duomo 的建筑的雄伟壮丽就逊色不少。在一个晴朗的日子,我和丈夫甚至爬到大教堂顶上,远眺四周,仔细观赏装饰教堂的塑像。我们住在科尔索附近一条小街上,街道狭窄,邻居们可以隔窗对谈。[……]

1868 年秋天的米兰,秋雨绵绵,寒意袭人,无法作长距离的散步(我丈夫喜

① 《传记与书信》,页 188。——安·格·陀思妥耶夫斯卡娅注
② 见《书信集》,第 2 卷,页 122。
③ 意大利语:主教座堂。

欢如此)。当地图书馆里没有俄文的书报。没有祖国的消息报道,费奥多尔·米哈伊洛维奇很是寂寞。因为这样,在米兰住了两个月以后,我们决定到佛罗伦萨去过冬。费奥多尔·米哈伊洛维奇从前曾经到过那里,对这个城市,主要是对佛罗伦萨的艺术珍宝,还保留着美好的印象。

这样,1868 年 11 月底,我们迁往当时意大利的首都,住在 Palazzo Pitti① 附近。改变地方对我的丈夫又产生了好的影响,我们开始一起参观教堂、博物馆和宫殿。我记得费奥多尔·米哈伊洛维奇是怎样赞美 Cathedrale②,Santa Maria del fiore 教堂③,Battistero 的小教堂④,那儿经常为婴儿行洗礼。Battistero 的青铜大门(特别是 delta del Paradiso⑤),是著名的 Ghiberti⑥ 的作品,使费奥多尔·米哈伊洛维奇为之入迷。他时常走过小教堂,总是停住脚步,细细打量这几扇青铜大门。丈夫对我说,如果他将来发了财的话,他一定买这几扇大门的照片,若是可能的话,要买和实物同样大小的照片,挂在自己书房里欣赏。

我和丈夫常常到 Palazzo Pitti 去,拉斐尔的绘画《Madonna aella Sedia》⑦使他欣喜。另一张绘画《S. Giovan Battista nel deserto》(《施洗者约翰在旷野》),也是拉斐尔画的,陈列在 Uffizi(乌菲齐)画廊,也使费奥多尔·米哈伊洛维奇赞赏不已,他总是站在这张画前流连,不忍离去。看过画廊以后,他必定去看摆在同一个大厅里的雕像 Venere de Medici(美第奇的维纳斯),希腊著名雕刻家克莱芒的作品。我丈夫称这尊雕像是天才之作。

使我们极为高兴的是佛罗伦萨有良好的图书馆和阅览室,有两种俄国报纸,我丈夫每天午饭后到那里去看报。他也借书到家里来看,整个冬天看了法文版的伏尔泰和狄德罗的文集,他懂法文,可以流畅地阅读。[……]

1869 年,和以往一样,我们的经济情况很糟糕,我们只好过穷日子。长篇小

---

①　庇蒂宫,是佛罗伦萨的博物馆,十五世纪中叶由富商路加·庇蒂出资修建。设计师是建筑家腓力波·勃鲁奈莱斯奇。

②　应为 Cattedrale,意大利语:主教座堂。

③　花城圣马利亚大教堂,1296 年由建筑师阿尔诺尔浮·蒂·堪庇奥开始兴建,1334 年由乔陀继续下去,1421 年由教皇艾乌津尼奥四世隆重献给花城圣马利亚。

④　洗礼堂或施洗堂,全名是圣约翰洗礼堂,十一、十二世间修建。

⑤　洗礼堂的天国之门,即洗礼堂的东门。

⑥　罗伦佐·季培尔底,著名建筑师,一共用了二十七年时间(1425—1452)才完成这件作品。

⑦　《椅子上的圣母》。

说《白痴》每一印张一百五十卢布，费奥多尔·米哈伊洛维奇得到将近七千卢布。可是其中三千我们出国前就预支了作为我们结婚的费用。余下的四千要支付在彼得堡当掉的东西的利息，又要经常接济继子和亡兄的家属，因此我们剩下的部分就比较少了。但是我们不仅没有怨言，有时候还无忧无虑地忍受了我们的比较清贫的生活。费奥多尔·米哈伊洛维奇称自己是密考伯先生，称我是密考伯太太①。我和丈夫一起过日子，同心同德，现在，当新的幸福的希望已经出现，一切都会变得美好的时候，另一种不幸却威胁着我们：近两年来，费奥多尔·米哈伊洛维奇远离俄国，他为此而十分苦恼。1869 年 3 月 8 日给索·亚·赫梅罗娃的信中，跟她谈到自己的未来的小说《无神论》，他写道："在这里我无法写这部小说；我必须人在俄国，听见、看见而且直接参加俄国的生活才能写作……可是这里我连写作的可能性都没有，手头没有写作所必要的材料，也就是俄国的现实（提供思想）和俄国人。"②然而不光俄国人，我们根本就缺少来往的人。在佛罗伦萨我们连一个可以谈谈话、争论争论、开开玩笑、交换一下感想的熟人都没有。周围尽是陌生人，有时还是心怀恶意的人，这种与人完全隔绝的状态有时是很难受的。[……]

到哪里去，哪里可以为费奥多尔·米哈伊洛维奇找到一群知识分子，这个问题我们讨论了很久。我给丈夫出主意，冬天住到布拉格去，那里靠近俄国，像待在相似的国家里。我丈夫在那里可以结识一些杰出的政治活动家，通过他们进入当地的文艺界。费奥多尔·米哈伊洛维奇赞成我的主张，因为他曾屡次后悔没有参加 1867 年的斯拉夫人代表大会；我丈夫同情在俄国已经开始的亲斯拉夫人运动，打算更接近地了解他们。这么一来，我们完全打定主意到布拉格去，整个冬季待在那里；以我的情况旅行有困难，故而我们决定于去布拉格途中，在几个城市里稍事休息。我们的第一站是威尼斯，不过中途换车时我们在博洛尼亚稍作停留，到当地博物馆去参观了拉斐尔的画《圣采齐利娅》。费奥多尔·米哈伊洛维奇很推崇这幅艺术作品，不过在此之前只见过复制品，现在有幸看到原作了。我得费好大的劲儿才把凝神注视这幅绝妙的绘画的丈夫拉开，同时我也怕误了火车。

----

① 狄更斯的小说《大卫·科波菲尔》中的人物：负债累累而无碍于心。
② 见《书信集》，第 2 卷，页 75。

我们在威尼斯待了几天，费奥多尔·米哈伊洛维奇看到圣马可教堂(Chiesa San Marco)的建筑十分高兴，接连几个钟头观看装饰墙壁的马赛克镶嵌。我们一起去 Palazzo Ducale①，精美绝伦的宫殿建筑，我丈夫赞叹不已；他也赞赏总督宫的非凡美妙的天花板，那是十五世纪最杰出的艺术家们所绘。可以说，整个四天我们没有离开过圣马可广场，无论白天还是夜晚，它都给我们以心迷神醉的印象。

从威尼斯到的里雅斯特这段旅程乘轮船，风浪很大。费奥多尔·米哈伊洛维奇很为我担心，寸步不离地陪着我，不过幸亏一切都顺利地过去了。然后我们在维也纳逗留两天，只经过十天的旅程便到达布拉格。我们在这里大失所望，原来，当时带家具出租的房间，只有供单身人居住的；供带家眷者居住的，也就是比较安静、舒适的房间却根本没有。要待在布拉格，必须租一套房间，先付半年租金，此外，还得购置家具及一切日用必需品。这是我们的经济所不能负担的，经过三天的寻屋觅宅，我们只好深感遗憾地离开金色的布拉格，短短的三天里，我们已经很喜欢这座城市。我丈夫想和斯拉夫人社会的活动家们建立联系的设想就这样破产了。除了折回德累斯顿之外，我们别无他法，那里的生活条件我们是熟悉的。于是八月初，我们来到德累斯顿，在英国人区(Englischer Viertel)的 Victoriastrafte(维多利亚街)五号租下三间带家具的房间(我母亲在我快要分娩时又来了)。1869 年 9 月 14 日，在这幢房子里，我们家又喜事临门——我们的第二个女儿柳鲍芙出世了。[……]

在德累斯顿我们找到一个良好的阅览室，备有许多俄国和外国报纸。在久居德累斯顿的俄国人当中也有一些熟人，他们在做完弥撒以后到极其殷勤好客的神甫家中去。新结识的朋友当中有几个聪明而有知识的人，我丈夫可以与他们作有趣的闲谈。这是德累斯顿生活的好的方面。

长篇小说《永久的丈夫》完成以后，费奥多尔·米哈伊洛维奇把它交给《霞光》杂志，在 1870 年的头两期上登了出来。这部小说带有自传性质。这是我丈夫 1866 年夏天在莫斯科近郊柳泊林诺村一段生活的回声。他在那里住在一所别墅里，和他的妹妹维·米·伊万诺娃的别墅毗邻。费奥多尔·米哈伊洛维奇通过扎赫列宾一家人描写了伊万诺夫一家。书中的父亲，专心埋头于大量的医

---

① 杜卡莱宫。

生业务;母亲总是忙于家务琐事,疲劳不堪;快活的年轻人是费奥多尔·米哈伊洛维奇的外甥和外甥女以及他们的青年朋友们。通过玛丽娅·尼基蒂什娜的女友反映了米·伊万诺夫家的朋友玛·谢·伊万钦娜-皮萨列娃,通过亚历山大·洛勃夫描写了我丈夫的继子帕·亚·伊萨耶夫,自然是高度理想化了的。连得韦尔恰尼诺夫身上也有着费奥多尔·米哈伊洛维奇本人的某些特点,比如描写他到别墅来时想出各种游戏来。这一类夏天晚会和演出的参加者之一的冯·福赫特就回想起他在年轻人中间是这样快乐而机智的人。①②

　　1869 到 1870 年的冬天,费奥多尔·米哈伊洛维奇忙于构思新的小说,他打算把这部小说叫作《大罪人的一生》③。这部作品按丈夫的想法应当由五部大型中篇小说组成(每部约十五印张),每个中篇都可以独立成章,在杂志上发表,或出单行本。费奥多尔·米哈伊洛维奇打算在五部中篇中提出一个重要而又折磨人的问题,他为这个问题,即关于上帝的存在问题苦恼了一辈子。第一个中篇小说的情节应当发生在上一世纪的四十年代,素材和当时的典型人物费奥多尔·米哈伊洛维奇十分熟悉,印象鲜明,故而他可以继续住在国外写作这个中篇。我丈夫想把这个中篇也刊登在《霞光》上。第二个中篇的情节发生在修道院里,费奥多尔·米哈伊洛维奇必须回俄国才行。在第二个中篇里,丈夫打算把司祭长吉洪·扎顿斯基作为主要人物来写,当然是用另一个名字。费奥多尔·米哈伊洛维奇对预拟中的长篇小说寄予极大的希望,把它看作是自己文学活动的最终成果。他的这一预见后来证明是对的,因为构思中的小说里的许多主人公后来都写进长篇小说《卡拉马佐夫兄弟》中。但是当时我丈夫没能实现自己的打算,因为另一个题材吸引了他,他写信给尼·尼·斯特拉霍夫说:"我对我目前在《俄国导报》上所写的东西抱着强烈的希望,但不是从艺术方面,而是在倾向性方面:我想表达一些思想,尽管因此我的艺术性毁了,然而积聚在心头的思想令

① 《历史通报》,1901 年,第 12 期。——安·格·陀思妥耶夫斯卡娅注
② 见本书冯·福赫特的回忆录。
③ 《大罪人的一生》的写作和略早动笔的《群魔》是同时并进的。(见《陀思妥耶夫斯基的笔记材料》,列宁格勒,1935年)在 1870 年 3 月 24 日给尼·尼·斯特拉霍夫的信和 3 月 25 日给阿·尼·迈科夫的信中谈到《大罪人的一生》的详细计划。(《书信集》,第 2 卷,页 258,263—264)这部小说未曾写成的构思,各个主要部分分别写在《群魔》、《少年》及《卡拉马佐夫兄弟》中了。(见《书信集》,第 2 卷,页 264—289;《最后几部长篇小说》;《素材及研究 3》)

我神往,哪怕出一本小册子,我也要一吐为快,我一定要说。"①②

　　这就是长篇小说《群魔》,1871 年问世。③ 新的题材是受到我兄弟的到来的影响而产生的。④ 情况是这样,费奥多尔·米哈伊洛维奇看了许多外国报纸(报上刊登了许多消息,都是俄国报纸上未披露过的),得出结论,彼得罗夫农学院在最近期间将要发生政治风潮。⑤ 丈夫担心我兄弟年轻,没有主见,很可能参加他们的活动,他劝我母亲把儿子叫出来,到德累斯顿我们家来做客。费奥多尔·米哈伊洛维奇把我兄弟的到来作为对已经开始怀念祖国的我和十分想念儿子的我母亲的一种慰藉。我母亲在国外已经两年,有时跟我姐姐的孩子在一起,有时到我们这里来。我的兄弟一直想要出国旅行;他利用假期上我们这儿来了。费奥多尔·米哈伊洛维奇一向喜欢我兄弟,对他的学业、他的交游以及大学生们的共同生活和思想情绪很感兴趣。我兄弟详尽而津津有味地告诉他。就在这时候,费奥多尔·米哈伊洛维奇产生了一个中篇的构思:描写当时的政治运动,拿一个后来被涅恰耶夫杀害的大学生伊万诺夫(姓沙托夫)做主人公。关于大学生伊万诺夫,我兄弟说他是个聪明的人,因性格坚强而闻名,彻底改变了他原来的信仰。后来我兄弟从报上获悉大学生伊万诺夫被打死了,他深感震动,他对这个人是真诚地眷恋的。费奥多尔·米哈伊洛维奇从我兄弟的叙述中取材描写了彼得罗夫农学院的校园和伊万诺夫被打死在其中的假山山洞。⑥ [……]

　　虽然新小说的素材是从现实中得来的,可我丈夫写作时却非常吃力。费奥

---

① 《传记与书信》,页 288。——安·格·陀思妥耶夫斯卡娅注
② 见《书信集》,第 2 卷,页 257。
③ 长篇小说《群魔》发表在《俄国导报》1871 年第 1、2、4、7、9—11 期及 1872 年第 11、12 期。
④ 安娜·格里戈利耶夫娜的兄弟伊万·格里戈利耶维奇·斯尼特金,是彼得罗夫农学院的学生,约在 1869 年 10 月中旬抵达德累斯顿。
⑤ 确实,外国报纸,特别是德国报纸,写到当时在俄国似乎存在着分支机构密布的阴谋组织的网,似乎立即就要暴动。陀思妥耶夫斯基预见的(恰恰在彼得罗夫农学院)开始骚动这一点,除了陀思妥耶夫斯卡娅的回忆录之外,其他资料上是没有的。
⑥ 《群魔》的创作和《无神论》及《大罪人的一生》的未曾写成的构思有联系,同样也和涅恰耶夫的案件有联系。陀思妥耶夫斯基的写作长篇小说还是在涅恰耶夫案件的法庭审查开始之前,这一诉讼案件还有一件事实,陀思妥耶夫斯基用来证实自己的思想。(见 1870 年 10 月 8 日给米·尼·卡特科夫的信,《书信集》,第 2 卷,页 288;又见 1870 年 10 月 9 日给阿·尼·迈科夫的信,《书信集》,第 2 卷,页 291)

多尔·米哈伊洛维奇照例对自己的作品不满意,多次改写,去掉将近十五印张。① 倾向性小说显然跟他的创作个性不符。[……]

1870 年底,出现一个情况,使我们有可能得到一笔对我们来说是数量相当大的钱,那就是:斯捷洛夫斯基向费奥多尔·米哈伊洛维奇购买 1865 年出的全集的版权,现在出《罪与罚》的单行本。根据合同,斯捷洛夫斯基必须付给我丈夫一千卢布以上。现在小说已经出版,可是出版商却一点也不想付,虽然丈夫的继子向他声称他可以委托领款。费奥多尔·米哈伊洛维奇不依靠继子的经验,他请阿·尼·迈科夫承担催讨这笔款子的任务,不是要他亲自去讨,而是把事情委托给有经验的律师。②

我怀着极其深挚的感激之情回想起尊敬的阿·尼·迈科夫在我们四年的国外生活期间一直待我们极好。这一次阿波隆·尼古拉耶维奇也十分好意地参与了我们的事情,不仅把我们的事情委托给律师,甚至还试图亲自跟斯捷洛夫斯基去谈判。然而这个出版商是个赫赫有名的刁钻之徒,阿·尼·迈科夫担心斯捷洛夫斯基可能骗他,故而决定请费奥多尔·米哈伊洛维奇本人到彼得堡去。因为他知道我们常常手头拮据困守在家,所以他想了个不得已的办法,就是打电报给我们,建议我丈夫向文学基金会借一百卢布,用这笔款子单身回彼得堡,不带家眷。糟糕的是电报在 4 月 1 日收到(那一天在俄国是进行欺骗的③),我和丈夫起先把这份召我们回彼得堡的电报当作是不知什么人开的玩笑,或者是某个放债人的阴险的用心,也可能就是斯捷洛夫斯基的主意,想把费奥多尔·米哈伊洛维奇骗到彼得堡,吓唬费奥多尔,要让他蹲债户拘留所,用低价购进我们的借据来抵偿《罪与罚》的稿酬。好心的阿波隆·尼古拉耶维奇不仅打电报,还以自己的名义向文学基金委员会试探关于给作家陀思妥耶夫斯基贷款一百卢布的事,可是基金会这次[……]对这一申请的态度很不友好,阿·尼·迈科夫在 1871 年 4 月 21 日的信中提及此事。④

接到这封信,费奥多尔·米哈伊洛维奇很不愉快,复信说:"不过您看见吗,

---

① 陀思妥耶夫斯基写这封信给斯特拉霍夫是在 1870 年 12 月 2 日。

② 见 1870 年 12 月 15 日及 30 日给迈科夫的信。(《书信集》,第 2 卷,页 302—310)

③ 旧俗 4 月 1 日是愚人节。

④ 见《书信集》,第 2 卷,页 343—344。

基金会对待我的(也就是您为我提出的)贷款申请的态度是多么傲慢,要求什么担保及其他等等,而且答复的口气又是多么傲慢。若是虚无主义者去申请,恐怕不会这样答复的吧。"[1]

时光流逝,到1871年4月,我们住在国外已满四年了,返回俄国的希望时有时无。终于我和丈夫毅然决定一准于最短期内回彼得堡,不管我们回去会引起多么严重的后果。可是我们的盘算系于一发:我们等待着在七月份或八月初家里增丁添人,如果我们不能在期待着的事情之前一个月返回俄国,那么我们势必要在国外再逗留整整一年,待到春天,因为深秋季节带新生婴儿旅行是难以想象的。我们估计我们大概还有整整一年看不到俄罗斯,我们两人完全陷于绝望了:栖身异国变得那样难以忍受。费奥多尔·米哈伊洛维奇常常说,如果我们再待在国外,他要"死"了,他无法再写作,他没有素材,他觉得他快要不了解俄国和俄国人,快要忘记了,因为按他的看法,德累斯顿的俄国人——我们的一些熟人,不是俄国人,是不爱俄国、自愿永远离开祖国的侨民。这倒也是实情:这些人都是贵族家庭的成员,他们无法忍受农奴制的废除,生活条件的变化,于是抛弃祖国,侨居在文明的西欧。这些人大都憎恨新制度,痛恨他们的富裕生活的下降,认为寄身异国他乡生活将会轻松一些。

费奥多尔·米哈伊洛维奇经常讲到他的天才必定要"毁灭",使他苦恼万分的是,他靠什么来养活他的食指日繁的家庭,对他来说又是那么宝贵的家庭;我听着他的话,有时陷于绝望。为了平息他那焦躁不宁的心情,驱散那些妨碍他专心致志于工作的阴郁的思想,我采取办法使他消愁解闷。我利用我们手头有若干现钱(约三百塔列尔),有一次我提到轮盘赌,说他为什么不再去碰碰运气呢,我说他有机会赢钱,为什么不指望这一次他会成功呢,如此等等。当然,我一刻也不曾指望过赢钱,而且我很心疼不得不去浪掷一百塔列尔,但是我从他以前去玩轮盘赌的经验中知道,费奥多尔·米哈伊洛维奇体验过新的强烈的感受,赌博、冒险的要求得到满足以后,他会心境平静地回来,相信要赢钱的希望是徒劳的,他就会以新的力量着手写小说,在两三个星期之内把输掉的钱统统挣回来。我的再去玩一会轮盘赌的主意十分投合我丈夫的心意,他没有拒绝。他带上一百二十个塔列尔到威斯巴登去了。他跟我约好,万一他输了,我寄钱到那边去。

---

[1]　引自1871年4月21日给阿·尼·迈科夫的信。(《书信集》,第2卷,页354)

他在那里待一星期。果然不出我所料,轮盘赌的结果很令人失望,——连路费在内,费奥多尔·米哈伊洛维奇花费了一百八十塔列尔,这在当时对于我们是一笔很大的数目。然而费奥多尔·米哈伊洛维奇在这一个星期内体验到的是强烈的痛楚:他夺走了家里的钱,我和孩子的钱,这种自责的心情,对他产生这样的影响——他下定决心,一辈子永远不再玩轮盘赌。1871 年 4 月 28 日我丈夫写信给我正是讲的这一点:"我身上一件大事总算告成,可耻的想入非非的念头消失了,这个念头使我苦恼了将近十年(或者最好说是自从哥哥去世,我突然之间背上了债务那时候起)。我一直幻想着赢钱;我一本正经地幻想着,想得入迷一般。现在则是一切都结束了!这的的确确是最后一次。安尼娅,你相信吗,现在我的双手已经放开;过去我被赌博束缚住了;现在我要考虑事业了,不会再像过去那样整夜整夜地想着赌钱了。"①

　　当然,我不会一下子就相信有这样大的福气:费奥多尔·米哈伊洛维奇对轮盘赌的狂热喜爱会冷淡下来。因为他曾经好多次答应我不赌钱了却又不能履行自己的诺言。然而这件好事实现了,这确确实实是他最后一次玩轮盘赌。后来几次出国(1874、1875、1876、1879 年),费奥多尔·米哈伊洛维奇一次也没有想到要到赌城去。诚然,德国的轮盘赌赌场不久即告关闭了,但是在斯帕、萨克森和蒙特卡洛还是赌场林立的呀。如果我丈夫想去,路远是阻挡不了他的。然而他已经不想再赌钱了。费奥多尔·米哈伊洛维奇想在轮盘赌上赢钱的"幻想",像是中了魔道,或者是一种病态,但他突然之间霍然而愈了。费奥多尔·米哈伊洛维奇从威斯巴登回来,精神抖擞,心情平静,立即着手继续写长篇小说《群魔》,因为他预见到,回俄国去,在新的地方安家,接着是期待中的家庭大事②,不会给他机会去做许多工作的。我丈夫的全部心思都放在我们面前摆着的新时期的生活上。他开始猜测,他将怎样和亲戚老友见面,按他的想法,四年工夫他们可能大变样了。他意识到,就是他自己,观点和看法也有几分改变了。

　　1871 年 6 月底,我们收到《俄国导报》所欠的长篇小说的款子。我们一天也不耽搁,立即动手了结我们在德累斯顿的事务(确切一点说,是卖东西和还债),收拾东西。动身前两天,费奥多尔·米哈伊洛维奇叫我去,把几大包大开张的写

---

　　①　见《书信集》,第 2 卷,页 348。

　　②　即前面所述快要生孩子这件大事。

满了字的稿纸交给我,要我把它烧毁。尽管我们原先已经谈过此事,但我还是那么舍不得手稿,我恳求起丈夫来了,要他允许我随身带走这些稿纸。可是费奥多尔·米哈伊洛维奇提醒我,他在俄国边界上一定会受到搜查,他的文件稿纸会被抄走,然后不知去向,就像1849年逮捕他时,他的所有文件稿纸不知去向一样。可以估计到,在稿纸检查审阅完之前他们可能会把我们扣留在韦尔日博洛夫,由于家庭大事的临近,这是很危险的。无论我怎样舍不得放弃手稿,还是不得不听从费奥多尔·米哈伊洛维奇坚持的理由。我们生起壁炉,把稿纸烧毁了。这样,《白痴》和《永久的丈夫》两部长篇的手稿就付之一炬。我特别心疼的是失去了《群魔》的这一部分手稿,这一部分是这本倾向性作品的独特的异稿本。我只保住上述两部长篇小说的几本札记本,交给我母亲,她预定深秋时返回俄国。她不同意随身携带满满一提箱的手稿,因为数量太多会引起怀疑,稿纸会被抄走。

最后,7月5日夜里,我们离开德累斯顿往柏林,在那里改乘火车往俄国。

带着活泼好动的柳鲍奇卡(她一岁零十个月),一路上我们有许多麻烦事。我们没有带保姆同行,由于我身体有病,整个旅程(六十八个小时)都是我丈夫照料她:带她到月台上散步,拿牛奶和吃的东西,拿玩具逗她玩,——总之,他做得像个最能干的保姆,大大减轻了我长途旅行中的劳累。

情况果然不出我们所料:在边境上,我们的所有箱笼包裹统统被搜查过,稿纸和一包书籍被拣出放在一旁。所有旅客已经从检查大厅放行,唯独我们三人却留了下来,还有几个官员,挤在桌子边,在仔细翻阅扣留的书籍和一包薄薄的手稿。我们已经开始担心了,可不要误了开往彼得堡的列车,这时我们的柳鲍奇卡把我们从危难中解救出来,——小可怜儿肚子饿了,她就声音挺响亮地嚷道:"妈妈,给我一个面包,"她的叫声顿时使官员们感到讨厌,他们决定客客气气地给我们放行,没有任何意见就把书籍和稿子还给了我们。

我们还得在车厢里受一昼夜的罪,可是意识到我们是在俄国大地上行进,我们的周围尽是自己人,俄国人,也就感到一种欣慰,使我们忘却旅途的一切劳苦困顿。我和丈夫又快乐又幸福,互相问道:我们终于回到俄国了,难道是真的吗?我们的夙愿实现了,我们觉得好生奇怪。

[《回到祖国》]

[……]尽管放债人讨厌地纠缠,手头又经常缺钱,回想起1871至1872年的冬天,我的心情还是愉快的。我们又回到祖国了,回到俄国人和一切都是俄罗斯的环境中,单单这一点我就觉得是最大的幸福。费奥多尔·米哈伊洛维奇也为自己回国了,可以会见朋友而异常高兴,主要的是有机会观察当今的俄国生活,他觉得自己跟俄国的生活已经很疏远了。费奥多尔·米哈伊洛维奇和许多从前的朋友重新来往,在他的亲戚米·伊·弗拉季斯拉夫列夫教授处有机会和许多学术界人士见面。费奥多尔·米哈伊洛维奇特别喜欢与其中的一位,即瓦·瓦·格里戈利耶夫(东方学家)聊天。在弗·彼·梅谢尔斯基公爵家结识了《公民》的出版人①,认识了每星期三在梅谢尔斯基家吃饭的捷·伊·菲利波夫②以及那一伙人。在梅谢尔斯基家还结识了康·彼·波别多诺斯采夫,后来跟他十分接近,这一友谊一直保持到他去世。③

我记得这个冬天长住在克里木的尼·雅·丹尼列夫斯基也到彼得堡来,费奥多尔·米哈伊洛维奇年轻时就知道他是傅立叶学说的热情的拥护者,很重视

---

① 关于《公民》及(《公民》的编辑)见瓦·瓦·季莫费耶娃-波钦科夫斯卡娅的回忆录。陀思妥耶夫斯基即使在《公民》工作期间与梅谢尔斯基也并不接近,1878年11月初他给《公民》出版人的信证明了这一点。梅谢尔斯基建议设立监督年轻大学生的办法,陀思妥耶夫斯基在答复他时写道:"您的想法和我的信仰完全对立,会搞得人心惶惶的。"(《书信集》,第3卷,页88)

② 捷·伊·菲利波夫,反动社会活动家,作家。

③ 康·彼·波别多诺斯采夫在陀思妥耶夫斯基到《公民》工作那一年与他接近之后,直到去世,始终与作家保持着友谊。把陀思妥耶夫斯基和波别多诺斯采夫联系在一起的,是两人对西欧文化和国家制度的主要基础同样持否定的态度,是双方相近的斯拉夫主义的历史哲学,这种哲学把欧洲的唯理论和直观的认识相对照,直观的认识起源于作为社会生活的主要支点的信仰,因为"信仰高于理论公式和理性的理论"。据波别多诺斯采夫说,他们之间作过"许多推心置腹的谈话",陀思妥耶夫斯基的1879及1880年的信件证明了这一点,他在信中称波别多诺斯采夫为"朋友"、"医治心灵的人",再三征求他对《卡拉马佐夫兄弟》的这一部分或那一部分的意见,对《作家日记》的意见。(《书信集》,第4卷,页108—110等)历史哲学观点上的思想一致性无疑是存在的。但是,陀思妥耶夫斯基会不会跟着波别多诺斯采夫走到底呢? 是否会赞成他的国内政策方面的一切措施呢? 有许多理由对这些问题作否定的回答。

他的《俄国与欧洲》一书,我丈夫想和他恢复旧日的交往,邀请他到我家便饭,除他之外,还请了几个聪明而有才华的人(我记得有迈科夫、拉曼斯基及斯特拉霍夫)。他们一直闲谈到深夜。

这一年冬天,著名的莫斯科画廊的主人帕·米·特列佳科夫要求我丈夫给他个机会为画廊画一幅肖像。怀着这个目的,著名画家瓦·格·别洛夫从莫斯科来到这里。别洛夫在动手作画之前先到我们家来拜访一星期,每天都来,看到各种截然不同的心情下的费奥多尔·米哈伊洛维奇,闲聊,争论,他这才观察到丈夫脸上最富有性格特征的表情,恰恰就是费奥多尔·米哈伊洛维奇沉浸在艺术创作的思索中的神情。恐怕可以说别洛夫在肖像上捕捉到了陀思妥耶夫斯基的"创作的瞬间"。我多次在费奥多尔·米哈伊格维奇的脸上发现这样的表情,经常是在这种时刻:你走进他的书房,发现他似乎在"自省",于是你什么话也没说就退了出来。后来知道,费奥多尔·米哈伊洛维奇正在思索,没有发现我进去,也不相信我去看过他。

别洛夫是个聪明可爱的人,我丈夫喜欢和他聊天。他作画我总是在场作陪,我对别洛夫保持着最美好的回忆。

冬天飞快地过去,1872 年的春天来临,我们生活中的一连串不幸和灾难也接踵而至,留下了长久难以忘怀的后果。①[……]

1872 年秋天将近时,我们才稍稍从夏天的沉痛的感受中恢复过来,这个夏天对我们来说是颇为不幸的。我们从旧鲁萨回来后,搬到伊兹马伊洛夫团第二连去,住在梅维斯将军家的宅子。这幢独家住宅坐落在院子深处,我们的寓所在二楼。这一寓所有五个房间,不大,但是布局舒适,客厅有三扇窗户。费奥多尔·米哈伊洛维奇的书房大小适中,离儿童室远,这样在费奥多尔·米哈伊洛维奇工作时孩子的喧闹声和奔跑声就不会妨碍他。

尽管整个夏天我丈夫都在写长篇,可是他对自己的作品甚为不满,以致他放弃了原先拟好的大纲,整个第三部分重新改写。

十月间,费奥多尔·米哈伊洛维奇去莫斯科待了一个时期,和编辑商谈,让

① 《回忆录》的以下部分,安·格·陀思妥耶夫斯卡娅讲到 1872 年夏天的痛苦心情——女儿柳芭、母亲和她自己的生病,讲到姐姐玛·格·斯瓦特科夫斯卡娅的死,这里我们从略,删去。

小说的第三部分登在《俄国导报》的最后两期上。应当说,长篇小说《群魔》在读者中间获得巨大的成功,但同时也给丈夫在文学界招来一大批敌人。①

冬末,费奥多尔·米哈伊洛维奇得以在尼·彼·谢苗诺夫处与尼·雅·丹尼列夫斯基见面,后者过去是傅立叶主义者,我丈夫和他已经有将近二十五年没有见面了。费奥多尔·米哈伊洛维奇看了丹尼列夫斯基的《俄国与欧洲》一书后感到很高兴,想再和他聊聊。因为他马上要离开,故而丈夫当即请他明天到家里吃饭。听到这一消息,丹尼列夫斯基的朋友和崇拜者们死乞白赖地要求到我们家吃饭。我丈夫计算了一下,来的客人将近二十个,我的惊骇是可想而知的了。虽然我的家当有限,我总算还是搞得应有尽有,这顿饭吃得很热闹,客人们进行着有趣的谈话,在我们家里一直待到下半夜。[……]

想到我们贫困的物质状况,我开始考虑怎样用自己的劳动来增加我们的收入,我想重新开始搞速记,最近几年我在这方面是搞得很有成绩的。我开始托亲戚朋友替我找速记工作,随便什么机关都行。我的速记老师帕·马·奥利欣通过一个熟人在林业主代表大会上找到一份速记工作,林业杂志的编辑沙弗拉诺夫②建议我在8月3日至13日到莫斯科去。遗憾的是我感觉自己被当年夏天一连串的痛苦的事件弄得心情颓丧,所以就把工作辞掉了。1872年冬天,不久前刚带着年轻的妻子来到彼得堡的我的兄弟告诉我,西部地区某城市即将召开一个代表大会,我忘记是什么单位的会议,为此在寻找速记员。我当即写信给大会主席,人选是由他决定的。我这样做自然是征得费奥多尔·米哈伊洛维奇的同意的,他虽然一再说,我又要照顾孩子,又要料理家务,还要帮助他工作,为家庭操劳得够多的了,可是当他看到我要以自己的劳动挣钱的强烈愿望,也就不敢反对我了。事后他向我承认,他希望大会主席方面会拒绝我。不巧那边偏偏回信同意了,并且把工作条件通知我。我不能说条件是诱人的:大部分收入要花在路费和旅馆的食宿费用上。不过重要的与其说是钱,还不如说是工作的开端。

---

① 长篇小说《群魔》问世,报刊上广泛加以评述。彼·特卡乔夫撰文表示断然否定。(《行动》杂志,1873年,第3、4期,——《患病的人们》)尼·康·米哈伊洛夫斯基的文章作了极为有趣的分析评论。(《祖国纪事》,1873年,第2期)最后是陀思妥耶夫斯基1873年的《作家日记》中一篇文章论述涅恰耶夫及涅恰耶夫分子。(《1926—1930年版全集》,第11卷,页129—141)这篇文章在相当程度上已经可以看出引导作家去创作《少年》及1876与1877年《作家日记》的道路。

② 1872年7月17日的信。——安·格·陀思妥耶夫斯卡娅注

我假如把自己的工作做得出色,有了大会主席的推荐介绍,就有可能得到其他更加有利的工作。

费奥多尔·米哈伊洛维奇没有任何重大的意见反对我出门,因为我母亲答应在我离家期间到我们家来照看孩子,料理家务。费奥多尔·米哈伊洛维奇手头也没有要我做的工作:他这时正在修改长篇小说《群魔》的大纲。不过丈夫对我这次拟议中的外出还是极不喜欢。他想出一切可能的借口不让我去。他问,我,一个年轻女子,单身一人怎么到举目无亲的波兰的城市去呀,怎么安顿呀,如此等等。我兄弟听到这一类的反对意见,想起他有一个老同学也要去参加大会,这个人对西部地区很熟悉,于是他就请我和丈夫到他家里去喝茶,借此和他的朋友认识一下,从他那里了解一切情况。

在约定的那天晚上我们去到兄弟那里。费奥多尔·米哈伊洛维奇已经很久没有发癫痫了,情绪甚好。我们一面静静地和弟弟及弟媳闲谈,一面等候他的朋友。我从来没有见过他,不过听我兄弟谈过他的许多情况。这是一个善良的、但不十分聪明的高加索青年,因为性子急躁、鲁莽,同学们起绰号叫他"亚洲蛮子"。他对这个绰号很是愤慨,为了证明他是"欧洲人",他在每种艺术中为自己树立了偶像。音乐中,他的神是肖邦,美术中,他的神是列宾,文学上则是陀思妥耶夫斯基。我弟弟在前厅迎接客人;来客得知他要和费奥多尔·米哈伊洛维奇相识,甚至还能为他效劳,可怜的青年高兴极了,虽然他立即又胆怯起来。走进客厅,见到他的神,他窘得说不出话来,勉强和我丈夫及女主人点头致意。他年约二十三岁,高身材,鬈发,暴眼睛,嘴唇鲜红。

看到同学手足无措的样子,我弟弟赶紧把他介绍给我。"亚洲蛮子"抓住我的手,吻了一下,又用力地摇了几下,不分卷舌音不卷舌音地说:

"我太高兴了,您去参加大会,我能为您效劳!"

他的兴奋使我发笑,可是把丈夫惹火了。费奥多尔·米哈伊洛维奇吻过女人的手(虽然很难得),一点也没有拿它当一回事,不过别人吻了我的手,他总是忿忿不满。我弟弟发觉费奥多尔·米哈伊洛维奇的心情变了(我丈夫的情绪转变向来是很突然的),赶紧把话扯到代表大会的事情上来。"亚洲蛮子"依旧窘得不得了,不敢去看费奥多尔·米哈伊洛维奇,回答问题多半是朝着我的。我记住了他的一些客气的然而不得体的回答。

"到亚历山德里亚去不难吧?"我向他打听,"要换很多次车吗?"

"别担心,安娜·格雷戈罗夫娜①,我将亲自来陪您。如果您愿意的话,我甚至可以和您乘同一节车厢。"

"亚历山德里亚有没有好的旅馆可以供年轻妇女住宿的?"我丈夫问他。

青年人欣喜地看着他,热情地高声叫道:

"如果安娜·格雷戈罗夫娜愿意的话,我可以和她住同一个旅馆,虽然我原本打算住在同学家里的。"

"安尼娅,你听听! 这年轻人答应和你住在一起! 这真是妙一极一了!!"费奥多尔·米哈伊洛维奇高声吼叫着,用尽全力擂了一下桌子。摆在他面前的玻璃杯蹦落在地板上,跌得粉碎。女主人赶紧扑过去扶住被震得猛烈摇晃的点亮着的灯;费奥多尔·米哈伊洛维奇则从座位上霍地跳将起来,奔进前室,披上大衣,走了。

我连忙穿上衣服,追上去。到了街上,我看见丈夫朝着与我们家相反的方向在奔跑。我跟在他后面飞奔,四五分钟后我才赶上费奥多尔·米哈伊洛维奇,这时他奔得气喘吁吁,可是没有停步,我要他停下,他没理睬。我跑到他前面去,用双手抓住他披在肩上的大衣的衣襟,高声叫道:

"你疯啦,费佳! 你往哪里跑? 这不是回家的路! 站住,把大衣袖子穿进去,这样不行,你会着凉的!"

我的焦急的神色使丈夫清醒了过来。他停住脚,穿好大衣。我替他扣上纽扣,拉起他的手,带着他往相反的方向走。费奥多尔·米哈伊洛维奇窘得不吭一声。

"怎么啦,又吃醋了,对不对?"我很愤慨,"你以为我在短短几分钟内会爱上'亚洲蛮子',他也爱上了我,我们打算一起私奔了,是吗? 你怎么这样不害臊? 难道你不知道,你的醋性子使我多么难堪? 我们结婚五年了,你知道我是多么爱你,多么珍惜我们的家庭幸福,可你居然还会为了我对待一个初次见面的人而吃醋,把我和你自己置于可笑的境地!"

丈夫道了歉,为自己辩解了几句,答应以后永远不再吃醋。我无法对他长时间地生气,因为我深知他醋劲儿一上来是没法控制自己的。我回想着那个兴高采烈的青年,费奥多尔·米哈伊洛维奇的突然发火和奔跑,我笑了起来。丈夫看

---

① 应该是安娜·格里戈利耶夫娜,因为他是"亚洲蛮子",发音不准。

到我转嗔为喜,也开始嘲笑起自己来了,他问我,在兄弟处打碎了多少东西,有没有打过那个情绪很高的崇拜者。

夜色很美,我们步行回家。路程远,我们花了一个多钟头。在家里我们遇到我的弟弟。他看到我们突然跑掉,心里害怕了,飞快赶到我们家来,在家里没有见到我们,他非常吃惊。他怀着极其愁闷的预感在我家坐了整整一个钟头,看到我们情绪十分平静地回来,他大惑不解。我们留他和我们一起喝茶,回味刚才的事情,我们大笑不已。问他是怎样对高加索人说明我们突然跑走的,我弟弟回答说。

"他问我这是怎么一回事,我对他说:如果你自己也不知道,那就见你的鬼去吧。"

经过这场风波之后,我明白了,我只好取消出门。当然,即使现在我也可以说服丈夫放我走的。但我离家之后他会焦急不安,到后来他会忍不住,赶到亚历山德里亚去找我的。那会闹出丑事来,又白白耗费我们本来就奇缺的金钱。

我想以速记挣钱的尝试就这样结束了。[……]

长篇《群魔》结束后,有一个时期,费奥多尔·米哈伊洛维奇对现在他该搞什么很是犹豫不决。写《群魔》累得他精疲力竭,立即动手写另外一部长篇似不可能。把在国外时就产生的念头付诸实现——以月刊的形式出版《作家日记》,困难重重。办杂志,养家活口(且不说还债),需要一笔相当可观的资金;而杂志是否会大获成功,对我们还是个谜,因为就形式和内容而言,这份刊物在俄国文学中迄今还是个前所未有的东西。万一《日记》失败,我们可能陷于走投无路的境地。

费奥多尔·米哈伊洛维奇踌躇再三,这时要不是弗·彼·梅谢尔斯基公爵建议他担任《公民》周刊的编辑,我不知道他会作出什么决定。这份周刊一年前才创办,由格·康·格拉多夫斯基编辑出版。新杂志编辑部的周围团结了一批思想和信仰相同的人。其中有几个人如康·彼·波别多诺斯采夫,阿·尼·迈科夫,捷·伊·菲利波夫,尼·尼·斯特拉霍夫,亚·乌·波列茨基及叶·亚·别洛夫,对费奥多尔·米哈伊洛维奇颇有好感,和他们一起工作,他觉得还是挺诱人的。能经常有机会与读者分享他心里酝酿已久的希望与疑虑,对于我丈夫也同样具有吸引力。在《公民》的版面上也可以把《作家日记》的理想付诸实现,纵然其外表形式不像他后来所搞的那样。

从物质方面来说,这工作的待遇还是比较好的:编辑职务的报酬是三千卢布,《作家日记》及后来的"政治性"文章的稿费还不在其内。我们一年共计得到将近五千卢布。每月拿一定数量的钱也有好的一面:可以使费奥多尔·米哈伊洛维奇不必为了张罗生活经费而撂下他所担负的工作,这种操心常使他的身心受到压抑。

费奥多尔·米哈伊洛维奇同意了对他有好感的人所提出的条件,担任了《公民》的编辑,不过他毫不讳言地告诉他们,他担任这一职务是暂时的,作为文艺创作之余的休息,也是为了有机会更贴近地了解当前的现实,但是一旦他的创作的诗情要求又出现时,他将要摆脱与他的性格极不合适的工作。

1873年初,对我来说,特别值得纪念,因为我们出版的长篇小说《群魔》问世了,这部书的出版奠定了我和费奥多尔·米哈伊洛维奇的共同的出版活动的基础,在他去世之后我的出版活动还继续了三十八年。

我们想要改善经济状况的希望(恐怕也是主要的希望)之一,是出售小说《白痴》单行本的版权,随后是《群魔》的版权。住在国外时很难进行这种售书工作;就是我们回俄国以后有机会亲自与出版商谈判了,也不容易。无论我们找哪个出版商,他们出的价钱都很低:比如书商亚·费·格拉祖诺夫对长篇小说《永久的丈夫》单行本的版权(印两千册)只付给我们一百五十卢布,对长篇小说《群魔》的版权,总共只肯出五百卢布,并且还是两年内分几次付给。

费奥多尔·米哈伊洛维奇还在年轻时就幻想过自行出版自己的作品,给兄弟写信时提及此事,在国外时对我也谈起过。这个主意也很引起我的兴趣,我就渐渐想方设法打听书籍出版与销售方面的各种办法。[……]

我们生活中有重大意义的一天来临了,1873年1月22日,《呼声报》上出现我们刊登的长篇小说《群魔》出版的广告。九点钟光景,坐落在帕萨日附近的姆·弗·波波夫书店派人来了。我到前厅去,问他有什么事情。

"你们不是登了广告吗,我要买十本。"

我拿出书来给他,有几分激动地说:

"十本书的价钱是三十五卢布,打八折,您只要付二十八卢布。"

"折扣打得那么小? 打七折不行吗?"来人问。

"不行。"

"嗯,那么七五折行不行?"

"确实不行，"我说，十分提心吊胆，万一他走了，我岂不是把第一个买主给放走了吗？

"既然不行，那就拿去吧，"说着，他把钱给了我。

我是那么高兴，给了他三十戈比作车钱。过了一会儿，一家为外埠人开的书店来了个孩子买了十本，同样打八折，也跟我做成了生意。如果我打七五折的话，格拉祖诺夫书店的来人要买二十五本。由于数量大，我只好让步。又来了几个人，都要买十本，都成交了。不过我再也没有打过八折以下。快到十二点钟，来了一个衣着时髦的店员，那是费奥多尔·米哈伊洛维奇认识的一家书店里的伙计，他说他来代销二百本。我受到上午售书成功的鼓舞，回答他说，书不代销，现钱卖的。

"怎么搞的，是费奥多尔·米哈伊洛维奇答应我们派人来取书代销，我才来拿书的。"

我说，书是我丈夫出版的，发行经销的却是我，已经有这么一些书商从我手里用现钱把书买了去。

"我能不能见见费奥多尔·米哈伊洛维奇'本人'？"店员说，显然指望我丈夫会让步。

"费奥多尔·米哈伊洛维奇夜里工作，下午两点以前我不能去叫醒他。"

店员要我放给他两百本，"钱交给费奥多尔·米哈伊洛维奇本人"。

这时我依旧很坚决，说明多少数量打多少折扣。我表明一个想法，我们总共只收到五百本书，我估计今天就会卖光。店员踌躇了一下，没有尝到甜头，走了。过了一小时，那家店另外派了个人来，简单点说，用现金以七折价钱买了五十本去。

我渴望和费奥多尔·米哈伊洛维奇分享成功的快乐，可是在他没有从房间里出来之前，只好等着。

顺便说说我丈夫的古怪脾气：早晨起床，整个人仿佛还在夜里的梦境和噩梦的包围之中，种种幻梦有时搞得他很难受，他一声也不吭，这时候你要跟他讲话，他老大不愿意。因此我就养成了一个习惯，上午什么事情也不去打扰他（无论有多么重大的理由），等着，等到他在餐厅里喝过两杯滚烫的咖啡，走进他的书房。这时我走到他身边去，告诉他所有的新闻，愉快的和不愉快的消息。这时候费奥多尔·米哈伊洛维奇情绪最好：对什么都兴致勃勃，什么都详细问问，叫唤孩子们,跟他们开玩笑,做游戏。这一回也是这样,他和孩子们谈了一会话,我打发孩子们到儿童室去,我自己坐在写字台旁边平时坐惯的位子上。看到我不作声,费奥多尔·米哈伊洛维奇嘲讽地望望我,问道:

"喂,安涅奇卡,咱们的买卖做得怎么样?"

"买卖很好,"我学着他的腔调回答。

"你大概卖掉一本书了吧?"

"不是一本,卖掉了一百一十五本。"

"真的?! 那我要祝贺你了!"费奥多尔·米哈伊洛维奇继续以嘲讽的口气说,他以为我在开玩笑。

"我说的是真事,"我有点不快,"你怎么不相信我?"说着,我从袋里掏出一张单子,上面记着卖掉的书的本数,还有一包钞票,总共约三百卢布。费奥多尔·米哈伊洛维奇知道我们家里是没有多少钱的,所以我拿给他看的款子总数使他相信我不是开玩笑了。从三点多钟起门铃又响了,来的有新的买主,也有上午买了,现在再来买点备货的。搞出版显然大获成功,我得意扬扬,这种情况在我身上是罕见的。当然,我固然为赚到钱而高兴,但更主要的是我给自己找到了感兴趣的事业——出版我心爱的丈夫的作品;我感到满意的是,情况与我的文学界的谋士们提出的警告正相反,我很成功地开办了事业。

费奥多尔·米哈伊洛维奇也很满意,尤其是我把一个店员的话告诉他,"读者早已在打听长篇小说了"。对费奥多尔·米哈伊洛维奇来说,读者的赞赏始终是特别宝贵的,因为在他的文学活动中,一向只有读者以关切和同情支持了他。评论界(除了别林斯基、杜勃罗留波夫和布列宁①以外)当时很少有人论述他的才能。他们对他的作品,不是不瞅不睬,就是怀着敌意。现在,费奥多尔·米哈伊洛维奇去世已三十五年有余了,重新看看评论他的作品的文章,简直觉得奇怪,文章的见解是这样肤浅、表面、空洞,却往往包含着那样深的敌意。[……]

在费奥多尔·米哈伊洛维奇主持《公民》的编辑工作之初,编辑职务的新鲜感,还有他在编辑部必须会见许许多多三教九流的人物,使他很感兴趣。我起先也很为丈夫变换工作而高兴,以为编辑一份周刊不会太困难,在他写作《群魔》

---

① 维·彼·布列宁(1841—1926),反动评论家,《新时代》报的小品文作家。

写了将近三年之后,至少可以让他稍事休息。不过后来我和丈夫渐渐明白,他决定担任与他的个性格格不入的工作,实在是个错误。费奥多尔·米哈伊洛维奇对待编辑职务十分认真,不仅亲自审阅投给杂志的所有文稿,有些写得不好的文章,如出版者本人的文章①②,我丈夫还亲自修改,这花费他大量时间。我手头保存着两三张诗歌的原稿,写得笨拙,然而看得出诗中闪烁着才华,经过费奥多尔·米哈伊洛维奇的修改以后,这些诗歌变成那么精美。

但是,除了审阅和修改别人的稿件之外,费奥多尔·米哈伊洛维奇还有与作者通信的麻烦。许多作者对自己的每句话都坚持,万一被删掉或修改了,就写措词生硬、有时甚至粗鲁无礼的信给他。费奥多尔·米哈伊洛维奇予以答复,对忿忿不满的撰稿人写来的措词严厉的信,也以同样严厉的信作复,但第二天他又后悔。信平常总是托我去寄的,我知道丈夫的火气明天就会平息,他会后悔,干什么要火冒三丈呢,我不把丈夫交给我的信立即寄出去,等到第二天,他表示后悔了,干什么复信这样不客气呢,结果这封信总是"偶然"还没有寄出,于是费奥多尔·米哈伊洛维奇就心情比较平静地作复。在我所存的文件中保存着十多封这样"激烈的"信件,这些信可能使丈夫与人家发生争吵,而他是根本不想与人家争吵的,可是在气愤或烦恼之下,他控制不住自己,说出自己的意见而不去顾及收信人的自尊心了。费奥多尔·米哈伊洛维奇总是为这种"偶然"没有发出的信而向我表示感谢。

费奥多尔·米哈伊洛维奇得进行多少个别谈话。编辑部有秘书维克托·费奥菲洛维奇·普齐科维奇,可是大多数作者都想和编辑谈话,有时候发生剧烈的争吵。费奥多尔·米哈伊洛维奇的言行一向是真诚坦白的,直率表示自己的意见,为此他在期刊杂志业给自己树了多少敌人!

除了物质上的烦恼之外,费奥多尔·米哈伊洛维奇在担任编辑期间还忍受了多少精神上的痛苦,因为不赞成《公民》的方针的人,或者不喜欢梅谢尔斯基公爵本人的人,把他们的厌恶、有时甚至憎恨转移到陀思妥耶夫斯基身上。他身

---

① 例如陀思妥耶夫斯基全部改写了梅谢尔斯基论丘特切夫的文章。(《书信集》,第 3 卷,页 70)

② 1873 年 7 月 29 日给我的信。——安·格·陀思妥耶夫斯卡娅注

边出现的一大批文学上的敌人恰恰是针对着像《公民》编辑部那样的保守机构的。① 奇怪得很,在往后一个时期内,无论是费奥多尔·米哈伊洛维奇死前和死后,许多人都不能原谅他在《公民》的编辑工作,这种不友好的余音直到目前在刊物上还时有所闻。

费奥多尔·米哈伊洛维奇在担任新的工作的初期犯了一个错误,就是他在《公民》杂志上(梅谢尔斯基公爵的《吉尔吉斯的代表们在圣彼得堡》一文中)刊登了皇帝陛下向代表们讲的话。

按当时书报检查机关的规定,皇室成员的发言,尤其是皇帝陛下的发言,只有经过皇宫大臣的允准才可以刊登。丈夫不知道这一条规则。他受到没有陪审员出席的法庭审判。1873 年 6 月 11 日在圣彼得堡区法院开庭。[……]费奥多尔·米哈伊洛维奇亲自到庭申述理由,当然他承认自己有罪。他被判处罚款二十五卢布,拘留两昼夜。丈夫不知道什么时候他得去蹲拘留所,很是着急,主要是因为他无法到卢萨来看我们。由于自己被捕,费奥多尔·米哈伊洛维奇有机会认识了当时圣彼得堡区法院院长阿纳托利·费奥多罗维奇·科尼,他尽一切可能把逮捕我丈夫一节安排在最合适的时候进行。② 从那时起,阿·费·科宁和我丈夫之间开始了极友好的关系,一直持续到他们去世。

为了住得离《公民》编辑部近一些,我们只得调换房子,搬到利戈夫卡去,住在古谢夫胡同的拐角上斯利夫昌斯基家的房子里。挑选的房子很不称心:房间小,分布的格局又不舒服,但因为我们是在隆冬时节搬家的,所以许多不便之处只好将就。不方便之一是我们房东的性子暴躁。这是个很特别的老头子,有许多怪癖,搞得费奥多尔·米哈伊洛维奇和我很不痛快。8 月 19 日丈夫在给我的信中谈到过这些不痛快的事情。1873 年春,我遵照医生的劝告,带了孩子到旧鲁萨,以便用咸水浴巩固他们去年的治疗成果,这种疗法已经给他们带来显著的好处。这一次我们没有住在鲁缅采夫神甫家,他的房子已经卖掉。我们住在老上校亚历山大·卡尔洛维奇·格里布的家里,他在阿拉克切耶夫③时代就在军人流放村里供职。

---

① 见符·索洛维约夫的回忆录,本书页496。
② 阿·费·科尼(1844—1927)在他的回忆录《在生活的道路上》详细谈及这件事。
③ 阿拉克切耶夫(1769—1834),亚历山大一世时代的陆军大臣。

和家人分离,对于费奥多尔·米哈伊洛维奇是痛苦的,他想念我们,夏天到旧鲁萨来了四次左右。因为梅谢尔斯基不在,费奥多尔不得不自己来张罗刊物的一切物质方面的麻烦事情,因而在首都度过炎夏季节,忍受彼得堡的夏天的种种不舒服方面。

上述种种情况对费奥多尔·米哈伊洛维奇的神经,总的说来对他的健康产生了压抑的影响,到1873年秋天,他开始觉得编辑工作是一种负担,向往着再从事他心爱的单纯的文艺创作。

1873年,费奥多尔·米哈伊洛维奇成了宗教教育爱好者协会的会员,圣彼得堡斯拉夫人慈善会的会员,出席这些团体的大会和会议。我们交往的人扩大了,我丈夫的朋友和熟人开始经常来拜访。接连几年,每逢星期天来我们家吃饭的,除了尼·尼·斯特拉霍夫以外,还有阿·尼·迈科夫经常来拜望我们,弗拉基米尔·谢尔盖耶维奇·索洛维约夫①在这一年冬天也开始拜访我们,他那时还很年轻,刚结束学业。

起先他写信给费奥多尔·米哈伊洛维奇,后来应我丈夫的邀请上我们家来。他当时给人的印象是迷人的,费奥多尔·米哈伊洛维奇越是常常和他见面、聊天,越是喜欢他,器重他的才智和出色的教养。有一次我丈夫对索洛维约夫说了为什么这样依恋他的原因。

"您使我想起一个人,"费奥多尔·米哈伊洛维奇对他说,"就是某个希德洛夫斯基,我年轻时他曾给过我巨大的影响。您的面貌和性格跟他那么酷似,我有时觉得简直是他的灵魂附在您的身上。"

"他很久以前就死了吗?"索洛维约夫问。

"不,不过三年多以前。"

---

① 安·格·陀思妥耶夫斯卡娅搞错了,把弗拉基米尔·索洛维约夫说成是他的兄弟符谢沃洛德·索洛维约夫(见本书符谢沃洛德·索洛维约夫的回忆录)。陀思妥耶夫斯基与弗·索洛维约夫的相识虽然是在1873年初(1873年1月24日与2月23日弗·索洛维约夫给陀思妥耶夫斯基的两封信,保存在国立列宁图书馆,第一封信是和硕士论文《西方哲学的危机》一起寄出的),他们的接近应当是在1877年,弗·索洛维约夫迁到彼得堡时。1878年6月,他们一起到奥普塔修道院去的时候,陀思妥耶夫斯基把"主要的构思",还有一系列在构思中的长篇小说的计划的一部分告诉了他,其中只有《卡拉马佐夫兄弟》写了出来。(符·索洛维约夫全集,圣彼得堡,1912年,第3卷,页197)1880年4月6日弗·索洛维约夫就博士论文《抽象原理批判》进行答辩,陀思妥耶夫斯基在场。(见本书页689)

　　"那么您以为在他死以前的二十年间,我是没有灵魂的吗?"弗拉基米尔·谢尔盖耶维奇问道,哈哈大笑了。一般说来,他时常是很快活的,笑起来很有感染力。不过有时候因为心不在焉,常常闹出些可笑的事情来:比如,他知道费奥多尔·米哈伊洛维奇五十多岁了,便以为他的妻子,我,也将近这把年纪。故而有一次我们谈起皮谢姆斯基的长篇小说《四十年代的人们》时,索洛维约夫朝着我们两人说:

　　"是呀,像你们这样四十年代的人,可能觉得是如此,"等等。

　　听到这话,费奥多尔·米哈伊洛维奇笑了,嘲弄我说:

　　"你听,安尼娅,弗拉基米尔·谢尔盖耶维奇把你也算作四十年代的人!"

　　"一点儿没错,"我回答,"我确实属于四十年代,因为我生于1846年嘛。"

　　索洛维约夫为自己的失言而窘得不得了;他大概这时才第一次打量了我一下,发现我和丈夫之间的年龄差别。关于弗·索洛维约夫的脸,费奥多尔·米哈伊洛维奇说使他想起他所喜爱的阿尼巴·卡拉齐的一幅画《年轻基督的头颅》。

　　费奥多尔·米哈伊洛维奇与游击队员丹尼斯·达维多夫的女儿尤利娅·丹尼索夫娜·扎谢茨卡娅的相识是1873年的事。当时她刚在彼得堡办起第一个小客栈(在伊兹马伊洛夫团第二连附近),通过《公民》编辑部的秘书邀请费奥多尔·米哈伊洛维奇于预定的日期去参观她为无家可归的人所设的住宿地方。尤·丹·扎谢茨卡娅是莱德施托克的信徒,费奥多尔·米哈伊洛维奇应她的邀请参加过几次莱德施托克子爵及这一学说的其他著名传教士的宗教座谈。[1][2]

　　费奥多尔·米哈伊洛维奇很器重尤·丹·扎谢茨卡娅的智慧和非凡的善良,经常去拜访她,跟她通信。她也时常上我们家来,我和这位非常善良、可爱的妇女很亲近,在我丈夫去世心里悲痛时,她向我表示了深切的同情。

　　1873年我们常常去卡什皮列夫家;家长瓦西里·弗拉基米罗维奇是办《霞

----

　　[1]　陀思妥耶夫斯基对莱德施托克子爵在彼得堡贵族人士中的讲道是很不以为然的。陀思妥耶夫斯基在1876年的《作家日记》中写道:"莱德施托克子爵的真正成功,唯一依靠是'我们的特殊化',我们的脱离土壤,脱离民族。原来,我们,也就是我国社会的知识阶层,现在完全是陌生小百姓,非常小,非常微不足道,但是已经有了自己的习惯,自己的成见,这些习惯和成见有着特殊性;看来,现在甚至还想要有自己的信仰。"(《1926—1930年版全集》,第11卷,页242)

　　[2]　列·托尔斯泰对莱德施托克的思想也不赞成,可参阅《同时代人回忆托尔斯泰》,第一卷,页284。

光》杂志的;他的妻子索菲娅·谢尔盖耶夫娜是个编辑,儿童刊物《家庭晚会》的出版人。夫妇俩对我们很友善,因而费奥多尔·米哈伊洛维奇喜欢去拜访他们。1873 年他们家举办过一次有趣的晚会,有许多文学家出席,著名作家亚·费·皮谢姆斯基朗读他的尚未发表的长篇小说《小市民》①。皮谢姆斯基的外表给人的印象并不好。我觉得他肥胖而举止不灵活,不过朗诵得很出色,颇有才华地烘托了小说主人公的典型。

1873 年,费奥多尔·米哈伊洛维奇恢复了与施塔肯施奈德家的旧谊,这家人家的核心人物是著名建筑师的女儿叶莲娜·安德烈耶夫娜,她聪明,有文学修养,每逢星期日在家里邀集文学家和艺术家聚首。她对费奥多尔·米哈伊洛维奇和我总是极其亲切友好,我们过从甚密。②不过在那几年我难得参加聚会,因为孩子还小,把他们交给保姆我不放心。

费奥多尔·米哈伊洛维奇对于我因为经济拮据而困守在家里总是深感遗憾,1873 年冬天,他坚持要我利用已经出现的机会去预订意大利歌剧的票,名角儿如帕蒂、沃尔皮尼、卡利措拉里、Scalchi(斯卡尔基)、埃韦拉尔季等等在剧中大显身手。[……]孩子们我不必担心,因为费奥多尔·米哈伊洛维奇在那些日子的夜里不出去,一有声响或孩子啼哭,他就立即去看看是否有什么不好的事情发生。[……]

题解:

安娜·格里戈利耶夫娜·陀思妥耶夫斯卡娅(娘家姓斯尼特金娜;1846—1918),是陀思妥耶夫斯基的第二个妻子,从 1867 年至 1881 年,她和他一起生活了十四年。陀思妥耶夫斯基的第二个创作时期,成果最丰硕的时期,整个儿是和她联系在一起的。她聪明能干,精力异常充沛,有强大的处理实际事务的能力。她进入他的生活,带来了生活上的幸福和物质上的保障。她不仅为他建立了家庭和晚年的"安逸生活",保障了他的安静,使他摆脱忧虑烦恼,银钱的计算,免去跟放债人和出版商打交道的麻烦,而且还以她

---

① 亚·费·皮谢姆斯基的长篇小说《小市民》发表在《蜜蜂》杂志 1877 年第 18—49 期上。但是据他 1877 年 1 月给别尔格的信证明,《小市民》第一部写于"大约三年以前",也就是 1873 年。(亚·费·皮谢姆斯基,《书信集》,莫斯科-列宁格勒,1936 年,页 340)

② 见本书叶·安·施塔肯施奈德的回忆录。

的速记帮助他的创作;依靠速记,他的工作方法本身也大大地改变了。他所创作的东西,有一大半是经过她的手出来的:从《罪与罚》的最后一部和《赌徒》到《卡拉马佐夫兄弟》(这本书陀思妥耶夫斯基是题献给安娜·格里戈利耶夫娜的)以及《作家日记》。她还常常担任陀思妥耶夫斯基作品的第一个评论者的角色。陀思妥耶夫斯基无条件地重视安娜·格里戈利耶夫娜的意见,信赖她的艺术直觉。列·尼·托尔斯泰说:"许多俄国作家如果都有像陀思妥耶夫斯基那样的妻子,他们会觉得自己更加幸福。"(《素材及研究2》,页587)

陀思妥耶夫斯基死后,安娜·格里戈利耶夫娜便崇敬地献身于纪念丈夫的工作。她曾在旧鲁萨开办过以陀思妥耶夫斯基命名的学校,出版过他的几本作品集,建立莫斯科历史博物馆中的陀思妥耶夫斯基部,1928年该部成为陀思妥耶夫斯基纪念馆。1906年,她发表《与费·米·陀思妥耶夫斯基的生活和活动有关的文章及艺术作品的图书目录索引》,搜集条目达五千条之多。她也对陀思妥耶夫斯基作品中的某些地方作了颇有价值的注释。

安·格·陀思妥耶夫斯卡娅于1911—1916年间从事回忆录的写作,也就是她的六十五岁至七十岁之间,陀思妥耶夫斯基死后三十年。写作时她利用了六十至七十年代她工作时保存下来的速记本(1867—1868年的《日记》,和费·米·的谈话记录,以及家庭事务记录——都是陀思妥耶夫斯基在世时记的),由她支配的大部分陀思妥耶夫斯基的书信,他的保存着作品草稿的笔记本。她常常拿所写的回忆录和报纸、刊物上回忆陀思妥耶夫斯基的文章及其他文献史料进行核对。

安·格·陀思妥耶夫斯卡娅表达文学界的社会性的事实往往表面化、简单化(例如《回忆录》中所述的《少年》在涅克拉索夫的《祖国纪事》上发表的经过)。但《日记》及《回忆录》对于研究陀思妥耶夫斯基一生的家庭日常生活方面却是最信实、最完整的史料。

安娜·格里戈利耶夫娜的叙述平静而详尽,没有特别鲜明的色彩,准确交代日期,叙述大量的事实、细节,把刻画一个人,一个有他自己的"一切优点和缺点"的陀思妥耶夫斯基作为她自己的任务。不过,当你拿《回忆录》中所述的一些事实和安·格·陀思妥耶夫斯卡娅在国外和陀思妥耶夫斯基共同生活初期所写的《日记》中同一事实加以对照,就不能不说,《回忆录》中所描绘的陀思妥耶夫斯基的形象比起《日记》中的来,是较为温和,较为"理想化"了的。

她在出国年头所写的日记可能更多。那是用速记写的,数量上比她已经整理成文的部分要多得多。(关于这一情况详见别利奇科夫为《日记》出版所作的序言:《文学和社会生活往事方面的文献》——《新莫斯科》,1923 年,第 7 期)《日记》是 1867 年 4 月至 8 月的记录,用陀思妥耶夫斯基的话来说,它是"一位青春年华的人所写的,她怀着纯真的欢乐,竭力要与我共享漂泊的生活"。(见《书信集》,第 2 卷,页 26、29)《日记》中的陀思妥耶夫斯基和安娜·格里戈利耶夫娜本人,从世俗化方面来看,比《回忆录》中所描述的要亲切些、深刻些、"活跃些"。

安·格·陀思妥耶夫斯卡娅的回忆录从来没有完整地发表过。刊登最完全的(所有与陀思妥耶夫斯基生活有关的部分)是由列·彼·格罗斯曼编辑的安·格·陀思妥耶夫斯卡娅的《回忆录》,国家出版社,莫斯科-列宁格勒,1925 年。本书所刊载的回忆录片断,和苏联国家列宁图书馆手稿部所保存的原稿重新核对过。

《一八六七年日记》选

安·格·陀思妥耶夫斯卡娅

4 月 18 日

[……]我们匆匆准备好,前往美术馆。[……]

末了,费佳①带我到西斯廷圣母像跟前。到目前为止,没有哪一张绘画像这一幅画对我产生那样强烈的印象。神灵的脸多么美,多么纯真,忧伤,眼睛里多少温顺,多少痛苦。费佳发现圣母马利亚的笑容中含着哀痛。②[……]

费佳近来没有东西可看,我担心他也许会闷得慌。他不知在什么地方看见过赫尔岑的《往事与随想》,他想看。他很遗憾,这本书要两个塔列尔,但我要求他去买。[……]

不知在什么地方的书店里,人家告诉我们,《往事与随想》没有,但《北极星》有,两册,价三个塔列尔。没有东西可看,我们就买下了。[……]

---

① 费奥多尔的爱称。

② 陀思妥耶夫斯基的作品中几次提到西斯廷圣母像。例如在《罪与罚》中,斯维德里盖洛夫谈到他的年轻的未婚妻时说,"您知道,她的脸像拉斐尔的圣母。西斯廷圣母的脸充满幻想气息,哀痛而古怪。"(《1956—1958 年版十卷集》,第 5 卷,页 502;又见第 7 卷,页 317)

4 月 20 日（5 月 2 日）

［……］去美术馆。我们刚一进去，陈列在第一大厅的牟利罗的圣母马利亚像便映入眼帘。多么惊人的容貌，多么温柔的美！我极其喜欢圣母手中的孩子，他脸上的表情十分可爱！这一次我们只把美术馆匆匆浏览一遍。我们只在提香的《基督和钱币》前停留了一会。这张绝妙的绘画，用费佳的话来说，可以与拉斐尔的圣母像媲美。基督的脸容表现着惊人的温和，伟大，苦难……另一个大厅里陈列着 Anniball'a Caracci（阿尼巴·卡拉齐）的《青年时代的救世主》。费佳对这幅画评价甚高，很喜爱它。［……］费佳领我去看 Claude Lorraine（洛兰）的神话内容的绘画。① 太好了！后来我们又去看霍尔拜因②的圣母像。［……］

4 月 22 日（5 月 4 日）

［……］我们到 Schloßstraße（宫殿大街）寻找 1855 年的《北极星》，但是哪里也没有。在这家小书店里我们无意间看到《丹尼斯·瓦西里耶维奇·达维多夫笔记》，我们买了一套，因为费佳还未看过。［……］

4 月 24 日（5 月 6 日）

［……］我们去美术馆。观看雷斯达尔的风景画良久，沼泽，堆房，道路及其他。华弗曼③的绘画内容大半为军旅生活：或狩猎，或演武，或作战，画面上必定有战马与军人，一半被烟雾所遮蔽。随后我们观看华托的画。这个人是上世纪初叶的法国宫廷画家。他所描绘的绝大多数为快乐的宫廷生活场景，某侯爵追逐一位绝色美女之类。这些画充满了生活气息，脸容富有表现力，服饰刻画精美。我们在底层画廊漫步良久，后至上层画廊，我们还一次也没有观赏过。［……］

---

① 指美术馆陈列的绘画中《阿西斯与伽拉忒亚》这幅画，内容取材于奥维德的《变形记》第 8 卷，伽拉忒亚对少年阿西斯的爱情以及独眼巨人基克洛普爱上并追求伽拉忒亚的故事。这幅画给人的印象非常强烈，陀思妥耶夫斯基在作品中三次提到它，在《斯塔夫罗金的忏悔》、《少年》（维尔西洛夫的关于欧洲人类初期的故事）以及 1877 年的《作家日记》上《可笑的人的故事》中都提到过。又见本书页 355。

② 霍尔拜因（1497—1543），德国画家。

③ 华弗曼（1619—1668），荷兰画家。

4 月 27 日(5 月 9 日)

[……]今日早晨我们一起从家里出来：费佳去 Café Français(法国咖啡馆)看报,我去找那个可以借到俄国书籍的图书馆的地址。我立即打听到了我要找的地址,便回家来看信,那封信我是在费佳的写字台上找到的。(看男人的信自然是件蠢事,但是有什么办法呢,我不能不看!)这封信是苏①来的。看完信,我是那样激动,简直不知道怎么办。我觉得冷,我发抖,甚至哭了。我怕旧情死灰复燃,怕他对我的爱情熄灭。上帝啊,别把这样的不幸降临到我身上吧! 我伤心极了。一想起这件事,我就肝肠寸断! 上帝啊,别这样,失去他的爱,我是难以忍受的啊!

费佳回家来,我匆匆抹去眼泪。他看着我,大为惊愕。我说我胃痛(我认准他马上会回来,但我不知道他为什么回来)。我对费佳说,我不舒服,身子发抖。他要我躺在床上,开始十分不安,问我这是怎么啦(他还是爱我的,我有什么情况时,他总是极其不安)。他说我不应吃得太多(他想出用饮食疗法来摆脱精神痛苦)。我好了一些,我们按地址去寻找图书馆,不久即找到。他们给我们目录;这里不过二十来本俄国书籍,但大部分是禁书。我们选了 1855 年及 1861 年的《北极星》。[……]

4 月 28 日(5 月 10 日)

[……]我们决定去美术陈列馆。我们在馆内踱了很久,只在我们喜爱的画前停留。后去邮局,但还没有信件。从邮局走到贝尔维杰尔饭店的露台上用餐。[……]在露台上坐厌了,就去 Grand Jardin(大花园)。这是在我们这一边。我们越过 Donna Platz(唐娜广场),向左拐,再向右拐,进入一座丛林。入口处有一饭店;这里人很多,大多数是老头子、老妇人,还有许多孩子。[……]有个孩子在沙坑里玩,很放肆地玩得正高兴,不时转身向着人群。我们很喜欢这孩子。费佳身上有糖果,想送给孩子吃。他先叫他法兰茨,弗里德利希,可是孩子不肯过来。后来费佳自己走到孩子身边去,要给他糖吃。孩子大窘而特窘。接着费佳走到一个小女孩跟前,她也怕难为情,不肯拿糖。那个男孩子玩了一会,奔回家

---

① 　指阿波丽娜莉雅·普罗科菲耶夫娜·苏斯洛娃。陀思妥耶夫斯基与她的关系见多利宁写的关于出版她的《日记》的前言。

去,喊了一个老太太出来,大概是他的奶奶,开始指着我们告诉给她听,说是这位先生走到他身边来要给他 Papier①。奶奶笑了,向我们鞠躬致意,末了,领着孩子进屋去了。[……]

4 月 29 日(5 月 11 日)

大花园里有[……]个射击场。一个德国人站在柜台旁怒气冲冲地在射击;他委实是个好射手:几乎每枪中的,使铁制的土耳其人从地板底下升上来。我们也走了过去。费佳想试一试,我根本不知道他以前曾经打过枪,就对他说:"你打不中的。"这个看法我是随口说说的,根本不想去得罪他。这话反而激他去拿起枪来。他第一枪就打中,从地板下升起一个骠骑兵。他几乎两枪中一枪,然后他得意扬扬地问我:"怎么样?"还补充说,这又证明了他过去的想法:妻子是丈夫的天然的敌人。我和他争论起来,他不愿表示同意,还是抱定原来的看法。

我们没有直接回家去,却去到露台上,我喝咖啡,费佳吃冰淇淋,又喝咖啡。坐了一会后,我们走到露台的栏杆旁观看落日。这时我们因为看落日又争吵了,费佳骂了我,我们心绪十分恶劣,回家来了。路上,我心情非常痛苦,克制不住,哭了起来。我说这些日子我很不愉快。[……]我们走到 Moritz Allee(莫里茨林荫道)的尽头,费佳去买烟卷,我几乎奔跑着回家。我还没来得及奔进房间去脱衣服,费佳便来了。[……]我哭了一会,不过后来觉得好些了。费佳说我准是很寂寞无聊,我们过得很孤独,我们一定得马上离开这里,我大概是后悔嫁给他了,以及其他等等等等的蠢话。同时他给我讲了一个故事,两个老人,没有孩子,很是伤心,他们愁如果他们的孙子们死了的话,将来怎么办呢?[……]

4 月 30 日(5 月 12 日)

[……]四时去 Pachmansch'e Leihbibliothek(巴赫曼图书馆)。门上有张告示,星期日开放到一点钟。我们敲门,图书馆女主人替我们开了门;我们又借了三期《北极星》与……②交了两个塔列尔的押金。得把书送回家去。归路上我们

---

① 德语:钞票。

② 原稿删去。

拐到 Courmouzi(考莫奇)处，买了枣子(十四银币一磅)，红醋栗果子冻和咖啡(十五个银币)。我们把这些东西统统拿回家里，再到露台上去吃饭。[……]饭菜很好。[……]出来到凉台上，费佳喝咖啡，看《比利时独立》周刊。费佳一定要到下面去听音乐。我们一起下去，付了五个银币，可是刚坐下，费佳就说我们最好还是走，因为演奏得那么糟。我好不容易才说服他听完舒伯特的《夜曲》。[……]

5 月 3 日(15 日)

[……]我在图书馆里挑选了很久。这里有将近三十本俄国书，不会再多，大部分是禁书。他(图书管理员)又捧出几本目录上没有的书，我还以为是些什么比较有意思的书哩，结果是什么？是《大年龄孩子的文法》，什么《少女日记》，波捷欣的《可怜的贵族》，诸如此类，根本不是禁书(还有什么给儿童看的环游世界记之类)。这使我想起有一次和费佳到一家小书铺去，想买《北极星》。这小铺是一家古籍书店。首先，我得去喊醒(确实是喊醒)经营店铺的老头儿(可怜的人，他在看一份政治报刊，睡着了)；他一下子跳起来，起先他瞌睡蒙眬的，不明白我们的话。后来他得知我们要俄国的禁书，他声称，他有这样的书。他开始卖力地在书架上翻寻(我们一直等着)，带着神秘的模样不知从什么角落掏出一本玛丽娅·罗斯托夫斯卡娅的《谢尔盖耶夫硫磺矿泉》附效用说明。我和费佳哈哈大笑，对老头儿说，这种书送给我们也不要，我们笑着离开了小书铺。我的图书管理员告诉我，八天以后，他们将有新书到。我借了几本现有的书。我把带回来的书拿给费佳看，他草草翻阅了一下后说，没有什么可看的书，他说要是我拿另外一些书来，也许更妥当。我自告奋勇把书送回去，不过我想先吃饭[……]。吃饭时我和费佳胡诌了几句诗，如："伊达老是不来，肉饼她也不送来"……还有其他同样味道的句子。至于我的为借书而奔走，费佳说这简直是通俗喜剧："丈夫高枕而卧，妻子充当走卒。"饭后我们喝了咖啡，互相说些亲切温柔的话儿。费佳躺下睡了，叮嘱我到喝茶时去喊醒他。我呢，又去借书。这一次我选了《往事与随想》的第三部。[……]

5 月 4 日(16 日)

[……]沿着 Astra Allee(阿斯特拉林荫道)走，顺便往面包铺，无意间来到了

邮局附近。不知为什么,我预感到快要有她的信到了,我很高兴这时费佳不在,我可以看信了。我付了六个银币六芬尼的欠资(来信未贴邮票),我立刻认出她的笔迹,往回走,不露出特别的激动。但是后来我觉得心里不好过。我匆匆回家去,激动得要命,拿出小刀,小心翼翼地拆开信。这是一封很愚蠢、很粗野的信,里面没有表现出特别的智慧。我相信,她对费佳的结婚一定极其懊丧,信的语气流露了她的委屈心情。(我的猜想得到证实:信是从德累斯顿寄给费佳的。)我把信看了两遍,信中称我为勃楼尔金娜①(很不机智,很不聪明)。我走到镜子跟前,看到自己激动得满脸通红。随后我取出手提箱仔细看他的信件,很多信是我从前已经看过的。[……]

5月15日(27日),星期一

[……]我已失去在今天见到费佳的一切希望,他忽然在远处出现。我注视有顷,仿佛不相信自己的眼睛,接着向他扑去。我是那么高兴,那么快活,那么幸福!他的模样稍有改变,大概是由于旅途劳顿。他风尘仆仆,但我们毕竟十分愉快地见了面。[……]伊达在大门口迎接我们。我们立即要了茶。我一直在欣赏我的费佳,感到无限幸福。喝茶时,他问有没有他的信,我于是把她的来信交给他。他也许是委实不知道是谁的来信,也许是假装不知道,但他匆匆拆开信,看了一下签名就开始看内容。他在看这封出色的信的时候,我一直注意他脸上的表情。他把第一张信纸一遍又一遍地看,看了很久很久,似乎他看不懂信上写的什么。后来终于看完,满脸通红。我似乎觉得他的双手在发抖。我装着不知道的样子,问他,索涅奇卡②在信上写些什么。他回答说这封信不是索涅奇卡写来的,他好像苦笑了一下。我还从来没有看见过他有这样的笑容。说真的,我不知道这是鄙夷的笑,还是怜惜的笑,但总是一种可怜的、惘然若失的笑容吧。后来他好像走了神,我说的什么,他都几乎不知道。[……]

---

① 安娜·格里戈利耶夫娜搞错了:苏斯洛娃不是叫她"勃楼尔金娜",是叫她的一个女友。("勃楼尔金娜"这个名字含有"厚嘴唇"的意思。)

② 索菲娅·亚历山大罗夫娜·伊万诺娃是费奥多尔·米哈伊洛维奇的亲外甥女。——安·格·陀思妥耶夫斯卡娅注

5 月 16 日（28 日），星期二

[……]费佳一直惘然若失地在房间里走动，一直在寻找着什么，好像他丢失了什么，仔仔细细地看信。总之可以看出，苏的信大大地冒犯了他，侮辱了他。不过我非常、非常想知道他对此举的的看法。[……]

四点钟，我们去吃饭。顺便去买雪茄烟、香烟，又买了《警钟》。[……]

5 月 17 日（29 日），星期三

今天整个上午费佳在给卡特科夫写信。[①] 我一直在想，他会不会喊我去听听他写的信？等他写好了，他喊我去，征求我的意见。后来我们出去，找个地方吃饭；路上买了雪茄、香烟和一顶深棕色的帽子（两个塔列尔，五个银币）。费佳真像个孩子，他立刻就拿着新帽子打扮起来了；我说这顶帽子他戴着很合适，他听了可受用啦。[……]

5 月 23 日（6 月 4 日），星期二

[……]我们顺路去图书馆；这儿的青年人不在，只有女主人在，一位头脑很糊涂的太太，抽出几张目录卡来，要我们挑选。（我看过《悲惨世界》，维克多·雨果的这一美妙作品。费佳对这部作品评价极高，而且很高兴地反复看。费佳指点我，给我解释作品中许多主人公的性格。他想指导我读书，我高兴极了！）现在费佳借了狄更斯的《尼古拉斯·尼可贝》。把书送回家后，我们去大花园听音乐。我们一直坐到终场，这是过去从来没有过的。今天演奏的是旋律特别柔和的《Das Bild der Rose》（《玫瑰的形象》），还有《Vier Haymons Kinder》（《四个哈伊蒙的孩子》）中的序曲。这一天我非常、非常快乐。

5 月 24 日（6 月 5 日），星期三

[……]今天，大花园饭店的整个花园彩色的小灯闪闪烁烁，相当美。有机会在整个花园里散步；我们顺便拐到一个小酒馆，喝了啤酒。后来在音乐声中散

---

① 给卡特科夫的信没有保存下来。陀思妥耶夫斯基在信中显然是要求卡特科夫提前寄钱给他。在 1867 年 8 月 16—28 日给迈科夫的信中，陀思妥耶夫斯基说他要求卡特科夫寄五百卢布，后者没有把钱寄给他。（《书信集》，第 2 卷，页 29）

步,回家。今天我很愉快:一会儿像个小孩子,跳过几级踏阶,一会儿唱歌,一会儿跳舞,费佳简直不知道是为了什么,可我就是觉得幸福。顺路到点心店买肉饼,在店里吃了冰淇淋,等我们回到家里,我的胃剧痛起来,我只得在床上躺下。费佳不时问我:"怎么样,还痛吗?"好像这种疼痛一会儿就会过去似的。后来傍晚时我们在一起坐了好久,他要求我对他讲讲我们的整个恋爱史。我给他讲了许久,他给我什么印象,我怎么走进他的屋里,后来又如何如何。他听了对我说,他娶了我,尽管也爱我,可还是很不了解我,现在知道我是个多么纯朴的女人,他加倍又加倍地珍惜我(费佳对我很温柔)。[……]

5 月 29 日(6 月 10 日),星期一

[……]四点钟我们去邮局。费佳接到两封信:一封是帕沙寄来的,附了几封信,是在费佳离开那天寄给他的。另一封是阿波隆·尼古拉耶维奇·迈科夫写来的。费佳当即拆阅来信。他看那几封信时,我也一起看;我发现有苏的来信。

6 月 2 日(14 日),星期五

[……]我去美术馆,在那里逗留很久,观看里贝拉①的作品,看了伦勃朗及鲁本斯的所有绘画,大卫·丹尼埃的风俗画。三点半,费佳来,我们又在画廊里兜了一圈。费佳指出最优秀的作品,谈论艺术。这里收藏了多么惊人的艺术珍品![……]

6 月 3 日(15 日),星期六

去 Café Real(列阿尔咖啡馆)。从那里去书店买《警钟》。买了 6 月 1 日的,我们不知道有这一期杂志,因为上一期说,下一期将在 6 月 15 日出版;付了六个银币。[……]

我真没有想到,他的性格改变到了什么程度,——真是惊人!从前他往往那么容易动气,现在却一切都平平静静地过去。从前他往往那样激怒,对着自己的家人嚷嚷,有时候我简直心里发怵,为我将来与他一起生活而担忧。我心里想:

---

①　里贝拉(1591—1652),西班牙画家。

如果他在我面前也不改变,那我的生活将是苦难。现在,这一切都过去了,尽管我们现在的地位很不显赫。[……]

6 月 5 日(17 日),星期一

[……]去大花园。今天演奏莫扎特的作品:《Andante Cantabile》(《如歌的行板》),《Menuet》(《小步舞曲》),《Allegro》(《快板》),都臻于佳妙境界。费佳极为钦佩。我们俩很高兴,我们今天能听到这样美妙的音乐。[……]

[……]今天整个晚上我在看《悲惨世界》,等钟敲十一点半——平日我去睡觉的时刻,——费佳撵我去睡觉,说是我可以明天再看。我跟他道别,到另一间房间里去,把一章看完。三点半,我睡着不到半小时,费佳的癫痫发作了。我立即从床上一跃而起,他后来说,他刚开始发作时看见我怎样奔过去的。这次发病使我很吃惊,我双膝跪下,扭绞着两手,一再重复地说:"啊,不幸的人,不幸的人!"确实,他极其痛苦,不过幸而昏厥的时间不长;后来他清醒过来,但分明不知道自己出过什么事。半小时以后,我对他说,他的癫痫症发作了。他对我变得十分温柔了,说我心肠好,他爱我,恳求我躺下睡觉。[……]

6 月 18 日(6 日),星期二

[……]费佳起床,身子极其衰弱无力,这次发病对他的影响跟往日完全不同。他发病以后往往心情十分阴郁、沉重,好像在参加什么人的葬礼。他疲乏极了。[……]

6 月 19 日(7 日),星期三

[……]今天我们回家比较早;坐下看书;我一直坐到十一点半,然后睡觉;费佳两点钟才来。我自然立即醒了,我们很愉快地告别,闲谈了一会。[……]我问他,我要生孩子了,他高兴吗? 我说我怕他会因此而不满。他脸色非常欣喜地回答说完全相反,如果我们有了孩子,他会感到极其幸福,尽管他补充说:"让孩子没钱又受不到任何教育,真难过!"可是说过这话以后又连连几次温柔地吻我,我赶紧把话头扯到别的上面去。等他自己也躺在床上,他说,"那很好。"说是一个孩子,甚至两个孩子,压根儿不会加重我们家庭的负担,只会给家庭带来

新的生气。我谈起别的事情来,可费佳显然还在想着我们的谈话,说:"那么,这要到二月份喽,"他快乐地补充说,"可能是个男孩。"又说,"唉,你呀,安涅奇卡!安涅奇卡!"关于孩子的想法看来很合他的心意。我确信,他会爱孩子的,如果上帝赐福于我们。[……]

6 月 21 日(9 日),星期五

[……]今天发生这样不成体统的争吵,我们的举动活像小孩子:当我们快到大花园时,费佳忽然想回家,可又犹豫不决。我说,既然要回家,那就回去吧!他勃然大怒,转身往回走,但还没走上几步,我对他说,我想还是到花园里去坐一会的好,他就唰地转身往花园走去,但嘴里又说,在花园里只坐五分钟。我说,既然去坐,那就不是五分钟,而是半个小时,否则还不如回去。他坚持只坐五分钟,我就说:我们最好还是回家去,或者我一个人先回去。因为他继续往前走,我就回家来了,他到花园里去了。唉,我这是干吗呢? 我们的争吵口角都是因为我们两人对我们动荡不定的处境感到十分不安与痛苦。上帝呀,帮助我们摆脱困境吧! 我们彼此是这样相爱,这样幸福,要不是我们环境不好,为金钱而烦恼,那就没有人比我们更幸福的了。现在我们却吵吵闹闹,像小孩子一般。我到家后半小时费佳也来了。他很郁郁不乐。等我们开始喝茶时,他说我搬动一下桌子大概是故意要气他。我回答他,说我做事会故意气他,这是蠢话。后来他开始含讥带讽地说话,而且说,他眼下没有钱,不过他会有的,他毕竟还是值得尊敬的。这话对我是极大的侮辱。什么! 想想看,我尊敬一个人仅仅为了金钱! 我回答说,我根本不看重他的钱,我若是想做富家妇,早就做了,因为我可以嫁给 T,他当时向我求过婚来着(费佳回答说他早就听说了),我说我根本没有在他身上淘金,只是爱他的智慧和心灵。我是那么痛苦,我忍不住放声大哭了,后来不久我们又和好了。[……]

6 月 23 日(11 日),星期日

我们去邮局取信,没有信。从那儿到大花园吃饭。[……]路上费佳谈起我的怀孕,我脸红了,要求他别说了。他说,我快要做母亲了,这很好,我们快要有孩子了,他会感到非常幸福。他问,如果是个女孩,叫她什么。我说只要别叫她

安娜；"那么我们叫她索尼娅，以纪念小说中的索尼娅，大家那么喜欢她；又纪念莫斯科的索尼娅。若是个男孩——就叫米沙，以纪念哥哥。"后来他说，倘若生男孩，更好，因为女孩子必须有陪嫁，而我们是穷人；男孩子只要给他受教育，没有钱也行。后来他说，孩子大概要成为我们的偶像，我们会发疯似的爱他，这样可很不好，爱要爱得有分寸。他很亲昵地逗我说，今后我吃饭可得吃双份；总之，可以看出，他想到我们快要有孩子了，心里感到幸福。[⋯⋯]在家里稍坐了一会，往大花园，遗憾的是我们到时已经在演奏贝多芬的《Menuctto》(《小步舞曲》)了；他的大部分作品我们没赶上；接着是一个不知什么作品，其糟无比，接下来是 Wagner(瓦格纳)的作品以及 Strauss(施特劳斯)的美妙的华尔兹。[⋯⋯]

6 月 26 日(14 日)，星期三

今天我动手写信给家里人，向他们要钱或手镯；我变得那么忧愁，失声痛哭，大哭而特哭，尽管我百般努力，也止不住。[⋯⋯]费佳听见我哭了，走到我身边来，搂住我说，他爱我，后来为了给我解闷，讲 Vert-Vert(维特-维特)的故事给我听。这只鹦鹉是一个修道院的，修士们教会它说话、唱各种赞歌和做祈祷；大家对维特-维特感到奇怪，都想看一看，都要听一听这只聪明的鸟儿怎么会祈祷。这样一来，这只鸟使整个修道院出了名。邻近的修士们都想要这只鸟；他们向修士请求把维特-维特接去做客一阵子。这种要求起先很久都没有获得同意，不过末了还是放维特-维特出去。他们用大车队送它，从一个区送到另一个区。结果，一路上，维特-维特在马车夫群中学会了各种粗话和骂人的话。等把它送到修道院时，大家聚拢来看它，听它怎样唱歌，祈祷，维特-维特却突然用脏话骂修士们，骂得他们无地容身。这搞得修士们勃然大怒：他们想，这是鹦鹉的主人有意对他们使坏，教它向他们说这样侮辱人的话。于是书信交驰，纷纷向主教申诉。饲养维特-维特的修士们要把它讨回去，看看原告的指控是否有理，等到他们确信他们的鸟儿果真学坏了，他们就把这只可怜的维特-维特扔掉了。费佳把这个故事讲得那么娓娓动人，我只得破涕为笑。后来我出去买信封；临出门时他问我上哪个邮局，我回答他我上那个邮局，免得他不放心，我不会到大邮局去，不会去取他的信的，不会有这种事情的。他什么也没回答，可是等到我离开了，他

急忙走到我身边,下巴哆嗦着对我说,现在他懂得我的话了,那是一种暗示,他有权利跟任何人通信,他有外遇,我也无权阻挠他。我回答说,他有外遇跟我不相干,不过,如果我们相互之间能更坦率一点的话,那么,我也许可以摆脱一种十分乏味的书信来往,而这种笔墨官司是非进行不可的。他问,谁在给我写信;我回答说一位太太。他好奇心切,很想知道这位太太是谁——他大概已经猜到这个人可能是谁,所以很是惴惴不安。他开始探问我,她是一个怎样的人,是不是由于他的结婚我们才通信的。他很想知道,那些信怎么会侮辱我的。我支支吾吾作了回答,可是他严肃地劝我告诉他,因为他可能在这方面帮助我,搞清楚该怎么办,他大概可以帮助我的。我回答说这种通信并不是什么特别了不得的,我不用他出主意也能对付。这一情况他非常耿耿于怀,连傍晚和夜里还在说,我对他不坦率,我为什么不告诉他,收到了什么人的来信。后来我们去邮局。这一次,有《俄国导报》来的信,但是信很薄。因而费佳一边拆信,一边说,大概是拒绝了。① 他开始看信;信不是卡特科夫本人写的,是另外一个人,信上说卡特科夫请求原谅(我的腿简直发软了);不过幸而下面有令人欣慰的消息,费佳的要求将会得到满足。[……]

今天,费佳照例什么都看不顺眼;先前他觉得是美好的东西,现在连看也不愿看。这种情况在他是经常有的,癫痫发作过以后,一切印象全改变了。费佳从来不能好好地仔细看看西斯廷圣母像,因为太远看不清,长柄眼镜他又没有。今天他居然想起在圣母像前面站到椅子上去,靠近一些仔细看看。我当然完全相信在别的时候费佳无论如何不致做这种难以容忍的荒唐事,可是今天他却硬是做了;我的劝阻毫无作用。一个美术馆的工作人员走到费佳身边,说这是禁止的。等那个仆役一走出房间,费佳就对我说,让他们把他撵出去好了,他一定要再一次站到椅子上去看看圣母像,如果我觉得讨厌,那就到另一个房间去好了。我不想惹他生气,就到隔壁房间去了。过了几分钟费佳也来了,说是他看过圣母像了。费佳开始说道,如果他们撵他出去,那是多么煞有介事,听差终究有股听差味道,如此等等。

[……]昨天夜里和费佳开玩笑,说他是最倒霉的人,我们讽刺性地模仿莫

_____

① 指向《俄国导报》借款的事。

里哀的法国喜剧,说:费奥多尔·但丁(Dandin),我就说乔治·但丁! tu l'as voulu!①

                                        6 月 29 日(17 日),星期六

[……]今天大花园里演出贝多芬的 D-dur(D 大调奏鸣曲),那么美妙的音乐,简直叫你百听不厌。费佳兴高采烈。[……]

                                        7 月 2 日(6 月 20 日),星期二

我决定去美术陈列馆,跟它告别,因为我们打算明天走了。[……]

[……]别了,美术馆,感谢你,为了你所给予我们的那些幸福时刻而感谢你。也许再也没有机会见到你了。费佳这么说:和美术馆诀别吧。他怀着忧伤说,他大概再也不会到这里来了。我则使他相信,很可能,过三年光景我们还会到这里来的。[……]

                                        7 月 7 日(6 月 25 日),星期日

[……]钱输光了,我和费佳离开大厅回家。路上,我说:"我后悔跟着你一起来了,我不来,你也许不会输。"可费佳反而向我表示感激,说:"你太好了,我亲爱的安尼娅。如果我将来死了,那么请你记住,我对你说过,为了你给我的那份幸福,我感谢你。"他又说,对他来说,不可能有比这更大的幸福;他配不上我;上帝把我赐赏给他,这恩赐够重的了,他每天为我向上帝祷告,只怕这一切会发生变化。他说,现在我爱他,怜惜他,等到我的爱情消失了,那么一切也会改变的。我则以为这是绝对不会的,我们将永远互相热爱。

                                        7 月 10 日(6 月 28 日),星期三

[……]喝茶时费佳告诉我他去拜访屠格涅夫的事。据他说,屠格涅夫怨气冲天,肝火极旺,不时谈起他的一部新的长篇小说。费佳一次也没有提起过此书。报上的评论把屠格涅夫都要气疯了:他说《呼声报》、《祖国纪事》以及其他

---

① 乔治·但丁是莫里哀喜剧中人物,小市民,讨了个贵族女子为妻。她看不起他,背叛他。每受一次打击,他都大吃一惊,对着自己大声喊道:"这是你自讨苦吃。"

刊物都在骂他。他还说,贵族们在贵族代表费奥菲尔·托尔斯泰的带领下,想把他从俄国贵族中开除出去,只是不知为什么没有成为事实。但是他又补了一句,说"如果他们知道这样做会给我带来多大的快乐的话"。① 费佳跟他说话照例几分带刺,比如,劝他在巴黎买一架望远镜,因为他住得离俄国很远,用望远镜对准俄国,看看那边的情况,要不然他对俄国将一无所知了。屠格涅夫声称,他,屠格涅夫,是个现实主义者。但费佳说,那只不过是他想当然罢了。费佳说到,在德国人当中他只发现愚蠢,除此以外,还经常看到欺骗。屠格涅夫对此话大为生气,他声明,费佳这话对他是个极大的侮辱,因为他已经成了德国人,他根本不是俄国人了,他是德国人。费佳回答说,他根本不知道此事,不过对此深表遗憾。据费佳自己说,他说话越是带着幽默,屠格涅夫越是火冒三丈,终而至于明确向屠格涅夫表态,说他的小说是失败的。不过他们分手时倒是客客气气,屠格涅夫还答应送书给他。这个怪人,他想引以自豪的是什么? 是他成了个德国人? 我觉得,俄国作家没有任何理由要放弃自己的国籍,更不用说自认是德国人了。况且他生在俄国,祖国哺育了他,赏识他的天才,是什么使他成为地道的德国人呢? 然而他不承认是俄国人,说,如果俄国崩溃,世界上也不会有任何痛苦。以一个俄国人而这样说话是多么愚蠢! 嗯,上帝保佑他,尽管我知道,跟屠格涅夫的谈话可把费佳惹火了,这种自行宣布与祖国脱离关系的人的卑劣习气使他激动不已。[……]②

----

① 安娜·格里戈利耶夫娜说得不确切。人家准备开除屠格涅夫的英国俱乐部会员资格,不是开除出"贵族"。有一回,伊万·谢尔盖耶维奇开玩笑说,"烟"中的将军们我写得很成功,看得很准。你们知道吗,《烟》一问世,真正的将军们大为生气。有一天晚上,他们聚集在英国俱乐部,要联名给我写信,想把我开除出他们的聚会。我永远也不会原谅索洛古勃,当时他说服了他们,给他们讲清楚,这样做很蠢。请想想看,接到这样的信对我将是个多大的胜利?! 我会把信装在描金镜框里,挂在墙上!"(《屠格涅夫文集》,莫斯科,1915年,页91)

② 《烟》的出版,尤其是书中主人公之一波图金的思想,引起陀思妥耶夫斯基这样的反应。屠格涅夫构思这个形象带有论战性质。照屠格涅夫的意思,波图金的观点不仅应该是与斯拉夫主义者们的主要论点相对立的,而且也与赫尔岑的《开端与结尾》相对立,在赫尔岑的文章里,人类复兴的一切希望都寄托在俄国,尤其是在农民的村社上。波图金发表这样的意见:"我是西欧派,我忠于欧洲[……]文明[……]。文—明这个词,既纯洁,神圣,又好懂,至于其他的一切,民族性,光荣,都散发血腥气。"这话自然引起陀思妥耶夫斯基的严厉反击。当然,屠格涅夫的立场无论如何与波图金的思想是不同的。

7月11日（6月29日），星期四

[……]玛丽来，带来屠格涅夫的名片。屠格涅夫是坐马车来的，问她：我们是否住在这里，命她转交这张名片。他大概不想亲自进来，免得跟费佳说话；但是限于礼貌，又不能不来回访。说来也真怪：谁在上午十点钟拜客来着？难道这仅仅是德国人的作派？就算是德国人的作派，也有点古怪。[……]

7月12日（6月30日），星期五

[……]看到他出去买东西，捧着蜡烛或干酪回来，我简直要笑出声来。他很喜欢张罗，烧茶，而且看得出，干得兴高采烈。我的丈夫，他是个十分、十分可爱的人，那么可爱、朴实，我是那么幸福。[……]

7月13日（7月1日），星期六

[……]今天费佳赢了许多钱，被冈察洛夫①看到，冈察洛夫忽然想说说大话，表示他在这里没有赌钱，就这么看看，因而他问费佳，什么叫"passe"，要吃去多少钱。但是，一个人看轮盘赌看了两个多钟头，却说他不懂得赌钱，这话能叫人相信吗？喏，不过是要表明"我们是不搞这玩意儿的，让别人用这种办法去发财吧"。冈察洛夫问费佳，他的情况如何。费佳回答说，先前输钱，现在扳回，甚至稍有盈余，说这话时，他把满满的钱袋拿给他看。我完全有把握，冈察洛夫会把这话告诉屠格涅夫，而费佳欠屠格涅夫不是五十就是一百塔列尔，故而，如果趁我们还没有离开，现在就能把钱还给屠格涅夫，那我别提有多高兴了。因为否则的话，等我们回俄国去，费佳用什么办法才能归还这笔钱呢？[……]

7月18日（7月6日），星期四

[……]费佳说他两次去找冈察洛夫，想坦率说出来意，向他商借一百塔列尔，言明一个月之内可以归还他。但是两次都没有遇到他。后来费佳说到卡特科夫，但是怎么给他写信呢，况且又是从巴登发信，——岂不是明摆着费佳输了钱？这不好。唉，我们真是傻瓜，只有二十个金币了，今天上午还不离开巴登；可以再住到日内瓦去嘛。等我们回到家，并排躺在床上，费佳开始向我说起各种计

---

① 著名作家冈察洛夫。——安·格·陀思妥耶夫斯卡娅注

划,可以用于改善我们的境况。费佳考虑向阿克萨科夫提出合作。① 起先他打算向克拉耶夫斯基借钱,答应在一月之前寄一部十印张的长篇小说给他。但我觉得这几乎是不可能的。揽的活儿太多了,何况他为卡特科夫的长篇还忙不过来。我们愁闷地谈了很久。我望着费佳,心里难受。和他在一起也难受;他不在,我倒可以哭一场,他在身边,我一点儿没眼泪;我不能哭,这叫人太难受了。我们坐到十一点钟,决定明天费佳拿最后的一枚金币去碰碰运气;也许不知怎么一来我们会翻梢。我去睡觉,幸运的是睡着了。费佳两点钟时叫醒我,跟我告别,我很高兴,很快又进入梦乡。我怕失眠,因为脑子里翻腾着叫人心烦的念头,无法驱散。[……]

7 月 26 日(14 日),星期五

[……]今天上午费佳去找冈察洛夫,问他要个地址,万一我们现在不能还他的钱的话,以后按址给他寄去。冈察洛夫没有说自己的地址,不过说,这笔债是小意思,不值一提,这里不还,在彼得堡随便怎么还也可以,总而言之是不值一提。这时费佳对他说,他此刻在张罗钱,四十法郎。冈察洛夫说拿不出,因为他自己昨天也输得很惨,几乎不名一文,虽则他还剩下些路费。他说,当然,他和自己的熟人们一起旅行,可以问他们借钱的,他们也会帮他的忙,但眼下他无论如何拿不出。费佳对我说,他好像觉得冈察洛夫输得一败涂地,说不定连付旅馆的房钱也没有。真遗憾,我们不能还他的钱。于是他们相当友好地分手了。[……]

8 月 2 日(7 月 21 日),星期五

[……]说实话,他多么不耐烦。他一次一次癫痫发作,或者咳嗽不停,我可没有骂过他,我没有说过,我被他的病搞得厌烦了,虽然我确实被他搞得很痛苦。可他,连我哭一下他都受不了,说是他听腻了。真的,这样真不好,他为什么这样自私呢?我很懊恼,现在,我有时候常常暗自伤心,费佳怎么会有这么个品

---

① 1867 年 1 月 2 日,陀思妥耶夫斯基在给安娜·格里戈利耶夫娜的信中就写道:"跟阿克萨科夫说起合作。"(《书信集》,第 1 卷,页 454)显然是谈到在《莫斯科人》报上的合作,该报是阿克萨科夫主编,1867 年起出版,办了两年。

性——不爱家庭,我最怕我未来的丈夫有这种品性,他偏偏有这种品性。是啊,他确乎不肯为自己的家庭操心,这已经成了定局。费佳宁肯为穷苦的埃米利娅·费奥多罗夫娜(这愚蠢的德国婆娘)不缺钱用而操心,宁肯为费佳·陀思妥耶夫斯基少干些活而操心,宁肯百般依顺帕沙,同时对于我们两人无论有什么感觉,他却满不在乎,我们缺这少那,他都无所谓,甚至根本没有觉察。说到底,因为我是他的妻子,我是属于他的,由此他认为我似乎有义务去忍受一切微小的不快和短缺。就假定我确实知道他身上没有钱我也不说什么的吧,但是当我知道,我们缺钱用是为了埃米利娅·费奥多罗夫娜和其他一大帮人不缺钱用,我的大衣拿去典当是为了替埃米利娅·费奥多罗夫娜赎回大衣,那么,随便您怎么样,我心里是会产生很不好的感觉的,我心里痛苦至极,我那么重视、那么喜欢的这个人,原来是那么漫不经心,那么不明事理,那么冷淡。他说他应该帮助哥哥的家属,因为哥哥从前帮助过他。然而费佳难道不应该同样地待我吗?难道我没有把自己的一生交给他?难道我没有把自己的心交给他,这颗心充满着为了他能幸福而甘愿吃苦的充分决心?我怎样待他,他根本不重视,认为那是理所当然的。他不认为自己应当操操心,让他的妻子安安稳稳过生活,不要让她为了明天揭不开锅而时刻犯愁。这是多么不好,多么不公平!我生自己的气,为什么我对我的亲人、可爱的好丈夫会有那么些坏的想法。我确实是个狠心的女人!
[……]

8月3日(7月22日),星期六

[……]饭后费佳喝了杯咖啡,五点钟去睡觉,要我在五点半喊醒他。我也躺在床上,开始蒙眬睡去。可是到五点二十五分费佳起来了,走到我的床边,吻了我一下,我说,费佳,你怎么啦?他已经走了开去,但随即又回到我身边,这时他突然癫痫发作了。我害怕极了。我想把他抱到他的床上去,可是来不及了,我让他靠在我的床铺旁边,床和墙壁之间,因为我绝对没有力气把他放到床上去,所以当他抽搐时,他一直是半倚半站的。由于这样的姿势,他的右腿至今还在痛,因为他拿右腿抵住墙壁。后来,等抽搐停止,费佳开始翻身,不管我怎么去扶他,要稳稳地扶住他,我的力气还是远远不够的。于是我在地板上放了两只枕头,轻轻地把他放在地板上,躺在地毯上,使他伸开腿,躺得舒舒服服。然后我替他解开背心和裤子的纽扣,使他可以呼吸得比较顺畅些。今天我第一次发现他

的嘴唇完全发青了,脸红得反常。我多么不幸啊!这一回他很久没有清醒过来,等他逐渐苏醒,不管我心里多么痛苦、难过,他用德语向我提出的请求还是逗得我发笑。他说:"Was? Was doch? Lassen Sie mich!"①还有许多各种各样的德语句子;后来他叫我安尼娅,请求原谅,一点也不能懂得我的话。后来他又讨钱,要去赌博。好一个赌徒,我想象,他这个样子怎么赌法。不过我觉得,正是这样的时候,他可能会赢,虽然人家也会欺骗他,非上当不可。等费佳清醒过来,他从地毯上爬了起来,开始在房间里踱步,动手扣上纽扣,要我把帽子给他。我想,莫非他要到什么地方去,便问他,你到哪里去?他回答说,"Comme ça。"②我完全不懂,要他再说一遍,因为我听到的是他要到腊肠铺去。后来我坚持要求他躺下睡觉,他愣是不愿意,甚至开口骂人,骂我为什么让他躺下,为什么要折磨他。末了他躺下了,但只睡了一忽儿,不到三刻钟,还每隔十分钟醒一次。七点钟,我们离开家,可是路上费佳忽然想要吻我的手,还声称否则他就不认我是他的妻子。自然,我说服了他,——在大街上,众目睽睽之下,这样做是极其可笑的。[……]

8 月 4 日(7 月 23 日),星期日

[……]病发过后的第三天往往是我最难过的日子。我知道得很清楚,可怜的费佳自己也想摆脱苦恼,可是不能够。这期间,他变得异常乖戾,烦躁。比如,我们去散步时,我时常要求坐一坐,他就发火,说是我一个人散步的时候,不觉得累,跟他一起,我就累。后来他骂人,为什么我走得跟他步调不一致,然后说,我为什么要怕呢,总之一句话,在身体健康时绝不会骂的事,他都拿来骂了。我和他去老城堡,走得相当慢,等我们快要到达时,远远听到车站里在唱奥地利的合唱歌曲,不知为什么,这里听得特别清楚。我们到上面去,今天那儿一个游人也没有。[……]我们坐在露台上,听起音乐来。[……]我们坐到天色发暗,然后回家去。[……]音乐使费佳稍稍高兴些,不像刚才那样烦闷了。[……]

8 月 6 日(7 月 25 日),星期二

[……]今天的音乐很出色,窗户都开着,听得见音乐,我以为比在露天听要

---

① 德语:"什么?还要怎么?别管我!"
② 法语:随便走走。

好。演奏的是军乐队。他们演奏了贝多芬的《哀格蒙特》序曲,然后是《Zampa》(《泽姆帕》)①,然后是莫扎特的《唐璜》选曲。[……]

费佳来道晚安时正处于兴奋状态。他说,他爱我,爱得神魂颠倒,非常、非常强烈地爱我,他配不上我,我是他的守护天使,是上帝给他派来的,不知道为什么,他应该是还会改过自新的;又说,尽管他已四十五岁,他还不情愿过家庭生活,他还需要有精神上的准备过家庭生活,他有时候还在梦想。[……]后来说:你梦见我把你送进教养院。嗯,我没有你不能生活,我怎么能把你往随便哪儿送呢? 他说,如果我命令他从钟楼上跳下去,他一定会为我而跳。[……]夜里我问他现在还想不想索尼娅? 他回答说经常想到她,想得很多,而且补充说,这一次可能是个男孩。我回答说,不管生男的还是女的,我反正总是感到幸福的。这时费佳补充说:"正因为这缘故,我也不该撇下帕沙,"这表明,费佳在我生孩子的时候还会更加替帕沙操心,即使有了孩子,他也丝毫没有改变。至于我,现在我就在为我们未来的孩子的前途操心了。所以我需要自己去干活,干活,好让孩子得到我的帮助。

8 月 7 日(7 月 26 日),星期三

[……]他来道晚安,对我说了许多动人的话。他说,他现在爱我爱得有点儿古怪,也就是十分不安,连他自己也心神不定了;他说我是涅朵奇卡,是他的幸福之神;他说他向我表白的不单单是话语,不过他说的是他的感觉。假如我现在离他而去,我们若是没有生活在一起,或者若是我死了,那么他将会觉得,他不知道该如何是好,他简直会痛苦得发疯。他说,当他望着我,如同他说的,看着我的"孩子般的可爱的小脸蛋",只有这时候他才会复苏过来,只有这时候他才觉得好。可是他害怕这一切会改变,也许过了若干时候,我会变成一个严肃、乏味、冷淡、平静的人,那时他会不爱我。总之,那天晚上费佳对我情意绵绵,看得出,他爱我,我也很爱他。他要求我保护咱们的索涅奇卡或米沙。

8 月 13 日(8 月 1 日),星期二

[……]夜里三点钟,费佳喊醒我,跟我道晚安。[……]临了,他躺下睡了。

---

① 《泽姆帕》,法国音乐家埃罗尔德所作三幕歌剧。

我,不知为什么,也许是因为喝了浓茶,却睡不着了。[……]三点一刻,费佳又来问我什么,然后开始睡觉,过了十分钟光景,癫痫突然发作了。[……]我立即从床上一跃而起,但是我这里没有蜡烛,我奔到另一房间,点起蜡烛。费佳躺着,头靠在床沿,一眨眼他可能跌下来。他后来告诉我,他记得病是怎么发作的:他还没有睡着,他稍微抬起身子,我想,这就是为什么他会靠床边那么近的缘故。我动手替他揩汗和唾沫。病发得不太久,据我的感觉,也不太厉害;眼睛没有牵歪,但是抽搐得厉害。[……]病发过以后,他产生怕死的想法①。他对我说起,他怕现在会死,要求我照看他。我安慰他,说是我在他的床旁边摆一张卧榻,我睡在卧榻上,这样我就在他的身边,万一他有什么情况,我马上就会听见,起来照料他。对此他很高兴;我立即到另一张床上去睡。他依旧很害怕,一边祈祷,一边说,他现在若是死去,离开我,没看到索涅奇卡或米沙,他会多么难受,多么痛苦,他求我照料索涅奇卡,到早晨,我醒来时,一定要看看他是否活着。但是我说服他,让他睡下,夜里不用害怕,我答应他,在他没睡着的时候,我不睡觉。[……]

8 月 18 日(8 月 6 日),星期日

[……]我记得,在我到他那里去工作时,我没有向他提过一个问题。我觉得,向他问这问那是不礼貌的。让他自己来讲吧;我以为,如果他想说,他自己会说的,——我是这样彬彬有礼。我需要添置点儿什么,我经常穿破衣服,邋邋遢遢,衣着寒酸,但我一点也没有对他说我很希望穿得体面。我以为,他也许自己会想到的,也许自己会说:你应该买一些夏季衣衫,因为这里的夏衣一点也不贵。他对自己可关心了,在柏林买了衣服,在德累斯顿又定制衣服,那时他根本不来关心我,我的衣着那么寒伧,我也需要添点儿什么。我什么也没有跟他说,那是因为我不好意思提起。我想,也许他自己会想到的,为什么要对他说呢。唔,要不然,他一边把钱给帕沙和亲戚,一边又拿我的衣服、大衣、家具去当掉,而且全不放在心上,这是在欺侮我。当他天知道怎样输了钱,不是我首先去安慰他,不是我首先毫不犹豫地提出,把我的东西拿去当掉,尽管我知道这些东西再

---

①　发病以后总是出现怕死的现象,费奥多尔·米哈伊洛维奇求我不要离开他,不要撇下他一个人,他好像希望我待在他身边会保护他,使他不致死去。——安·格·陀思妥耶夫斯卡娅注

也不会赎回来了。他输了这么多钱,难道我什么时候责备过他? 根本没有,我自己去安慰他,说这是区区小事,不必介意。好啊,我这种态度他毫不看重,现在却说我不礼貌。确实,从那以后根本不值得做个有礼貌的人。假如我叫嚷起来,经常跟他吵吵闹闹,那说不定他会记得我对他是很讲礼貌的了,他会想到他是不该以不公正的责备来欺侮我的了。[……]

8 月 20 日(8 月 8 日),星期二

[……]出去散步。今天的音乐是歌剧和军乐;演奏了《行吟诗人》片断,如此美妙,使我们极为愉快地在车站前走了几个来回。[……]

8 月 22 日(8 月 10 日),星期四

[……]费佳大约八点钟光景回家,我还没见着他的面,就问了他一些什么。不过问得完全不对劲。费佳异常激动地向我扑来,哭着说全输光了,连我交给他去赎耳环的钱也输掉了。骂他吧,不可能。看着可怜的费佳在哭,那样伤心绝望,我难受极了。我搂住他,请求他看在上帝分上,看在我的面上,不要发愁,不要哭。"有什么办法呢,输了就输了嘛,也不是了不得的大事,会叫人悲痛欲绝的。"费佳称自己是下流胚,说他配不上我,我不该原谅他,他大哭而特哭。我好容易才让他安静下来,这时我们决定明天一定离开此地。[……]

8 月 23 日(8 月 11 日),星期五

[……]费佳十一点钟走了,我待在家里缝自己的口袋,给妈妈写信。然后我把他的所有东西放进他的手提箱里,也把我的东西放进我的手提箱和小布袋里。[……]

费佳回来。他向我宣布,他不但输掉了四十法郎,还把他拿了戒指去在Moppert(莫拜特)处抵押来的那笔钱也输掉了,他开始捞回来了,也就是说,赢回来赎戒指的钱,还有若干钱,可是后来又全输光了。这可把我气疯了。唉,怎么能麻木不仁到这种地步呢,——他应当知道得很清楚,我总共只剩下一百四十法郎了,我们打算路上用一百法郎,现在戒指又押了二十法郎,赎回来又要损失二十法郎。我想骂他,可他跪在我面前,求我原谅他;他说他是下流胚,他不知道怎样惩罚自己,但要我原谅他。不管我多么心痛这样损失钱,可是也没办法,——

只好再给二十法郎①。不过,现在我们开始计算,以这么一点钱根本到不了日内瓦,也许如同我们起先所预料的那样,不仅在日内瓦,甚至在巴塞尔就不得不拿耳环去抵押。[……]至于我给他的二十法郎,似乎给了他极大的安慰。费佳说,他永远不会忘记,我根本没什么钱,只有必需的费用,却给了他二十法郎,还对他说,他可以把这笔钱也去输掉。他说他永远不会忘记我的这份好心。[……]

8 月 24 日(8 月 12 日),星期六
巴塞尔

[……]我们相当快地喝完咖啡,去观光城市。[……]我们走进大教堂;我很喜欢这座教堂。费佳逗我,说是这座大教堂没有多大意思,我最好去参观米兰大教堂。[……]右边墙上是一只属于十四世纪的橡木雕花的讲坛。一个女人把它指给我们看,费佳对她说,这是整个大教堂中唯一的好东西,她问他是不是天主教徒。后来我们拾级而上,她带领我们到 Salle de Conseils(议事厅),1431—1434 年间在这里举行秘密集会,叶甫盖尼四世教皇在这里被黜废,由某个费利克斯教皇取而代之。[……]她指给我们看墙上霍尔拜因的画的印制品,描绘《死神之舞》,画上出现死神,被形形色色的人包围着。看了一会画以后,费佳说:"远方的铃鼓逗人爱,"就是说,对这张画,那么多人谈论过,叫喊过,但是,这张画也许并不是什么了不起的作品。这里还有几张霍尔拜因的古老的画。[……]我们去博物馆。[……]这儿整个博物馆只有两张好画:那就是《耶稣基督之死》,一件惊人的作品,可是对我只产生恐怖感,而费佳却是那么震惊,他称霍尔拜因是著名的艺术家和诗人。通常人们画耶稣基督总是画他死了以后,脸容痛苦而抽搐扭歪,但身体却画得根本不像事实上那种受尽折磨、痛苦不堪的样子。这张画上却画着他身躯消瘦,腕骨和肋骨外露,手掌和脚上布满钉子穿透的伤痕,发肿,乌紫紫地发青,像尸体上的手脚,且已开始腐烂。面容也是痛苦不堪的,眼睛半闭半开,已经什么也看不见,丝毫也不反映什么。鼻子、嘴和下巴发青,总之,酷似真正的死人相,说实话,我觉得我不敢跟它一起待在一个房间里。即使这幅画惊人地真实,但说实话它压根儿不美,只引起我的反感和某种恐惧。

---

　① 大概去赎戒指。——安·格·陀思妥耶夫斯卡娅注

费佳则赞赏这张画。他想靠近些看看,便站到椅子上去,我很害怕人家要罚他的款,因为这里什么都要罚款。另外一张画值得一看,原先在私人藏画馆里,那是卡拉姆的《海景》。这是一幅出色的作品,这样美妙的东西我还不曾看见过。

题解:

　　安·格·陀思妥耶夫斯卡娅的日记 1923 年出版单行本。这里摘选的是根据中央文艺档案馆保存的手稿刊印的。

和著名作家共事一年

(用以纪念费·米·陀思妥耶夫斯基)

瓦·瓦·季莫费耶娃(奥·波钦科夫斯卡娅)

> ……我们了解他不在蓦然间,
>
> 他不以教育人为苦
>
> 和我们友好地分享
>
> 他心灵的财富……
>
> ——涅克拉索夫《不幸者》

　　我曾经有过罕见的幸福——整整一年时间,我不仅时常见到费奥多尔·米哈伊洛维奇·陀思妥耶夫斯基,听他说话,还在同一家印刷厂,同一张台子上,同一盏灯光照耀下和他一起工作。我不仅有机会两次校读1873年的《作家日记》,而且有时还参与它的再版工作,因为这部《日记》的许多篇章是当着我的面,和我谈话时写出来的……

　　回忆往往好比护身符,能保护心灵,不让它变得冷酷、无情、卑琐、绝望。我和费奥多尔·米哈伊洛维奇一起工作这个时期的回忆也是如此。我把这些回忆保存了许多年,丝毫未去触动,但是,我是否能把这件事情办好呢? 真诚的犹豫使我直到现在还没有将它公之于众。就是现在我也没有把握。不足之处可能在于艺术上,真实性毕竟还是有的,事情的整个实质就在于真实。

—

"(1872 年)12 月 20 日,我得悉一切已经决定,我任《公民》的编辑",费奥多尔·米哈伊洛维奇这样开始他(1873 年《作家日记》)的"序言"①。

同一天晚上,我第一次在特兰谢尔印刷厂见到他,当时我在该厂看这份杂志的校样。

我想起那一天晚上的情景还历历在目!

那天是星期天,刊物出版的前夕,我看最后一道校样,吃力地注意着刊物内容的意思。就在这天夜里,我母亲在极度痛苦中死了,纳杰日金大街克拉索夫斯基妇科病房的这一不眠的夜晚似乎一直浮现在我的眼前,——临终时的痛苦的情景,做过临终祈祷的神甫,一群好奇的病人和手持蜡烛的助理护士,垂死者的遗言和祝福,以及……我在陌生的、我几乎不熟悉的彼得堡的彻底的孤独……那时我可顾不上《公民》的文章。不过我认为疏忽是不诚实的,故而我竭力了解它的内容。

我独自一人坐在办公室里,星期日一向是如此的。机器,排字车间,——一切都在远处,隔了好几间房间。我的周围是一片寂静,像坟墓中一般,或者是我觉得如此。窗外,烟囱里,暴风雪在咆哮。湿漉漉的雪片不时敲打着黑糊糊的窗

_____

① 《作家日记》的开头几篇文章——《序言》及《故交旧友》发表在 1873 年 1 月 1 日出版的《公民》第 1 期上。

1872 年 12 月 15 日,申请由费·米·陀思妥耶夫斯基任《公民》编辑的报告批准了。因为陀思妥耶夫斯基曾被认为是"国事犯",受到警察的监视,梅谢尔斯基公爵亲自去找主管第三厅的长官舒瓦洛夫先生和舒尔茨先生。(见坎托尔的文章《关于陀思妥耶夫斯基的新情况》,1921 年第 11 期《文学导报》,又见《费·米·陀思妥耶夫斯基编辑〈公民〉》,《陀思妥耶夫斯基的创作》)12 月 20 日在书报检查委员会转达了内务部关于批准陀思妥耶夫斯基任职的决定。

陀思妥耶夫斯基同意主编《公民》是出于他的物质状况的极端不好,三千卢布的编辑年薪及文章的收入是生活费用的唯一来源(长篇小说《群魔》刚出版,不过全部稿费都拿去还债了),见本书页 390。

玻璃。办公室里又湿又冷。昏暗的灯光只照着窗户之间的一张办公桌,我在这张桌上工作。时间已经很晚,将近十点钟了,这时大门外,楼梯上(恰巧在我背后),响起轻微的、似乎是胆怯的铃声。逢到星期天这样的时刻,杂志出版人①有时候常来看看自己的“社论”——不过他打铃的声音自是不同:刺耳,不耐烦。过了一会,铃声又响了。特兰谢尔厂没有看门人。门都是我们自己去开的。我已经准备起身去开门,这时从我右边的石印车间走出瞌睡蒙眬的 Herr② 克莱丁贝格,一边穿外套,一边从我身边走过,出去开门。

我记不得他是怎样放那个深夜的来访者进来的。大概他把楼梯上的隔壁一道门指给来人看,这道门是通向印刷厂老板的住所的。但我记得他回到隔壁去从我身边经过时,他说:

“陀思妥耶夫斯基来了!”

“陀思妥耶夫斯基!”像一阵回声在我心中响起。直到现在,我还没有机会遇到过一个**真正的**大作家。现在,这顺便说出来的名字在我心中唤起多少思想和形象,多少又苦又甜的时刻! 对我来说,这名字不是空泛之音。陀思妥耶夫斯基就在这里,在我附近,也许我马上可以见到他,单单这一意识就温暖了我的心,使我的心本能地对比较光明的未来充满了希望。“文学”,“作家”,这种词儿当时对我来说意味着**生命,思想,光明,希望**……

我怀着激动的心情等待着,心跳几乎快要停止。《穷人》和《死屋》的著名作者,“拉斯柯尔尼科夫”和《白痴》的作者,马上就要进来了,他一进来,我将会发生前所未有的……新的情况,以后将会完全和现在不同。

然而什么人也没有进来。过了很长时间,我几乎不再去想到这件事时,特兰谢尔从左边房间里走了出来,陪着一个个子不高、中等身材的先生,穿着毛皮大衣和套鞋,两人在我的办公桌旁边停下谈话,也就是一个断断续续提出些简短的问题,另一个也那么简短地作答。

穿大衣的先生说话声音轻轻的,低哑的,好像一个身体虚弱的人的嗓音。他

① 指弗·彼·梅谢尔斯基公爵。波钦科夫斯卡娅在《回忆乌斯宾斯基家的格列勃·伊万诺维奇与亚历山德拉·瓦西里耶夫娜》一文中写到他。(《过去的年代》,1908 年,第 1 期)

② 德语:先生(克莱丁贝格先生)。

问,梅〔谢尔斯基〕公爵通常什么时候到这里来,什么时候刊物出版,下一期什么时候发排。

有一次我下决心抬起眼睛来看他一下,然而遇到他那阴郁的、呆滞的、好像是憎恶的眼神,我不由得垂下眼睑,竭力不去看他。我猜想,这个人就是陀思妥耶夫斯基,可是,我所见过的他的肖像以及我自己的想象,向我描绘的却完全是另一个形象,丝毫不像此刻站在我面前的本人。

这个人脸色十分苍白——灰土般的、病态的苍白,年纪不轻,疲惫不堪,或者是个病人,一张阴郁的、耗尽了精力的脸,如网一般笼罩着由于紧张地控制肌肉活动而产生的非同一般的表情。似乎这张两颊凹陷而天庭宽阔饱满的脸上每一块肌肉都因为思想和感情而有了灵气。这些思想感情控制不住地要往外流露,可是这位肩膀宽阔、身体既虚弱又健壮的、沉静而又抑郁的人,他的铁一般的意志偏偏不让思想感情外露。他仿佛全身被捆得严严实实,没有任何动作,没有一个手势,只有他说话时那薄薄的、没有血色的嘴唇在神经质地牵动。乍一看见,总的印象使我想起当兵的,——我在童年时屡次看见过的“降级的”大兵,——总是叫人想起“农奴制”时代的监狱、医院和各种“惨事”……光是这一点联想就使我心灵深处甚为不安了……

特兰谢尔送他到门口。我望着他们的背影,这个人的古怪的走路姿态映入我的眼帘。他走得从从容容,脚步小而均匀,抬腿迈步很吃力,好像戴脚镣的犯人走路的模样。

“您知道这个人是谁?”特兰谢尔砰的一声关上门以后,对我说。《公民》的新编辑,您的大名鼎鼎的陀思妥耶夫斯基! 这么一个老朽!”他作了个厌恶的怪相,补了一句。

我觉得这是粗鲁无理的侮辱,令人愤慨。当时对我来说,所有现代作家当中,陀思妥耶夫斯基是最使人痛苦的,也是最令人喜爱的。我当然知道那时对他有种种不同的议论。在自由主义文学家的圈子里和青年学生界(我有一些熟人),很不礼貌地叫他“疯子”,委婉的说法是“神秘主义者”,“精神不正常的人”(按当时的概念,两者是一回事)。

当时正好是涅恰耶夫案件及长篇小说《群魔》在《俄国导报》上刚沉寂的时候。① 我们青年人在《呼声报》及《圣彼得堡公报》上看到著名辩护人的发言,觉得陀思妥耶夫斯基的新的长篇小说是神秘主义的神魂颠倒与精神变态的丑陋的漫画与恶梦⋯⋯至于《群魔》作者担任《公民》的编辑职务,则使他过去的许多崇拜者和友人起来彻底反对他。

然而也就是这位陀思妥耶夫斯基,那么迷人地、美好地扩大了我们的心灵和思想!⋯⋯我现在想,谁知道呢,受到第一次与著名作家见面的影响,说不定恰恰是他使我们大家越出常规,以对一切苦难者的同情,以爱的怜悯充实我们的心灵,使我们在家里变得亲密,一切病态的、受压制的、卑贱的人对于我们像自己人那样接近、亲切!既然如此,人家怎么称呼他,岂不是一样?!他有充分的权利可以用托克瓦尔多·塔索回答派来替他治病的医生的话去回答他人:

Geheilt will ich nicht sein!

Mein Sinn ist kräftig,

Da wär'ich ja, wie and're, niederträchtig!②

我希望在和费·米·陀思妥耶夫斯基比较熟悉之后能更好地了解他,也许能揭开对我来说像谜一样的矛盾。

---

① 涅恰耶夫案件1871年6月至8月在彼得堡审查。斯·格·涅恰耶夫(1847—1882),是彼得堡大学的旁听生,参加1868至1869年间的大学生风潮。1869年春到日内瓦去找巴枯宁,同年9月,他取得世界革命联盟俄国分部成员的身份,返回俄国,冒充人民惩办委员会成员,开始组织地下小组。彼得罗夫农学院的大学生伊万诺夫是其中一个小组的成员,他因为不信任小组领导人涅恰耶夫,拒绝执行他的指示,于1869年11月21日被涅恰耶夫及其同谋者打死。涅恰耶夫成了《群魔》中彼得·韦尔霍文斯基的原型。陀思妥耶夫斯基大概知道涅恰耶夫所制订的无政府主义者的"组织的共同规则"。彼·韦尔霍文斯基的行为是用涅恰耶夫的"规则"进行狂热的迫害。(详见《书信集》,第2卷,页483—485)伊万诺夫被认为是沙托夫的原型,关于他的情况见安·格·陀思妥耶夫斯卡娅的回忆录。(本书页379)

② 德语:我不愿做个痊愈的好人!

假如我的理智是健全的,

我就是和别人一样的渺小人物!

二

我再一次见到费奥多尔·米哈伊洛维奇已经是在节后。

早晨我跨进办公室,遇见他坐在门边角落里一张桌子旁,这张桌子平常是印刷厂校对用的,特兰谢尔已经在这里,作为一个真正的 cavalier galant①(他是俄国化的德法混血种),把我介绍给费奥多尔·米哈伊洛维奇:

"让我来给你们介绍一下:这是您的校对,瓦·瓦·季[莫费耶]娃。这位是《公民》的编辑费奥多尔·米哈伊洛维奇·陀思妥耶夫斯基。"

费奥多尔·米哈伊洛维奇站起身来,微微鞠个躬,不声不响地伸手给我。他的手冰冷,干燥,像是没有生气的。不过我似乎觉得那天他整个的人都是没有生气的:精神委靡,行动费力,嗓子没有声音,眼睛暗淡无神,呆呆地望着我,仿佛两个凝然不动的点子。

他当时坐了将近一个钟头看校样,一声儿也不出。连他的笔在纸上划动时也没有声息。也许正是由于这死一般的寂静吧,我突然觉得有一种胆怯感不自然地压抑着我。我也在工作,可是他的在场不知不觉地干扰了我。在他坐着的整个期间,我似乎感觉到有一种严肃的、权威的、**至高无上**的气氛,对我整个儿地进行着监督或审判。因而我真的一动也不敢动,不敢朝后向他那边看一眼。等到他把看过的校样直接交还给我,走了以后,我才如释重负地吐了口气。

从那时开始我经常在印刷厂见到陀思妥耶夫斯基,不过我们的见面最初仅限于来时或去时互相问个好,或者是他就校样上的这一处或那一处改动对我讲几点简短的意见。这时我引用语法来说明,他则恼怒地高声叫道:

"每个作者都有自己的文笔,因而有自己的语法……别人的规则跟我毫不相干!我在 что 前面打上逗号,因为我需要逗号;我觉得在 что 前面不要逗号的地方,我不要人家给我加上去!"

"这么说,您的正字法是只能去猜,不能弄懂的喽,"我反驳说,同时我努力

---

①　法语:殷勤有礼的骑士。

更好地去了解他要求我的是什么。

"对！猜。一定要猜。校对就是要会猜！"他愤愤地挺起眉毛，以不容任何反驳的口气作结论说。

我不作声，竭尽所能地去猜，可是内心却体会到类似失望的感觉。无论是当时我还完全不习惯的命令式的口气，还是因为逗号放得不当而引起的嘀嘀咕咕的不满和激怒的不安，跟我所想象的关于这个作为人的作家，**深受苦难**的作家，**善于识破人心**的作家是怎么也不相符合的。

开始的时候几乎什么都使他生气。一会儿——他的文章里，他在但是这个词的词尾放的是软音符（однакожъ），为什么要替他改成硬音符（однакожь）。一会儿——为什么在插入语**也许**之后放上逗号，却不像法国人和《俄国导报》上那样，中间放上连字符。最后，一会儿又是为什么给他送来在乡村民众小学推行缀音法的文章在《公民》上刊登，而他听到这种方法是不可能无动于衷的……①

"我不想让我们农民的孩子按这种方法学习！"他以一种当时我还不了解的凶狠口气说。"这不是人类的方法，是鹦鹉学舌的方法。让他们用这种方法去教猿或鸟念书吧。对人可完全不适用。Бб！Вв！Сс！Тт！……这样古怪的声音难道是人所固有的？人对每个字母应当有人类的名称。我们有自己的历史的传说。我们从前大家学过的老识字课本好得多了！Аз буки，Веди，гпа-голь，живете，земля！②"他很快活地念道。"你马上感觉到一种活生生的、有意思的东西，仿佛每个字母都有它自个儿的面貌。按声音它们似乎比较容易学会，这种看法是不对的。死记，也许不如说他们只会死记。不过这不会使人得到任何教育的。这一切都是异想天开！我永远不会相信。"

他经常提醒我，作为作者和编辑，他的校样是不可改动的。他终于拿这种"不可改动"吓唬我，把我吓倒，有一回，连他的确凿无疑的笔误我都不敢纠正，结果，费奥多尔·米哈伊洛维奇的论战文章就带着**车尔尼雪夫斯基的《谁之**

---

① 缀音法是识字教育中停止使用字母假定名称的教学方法，六十年代在俄国推行，尼·亚·科尔夫是首批赞成者之一。后来此法被作为进步的教育法采用。

② 这些俄文单字的第一个字母正好是俄语字母表上字母排列的顺序。有的单字都含有一定的意思，如 Аз 作"我"解，глаголь 是"动词"，有的是字母的名称，如 буки 是 б 的名称。

罪?》(不是《怎么办?》)这样的错误刊登出去了。① 这引起人家对作者的责难,说他连得为之进行论争的作品的"名称"也不知道。

"既然您知道,为什么不改正呢?"当我因为放过这样的错误而向他表示歉意时,费奥多尔·米哈伊洛维奇带着责备意味对我说。

"我是不敢擅自改动的。您一而再、再而三地对我说过,'一切应当保持原状',像您的校样上的那样。因而我想,您可能是有意识地造成笔误的……"

费奥多尔·米哈伊洛维奇疑惑地瞥了我一眼,一句话也没说。也许他从这里明白了,他的《日记》的真髓对于我依旧是格格不入的、厌恶的。他有一部分是对的。我当时已经有独立的工作——我在《火星》报主持社会新闻,我的这项工作的领导人是《祖国纪事》的撰稿人尼·亚·岱美尔特②,现在,当我看陀思妥耶夫斯基的文章的校样时,我常常不由得想起完全不同的观点,不同的思想与情绪。我和《公民》的联系仅仅是我那份必需的工资,论气质我连自己也不知道我是属于什么"阵营"。

我们那时候既在书本上,又在人间——总之是在异乡客地,在我们自身之外的地方——寻找一个**最优秀的"阵营"**,一个不是虚幻的、不是虚伪的,也不是令人反感的阵营,在这样的阵营中,真理就不会停留在口头上,而是实际存在着,那儿将**永远有正义**,**到处有正义**,对**一切人**都有正义。

然而这样的阵营哪里也不存在。要不就是我们不知道它在哪里。

三

有一次,已经是三月底了,我和费奥多尔·米哈伊洛维奇两人一起工作到深夜。他和平常一样坐在角落里的桌子旁边,我和他并排坐在办公桌旁边,校对他

① 1873 年 1 月 15 日第 3 期《公民》上《一桩私事》一文中,确实写着"车尔尼雪夫斯基的著名长篇小说《谁之罪?》"。

② 特兰谢尔印刷厂的老校对某某兹——斯基把尼·亚·岱美尔特介绍给瓦·瓦·季莫费耶娃。(《过去的年代》,1908 年,第 1 期)

改动的地方,看过一张张单独的版面,交给他过目,签字。

这一期上他的《日记》的内容有一部分是哲理性的,特别引起我的兴趣的是其中讲到俄国新画派的画展,前不久,我和一些熟悉的文学家们刚去看过画展。可是费奥多尔·米哈伊洛维奇在谈到某些画的时候,他所发现的东西竟与我熟悉的文学家们[①]所发现的根本不同。

比如,他们赞赏戈[②]的著名的绘画——《最后的晚餐》,因为它是"现实主义"的,因为它所描绘的事件具有那么**常见的**性质,好像事情就发生在现今的彼得堡,在讼师街的某处,避开警察,在米特罗法诺夫的小饭馆里秘密聚餐;因为画上的所有使徒都像是现代的"社会主义者",基督——按现在的说法是个"心地善良的好人,有着令人心醉神迷的气质",犹大则是最常见的奸细或 agent-provocateur[③],每次告密按规定价格拿到钱⋯⋯

而陀思妥耶夫斯基谈到同一张画时却说:"十八个基督教的世纪在哪里?鼓舞过那么多百姓,那么多的智慧和心灵的思想在哪里? 普济众生的救世主在哪里? 基督在哪里? ⋯⋯"[④]

他们说的是客观存在的现实⋯⋯陀思妥耶夫斯基则说这种现实是"根本不存在的"⋯⋯他们称赞新的画派,因为它"摆脱了空想、虚假和谎言"⋯⋯陀思妥耶夫斯基则证明恰恰在这里既隐藏着虚假,又隐藏着对"流派"的最可怜的奴颜婢膝,因为它不让我们知道**事物的本质**,无论我们描绘什么,都只是在表达我们自身以及我们对事物与现象世界的观念而已⋯⋯[⑤]

---

　　①　熟悉的文学家们显然是指尼·亚·岱美尔特、尼·斯·库罗奇金及格·伊·乌斯宾斯基,瓦·瓦·季莫费耶娃和他们显然是经常见面的。

　　②　尼·尼·戈(1831—1894),俄国画家,创作题材有历史、肖像、风景等。

　　③　法语:奸细,告密者。

　　④　陀思妥耶夫斯基在《关于画展》一文中讲到过《最后的晚餐》这幅画。(《公民》,1873 年 3 月 26 日,第 13 期)季莫费耶夫娜所转述的关于民众和救世主基督的话文中是没有的,虽则她所述的陀思妥耶夫斯基的思想是对的。

　　⑤　这里对陀思妥耶夫斯基在他的《关于画展》一文中所表达的思想转述得并不确切。陀思妥耶夫斯基写的是:即使为了迎合流派也不能把现实描绘得像它所"存在的"那样,因为"这样的现实根本没有的,在大地上从来没有过,因为事物的实质是人所不了解的,他对自然的理解只能像自然经过他的感觉而反映在他的思想上那样;所以,应当让思想更加发展而不应该怕理想化的东西。"(《1926—1930 年版全集》,第 11 卷,页 77—78)照陀思妥耶夫斯基的看法,他认为,对待现实唯一正确的态度的例子就是列宾的《纤夫》这张画。(同上,页 76)

当时我的思想特别如饥似渴地停留在这些问题上。基督,基督教——对此,我们社会中的著名人士阶层,至少在彼得堡,早就没有人谈起了。这使人想起反动,想起果戈理的《通信》,概括地说使人想起"神秘主义",当时人们怕它犹如怕"热松香"①……

陀思妥耶夫斯基也谈到**他们**,也就是我当时生活在其中的那个圈子里的人和观念,他挖苦地撇着嘴唇,露出皱纹,断定他们是"自由主义者"。

文章写得有激情——不过他写什么都有激情,这种热烈的激情不由得也感染了我。那时我第一次感觉到他的个性对我有说不出的魅力。我的头脑在他的思想的火焰中沸腾。而这些思想我觉得又是那样明白易懂,那样深得我心,简直好像就是我自己的思想一样。其中有一些思想于我尤其亲切,那就是关于基督和福音的一些话,使我想起我的母亲,一个信仰热烈的女人,曾为我的"不信神"而痛苦过……现在我仿佛从彼得堡**回家去**,我的这个**家**就是费·米·陀思妥耶夫斯基的**基督教**思想。

忽然间,我自己也不知道为什么我会克制不住地想要回过头去看他一眼。可是我稍稍偏过脸去便不由得发窘。费奥多尔·米哈伊洛维奇直盯盯地、目不转睛地看着我,带着那么一种表情,仿佛他早就在观察我了,等着我回过头去……

半夜过后很久,我走过去跟他道别,他也站起身来,紧紧地握了握我的手,热情洋溢地注视我片刻,仿佛在我的脸上寻找我看过校样后的印象,仿佛在问我,在想什么?是否懂得了什么?

然而我像个哑巴似的站在他面前:他的脸,在这片刻间使我那么惊讶!是的,这才是陀思妥耶夫斯基的**真正的**脸,我看他的长篇小说时所想象的正是这样的脸!……

这张脸似乎闪耀着庄严的思想的光辉,苍白而又兴奋,还十分年轻,深邃得发暗的眼睛,目光诚挚动人,薄薄的抿紧的嘴唇,轮廓富有表情,——这张脸所显示的是思想力量的胜利,表示他已自豪地意识到自己的权威……这张脸既非善良,也非邪恶。不知为什么,它在同一时间内,既吸引人又排斥人,既唬人又迷人……我不知不觉地目不转睛地望着这张脸,仿佛在我面前突然展现一幅"活

---

① 宗教传说中,地狱里以热松香惩治叛教者。

的画",内容扑朔迷离,你急于去捕捉它的含意,因为你知道再过一刹那,这整个儿的罕见的美就会消失,犹如微光的一闪。在陀思妥耶夫斯基身上,这样的脸容我以后再也没有看见过。但是在这一瞬间,他的脸向我说明的东西比他的所有文章和小说所阐明的还要多。这张脸是伟大人物的脸,有历史意义的脸。

我当时就全身心感觉到这是一个具有非凡的精神力量的人,其深刻和伟大难以估量,确实是个天才,他不需要讲话就能看到和知道一切。他凭着某种特殊的感觉就猜到一切,了解一切。我对他的这些猜想后来好多次得到了证实。

"您今天累坏了吧!"他温柔地说,简直像亲人一般亲热,送我到门口,帮我穿上外套。"快乘车回去,好好儿睡一觉。基督和您同在!一定要雇马车去,不要步行回去。不定什么喝醉酒的无赖会侮辱您。"

他亲自在我后面锁上门,因为周围的人都已经睡了,我有点神思恍惚地来到街上。附近没有马车,再说坐了十个钟头,弯腰曲背地看过校样以后,也想走动走动了。我一边走,一边回想着他的脸和那新的、突然呈现在我眼前的他的内心风貌……"他多么聪明!他多么善良!他是多么不平凡的一个人啊!"我欣喜地想着,"他们根本一点也不了解他!"

我没有感到一丝倦意,三点钟回到家,坐下来把刚才的体验记下来。好像其中包含着什么奇妙的瑰宝似的,应当保存它一辈子。不过,当时我觉得这些印象将随着时间的增长而产生某种伟大的、重要的东西,将为我和别人所需要。

四

我屡次有机会参加陀思妥耶夫斯基与到印刷厂来看他的作家们的谈话。我记得,来人当中有尼·尼·斯特拉霍夫,阿·尼·迈科夫,捷·伊·菲利波夫,亚·乌·波列茨基,以及有一回还有波果津。我记得还有符谢沃洛德·索洛维约夫,正如费奥多尔·米哈伊洛维奇说他的那样,是"可爱的、出色的年轻人",预言他有"灿烂的前程"。然而这个青年人给我的印象却并不"可爱",倒不如说他很关心自己和他那"灿烂的前程"。他举止古板,坐着时不脱手套,高声说话,口气夸张,眼睛始终朝上望,脸上挂着得意的、兴高采烈的笑容,好像他此刻正想着印刷厂的全体人员："他们**看见我**，而且还这么近！他们真有福气！……"

我在场时，无论什么人来找费奥多尔·米哈伊洛维奇，他总要介绍我与他们相识，笑着补充说："我们的校对，"不过只是在那个值得纪念的夜晚，我和他两人第一次一起工作至深夜，他初次向我显示了作家的精神个性之后，他才开始同我谈话的。

他和我说话完全出乎我的意料，是在我最忧戚的情况下开始的。

我们刚开始出新的一期刊物的次日上午，费奥多尔·米哈伊洛维奇坐在印刷厂，和捷·伊·菲利波夫在闲聊世界东正教总主教那封信的意义，这时某某人来到办公室。后来我曾有机会在刊物上见到他的名字。他甚至发表过关于陀思妥耶夫斯基的回忆录——我记不得在哪里了，但当时他仅仅是个机灵的年轻人，外表长得不难看，十分温和，也……不大聪明。他在法院担任一个候补职务，我不知道他为什么来拜访特兰谢尔的印刷厂。也许可怜的家伙只是顺便路过拐到这里来暖和暖和身子，或者是希望赚点工钱。至少他当时常常抱怨手头拮据，有一回找我，恳求我"救救他，快要饿死了"，——看一看他写的短篇小说，请求格·康·格拉多夫斯基把它发表在《公民》上。这篇短篇小说，正如当时的杂志编辑答复我的那样，"作为给一个受过高等教育的人的补助金"，当即刊出。从此以后，这个某某人就有了一个习惯——上区法院去的时候几乎每天到特兰谢尔处来，而且必定从菲利波夫面包铺带来一串咸的小面包圈，当着我们的面立即当早饭吃掉，一边跟校对与我闲谈。

那天校对没来——"喝醉了"，于是某某拿着面包袋，坐到我的旁边来，唠唠叨叨说废话。我拿眼色向他示意，陀思妥耶夫斯基和菲利波夫在这里，他的唠叨显然打扰了他们的谈话，因为费奥多尔·米哈伊洛维奇不时回过头来看看我们，菲利波夫的脸上露出讥讽的笑容，——可是无济于事。

"和您在一起的是谁？"某某人突然急速地低声问道。"请告诉我，这个人是谁？"他不罢休，对我的脸孔表情和手势理也不理。

我从校样上撕下一块空白的纸片，写给他看，**陀思妥耶夫斯基**。

他瞪起眼睛：

"是—吗？这不可能！……"

我还没有换过一口气来,他已经架上 pince-nez①,直奔费奥多尔·米哈伊洛维奇。

"Monsieur 陀思妥耶夫斯基?"他大大咧咧,满不在乎地说,一边打量着陀思妥耶夫斯基的脸。

费奥多尔·米哈伊洛维奇疑问而困惑地站起来,急忙扣上他那长长的黑色英国衬衫。

"陀思妥耶夫斯基!"费奥多尔·米哈伊洛维奇纠正他的读音。"乐意为您效劳。有什么吩咐?"

"非常高兴认识您!我是某某。"说着,他的脸上洋溢着和善的、扬扬自得的神采,依旧那么大大咧咧地首先伸出手去。费奥多尔·米哈伊洛维奇默默地把手伸给他。——事情也就完了。

这件事发生得那么可笑,不成体统,不合时宜,我害臊得简直不知道往哪里躲才好。他们可能以为我跟这位大大咧咧的先生是十分熟悉的,这一想法真使我陷于绝望了。概括地说,这个某某对于我像是一场噩梦。皮谢姆斯基向我口授在他的喜剧《坑道》②的校样上增加一些字句,为了对这项工作表示谢意,告别的时候他微笑着祝我有个"出色的求婚者",这位某某也碍手碍脚地待在我旁边……这时菲利波夫又笑了,费奥多尔·米哈伊洛维奇则皱起眉头……都是因为这愚蠢的、不知分寸的唠叨鬼!当时我想,现在我也想,有像陀思妥耶夫斯基那样的作家在场,不仅不应该说废话或庸俗的话,连得想到什么乱七八糟的事情都是可耻的、有罪的。可某某却一面狼吞虎咽地、一个接一个地吃面包,一面带着讨好的目光若无其事地对我嘟嚷说:

"您这会儿干吗气冲冲的?连话也不愿说。没办法啦,我要走了……唉,您今儿的手好烫!您怎么啦,该不是发烧了吧?……"

我没有耐心了,于是就恶狠狠地、结结巴巴地、几乎对他大声叫嚷说:

"请让我安静吧!您难道没发现,您妨碍我工作?"

某某平安无事地溜掉了。

"好一个漂亮的年轻人!"菲利波夫冲着他的背影不无恶意地说道。

---

① 法语:夹鼻眼镜。
② 皮谢姆斯基的喜剧《坑道》发表在 1873 年 2 月 11 日至 3 月 5 日的《公民》第 7—10 期上。

"最无耻的人!"费奥多尔·米哈伊洛维奇说,似乎在肯定我的叫嚷。

等菲利波夫走了,只剩下我们两人在等待校样的时候,费奥多尔·米哈伊洛维奇站起身来,把椅子移到我的办公桌旁边,向我提出问题:

"告诉我,您在这里做什么? 您知道您为什么活着吗?"

最初片刻,我被突如其来的问题问得不知所措,但是等到勉强控制住自己之后,我回答说我是到彼得堡来求学的。

"您打算在这里学什么? 在哪里学? ……"

"我要受高等教育……靠书籍来学习。我经常到公共图书馆去。"

"但是您要这种高等教育做什么? 您考虑过吗?"

这时,他的脸色和语气有点儿讥诮的味道:他似乎不光在问,还在审判,揭露……

我不作声。告诉他,说高等教育会带来巨大的幸福吧——他会说:"您想过吗,什么叫幸福?"我心里想,但我不敢回答,我觉得一切回答现在都是极其愚蠢的,尤其是在跟某某愚蠢地搭讪以后。但是到最后我毕竟还是作了回答,甚至说出了我藏在心里的想法。

"我想写作……搞文学,"我胆怯地含含糊糊地说。奇怪的是,费奥多尔·米哈伊洛维奇并没有发笑。

"您想写作? 原来是——这样!"他拖长了声调说,"您打算写什么呢? 就是说,写长篇小说,中篇小说,还是什么文章?"

"我喜欢心理描写……内心生活,"我嘟嘟哝哝地说,不敢去看他一眼,觉得自己完全是个白痴。

"您以为,描写内心生活容易写?"

"不,我没有以为这是容易的。所以我在学习……作准备。"

"够得上女作家称号的,全世界只有一个!"他意味深长地继续说,"那就是乔治·桑! 您能成为乔治·桑之类的人物吗?"

我失望得直发愣。他在剥夺我对未来的一切希望……我像做梦一样,糊里糊涂的,无意识地向他反复说:

"我想搞写作! ……我觉得有此需要……我仅仅为此而活着!"

"您仅仅为此而活着?"他严肃地反问,"唔,既然这样,那就写吧。记住我的忠告:永远不要去虚构离奇的情节,生活本身提供什么,您就摄取什么吧。生活比我们一切虚构的想象要丰富得多！有时候最一般、最平庸的生活会提供给您任何想象力都想不出来的东西！尊重生活吧！"

五

费奥多尔·米哈伊洛维奇后来不止一次回到这个题目上来。他有时指点我，**为什么不应该**像当代的民粹派作家们那样**用精粹的语言**写作；有时向我提供中篇或长篇小说的情节。

"人民永远不是这样用精粹的语言说话。人民说话用的语言跟我们的一样。也许好多句话中只说一句俏皮而不大规矩的话。但他们说的话里统统都是这样的话语。结果就不自然，一点也不像。"

"您想要吗，我给您一个绝妙的情节？"他兴致勃勃地说，"我刚才遇到一个老朋友——三十来岁的姑娘，——简直认不出她：人变得年轻了，风华正茂，浑身喜气洋洋。她说：'我日内就要结婚了！'这就是给您的一个丰富的情节。研究一下贫穷的家庭女教师出身的老姑娘的心理：始终依靠别人过活，始终为吃一口饭在操心，忽然之间有这样的幸福：有自己的窝儿、自己的家业、自己的孩子……充分的自由……总而言之，全新的生活！"

可是这样的情节对我毫无诱惑力，我想根据自己的情节写。再说费奥多尔·米哈伊洛维奇本人后来对这种似乎是"充分的自由"也表示了不同的看法。

"婚姻对于妇女总归是一种奴役，"有一回他对我说，"如果她'委身'于人的话，她身不由己地已经是个奴隶了。她**委身于人**这一事实本身就已经是一种奴役，她要永远依赖男人了。"

"做一个历史学家吧！"另外一次他劝我，"女人还一个也没有哩。多么光荣！"

"您想做个真正有教养的女人吗？"有一回他问我，像以往一样问得很突兀（这时我和他一起在看尼·尼·斯特拉霍夫的论采列尔的《历史哲学》一篇文章的校样)①。

"当然想的!"

"到公共图书馆去,给自己借1840至1845年的《祖国纪事》。那里面您可以找到许多篇关于自然观察史的文章。这是赫尔岑的文章。尽管他后来成了唯物主义者,不承认这本书,但这是他的最出色的作品。不仅在俄国,在欧洲也是最好的哲学。照我对您说的话去做吧,以后您会感谢我的。"②

我照他教我的去做了,自然,我是感激他的。

从那时起——我不能不指出——费奥多尔·米哈伊洛维奇显然是关心我的"教育"了。

"等着吧,"他说,"冬天就要来了,我要把我的文学家的朋友们介绍给您,我们将举行文学晚会、诗歌晚会……"

现在他想了解,我在看什么书,跟什么人交往,我是什么"派"。

"您为什么老是抱着'自由主义者们'?"他含着讽刺意味指着《祖国纪事》,那是我刚顺路从公共图书馆借来的。"最好还是看看波果津、卡拉姆津、索洛维约夫的东西……"

"您老是填鸭似的把别人的思想往自己脑子里塞!"他打量着我看的书,又恶毒地高声叫道,"唔,这种千篇一律的老一套,尽管是非常自由主义的吧,这里头会有什么好东西?!最好还是拿一本数学书,啃它两三年!您将会按自己的方式去思想的,——我要让您相信我的话。"

既然他注意您了,就什么也不能无影无踪地滑过去而不被他发觉。因而我时常觉得,我好像始终处在他那艺术家的敏锐的洞察力的监视之下。我不会说这始终是令人愉快的……作观察的艺术家有时候就像一名宗教裁判官。

至少当时我是这样觉得的。

连得我的服装也遭到他的严厉的审视和审问。我记得,他含讥带讽地摆弄

---

① 尼·尼·斯特拉霍夫的论《德国科学史。新时代。埃·采列尔的德国哲学史》的文章,发表在1873年8月6日及13日的《公民》第32、33期上。

② 1843年《祖国纪事》上发表赫尔岑的文章《科学中的不求甚解态度》,1845—1846年间发表《论研究自然书信集》。两组文章都证明了作者的唯物主义的立场,虽然赫尔岑没有使用"唯物主义"这一专门术语,用"现实主义"来代替。赫尔岑从来没有否认过这些文章。

着我的上过漆的"Wienerhut"①，问我："现代姑娘的这种帽子说明了什么潮流？"

"这是您的什么，旗帜？还是识别的记号？"

我的绸雨伞他也觉得是爱时髦的不可原谅的缺点，是令人生疑的生活方式和思想方式。

"绸子伞，真正的绸子伞！"他带着责备意味高声叫道。"您哪来的钱？我一辈子想买这样的一把伞，还怎么也买不起。可您爱时髦，倒好像您有多少地租收入似的！莫非您有地租收入？"他严厉地、目不转睛地望着我，等待回答。

"没有，费奥多尔·米哈伊洛维奇，我什么地租也没有的。不过，既然我喜爱精美的东西，又有什么办法呢？……我宁肯几天不吃饭，纸伞我是不买的。"

"可我买了。纸伞重，倒是真的……大概因为重您不爱用吧，"他的口气缓和下来，宽容地补充说。

有一次，我记得我迟到了。

尼·亚·岱美尔特、尼·斯·库罗奇金以及格·伊·乌斯宾斯基带着我在喀山广场《彼得堡之页》编辑部的窗口观看欢迎波斯国王的仪式。我们大家都异常快活。作家们对国王、对欢迎场面、对自己说着俏皮话。《彼得堡之页》的编辑索科洛夫，像小孩一样淘气：用纸做了一面其大无比的旗子，——像街头顽童们放的风筝，——上面画满了波斯的狮子和太阳②，爬到屋顶上。挥着摇着，不知疲倦，一边唱波斯的进行曲以及《上帝保佑吾王》。结果我四点半才到办公室，而不是费奥多尔·米哈伊洛维奇给我规定的三点钟。我进去一看，费奥多尔·米哈伊洛维奇坐在我的位子上在替我看初校样。

我开始道歉。他没让我把话讲完。

"我打赌，您去看欢迎波斯国王了！不是，砍我脑袋！……您坦白说吧！"

"我错了，费奥多尔·米哈伊洛维奇，我去看欢迎国王了！……"

"嗯，我早料到的！我深信您现在也会奔去看的！……哼，您怎么这样不害臊？有什么好看的？……这种俗气的事情难道能感兴趣？可耻！还想做乔治·桑呐！您永远成不了乔治·桑！"

---

① 德语：维也纳帽子。

② 指当时波斯国旗上的图案。

　　费奥多尔·米哈伊洛维奇清楚地知道,我不想"做乔治·桑",这不过是他惩罚我的手段而已。

六

　　费奥多尔·米哈伊洛维奇拿各种各样的询问来打扰我,却不喜欢人家问他任何问题。

　　有一次他向我描述他在癫痫即将发作时常常体验到的那种奇异的境界,我幼稚得近乎愚蠢,尽管也怀着同情打断他的话:

　　"您有癫痫症? 真的吗? 怎么会的? ……"

　　"嗯,这事情我现在不谈,——这完全是另外一个问题!"他恼怒地突然煞住话头。沉默了一会,他责备地补充说:

　　"我看呀,您什么都不懂! 还想做女作家!"

　　这样,他本来想说的话,终于什么也没有对我讲。我牢牢记住这一次的教训,从此以后我永远什么也不问他。

　　正像他拿"写作"来挖苦我一样,长久以来他拿我的假波兰人的出身来挖苦我。那仅仅是因为在很早的童年时代,我在我国的西部边疆住过几年,我曾兴致勃勃地向他描述过立陶宛城市的景色如画的郊区和密茨凯维奇的诗歌的美。

　　"不过,"他岔断我的话,"您那倍受称颂的密茨凯维奇毕竟歌颂了华列罗德,也就是歌颂了叛徒和撒谎者①。而真正的诗人是决不应该去歌颂叛徒和撒谎者的。决—不!"他肝火很旺地重复一句,微微眯起眼睛,含讥带讽地撇着嘴唇。

　　从那时起,我不止一次听到他说:

_____

　　① 阿·密茨凯维奇在长诗《康拉德·华列罗德》(1828)中利用历史记载的事实,写到十四世纪立陶宛人向德国人的报仇。华列罗德秘密离开立陶宛去条顿骑士团,他假装憎恨立陶宛,获得很大成功。多年以后,他当上了骑士团团长,引导德国军队走向失败(密茨凯维奇的诗作的俄译发表在《霞光》杂志1871年第3—6期及12期上)。

"这一点您是不能理解的！因为您不是真正的俄国人……您是个波兰人！"

有一次他向我指出校样上我疏忽的地方，把一张稿子掉在地上了。我拾起来给他。

"喂，大婶，请原谅！"他高声叫道，顿时又说明，"我这是怎么啦，我可以做您的父亲，却叫您'大婶'！"

"费奥多尔·米哈伊洛维奇，这有什么不好！这是我们的可爱的民间语言。"

"但是您不可能理解这种民间语言的真正意义。因为您不是真正的俄国人……"

始终是这样，各方面都是这样。没有折中的余地。要么你什么都信赖他的上帝，和他信同样的信仰，一丝也不差，要么——你是敌人和异己分子！这时眼睛里马上凶光四射，刻毒的苦笑，激怒的嗓音，冷冰冰的、讽刺挖苦的话语……

仅仅因为我有时候不了解刚出版的一期刊物上的文章的内容，以及一般地对他所编的杂志不表示兴趣，他几次三番为了我的——也是虚构出来的——"懒惰"和"疏忽"而埋怨我。不过费奥多尔·米哈伊洛维奇最使我难堪的是为了我在一些文章中的疏忽，这些文章的具名是神秘的缩写字母"Z Z"，是一位高官显爵的法学家兼行政官员的笔名①。这里，我记得有一次我下决心向他指出：

"您这样的心理学家怎么连这一点也不愿意了解，正因为我很害怕把这些文章中的错误的地方漏掉，所以才漏过去的。您记得吗，您的梅什金公爵怕把花瓶打碎，结果反而打碎了。不久以前，您自己也说过，临睡时您担心夜里小桌子上的一盒火柴会烧起来，后来果然烧起来了……现在我也是这个情况呀。这里面想必存在着心理学的某种规律……"

费奥多尔·米哈伊洛维奇宽容地微微一笑。

"说的倒也是！心理学的规律！我却不知道！我才初次听说。不过这真太有趣了。这么说来，还是我自己的过错。嗯，好吧，好吧。以后我再也不说了。"

---

① 康·彼·波别多诺采夫用这样的简写字母具名在《公民》上发表文章。（见《公民》，1873年，第34、35、37、39、40、49、51期；又见波别多诺采夫给陀思妥耶夫斯基的信，载《文学遗产》，第15期，页124—129）

从那以后他果然再也没有为了我的校对上的疏忽向我提过意见,尽管疏漏的数量也未见得因此而显著地减少。(唉!这中间,除了"心理"因素之外,还有许许多多其他原因,最主要的是:刊物工作的仓促性,没有单独工作的场地,逢到夜里也得不停不歇地工作。)只有一次,到年底了,又发表"Z"的文章①,费奥多尔·米哈伊洛维奇忍不住了,在校样上面写道:

非常尊敬的瓦尔瓦拉·季莫费耶夫娜(不写瓦西里耶夫娜):
我特别请求您按照我的改样校对②这篇文章。只要是这位作者的文章,您立即就会看错字,整句整句地漏掉,或者两句接连重复,如此等等。如果您满足我的请求,您将使我万分高兴。

您的陀思妥耶夫斯基

结果这次校样我亲自送到他家里去,因为特兰谢尔厂里新来的管理员是个德国人,不会正确拼写他的地址,求我来写。我提起笔,不由得停住了:我该怎么写呢?难道像大家那样,称他台端、阁下等等?我觉得这无论如何不行,于是我根据当时的想法在信封上写道:

"从童年时就为我所喜爱的、永远不忘的、亲爱的著名俄罗斯作家费奥多尔·米哈伊洛维奇·陀思妥耶夫斯基收"。

后来费奥多尔·米哈伊洛维奇对我说,"已经重新封好纸包了,我才发现这个称呼。当即考虑了一下:我这是做的什么哟!对人家这样亲切的话语突然报之以粗话,骂街,像个村妇,写些骂人的意见!我拆开印刷厂的纸包,藏起来做个纪念。至于校样和意见,套上一只新的信封,派人送到印刷厂去。我说,亲切的话归亲切的话,工作归工作。"

不过所有这些"骂人的"意见、责怪、申斥,毋宁说是使人想起父亲、师长或年长友人的责备。长官式的主编口气我从他嘴里从来没有听见过。

---

① 显然是指波别多诺斯采夫的《德国的教会事业》一文。(《公民》,1873 年 12 月 17 日,第 51 期)

② 就是督促排字工人正确改动校样。——瓦·瓦·季莫费耶娃注

七

　　年初，费奥多尔·米哈伊洛维奇的一家人都搬到旧鲁萨去了。他开始更加频繁地到编辑部来，——编辑部在尼古拉耶夫街梅[谢尔斯基]公爵的寓所，我们现在经常在涅瓦大街见面。费奥多尔·米哈伊洛维奇彼时好像住在古谢夫胡同，而我住在冈察尔街。有一天，这样见面以后，他开始向我抱怨"编辑工作的枯燥"，他孑然一身的孤独感。这时他的脸色是那样沮丧，像生病似的抑郁，我不由得想让他高兴高兴。

　　"您经常到我们印刷厂来走走。我们会替您解除烦闷的！"我纯粹以女人家的腔调，心直口快地提议。

　　费奥多尔·米哈伊洛维奇微微一笑，露出孩子般的和善的笑容。

　　"这我们是指谁？是您跟特兰谢尔，还有那个——他叫什么来着？——'酗酒的'校对？"

　　"指我和那个校对——我们所有的人！"

　　"我现在正是到那边去呀，可您却离开那里了。您怎么给我解闷呢？我起床很晚——我一向夜里工作，下午两点钟以前我很少离开家。如果您待在那边，嗯，哪怕待到三点钟，那就是另一回事了。"

　　我答应他三点以前决不离开印刷厂，改变我吃饭和在公共图书馆进修的钟点。

　　从此费奥多尔·米哈伊洛维奇开始每天上印刷厂去，有时候上午和晚上都去。由于十二点半到三点印刷厂停工，——大家都分散去吃饭了，我得到了和费奥多尔·米哈伊洛维奇分担他的寂寞和孤独的荣幸和快乐。

　　现在我们的座位常常是这样：我把斜面办公桌旁边我的位子让给他，我自己则拿着校样坐到窗口旁去，这样我们交谈很方便，他问，我答。

　　工作实际上不多，可是安排得很不均匀，又是那样地决定于编辑和出版人的心情，因此永远无法预先知道我是否有空。有时候我一天要跑两次印刷厂，听拼版工对我说：

"还是什么活也没有。我在等待公爵的文章,可他在某个地方吃饭……只好干通宵了。"

于是我第三次去印刷厂,工作通宵。

这么一来,时间浪费很多。因而我总是备一些书,在空闲的间歇时看。

有一次费奥多尔·米哈伊洛维奇遇到我在看歌德的《托克瓦尔多·塔索》,当时我正在研究歌德的作品。他瞥了一眼书页,背诵了托克瓦尔多的全部独白,特别强调了某些词。他拉着长声,用崇高的朗诵调子念道:

> ……世上没有一处地方,
> 　　可让我自轻自贱,可让我平心静气地
> 忍受他人的侮辱!……①

"可这个安东尼奥,"费奥多尔·米哈伊洛维奇嘴唇上带着轻蔑的表情插话说,"这个安东尼奥一点也不懂!"

> 突发的诗情使他如痴如狂!……②

"这些御前大臣总是这样认为,诗嘛,不过是一股子热情,如此而已。歌德本人在灵魂深处也是一个御前大臣,像安东尼奥一样。作为诗人的塔索自然远远高于歌德,尽管歌德对待他很是高傲……"

> 阿波隆暂时并不要求诗人
> 作出神圣的牺牲……

带着淡淡的热情,他以低沉喑哑的声音缓缓地开始吟诵,等念到:

---

① 出自塔索的独白中有训谕意味的话:"哦,亲王! 心灵悄悄地对我说:我没罪!"(第二幕第四场)见雅洪托夫的译本。(魏恩贝尔格编,《俄国作家翻译的歌德作品》,圣彼得堡,1865 年,第1 卷)

② 安东尼奥的尾白(第二幕第四场)。

　　唯有神圣的语言

　　才会触动敏锐的听觉……①

他的嗓子响起激越、高亢的胸音，他的手还一直从容地在空中挥动，好像在给我和他自己比画诗情的波涛。

　　费奥多尔·米哈伊洛维奇现在不仅在印刷厂看校样，还审阅与修改他所编辑的全部文稿，当场写他的《日记》。有时候他预先把日记的内容讲给我听，仿佛要在我身上检验将来"在读者中"的影响。有时候他大声念一个单独的句子，他写得不顺手，要我马上给他提示他所要的词儿。

　　"喂，快点！快讲，这里要用个什么词儿！"他边说边不耐烦地跺脚，催我快讲。

　　有时候我碰巧提示得成功，——这时他就莞尔一笑，向我赞许地点点头。如果我应对太慢，或者提示的词儿根本不是他要的词儿，费奥多尔·米哈伊洛维奇又会同样不耐烦地要我"别打扰"。

　　他写对话，未写之前，他总是先小声或大声重复几遍，同时比画着相应的手势，好像他看见他所描写的人物似的。

　　有一回，看一个短篇或中篇小说的校样（作者好像是克拉比文娜），小说中描写一户贫穷人家对赢钱抱着虚妄的希望，大摆宴席，详细描写了喝茶时吃的种种食物②，费奥多尔·米哈伊洛维奇转过脸来对我说：

　　"这里写他们聚在一起喝茶，她写得多好，连我也不禁想吃东西了。简直口水直流呀！"

---

　　①　引自普希金的诗《诗人》（1827）。

　　②　中篇小说《彩票》发表在 1873 年 6 月 9 日、16 日及 23 日的《公民》第 28、29、30 期上，署名克——奥夫。七十年代，阿·阿·基尔比什科娃用这个笔名发表作品。（见《祖国纪事》1871 年第 12 期上的中篇小说《到厂一月》，又见《文学遗产》，第 53—54 期，页 524）克拉比文娜的中篇小说以全名发表在《公民》上（第 37 期上《专心致志地工作》，第 41 期上《你和您》，第 43 期上《死婴》，第 45 期上《情景巧合》）。

看科哈诺夫斯卡娅的关于小俄罗斯的饥荒的来信时[①]，费奥多尔·米哈伊洛维奇带着善意的嘲讽说：

"稍微有些天真。不过没什么。热情充沛。这位可敬的老妇人的热情，跟时下的人不同，是真正的热情，不是虚假的。如今这可是十分罕见的啦。而这一定会产生影响。既然会产生影响，那就是说，对于饥饿的人民也会有所帮助。"

八

有一次谈话我特别难以忘怀。那是六月初，多亏费奥多尔·米哈伊洛维奇的照应，我们很早就把工作做完了，而且这一回是和拼版工一起做完的：费奥多尔·米哈伊洛维奇在家里请客。

特兰谢尔也离厂到别墅去了，因此，克莱登堡先生同他的亚玛丽娅及其他朋友在办公室里大喝啤酒，大嚼香肠。因为这缘故，他们叫我搬到石印间，靠排字间近一些。尼·亚·岱美尔特也顺便上我这里来过一会儿，邀请我跟他们大家一起到渔场去看日出。集合地点定在丰坦卡的格·伊·乌斯宾斯基家，他们答应等我到十一点钟。

夜晚晴朗，热乎乎的，夜色迷人，天空澄澈无云，我又高兴又感激，忘乎所以，可是后来，互相说了些友好的愉快的话以后，我们的谈话忽然带上唇枪舌剑的味道，——我已经不知道，那是怎么发生的。大概我赞许而兴致勃勃地议论了陀思妥耶夫斯基的《日记》，岱美尔特不知为什么却把这看作不仅是对他个人的侮辱，也是对他那本杂志的侮辱，他是作为经常撰稿人和非经常撰稿人在这本刊物上写稿。我对陀思妥耶夫斯基的某些思想和情绪所表示的好感，被岱美尔特看作是我对他们那一派的观点的背叛。当时就是那么一个时代！所有的人都分

---

① "科哈诺夫斯卡娅的关于小俄罗斯的饥荒的来信"没有在《公民》上刊出。季莫费耶娃显然是指科哈诺夫斯卡娅来自小俄罗斯的关于人民食咸鱼中毒的来信：《给全莫斯科及其郊区的公开信》，发表在1873年1月8日的《公民》第2期上，信中确实"热情充沛"，例如："停止吧，大吃一惊吧。心里冒出来的不是话语，是一片号哭之声"，如此等等。

成绵羊和山羊,大家都觉得对方"危险","可疑"……就我这方面来说,只消举出一点就足见其可疑:我看——尽管只是在校样上看——不是他们那一派的刊物……

起先我笑笑,试图以打哈哈搪塞过去。可是越说下去越僵。岱美尔特已经板起面孔,皱紧了眉头望着空处,对我说着尖酸刻薄的挖苦话……

"这究竟是怎么一回事呢?"他用阴阳怪气的男低音说,一只手拔胡子,一只手戳着我的校样。"对于您,这可能是稀奇的东西,因为是他写的……但是对我来说,这里面根本没有一点新东西。这种吉久什来的费久什①,谢天谢地,我这一辈子看得厌透了……而且我认为,在楚赫洛马的随便哪个偏僻角落里,这样的费久什连现在也不会绝种。这种人拿十字架碰得咚咚响,在教堂里做祈祷,磕头如捣蒜,嘴里念叨着'耶稣,耶稣!'大家知道,乡下婆娘,多半是老处女,可喜欢这种人啦!我看见过她们在后面追他们……'耶稣!狂信苦行的基督徒!给你一戈比!给你一戈比!……'"

他扮着各种脸相,已经用女人的歇斯底里的尖嗓子而不是男低音说着。

我试图阻止他:

"尼古拉·亚历山大罗维奇,您这是说的什么呀?我说的是陀思妥耶夫斯基的文章,可您说什么狂信苦行的基督徒!实际上这算什么谈话啊!……"

"我也是在说这个呀!我说的也是陀思妥耶夫斯基的文章呀!……"他哈哈大笑。

这话使我愤慨。只不过这时候我才第一次感觉到派性的"钳制",我才充分了解,当陀思妥耶夫斯基说话提到"他们"、"自由主义者们"的时候,他为什么要含讥带讽地撇着嘴唇……

"噢,那么,照您说,他是狂信苦行的基督徒喽!"我说,"可是照我看,这是个最深刻的天才!他在这里面写的都是真正的实话。而且多么热烈!……您不愿意承认这一点,仅仅因为那文章不是发表在您的刊物上!……"

"比阿斯柯青斯基②热烈多啦!"岱美尔特不听我的,几乎同时说道。"简直是疯人院里的震颤性妄谵症!可人家说,这好像也是'天才'哩!……"

---

① 随口胡诌的地名和人名,都表示轻蔑的意思。
② 维·伊·阿斯柯青斯基(1813—1879),作家。

这场不成体统的对话正不知道怎样结束,这时又给我送新的校样来了,岱美尔特为了不打扰我,走了。

他打开办公室的门,我一下子愣住了:陀思妥耶夫斯基一个人坐在办公室里,而且就紧靠着门口。

克莱登堡和他的客人们避到别处去,到特兰谢尔的房间里去了。费奥多尔·米哈伊洛维奇坐在桌子旁,俯着身子,在翻一份什么稿子。斜面办公桌上放着他的柔软的皮烟盒和一叠信纸,上面是一篇文章的开头,他分明早就在这里,坐在我们的旁边。"他一定什么都听见了!"我忐忑不安地想。

可是,我走过去时,他像往日一样向我问好,我这才知道他刚从旧鲁萨回来。他显而易见地休息过一阵,精神得到恢复。那天晚上他的脸色是那样开朗、温和、安详,我还从来没有看见过。"他什么也没有听见!"我对自己说,心里一阵轻松。

"您那么急,要上哪儿呀?"我做完工作,拿起帽子,他阻止我。"不是还早吗?十点还不到。没有校样,陪我坐一会吧。"

无论我多么向往去海滨散步,想到费奥多尔·米哈伊洛维奇要我作伴毕竟还是太强有力了。我顺从地又在原先的靠窗口的位子上坐下,当着他的面,我第一次既不觉得胆怯,也不觉得惶惑。

他换了个位子,坐到比较靠近我的办公桌旁,有好几分钟,默默地抽烟,似乎在想什么心事。

想到他听见我和岱美尔特的谈话,我的心又惶恐不安地突突直跳。"如果他听到我的辩白,那还好,"我想,"如果他只听到骂人的话呢?"

"呃,现在您上哪里去?"费奥多尔·米哈伊洛维奇发话了,"白天工作,晚上呢……晚上您干什么?"

"生活!……"

"照您的说法,这'生活'是什么意思呢?您有没有什么明确的思想?您有什么理想或生活的目标吗?还是就这么得过且过——'没有烦恼,也没有命里注定不幸的思虑'?①"

"不,我生活得既有思索,又有烦恼,也有理想!"我兴致勃勃地说,辩论使我

① 引自阿·尼·迈科夫的诗《Fortunata》(1845)。

激昂起来。

"也有理想?"费奥多尔·米哈伊洛维奇热烈地反问,"什么理想? 举个例子说说。嗯,详详细细告诉我!"

也许是因为我还受到刚才与岱美尔特进行"思想"交锋的影响,心里还憋得慌,也许是他的轻柔的、亲切的嗓音对我发生了影响,——我,没有感到窘促,用热烈而勇敢的自白回答了他。我把我的理想和希望告诉他,说我要努力去开创我喜爱的、独立的活动,达到我朝思暮想的目的,——也讲到这样做对于女人分外艰难……

他大概相信了我的话,因为他一直听着没打断我的话,而且他的出乎意料之外的坦白也使我吃了一惊:

"您知道,现在我要对您说什么恭维的话吗? 这样的话您大概无论从谁那里都没有听到过。"沉吟了一会,他补充说,"我觉得您特别像我的前妻。我结过两次婚,和第二个妻子已经有了两个孩子。第一次结婚还是在西伯利亚的时候。您的脸容和身材跟前妻像得要命。她真可怜,生肺病死的。"

(我像他的前妻,有一次他已经当着我的面对斯特拉霍夫说过:"她跟玛丽娅·德米特里耶夫娜像极了,对不对?"彼时我不知道这玛丽娅·德米特里耶夫娜是什么人,不过那时连斯特拉霍夫也肯定说:"是的,大概……有几分像吧。")

"这里,对您的恭维当然并不是因为那是我的妻子,"费奥多尔·米哈伊洛维奇继续说,"这算不得什么恭维! 而是因为她是一个精神最崇高、最乐观的女人。可以说,她是在乐观之火中,在追求理想中焚毁的,她是个名副其实的理想主义者,——是的! ——又纯洁,又天真,十足像个孩子。尽管我娶她时她已经有了儿子。我娶她时,她已经是寡妇。嗯,怎么样,我的恭维您满意吗?"他以玩笑的口吻作了结束。

"很满意,费奥多尔·米哈伊洛维奇,只不过我怕……"

"您怕什么?"

"怕您把我看错了,我配不上这样的比较。我不是永远这样的。"

"您要永远这样!"他威严而令人感动地说,"永远追求最崇高的理想! 像篝火一样,燃起自己内心的追求之火! 让心灵之火永远熊熊燃烧,永不熄灭! 永不!"

"您还是没有告诉我,您的理想是什么?"沉默了一会,他又开口说,"您的理想是什么呢?"

"只有一个理想,就是……为熟悉《福音》的人而……"

"您熟悉《福音》吗?"他怀疑地问。

"小时候我很相信宗教,经常看《福音》。"

"不过从那以后,您自然是长大了,变得聪明了,受到高等的科学和艺术教育……"

他的嘴角上出现我所熟识的"讥讽的"微笑。不过这一回,这讥讽的微笑并没有使我发窘。

"后来,"我依旧以原来的口气继续往下说,"在科学的影响下,这种宗教信仰开始采取另外一些形式,可是我过去和现在老是在想,比《福音》更高、更好的东西,我们一点也没有啊!"

"然而您是怎么理解《福音》的呢? 对《福音》是众说纷纭的呀。照您的看法,整个的主要实质是什么呢?"

他向我提出的问题,是我第一次想到。但是,我的记忆深处好像立即响起遥远的声音,向我提示答案:

"在尘世,在我们的生活中、我们的良心中实现耶稣的教义……"

"就这一点吗?"他拖长了声音说,口气是失望的。

我自己也觉得这样不够。

"不,还有……不是一切都局限于这里尘世间。尘世的一切生活只是……通往另一种存在的台阶……"

"通往另一世界!"他兴高采烈地说,举起手指着上面敞开的窗户,其时通过窗口可以看到清澈、明亮而美丽的六月的天空。

"把这告诉人们,这是一个多么美妙的、虽然又是非常艰难的任务!"他热情洋溢地继续往下说,用手蒙住眼睛。"美妙的,又是非常艰难的,因为其中有太多的苦难……许多苦难,不过正因为如此,所以又是多么伟大! 无法比拟的……就是说,绝对无与伦比的! 世界上没有一种幸福可以与之相比!"

"实现这个任务是多么艰难!"我想着自己的心事,胆怯地插嘴说。

他目光闪闪地瞥了我一眼。

"您说您想写作。您就写**这个**好啦!"

仿佛是为了祝福我踏上这条道路,费奥多尔·米哈伊洛维奇把他当时剩下的三张八开的空白信纸送给了我,他总是用这种信纸写文章。

"这是**我**送给您的!"他一边把白信纸交给我,一边加重声音,强调说。

这三张光滑的普通纸张,已经泛黄,——直到现在我的印象还非常鲜明。

那天晚上我们互相道别的情景是我们前所未有的,好像我跟他是互相平等的、互相信赖的朋友。

从那次谈话以后我已经不想再到海滨去听什么"狂信苦行的基督徒费久什的吉久什"了,也没有按照我跟岱美尔特约定的那样到丰坦卡去,我长久在街头徘徊,"燃起心灵之篝火"……

九

那样兴奋热烈、心情舒畅的谈话之后才过了一两天,我突然又亲眼目睹了因为一篇文章没有地方排而引起的一场风波,《公民》原来的拼版工亚历山大罗夫在他的《回忆录》中谈了这件事情。(《俄国旧事》,1892 年,四月号,页 184—185)①可是亚历山大罗夫君所述的这一场面的印象,完全不是当时我所得到的、当天晚上记在本子上的那种印象。

那是 6 月 12 日晚间,刊物出版的前夕,杂志快要开印。事情是当着我和克莱登堡的面在办公室里发生的。

"随您的便吧,"拼版工对费奥多尔·米哈伊洛维奇说,"不过这篇文章我现在怎么也没地方排。否则的话整个版面要从机器上拆下来,重新排版——那我们就来不及了。"

可是费奥多尔·米哈伊洛维奇要求"不重新排版把它**摆进去**!"

拼版工冷笑一声。

"不重新排版怎么行呢? 一个印张上的字数是固定的,篇幅都排得满满的,再排字我往哪里塞啊?"

"我什么也不想知道!"费奥多尔·米哈伊洛维奇老爷式地叫嚷道,傲慢地

---

① 见本书页 519—520。

眯瞪着眼睛,满脸麻木不仁的神气,嘴唇痉挛地颤抖。攥得紧紧的手指频频敲击着桌子,他嗓音嘶哑,拖长了声调说:"哪怕塞在墙上,哪怕塞在天花板上,只要给我印出来!"

"噢,我拒绝创造这种奇迹!"亚历山大罗夫平静而尊严地回答说。"我不是神。我不会在天花板上或墙上排版子。悉听尊便吧!"

"您不会,那我另外去找一个会排的拼版工来!"

"劳驾您,另请高明吧! 我可不会!"亚历山大罗夫君边说边走了。

费奥多尔·米哈伊洛维奇激动得气喘喘的,朝着他的背影叫道:

"我会找到的! 我会找到的! 我要的是什么都愿意替我干的人,对我像狗一样忠心⋯⋯我永远可以信赖的人⋯⋯这太不像话了! 一个什么拼版工,忽然之间,居然对我编辑指指点点,什么可以,什么不行! ⋯⋯我永远不许这样! 我是编辑,我是杂志的主管人。他一定得执行我的命令! 特兰谢尔在哪儿?"他已经在发狂似的叫喊了。"把印刷厂老板叫来! 让他马上给我一个新的拼版工!"

可是特兰谢尔在别墅里,于是费奥多尔·米哈伊洛维奇拿起空白纸头,当即写道,请他另外派个拼版工,"因为这个人粗野无礼,拒绝工作"。

这张条子,费奥多尔·米哈伊洛维奇没有加封,甚至也没有折叠,就这么交给我,要我转交给特兰谢尔。

"您替我把这张条子交给特兰谢尔,"他断断续续地说,试探的目光牢牢地盯住我,仿佛要把我看透,看出我此刻对他有什么想法。

我本想使他平静下来,对他说,他是不对的。可是,抬起眼睛望望他,我决定什么也不说了:他的脸变了样,面色铁青,残酷无情,紧绷绷的,似乎因为疯狂般的愤恨眼看着要抽搐了,或者像个病人与不幸的孩子那样,因为意识到自己错了而快要放声大哭了⋯⋯

我不声不响地接过条子,只是竭力用脸色让他知道,我不赞成他现在这种行为,我们沉默地、冷淡地分手了。

这种贵族老爷式的吼叫和"狗一样忠心"之类的话,当时使我颇为吃惊⋯⋯

"您看,小姐,"克莱登堡先生当即对我说,"您经常在包庇的您那个陀思妥耶夫斯基就是这个样子⋯⋯您还说,他——根本不是这样的人,他不会对人大叫大嚷的,像梅[谢尔斯基]公爵那样。现在真面目露出来了吧,——完全一模一样。他们都是这样的! 所有的人在他们眼里都是狗。哦,这些个作家们,我已经看得多了！我太了解他们了！都是这种样子的,mein liebes Fräulein!① 所有的人像狗一样侍候他们,——嗯,那时候他们才没什么,才不会恶语伤人⋯⋯"

我好久都不能忘掉这个场面的令人不快的印象。在我的想象中,写作就是对神的祈祷,作家就是圣徒,文学是人类所珍爱的一切神圣事物的宝库,——可是突然之间！⋯⋯文学的最勤勉的司祭,对文学的意义有着最深刻、最热情的阐释的人——《被侮辱与被损害的》作者,突然自己去损害和侮辱他的下属,向他们要求"狗一样的"什么！⋯⋯这究竟是怎么一回事呢？他怎么能够写了这种情况却又容忍这种情况呢？这是我无论如何也没法理解的,我又恢复了先前对陀思妥耶夫斯基的看法——别人对他的看法,这时我觉得,人家责怪他"虚假的多情善感","极端的自私心",他们是对的⋯⋯

后来若干时间,我经常比较战战兢兢,好像人家也要求我"狗一样忠心"似的,不过一切恐惧不久也就烟消云散了。费奥多尔·米哈伊洛维奇有时候善于用一句话,改变一下声音便把别人对他的一切不信任完全消除。最好的证据是那个似乎"被侮辱与被损害"者,也就是亚历山大罗夫本人的《回忆录》中关于他的记述。

不到两天,我们这里一切事情又照常进行了。

十

《谈谈吹牛》这一则日记(《作家日记》,1873 年,第一卷,页 147,《谈谈吹牛》),费奥多尔·米哈伊洛维奇是在印刷厂里写的,那天一整天他用问题试探我,在他所列举的情况下,我会怎样**行动**。未写之前,他先原原本本把整个内容告诉我,然后把他刚写好的东西念给我听:

"俄国知识分子这种出名的没良心,对我来说,绝对是一种特殊现象。问题在于我们这里习以为常,大家对此司空见惯了。没有良心毕竟仍是一种怪异的惊人的事实。这证明对于审判自己的良心是那么不感兴趣,或者证明对自己是

---

① 德语:我亲爱的小姐!

那么异乎寻常地不自尊自爱,对于民族的独立和拯救什么的,即使在将来,对这样的人和社会,你也会绝望,失去任何希望的……在家里,自言自语说:'嘿,意见有什么了不起,——哪怕鞭子抽也不要紧!'庞罗果夫中尉四十年前在大市民街被钳工席勒用鞭子抽打,是一种可怕的预言,天才的预言,非常不幸地料到了未来,因为庞罗果夫之流多得不计其数,多得打不胜打。您回想一下,中尉在猎艳冒险之后马上去吃薄酥饼,当天晚上在一位显要官员的命名日的庆典上又大显身手,大跳其马祖卡舞。"①

费奥多尔·米哈伊洛维奇放下笔,带着讥讽的笑容,目光锐利地望着我。

"您是怎么想的? 当他跳马祖卡舞,踩着舞步,身子扭来扭去,做出形状丑恶的样子的时候,他是否会想到两个钟头以前才挨过一顿打,四肢刚刚吃过苦头呢? 毫无疑问,他是想到的,"他代我回答。"他感到羞耻吗? 毫无疑问,没有。我相信,这个中尉可能无耻到极点,说不定当天夜里他会向他的马祖卡舞的舞伴——主人的大女儿表白爱情,正式提出求婚。这位小姐在令人销魂的舞蹈中与小伙子满场飞舞,却不知道她的舞伴一个钟头以前才挨过打而满不在乎! 这位小姐的形象是极其悲剧式的!"

把刚才说的这番话写下以后,费奥多尔·米哈伊洛维奇抽起烟来,又对我说话。

"唔,您认为怎么样,如果她知道了,而他又还是提出求婚了,她会嫁给他吗(自然,在没有其他人知道的情况下)?"

他的《日记》中的这一段话是他亲口对我说的,故而当时我以激烈而不满的声调回答他:

"太可怕了! 她无论如何不会嫁给他!"

费奥多尔·米哈伊洛维奇又微微一笑——狡猾的、恶毒的微笑。

"如果是您,也许不会嫁给他的。但是我向您保证——百分之九十九的人一刻也不会犹豫的。因此我终于还是写道:'唉! 她一定会嫁的。'"

"好啦,现在我把我们这次谈话永久保存下来了,"他一边往写好的纸上撒沙子,一边说。"现在,作为我们在特兰谢尔厂里共事合作的回忆,它将永远保

---

①　引文出自《谈谈吹牛》(《公民》,1873 年 8 月 27 日,第 35 期,《1926—1930 年版全集》,第 11卷,页 128),稍有遗漏(庞罗果夫中尉是果戈理的中篇小说《涅瓦大街》的主人公)。

存下来了。听我说!"他扭过脸来朝着我,"您答应我,您以后会再看看的——您今年多大了? 二十岁左右吧? 唔,那么,到四十岁左右吧,过十五到二十年,您应该再看一看这篇东西。那时候您会比较明白的。"

"再早一点我也会看的,费奥多尔·米哈伊洛维奇。"

"不,不要早看。但是答应我,过十五年,您会再看看的。"

那天深夜,我和费奥多尔·米哈伊洛维奇一起看那篇文章的校样,他让我回家时,从袋里掏出钱包儿,对我说:

"劳驾您,把这个卢布拿去,路上随便哪儿替我买一包纸烟——他所谓'炮弹',若是行的话,沙特奇、曼古比或拉菲尔烟①都行,再买一盒火柴,找个孩子替我送来。"

我替他买了纸烟、火柴,此外,再用自己的最后两枚二十戈比的银币(我每星期期刊出版后可得十个卢布)买了五只橙子,因为费奥多尔·米哈伊洛维奇刚才嘀咕过,说他渴得要命,——我又登上通往印刷厂的跳板②,把买的东西和找头交给他。我心里想,说不定他会接受我的橙子的! ……送橙子的主意使我很兴奋。想到恰恰是我,默默无闻的"女校对"……用最后两枚二十戈比的银币,请全国有名的作家吃东西,是很愉快的,颇有意思的!

费奥多尔·米哈伊洛维奇还坐在办公桌旁,依旧用那亲切的嗓音感谢我的"关怀"。这时我决定把那包橙子递给他。

"您怎么给我带供品来了? 这我怎么敢当呀? 为什么呢?"他开玩笑说。

"不为什么,费奥多尔·米哈伊洛维奇。我不过是想到您口干了。"

"我确实很想喝水。既然您买来了,我很高兴收两只吧。为了这件事,我要为现代女性的您写些赞扬的话,"他半开玩笑半认真地补充说,"我还从来不曾恭维过现代女性。现在我要赞扬她们一番了。"

第二天上午,我在校样上看到他在我离去后所写的《作家日记》的结尾:

"……我们绝大多数的妇女似乎可以不算在庇罗果夫们之列,一般说来也

---

① 这三种可能是香烟的牌子。

② 特兰谢尔印刷厂的房子(如今是巴尔金饭店)所在处,当时在改建,楼梯已经没有了。费奥多尔·米哈伊洛维奇和我上上下下都靠工人们用手拉我们。有一天夜里我手里拿着灯,用这样的办法下来,我看见人行道上有一群好奇的人,他们焦急地互相探问:"怎么一回事? 东西被偷了,还是失火了?"工人们回答:"没有失火。小姐在这里印报刊……"——瓦·瓦·季莫费耶娃注

可以不算在一切'肆无忌惮之徒'当中。在我们的妇女身上越来越多地显现出真诚、坚毅、严肃、忠贞、追求真理与自我牺牲的品质;其实在俄罗斯妇女身上这一切向来就强似男人。这是毫无疑问的,尽管现今有种种偏向。女人撒谎比较少,许多女人甚至压根儿不撒谎。而男人却几乎没有不吹牛的,——我说的是我们社会的此时此刻。妇女在事业上更坚定,更耐久;她比男人**更严肃认真**,她是为了事业本身而做事情,而不是仅仅做**给人看**。那么我们是否真的要期待来自这个方面的巨大帮助呢?"①

这件事情之后过了两天,费奥多尔·米哈伊洛维奇到印刷厂来,带来一袋名贵的法国生梨。

"今天我家里有客,所以我破财了,不过首先想请的客人是您,"他对我说,一边把袋子递给我。"拿着,尝尝味道。生梨挺好的。我一向是在爱尔彼尔那里买的。"

他以这样委婉的方式答谢了我请他吃橙子的好意。

十一

八月底,印刷厂搬到马镫街十二号特兰谢尔的私宅里;新房子造在院子里,正在粉刷、油漆,到新房子去要经过树林,尤其在阴雨天气,往往不方便,他们叫我暂时到木头小屋②的阁楼上去看校样。这座小屋正面朝马镫街,特兰谢尔和他的家眷住在里面。我记得阁楼上有两个房间,头一个房间半暗不明,堆放着各种破烂物件——印刷的废品,无用的石印机,装旧铅字的木盒,盛特兰谢尔太太的旧帽子的纸板盒儿。另一间很小的斗室,替我放了一张小小的办公桌和一把独一无二的草褥椅子。

总而言之,压根儿不是一个愉快舒适的场所。

---

① 引文出自《谈谈吹牛》。(《作家日记》,1873 年,第十五章,《1926—1930 年版全集》,第 11 卷,页 129)

② 1903 年,新的石头房子取代了这幢木头小屋。——瓦·瓦·季莫费耶娃注

　　我记得，头天晚上——已经是秋天的夜晚，黑漆漆的，——我一个人待在阁楼上，有点儿怵怵然，离开人们很远，离开听惯了的上班时嘈杂热闹的声音，也没有和费奥多尔·米哈伊洛维奇作令人难忘的闲聊。我觉得我好像被人家撵了出来，或者被流放了。和费奥多尔·米哈伊洛维奇不相见已经有好几天了。他生病了，校样派人送到他家里去，一期刊物刚开始，印刷厂里没有人盼他来，何况头天晚上他刚发过癫痫，校样没有看过就从他那里退回来了。

　　我在令人泄气的新地方的头一个晚上，独自一人在那里工作，忽然间远远听到他的说话声：

　　"您在哪儿？……这里那么暗，我什么也看不清！……"

　　我连忙奔上前去迎接他，我不得不拉着他的手从各种破烂杂物中间穿过整个房间。

　　"您原来在这里！"不知为什么他格外亲切地感叹道。我出于无奈独自一人在极其简陋的环境里工作，似乎在他的心目中提高了我的地位，给我增添了新的价值……

　　接着亚历山大罗夫拿着校样和一期刊物的文章清单来了。他们从楼下特兰谢尔处另外搬了一张椅子来给费奥多尔·米哈伊洛维奇。可是那天晚上他终于还是不能工作。他身体虚弱，拿起笔来手发抖；他不时用手抹一下神色极为疲惫的脸，最后只好承认他根本不能看校样。

　　"不行，我还是离开的好！"他站起身来，用衰弱的声音说。"头发晕，什么也看不见。还要再过两三天，等头不晕了，我到这儿阁楼上来，到您这里来。"

　　他动手穿大衣，可是大衣挺重的，他竟穿不进去。我帮他穿。

　　"您真像个护士那样照应我，"他说，同时叫了一声我的父名，但是叫得不对，他自己当即发现错误，于是又开始咒骂自己的"可恶的、讨厌的心不在焉"。

　　"嗜，不是反正一样吗，费奥多尔·米哈伊洛维奇！"我想宽慰他，就说。可是这下子更糟。

　　费奥多尔·米哈伊洛维奇挺直身子，愤怒地瞪着眼睛，提高嗓门，以我所熟悉的气忿的声音说：

　　"怎么会'反正一样'！"他勃然大怒。"以后永远不许这样说！永远不许！这是可耻的！这意味着不尊重自己的人格！一个人对自己的姓名应当充满自豪，不许任何人——听见吗，不许任何人！——把它忘记……"

　　我只好俨乎其然地答应再也不让任何人忘记。我请他在装着印坏纸张的木箱上稍坐,赶紧跑到楼下去叫个人雇一辆马车送他回家。当时陪他去的是印刷厂的油墨工,平日常常替他送校样的老头子,外号叫"夜莺"。到了周末,星期日,和平日一样,九点钟光景,费奥多尔·米哈伊洛维奇又来了,身体结实,精神抖擞,只不过稍微有些咳嗽;他又登上"顶楼"——他管特兰谢尔家的阁楼叫"顶楼",来看我了。

　　"我一个人待在家里很寂寞,"他坦率地对我说,"从早到晚,始终一个人。想念这里。一天不来,好像缺少了什么似的。"

　　我也有同感。我们的工作和我们的茕然独处使我们不由得接近起来。

　　那天晚上他特别活跃,使人感到一种欢欣鼓舞的气氛。刚进来就动手"改建"房间。

　　"今天晚上咱们得工作很长时间,"他活跃地说,"所以让我们把环境搞得舒服一些。首先我们把这张桌子重新摆过,跟墙成犄角,不要顺着墙壁放。这样我们两人都比较宽敞些,舒服些。咱们面对面坐。灯放在这儿,桌子中间。唔,行啦。现在该考虑一下茶了。得派个人到小饭馆去。"他掏钱。我下楼找特兰谢尔,他们派人到小饭馆去,给我们送来两只玻璃杯子,一大壶(饭馆里用的大茶壶)开水,茶叶和糖。于是我和费奥多尔·米哈伊洛维奇"像同志一般""亲热地"一起喝茶。

　　我和他两人工作通宵,直到天蒙蒙亮。这个夜晚深深铭刻在我的记忆中,一辈子忘不掉。这间"顶楼",共同的脑力劳动,跟陀思妥耶夫斯基这样的作家单独相对而坐,——这一切,对我来说有着一种特殊的精神的美,一种无与伦比的、令人陶醉的氛围。

　　窗帘儿放下。铁皮的灯上罩着一只厚纸片的灯罩,灯只照亮我们工作的那块地方和我们苍白的、疲惫的、同时热乎乎的脸。其他一切落在暗影中,犹如伦勃朗的画。整个世界仿佛都处在另外半球的某个地方……我们在一张小桌旁相对而坐,工作起来挺挤的,并不舒服,然而我们却愉快地一边工作,一边聊天。其实是他一个人在讲话,我只是贪婪地听着,全神贯注地记住他的每句话。他抽烟——他一向抽烟很多,——直到现在我还想象得出他的苍白而又瘦削的手,骨节粗大的手指,手腕四周有一道朝里凹陷的皱褶,——可能是服苦役时戴手铐的痕迹吧,想象得出这只手怎样把吸完的粗大的香烟掐灭——铁皮的沙丁鱼盒子满满地盛着他的"炮弹"——烟蒂。我仿佛看到灯光开始逐渐幽暗,淡白的晨曦泻进整个房间,费奥多尔·米哈伊洛维奇架起腿,双手抱着膝盖——跟别洛夫画的肖像一模一样,——以探索的神气直直瞅着我的脸,用紧张而低沉的胸音说道:

"我和您坐在这里顶楼上,一直工作到天亮,可是在我们周围,此时此刻有多少人在花天酒地寻欢作乐!他们永远不会想到,您,一个年轻女子,不会拿您的生活去换他们的生活……您无论如何不会拿您这种艰苦的生活去掉换他们的轻松愉快的生活的吧?"

"我不换!……"

"哦,您瞧!我说得对吧!可见,这种劳动生活中有着某种崇高的、神圣的、高尚的东西喽?"他依旧用紧张的、隐隐含着热情的声音说,好像在向什么人证明自己的想法是有道理的。

"是的!"我激动地应声说。他的声音,他的话语使我激动。同样的道理,我想过多少回了!但现在我想的不是自己,而是他,——我在想这个人的心灵的美……著名的作家,病人——出于好心此刻与我分担艰苦的生活,以便替我减轻生活的压人的重负,哪怕只是一瞬间……这时候他激起我无限的崇敬和爱。这是一种那样强烈的振奋感,对人对己的信任感,对这艰难的、沉重的,但却是真正的人的生活的幸福感!……

"现在请您想象一下,"费奥多尔·米哈伊洛维奇越来越兴奋地继续说,"请您想象一下,您发生一桩类似……不久以前我得知的这样的一桩事情。今年春天——就像现在,天刚蒙蒙亮,——三个青年人——法学院毕业生,结业典礼后吃了晚宴回家。不过他们并没有喝醉酒,——压根儿没有!——都是清醒的,他们之间甚至还在进行高尚的谈话,吟诵诗歌……嗯,是那个,是朗诵席勒的诗,欢乐与自由的颂歌①……讲着最纯洁崇高的话,像胸怀理想的年轻人应有的样子。在涅瓦大街的某个地方,在我们近旁,(圣母马利亚作为圣像)标志教堂附近,他们迎面遇到一个女人,——这是一个夜间踯躅于街头的女人,因为她们以此为职业,她们以此维生……于是这些青年人——情绪高昂、胸怀理想(这是费奥多尔·米哈伊洛维奇喜欢用的语汇,以不同的声音赋予这句话以不同的意义)的青年人,——他们对这个衣着破旧、涂脂抹粉、出卖自己的女人感到异常厌恶……突然觉得她是那

---

① "欢乐与自由的颂歌"指席勒作于1785年的著名的《欢乐颂》,丘特切夫俄译。

样的讨厌,而他们自己却又是那样非凡的高尚纯洁,于是便朝她的脸上吐唾沫——三个人都啐了。为此,三个人都被带到分署,去见调解法官。我就是在分署听说此事和看见他们的——都是正当青春年华的美少年,几乎还没有长胡子。他们在调解法官的分署里,不肯为他们的胡作非为和人身侮辱而付罚款,还花言巧语地用高等学科的种种规章制度为自己的'合法权利'辩护,那举动正像他们'对这个衣衫破旧的出卖肉体的女人'怀着高贵的愤怒时所做的一样。"

他沉默下来,似乎在想还有什么,接着微微向我俯下身子,富有表情地故意拉长字眼说话,好让我感觉到话语的力量:

"既然这些人能做出这样卑鄙下流的事情来,他们的'崇高的理想'该又是怎样的一种观念呢!……后来还要根据高深的学术原理保卫他们的合法权利呐!……嗯,如果他们搞错了呢?如果他们遇到的不是这个女人呢?如果是您和他们迎面相遇呢?您的劳累的工作,熬过通宵的脸色,他们倒觉得似乎是淫荡而早衰的脸色呢?——他们也会朝着您的脸啐唾沫的啊!……"

听到这话我不由得打了个寒噤,用手捂住脸。

"您只要想象一下这情景!"他似乎受到我的激动的刺激,情绪激昂地说,"您,一个矜持的、纯洁的姑娘,勤恳的劳动者,工作了一个通宵以后,疲惫,困倦,——您独自在走路,——忽然人家朝您的脸吐唾沫,因为您的脸似乎不够干净或鲜润!……"

"您知道吗,"他忽然带着痛苦得颤抖的、似乎是残酷无情的笑容归结道,"您知道吗,我倒是希望这件事情发生在您身上。那时我将为您起草一篇什么样的辩护词!那时候我要好好地剥开他们这些崇高又尊贵的理想主义者们的画皮,因为他们在丢索①吃过晚饭后,一边吟诵席勒,一边向女人啐唾沫!……"

十二

那是我和费奥多尔·米哈伊洛维奇最后一次夜间共同工作。秋天,他的家

---

① 可能是饭店的店名。

眷回来以后,他到印刷厂来的次数开始少了,来了后待的时间也不是那么长了。再说他在办公时间来,拥挤而窒闷的小房间里,他往往连个坐的地方也没有,因为这间小房间既做校对室,又是印刷排字组长办公的地方,还是特兰谢尔本人的经理室,在这里接待数量众多的客户。

费奥多尔·米哈伊洛维奇现在往往在一星期的最后几天晚上八点钟以后来,这时印刷厂里静悄悄的,只剩下我们"搞刊物的"。他和我在同一张桌子上工作了两三个钟头以后,托我替他看他改正过的校样,每次都补上一句:

"那我就拜托您啦!……"

现在他很少在印刷厂接待他熟悉的撰稿人。据我记得,至少是那一年的整个冬季,只有亚历山大·乌斯季诺维奇·波列茨基来过两三次,那时费奥多尔·米哈伊洛维奇也把我介绍给他,对我多次讲到他的"无与伦比的心灵美和真正的基督教的信仰"。

"我特别信赖这个人,"费奥多尔·米哈伊洛维奇坦率地对我说,"我生活中遇到一切困难可疑的情况,我总是去找他,总是得到他的支持和安慰。"

办公室里,如果除了我和亚历山大罗夫之外,只要还有一个人,费奥多尔·米哈伊洛维奇便板着脸不作声,使所有的人都觉得他高深莫测,难以接近。

有时候我常常身不由己地成为可笑的戏剧性场面的目睹者,比如,各种各样的客户来,没去猜想这个板着脸一声不吭的人是个什么"人物",在他面前毫不隐讳地流露自己的"心理"。

有一次和一个散文作家①便是这样。他为了"意中人"挥霍了不属于他自己的一笔钱而被流放,不久前刚回来,以前在特兰谢尔处出版过他的第一本作品"集子"。《公民》的前任编辑经常刊登他的文章、诗歌和小说,这些作品的"艺术性"极不相同:有时是严格的国粹主义,足资垂训的风格,有时是"坦率"得看校样都叫人讨厌。除此以外,这些 ultra② 艺术作品时常写(或者为了排印而抄)在不知什么情书的反面,我记得有一封情书的开头是:"深深景仰的公爵夫人,亲爱的 Annette(安涅塔)。"我特别记得这一点,是因为排字工把这也当作"原稿"而排到一篇关于我国北方渔业统计概况的文章中间去了。

---

① 季莫费耶娃指的什么人无从查考。

② 拉丁语:最高级的。

这位散文作家的"艺术性"长篇小说,前任编辑发表在《公民》上,没有刊登完,因为费奥多尔·米哈伊洛维奇断然反对把它载完。

就是这位散文作家,他显然不认识费奥多尔·米哈伊洛维奇,也不去猜想和我并排坐在桌子旁,坐在草垫椅子上,老半天俯身看校样的是什么人,竟上气不接下气地在我们面前吹嘘他的非同寻常的"名望",报纸上怎样"称呼他,颂扬他",女士们小姐们怎样在沙龙里、闺房里"极口赞扬"他,各种社会团体和小组怎样"祝贺"他,连某某俱乐部里的某种调味汁也竟然以他的"著名"小说的标题命名……

"总而言之,"他没喘一口气,滔滔不绝地说,"如今在彼得堡,我等于是莱德施托克子爵①。争先恐后邀请我。处处都去我来不及。一些人叫我去吃午饭,另外一些人请我去出席晚宴,还有的人要我去给他们朗诵诗歌或散文……总而言之,我现在已经超过我国从屠格涅夫起直到陀思妥耶夫斯基本人为止的所有的巨星……"

随后,当拼版工亚历山大罗夫手里拿一份不知什么稿子,走进办公室来找我们,大声呼唤着费奥多尔·米哈伊洛维奇的名字对他说话时,那效果是可想而知的了:

"费奥多尔·米哈伊洛维奇,您打算怎么样,这篇文章放在哪里? 在公爵之后②,还是'外国大事'的后面?"

费奥多尔·米哈伊洛维奇不动声色地和拼版工说起话来;而"著名的"散文作家则像被热水烫了似的,拔脚就跑,离开了办公室。

等到所有"多余的人"散去以后,费奥多尔·米哈伊洛维奇抬起头来,笑眯眯地说:

"特兰谢尔这里经常有最有趣味的版本。"

就我个人来说,费奥多尔·米哈伊洛维奇的到来是这个"黑暗王国"中的一线光明。听到他在排字间的脚步声,心往往会快乐地颤抖起来,……随后就急切地期待着他的出现……等看到门口出现他那穿着大衣、套鞋的微微伛偻的身躯,

---

① 见本书页396注①。
② 印刷工人的行话,就是在"公爵的文章"后面的意思。——瓦·瓦·季莫费耶娃注

苍白、痛苦、始终充满了思想的作家的脸,你往往会怀着不安的心情去注意他。他就在这儿角落里脱衣服,根据他怎样脱去大衣、套鞋,怎样咳嗽、喘气,乍看上去气色如何,——你会竭力去猜测,他怎么样,情绪好的,还是气冲冲的? 如果是气冲冲的、激动的,那你知道,最好别作声,"别去碰他",也就是你装得没有发觉他来了。如果他心情好的,那么你可以笑一笑,开句玩笑。这时他自己开始说起话来,取笑我怎么坐,怎么看校样……

"好像您后面有个严而又严的家庭教师拿着桦树枝站在您背后似的……"

这时候,各种不同的语气语调、话语、见解,一会儿是比喻,一会儿是诗歌,一会儿是回忆,都会像火花一般从他嘴里飞迸而出……

两三个钟头飞快地过去。你会忘记气闷和疲劳……突然想到:"可是谁也不知道我在这里跟什么人坐在一起,我是跟……陀思妥耶夫斯基在说话……"

十三

如果办公室里没有旁人,费奥多尔·米哈伊洛维奇照样也出声地念着写他的《日记》。有时候他详细诉说他的感想,白天的事情。我记得正是在这种时候,他向我讲了他和《命运的故事》的著名作者亚·西克梁列夫斯基的见面。这次见面对费奥多尔·米哈伊洛维奇产生了那么沉痛的印象,他显然很久都不能摆脱。

事情是这样的。夏天,西克梁列夫斯基有一次来看陀思妥耶夫斯基,没有遇到,他就把稿子留下,说是过两星期光景他再来听回音。费奥多尔·米哈伊洛维奇看过稿子后,和往常一样,交给了编辑部,采用的与不采用的稿子都保存在编辑部。费奥多尔·米哈伊洛维奇无法通知作者稿件决定采用,因为西克梁列夫斯基一向到处东奔西走,在彼得堡没有固定的寓所,又没有给任何人留下地址。

两个星期过去了。西克梁列夫斯基来找费奥多尔·米哈伊洛维奇——一次,两次,——仍旧没有在家里遇见他。最后,有一天上午,费奥多尔·米哈伊洛维奇工作了一个通宵之后,不准佣人在十二点以前喊醒他。早晨,他听到隔壁有异乎寻常的大声说话声,好像在对骂,不知是谁的陌生的嗓音,愤怒地要求"立即喊醒"他,可是夏天便在费奥多尔·米哈伊洛维奇处帮工的女佣阿芙多蒂娅拒绝去喊醒主人。

"到临了,他们在那边吵嚷得好凶,我不得不起床了。"费奥多尔·米哈伊洛维奇说,"我想,反正睡不着了。我把阿芙多蒂娅叫来,问她:'你们那边是怎么一回事?'她回说:'来了一个庄稼佬,不知什么人,兴许是扫院子的,他要把纸头马上还给他。火气那么大——可了得!什么话也不想听。又不肯等。非得马上把纸头还给他不可。'我猜到了,这大概是西克梁列夫斯基派来的人。我说,你去对他说,等一等,让我穿上衣服。我马上去见他。可我刚动手穿衣服,拿起梳子——就听见旁边客厅里又十分激烈地争吵起来。阿芙多蒂娅分明不知道怎么回答他,来访者显然怒不可遏了,因为我穿衣服、梳头只有片刻工夫,但听见他嚷得满屋子都听到:'我不是小厮,不是听差!要我在过道里等,我可没这个习惯!……'"费奥多尔·米哈伊洛维奇解释说,我应当告诉您,我家客厅里的家具夏天是堆放在一起的,遮上布单子,免得落上灰尘,因为夏天没人去收拾。"这时,听说他把我的客厅当作了过道,我忍不住了,想知道来人究竟是谁,于是稍稍推开房门。一看:果然不是小厮,是个上了年纪的人,胡子也没剃过,衣服有点儿古怪:大衣,印花布衬衫,裤管掖在靴筒里,靴子上过油。我终于还是恭而敬之地向他鞠了一躬,一边表示抱歉,一边说:'请不要对着我的阿芙多蒂娅叫嚷,这事情她一点没有过错……是我不准她喊醒我,因为我工作了一个通宵。请告诉我,您有何贵干,尊姓大名?……''首先请对您那个蠢货厨娘去说,不许她叫我"庄稼佬"!……我亲耳听见她在叫我"庄稼佬"。我不是庄稼佬,我是作家西克梁列夫斯基,我要拿到自己的稿子!''我请您宽大为怀,原谅阿芙多蒂娅,她凭衣衫看人,不知道您是……至于稿子嘛,我请求您稍等五分钟,待我穿好衣服。五分钟后我就为您效劳……'请想想,他竟没让我把话讲完!"费奥多尔·米哈伊洛维奇带着很不痛快的神情继续说。"他依旧嚷他的:'我不想在过道里等!我不是听差!我不是扫院子的!我是和您一样的作家!……马上把我的稿子还给我!'我对他说:'您的稿子到《公民》编辑部去拿给您,两个星期以前就批了适合刊用的意见交到编辑部去了……''我不想跟你们《公民》编辑部打交道!我的稿子是交给您的,而您却迫使我站在过道里等!……您也写过东西的,您怎么不害臊!……您这个伪君子,假好人,我再也不想跟您打什么交道!'我刚开口请他冷静一下,——我看见他控制不住了,——跟在他后面走到楼梯上。'再一次请求原谅！'我跟在他后面说,'实际上我也没有过错,是您把客厅当作过道了。我凭名誉向您发誓,我没有更好的房间。所有的客人我都是在那里接待的！……'你猜怎么着？他顺着楼梯飞奔而下,晃着拳头这么威胁我:'您等着吧！我总要教训教训您的！……我要公开这件事！我要到大庭广众中去揭露您！……'"

费奥多尔·米哈伊洛维奇激动地喘了口气,以淡淡一笑作结:

"有时候,人往往有一种古怪的自尊心！作家不知为什么穿得像个扫院子的,人家拿他当'庄稼佬'他又大发雷霆！他准备去'揭露'我！……我的客厅他当作过道,大门口我没雇看门人,居然可以怪罪于我！这可是从来也没想到的！"

"这个西克梁列夫斯基准是个宗教界人士。教堂执事或杂役的儿子,"过了一两天,费奥多尔·米哈伊洛维奇又对我说道,"这种先生总有一种特别的 point d'honneur①。您记得杜勃罗留波夫的这几句诗吗:

亲爱的朋友,我快要死了
因为我为人诚实……
不过我在故乡
必定会家喻户晓……
亲爱的朋友,我快要死了,
但我心安理得,
我祝福您:
在同一条路上行进吧……

您怎么看法:这里面有没有什么崇高的东西？高尚的情操,独特的思想,或者内心的激情？"说着,他立即撇着嘴唇显出轻蔑的皱纹,代我回答说:"且不说这根本不是诗,它不仅完全是平凡而粗俗的,而且根本就不聪明。如今连得起因也说到了！只有神甫的儿子才会给自己想出这样临终的墓志铭:

因为我为人诚实……

——————————

① 法语:荣誉感(面子观念)。

找到什么来自我吹嘘啦！倒好像诚实是一种特殊的高尚品格，而不是每个较为正派的人的真正责任！这样的路又是什么？……

"'在同一条路上行进'……这是什么意思？——他在为'亲爱的朋友'不受贿赂而'祝福'吗？要是他的亲爱的朋友也是宗教界人士，比如说，哪怕是大辅祭或司祭长的教职，那时候他该怎么办？行圣礼而不拿钱了吗？嗯，若是行了圣礼他一定收钱的！"他以无法描摹的幽默拉长了声调说。"再说以宗教界的眼前境况，他也不能不拿。如果不拿，他没法过日子。天生的本能也会促使他拿钱。这就是所谓命运，对命运你是无法可想的。结果，所有这些'祝福'，如果不是自称自赞，就是虚伪，空洞的高调。"

"这位西克梁列夫斯基大概就是这一类人物。至于神甫的儿子则是无疑的了！"

"不过，对不起，"他瞟了我一眼，讽刺地插进来说，"我刚才大概侮辱了您的感情吧……您可能和他们一样，把他作为一个公正的受难者而尊敬他，我却蓦然间亵渎他！……我如此大不敬地谈到'上帝'！……唔，有什么办法！对于他我反正不可能有另外的看法。"①

我感到震惊。他完全猜得着思想！不仅思想，甚至某种本能的、难以捉摸的感觉，正是真理被"亵渎"的感觉。听着陀思妥耶夫斯基的话，起初我心里是不同意他的，恰恰是不同意他跟我谈的关于杜勃罗留波夫的情况。他的诗，陀思妥耶夫斯基刻薄地称之为"墓志铭"、"自称自赞"和"虚伪"的那些诗，当时我觉得是最诚挚的真实。我从陀思妥耶夫斯基本人的口气和话语中初次听出某种个人的东西，这仿佛是他过去与敌对阵营争吵的回声。

我想把这些几乎是无意识的推论所得的情不自禁的观感瞒过他，——我对自己还不敢承认，——可他已经什么都觉察，什么都猜到了！

他的声音顿时变得冷冰冰的，脸孔蒙上了阴影——他全身简直像僵住了一般。

后来，我在意识到这些印象时，不能不承认，实质上，不是陀思妥耶夫斯基，

---

①　这是唯一的一处地方证明陀思妥耶夫斯基对杜勃罗留波夫持断然否定的看法。无论是这个时期还是后来，陀思妥耶夫斯基对杜勃罗留波夫一次也没有写过或发表过类似的责难性的意见，尽管陀思妥耶夫斯基和他进行过论战（例如 1861 年在《——波夫君与艺术问题》一文中）。关于陀思妥耶夫斯基对杜勃罗留波夫在六十年代期间活动的同情和赞扬，见本书页 236 注①。

而是我的身上表现了"个人的"东西,他的话不是侮辱了我的"真实感情",而是侮辱了我对我的意见和偏见的喜爱。一般说来,我的个人生活似乎把我和他的感情、兴趣与思想的世界隔绝开来。再加上年轻也使我没有能好好地——深刻而坚定地去领会一切。有时我甚至觉得他在"自我陶醉",我尝试着去反驳他。

我记得,有一回他在工作时这样对我说:

"他们那边写到我国人民,说是'野蛮,愚昧无知……跟欧洲人不能比……'可我国人民和那边的人比较起来是神圣的!我国人民从来没有厚颜无耻到像意大利那样。在罗马,拿坡里,几乎还是孩子的年轻人就在街上极其无耻地向我求欢。令人作呕的、违反常理的淫荡行为——对所有的人都是公开的,没有一个人对此会感到愤慨。您倒在我们这里这么搞试试看!全体人民会谴责的,因为对**我们的**人民来说这种事情是莫大的罪孽,可在那边呢,这是风俗,普通的习惯,——仅仅如此而已。现在他们也要给人民培养这种'文明'!这我永远不会同意!我在世一日就要跟他们斗争一日——决不让步。"

"但是,费奥多尔·米哈伊洛维奇,他们想要搬到国内来的不是这种文明!"我记得我忍不住了,插嘴说。

"一定还是那种文明!"他硬声硬气地接过去说。"因为没有别的文明。到处都一向如此。如果他们开始人为地把欧洲移植给我们,那我们这里也会如此。罗马帝国的衰亡就是因为它开始把希腊的东西移植到自己国内……这种移植总是从盲目摹仿、奢侈、时髦开始,从彼地的各种科学和艺术开始,以鸡奸罪与普遍的荒淫为止……"

"那么,当时的人民怎么生活呢?造长城吗?"

费奥多尔·米哈伊洛维奇蹙紧眉头不悦地瞥了我一眼,断断续续地说:

"您还什么也不懂!"那天他再也不愿意跟我说话了。但是过了一天,又只剩下我们两人在一起,他又向我倾吐他的思想。显然,他深以为苦的是精神上的孤独,人家不了解他,还曲解他的意思,于是他便向我倾吐心中的积愫,他相信无论他说什么我会赞同他的一切想法。

然而我却越来越难于赞同他的思想,有时甚至连了解他的思想也越来越困难。有的时候对他的"预言",我情不自禁要讥笑,我得使劲克制住……

我很惭愧地回想起,有一次他在看他的关于普鲁士、俾斯麦和神甫一文的校

样时①,忽然用我所熟悉的"自由主义者"那么恶毒然而又那么机智地嘲笑过的口气,说起话来,(我觉得很"奇怪"):

"他们没有意想到,一切……他们的一切'进步'和废话都快完蛋了!他们好像并没有感觉到,基督的敌人已经出世……而且正在走来!"他说这话时脸上和声音里流露着这样的表情,好像他向我宣布一桩伟大的骇人的秘密,随即迅速瞟了我一眼,厉声问道:

"您相信不相信我?我问您,请回答!信,还是不信?"

"我相信您,费奥多尔·米哈伊洛维奇,不过我认为您在自我陶醉,因而不由自主地夸大其词了……"

他用手拍了一下桌子,把我吓得一哆嗦,提高嗓门,像清真寺里的阿訇似的,大声叫道:

"基督的敌人向我们走来了!走来了!世界的末日临近了——比人们所想的要近!"

当时我觉得这几乎是"呓语",癫痫患者的幻觉……"一种思想狂……偏执狂……"我听到的仿佛是某人说过的话语的回声……唉,当你刚开始生活,开始思考,当你看到前面是取之不竭的各种知识的矿藏,当未来——天知道为什么——好像是阳光照耀下的光明大道,你怎么会去相信世界末日的来临,基督教的敌人的迫近呢!……

于是我挂着不得体的讥讽的讪笑坐在他的对面……也许,——谁知道呢!——也许,恰恰在这一夜,他做了一个奇怪的"荒唐人的梦",或者梦见"伟大的宗教大法官"的长诗!……

十四

那次谈话之后,费奥多尔·米哈伊洛维奇不知为什么忽然不大开口了,而

---

① 指《三言两语论俾斯麦公爵对俄国的德国人的意见》一文。(《公民》,1874 年 3 月 11 日,第 10 期)

且,一次次变得越来越抑郁,容易发怒。现在我们并排坐或面对面坐,整个晚上不说一句话。"您好!""再见!"他说,把他又变得枯瘦、冰冷、没有生气的手伸给我。

有两三次我试了试,主动跟他搭话,他不是装得没有听见,就是用冷冰冰的声音回答:"是的……""不是……"有时我开始感觉到他有意在强调我们之间关系的变化,让我更明显地感觉到我和他之间有天壤之别。"他在向我表示他的赫赫声望!"当时我带着讥讽的意味想道。但接下来往往会瞥见他的枯瘦、苍白的手(活像圣徒的手,手腕周围有一道凹陷的印痕,老是使我想起镣铐与苦役),于是你又会明白,他不可能变得和我一生中常常见到的所有"著名人士"一样……"他只是忙于什么事情……他在思考,写作。或者是生病,不能写作,为此而痛苦,"我这样想到他,因此也不开口。

我不知道这期间费奥多尔·米哈伊洛维奇有什么感受,不过正是在这个阴郁的沉默时期,他只有一次,从《国外简讯》的校样上抬起眼睛来,用冷淡的断断续续的声音对我说:

"莱蒙托夫写得多好:

> 嘴巴沉默,目光干涩。
> 然而苦难无边的大教堂
> 连同不倦地思索的人群
> 却压抑着胸口和头脑……①

"这是拜伦的诗,——写他的妻子的,但这不像盖尔别尔及其他人的翻译,——这是活生生的拜伦,就是他本人。高傲的、谁也无法看透的天才……据

---

① 这是《Fare Well》(《别了》,1830)一诗的初稿本中的一节,首次发表在1859年第11期的《祖国纪事》上,题为《别了(摘自拜伦)》。在最近一些版本中,陀思妥耶夫斯基所引用的这节诗是另一种译法:

> 嘴巴沉默不语,眼里泪水已干枯,
> 胸口被隐秘的思想折磨得苦。
> 这些想法好比永久的毒药——
> 它不会消失,也不会平息!

我看,莱蒙托夫笔下的诗更深刻,如:

> 苦难无边的大教堂!

拜伦没有这样的诗句。这里面蕴含着多少力量,多么宏伟! 一行诗中就包含着整整一部悲剧。默不作声,闷在肚里……单是'大教堂'一词又何等了得! 纯粹的俄国语言,生动如画。惊人的诗! 比拜伦不知高出多少! 我只是就这首诗而言……"①

他又沉默许久。

整个冬天就这样过去,直到新年来临。新年里,费奥多尔·米哈伊洛维奇给我送来礼物——是和亚历山大罗夫一起来的——他的《白痴》样书,有他的亲笔题词。那时他究竟给我写了些什么,如今我已记不真切了,因为这本作者亲笔题

---

① 陀思妥耶夫斯基显然是根据 1864 年尼·瓦·盖尔别尔出版的《俄国诗人译拜伦子爵作品集》(页 57)才知道莱蒙托夫诗集的早期版本的。书中刊载了格里戈利耶夫的译本:

> 眼里没有泪水,嘴里不出声音,
> 然而萦回不去的痛苦的思想,
> 无休无止的悲哀,
> 折磨着脑子,压抑着胸膛。

"苦难无边的大教堂"确实完全是莱蒙托夫的句子。拜伦的诗是:

> These lips are mute, these eyes are dry
> But in my breast and in my brain
> A waken the pangs that pass not by
> The thought that ne'er shall sleep again.

经常接触普希金的作品而很少接触拜伦的作品的陀思妥耶夫斯基,晚年对拜伦的作品作了这样的评价:"拜伦主义是在人们失望以至濒于绝望的最苦闷时刻出现的。[……]也许,在西欧的历史上从来没有过这样忧郁的时刻[……]。人类原先的眼界已经大大地降低了、缩小了,一切都在这眼界底下喘息。[……]正是在这个时刻,出现伟大的、强大的天才,热情的诗人。他的歌声中鸣响着当时人类的苦闷,表达了人类对自身的使命和理想落空的失望。这是一位新的、当时还闻所未闻的专司复仇和悲伤、诅咒和绝望的诗神。拜伦主义精神突然之间似乎风靡了全人类,大家都起而响应。[……]这是雄浑有力的呼叫,人类的一切叫喊和呻吟都汇合在这一呼声中。"(《1926—1930 年版全集》,第 12 卷,页 349—350)

词的第一卷,后来不久便被人偷去,不过我记得,书上的老一套题词使我吃惊,也颇为不悦。对于像陀思妥耶夫斯基这样的人,人家总是情不自禁地企盼着他题写一些别出心裁的、不一般的、与众不同的东西。我们有过这样的谈心,表示过友谊,我认为自己有权期待另外的东西。我甚至觉得他是想用这种刻板的题词来讽刺我,正好像有时候他在什么地方对我不满意,要刺我一下,便"越过校对"而把校样交给了拼版工一样。他早就答应过送书给我,大概是因为他无论说什么我都默默表示同意,故而得到他的很大的关注。现在我突然开始"造反"——和他争论,坚持**自己的**观点与感想,甚至于怀疑地微笑,——于是他不由得想要**惩罚**我了……

可是,我并不觉得自己在他面前有什么罪过,我也不希望感觉到自己是"被惩罚的",因而在印刷厂一碰见他,我在表示谢意的同时,就坦率地把我对他的赠书的感想告诉了他。

"您怎么会觉得不愉快,受委屈呢?"他故作惊讶地问。我明白了,我没有搞错:他是想"刺"我一下,现在他满足了,因为他的目的达到了。

"因为您给我写的那句'客套'。然而您是从来不说客套话,不写客套话的。凭什么您会'深深地尊敬'我呢?您根本不了解我。您如果光写上:'瓦·季,——陀思妥耶夫斯基',我反而会觉得高兴些。"

费奥多尔·米哈伊洛维奇不吭气地看着我,——好像他第一次发现我坐在他面前。

"这是自尊心!我没有料到!"他带着与其说是责怪,不如说是赞许的笑容说道,而且向我证明为什么这"根本不是客套"。

"您是个劳动妇女,您不依赖任何人,靠自己的劳动过活,我怎么能不尊敬您,甚至是'深深地尊敬'您呢?……"

后来,当我自己已经把这次不由自主的感情冲动(这感情就是他所特有的微妙的自尊心)忘掉以后,他自己还再一次提到过:

"噢,还有一点,差点儿忘掉!"他在工作中间说了起来,"昨天我看涅克拉索夫的《谁在俄罗斯生活得好》,在玛芙拉·季莫费耶夫娜的故事中,找到一节,完全是说的您:

我怀着一颗愤怒的心,

　　　　低低垂下头!"①

　　费奥多尔·米哈伊洛维奇以巨大的力量念了诗句,又重复说道:

　　"这完全是说您。我昨天就这么想,这是说的您。"

十五

　　过了几天,费奥多尔·米哈伊洛维奇来得比平日早,七点钟左右,脸色很兴奋——我已经很久没有看见他这样了——刚坐下就对我说:

　　"梅[谢尔斯基]公爵马上就到这里来。我有事要当面跟他说清楚。请让我们两个人单独在一起。劳驾您暂时到排字间去待一会。请您以我的名义,也跟排字组长说一声,请他不要来打扰我们。我跟他很快就谈完的,总共只要十分钟,不会更多。"

　　等公爵走了,我又回到原来的座位上去,费奥多尔·米哈伊洛维奇向我宣布,他,"谢天谢地",将不再主持《公民》的编辑工作了。②

　　"我对这件事是那么高兴,您简直想象不出。我的心里好像一块石头落了地。我要自由。开始写**自己的东西**。现在我在这里等亚历山大·乌斯季诺维奇(波列茨基)。我们今天要去找迈科夫。我是这样信赖您!"他用从前的友好语气作结束道。

　　费奥多尔·米哈伊洛维奇头一句话就兴高采烈地向波列茨基宣布这一消

───────────────

　　①　涅克拉索夫的长诗《谁在俄罗斯生活得好》第三部第五章(《母狼》)的结尾。这一章发表在1874年第1期《祖国纪事》上,总标题为《农妇》。

　　②　陀思妥耶夫斯基对梅谢尔斯基公爵的不满在1873年7月致安·格·陀思妥耶夫斯卡娅的信中便有表示。(《书信集》,第3卷,页66)11月,陀思妥耶夫斯基非常强硬地写信给梅谢尔斯基,说他在《彼得堡述评》(《公民》,1873年10月5日,第45期)一文中所表示的对政府监视大学生一事的想法"深深地违反他的信念,心里很为不安"。(《书信集》,第3卷,页88)保守倾向的杂志主编的职责对于陀思妥耶夫斯基是一种过分沉重的精神负担。他在1874年3月4日给梅谢尔斯基公爵的信中写道:"不要以为我希望不断地和您争吵,闹矛盾。"(同上,页92)很显然,到1874年3月他们之间的关系已经很尖锐了。

息。与此同时,他不知为什么忽然变了样。他的严肃与孤僻不见了。他开玩笑,讲奇闻逸事,早年的文坛掌故,……这时我才第一次详细听到他们——"彼得拉舍夫斯基派分子"们怎样被押送到谢苗诺夫练兵场,绑在柱子上,向他们宣读死刑判决书。后来蹲在要塞里,又是怎样收到兄弟送来的《圣经》,他心中又是怎样开始"精神上的再生"。他脸上露出神秘的快乐的笑容,当场低声念了那时他"最喜爱的"奥加辽夫的诗:

> 我在古旧的《圣经》上占卜,
> 我只是叹息和渴望,
> 按照命运之神的意志,
> 向我显示先知的生死与哀伤……①

　　念了奥加辽夫的诗之后,接着又念其他人的诗。费奥多尔·米哈伊洛维奇站起身来,走到房间中央,眼睛炯炯发光,作着情绪昂奋的手势,——仿佛站在无形的祭坛之前的司祭,——为我们朗诵了《先知》,先是普希金的《先知》,然后是莱蒙托夫的《先知》。

　　"我最推崇普希金的,普希金的诗几乎是**地上的**,"他说,"但是莱蒙托夫的《先知》中有着普希金所没有的东西。莱蒙托夫肝火太旺,他的先知拿着鞭子和毒药……诗中有**这些东西**!"

　　说着,他怒气冲冲地、恶毒地朗诵道:

> 我开始宣扬
> 纯洁的爱和真的学说,
> 我的亲友们
> 疯狂地向我扔石头……

---

　　① 奥加辽夫的《监狱》一诗作于1857—1858年间,诗中的叠句两次重复(奥加辽夫的第二行略有不同:"只是渴望和幻想")。这首长诗是叙述作者在1834—1835年间遭到逮捕和流放时的感受,有小标题为"我的回忆录片断"。陀思妥耶夫斯基在世时这首诗只在1858年伦敦出版的奥加辽夫诗集中发表过。

等朗诵到：

> 蠢人想要让我们相信，
> 上帝通过他之口宣称！——

费奥多尔·米哈伊洛维奇瞟了我一眼，似乎想捕捉——又来捕捉！——"愚蠢的"怀疑的笑容。

　　我们面前的桌上摊着校样，被松节油浸湿的纸张，可是我们没去看它……勃发的诗兴像旋风似的出人意料地向陀思妥耶夫斯基袭来，把我们和他一起攫住了。

> ……再没有很多时间
> 留给我甜蜜的生命，
> 命运之神正在严格计算日子
> 地狱正等着我的幽灵……①

他用忧郁的、仿佛垂死者的声音念道，到末了又念了莱蒙托夫的——出自拜伦的诗句：

> 苦难无边的大教堂……

这一次他从头到尾念了整首短歌，而且那么富有表情，好像这不是出自拜伦或莱蒙托夫，而是出之于陀思妥耶夫斯基本人，是他的自白……不相干的人听到恐怕会觉得不舒服。

　　直到现在我的耳边还萦回着他两次重复。

> 我只知道———我也能够忍受！
> ……也能够忍受！——

---

① 出自普希金的诗《阿纳克里翁颂》(1835)。

当他轻轻嗫嚅着：

请原谅！请原谅！……

他的声音猝然中断，悲切地颤抖了一下，仿佛被哭声哽住了。

"费奥多尔·米哈伊洛维奇，您今天真是诗兴大发呀！"波列茨基点了一下。

这一"点"，对费奥多尔·米哈伊洛维奇好比当头泼了一盆冷水。他顿时蹙起眉头，不吭声了，接着瞧了一下钟，匆匆到迈科夫处去了。

"记得吗，我以前答应过您的文学晚会？"和我告别时，他说，"喏，今天就算是第一次吧，——未来的晚会的定金！"

后来不久，我在熟人处遇到一个"一切美文学的细腻的鉴赏家"，已故的米·阿·卡沃施，我就把陀思妥耶夫斯基如何"神奇美妙地"朗诵普希金的诗详细告诉他，可是卡沃施做了个怪相，使我不由得想到特兰谢尔。

"有罪的人，"他说，"我不相信他能朗诵得好普希金的诗。喏，朗诵他自己的《地下室手记》，也许会朗诵得好。我不喜欢他那医院的缪斯，可是这部作品，我倒要听听。"

我没有看过《手记》——我承认自己孤陋少闻。

"啊！医院病房里最骇人听闻的黑暗与恶臭。但是有力量！据我看，是最有力量的作品。我劝您看看！"这位保护艺术的财神与"美"的爱好者当时开导我说。

这样我才第一次读到自怨自艾、自我折磨所引起的精神痛苦，——对我来说印象特别难受，因为起先在我的意识中怎么也无法把作者本人跟《手记》的主人公区分开来——对"先知"陀思妥耶夫斯基的景仰，不由自主地被种种感触所代替，时而是对心理学家—艺术家的赞赏，时而是对恶魔般的人物形象的憎厌，时而又骇然意识到，这恶魔在我们每个人身上——在我身上，也在陀思妥耶夫斯基本人身上假寐……

我记得我通宵未眠，次日早晨在印刷厂遇到费奥多尔·米哈伊洛维奇，我忍不住了，首先谈起他的作品：

"昨夜通宵看您的《地下室手记》……"我说，"印象摆脱不掉……多么可怕哪——人的灵魂！然而又是多么可怕的真实！"

费奥多尔·米哈伊洛维奇爽朗地粲然一笑。

"克拉耶夫斯基当时对我说,这是我的真正的 chef d'oeuvre①,要我永远写这一类作品,但是我没有同意他的话。太凄惨了。Es ist schon ein überwundener standpunkt.②我现在可以写比较光明的、比较能使人容忍的作品。现在我正在写一部作品……"③

十六

从那时起,直到最后,费奥多尔·米哈伊洛维奇没有改变他对我的态度——只是更加和善,更加朴实。他时常一再问我,平常在哪里,做什么,——我坦然地告诉他,既当他是师长,又当他是朋友。有一次,我记得,我把我对排字工人们的观察和闲谈告诉他(他劝我记下来),而且,我告诉他,有个排字工,是个独院小地主④—小贵族,过去在总参谋部当文书,第二年便因"图谋以行为侮慢值班军官履行职责"而受到控告。

"我没有发现他进来,"这个排字工对我说,"我没站起来,没有举手敬礼。这军官以前就一直在找我的岔子。这时候,一句话不说,简直恨不得咬我!我只是伸出手,——用手自卫罢了,我说,我是贵族,您没有权利!——手轻轻碰到他的肩章……没有见证人,——我一个人在办公室里……嗯,他马上嚷开了……人家把指挥官叫来……'抓起来!关禁闭!……'我明白,我完蛋了:我的口供谁也不会相信了。只剩下一条路——装疯,假装神经错乱。我开始向押送的人扑去……咬伤了一个……他们决定审判我。在法庭上我说话像呓语,同时把所有

---

① 法语:杰作。

② 德语:这是已经被制止的观点。

③ 季莫费耶娃搞错了。对陀思妥耶夫斯基说这话的,不是克拉耶夫斯基,是阿·格里戈利耶夫。(《书信集》,第2卷,页183)"比较光明的、比较能使人容忍的作品"是长篇小说《少年》。季莫费耶娃这里转述的陀思妥耶夫斯基的话证明他的创作的新阶段开始了。(见《最后几部长篇小说》)

④ 俄国农奴制时代的小地主,多为低级官吏的后裔。

的理由都给他们摆出来……他们把我交给法医监视,在第十三块里程碑处①被监视了整整一年。两次释放我,前面还摆着一次试验……"

不幸的人害怕了,第三次他恐怕受不了啦。

"或者是我将永远待在疯人院里,或者是助理护士去告密,说是我在欺骗……那时他们就会枪毙我。"

我非常可怜他,有时候我觉得他确实是个精神病患者——带有一个人格受辱者的狂躁……

"您劝他,"费奥多尔·米哈伊洛维奇说,"叫他经常多摸摸自己的脑门。凡是疯癫的人都摸脑门。这是脑子功能混乱的第一个征兆。您告诉他,让他这样,经常多摸摸自己的脑门……"

费奥多尔·米哈伊洛维奇做手势给我看,该怎样做。

费奥多尔·米哈伊洛维奇又开始把他的想法和计划告诉我。当时我从他嘴里得知他在写一本大部头的长篇,主人公的形象是个"高利贷者,以放高利贷向社会报复"……有一次他甚至要求我向我所熟悉的《祖国纪事》的编辑人员"好歹"打听一下,他们刊物上明年是否有篇幅刊登这样的长篇小说。

当时我带着这个问题,在所谓"意大利俱乐部"的一次聚会②上去找格·扎·叶利谢耶夫,他问:

"喂,您的陀思妥耶夫斯基在做什么? 还在张罗那份《公民》哪? ……"

得知费奥多尔·米哈伊洛维奇在写新的长篇,格里戈利·扎哈罗维奇以非常诚恳的声调对我说:

"让他派人送来,送来。对他,我们这里总是有篇幅的。"

我把这话告诉费奥多尔·米哈伊洛维奇。他显然感到满意,1875 年,他的小说《少年》便在《祖国纪事》上发表。③

这期间,我记得,有一次在印刷厂里,我当着他的面看雨果的《Les

---

① 未查到是什么地方。

② 在小意大利街一个私人寓所里合伙举行的文学家与艺术家的晚会。——瓦·瓦·季莫费耶娃注

③ 陀思妥耶夫斯基与季莫费耶娃的谈话只能是在三月中旬进行的(3 月 19 日陀思妥耶夫斯基离开了编辑部)。涅克拉索夫四月份去找他,提出把长篇小说发表在《祖国纪事》上,大概和这次谈话有关。

Misérables》(《悲惨世界》)。他正忙着在一篇文章的校样上作修改,我在看最后几页——好像是第二卷的最后几页,忽然听到他的揶揄的、然而也是亲切的声音:

"您在看什么,看得这样累死累活的,连我来了您都没发现? ……现在我得走了! ……"

我看完,把书交给他。他好奇地翻阅了很久。

"您知道,这书我从来没看过!"[①]他说,显然兴致勃勃。"多么精致的版本,伦敦的,——就是说,是全本,没有经过删节的。您怎么搞到的?"

"向熟人借的,只好借几天,所以我急着在看——到哪里都看。"

"这本书我向你借去看一个晚上,怎么样? 明天就还您。只借一个晚上。我从来没有借书不还的!"他生硬地补充说,直勾勾地注视着我的眼睛。我自然赶紧肯定地对他说,尽管这书不是我的,不过如果他拿去看,那个人会高兴的。费奥多尔·米哈伊洛维奇很满意,把这本书拿走了,好像是《悲惨世界》的第二卷,芳汀(Fantine)的故事。但是当天他就发生了著名的"意外事件",我在**一星期后才**从费奥多尔·米哈伊洛维奇本人处得知此事。

"您知道这几天我在哪里?"等办公室里只剩下我们两人,他就"秘密地"悄悄对我说。"被抓起来了,关在干草广场的禁闭室里。为了一点鸡毛蒜皮! ……就这么一件小小的编辑工作上的疏忽……[②]关在里面的时候我一直看您的那本书,"他笑着告诉我,"那本书我正好放在大衣口袋里,他们把我连人带书都关在里面了。多亏这本《悲惨世界》,我在里面很快乐。我可不是在说笑

---

① 据斯特拉霍夫证明,陀思妥耶夫斯基在 1862 年就看过《悲惨世界》。(见本书页 241)1863年《当代》九月号上刊登过陀思妥耶夫斯基论雨果的《巴黎圣母院》一文,其中把《悲惨世界》称作是从艺术上最充分地反映了雨果的主要诗学思想的一部作品。(《1926—1930 年版全集》,第 13 卷,页526)安·格·陀思妥耶夫斯卡娅在《日记》中说,1867 年,陀思妥耶夫斯基在国外时反复看过《悲惨世界》。(见本书页 406)

② 1873 年夏天陀思妥耶夫斯基就被判关禁闭两天(见《呼声报》6 月 13 日第 162 期上的简讯),为了在 1873 年 1 月 29 日第 5 期《公民》上发表梅谢尔斯基公爵的《吉尔吉斯的代表们在圣彼得堡》一文,文内写了沙皇讲的几句话,而公开发表皇上的言论是须经御前大臣的准许的。判决执行的日期可以由陀思妥耶夫斯基自己选。他在 1874 年 3 月 21 至 23 日去服刑,实际上也就是说他已经脱离编辑工作。(见公布的文献《费·米·陀思妥耶夫斯基在〈公民〉编辑部》,——《陀思妥耶夫斯基的创作》)

话,——我在里面很好。那里的值班军官极其聪明。谈到我的《罪与罚》,一般说来,他跟我谈得还算投机。有人到那里去访问我,给我吃的伙食很好。此外还有这本书。我很愉快地看了这本书。现在我把这本书带来还给您,以证明我没有借书不还的习惯,不过,——跟您说老实话好吗?——我真想把它占为己有。这本书如今将永远使我想起我的被捕……而且我在那里过得多么好!"

"听我说!"他拉住我的手,带着孩子般的笑容,喜盈盈地说,"请您问问您的那位朋友,他是否同意跟我交换?……您告诉他,我已经订购了一本同样版本的书,他能否把这本书留给我。您对他说,我恳求他交换,他若肯交换,那就是帮我一个最大的忙啦!……请您求求他!"

书的主人米哈伊尔·阿里贝尔托维奇·卡沃施,尽管不无惊奇,却"极其高兴地"同意满足陀思妥耶夫斯基的"古怪"的愿望,而且自然不要任何交换的东西。据弗·谢·索洛维约夫证明,费奥多尔·米哈伊洛维奇"直到他生命的最后几天还在赞赏这本书……"[①]

十七

1874 年 3 月底(或 4 月初),费奥多尔·米哈伊洛维奇终于摆脱了成为他的累赘的编辑职务。告诉我这一消息时,他并不隐瞒地对我说,我跟新来的编辑未必见得能够"融洽相处"。

由于其他的纯粹属于我个人的不幸,意料之中的变化大概也在我的脸上反映出来。我们一起工作的最后一个晚上,费奥多尔·米哈伊洛维奇亲切和善地笑着对我开玩笑说:

"喂,您为什么这样没精打采的? 是不是觉得日子不好过?"

我暗示他,往后我的处境很艰难。

"没有出路?"

---

① 《历史通报》,1881 年,第 4 卷,三月号,页 616,《回忆费·米·陀思妥耶夫斯基》。——瓦·瓦·季莫费耶娃注

"没有出路。"

"是谁之罪?"

"罪与罚! 用您的话说,难道不是这样吗?"我带着苦楚,情不自禁地冲口而出。

"谁之罪?"他不回答,重又问道。

"无罪的罪人,"我学他的腔调回答。

"阴谋与爱情有罪?"他暗示道。

我不作声;他疑问地望着我。

"结尾,像斯杰勃尼茨基的一样,走投无路?"

"怎么办?"

费奥多尔·米哈伊洛维奇哈哈大笑。

"不过您注意没有,"他说,"我和您一直用文学作品的书名在谈话? 这太有意思了! 一直只用书名。"[1]

说到这儿,他又快乐地哈哈大笑。他的笑声总是短促的、断断续续的,但是极其真诚、和善。不过他难得一笑就是了。

告别的时候,费奥多尔·米哈伊洛维奇表示希望有机会再见面,在一起工作。他说得那么恳切,我不由得精神振作起来了。我穿过整个排字间,一直送他到楼梯口,我答应他,以后我如果写点儿什么东西值得他关心的话,我一定拜他为**老师**,送给他看看……

他已经沿着楼梯下去,——突然停住脚步,抬起头来,似乎想要说些什么。可这时楼下的门开了,有个外人经过费奥多尔·米哈伊洛维奇的身边开始上楼来,因而他只来得及说:

"好……再见!"

当时,我没有预感到这是我们的最后一次会面,是我和费奥多尔·米哈伊洛维奇的最后一次谈话。

---

① 提到的书名有:《谁之罪》——赫尔岑的作品(1847);《罪与罚》——陀思妥耶夫斯基的作品(1866);《无罪的罪人》——叶甫罗彼乌斯(阿·伊·费拉基米罗娃)的作品(1859;奥斯特罗夫斯基的同名剧本到1884年才问世);《阴谋与爱情》——席勒的作品(1783);《走投无路》——斯杰勃尼茨基(列斯科夫)的作品(1864),以及《怎么办?》——车尔尼雪夫斯基的作品(1863)。

命运作了另外一种判决。

费奥多尔·米哈伊洛维奇的预言完全应验了：我和新来的编辑"合不来"。当年秋天，《公民》杂志连同它的拼版工亚历山大罗夫一起转到奥包连斯基公爵的印刷厂去了。费奥多尔·米哈伊洛维奇因为要印一件东西到那个厂去接洽时，据亚历山大罗夫君说，他曾"问起过"我。可是我留在特兰谢尔处工作。后来，一年过去，费奥多尔·米哈伊洛维奇又到特兰谢尔的厂里来印制他的长篇小说《少年》的单行本，那时我已经不在该厂了，只不过人家转告我，他又"问起过"我……

我与费奥多尔·米哈伊洛维奇的一切个人关系统统到此为止。我很快就感觉到，随着这些关系的中止，我失去了什么……

有些人，只有当你失去他之后，你才会充分认识他的价值。他们在身边的时候，他们的魅力和力量过分吸引人了，有时候使人震惊。睁开眼睛直瞪瞪地望太阳不可能不受到惩罚——它的光辉叫人受不了，眼睛可能会瞎。需要有一副时代的墨镜才能用肉眼去仰望名人……

费奥多尔·米哈伊洛维奇·陀思妥耶夫斯基正是这样一个人物。

分别以后作家的清癯的、不安的脸容淡去了，然而他的饱经忧患的、深刻的个性，炽热而温柔的、熔铸成高度复杂的、朝向一个崇高目标的个性，却柔和而稳定地闪耀着爱的光芒，永不熄灭。

十八

后来我只有两次远远地看到费·米·陀思妥耶夫斯基。这两次碰见，犹如我的精神生活中的关键时期，犹如亮灿灿的灯塔矗立在我的一连串回忆中。

第一次是1879年3月9日，在为"贫穷文学家与学者协会"举办的文学晚会上。节目单上有萨尔蒂科夫、波隆斯基、波捷欣、陀思妥耶夫斯基与屠格涅夫的名字。我去参加这一晚会，仅仅为了见见和听听屠格涅夫一个人，可是离开晚会，留下的却只有陀思妥耶夫斯基一个人的印象。

萨尔蒂科夫以他的《现代牧歌》开始晚会。他用挖苦的、没精打采的、怨天尤人的单调的声音朗诵了一段东西：格鲁莫夫怎样来了，说"应当等一等"，——于是他和他的新朋友——警察分局局长一起，开始喝伏特加，打牌，装烟斗，渐渐失去"教养"，直到身上长毛，长出爪子。

那时所有的人都阴郁地、然而快活地笑着，互相递眼色。大家都懂得格鲁莫夫所说的"应当等一等"是什么意思。那意味着：应当在窄小的房间里闭门而居，不要把鼻子伸到门外去，因为人家可能立刻把您的鼻子拧掉，也可能整个儿送掉性命。闭门而居，静待环境改变，良好的气氛出现，好让安分守己的居民们安全无恙地待在斗室以外的彼得堡的任何一条街道上（不仅在未铺过石头的街，甚至在铺了木砖和柏油的大街上）自由行动。然而暂时环境没有改变，居民们只好打打牌，喝喝伏特加，失去"教养"……因为在现代制度下，人依旧不能过人的生活……

接着又有人朗诵了一些什么；然后是幕间休息。休息以后，头一个走上舞台的是费·米·陀思妥耶夫斯基。

当我重又看到这个身影和这张脸容，听到很久没有听见的嗓音时，我深深地感动了。往事一下子涌上心头：我们在一张桌子上工作，"在顶楼上"的夜谈，痛诋"自由主义者们"，以及神秘地宣称基督教的敌人……

他朗诵了《卡拉马佐夫兄弟》中的一章——《秘密的故事》，可是对许多人（其中包括我）来说，这类似一切命运的启示……这是题为《最后审判，或生与死》的宗教奇迹剧……这是坏疽病人的躯体解剖，——我们麻木的良心上的以及我们患病的、腐烂的、仍旧是农奴制的生活中的溃疡与病痛的解剖……一片接一片，一处溃疡接着一处溃疡……脓水、恶臭……濒死的难以忍受的发烧……临死时的痉挛……以及回光返照的笑容……健康的人在垂死者的病床前说的解除痛苦的简短的话语。这是**新的**俄罗斯与**旧的**俄罗斯的对话，卡拉马佐夫兄弟——德米特里与阿辽沙的对话。

朗诵声中，我听到两句话，向我说明了陀思妥耶夫斯基方面和我们自己方面的情况。我觉得，大厅里的听众起初仿佛不懂他在给他们朗诵些什么，互相窃窃私语：

"疯子！……傻瓜蛋！……怪人！……"

但是陀思妥耶夫斯基的极度激动地迸发出来的声音压倒了这喊喊喳喳的低语……

"就算古怪！就算傻瓜！但愿**伟大的思想**不朽吧！"

这诚恳的、热情的声音深深地震撼我们的心灵……不是我一个人，——整个大厅都激动了。我记得，坐在我旁边的一个我不认识的年轻人怎样神经质地哆嗦着，喘息着，怎样脸涨红又发白，脑袋痉挛地抖动，手指攥得紧紧的，似乎情不自禁地要鼓掌而又使劲地克制住。临了，终于爆发出雷鸣般的掌声……

所有的人都激动，所有的人都在鼓掌。突然爆发的掌声不合时宜地打断了朗诵，似乎把陀思妥耶夫斯基给惊醒了。他颤抖了一下，木然不动地在原地待了一会，眼睛依然望着手稿。可是掌声越来越响，而且经久不息。这时他站起身来，仿佛好容易才从愉快的梦境中醒来，向大家鞠了一躬，重又坐下朗诵。于是又响起秘密的对话，谈的是离奇古怪的，甚至是"不正常的"话题，完全不是"现代的"话题。

> 相信心的诉说吧！
> 没有苍天的保证！[①]

一个人以恶毒的、极其强烈的讽刺口气说话。另一个人以同样极其强烈的、爱得发狂的口气回答他："我不想报复！我想要宽恕！……"

我们听着，越来越激动，心突突地跳，也想要"宽恕"！突然之间，我们所有的人像奇迹似的变了：我们忽然觉得，我们不仅不应该"等一等"，而且一刻也不能拖延……之所以不能拖延，是因为我们生活的每一瞬间都使我们不是接近永恒的黑暗，便是接近永恒的光明，——不是接近福音书上的理想境界，便是接近兽性境界。固定的中间状态是不存在的。在永远流动、不断更替的现象领域，每一瞬间都有前一现象的派生现象出现，没有固定的点，——思索中的头脑没有停顿，就像活的心脏没有静止的时刻。或者是"恶魔的邪说"与毒蜘蛛的咬伤，或者是"背起你的十字架，跟我走！"或者是"渴望真理的人们有福了"——那就"不要杀人"，"不要偷盗"，"不要心存奢望"……或者是踩着被害者的尸体走路，抢别人嘴里的面包，骑在别人身上横行不法，对一切遗训嗤之以鼻！中间状态不存在，有生之物不会静待不动。

---

① 席勒的《愿望》中的诗句（茹科夫斯基俄译）。

他,这个"反常的"、"残酷的天才"①,用他的苦难把我们折磨了一通之后,朗诵完了,——雷鸣般的掌声又随之而起,似乎在感谢他,因为他使我们大家脱出"常规",他的理想突然之间成了我们的理想,于是我们以他的思想为思想,以他的信仰为信仰,以他的希望为希望了……

这种心情,如果对他的一部分听众是短时间的,那么对另外一部分听众就是一生的转机,成了促使他们自觉地、精神振奋地工作的强大推动力,成了使他们相信人类的神源说,相信人类的伟大世界历史命运的不竭的泉源。这些听众有权称陀思妥耶夫斯基为他们的**伟大导师**,就像他的墓地的一只花圈上所写的那样。

我最后一次遇见陀思妥耶夫斯基是在街上,1881 年的年初,好像是主显节的前夕。当时我在高贝印刷厂做事,那天活儿不多,我身体不舒服,厂方让我提前回家。沃兹涅先斯克大街华灯初上。周围街道上是日常的熙熙攘攘的喧闹景象,遇到的都是寻常角色——买卖人,工人,手艺人,叫化子,各式各样正在潦倒中的和已经潦倒的人……这里的大街小巷似乎总使我感觉到淫荡与犯罪的气息。巨大而肮脏的、像蚂蚁窝般的房屋中,一切似乎都是肮脏的:无论是露在外面的墙壁,还是屋里面的人……垃圾与发霉的气味似乎侵蚀着灵魂,又毒害身体……在这些贫穷、淫乱与犯罪的街道上,必定萌生病态的情欲,损害身心的幻想。

干草街、商人街与大花园街——整个这一带地方总是使我想起陀思妥耶夫斯基的阴郁的长篇小说中最阴郁的篇章。在节假日,空闲时光,我看过他的《温顺的女人》,这篇短篇小说,他称之为"幻想性的",尽管他自己又认为它是"高度现实主义的",——不知为什么,我此刻特别想到这篇《温顺的女人》和陀思妥耶夫斯基本人……突然,在我前面几步路之外,在这穷苦丑陋的人群中,我发现一个熟悉的身影——宽阔的肩膀,瘦弱的身体,穿着一件不长的毛皮大衣。就是那种沉重而有节奏的、不紧不慢的脚步,仿佛脚上戴着镣铐……就是那种独一无二的脸,好像是精神活动的产物……就是那双凝然不动地注视着我的眼睛……

---

① 《残酷的天才》是尼·康·米哈伊洛夫斯基论述陀思妥耶夫斯基的文章,发表在 1882 年第9、10 期的《祖国纪事》上。

我心里打了个哆嗦。"难道这是陀思妥耶夫斯基？难道他认识我？他马上就要停下脚步，说起话来，像过去在涅瓦大街一样！……"

他站在灯光灿烂的橱窗旁边，橱窗里陈列的是儿童读物；可是，我似乎觉得，他一面观看书籍，一面斜着眼睛频频朝后面看，似乎在等我走到他的身边去。

我走到旁边另外一个陈列乐谱的橱窗跟前，偷偷地朝他那边瞟，我还不相信这是他。

他向我扭过脸来，没有疑问了：这是费奥多尔·米哈伊洛维奇。他带着淡淡的笑容看着我，像往日我们在利戈夫卡街与弗拉基米尔街之间的涅瓦大街上相遇时一样。

我很想走到他身边去，再听一听他的嗓音，对他说，我现在多么深刻地了解他，他对我做过多少好事……我觉得自己是他的学生，我的精神世界，我的心灵上的自由都得归功于他！……可是胆怯和矜持简直像镣铐一样把我禁锢了。我终于从他身边走了过去，没有说一句话。

这次相遇后三个星期，我碰巧在校样上看到陀思妥耶夫斯基已不在人世了！我甚至不愿相信自己的眼睛——这太突然了！我拼命想要去参加第一次祭祷，以便再看一眼亲切的面容……可是那时候我病得很重，出不了门，我终于没有能够去瞻仰遗容，也没有能够送殡到墓地。[……]

题解：

瓦尔瓦拉·瓦西里耶夫娜·季莫费耶娃（奥·波钦科夫斯卡娅；1850—1931），女作家，翻译家，著有长篇小说、中篇小说及回忆录笔记等。七十年代初在特兰谢尔的印刷厂当校对，梅谢尔斯基公爵的《公民》周刊就是在这个厂里印刷的，1873 年及 1874 年头几个月，这本周刊由陀思妥耶夫斯基主编。1876 年，她从特兰谢尔的印刷厂转到斯塔秀列维奇的印刷厂工作。（见瓦·瓦·季莫费耶娃的《纪念斯塔秀列维奇》一文，载《欧洲导报》，1913 年，第 1 期）1873 年她在《火星》报主持社会新闻，1878 年发表她的第一个中篇小说《理想主义者》。（《呼声报》，1878 年，第 4—5 期，笔名安娜·斯塔采维奇）1882 年在《星期》周刊的附刊上发表她的长篇小说《为自己也为别人》（第 10—12 期）。1900 年在同一《星期书刊》的（也是）附刊上登载她的《往事随笔》（第 4—12 期），得到列·托尔斯泰的赞扬（见他在 1900 年 9 月给缅希科夫的信，《托尔斯泰》，第 72 卷，页 462）。随笔的续篇不大成功，题目叫《六十年代》，1902 年发表在《新事业》杂志上。后来，她发表长篇小说《在别人的祭坛旁》。(《历史通报》，1916 年，第 8—12 期) 文学研究所里保存着瓦·瓦·季莫费耶娃的手稿《在米哈伊洛夫村六年》(她在那里从 1911 年待到 1918 年)，是自传性的笔记，显然原来是打算发表的。从瓦·瓦·季莫费耶娃致新闻记者兼评论家普·弗·贝柯夫的妻子兹·伊·贝柯娃的信件(未发表，保存在国立萨尔蒂科夫-谢德林公共图书馆手稿部，全宗 118，第 1142 号) 中，可以看到，1900 年及 1902 年，瓦·瓦·季莫费耶娃住在卡卢加省，嫁给一个稍有名气的作家姆·格·迈科夫，这桩婚事对她是极不幸福的。信中充满了孤独的悲叹，与丈夫不谐的怨嗟，无可奈何地蛰居于穷乡僻壤，没有真正的事业。

私生活的失败和失望，凡此种种的复杂心情和感受，无疑反映在季莫费耶娃回忆陀思妥耶夫斯基的文章中，她显然是在本世纪初写的(确切的写作年份难以断定，因为季莫费耶娃写道，她保存这份回忆录已"许多年"，见回忆录正文)。因此，瓦·瓦·季莫费耶娃叙述的事件发生在将近三十年以前。但是写回忆录时她很可能利用了笔记，那是 1873 年她与陀思妥耶夫斯基闲谈后当即记录下来的(正文中提及此事，见本书页 433、451)。不管怎样，她所述的事实，与费·米·陀思妥耶夫斯基的信件及其他材料对照起来看，还是符合翔实可信的标准的。她对陀思妥耶夫斯基极为崇拜，然而又公正地转达了他当时观点中的复杂性和矛盾性。在她所写到的那个时期内，以社会—思想观点而论，她属于聚集在《祖国纪事》周围的激进的民主派，她正是从这样的观点出发来评价陀思妥耶夫斯基的某些反动的抨击。

瓦·瓦·季莫费耶娃关于陀思妥耶夫斯基的回忆录完全无愧于列·托尔斯泰对她的《往事随笔》的称赞："这是真正的艺术作品之一，它揭示出在你早就看见的东西中有一种新的、前所未见的美好东西。"(《托尔斯泰》，第 72 卷，页 462)

本文根据《历史通报》1904 年二月号页 488—542 刊印。

回忆费·米·陀思妥耶夫斯基

符·谢·索洛维约夫

[……]1872年年底,我在报上看到《公民》杂志由陀思妥耶夫斯基主编出版的广告。我以为他还在国外,原来就在这里,和我在同一个城市,我可以见到他,跟他谈话。我又激动,又欣喜。我十分年轻,毫不踌躇,立即到《公民》编辑部去打听新编辑的住址。人家把地址告诉我。我回到家,关在屋里,通宵给陀思妥耶夫斯基写信。如今我如果看到这封信也会觉得挺有意思的。也许,信上有许多废话,但无论如何,我对他说的一切,都是我对一个我爱之甚久而于我又有如此影响的人所能说的话。①

次日早晨我将这封信发出,等待回信。三四天过去,毫无回音。但我一点也没有惶惶不安,我完全有把握,陀思妥耶夫斯基不可能不给我回信。

新的一年,1873年来临。元旦那天,我深夜回到家,走到写字台旁,在等待我拆阅的信件中有一张名片,背面写满了字。我一瞧:费奥多尔·米哈伊洛维奇·陀思妥耶夫斯基。

我看到下面的话,心跳都几乎要停止了:

---

① 符·索洛维约夫的信发表在《书信集》第3卷的注释中。(页298—300)信上谈到当时对实证主义很感兴趣的青年大学生们的争论。符·索洛维约夫对这一哲学从一开始就极为反感。他认为陀思妥耶夫斯基的长篇小说证实了他的思想。索洛维约夫在这封信中称陀思妥耶夫斯基是"英明的导师",说俄国社会"还没有成熟"到理解和赏识他的天才的程度。

亲爱的符谢沃洛德·谢尔盖耶维奇，我一直想给您写信，可是我不会安排时间，所以耽搁下来了。从早忙到晚，连夜里也没有空。此刻路过来访未晤，甚憾。晚上八点左右我多半在家，但并不始终如此。由于新担任职务，我目前甚为忙乱，自己也不知道何时能向您约定万无一失的时间。

紧紧握手。

您的费·陀思妥耶夫斯基

我感觉到，也知道他会答复我的。然而这些亲切朴实的话语，对陌生青年（我在信上告诉他我的年纪①）的拜访——这一切打动了我，给我带来欣悦的感觉，我又激动，又幸福，通宵不能入眠。好容易等到黄昏。我高兴得发狂，像个热恋的情人初次赴约会那样不安。七点多我乘车前往。当时他住在伊兹马伊洛夫团第二连。我找到十四号，走进大门，问了一下，——人家指给我看院子深处一间单独的小厢房。心突突地跳起来……我用颤抖的手拉铃。女仆立即替我开门，可是一瞬间我竟一句话也说不出来，所以她以露骨的疑惑的口气一再问道："您有什么事情？"

"费奥多尔·米哈伊洛维奇在家吗？"我终于说道。

"在家，但是太太不在家，——上戏院去了。"

我登上狭窄又黑暗的楼梯，在低矮的前室里，把皮大衣扔在一只大木箱上。

"请一直往这儿走……打开门，他们在里面。"女仆说着就走了。

我穿过黑洞洞的房间，推开门，一下子来到他的书房。但是能否把小厢房的这间犄角上的寒伦的房间叫作书房呢？我们时代的一位最有灵感的、深刻的艺术家在里面生活，工作！靠窗口摆着一张普通的老式写字台，台上点着两支蜡烛，放着几份报纸和一些书籍……老式的廉价墨水瓶，一只铁皮烟盒，装着烟草和纸筒②。写字台旁边是一只小书架，靠另外一边墙是一张做工粗糙的长沙发，蹩脚的淡红色凸纹布面子；这张沙发又当费奥多尔·米哈伊洛维奇的床，八年以

---

① 符·索洛维约夫在信中告诉陀思妥耶夫斯基的不是他的年龄，而是这一事实：他"结束学业还不到三年"。符·索洛维约夫当时约二十三岁。

② 装烟丝用的纸筒，自卷纸烟用。

后,第一次祭祷时,映入我的眼帘的是这张沙发,仍是这淡红色凸纹布的面子,但颜色已经完全褪掉了……然后是几把硬靠背椅,还有一张桌子——此外别无他物。然而,不消说,这些都是我以后观察到的,当时我简直什么也没看见——我只看到略微伛偻的身影,坐在桌子前面,我进去时他迅速回过头来,站起身来迎接我。

在我面前的这个人个子不高,瘦削,但肩膀相当宽,显得比他的五十二岁的年纪要年轻得多,疏朗的淡褐色胡子,高高的前额,头发细而柔软,稀少而未发白,小小的、明亮的褐色眼睛,一张并不漂亮的脸,乍看之下显得很平常。但这仅仅是最初的、刹那间的印象——这张脸一下子便印在记忆中,永远也不会忘记,它本身就带着独特的精神生活的痕迹。面容上也显露出许多病象——皮肤又苍白又薄,如蜡一般。我有几次在监狱里看到的脸孔,给我以同样的印象;那是一些长期单独监禁的狂热的教派分子。后来我很快就对他的面容看惯了,没有去注意这种古怪的相似之处与同样的印象;但是第一天晚上他的脸容使我那么吃惊,我不可能不去注意……

我报了自己的姓名。陀思妥耶夫斯基亲切而和善地微微一笑,紧紧地握了握我的手,轻轻的、略带几分嘶哑的嗓音说:

"好,咱们聊聊……"

三①

他让我在桌子前面的靠背椅上入座,他自己坐在我的身边,动手装又粗又大的烟卷,不时抬起亲切而安详的眼睛望望我。

他自然一下子就注意到在他面前的是个激动万分、窘得不得了的青年人,但他能够这样对待我,过了几分钟我的窘迫之状消失了。我们好像亲密的老朋友,小别数日后重逢了。他详详细细告诉我关于他新近担任了《公民》的编辑后的情况和工作,他对工作的打算和所抱的希望。

————————————————

① 原文如此。

"只不过我不知道,不知道怎样去对付这一切,怎样去安排……我有个中篇小说的情节①,很精彩的情节;我讲给梅[谢尔斯基]听②,他要求我给《公民》写,但是这会妨碍《日记》的写作,我不能同时写两个不同的作品,永远不能,如果同时写两个作品就会两个都失败……所以连我自己也不知道,决定先写什么好……最近我整夜在考虑此事……"

我竭力主张写作《日记》,尤其在任职的初期。

我发表意见说,"因为《日记》的形式十分适合于讲述最实质性的东西,直接而明确地发表意见。"

"直接而明确地发表意见!"他重复了一句,"那敢情好,当然,啊,当然,将来总是可能的。但是,亲爱的,一下子是不可能的,怎么也不可能,难道这一点我没有想过吗?没有抱过幻想吗?……有什么办法呢……再说,有些东西,如果突然提出的话,也是没有一个人会相信的。哪怕论别林斯基(他打开刊载着他的第一篇《作家日记》的那一期《公民》),我能说的,在那篇文章里都说了!可人家还是一点儿不了解,一点儿也不了解他。我很想直截了当地引用他本人的话——其他什么也没有……嗯,可我还是不能够。"

"究竟为什么呢?"

"不宜公开发表。"

他把他与别林斯基的一次谈话内容讲给我听,那委实是不能发表的,在我方面引起了这样的看法,从议论到事实还很遥远,每个人都可能有最令人惊异的迅疾如飞的思想,然而这些想法永远不会变成事实,仅仅有些人在一定的时候喜欢故意装出厚颜无耻的样子,似乎炫耀某种离奇古怪的想法。

"当然,当然,只不过别林斯基可不是这样的;他如果说了,就一定能做到;这是一种纯朴而严整的天性,言行一致。其他的人百思而后下决心,也有百思而永远下不了决心的,他可不。您知道,现在,就是最近,这样性格的人越来越多了:说到做到,说要用枪自杀,——果然自杀了,说要用枪杀人,——果然开枪打

––––––––––––––––––

①　这里所指的究竟是什么情节,按目前我们所掌握的资料无法考证。很可能是经常在陀思妥耶夫斯基的头脑里萦回的无数情节之一,有时仅在草稿本上留下三言两语。(见《书信集》,第3卷,页19;第4卷,页298—299)

②　在梅谢尔斯基公爵的《我的回忆》(圣彼得堡,1898年)中未提及此事。

人。这都是——严整性，直线性……而且，啊，这样的人有好多，以后还会更多——您会看到的！……"①

我没有留意时间是怎么过去的。谈话扯来扯去，我们开始互道身世。我贪婪地捕捉他的每一句话。他问到我的年龄，生日，开始去回忆：

"等一等，那时候我在哪里？……在彼尔姆……我们到西伯利亚去……对啦，那是在彼尔姆……"

同时，他讲起一个人，这个人对他有极大的影响。那就是某某希德洛夫斯基。② 过了若干年，我准备发表一篇关于费奥多尔·米哈伊洛维奇的文章，请他告诉我一些自传性的、大事年表式的材料，他对我说：

"请您务必在文章中提一下希德洛夫斯基。虽说没有一个人知道他，身后也没有在文学上留下名，但这不要紧。看在上帝分上，亲爱的，提到他一下，——对我来说这是个伟大的人，不要让他的名字湮没无闻，他是值得一提的……"③

据陀思妥耶夫斯基说，希德洛夫斯基是一个集无数矛盾于一身的人：他有"巨大的"智慧和才能，但未能见诸成文的片言只字，与他而俱亡；他宴饮纵酒——又削发为僧。临死时，天知道他做了什么：他也到西伯利亚去服过苦役，等到释放他时，他用镣铐上的铁给自己做了个戒指，一直戴在手上，临终时，他把这只戒指吞下肚里……

我很想了解一些关于可怕的病——癫痫症的确切可靠的情况，我听说这种

---

① 在《历史通报》上发表符·索洛维约夫的回忆录的过程中已经将这次关于"恢复肉体名誉"的谈话删去。（又见《文学问题》，1964年，第4期，页202—203）关于陀思妥耶夫斯基对别林斯基的态度见本书页106。

② 陀思妥耶夫斯基是1873年春天偕哥哥米·米·陀思妥耶夫斯基初次到彼得堡来时，在下榻的旅馆里与伊万·尼古拉耶维奇·希德洛夫斯基相识。陀思妥耶夫斯基在工程学校（1838—1840）的头两年，深受希德洛夫斯基的影响。他比陀思妥耶夫斯基年长六岁，当时对所有最新的文学流派很感兴趣，自己也写些浪漫主义内容的诗歌。希德洛夫斯基大学毕业后做了小官，不久便回故乡哈尔科夫省，准备写一本大部头的教会史著作。有趣的是小说《女房东》的主人公也是从事教会史研究的，可能是希德洛夫斯基的心理方面的写照。五十年代希德洛夫斯基曾在修道院当过为时不久的见习修道士。作为一个两重性格的人，真诚的信仰与信仰上帝常常为怀疑主义和否定性所代替。在精神不安时刻，他酗酒，离家出走，在路上徘徊，在小酒馆附近聚集一批人，传播"神的言论"。（关于希德洛夫斯基见姆·普·阿列克谢耶夫所著《陀思妥耶夫斯基的早期的朋友》，敖德萨，1921年）

③ 索洛维约夫的《费·米·陀思妥耶夫斯基》一文写到希德洛夫斯基对年轻的陀思妥耶夫斯基的影响，这篇文章发表在《涅瓦》杂志1878年第1期上。

病陀思妥耶夫斯基深以为苦,不过,当然,即使是远远地接触这个问题,我也下不了决心。他自己倒好像料到了我的心思,开始谈起他的病来。他告诉我,不久前他发作过一次。

"从年轻时起我的神经就失常,"他说,"在去西伯利亚之前两年,我在文学上遇到种种不愉快和发生争论期间,我身上就显露出一种古怪的、难过得无法忍受的神经病。① 我不能详详细细告诉您那些讨厌的感觉,不过我活生生地记得。我时常觉得我正在死去,果然,真正的死神光临了,后来又离去。我也怕昏睡症的沉睡。奇怪的是,我刚一被捕,我那讨厌的病突然完全消失了,无论是在途中,还是在西伯利亚服苦役,以后从来没有尝过它的苦味,——我忽然变得精力充沛,结实,心情平静……不过在服苦役期间我第一次癫痫发作,从那以后这病就缠住我了。第一次发作之前的一切,连得我生活中每个最细微的情况,我遇到过的每个人的脸,我所看过、听过的一切,直到最微小的细节,我都记得。第一次病以后所发生的一切,我却常常忘记,有时候连我极熟悉的人也根本想不起来,脸孔也记不住。服苦役以后写的东西,统统忘记光;我快要写完《群魔》时,得全部从头再看一遍,因为我连人物的名字也忘记了……"②

他告诉我前不久他的第二次结婚和他的孩子们。③

"妻子在戏院里,孩子们在睡觉,——下次看吧……这是我的小女儿的相片,我叫她莉莉娅。这张相片很像她。"

看到我喜欢这张相片,他说:

"拿去吧。"

接着谈到最近四年他在国外的生活,谈到俄国人已经变成了欧洲人,憎恨俄罗斯,主要是谈到其中的一个人,家喻户晓的人物……④谈到他自己爱玩轮盘赌,各种各样的嗜好,谈到爱情……他向我吐露……

---

① 关于这情况见 1846 年 4 月 26 日他给哥哥米·米·陀思妥耶夫斯基的信。他在信上写道:他"病了,几乎死去","因为整个神经系统受到刺激"。又见他给哥哥的下一封信。(《书信集》,第 1 卷,页 90、92、95、96)

② 陀思妥耶夫斯基忘记自己作品中的人物和情节,这情况见《书信集》,第 2 卷,页 47、60。

③ 第二个妻子是安·格·陀思妥耶夫斯卡娅;女儿柳鲍芙,儿子费奥多尔。

④ "家喻户晓的人物","变成了欧洲人","憎恨俄罗斯",无疑是指屠格涅夫,陀思妥耶夫斯基在巴登和他发生了争吵。详情见 1867 年 8 月 28 日给阿·尼·迈科夫的信。(《书信集》,第 2 卷,页 30—32)又见本书页 331—332,页 412—413 及有关注释。

"不,正在恋爱中的人不会判断,您知道人家是怎么恋爱的吗?(他的嗓音颤抖了一下,热情地低声说道)如果您爱得纯洁,您爱的也是女人的纯洁,忽然您确信她是个堕落的女人,她放荡,——这时您也会爱她的放荡,这种您所憎厌的丑恶行径,您会爱她的……爱情往往是这样的!……"

时间不早了,我开始告辞。他抓住我的手,握住不放,说,他一定要带我去参加他目前所属的那个文学小组。

"您在那里会遇到一些很有趣的、非常非常聪明的好人……"①

"对此我毫不怀疑,只不过对于那些人,我将是他们所结识的最糟糕不过的人。您知道吗,我极不灵活,怕难为情得要命,有时候可以一声不吭,像个死人……如果说我今天和您在一起并不是这样,那是因为我对今天的会面已经等待多年了,这完全是另一回事……"

"不,一定要让您克服这种毛病,您的病我很了解,我自己就为这种病吃过不少苦头……自尊心,可怕的自尊心——怕难为情就是由此而来……您担心的是您给不相识的人的印象,您分析您的言语、行动,责备自己某些话说得不得体,想象着自己给人家的印象——这样您必定搞错:您给人家的印象准是另外一种印象。这都是因为您把人家设想得比他们本人要高大得多;其实人家比您所想象的要无可比拟地渺小得多,普通得多……"

我只好同意他的意见,保证如他所愿,我们约定,过几天他带我去参加文学界的社交活动……

四

陀思妥耶夫斯基对我的接待,以及与他在坦率的闲聊中度过的这一天夜晚,

---

① 指梅谢尔斯基公爵的小组,参加的有阿·迈科夫,尼·尼·斯特拉霍夫、捷·伊·菲利波夫、符·克列斯托夫斯基及尼·谢·列斯科夫,常去的有米·尼·卡特科夫、尼·雅·丹尼列夫斯基、康·彼·波别多诺斯采夫及其他人。符·索洛维约夫在梅谢尔斯基公爵家里开始参加文艺界的活动。

自然促使我们迅速地接近。我一有空闲便赶紧去找他;如果我们有一个星期不见面,他便要责怪我。

按照习惯,他夜里工作,上午七点左右睡觉,下午两点左右起身。我通常这时候在他那狭小、阴暗而又寒伧的书房里碰见他。最近八年间,他搬过几次家,在我的心目中,他的寓所一处比一处阴暗,他的房间总是不舒服的,里面简直没有转身的地方。他坐在小写字台前,刚洗过脸,梳过头发,穿着旧大衣,正在装粗大的纸烟,一根接一根地抽,一边呷极酽的浓茶,或者喝更浓的咖啡。这时候我看见他几乎总是情绪最抑郁的。这是马上可以看得出的:皱着眉头,眼睛发亮,嘴唇紧闭,脸色苍白如蜡。

在这种情况下,他开始往往是不作声,板着脸孔把手伸给我,随即做出一种好像根本没有发现我来的样子。不过我已经很了解他,对此毫不介意,只是静静地坐着,抽起纸烟,随手抓起一本书翻翻。

沉默持续了相当长的时间,他只顾装纸烟或浏览报纸,不时停下来,斜着眼睛瞟瞟我,鼓着鼻孔,发出轻微的呼呼声。我很喜欢这个时候的他,我常常实在绷不住,笑了出来。他呢,自然也发现我不时在瞅他。他等着,但我的犟劲儿往往得胜。这时他放下报纸,把他那可爱的、却又竭尽全力要装得凶狠的脸向我扭过来。

"正派人难道是这样行事的?"他爱理不理地说,"来了,拿本书,坐着不吭声!……"

"正派人难道这样接待来访的客人?"我回击,坐到他身边去。"勉勉强强伸出手给人家握一握,转过身去,不吭气!"

他也笑了,每次都把他那吓人的纸烟送给我作为和解的表示,这种烟我是永远也无法抽的。

"这报纸您看过吗?"他拿起报纸,接下去说。

这时他开始就当天的某个问题、某一使他吃惊的消息发表意见。他的精神渐渐振作起来。他那活跃的、热烈的思想从一件事转到另一件事,发表的意见都闪烁着他那独特的明亮的光辉。

他开始大声地热情洋溢地、异常兴奋地谈论他所向往的人类的未来命运,俄国的命运。

这些理想往往是无法实现的,他的结论似乎也是离奇古怪的。不过他说的时候怀着那样热烈的信念,说得那样鼓舞人心,同时用的又是那样的预言家的声调,闹得我也常常开始感觉到自己的心异常欣喜地颤抖起来,贪婪地注视着他的理想、形象,用问题和插话给他的想象加油。经过两个小时这样的闲谈之后,我常常神经受到震动,浑身像发烧似的离开他家。这正是以前我还没有认识他而看他的小说已看得入迷的那些年头的情况。这是一种既痛苦又甜蜜的陶醉,像吸特种大麻精。

晚上八点钟左右到他那里去,我常常遇到他刚吃完晚了的午餐,这时又重复上午的情景——不吭声,互相不理睬。这时候他一般往往是要平静得多,愉快得多。桌上仍旧摆着那黑咖啡,那浓茶,仍旧一支接一支地抽着那粗大的纸烟。

谈话的题目往往是比较切近的,不是海阔天空不着边际的。

他往往极其亲热,他亲热起来有说不出的吸引人之处。在这种心情下他时常一再地说"亲爱的"这句话。这确实是许许多多俄国人爱说的一句特别亲昵的话,不过我到现在还不曾知道有谁嘴里会说得那么亲切可爱。

"慢着,亲爱的!"他常常在谈话中途停下来,这样说。

他走到他那只小食橱跟前,打开橱门,拿出各色甜食:铁皮盒子里装着大李子,新鲜的果泥馅饼,葡萄干,葡萄。他把这些食品统统摆在桌上,一个劲儿请我好好尝尝。他是个大美食家,这方面我也不比他逊色。在接下去的谈话时间中,我们也总是不忘记装食品的小篮子与铁皮盒子。

每逢星期三,坐到十点钟,我和他去参加文学小组,就是他带我去的那个文学小组。路相当远,但无论我们步行还是乘车,一路上他几乎总是固执地不吭一声,我甚至发现,他确实没有听见向他提的种种问题。

他来到主人的书房,那里通常已经有几个或大或小的著名文学家或社会活动家在场。他来到书房里,不知为什么拱着背,忧郁地回顾张望,冷淡地跟大家点头致意,仿佛所有的人都是他的敌人,或者至少是他颇为厌恶的人。但是过了几分钟,他活跃起来,开始说话,争论,几乎又总是聚会者的中心。

他是个最真诚不过的人,因而在他的言论、意见和判断中往往存在着巨大的矛盾。但是无论他对与不对,无论他说的什么,他总是怀着同样的热情和信念说话,因为他只说他当时所想的、所信仰的东西。

我们初次见面时,他曾对他的编辑工作寄予很大的希望,结果却并不完全成功,但是了解他的性格和境况,其实这是一下子就可以料到的。① 刊物的声誉早已形成,当时新闻界对它的态度几乎一致很不友好,甚至不成体统。对新的编辑更是从四面八方投来粗鄙的、下流的冷嘲热讽。《罪与罚》和《死屋手记》的作者被他们称作疯子,躁狂者②,叛教者,叛徒,他们甚至请公众到美术学院的展览会去看别洛夫作的陀思妥耶夫斯基肖像,作为他是个疯子,他应该进疯人院的铁证。

论性格,陀思妥耶夫斯基是个病态的、神经质的、器量极小又容易激动的人,他不可能对这种令人恼火的吠叫不加理会。无论人家怎么劝他,他还是把每一份提到他的报纸都买来,左看右看,情绪激动。顺便说一句,我是干脆不看这种不成体统的谩骂文章的,免得玷污了自己。不过,自然,面对着销售一空的报刊,他没有让自己采取任何微小的步骤,发表任何一句话,去改变自己的事情。事关他的信仰,纵然可能是错误的、但却始终是真诚的信仰,他是无法讨价还价,无法让步的,因为这于他的耿直的性格不符。

担任编辑的初期,他曾经幻想过,借助他所主编的杂志,让社会倾听他和他的志同道合者的声音;不过他很快就确信,这是极为困难的,几乎是不可能的。杂志开始时办得太一面倒了,尽管有几个聪明而有才华的人追随杂志的编辑,但人数过于寥寥,况且又都兼任其他职务,无法集中全部精力来搞刊物。其次,杂志的经费又过于短绌,一些临时撰稿人都很差劲,几乎没有挑选的余地。最后,陀思妥耶夫斯基不是一个完全独立的编辑;然而,即令他是个独立的、有权的杂志老板,那么这份杂志也未必能够兴旺起来。陀思妥耶夫斯基是个长篇小说家,艺术家,热情而又真诚的政治家,思想家,但是搞行政管理,他永远是蹩脚的。他不会搞实际工作,不适宜当编辑。况且还应当考虑到他是个热情冲动、全神贯注的人……

有一次我遇见他手里拿了一本书;他正处于兴奋状态。

"这是什么书? 您在看什么?"

---

　　①　关于陀思妥耶夫斯基任《公民》编辑的情况见瓦·瓦·季莫费耶娃及米·亚·亚历山大罗夫的回忆录。

　　②　显然是指彼·尼·特卡乔夫在《行动》杂志1873年第3、4期上一篇措词生硬的文章。在评论《公民》上的小品文及长篇小说《群魔》时,特卡乔夫几次讲到作者本人"心理反常"、"陀思妥耶夫斯基君的不太正常的想象"。

"我在看什么?!——快去买这本书!这是考汉诺夫斯卡娅①的中篇小说集。"②

"我知道……看过……很好的几个中篇。不很强大,但是独特而讨人喜欢的才能。"

"真不害羞!"他叫起来,"您怎么判断的,您懂吗,您知道吗,这是一些什么中篇小说?我愿意放弃我最好的作品,放弃《罪与罚》《死屋手记》,只要这些中篇能具上我的名字,算是我写的……这是一本这样的书!我不知道我们的更好的作品在哪里,有没有更好的作品?谁写得出这样的作品!……"

反驳他,向他说明这是他自己把作者的题材加以臆想,他赞赏的是他自己的幻想的成果,那是不可能的。

但第二天,正好是第二天,他说:

"不,咱们的妇女根本不会写作;比如这位考汉诺夫斯卡娅,她有才华,有感情,甚至也有些思想,可她是怎么写的,怎么写的……难道可以这样写作?!"

"行行好吧,费奥多尔·米哈伊洛维奇,昨天您不是热情洋溢地宣称,您愿意放弃您的所有长篇小说,但愿能在她的中篇下具上自己的名字吗?!"我也不由得叫道。

他愣住了,怒气冲冲地瞥了我一眼,含含糊糊地说:

"我从来不可能说这样的话……我记不得了。"

我相信他,因为我非常了解他,他确实记不得自己说过的话。他什么都可能忘记,但是昨天也罢,此刻也罢,他完全是真诚的。那是一时的观感……

是的,他忘记的东西很多;他太全神贯注了。但是他一辈子没有忘记过,没有背叛过他所珍惜的信念,命里注定他来表达的一切新鲜的、正确的、美好的思想,这正是他为之而奋斗的一切,最终给他带来了声誉的也是这一切。他的整个文学活动,他那浸透着同一精神、同一纯洁感情、同一崇高思想的全部作品,都证明了这一点。

---

① 考汉诺夫斯卡娅是女作家娜杰日达·斯切潘诺夫斯卡娅·沙汉斯卡娅(1814—1882)的笔名。
② 1863年莫斯科版中篇小说集(两部),内收:《饭后做客》,《外省肖像画廊摘选》,《老人》,《螺帽》,《基利尔·彼得罗夫与娜斯塔霞·德米特罗娃》及《昔日见面》。

五

编辑工作他支撑了一年,结果弄得精疲力竭。倒不是因为工作太多,而是他工作得非常慢,这工作又很不适合他来干。主要的是产生了坚定的看法:原先寄予莫大希望的工作,不可能产生预期的结果。最后是他不能同时做两件工作。他一直准备写新的长篇,却一直找不到时间,而素材倒积累了相当多,已经到了在形象中,在广阔的场景中表达出来①的时候了。

1874年初,他开始越来越频繁地向我抱怨他的处境,最后宣称,只干到夏天,夏天就摆脱它。1874年的春天,我恰巧由于种种情况,跟他见面比较少了。有一天他顺路来看我,正好我不在,他留下一张条子,上面说,过几天,他作为《公民》的编辑,得去蹲禁闭。②

3月22日上午,阿波隆·尼古拉耶维奇·迈科夫来我处。

"您知道我从哪里来您这儿吗?"他说,"从犯人那里来:我们的费奥多尔·米哈伊洛维奇蹲在禁闭室里……去看看他吧,他在等您。"

"他的情绪怎么样?"

"情绪极好。您一定要去。"

我们闲谈了几分钟,我便去干草广场上那有名的角落。立即放我进去。我在一间宽敞而又相当整洁的房间里遇到费奥多尔·米哈伊洛维奇,里面除他之外,还有一个年轻人待在另一角落里,衣衫破烂,面无血色。

费奥多尔·米哈伊洛维奇坐在一张普通的小桌子旁喝茶,抽他的纸烟,手里拿着书。他因为我去探望他而感到高兴,拥抱我,连连吻我。

"嗯,您来了,很好,"他亲切地说,"要不然最近一个时期您根本影踪全无。我甚至准备写信给您谈谈某件事情,因为我开始有点儿不喜欢您了。您说,您为什么影踪全无?是不是您生我的气?……不过我想,我想……您是没有什么事

---

① 见本书页476瓦·瓦·季莫费耶娃的回忆录。

② 条子没有保存下来。关于陀思妥耶夫斯基关禁闭见本书页394,页478—479及注文。

情要生我的气的。"

"生气,我连想也没有想过,确实也没有什么要生气的。相反的,我好多次准备来看您,就是怎么也不行:我哪里也没去,整天待在家里。"

他想了一想。

"是呀,我料定也是这样,果然是这样……关于这一点我们也来谈一谈,亲爱的。"

我回头看了一下在屋里的年轻人。

费奥多尔·米哈伊洛维奇开始用手指敲桌子,这动作一度是他的一种习惯。

"别去理他,"他轻声说,"我已经千方百计试过他。这是一根木头,也许我会搞清楚的,这个人是怎么一回事,不过不必因为他而感到拘束。"

果然,我们很快把这个目击者的在场置之脑后。

"您知道,我想对您说一件什么事情,"陀思妥耶夫斯基说了起来,"您不能继续这样下去,您得做点儿什么……您别说话,别告诉我……您想跟我说什么,我全知道,我十分了解您的情况,我自己经历过。这也是我的精神方面的疾病,也许形式稍有不同,但实质上是一样的。亲爱的,听我的话,自己做点儿什么,否则将来恐怕不好……我不是常跟您讲吗,——那时候是命运之神帮了我的忙,苦役拯救了我……我完全成了一个新人……还在审讯期间,刚一定案,我的一切痛苦就消失了。当我突然来到要塞时,我想,这下子我完了,我三天也熬不过去,结果却忽然平静下来了。您知道我在那里做什么?……写《小英雄》,您看一看,难道那里面看得出怨恨、痛苦?我做梦,平静的、吉利的好梦,后来越待下去,越好。啊!西伯利亚与苦役!对我是巨大的幸福!人们说,那儿可怕,怨恨,不是还有人说什么怨恨是合理的吗?胡说八道透顶!我只是在那边才过上健全幸福的生活!在那里,我才了解了自己,亲爱的……了解了基督……了解了俄国人民,而且感觉到我自己也是俄国人,是俄国人民的一分子。我的一切最美好的思想,都产生于那个时期,现在只是重新出现,而且又不那么明晰而已。啊,要是您也给送去服苦役!"[1]

---

[1]　陀思妥耶夫斯基经过二十年后回忆苦役生活的这一段话,和1854年2月22日他在给哥哥米·米·陀思妥耶夫斯基的信中保存下来的关于鄂木斯克监狱的直接印象是不相符的。(《书信集》,第1卷,页136—139)

　　这一番话说得那样热烈,认真,使我不能不发笑,不能不去拥抱他。

　　"费奥多尔·米哈伊洛维奇,凭什么让我去服苦役呢? 莫非您劝我去杀个人?!"

　　他自己也莞尔而笑了。

　　"是呀,当然……唔,想出一点别的什么来吧。可您要知道,如果可能,这对您是最好的。"

　　"苦役也不止西伯利亚一个地方,"我说,"这里也有,尽管您说我是神经性的疾病,使我苦恼,使我为未来担忧;讨厌的冷漠确实开始使我很受不了,想摆脱它才好,可我毕竟还是不希望自己去服苦役。"

　　"那么想一想……想一想,下决心采取一个突然的、不顾死活的步骤,那可以改变您的整个生活。您这么办,使您周围的一切来个截然不同,换一个新的环境,使您自己不得不工作,斗争,那时候,您的内心也会焕然一新,那时候,您会认识到生活的欢乐,您会好好地生活。啊! 生活是美好的。呀,活着有时候是很美好的! 每一件小事,每一样小东西,每一件小玩意儿,每一句话,都包含着多少幸福! ……您知道吗,我今天觉得真好:这个房间,我被捕了,被关起来了这种感觉,使我想起许多东西,许多那么美好的东西,我想的是:我的天哪,当时我多么不珍惜自己的幸福;那时候我学会了享受一切;若是时光倒流,往日重来,我会加倍地享受……"

　　他就这个题目还讲了很久,后来忽然抓起那本我进来时他在看的书,说:

　　"这本书我现在看得放不下手:这是一本出色的书,伟大的书! ……您一定得看看。"

　　这本书是维克多·雨果的《悲惨世界》。① 对这本书的热烈赞扬不是一时之兴,不是转瞬即逝的印象。陀思妥耶夫斯基直到生命的最后时日还在赞扬这本书。我对他说,尽管《悲惨世界》中有许多突出的优点,然而也有严重的不足,有些地方拖沓冗长,过于枯燥,《罪与罚》的作者完全不必对《悲惨世界》顶礼膜拜,可是这样说也没有用。他继续赞扬,而且总是在书中发现它所没有的东西……

　　说话之间,到了我们该分手的时候了。他自己也催促我到他的妻子那里去一次,安慰安慰她,说是他身体很好,自我感觉也良好。

---

　　① 见本书页 478 注①。

"不过,亲爱的,请您轻声说话,别让女仆听见。要不然她们知道我关在里面,马上会以为我是偷了什么东西呐……"

六

陀思妥耶夫斯基实现了他的愿望——辞去《公民》的编辑职务,下一个冬天在旧鲁萨过,准备发表新的长篇——《少年》。

1875 年初,他到彼得堡来逗留了几天,来看过我。我遇到他完全处于另外一种情况,忙着新的事情和杂务,把我的一度使他颇为担忧的冷漠一下子去掉了。有些事情我们要谈一谈,对他的来访我极为高兴。但是他刚一进来,我从他的脸色立刻便看出,他极其恼火,心绪极为恶劣。

他立即说出生气的原因。

"告诉我,直率地告诉我——您是怎么认为的:我妒忌列夫·托尔斯泰吗?"[①]跟我打过招呼后,他直瞪瞪望着我的眼睛说。

我若是不了解他,对这一古怪的问题自然会感到十分愕然。但是我对我们的见面和谈话往往会最意想不到地"开头",则是早就习以为常了。

"我不知道您是否妒忌他,但您完全不必去妒忌他,"我回答说。"你们两人各有自己的独特的道路,你们不会撞车的,您拿不走他的什么,他也拿不走您的什么。在我看来,你们之间不可能存在竞争,因而,我认为您那方面也不会有妒忌……不过,请您说说,这问题是什么意思,难道有人指责您妒忌?"

"一点不错,有人责备我妒忌……是谁呢? 一些老朋友,认识我二十来年的老朋友……"

他说了这些老朋友的名字。

"怎么,他们是直接对您表示这意见的吗?"

"是的,几乎是直接讲的……他们死抱着这种看法,他们简直掩饰不住——句句话都有流露。"

---

① 关于陀思妥耶夫斯基对列·托尔斯泰的态度见本书页 545。

他激动地在房间里走动。后来忽然停住,拉住我的手,轻声地、几乎嘟嘟哝哝地说:

"您知道吗,我确实妒忌,只是根本不是那样,啊,不像他们所想的那样!我妒忌他的环境,正因为这一点,现在……我得那么艰难地工作,艰难地、急急忙忙地工作……上帝啊,而且一辈子这样!……不久以前我看自己写的《白痴》,完全忘记了,好像看的是别人的作品,好像初次看……里面有些出色的章节……精彩的场面……嘿,多么好!喏,比方……您回忆一下……阿格拉雅与公爵在长椅上的会面?……但我还是看出有许多地方写得粗糙,匆忙……而且始终是这样,现在也还是这样:《祖国纪事》来催稿了,得赶紧写……你预支了钱——用作品抵偿吧,再预支,再……永远如此!我从来不谈及此事,不肯坦率地谈;但是这种情况使我非常痛苦。喏,托尔斯泰却是无忧无虑的,他不必考虑明天,每一件作品他可以精雕细刻,一部作品写好了,放上一个时期,以后再反复看看,加以修改,这才是一件大事!我妒忌……妒忌的就是这一点啊,亲爱的!……"

"当然,那总是这样的,"我说,"那总是叫人很不痛快的。不过通常嘛,人总会发表这样的看法:被环境逼着工作,反而促进工作,无忧无虑的环境,倒容易产生懒惰。"

"这当然也是常情,不过,一个人如果懒惰,就什么话也不会说了,那就意味着他没有话要说了!"

他突然平静下来,变得亲切而温和了。

情绪这样突然变化在他是经常有的。

这次见面我特别记得清,因为接下去的谈话比以往任何时候都更使我相信他对我的关怀是真诚的。那天我所接受的他的意见、劝告,给我带来不少好处,长期成为我的巨大的精神上的支柱。① [……]

我记得一件事情。我在一张报纸上谈到《少年》,指出这部长篇小说的精彩片断和许多优点,同时我终究还是应当谈谈它的不足。② 几天后我去看陀思妥

----

① 符·索洛维约夫这个时期显然已经在写他的第一部历史中篇小说《奥斯特罗日斯卡娅郡主》了,发表在《涅瓦》杂志1876年第38—51期上。

② 符·索洛维约夫论《少年》的文章(《咱们的期刊》)发表在《圣彼得堡公报》1875年第32、52期上,署名 Sine Irae。此外,索洛维约夫谈到长篇小说结尾的文章《俄国的杂志》,发表在《俄罗斯世界》第237期上。

耶夫斯基。他当我像一个深深地侮辱过他的人那样接待我,我们之间进行了一场剑拔弩张的谈话,我拿起帽子便要走。但是他拦住我,锁上他的书房门,开始辩解,向我论证,说是我的文章错了。

问题在马卡尔·伊万诺维奇老头身上,这是《少年》中他最喜爱的人物之一。

他开始向我说明马卡尔·伊万诺维奇这个人物。现在我当然不能担当公正地评论《少年》的重任,因为我知道的这部小说,不是它发表时的那个样子,而是作者构思中的那个样子。

陀思妥耶夫斯基讲了两个钟头光景,大概还不止,我只能因为没有速记员而感到遗憾,否则倒是可以把他的话准确地记录下来。当时他对我讲的话,如果公之于众,让读者去判断,那么他们将会看到艺术家所创造的最崇高而富有诗意的形象之一。

"马卡尔就是这个样子的!"陀思妥耶夫斯基结束他的热烈的发言说,顿时感到没有力气了,"难道您现在不同意,您所写的,根本不是您屈加于我的,我完全有理由生您的气?!"

我很沉重地对他说,今天的马卡尔不是我按发表的原文来评论的那个马卡尔……我的话对他产生了影响,倒使我害怕起来:他突然间变得那么痛苦,那么可怜。他垂下头,紧皱着眉头,一动不动地坐了片刻,突然抬起眼睛来望着我,目光里既没有刚才的恼怒,也没有刚才的欣喜。这双眼睛是温和的,但是非常悲哀。

"亲爱的!"他特别恳切地说着他所喜爱的亲昵的话。"我知道您是对的,您知道我喜欢您写的东西,因为您总是写得很真诚的。可我觉得很受不了的是:恰巧是您触到了我的痛处!……现在,忘掉我说得太多的话吧,我也将忘掉……够了……够了!……"

他建议我一起出去走走。可是在外面他是那么阴郁,恼火,一声不吭,我觉得受不了,就跟他告别了。

七

写完了《少年》,也就是表达了他喜爱的思想,把久已在想象中闪动的形象具体表现出来以后,陀思妥耶夫斯基未能立即着手同样的工作——写新的长篇。然而由于两方面的原因却必须工作:一方面,社会生活每天出现新的现象,强烈刺激着心理学家—思想家,他有话要说;另一方面,为了生活,为了维持家庭,为了把搞得乱糟糟的事情作彻底的安排(后来渐渐开始理清头绪),需要工作。重新担任编辑职务连想也甭想,他厌恶这工作,他已经不相信这个职务会成功,对他会有什么好处。

有一个主意,在编《公民》时曾经付诸实现过,后来忘记了,此刻他又想了起来。陀思妥耶夫斯基当时考虑按月出版他的《作家日记》。

1875年秋,他又从旧鲁萨迁到彼得堡,这时和我谈起此事,但还只是作为一种设想。他下不了决心,怕不成功。《少年》没有产生强大的影响。《作家日记》是否会有足够数量的订户呢? 是否还要再经受新的失败,新的屈辱性的挫折呢?这样的失败和挫折已经不少了啊!……

十二月,他的两个孩子害猩红热,整整六个星期的隔离期,我为自己的孩子担心,不能与他见面。不过这期间我们书信往来。十二月底,他在报上刊登广告征求《作家日记》的订户。他打定主意了,但一直还有种种担心。他写信给我说:"情况如何,我不得而知,一切决定于将在一月底出版的第一期。"①

估计到刊物的独特的、非同一般的形式,初期会引起公众的兴趣,随后作者本人也会引起人们的兴趣,我预言他会成功。可是文学界和搞刊物的人却不是这样看法。在雅科夫·彼得罗维奇·波隆斯基家的晚会上,经常可以遇到神通广大的编辑部的代表,观点极不相同的人,我从各方面听到事前对《作家日记》所作的判决。他们断定刊物必定要垮台,谁也不会对它感兴趣。他们说:

"他大概又要开始谈别林斯基,谈自己的回忆了。现今谁要看这种东西?谁会感兴趣?"②

"那他假如谈起昨天和今天呢?"我问。

"那更糟糕……他能说什么呢?! 他要胡说八道了! ……"

但是即使听了这种普遍一致的判决,我还是估计他会成功。以他的热情,他

---

① 1875年12月28日的信。(《书信集》,第3卷,页199—200)

② 指陀思妥耶夫斯基的《故交旧友》一文,谈到别林斯基和赫尔岑,1873年《公民》上的《作家日记》即以此文为开端。

的真诚,直接面向社会,用随便闲谈的形式——难道他会引不起人家的兴趣? 他本人就是他的最优秀作品里有趣人物当中最有趣的一个,他当然会全身心整个儿投入到这《作家日记》中去! 耐人寻味的只是他从何着手……

1876 年 1 月来临,他家里还继续在实施隔离;我不能去见他。[①]

到预定的那一天,第一期出版,立即产生强烈的反响,大家争先恐后地购买。连报界也忘记了"疯子"、"傻瓜"、"背叛者"的字眼,而以赞许的口气说话,——其他的一律不见了。[②] 订户的数量完全出乎意料。成功终于向痛苦的劳动者微笑了。

我将不仅仅只谈到陀思妥耶夫斯基的影响逐步增强,这是他的热烈而坦率的言论对读者,大部分是青年一代读者的思想所产生的影响。不过成功之中常常也有艰难的时刻。反对他的人挖空心思地讥笑他那勇敢的、鼓舞人心的思想,预言家的口气。

时局是动荡的,紧张的。"东方问题"又提了出来,塞尔维亚战争,车尔尼亚耶夫[③],志愿军……一场伟大斗争不可避免的紧迫感……陀思妥耶夫斯基讲得勇敢,独出心裁,有他自己的格调;提出意想不到的问题,又意想不到地加以阐明,作着鼓舞性的预言。[④] 真正的俄国人、真诚的人内心怀藏的思想和感情,对许多人是不合口味的,更何况这个人已经有很大的影响——于是冷嘲热讽又来了。

---

① 下面符·索洛维约夫引用了 1876 年 1 月 11 日陀思妥耶夫斯基给他的信的片断(《书信集》,第 3 卷,页 201—202),这里删去。

② 以"赞许的口气"写的文章有:亚·斯卡比切夫斯基在 1876 年第 36 期《市场新闻》上的文章,彼·波波雷金在 1876 年第 4 期《圣彼得堡公报》上的文章,1876 年 16 期《传闻》上的文章。1876 年报刊上对《作家日记》的反应是各式各样的:从确认这本刊物是无益的"混乱"(《新时代》,第 37 期)到认真的赞许。例如斯卡比切夫斯基关于《日记》的问世这样写道:"我们[……]和这样的作品见解一致,如果我们[……]有什么诚心诚意的、深入人心的信念的话,这些作品对于我们就比生活本身还要宝贵。"(《市场新闻》,1876 年,第 36 期,具名"平庸的读者")然而斯卡比切夫斯基的意见因《日记》的内容而改变了(试比较《市场新闻》的第 70、159、187、306 期)。

③ 米·格·车尔尼亚耶夫(1828—1898),将军,参加过 1877—1878 年的俄土战争。

④ 陀思妥耶夫斯基在《作家日记》1876 年六月号第二章及十月号第二章中写到"东方问题"。(《1926—1930 年版全集》,第 11 卷,页 316—330,427—443)见本书页 674 注⑤。

"奇谈怪论!"报界叫嚷,这些叫嚷又激怒了陀思妥耶夫斯基①。

八

1876 至 1877 年及 1877 至 1878 年的冬天,我们继续相当频繁地见面。尽管我们住在城市的两头,陀思妥耶夫斯基却时常在我处度过傍晚。

这里我要提到一个情况,当然是偶尔有之的情况,毫无愉快可言,不过为十分可笑的场面提供了根据。他到我这里来几乎总是在痛苦的癫痫症发作过之后,所以我们的一些友人得知他发过病时就说要找他得到我家来。

可怜的费奥多尔·米哈伊洛维奇有足够的时间对癫痫症习以为常,他的老朋友们对这种病的发作与后果也习惯了,他们对此已不觉得可怕,认为是平常的现象。但他发过病以后常常叫人受不了;他的神经受到损伤,对自己的动辄发怒的古怪脾气变得无责任能力。

他上我这里来,进来的时候往往像块乌云,有时候甚至连招呼也忘记打,还找种种借口骂人,侮辱人;把什么都看成是对他的侮辱,是人家想打架,想惹他生气……他觉得我这里什么都不对劲,什么都不对头:一会儿房间里太亮,一会儿又太暗,谁也看不清楚……给他浓茶,他一向喜欢喝的浓茶,——他说那不是茶,是啤酒! 给他淡茶——他说那是白开水! ……

我们试着开开玩笑,逗他发笑——那更糟,他会觉得我们在嘲笑他……

不过,我几乎总是能够很快使他平静下来。要一步一步把他引到一个他所喜爱的话题上去。他渐渐地开始说话,活跃起来,只要不去跟他顶嘴。过了一小时,他往往心绪极佳。只是极其苍白的脸色,闪闪发亮的眼睛和沉重的呼吸表明他有病。但是,如果哪一天他偶尔遇到陌生人,不相干的人,那情况可就复杂了。

有一天,他夜里来访,正好有两位太太来看望我妻子,她们当然是看过陀思妥耶夫斯基的作品的,但对他的为人却毫不了解,因而不知道他的古怪脾气是不

---

① 下面是陀思妥耶夫斯基 1876 年 7 月 16 日给符·索洛维约夫的信的片断。(《书信集》,第 3 卷,页 226—228)

必介意的。

她们来到,门铃响了,他还四处张望,很害怕;陌生人来尤其使他恼火。不过我总算好歹把他带到我自己的书房里,宽慰他。事情似乎顺利地过去了;我们安安静静地闲聊。他已经笑眯眯的,也没有觉得什么都不对劲。但是喝晚茶的时间到了,我妻子没有派人直接送茶到书房里给我们,却亲自进来问道:我们愿意在哪里喝茶,在书房,还是在餐室?

"为什么在这里!"陀思妥耶夫斯基生气地对她说,"您为什么把我藏起来?不,我要去,到你们那里去。"

事情给彻底搞乱了。又可笑又痛苦! ……应当看到,他怎样茫无头绪地跨进餐室,怎样惊骇地打量两位无辜的太太,她们继续在愉快地谈话,一点也没去考虑,当着他的面,什么可以讲,什么不可以讲。

他坐下,看着,不吭声;我只是从他的每个姿势,他的小茶匙搅动玻璃杯的每一下丁当声中感觉出一场风波即将掀起的确凿无疑的迹象。我记不得,一位太太因为什么事情,问起那个古图耶夫岛在哪里。

"您一向住在彼得堡吗?"陀思妥耶夫斯基突然脸色阴沉地对她说。

"我长期住在这里,我是本地人。"

"可您居然不知道古图耶夫岛! ……好极了! 只有我们这里才会用这样的态度对待周围……像这一位,一辈子住在这里,却不知道她所住的地方! ……"

他越来越生气,后来竟完全像读起诉书似的结束了他的话,给了女罪人和女听众以极坏的印象。我们作为主人,不知如何才好。幸亏我们的女客起先因为事出突然,十分困惑,继而很快就明白过来,她不能生气,所以她能够继续保持愉快,使他渐渐安静下来……

我详细叙述这件小小的意外事件,是因为谈陀思妥耶夫斯基而不提及他的古怪脾气,就不足以描绘他的形象。关于他的怪癖,众说纷纭,有许多人把这种怪癖看作是他的莫大罪孽。这样的责难,在他死后,即使到了现在仍时有所闻……

当然,他生来不是搞社交活动,不是坐客厅的。一个几乎始终在孤独中生活的人,服了四年苦役,工作了十年,与贫困奋斗了十年,神经系统完全受到无法治疗的可怕的疾病的损害,对于这样一个人,自然不能要求他克制自己。对这样的人——完全不是因为他是个杰出的作家,俄国的著名人士,而仅仅由于他的整个生活状况,由于他身上有着特殊的病,是需要有一些特别的衡量尺度的。他的怪癖可能把一些不了解他的人惹火,这些人跟他毫无关系,但是一切深刻了解他的人丝毫不会,也不可能因为这些古怪脾气而感到难堪。[……]

现在,当他已经不在人世,人们含着悲戚的微笑回想起这些可怜的古怪脾气,好像是什么宝贵又可爱的东西,从而痛惜这一切已成陈迹。意料不到的死亡连同这怪癖脾性,带走了如许温暖,如许光明……[……]

十

我不禁还回想起我们的一次见面。为了写一篇文章①我需要关于费奥多尔·米哈伊洛维奇的传记性材料,我向他去要。他自告奋勇,欣然把他回想起来的一切都告诉我。起先仅限于列举数字和事实,但是照例他很快就兴趣来了,细细说了起来:

"唉,很可惜,您不能把我的生活中许许多多有趣的事情写进您的文章里,但是您会记住的吧,也许您以后会对什么人讲的吧。您以为,我有朋友?从前曾经有过?是的,在青年时代,到西伯利亚去之前,也许有过一些真正的朋友,但后来,除了极少数几个人对我大概有几分好感之外,我从来没有朋友。这一点我得到过证明,得到过太多的证明!您听我说,过了那么些年,等我回到彼得堡,我许多过去的朋友根本就不想认我,后来,一辈子总是这样,我成功的时候,朋友就来找我。一旦没有成就,朋友也就离我而去。当然这很可笑,陈旧不堪,人人皆知,然而每次遇到这种情况都是很痛苦地折磨人……我根据来看望我的朋友的数目,根据他们的关切的程度,根据他们来访的次数,我可以知道我的新作品成功的程度。这种估算从来不会错的。哦,人有嗅觉,灵敏的嗅觉!我记得,《罪与罚》获得成功之后,大家怎样向我涌来!好些年不来的人也突然来了,那么亲热……后来,大家又悄悄离去,只剩下两三个人。是啊,两三个人!……"
[……]

---

① 见本书页491注③。

题解：

作家符谢沃洛德·谢尔盖耶维奇·索洛维约夫(1849—1903)是著名历史学家谢·米·索洛维约夫的儿子,哲学家与诗人弗拉基米尔·索洛维约夫的哥哥。1870年毕业于莫斯科大学法律系。

1864年起,符·索洛维约夫在莫斯科的各种刊物(《蜜蜂》、《莫斯科新闻》、《俄国导报》)上发表诗作,后来赴彼得堡,在《霞光》与《欧洲导报》上发表作品。

符·索洛维约夫与费·米·陀思妥耶夫斯基相识后,在《公民》上发表了几首诗(1873年,第46、51期)。七十年代下半期先后在《圣彼得堡公报》及《俄罗斯世界》上主持批评栏。自1876年起,他主要是长篇小说作家,写了许多当时很受人欢迎的历史长篇小说与中篇小说(《奥斯特罗日斯卡娅郡主》、《蛊惑》、《谢尔盖·戈尔巴托夫》、《地狱之花》及其他)。

符·索洛维约夫与陀思妥耶夫斯基的相识在1873年的1月初。1月31日陀思妥耶夫斯基在给玛·亚·伊万诺娃的信中写到索洛维约夫:"不久之前我与他相识,在这样特殊的情况下,不可能不立即喜欢他。[……]如果符·索洛维约夫是我的一个普通的熟人,我就不会派他亲自到您处来。他心眼儿相当好。"(《书信集》,第3卷,页48—49)认识以后,陀思妥耶夫斯基随即引符·索洛维约夫进入梅谢尔斯基公爵的文学圈子。

对于陀思妥耶夫斯基来说,从相识的最初起,符·索洛维约夫显然便是一部分俄国青年的化身,他觉得这些青年在精神和哲学的探索中最接近于他陀思妥耶夫斯基对生活的理解。陀思妥耶夫斯基对待新结识的青年朋友怀着浓厚的兴趣,其原因就在这里。

1876至1878年间,陀思妥耶夫斯基与索洛维约夫见面较少,他们偶尔有书信往还,1878至1880年间,他们的见面与通信均告中断。

符·索洛维约夫是最狂热的陀思妥耶夫斯基的崇拜者之一。还在作家生前,他就发表许多评论陀思妥耶夫斯基的文章。(《圣彼得堡公报》,1857年,第32、58期;《俄罗斯世界》,1876年,第38、65、98、189、196期)1878年符·索洛维约夫在《涅瓦》上发表关于陀思妥耶夫斯基的传记笔记,文中发表见解,认为同时代人不可能领会天才作家的整个深度。

陀思妥耶夫斯基去世后,他在《涅瓦》(1881年2月,第7—14期)上发表悼念文章《纪念费奥多尔·米哈伊洛维奇·陀思妥耶夫斯基》。

这里根据《历史通报》1881年第3期,页602—616,第4期,页839—853刊登,有删节。

走向最后的高峰

1872—1881 年间的印刷厂排字工回忆录中的费·米·陀思妥耶夫斯基

米·亚·亚历山大罗夫

一

　　我和费奥多尔·米哈伊洛维奇·陀思妥耶夫斯基的相识是在他进《公民》编辑部的时候开始的,当时《公民》还是一份周刊,我在里面当拼版工。关于费奥多尔·米哈伊洛维奇就任编辑的消息,《公民》的出版人是突然告知读者的,在当时颇有几分突兀。1872 年 12 月 25 日的最后一期《公民》,在第 2 页通常刊登社论的位置上,以大号铅字占通栏篇幅排印了下述简明消息:**自 1873 年 1 月 1 日起,费·米·陀思妥耶夫斯基将担任《公民》的编辑。**[……]1872 年最后一期《公民》出版后过了没几天,费奥多尔·米哈伊洛维奇带了 1873 年第 1 期用的他自己的稿子来到印刷厂。这是《作家日记》的第一篇文章①,后来成了独立的定期刊物,给著名的作者带来巨大的声望。我被人从排字间叫到办公室,印刷厂老板向费奥多尔·米哈伊洛维奇介绍我是拼版工,向我介绍了他的名字;我向费奥多尔·米哈伊洛维奇微微鞠躬,他几乎看不出地点了点头作答,同时以几乎难

---

① 见本书页 424 注①。

以觉察的注意神情,迅速瞥了我一眼。接着费奥多尔·米哈伊洛维奇开始把他的《日记》的手稿交给我。

同时,正如我后来也有机会屡次观察到的那样,费奥多尔·米哈伊洛维奇在陌生人面前喜欢显示他是个精力充沛、身体健康的人的样子,为了这个目的他尽量使自己的声音显得既响亮动听又富有表情。

"你们这里的排字工好吗?"费奥多尔·米哈伊洛维奇问我,用的是很做作地挤出来的嗓音,但是不难发现其中带着老年人的颤抖声。一边说这句话,他一边把写在小张信纸上的原稿摊在我面前的桌上。"我的稿子他们看得清楚吗?"

我瞥了一眼,看到那稿子即使普普通通的排字工也能相当顺畅地看下去,更不用说是优秀的排字工了,因为那不是草稿,是费奥多尔·米哈伊洛维奇的誊清稿。

"稿子清楚,"我回答说,"我们排字工很容易看下去。"

"嗯,就是嘛,清楚……看看吧!你们总是这样说的,清楚,可是一排字,你就搞不清是怎么一回事了,——一塌糊涂!……不是每个字后面都放上个逗号,就是几乎通篇没有一个逗号……你们要注意,我稿子上连一个多余的逗号都没有的,一切都是必不可少的。我要求你们对我的稿子不要增,也不要减。对啦,你们知道我的一些记号吗?……我这里有一个记号……请看。"

我翻了几页稿纸,没有发现什么看不懂的东西,便没有要他作任何说明,只是说,排字没有错误是不可能的,特别是排急件,不过我们印刷厂有校对员预先看排样就是为了纠正错排,排字车间送校样给作者也仅仅是为了改正错误。

"毛病就在这里,排字工总是依赖校对……你们有好的校对吗?……你们的校对是谁?"

我就把瓦·瓦·季莫费耶娃指给费奥多尔·米哈伊洛维奇看,她就坐在这里桌子旁看一份不知什么校样,当时她很荣幸正担任着枯燥的校对工作;老板介绍说她是个出色的校对,于是费奥多尔·米哈伊洛维奇把向我解释记号的事置之脑后,转而去教她如何改正校样,主要是不要在他的文章上到处加逗号。然后他向我打听必须由他签发出版的一期《公民》的内容,说刊物内容仍旧由出版人①去编,我们只消把拼好版的整样送去给他陀思妥耶夫斯基签字就行了,他本人的和出版人的某些文章也可不送,按他的处理,这种文章只需先送长条排样给校对即可。最后,他打听了送《日记》的校样给他的时间,便离开了印刷厂。

我们满心希望讨著名作家的好,想在打交道的初期在他面前表现一番自己,但是我们排他的文章压根儿不像他所希望的那样。发生这种情况是因为费奥多尔·米哈伊洛维奇被他经常担心的校对员问题分散了心思,忘记向我们说明他的一个暗号的意思了。做这个记号是为了更清楚地标志一段新的文章,通常是另起一行,费奥多尔·米哈伊洛维奇放了一个记号——花体字 Глаголь,也就是横写的字母 ⊔。

根据校样上的惯例,因而,一般也是原稿上记号的惯例,我们把这个记号理解成完全相反的意思,也就是说,当作是把各段文章连接起来排的记号,换句话说,当作是取消另起一行的记号,印刷厂的行话叫作减少起行空格。由于这种记号放在每一段的开头,而对记号的意思又理解反了,因此整个第一章出现在排样上就是长长的一大篇。这一情况,我和女校对都感到有些奇怪,但是记号的意思我们大家都是很明确的,对如此经验丰富的作家的原文我们可不敢自作聪明,于是就把这样的校样送去给他校阅。

费奥多尔·米哈伊洛维奇亲自把这份校样送回印刷厂。

"瞧,您跟我说过的,你们有好的排字工,"费奥多尔·米哈伊洛维奇对我说了起来,我觉得那口气比他第一次来印刷厂时要温和些。"你们怎么排我的文章,像什么东西?……没有一个地方是对的,全部要重排!……瞧,"他把带来的校样摊在桌上,继续说,"我画上记号的地方,就是原文要另起一行,你们全部混在一起,接连排下去……嗯,现在你们拿它怎么办呢?我认为这样子是无法校改的,只好全部重排。"

我向费奥多尔·米哈伊洛维奇解释造成错误的原因。

"我这样写法,写了三十年啦,出版我的作品的印刷厂对我的记号都懂的……可你们这里也许完全是另一个样子，那么您告诉我，碰到这样情况，你们用什么记号，我没有办法了，今后只好用你们的记号。"

对此我反驳道，我们印刷厂里使用的是普遍采用的记号，如果这种记号在别的地方使用表示的意思和我们的不同，那么，这是暗号，我们这里也很容易照办，因为从此以后我们自会了解他的记号的含意，故而他根本毋须为了我们印刷厂而改变其写稿的习惯。

"这就对了！我不是对您说过吗，你们应当来适应我的原稿，可您说，稿子清楚，唔，这就是您的清楚！现在就按你们所知道的去改吧！"

我安慰费奥多尔·米哈伊洛维奇，他的记号我们现在懂了，校样会仔细校改好的。他终于放心了，走了。这一次我准确履行诺言，得到费奥多尔·米哈伊洛维奇对我的信任，以后他也一直信任我。

后来，当我向费奥多尔·米哈伊洛维奇提起上述情况，他承认，在其他印刷厂，起初人家也是不知道他的另起一行的记号的，因此初校样几乎总是排成长长一大篇。

随着费奥多尔·米哈伊洛维奇加入《公民》编辑部工作，我预见到自己作为这本杂志的拼版工，业务工作要复杂化了，由于新的编辑住所离印刷厂①比较远这一情况(费奥多尔·米哈伊洛维奇当时住在伊兹马伊洛夫团)，工作量还会增加，我预见到，少数文章只消一份校样送去给编辑签字就行，大部分文章在签字之前，从印刷厂送编辑来来回回得送好几次呢，有时候还要转送给出版人，因为《公民》的大部分文章出自出版人的手笔。这一预见后来得到证实，不过开头时工作进行很顺利，排印的文章仍旧以拼好版的校样送给编辑，他很快看过这份校样，稍作改动，即签字付型，也就是一个校次就足够了。后来却往往不够……后来事情迅速开始复杂化：费奥多尔·米哈伊洛维奇难得一次校样就签字；他开始常常跑印刷厂；一会儿跑来对我说，什么和什么用长条排样送给他预校，一会儿因为没有时间把校样送来送去，就在厂里看校样。过了两个星期光景，费奥多尔·米哈伊洛维奇搬得比较近些，住在利戈夫卡胡同与古谢夫胡同的拐角上，二十一号八室，此后他来印刷厂的次数就频繁了。此外，我也开始相当频繁地上他那里去，以解决一期刊物拼版时产生的各种疑难问题。

---

① 印刷《公民》的特兰谢尔印刷厂坐落在涅瓦大街与弗拉基米尔街的拐角上现今巴尔金饭店的那座房子里。——亚历山大罗夫注

二

费奥多尔·米哈伊洛维奇给我的最初印象,同他与人家初次打交道时给予大多数人的印象是一样的,人家得到这样的印象后就一直保留下去,因为此后没有机会与费奥多尔·米哈伊洛维奇作进一步的接触……乍看起来,我觉得他很严厉,完全不像大家很熟悉的知识分子一类人物,倒不如说是个稍稍有点粗鲁的普通人;不过因为我知道,在我前面的是个知识分子,而且还是个高级知识分子,所以他的外貌上纯粹俄国人的特征首先使我吃惊,而且,他的小巧的手,尽管自然是干净而又柔软的,可是有几只手指上的指甲却是畸形的,这是干繁重的粗活留下的痕迹,更增强了他是普通人的印象,他的嗓音和说话方式又给这种印象作了补充……在这种情况下,他穿着薄薄的麝鼠皮大衣,瘦长的身材,凹陷的眼睛,长而稀疏的红褐色的胡子,同样颜色的头发——费奥多尔·米哈伊洛维奇的形体便像个聪明能干的工厂老板或商人,不过那种商人像彼得大帝以前的参加贵族议会的俄国贵族,如同我们的画家在历史画上所画的。费奥多尔·米哈伊洛维奇外貌上与贵族的相似,立即冲淡了他给我的略带粗鲁的印象。后来,从我与费奥多尔·米哈伊洛维奇的长期交往中,我对他的态度有了明确的了解:他待人的态度是坚决的,因而显得有些粗鲁;有时候往往不耐烦,因而显得厌恶似的,这是受神经紊乱的影响而产生的,而神经紊乱又是他受过艰苦的考验,夜间紧张的思想劳动和可怕的癫痫的后果。

受到最初的印象的影响,我发现费奥多尔·米哈伊洛维奇是个多疑的人。比如,我发现,他和我说话的时候探究似的直勾勾地盯着我的眼睛看,或者老是望着我的脸,目光相遇他丝毫不发窘,也不会赶紧把目光移开,或者移到别的东西上去;受到他这种静静的探究似的目光的影响,人家会变得不自在。后来,费奥多尔·米哈伊洛维奇对我比较了解,他和我谈话时就不用这个方法了,虽然仍旧直勾勾地望着我的脸,但那目光已经是普通的安详的目光,完全不是那副探究的神气了。

从刚得到的个人经验,以及后来屡次对费奥多尔·米哈伊洛维奇这一性格特征的观察,我得出下面的结论。他对他不大了解的人一般是不相信的……他在自己的作品中曾经承认他很不愿意与陌生人打交道,他预先知道将来,也可能是最近的将来,他必定会跟他刚开始熟识的人发生冲突……①对待他所不了解的平民百姓,他尤其不相信。关于后一种情况,根据听来的意见以及我本人的观察,我给自己作以下的解释。和陌生的平民百姓交往时,作为一个对方知道的人,费奥多尔·米哈伊洛维奇可能认为,这个平民对他过去流放的历史略有所闻,就是说,例如,他们知道费奥多尔·米哈伊洛维奇服过苦役,但是不知道,或者,同样的,不很了解,他为什么服苦役,因而,出于这些人的愚昧无知,恐怕难免会把他看成是过去的苦役犯,按照这种看法,就会像对待苦役犯那样来对待他。因此,费奥多尔·米哈伊洛维奇认为对待那些他完全不了解其思想方法的人,态度必须认真严肃,到以后,完全确信这个人对他不会抱粗野的成见之后,他才开始信任地对待以这种方法考察过的人,但是其信任的程度往往是不同的。比如,他对我后来是充分信任的,因为他没有理由怀疑我对他的由衷的尊敬,他与我平等相待,也就是相处很随便,因为他不会有无意间遇到粗鲁或者甚至傲慢无礼的危险,这种情况在业务交往中是经常有的,而我与费奥多尔·米哈伊洛维奇的打交道多半是在业务上;费奥多尔·米哈伊洛维奇也必须与印刷厂里的其他人打交道,他的态度总是严肃而拘谨的,对他们的某种关系,比如出版方面的金钱计算,只要有可能把这些事务委托给他的妻子,他甚至就完全回避。

对费奥多尔·米哈伊洛维奇上述性格特征作这种解释是否对,我让比我更了解这位著名的、但过去是被侮辱与被损害者的人去判断;我再说一遍,这一解释是我自己的解释,我一直抱着这样的看法,正如我已经说过的,经过各种情况下的观察,费奥多尔·米哈伊洛维奇对我本人的态度逐渐变得越来越好,这就证明我的理解是正确的。

三

费奥多尔·米哈伊洛维奇不仅在保护自己的人格方面,而且在保护自己的

---

① 亚历山大罗夫指《被侮辱与被损害的》。(见《1956—1958 年版十卷集》,第 3 卷,页 7)

感情不受最微小的侮辱方面,都是非常敏感的,又是经常保持着警惕的,可以从下述一件小事得到说明。这件小事是我与他的业务交往上的一件事,发生在我与他相识几乎一年之后,故而他对我早已十分信任了。

有一次,刊物出版的前夕,费奥多尔·米哈伊洛维奇比平常稍晚来到印刷厂;校样早已在等他了;女校对员、我和值班排字工没有事干闲得慌,可又无权离开印刷厂,因为我们的工作还没有完全了结。费奥多尔·米哈伊洛维奇一面动手看校样,一面要求我赶排他带来的一段文稿,内容包含着国外消息。当时他亲自主持杂志的国外栏,名称叫"国外大事",因而他很了解栏目的内容,当即在拼版样张上指定地位,要求把上述消息插进去。一小段文章很快可以排好,可是要放在指定的地方,则整个印张要重排(但是一印张有八页,每页有两栏),必须用所谓"挤紧排字"的办法挤出地方来,因为费奥多尔·米哈伊洛维奇找不出可以忍痛删去的地方,以容纳增补的文章。这段文章所报道的消息,从意义上说是毫不足道的,可取之处不过在于新鲜;费奥多尔·米哈伊洛维奇分明只是想让明天出版的杂志增加新鲜感而已。考虑到重新排版以后又要重新看校样,我预见到时间要**拖长**,正像通常所说,非常紧急,刊物毕竟有脱期的危险。我以自己的设想的形式向费奥多尔·米哈伊洛维奇提出,目的在于说服他,或者取消增补的文章,或者用删去相应大小的篇幅的办法来消除稿子挤排不下的困难。

"消息并不重要,不加进去当然也行;不过从杂志来考虑毕竟最好还是放进去,使它有比较新鲜的东西,否则咱们刊物上一点儿新东西也没有了,"费奥多尔·米哈伊洛维奇回答我。

"对不起,费奥多尔·米哈伊洛维奇,"我反驳说,"您要把所有的新闻放进去终究是放不下的,有许多新闻还是放不进去的,我们刊物上登一则消息,长些或短些,未必就这么要紧,而按期出版对一份杂志倒是很重要的……如果您要求把这一段加进去,那我当然一定按您的要求去做,但是如果不把事情搞复杂了也过得去的话,那我请求您,费奥多尔·米哈伊洛维奇,将就一下吧。"

费奥多尔·米哈伊洛维奇取消了增加文章,那一次一反他的习惯,匆匆看完校样,冷冷地跟我告别后,离开了印刷厂。他离去后,跟他坐在校对室里一张台子上的瓦·瓦·季莫费耶娃告诉我,在我说了上述的一番话,走出校对室到排字间去了以后,费奥多尔·米哈伊洛维奇对她说:

"这位亚历山大罗夫先生好恶毒;刚才他说的这番话说得好凶,但还是……

我完全没有料到他是这样的！"①

四

1873 年的年初几天，费奥多尔·米哈伊洛维奇待人接物的态度所给予我的初步印象还没有消失，他喜欢亲自说明情况而不用写条子说明的习惯，使我很是不安；其实有时候写条子于我们双方可能更方便。往往他来印刷厂，而我不在，他便会不安，焦急地等我，要亲自向我交代事情，却不坐下来写张条子告诉我他需要什么……伟大的作家不喜欢用写信或写条子的办法说明情况，他认为，一般说来，在纸头上写是困难的事情，他曾不止一次坦率表示过这一点，不仅对很了解他的人，其中包括我，甚至在他的作品中也坦率表示过。

但是，不写条子不写信事情无论如何是行不通的；费奥多尔·米哈伊洛维奇毕竟还是只好给我写信、写条子，尤其是当他相信我懂得而且会仔仔细细照着去办之后。他给我的条子，从第一张起，我全都保存着。[……]②

五

尽管费奥多尔·米哈伊洛维奇显得有点儿粗鲁，但是我从最初一刻起还是在他身上看到一种品性，使我当时就鼓起勇气向他提出要求。[……]

当时，费奥多尔·米哈伊洛维奇的大型作品中最新的是《群魔》，不久前刚出单行本，轰动了俄国读书界。我很想看看这部小说，据我所知，此书痛骂了当时俄国自命为自由主义者的那些人。篇幅浩大的书籍价格是三卢布五十戈比，

---

① 见本书页 451—453。

② 下面是陀思妥耶夫斯基给亚历山大罗夫的字条（这里删去），发表在《书信集》第 3 卷上（共有五十八张字条）。

我买不起,所以我决定向火气大的费奥多尔·米哈伊洛维奇——我们印刷厂里这么叫他——要,请他给一本让我看看,由于我们相识不久,萍水相逢,要他送书毕竟很不恰当。听了我的要求后,费奥多尔·米哈伊洛维奇极其朴实而自然地,也就是没有改变语气,对我说:

"《公民》编辑部里有《群魔》……您不是常去编辑部①吗?"

"去的,费奥多尔·米哈伊洛维奇,甚至经常去,"我回答。

"嗯,那么您到那边去拿一本;您说,是我叫您去拿的。拿一部完整的——我送给您。"

我向费奥多尔·米哈伊洛维奇道了谢,问他是否给我一张条子去拿书。

"要条子做什么?"他反驳道,"既然您经常去,编辑部里大家都认识您的。您以我的名义去要;等我去编辑部,我会对那边说一声,是我叫您去拿书的。"

我再次向他道谢。我知道,《公民》编辑部的办公室里有一些《群魔》是以低价卖给杂志订户的,因而我当天即顺顺当当地拿到书了。

这样,我在相识之初就得到费奥多尔·米哈伊洛维奇送的书。其后,当他的什么著作出新版本时,我已经用不着去讨:费奥多尔·米哈伊洛维奇自己每种书都送给我一本,并且还签上大名。

六

当时,费奥多尔·米哈伊洛维奇极为顽强地致力于他所承担的困难任务:使《公民》采用通行的文艺形式,在他之前,《公民》对这方面是忽略的,——我间接地,当然是不由自主地,然而积极地参加了这种消灭差别的工作。为了容易明白起见,我应当交代一下情况,尽管只是三言两语。

《公民》杂志存在的最初几年,和其他同类出版物——定期刊物的不同之处

---

①　编辑部,即对外的、看得见的标记,其中包括《公民》杂志的牌子,在费·米·陀思妥耶夫斯基任编辑期间,起先挂在出版人的住所,后来挂在编辑部秘书维·费·普齐科维奇的住所。——米·亚·亚历山大罗夫注

是在追求标新立异与稀奇古怪方面比目前的与后来的情况都要强烈得多。作为一本刊物,《公民》有许多特点,但是一一列举在这里并不适宜,所以我只提一下与我现在所述情况有关的几点。

主要特点之一是在工作的组织管理上缺乏定期刊物所必需的严密性,这对印刷厂来说通常很不方便,对于拼版工尤其不方便;按照规定的制度几乎从来就行不通;首先是因为出版人不想拿什么规章制度来约束自己,其次是因为杂志一下子有了两个头头,或者说得确切一点,是两个管理人,非正式的编辑某某①和正式编辑费·米·陀思妥耶夫斯基当中,没有一个为主的。他们的任务虽则相同,可是各人的解决的办法却不同,因而他们之间很难达到意见一致。顺便说一句,杂志领导人意见不一致的困难自然也反映在印刷方面,印刷厂的主要部门是排字工的领导人拼版工。

我每星期主要张罗的是及时拿到一期齐全的稿子,为了拿到一期刊物的稿子,我往往得在他们两人之间奔走多少次啊!……比如,有一篇文章:一个主张用,另一个认为不够水平!由于在两人之间往返奔跑,结果往往很不容易按预定的目录编成一期稿子,要让这份目录兑现准得出一些乱子:一会儿是原来打算用的某篇文章不见影踪了,一会儿是这篇或那篇文章比原定的长了或短了;结果又是奔走,寻求两个编辑的意见统一,归根到底还是活儿脱期,因而乱七八糟,急匆匆地完成。

现在回忆这些波折,我不由得想起费奥多尔·米哈伊洛维奇关于《公民》的一句话,现在不妨顺便在这里提一提。

有一次,对目前一期杂志的内容经过长久的磋商以后,我情不自禁,冲口而出地说了下面的看法:

"就这么一份《公民》,"我说,"杂志本身并不大,可是有多少麻烦事情,咱们常常忙得够呛!……有时候对它简直恼火透顶!"

"是不大,但是活跃!"费奥多尔·米哈伊洛维奇回答,笑了起来。

夏天快到了。

《公民》出版的第一年,夏季的那几个月不出周刊;但是给订户出了两本文

---

① 这里及以下的某某自然是指梅谢尔斯基公爵。

集,是特地为此而编印的,书名也叫《公民》①;用这样的方法满足《公民》的某些特殊读者,对于编辑部自然是很方便的,可是《公民》也有一般订户,他们就不欢迎这种办法。故而编辑部决定从第二年起,夏季也出周刊,篇幅小一些,但仍按正规每逢星期一出版……应当指出,《公民》每逢星期一出版也是它的鲜明特点之一,不仅许多俄国周刊中没有一家是在那天出版的,而且当时的日报也不是天天出版的,逢到节假日一般是不出版的。《公民》的每星期一出版,对于我,它的拼版工,是极头痛的事情,原因很简单:印刷厂在星期天要做最复杂的工作。可是对此毫无办法,两者必择其一:愿意干就干,不愿意干,想干的人有的是,我已作出了抉择。我几次三番向费奥多尔·米哈伊洛维奇说明对我们干活的人很不愉快的情况,假日干活没有一点额外的报酬。他对我的理由深以为然,但对我们爱莫能助。不过到夏天,轮到出版人去休息时,他成了杂志的全权主持人,经过双方的共同努力,星期天的工作我们可以缩短整整一半时间,也就是不必到通常的星期一凌晨三点钟结束工作,我们在星期天下午两三点钟便把工作完成了。费奥多尔·米哈伊洛维奇的工作自然结束得比我们还要早。由于缩短了工作时间,所以他星期天便可以去看他的家眷,夏天他们住在旧鲁萨,从某个时候起,费奥多尔·米哈伊洛维奇在那里已有了一幢小房子。星期四,他从那边出来集稿,这样,每一期《公民》我们在三天内搞出来。然后轮到某某,他来执行编辑职务,这时就轮到费奥多尔·米哈伊洛维奇去休假几个礼拜,我们印刷厂里的工作又恢复原状,也就是刊物出版前夕,工作一直延续到凌晨。

七

不久以前,我国民众受教育的要求趋势加强,这使七十年代期刊上出现大量文章,各种派别的都有,讨论关于初等教育、民众学校、民众学校的教师之类的问题。可以说,这是当时俄国国内的主要问题。

---

① 1872 年《公民》出了三十四期。五、六、七、八月份没有出周刊,从《公民》上平常发表过文章的作者们的文艺作品和政论中编了两本文集代替。

　　在各刊物的普遍讨论的影响之下,我于1873年夏末开始考虑撰写关于我在学校求学和我的老师的回忆录。我的老师,作为一个人,是个卓越的人,作为民众学校的教师是个理想的教师。相当长的一篇文章,我写得又轻松,又快,当然,这是相对而言的,因为平常我写作是断断续续的,这一回却像水一样流泻出来。写好这篇文章,我决定这一次破除一下把文章送到插图杂志①去的习惯,先把新写成的文章拿给费奥多尔·米哈伊洛维奇看看,——他是否有可能把它刊登在《公民》上……

　　不过在决定这样做之前,我有几分犹豫:他会怎样看待我的文学方面的爱好呢? 后来知道,我的担心是多余的;从新的、好的方面,恰巧是从文学方面了解我,对于费奥多尔·米哈伊洛维奇是个猝然的惊喜。

　　我拿着自己的文章去给费奥多尔·米哈伊洛维奇,不是特地去的,而是像平常一样为了杂志的事情去找他时顺便带去的。费奥多尔·米哈伊洛维奇在谈话时几次打量我那用报纸裹着、卷成圆筒的稿子;这我还一点也没有向他提起过。最后,公事谈完,我才说到自己的稿子,交给了他。费奥多尔·米哈伊洛维奇接过稿子,神情大变,他那严肃的、甚至略带几分阴郁的脸上闪耀着安详的愉悦,立即表现为温和的笑容。他手里拿着稿子,还没有打开就说:

　　"米哈伊尔·亚历山大罗维奇,这是您写的? ……您自己写的?"

　　"是的,费奥多尔·米哈伊洛维奇,是我自己写的。"

　　"我一定看,一定看! ……那一定是很有趣的……我很高兴看……今天就看。"

　　我感到有点儿尴尬,所以立即和费奥多尔·米哈伊洛维奇道别,离开他家。

　　下一次因公事去看费奥多尔·米哈伊洛维奇时,顺便向他问起我的稿子。

　　"我看过了,"费奥多尔·米哈伊洛维奇回答我,"您送来的当天晚上我就看完的……"

　　我不作声,询问似的望着他的脸,等待着,看他是否会说说对稿子的意见。费奥多尔·米哈伊洛维奇大概了解我这沉默含有询问的意思,因而他随即补

---

　　①　在《插图报》(1869年10月2日,第39期)上发表过亚历山大罗夫的通讯《从奥涅什湖来》,在《插图周刊》(1874年,第27、30、31期)上发表过他的特写《彼得果夫来讯》及《伏罗比约山》。亚历山大罗夫也在《星期日闲暇》上发表过作品。在《公民》上发表过他回忆老师的文章。

充说：

"可以在《公民》上发表，如果您愿意的话。"

"这么说，合格?"

"是的。文章写得很有文学味道，所以用不着修改……可以这样全部发表。"

编辑这样的裁决我感到满意，于是我便鼓起勇气想了解费奥多尔·米哈伊洛维奇对我的文章的批评性意见。在这次谈话中一直很严肃的脸，这时露出我已经很熟悉的和善的神色。

"很朴实，"他说，微微一笑。

"这朴实是什么意思，费奥多尔·米哈伊洛维奇?"

"朴实就是朴实，写出一个朴实的故事……据我的意见，既然你知道写什么了，就可以多说一些。"

"哦！这意思是……要大胆一些吗?"

"自然喽，干什么要拘束呢?"

接着费奥多尔·米哈伊洛维奇问我，我的文章是否给出版人某某看过，得知我没有送给某某看过，他就把文章还给我，说是让我去交给某某，"因为杂志的所有稿子都是由他经手的"，再告诉他，编辑已经看过。我拖延着没有把稿子交给某某，直到最后出版人亲自向我要这篇文章，这表明费奥多尔·米哈伊洛维奇已经向他说起过此事。①

经过上述这件事情之后，费奥多尔·米哈伊洛维奇对我的好感十分牢固了，他屡次提醒我，我"自己就是个文学家"。不论什么时候，他因为经常操心工作而不得不要求我完成某种额外任务——最多的是要我仔细研究大大小小著名作者的修改，或编辑的校样，别去管校对员的校改处，他最后总是说：

"您自己就是文学家，所以您比其他人更了解，校正得跟校样上一模一样，对于一篇文章是多么重要；您比校对员更能够懂得校改的要求是什么。"

有时候，他会在开导的结尾，用同样的态度补充几句以达到更大的说服力：

"米哈伊尔·亚历山大罗维奇，您自己就是个文学家，所以作者的利益对于

---

① 这里所说的文章发表在 1874 年《公民》第 19 至 22 期上，题目叫《回忆一个普通人——我的老师》，是献给民众学校的一位教师的。——亚历山大罗夫注

您应当是切身有关的。"

有一次我反驳费奥多尔·米哈伊洛维奇：

"您在开玩笑，费奥多尔·米哈伊洛维奇！我算什么文学家，即使写过两三篇小文章，以后也不写了。"

"但是您可以写……您是文学家……这是我对您说的话！……"

"您的赞赏我很高兴，费奥多尔·米哈伊洛维奇，那是我能够引以为荣的，只不过……"

"什么只不过？……您为什么不写？写吧，您能写。"

后来费奥多尔·米哈伊洛维奇也屡次问我，在写东西吗？有没有写好什么作品？我的回答，除了极少数时候例外，常常是否定的。

"顾不上写作呀，费奥多尔·米哈伊洛维奇，"我有一次回答说，"生活有困难，又有迫切的日常生活需要，所以时间也就在操心生活和张罗工作当中过去了。"

对此，费奥多尔·米哈伊洛维奇说了大致如下的话：

"操心，是的，当然，环境不利于写作嘛，但是工作，这没什么，工作始终是应该做的，写作也是工作呀，能写的人都应该写。又工作又写作——这时候生活本身才会变得更美好！……"费奥多尔·米哈伊洛维奇最后又补了一句："您能写，别放弃！"

八

写作，对于费奥多尔·米哈伊洛维奇本人也不轻松，甚至可以说很不轻松……难怪他说，写作就是工作！下面我还有机会谈到我所知道的关于写作的情况，现在我只就费奥多尔·米哈伊洛维奇在《公民》中的写作活动说几句。

一般说来，这项活动是不大的。他的《作家日记》总共刊登了十五期，这一份小小的杂志上的工作，但仍然是纯粹的文字工作，当时使他劳累不堪……但是必须写作，因为写作既是费奥多尔·米哈伊洛维奇的一种爱好，又是他和家属维持生活的唯一手段，编辑的报酬不够他维持开销。因而费奥多尔·米哈伊洛维奇放下《日记》,在其他写作领域试了试自己的力量:从 1873 年秋天起,他开始写政治性的国外大事述评①,起先他相当满意,因为他在这一领域也完全能够工作。

但是,写政治述评这工作虽然比《日记》简单,却比写《日记》紧急,众所周知,《日记》的写作是这样:作者对过去的岁月完全不承担作出详尽解答的责任,因此,他有可能把许多社会生活现象放在一边,甚至完全忽略过去,然而在写作国外大事述评时就不能这样了。这种限时限刻的工作对于费奥多尔·米哈伊洛维奇是极为沉重的负担,致使他的精神和体力都疲惫不堪;况且,著名的小说家自然不可能不意识到,如果他经常这样工作下去,他永远也不能创作卷帙浩大的作品了,因为他把巨大的才能零打碎敲地耗费在这种琐碎活儿,也就是这种特约的工作上。这些情况凑合在一起,损害了费奥多尔·米哈伊洛维奇原来就很脆弱的健康……他感觉到工作压在身上像梦魇一般沉重,他设想,摆脱重负的唯一有效办法是辞去《公民》的编辑工作,哪怕仅仅是因为首先考虑到这是一份周刊。

费奥多尔·米哈伊洛维奇果然决心这样做。1873 年底,他请求辞去《公民》编辑职务……按惯例,辞职报告与请求批准新的编辑—出版人②的申请书一起呈交出版总局,从这时起费奥多尔·米哈伊洛维奇便极其焦急地等待着解除职务③,在 1874 年第 1 期上发了最后一篇政治述评以后,便完全停止为《公民》写稿了。但是等待的时间相当长久;新的编辑四月份才批下来,因而四月份费奥多尔·米哈伊洛维奇的职务才得以解除。

在整个等待辞职期间,费奥多尔·米哈伊洛维奇除去写作之外,还继续照旧履行编辑职务,因而我依旧去找他商量杂志出版方面的事情,我每次都问他——有没有他的文章,每次都得到否定的回答。由于他在写作上这样毫无活动,有一次我向他表示我不相信,对此,他回答说他没有时间给《公民》写稿,因为他目前

---

①　这些文章从 1873 年的 9 月 17 日至 12 月 29 日发表在《公民》第 38—46、51—52 期的"国外大事"栏上,具名"Д"。这些文章简述外国电讯及比较有趣的通讯,加上相应的注释。

②　维·费·普齐科维奇在这之前原是《公民》编辑部的秘书,有个时期,编辑部设在他的住所。——亚历山大罗夫注

③　见本书页 472。

要为《集粹》①写东西。[……]

涉及到他在《集粹》中的微不足道的作品，费奥多尔·米哈伊洛维奇顺便说道：

"您知道，给那边写东西不能快，因为要写得好……您明白吗……而且篇幅不要大，一印张，一个半印张，不能再多；而且一定要完整的作品，完成了的作品，给一个片断不行，不合适！……三个条件合在一起：写的东西要短小，完整，精彩——很难哪！"

费奥多尔·米哈伊洛维奇果然为《集粹》写了很有艺术性的、称得上是他的手笔的作品，题目叫《小场景（在路上）》，篇幅一印张略微超过一些。

最后，在第16期《公民》上，编辑部发了个小小通告，告诉读者，费奥多尔·米哈伊洛维奇"因健康欠佳只得辞去编辑职务，但有可能时仍将经常参与杂志工作……"答应参与工作纯粹是，也仅仅是道义上的，因而费奥多尔·米哈伊洛维奇在发了通告之后便摆脱了他一直厌恶的带强制性的工作，为此他松了口气。这时他目光清朗，脸上露出怡然自得的笑容，带一点淡淡的哀愁……

"费奥多尔·米哈伊洛维奇，现在您终于可以休息一下了，"我看着他那安详而满意的、神采焕发的脸，这样说，"况且夏天也快到了。"

"不，米哈伊尔·亚历山大罗维奇，现在我正好开始工作！……您知道，我喜欢夏天工作，而且能比冬天干得多……休息嘛，我当然要休息一下，况且我的健康也要恢复一下。可能去国外，到埃姆斯去，——埃姆斯于我总是大有裨益，——从那里到旧鲁萨，去那里也是为了工作！"费奥多尔·米哈伊洛维奇说后面那句话带着特别兴奋的表情，很明显看得出，他准备为他所喜爱的独立的写作生涯愉快地献出全部精力。"我不打算休息得太多……秋天再回彼得堡，不管它的霪雨、泥泞和浓雾，一定来！"他补充说。

"您大概准备写长篇吧，费奥多尔·米哈伊洛维奇？"我好奇地探问，可是他含含糊糊地回答说：

"也可能写长篇……不过我也在考虑别的，"他带着神秘的样子补充说。

----

① 《集粹》文集于1874年3月28日出版。参加撰稿的有将近五十位作家，其中包括萨尔蒂科夫-谢德林、涅克拉索夫、库罗奇金、屠格涅夫等人。关于陀思妥耶夫斯基在《集粹》中文章的校样见他给伊·亚·冈察洛夫的信。（《书信集》，第3卷，页94）

　　这次谈话时,费奥多尔·米哈伊洛维奇的妻子安娜·格里戈利耶夫娜在场,她当着他的面对我说,费奥多尔·米哈伊洛维奇确实早就在考虑长篇,但是有《公民》的编辑职务在身,他没法写,现在,休息过一阵以后,先把身体调理好,他要动手写了。①

　　但是费奥多尔·米哈伊洛维奇不管妻子这一番宣告,继续以神秘的样子对我说话。

　　"我们分别不会很久的,米哈伊尔·亚历山大罗维奇……我会和您再在一起出版一些什么的,也可能很快……我有东西在考虑。"

　　"您考虑不考虑自己出版杂志,费奥多尔·米哈伊洛维奇? 您可以,也应当自己办杂志,"我说。

　　"杂志不杂志,总是这一类的吧……嗯,往后看吧。我想是很快的;也可能我们仍在特兰谢尔的厂里印刷。我们会见面的! ……我一定会去看您的。"

　　这个谜一年半后才揭晓:费奥多尔·米哈伊洛维奇说的是他打算继续写《作家日记》,以独立的定期刊物的形式出版。这一打算实现时,费奥多尔·米哈伊洛维奇也履行了对我的诺言。

九

　　在这以后的一年半内,我在维·费·普齐科维奇处(《公民》编辑部)和费奥多尔·米哈伊洛维奇见过几次面;他仍旧给普齐科维奇以道义上的支持,后来甚至大力给予后者力所能及的物质上的支持……②这几次见面时他也问起我的文学活动……至于我自己,由于没有直接的业务上的关系,这期间我一次也没有去过费奥多尔·米哈伊洛维奇处。

———————————

　　① 指《少年》。又见本书页476。
　　② 陀思妥耶夫斯基对普齐科维奇带有几分瞧不起,因为普齐科维奇懒惰,又自以为是,陀思妥耶夫斯基对这个人所作的评价是:他虽不愚蠢,但缺乏"内在的聪慧"和"主见"。(《书信集》,第4卷,页66、94、109)同时他千方百计帮助普齐科维奇:写信给卡特科夫时谈到他,以充满友情的书简支持他,借钱给他。(《书信集》,第4卷,页48、50、60、73)

1875 年初他的新的长篇小说《少年》已经在《祖国纪事》上发表,同一年的年底,在特兰谢尔印刷厂出单行本(出版人为他的书商凯赫-利巴兹)。不过这时我已经不在该印刷厂了,自 1875 年的年初起,我便和《公民》一起转到奥包连斯基公爵的印刷厂。

1875 年底,报上出现一则广告:自即将来临的 1876 年起,费·米·陀思妥耶夫斯基的《作家日记》[①]将出版。广告登出以后不久,费奥多尔·米哈伊洛维奇走进奥包连斯基公爵的印刷厂的办事处(设在尼古拉耶夫街八号的地下室),说是想见我。当时正是吃饭时间,所以我不在厂里,但是办公室里除了职员以外,印刷厂老板奥包连斯基公爵本人也在。

费奥多尔·米哈伊洛维奇提出要见我,他们回答他:我下午四点到晚上九点在印刷厂。同时奥包连斯基向他提起,在弗·彼·梅谢尔斯基公爵家每星期四的文学晚会上曾经跟他见过面,因而有些面熟。[②] 然后,想起报上登的《作家日记》的广告,便提出他的印刷厂在印制这本刊物方面可以效劳,对此,费奥多尔·米哈伊洛维奇回答说,他正是为此事而来的,同时还补充说:"不是因为我认为您的印刷厂非常出色才找上门来,而是因为你们这里有一个我所器重的人——米哈伊尔·亚历山大罗维奇·亚历山大罗夫,我是想和他打交道。"

奥包连斯基公爵业余爱好印刷事业,仅仅为了兴趣爱好而搞了个印刷厂。他向费奥多尔·米哈伊洛维奇表示,可以按他的要求由我来搞他打算出版的印件,但我只做拼版工的工作,也就是排版,修改校样,准备开印的版子,仅仅限于这些,至于其他的,诸如:看校样,印刷,费用计算等等,他费奥多尔·米哈伊洛维奇必须和印刷厂管理室去打交道,现在就可以把一切商谈妥当,订个契约。对此,费奥多尔·米哈伊洛维奇反驳说,他不打算订什么契约,因为他不喜欢订契约,他认为在互相非常了解的人之间,订约是多此一举。公爵赶紧向费奥多尔·米哈伊洛维奇说明,"商谈"这个词儿他自然不是指某种公证手续,而仅仅是建议了解一下成品的价格以及和印刷厂打交道的手续。对此费奥多尔·米哈伊洛

[①] 关于 1876 年《作家日记》出版的广告刊登在 1876 年 1 月 3 日及 4 日的《市场新闻》报上,同一天的《圣彼得堡公报》第 4 号上。

[②] 奥包连斯基公爵不久之前以一系列关于地方自治问题的文章在定期的文学刊物上占据相当显著的地位,起先用的笔名谢密茨(含有"地方自治工作者"的意思)。——亚历山大罗夫注

维奇表示同意,他一面提出做预算的材料,一面说,他的《日记》的开本式样以及总的外观,他挑选盖尔别尔①的《俄国作家翻译的欧洲古典作家》一书做样子,不过铅字再大些,行间距排得再宽些而已。他答应傍晚我在印刷厂时他再来作最后商谈。

到约定的时间,费奥多尔·米哈伊洛维奇第二次来印刷厂。奥包连斯基公爵又在那里等他。我被叫到办公室。费奥多尔·米哈伊洛维奇非常友好地、亲热地和我招呼。这次见面我自然极其高兴,因为这确确实实地向我本人以及印刷厂里的包围着我的人证明,这位著名作家对我是很关心的。

短短的寒暄过后,我们开始谈起面临的事情。这时印刷厂老板奥包连斯基公爵和他的办事员带着预算来加入我们的谈话,预算已经编制好,特点是费用价格适中,这个印刷厂一向如此。但费奥多尔·米哈伊洛维奇对预算不大感兴趣。他很兴奋,从他的第一句话便可听出,当时他操心的是确定他的出版物的外表形式;其他一切,他大体上已经考虑过,早已斟酌过了。因此我建议他在明天之前大致准备好标题页及内容页。这一建议很明显地使他更加激动。他坦白说他特别操心的是标题页。但看得出,他是很乐于操这份心的。"它的样子怎么样?好吗?漂亮吗?"费奥多尔·米哈伊洛维奇说,恳切地要求我排标题要特别留神,特别尽心尽力,竭力为它拣排"比较别致的、比较有特色的字体,不要太小,要比较醒目、比较显豁的!"我自然答应尽力而为,并且对他说,如果第一次不成功,我们反正还有足够的时间可以再改动若干次。我请他把标题的全张原稿给我们,他当即写了下来。后来这标题按他的指示排好,只在小地方作了一处改动,以后他两次重印《作家日记》②都未作改动。费奥多尔·米哈伊洛维奇要求准确复制第一次标题的字体。

随后我们开始谈到印刷事务方面的组织,谈到出版物的篇幅,原稿送印刷厂的时间和刊物出版的期限;谈到我们印刷厂的校对员,按他的习惯,对此也是很关心的;谈到纸张、装订工人、书报检查以及其他等等,等等。

我应当说,费奥多尔·米哈伊洛维奇做一切事情都很用心,只要他的体力所

---

① 尼·瓦·盖尔别尔,诗人,翻译家。
② 在 1880 年 8 月和 1881 年 1 月。

及,尽量做得一丝不苟;所以,在其后《作家日记》出版的两年①中,事情都是按照他这次口头达成的协议进行的,一些小地方未遵守协议的除外。事情是按如下的方式进行的。

十

大家知道,《作家日记》每月出版一次,一期或一号,一个半印张至两印张的篇幅,四开本(十六页),所有的内容都出自费奥多尔·米哈伊洛维奇的手笔,自然,广告除外。起初费奥多尔·米哈伊洛维奇在每月的最后一天出版他的《日记》,准时于一大早就发出,用他自己的话来说,"像报纸一样",事前商谈时他要求我们保证比较准确地遵守这些期限,而对我,他还特别告诫,在《公民》和《作家日记》两份刊物要在同一天出版或日期相近的情况下,不要牺牲他而迁就《公民》。但他既不隐瞒自己,也不隐瞒我们,因为面前摆着限时限刻的文学写作的任务,使他很苦恼,他很为自己担心。他要求我有机会时大力协助他,也就是他可能交稿脱期时,印刷厂替他设法弥补,我有好几次不得不满足他的这一要求……费奥多尔·米哈伊洛维奇答应每月 17 至 18 日开始送交上面提及的原稿,截稿日期约定在出版之前三天,可是费奥多尔·米哈伊洛维奇恰恰在交稿快要截止的时候常常脱期,印刷厂要弥补的就是这一点;需要遵守上述条件是由于这一情况:《作家日记》在整个出版期间都是预先经过书报检查机关审查然后再

---

①　1876—1877 年的《作家日记》显然不同于 1873 年发表在《公民》上的《作家日记》。虽然各阶层之间要友爱和睦的说教贯穿于整个刊物,可是对唯物主义和无神论仍持否定态度,但 1876 年的《日记》对于曾经寻求和正在寻求"革新"的力量,对俄国青年的力量,已经不抱强烈的敌意了。文中提到别林斯基和赫尔岑的名字含有另外一种意思,谈到乔治·桑时充满了同情。陀思妥耶夫斯基的注意力转向新的、正在成长中的面向人民的俄国青年的力量。他写到大学生、中学生、教师、平民知识分子及俄国妇女。这一切使 1876 至 1877 年的《作家日记》在某种程度上接近于民粹派的思想。陀思妥耶夫斯基在 1876 年第 1 期《作家日记》上写道:"哪怕就凭我怎么也不愿意平静下来这一点,我认为自己比所有的人都更加自由主义。"(《1926—1930 年版全集》,第 11 卷,页 147)民粹派阵营的批评家斯卡比切夫斯基很敏锐地抓住了作家的这些新的思想情绪(例如他在 1876 年《市场新闻》报第 36、70 期上的文章,具名"平庸的读者")。

出版的,所以印刷厂需要有时间排版,打出印刷校样、作者校样,然后费奥多尔·米哈伊洛维奇才允许送样给书报检查机关(催促这种机关,大家知道是不可以的),拼版,然后再送作者校样、印刷厂校样,最后才开印。

出版事业主管机关批准费奥多尔·米哈伊洛维奇出版《作家日记》曾表示依法规定他承担编辑之责,就可以不必预先送审即行出版,并且他作为特殊的例外,享受优惠的条件,即不必缴付通常的职务保证金,可是费奥多尔·米哈伊洛维奇丝毫没有发现他的《日记》可以不必预先送审而出版于他有什么吸引力,他拒绝了。他倒是看重那一定程度的安静,在书报检查方面他不必承担责任的情况下,他可以充分用来考虑。他并且坚决相信,书报检查机关一般说来对他的《日记》的倾向不会有任何影响……果然,书报检查官尼古拉·安东诺维奇·拉金斯基(《日记》出版期间几乎一直由他审查)常对费奥多尔·米哈伊洛维奇开玩笑说,他不作审查,只是纠正他的笔法。这就是说,有时候,他纯粹要凭检查官的权力涂去某个不恰当的地方时,他不这样做,只用另外一个字代替,这样文句的意思就缓和了。[①]

费奥多尔·米哈伊洛维奇向我解释他不愿意"不必经过预先审查"即行出版,他说,不经审查便出版,本人必须担起检查官的责任,以做到经过审查出版,而他根据经验知道,审查自己的作品是很不容易的。

但是,费奥多尔·米哈伊洛维奇作为一个作者,由于书报检查官的或多或少的大涂改,毕竟尝到了不愉快,虽然次数不多。也常有这样的情况,整个一篇文章被书报检查官禁止,这时费奥多尔·米哈伊洛维奇也开始为保卫被禁止的文章而忙碌奔走:他去找检查官,去检查委员会,找出版事业总管理局主席,——解释,证明……大部分情况下他的奔波获得成功;奔走失败,便只好减少刊物篇幅,因为《日记》上的文章,表面上看虽然是各式各样的,其实相互之间有着有机的联系,因为一篇是从另一篇生发出来的;抽掉一篇,费奥多尔·米哈伊洛维奇往往没有合适的东西去填补版面,重写又没有时间,这么一来,印刷厂在各种情况下只好在《作家日记》出版的前夕才结束工作,并且它的最后一页几乎总是在

---

①　关于拉金斯基检查《作家日记》的情况见陀思妥耶夫斯基给亚历山大罗夫的信。(《书信集》,第 3 卷,页 245、268;第 4 卷,页 308、313、317)亚历山大罗夫在这里所述情况不太确切。拉金斯基还是查禁了一些东西的,陀思妥耶夫斯基甚至跟他争吵过。

夜里才开印。完全"**像报纸一样**"了!

出版的经济部分,也就是和印刷厂、纸厂、装订工、书商、街头卖报人以及刊物包裹的邮寄、运送方面的一切账目,从《作家日记》一开始出版便由费奥多尔·米哈伊洛维奇的妻子安娜·格里戈利耶夫娜担任[……]。有赖于此,费奥多尔·米哈伊洛维奇如此喜爱的办事准确完全做到了,因此他本人完全有可能泰然摆脱一切经济方面的操心,埋头于文学的、概括地说是思想性的工作。

费奥多尔·米哈伊洛维奇那份独立的小刊物的稍嫌复杂的组织工作便是这样……

十一

《作家日记》问世以前,报上的广告曾引起某些读者的揶揄的微笑,某些出版机构则发出粗野无礼的冷笑,这是一方面;另一方面则是责难年高望重的作家。[①] 比如,一部分人说,陀思妥耶夫斯基要出版他的《日记》,大概是因为才思枯竭了,什么好东西也写不出来了;另一些人指责他自命不凡,说是这种自命不凡促使他狂妄地把《日记》当作足以引起公众注意的文学作品拿出来以飨读者。还有许多人以为费奥多尔·米哈伊洛维奇这份微不足道的刊物是注定要在当时浩如烟海的期刊中消失得无影无踪的。然而情况完全相反。

《作家日记》第一期印了两千册,迅速销售一空,因为上面所述的期刊对《日记》的粗暴狂妄的说法引起大家的兴趣,无论如何这总是一本独具一格的新刊物。不过大家从第一期上立刻看到,《作家日记》根本不像所有读书的人看惯的那种日记。他们看到,那不是记录事件的流水账,而是有威望的社会活动家对一些当前生活现象经过深思熟虑的、可靠的、指导性的言论,而这些生活现象的意义又只有高深的智慧才了解;这时人们才兴趣越来越浓地去阅读这份刊物。

---

① 《圣彼得堡公报》第 11 期(彼·德·波波雷金的小品文)"责难"《作家日记》,《新时代》第 37 期(伊·弗·瓦西列夫斯基的小品文)及《呼声报》第 138、152 期(拉罗什及其他人的文章)嘲笑《作家日记》。

随着二月份的第二期问世,因预订和零售而销售一空的第一期,又要求重印。随着第二期的出版,《作家日记》为读者和国内期刊业中有影响的大刊物所承认;报纸引用与摘登它的文章,有一家报纸甚至全文转载一篇文章——著名的幻想性小说,题目叫《在基督的新年枞树游园会上的孩子》,是作为小品文转载的①。第二期在读者中几天工夫便告售罄,版子在印刷厂还未拆版就需要加印了,数量和头版印数一样;第一期也重新装版,第二次加印。

《作家日记》的预订虽则从一开始出版就办理的,但数量始终不大。刊物发行的主要方式是零售。在彼得堡,大多数读者宁愿简单地零买,而不愿预订,因为从报贩手里买新出刊物要比通过邮局送的预订刊物早得多,尽管在价格上零买比预订要贵(预订价格是一年两卢布,而每月零买是三十戈比一本)。顺便说说,这种情况相当明显地表明读者是如何迫不及待地等待着《日记》的出版。

正如我前面已经说过的,《作家日记》是在一定的日子大清早准时出版的,所以在这些日子里,总可以在报贩的报摊上看到《日记》和日报放在一起,他们把《日记》当作有趣的新刊物而特地陈列出来。

随着《日记》接连不断的出版,读者对它的兴趣越来越高,以致到夏天来临时,《日记》的印数已达六千份。这样,对于所有的人来说它的成功也就极为迅速地成为确凿无疑的事了。费奥多尔・米哈伊洛维奇对这一成就感到高兴,但并不觉得奇怪,尽管无论在何种情况下他对印数的决定都持慎重态度。

《作家日记》的读者主要是社会上的一部分知识分子,其次是俄国社会各阶层中所有喜爱严肃读物的人。到《作家日记》出版的第一年年底,费奥多尔・米哈伊洛维奇与读者之间建立了联系,到第二年,联系的规模之广泛,在我们俄国达到了空前的地步:读者纷纷来信、来访,向作者表示感谢,他们阅读《作家日记》得到了美好的精神养料。有些读者对费奥多尔・米哈伊洛维奇说,他们是怀着虔敬的心情看他的《日记》的,当它是《圣经》,有的人把他看作精神上的导师,另外一些人把他当作预言家,要求他替他们解答某些他们困惑的迫切的时代问题。费奥多尔・米哈伊洛维奇热情地接待他的顾客,和他们谈话,看他们的来信并作复……外省读者在这方面表现得尤其诚恳;许多人只要有机会到彼得堡来,便认为亲自向敬爱的作家表示敬意是自己的责任;另一些人则利用这样的机

---

① 《在基督的新年枞树游园会上的孩子》由《彼得堡报》在第 24 期的小品文栏转载。

会来见一见著名的作家—"预言家"，听听他讲话……只有一些顽固的俄国"西欧派"对费奥多尔·米哈伊洛维奇的《日记》不满，引用他们一个头头的尖刻话，说是"陀思妥耶夫斯基身上散发出一股强烈的劣质橄榄油味道"，那意思就是说他变成假圣人了。

十二

《作家日记》出版期间，我又经常到费奥多尔·米哈伊洛维奇处去，因为我又开始和他有联系……这些联系不像过去那样经常，但比较密切，因而我有机会比较接近地仔细看看他的生活方式。

当时费奥多尔·米哈伊洛维奇住在希腊大街一所坐落在希腊教堂与小水塘街之间的房子里。这所房子和他以前住在利戈夫卡街与古谢夫胡同拐角上的那幢房子一样，是老房子。他的住所在三楼，会客室的布置很像从前的老房子，连得房间的窗户也都是一个方向，朝东的……我还发现费奥多尔·米哈伊洛维奇后来的寓所也是在一幢老房子里。有一时期，一个问题引起我的思考：为什么费奥多尔·米哈伊洛维奇宁愿要老房子，而不要整洁舒适得多的新房子呢？我得出下述结论：费奥多尔·米哈伊洛维奇需要大面积的寓所，在新房子里租借这样大而舒适的房子和他的收入不相符……他仅仅靠文学写作过日子，而靠这种劳动收入为生，即使拥有像费奥多尔·米哈伊洛维奇那样大的才能，又异常刻苦勤奋，在我们俄国，有时候即使可能的话，也只能过相当寒酸的生活。

我所见过头两处住所里，除了普通的厨房和前室以外，房间的数目不下于五间，就是：一间兼作会客室用的大厅，小小的餐室，同样也是小小的书房，儿童室——总是尽可能地离书房远一点，最后，还有安娜·格里戈利耶夫娜的卧室。所有房间的家具都很简陋；会客室里的家具比较新，不过也是所谓市场上买来的；其他房间里的家具还要简陋，而且比较陈旧。

费奥多尔·米哈伊洛维奇的书房尤其简朴。毫无一点现代水平的书房的刻板化的陈设。看着他的书房往往不能断定，这书房是属于何种职业的人的……

我所描绘的当时（1876）费奥多尔·米哈伊洛维奇的书房仅仅是他的房间、

工作室、禅房似的斗室而已……他在家的大部分时光在这间斗室里度过,在那里接待熟悉的友人,工作,睡觉。房间的面积将近三平方俄丈①,里面摆着一张不大的漆布面子的土耳其式长沙发,给费奥多尔·米哈伊洛维奇兼作床用;两张普通的桌子,是公家机关里经常可以看到的那种桌子,其中一张略微小些,堆着书籍、杂志、报刊,放得倒也井然有序;另一张大桌子上摆着插了一支笔的墨水瓶,一本札记本,相当厚,四开书写纸的大小,费奥多尔·米哈伊洛维奇在这上面记载未来的作品用的零星思想和事实,一叠小张的信纸,一只烟叶盒,一只装着纸筒和棉花的小匣子,此外别无一物,写作的其他必需品放在**桌子**里,也就是放在比较低的抽屉里,按老的惯例,这抽屉在桌面以下。这张桌子上面的墙壁上挂着费奥多尔·米哈伊洛维奇的相片;桌子前面放着一把扶手椅,和其他家具一样,也是旧的,没有软垫。墙角有一只小书橱。窗户上挂着普通的素色窗帘……这就是《作家日记》出版期间费奥多尔·米哈伊洛维奇的书房的全部陈设,正如你们所看到的那样,除了少量书籍以外,一点也没有那种富有清趣、可以算是供人在书斋里愉快地进行思考和活动的东西。

我不知道人家作何想法,刚才我描写的费奥多尔·米哈伊洛维奇的书房,引起我的极大的敬意,我认为,那规规矩矩的、近乎是清贫简朴的家具,比和普通书房相似的家具陈设更真实、更可靠地反映出书房主人的性格。我深感遗憾的是我未能生动如画地再现著名作家的颇有性格特色的书房。

十三

费奥多尔·米哈伊洛维奇写作品须有一个必不可少的条件——那就是安静。因此之故,他经常夜里写作。由此他养成了晚睡迟起的习惯。他夜里写作,第二天往往中午一点多钟才起床,有时更迟……这样不自然的安排睡眠与不睡眠的时间,加上身体又总是有病,自然不可能不损害费奥多尔·米哈伊洛维奇的神经系统。事实也果然如此。但与此同时,家里的人过的生活却是完全正常的:

---

①　一平方俄丈约等于 4.5 平方米。

大家起得相当早,喜欢操劳、知道分寸的安娜·格里戈利耶夫娜要作很多努力以便使有两个年幼的孩子和两个女仆的家里保持安静;没有安静,费奥多尔·米哈伊洛维奇既不能工作,也不能睡觉,他尽管夜间工作,困倦不堪,可是他却感觉非常灵敏,他的睡眠容易被惊醒。

费奥多尔·米哈伊洛维奇通常醒来后立即起床,洗脸,穿上一件宽松的黑呢长上衣,——这是他平常家里穿的衣服,长睡衣和拖鞋他是不穿的,——等待喝茶。费奥多尔·米哈伊洛维奇坐在自己的书桌旁,喝几杯甜的浓茶,喝一杯茶要穿过客厅自己到餐室去倒,因为茶炊和茶具放在餐室里。费奥多尔·米哈伊洛维奇喝茶时或者浏览报纸,或者用黄色玉米纸卷炮筒似的粗粗的纸烟……他吸烟很多,这自然使得本来就很活跃的神经更加活跃。然后他接见来访的人,如果有人来访的话。三点钟左右,替他在餐室备好一份干的早点……有一次我去时费奥多尔·米哈伊洛维奇正好在用早餐,我看到他怎样饮用普通谷物做的伏特加:他咬一口黑面包,呷一口杯子里的伏特加,一起咀嚼。他对我说,这是最好的饮用伏特加的方法。吃过早饭,费奥多尔·米哈伊洛维奇去散步,这时间,他去印刷厂,如果需要去的话。六点钟,他和家人一起用饭,把这一段时间贡献给家里的人,直到孩子们去睡觉。之后,费奥多尔·米哈伊洛维奇动手写作。吃过正餐以后他比较多的是去看望朋友。他的朋友很多,而且都是令人敬重的人物,有些甚至是身居高位显爵的人——一般说来均是社会上层与文学界的著名人士。

费奥多尔·米哈伊洛维奇正常的一天便是这样度过的。

然而他的苦恼是,如果他不按正常时间醒来,也就是他醒来得比较早,比如,因为意外的敲门声,或者屋里的喧嚷声,或者仅仅因为夜里工作时间过久,比预定的时间长,而又是在平常的时间醒来,这样,他没有睡够就起床了。逢到这种情况,费奥多尔·米哈伊洛维奇在醒来后的起初一段时间往往板着一张脸,闷闷不乐,默不作声。总之,在这种情况下他的样子有点儿痛苦而抑郁……我有两三次看到他处于这种状况,他的这种模样每次都给我以压抑的印象。在这种情况下他避免跟任何人讲话;家里人自然知道他的脾气,因而不让任何人去找他,只有对我是例外,因为我这种时候来找他,只是为了他所关心的事情,并且是他写信请我来的,他乐于见我……他扬一扬脑袋,指了指书房里的沙发,简单地说:

"请坐。"

接着,又简单地问道:

"想喝茶吗?"

我琢磨,在眼前的情况下,肯定的回答比否定的好,因为肯定的回答可以把事务上的谈话朝后拖,而开始这种谈话于他分明是很不好受的,所以我回答说,我想喝茶。于是他走到餐室里去,另外拿了一只杯子,倒了一杯浓茶,和他自己的一样,端来给我。

"想抽烟吗?"过了一会儿,他问。

出于上述的考虑,我又作了肯定的回答,于是费奥多尔·米哈伊洛维奇把烟丝盒和纸筒盒子拉过来,装了一支烟交给我。这样一来,我没有打破沉默,直到他自己开口谈到正事,为了这件事他才把我找来的。

类似上述的情绪,有时候会使费奥多尔·米哈伊洛维奇变得容易生气:他很容易发火,这时说话就严厉。这时候的他,在旁观者的眼里看来,显得粗暴,对亲近的人甚至很专横。但是我根据经验知道,和他接近的人,一般说来没有感觉到他的粗暴,尤其没有感觉到他的专横,而这种看似粗暴和专横是对着他们而发的。

但是,刚才写到的费奥多尔·米哈伊洛维奇这种病态的表现,与他的主要病症——癫痫发作比较起来是微不足道的了。据有些人说,他在流放西伯利亚①之前就受尽癫痫的痛苦。我从来没有看到过这种病的发作,不过安娜·格里戈利耶夫娜详细向我讲述过。顺便提一提,她说通常费奥多尔·米哈伊洛维奇几天之前就预感到要发病了。出现一定的预兆时就采取一切可能的预防措施:比如,费奥多尔·米哈伊洛维奇几天不出门;白天,家里的人,主要也就是安娜·格里戈利耶夫娜来关心他,夜里在他睡的沙发旁边打地铺睡,以防他万一睡着时发作。由于这些预防措施,事前就防止,而且也缓和了癫痫发作的危险后果。否则很容易发生这样的情况:费奥多尔·米哈伊洛维奇可能会在街上发作,跌倒,在石头上摔伤。然而,病的发作使费奥多尔·米哈伊洛维奇浑身乏力,痛苦不堪,每次发作过后得三四天才恢复。这几天里他什么事也不能做,什么人也不能接待,除了安娜·格里戈利耶夫娜,只有她一个人能在这种情况下照料他。他有什么事情跟人联系要通过安娜,跟我联系也通过她。总之,安娜·格里戈利耶夫娜

---

① 参见本书页 111 注①,页 126—127。

还善于以挚爱的关切保护她丈夫的脆弱的健康,用她自己的话来说,经常"照料"他,像照料小孩一样,对他的态度上表现出温和的忍让,再加上很有知识水平的分寸感,故而我可以很有把握地说,费奥多尔·米哈伊洛维奇和他的家人以及他的许多崇拜者都得为他那几年的生活而感谢安娜·格里戈利耶夫娜。

十四

某些作家说,他们是**用自己的血在写**作品,这样的说法如果是有道理的话,那么,用在费奥多尔·米哈伊洛维奇·陀思妥耶夫斯基及其作品上是更其确切,因为这位作家不是口头上,而是实际上在作品中消磨了他的生命,消耗了身体的健康,比起服苦役对他的影响来,还是写作对他的身体影响大⋯⋯

我不知道费奥多尔·米哈伊洛维奇写他的长篇和篇幅大的中篇是否容易,但我知道,他写《作家日记》上的文章是很紧张的,一般都花费了巨大的劳动。费奥多尔·米哈伊洛维奇写作吃力的头一个原因和最主要的原因是他的始终不变的规矩——写作品极其认真,写作方法极其细致;第二个原因是要求叙述简洁,有时候甚至直截了当地限定杂志上文章的篇幅;最后,第三个原因是写作这一类文章须限时限刻⋯⋯这一切的结果是费奥多尔·米哈伊洛维奇尽管文学技巧上富有经验,他的少数手稿却非得有一次甚至两次的草稿才行,后来交给印刷厂还得要由费奥多尔·米哈伊洛维奇自己誊写过,或者根据他的口授,由安娜·格里戈利耶夫娜来誊写。

注意到费奥多尔·米哈伊洛维奇写作品时所遇到的困难,才会理解他对待自己的原定给刊物的和准备交给印刷厂的稿子的那种关切备至的态度。为了这些珍贵的手稿不致有失,费奥多尔·米哈伊洛维奇经常亲自交给印刷厂,而且直接交在拼版工手里,有时候趁我去看望他的时候交给我,甚至委托他的妻子送到印刷厂来,但从来不派仆人送稿子到印刷厂。不过,我总算说服费奥多尔·米哈伊洛维奇,让印刷厂的通讯员拿着我的条子,或者根据我与费奥多尔·米哈伊洛维奇的每次预约,向他去取稿件时把稿子(原稿,印刷厂用)交给通讯员。不过这很难得,只是遇到紧急情况,或者早上去取夜里写好的稿件才这样。

一般说来，费奥多尔·米哈伊洛维奇如果不是亲自把稿子交给我，总是会附上一张条子给我的。

了解上述情况以后，另外一点也就很容易了解了：夏天，费奥多尔·米哈伊洛维奇离开彼得堡——他每年如此，——送原稿到印刷厂是他最操心的事。何况，在这种情况下他往往没有和拼版工也就是和我亲自交谈的机会，而这种交谈于他是很必要的。原稿准备好以后，费奥多尔·米哈伊洛维奇用他自己的独特的方法进行计算，不是像印刷厂通常计算原稿那样按字母数，而是按词数计算——送去的原稿将排成多少印刷行，然后折合多少页；但是因为根据以往经验，这种计算从来都是不准确的，只是一个近似数字，所以他在接到校样前始终疑疑惑惑。这样准备好原稿要送时，费奥多尔·米哈伊洛维奇写信给我，详细叙述他对所送出的稿件的设想，和给我的若干点指示。随后，两者都以特挂信寄给彼得堡印刷厂里的我。一期《作家日记》出版期间这样的事总有三四回。

十五①

[……]《日记》出版前三天左右，他来到彼得堡，独自住在他的市区的寓所里，只好由看院子的人的妻子马马虎虎地照料一下，因为住所里一个仆人也不曾留下。这种情况自然使费奥多尔·米哈伊洛维奇很担心，这样独自一人过活时，他的病弱的身子，尤其是他的癫痫症，自不免引起他的亲人深深地为他担忧。

不过，《日记》出版以后，费奥多尔·米哈伊洛维奇的身心得到几天休息，精神振奋，享受着成功的愉快[……]刊物的成功有那么重大的意义，确实可以鼓舞作者的精神，使他暂时忘却对他来说是苦恼的限时限刻搞文字写作的艰辛。然后他动手编写新的一期《日记》……一个月又一个月，事情这样进行下去，从秋到夏，在作家几乎不停顿地工作着的同时，旧鲁萨或埃姆斯当会把他的损坏了的健康恢复过来，以后在秋季、冬季和春季的岁月里，由于同样的不停顿地工作，又把身体搞坏，像大多数劳动者为了一家人的生计所迫而不停地操劳一样。

---

① 这一章大部分是陀思妥耶夫斯基给亚历山大罗夫的事务上的信件和便条，这里删去。

十六

由于《作家日记》的创办，费奥多尔·米哈伊洛维奇同我的关系得到恢复，这种关系一直是良好的，充满了相互的尊敬和信任，而且还继续往好的方面发展……在不是刊物问世或《作家日记》出版的要紧的日子，在比较空闲的时间，我上他家去时，安娜·格里戈利耶夫娜也参加我们的谈话。她参加谈话时，他们俩便对我的个人生活和我的家庭状况发生兴趣：他们泛泛地询问我的家庭情况，着重问我的孩子们。当他们知道我的大女儿已经八岁，已经在圣诞初级中学（现在仍是这个校名）念书的时候，他们便开始要求我，让我把我的玛尼娅介绍给他们的大女儿莉莉奇卡，她比我的女儿小一岁多；我自然表示乐于从命，在下一个星期日便带着女儿和保姆去见他们。费奥多尔·米哈伊洛维奇亲自撮合孩子们，在他的指点之下，他们很快成了好朋友。从这次以后还几次谈论过孩子的情况。我们谈到孩子的教育、培养，而且费奥多尔·米哈伊洛维奇对这两点发表了看法。他说，最好的教育是家庭教育，而中学教育他认为是对少女的最正常的教育，他就准备把自己的女儿送到女子中学去受教育。有时我们谈到孩子们的习惯，有一次费奥多尔·米哈伊洛维奇谈起他有时念圣经故事和俄国壮士歌给他的小女儿听，她很听得懂；有时候他念自己作品的片断给孩子听，同时觉察他的推测是对的，他的作品中有些地方连孩子也能懂，这一推测得到证实……这种情况启示他得空闲时就选一些这样的片断去出版单行本的小书；不过这一主意他没来得及付诸实现。他死后，由奥列斯特·费奥多罗维奇·米勒编辑才特别出版了这种摘要本，后来由弗·雅·斯托尤宁编辑又出了另外一种版本。[①] 即使别人的作品费奥多尔·米哈伊洛维奇也朗诵得非常出色，因此不言而喻，他的

---

① 奥·费·米勒的文选叫作《献给俄国孩子。陀思妥耶夫斯基作品摘选》，圣彼得堡，1883 年。其中包括《穷人》、《涅朵奇卡·涅兹万诺娃》、《被侮辱与被损害的》、《罪与罚》、《少年》、《卡拉马佐夫兄弟》及其他作品的片断。弗·雅·斯托尤宁的选本叫《供中等年龄（十四岁）学生读的费·米·陀思妥耶夫斯基作品选》，圣彼得堡，1887 年。

朗诵把小孩子也吸引住了,这事情他自己时常很高兴地讲起。

我们也时常谈到文学评论方面的话题,而且我有机会听到费奥多尔・米哈伊洛维奇关于我们文学界的某些名人及其作品的一些独到的见解,也议论到他自己的某些作品。

年高望重的作家的这些见解正确到什么程度,我可以从下面一点得出部分的结论:弗・梅公爵①的文学活动出了名,那时达到了顶峰,他的某些长篇小说在极短的时期内就出了两版,甚至三版,当时费奥多尔・米哈伊洛维奇早就预言过这种成功是昙花一现,它已成为事实。

我问,为什么会这样? 费奥多尔・米哈伊洛维奇解释说,因为梅谢尔斯基公爵写长篇一挥而就,也就是不在思想方面作精心的加工,也没有在文学技巧方面下功夫。

“这样写作是不行的,”费奥多尔・米哈伊洛维奇归结说,“现在他一时出风头,所以就风行开了……再维持五六年,人家就会忘记他……那时将会感到惋惜,因为这个人无疑是有才能的。”

另一个现代文学家②,已经写得很有文采,又是散文,又是诗歌,我不知道为什么,费奥多尔・米哈伊洛维奇要对他抱轻蔑的看法,而且始终保持不变……

还是在编辑《公民》时期,《公民》的出版人就对这位文学家有好感,在办刊物的第一年就慨然拨出篇幅来刊载他的作品(顺便说一句,这并没有妨碍上述这位文学家以后诽谤他)。有一次,费奥多尔・米哈伊洛维奇和出版人编排一期刊物,由于上述这位美文学家有一部作品篇幅相当大,在陀思妥耶夫斯基任编辑之前即已开始连载,还要继续刊登,陀思妥耶夫斯基主张杂志的版面上根本不登这个人的作品,或者至少等到版面比较空的时候。

“但这是那么可爱、那么富有文学性的作品呀。”出版人反驳。

“我不了解您在这种文学作品中会发现什么好东西,这种作品只讲些我们到过那里,后来又到这里,在那里待了多少时间,看见什么什么,诸如此类,没有思想,甚至没有意义,”费奥多尔・米哈伊洛维奇带着略微有点恼火的味道说,在出版人的办公室里走来走去,谈话就在这间房间里进行。

---

① 即梅谢尔斯基公爵。
② 这里指的谁未能查明。

出版人几乎觉察不出地耸耸肩膀,微微一笑,没有再进行反驳。

美文学家已经开始刊登的作品在《公民》上终于没有登完……后来完整地登载在倾向正好与《公民》相反的杂志上,以后又出版单行本。后来这位文学家获得了相当盛大的、也比较持久的声誉,由于这一声誉,他在 1877 年接受彼得堡一家大报社的邀请,担任该报的特约通讯员前往战争地区。可是费奥多尔·米哈伊洛维奇还是照从前一样对待他的作品。有一回我在谈话中引用他的战地通讯,费奥多尔·米哈伊洛维奇皱了皱眉头,说道:

"嗯,这种东西最好还是根本不看!"

由于尼·阿·涅克拉索夫去世,费奥多尔·米哈伊洛维奇发表了对他的诗歌的看法。[①] 他说,尽管涅克拉索夫的某些诗粗糙,音调不谐和,但他毕竟是个真正的诗人,绝非拼拼凑凑的诗歌作者;他的诗不做作,不矫揉造作,自然地直接出自诗人的胸臆,在这方面,陀思妥耶夫斯基把他置于所有的现代诗人之上。在涅克拉索夫死后出版的最近一期《公民》上,费奥多尔·米哈伊洛维奇为了纪念他,呈献给他许多诚挚动人的文字,既表示自己对他的赞许,又为他的人品辩白(因为当时报刊上和社交界对诗人响起一片攻击和责难之声)……同时他论证,必须区分作家身上的两重个性,应该把人的个性和作家的个性区分开来,根据作品来评论作家。

1874 年初,费奥多尔·米哈伊洛维奇的长篇小说《白痴》新版问世,有一次三人闲聊,谈到现今的俄国文学,他想起这本书还没有送给我,立即要安娜·格里戈利耶夫娜拿一本来,题上几句词,除了一般常用的词句之外,还有特别令我受用的话,最起码的谦逊精神不让我在此引用这些话……

从费奥多尔·米哈伊洛维奇这一次关于这部小说所说的话中来推测,我得出结论,在他的所有作品中,他把《白痴》放在非常高的地位。他把书交给我时很动感情地说:

"看看吧! 这是好东西……里面什么都有!"

后来,在我已经拜读过《白痴》以后,有一次我们在谈话中触及冈察洛夫,我极口赞扬他的《奥勃洛莫夫》,费奥多尔·米哈伊洛维奇同意《奥勃洛莫夫》是好的,但是向我指出:

---

① 指《作家日记》1877 年十二月号第二章。(《1926—1930 年版全集》,第 12 卷,页 346—363)

"我的'白痴'也是奥勃洛莫夫。"①

"此话怎讲,费奥多尔·米哈伊洛维奇?"我刚这么问了一句,顿时恍然大悟。"啊,对!两部小说中的主人公都是白痴。"

"一点不错!只不过我的白痴比冈察洛夫的好……冈察洛夫的白痴是渺小的,他身上有许多市侩气;我的白痴却是高尚的,崇高的。"

现在承认冈察洛夫的作品有其他的极大的优点,这话自然是不能不同意的。但是从前,我,大概还有许多人,无论如何也没有想到要在我国文学的这两部作品中间画上等号。

1877 年,费奥多尔·米哈伊洛维奇的《罪与罚》出了第四版,他送我这部小说,也题了词。在这种场合他又很动感情地兴奋地对我说:

"这也是好东西!……"

"这我自己也已经知道了,费奥多尔·米哈伊洛维奇,"他的话音刚落,我便插进去说,"对您的这部作品,我看到和听到许多赞扬的话。"

"您知道吗,"他接着说,"这部长篇初次出版时,有人感谢我;一些可敬的体面的人,担任国家高级职务的人……感谢过我!"

费奥多尔·米哈伊洛维奇无条件地认为列·尼·托尔斯泰伯爵是当代俄国作家中最著名的一个。② [……]

二十

《作家日记》停刊后我和费奥多尔·米哈伊洛维奇有两年多没见面……这

---

① 陀思妥耶夫斯基对《奥勃洛莫夫》评价很高,把它看作和《战争与和平》及《死灵魂》同样的作品。(见 1870 年 2 月 12 日给阿·迈科夫的信,——《书信集》,第 2 卷,页 251)但是一般地说,陀思妥耶夫斯基对冈察洛夫确实是冷淡的。(例如,1869 年 2 月 26 日在给尼·尼·斯特拉霍夫的信中对《悬崖》的评论。——《书信集》,第 2 卷,页 170)

② 陀思妥耶夫斯基不断地思考托尔斯泰的创作,尤其是从 1865 年起。两人的作品在艺术方法上是截然相反的,但在思想上却有许多很接近的地方,如在对民间因素,"人民的土壤"的理想化方面,在对待脱离这一土壤的知识分子,以及知识分子的拯救者——农民的态度上面。(详见本书页 583 注①)

期间他写了他的最后一部长篇巨著《卡拉马佐夫兄弟》,这部小说 1880 年便在《俄国导报》上刊登,引起读者对此书和著名作者的巨大兴趣。近年来,费奥多尔·米哈伊洛维奇由于出版《作家日记》而声誉大增,在此影响下,他被选为彼得堡斯拉夫人慈善会的副主席。总之,这一年,——呜呼!——费奥多尔·米哈伊洛维奇生命中的最后一年,他的声誉特别迅速地增长,在当年举行的普希金纪念像揭幕典礼那天,达到了顶峰。

那时候,彼得堡经常举行慈善性的文学晚会,大部分是为了救济贫困的青年学生,费奥多尔·米哈伊洛维奇颇为积极地参加晚会,这也是吸引读者参加晚会的主要原因。我趁着这样的一个晚会,去看看和听听我喜爱的人,哪怕是从旁边看看听听。那是 1880 年 4 月,福马的星期日①……值得提一提的是,尽管事情是在复活节狂欢的最后一天,但那天天气晴朗,加上刚开始的彼得堡的白夜,诱使人们到露天去散步,夜色初降时分,也就是天色还亮着,警察桥旁边的贵族俱乐部大厅里名副其实地挤满了听众……

按照节目单轮到费奥多尔·米哈伊洛维奇上台了,大厅里出奇地安静,说明听众们正集中注意力凝望着台上,《卡拉马佐夫兄弟》的作者早已出名、然而不久前才得到这样承认的作家,就要出场了……这一时刻来临,紧张的寂静中爆发出掌声,延续下去,一会儿稍轻,一会儿又突然响起来,持续了将近有五分钟之久。费奥多尔·米哈伊洛维奇以矫健的步伐从侧幕后面出来,朝着摆在舞台正中的桌子走去,他在半路上停住脚步,向欢迎他的池座观众鞠了几躬,然后继续以矫健的步伐向桌子走去;可是他刚走了两步,又一阵突然爆发的掌声使他停了下来。费奥多尔·米哈伊洛维奇再一次向左右两边鞠躬,想赶紧走到桌子旁去,但是震耳欲聋的掌声继续着,他无法在桌子旁坐下,只得又站了一会,连连鞠躬。最后,等掌声稍稀,他才坐下,打开稿子,这时掌声又响了,他只好再度起身,向四面鞠躬致意。掌声终于停止,费奥多尔·米哈伊洛维奇开始朗诵。这天晚上他朗诵的是没有在《俄国导报》上发表过的《卡拉马佐夫兄弟》中的章节。他的朗诵照例是精彩的,清楚,响亮,或者,确切一点说,是清晰,贵族俱乐部的大厅相当大,可容纳一千多人,但坐在最远角落里的人也听得很清楚。

---

①　福马的星期日指复活节后第一个星期日。这里显然是指 1880 年 4 月 27 日斯拉夫人慈善会的募捐朗诵会。陀思妥耶夫斯基朗诵了《孩子们》(《卡拉马佐夫兄弟》)中的片断。

不消说,听众对费奥多尔·米哈伊洛维奇的朗诵报以热烈的掌声,等他朗诵完了节目单上载明的作品,听众要求他再朗诵点儿什么。尽管持续很久的朗诵刚刚结束,费奥多尔·米哈伊洛维奇却觉得自己精力充沛,所以很乐于满足这个要求。面对着无数的听众,他感觉心情舒畅,举止自如,仿佛置身在朋友中间。听众敏锐地听出他的嗓音中所饱含的真挚,也同样真诚地对待他,就像对待他们早已熟悉的喜爱的人,因而,听众对费奥多尔·米哈伊洛维奇的欢呼,在声调上完全不同于对戏剧界外来名角儿的喝彩。

这一次,费奥多尔·米哈伊洛维奇在朗诵节目单以外的东西之前,作了个短短的开场白,充满机智和个性色彩:

"我念一个俄国诗人的一首诗,真正的俄国诗人,他,很遗憾,有时候思考时不用俄语,但是他说话时,说的必定是真正的俄语!"

接着,费奥多尔·米哈伊洛维奇朗诵了涅克拉索夫的《弗拉莎》,朗诵得多么精彩! 等他念完,掌声震动了大厅。可是听众还不肯和著名的朗诵者分手,要求他再念点儿什么。这一回费奥多尔·米哈伊洛维奇也没有让人家久请,他自己想必也深为听众的热情所感动,还没有感到疲倦。他念了阿·康·托尔斯泰伯爵的一首小诗《伊里亚·穆罗美茨》,富有艺术性地传达了基辅的功勋卓著的大显贵、老富翁的牢骚,充满着史诗般的朴实,使听众为之着迷。有一次红太阳弗拉基米尔公爵在豪华的宴会上一一敬酒,却把这位老显贵漏掉了,为此他对公爵大为生气,离开公爵的辉煌的府第,立即跨上他的"花斑"马,穿过蓊郁的森林,回偏僻的故乡去了。当费奥多尔·米哈伊洛维奇念到诗的结尾:

> 老头儿的严峻的脸膛
>> 重又显得开朗,
> 欣喜地呼吸着
>> 有益于健康的新鲜空气,
> 旷野又使他感觉到
>> 强烈的自由气息,
> 黑魆魆的森林
>> 散发出树脂和草莓的芳香……

他的鼓舞力似乎达到了极点,因为他朗诵到诗的结句"黑魆魆的森林散发出树脂和草莓的芳香……",嗓音里含着那么惊人的表现力,真正富有艺术性的朗诵产生十足的幻象:所有的人都似乎觉得"贵族"大厅里真的飘溢着树脂和草莓的清香……听众们呆若木鸡,正因为这样,直到费奥多尔·米哈伊洛维奇合上书本,从椅子上站起身来时,大厅里才爆发出震耳欲聋的掌声。[……]

二十四

1881 年 1 月 26 日,我遇到一个拼版工,他替复刊的《作家日记》拼过版,从他的嘴里,我得知费奥多尔·米哈伊洛维奇病了,我问到患病的程度,还问到事情的经过,他详细告诉找,一天之前,他刚去过费奥多尔·米哈伊洛维奇处,费奥多尔躺在床上接见他……"有什么吩咐,老爷?"费奥多尔·米哈伊洛维奇问,开玩笑称他的新拼版工为"老爷",他生病躺在床上时一直就开这种玩笑。

拼版工回答,他是来商量《作家日记》第一期的截稿的,因为出版的日期快到了。

"可是我生病了……您看见的……"

"我知道,费奥多尔·米哈伊洛维奇……您怎么啦?"

"我在吐血;医生说,我身体里面不知哪里的血管破了,在流血……吐掉的血据说已经有两杯了。"

后来我得知,费奥多尔·米哈伊洛维奇 1 月 26 日生病是因肺动脉破裂而吐血——对于身体比较结实和不那么神经质的人,这并不是什么特别危险的病;第二天他作了忏悔,领了圣餐,觉得轻松了许多,还看了《作家日记》第一期的校样,这一期仍旧应在即将过去的当月的月底出版;可是这一期刊物的制成品他是命里注定看不到的了:1 月 28 日,他的病情恶化,当天,他因为出血而逐渐衰弱下去,静静地死了。[……]

题解：

关于米哈伊尔·亚历山大罗维奇·亚历山大罗夫的生平,我们几乎没有任何材料。只知道他在印刷《公民》杂志的特兰谢尔印刷厂当拼版工,其后在奥包连斯基公爵的印刷厂工作,1876—1877 年间,陀思妥耶夫斯基拿着他的《作家日记》找这家印刷厂出版,就是因为米·亚·亚历山大罗夫在那里当拼版工。他也在苏沃林的"新时代"印刷厂以及属于布拉果斯维特洛夫的妻子的"事业"印刷厂工作过。他是个勤奋、安静而细心的工人。

亚历山大罗夫显然是在八十年代末至九十年代初撰写回忆陀思妥耶夫斯基的文章的。他与安·格·陀思妥耶夫斯卡娅很熟悉,派人把自己的手稿送去给她,在下面这封回信(《俄国旧事》,1892 年,第 5 期,页 336)中得到她的鼓励:

> 尊敬的米哈伊尔·亚历山大罗维奇,我怀着由衷的高兴拜读了您的大作。它使我生动地回想起难以忘怀的旧日时光。据我的看法,您在文中极为准确地抓住了已故的费奥多尔·米哈伊洛维奇的一切性格特征,您所描绘的他,正是家庭日常生活中的他那个样子。这一方面,除去跟他接近的人之外,很少为人所知,您无疑是接近他的人之一。亟盼您有机会发表您的大作。
>
> 手稿久未奉还,祈谅;我一直生病,本想待身体复原后亲自趋府奉告我的印象。
>
> 真诚地尊敬您、忠诚于您的
>
> 　　　　　　　　安·陀思妥耶夫斯卡娅于 1891 年 11 月 16 日

米·亚·亚历山大罗夫的回忆录包含许多有趣的事实,经过核对,大部分情况下应当承认其真实性。亚历山大罗夫远离当时的政治斗争和思想斗争,他不想把陀思妥耶夫斯基说成是这一阵营或那一阵营的人。他很少涉及陀思妥耶夫斯基的创作和活动的这一方面。

《回忆录》选

安·格·陀思妥耶夫斯卡娅

1874年的头几个月对于我们颇不顺利。为了《公民》的事务,不问天气如何,费奥多尔·米哈伊洛维奇都得出门去,在刊物出版前要一连几个小时坐在火炉生得很暖和的校对室里,所以他时常感冒:轻微的咳嗽加剧,出现气喘,给丈夫看病的科什拉科夫教授建议他用压缩空气进行治疗。科什拉科夫介绍去西蒙诺夫医生的诊疗所(坐落在加加林街),费奥多尔·米哈伊洛维奇每星期去三次,每次在钟形排气罩下坐两小时左右。压缩空气治疗法给丈夫带来极大的好处,尽管占去他大量的时间,因为他的整个一天给打乱了:他得一早起来,按规定的时间赶到那里,等候姗姗来迟的病人,和他们一起坐在钟形罩下,等等。这都是使丈夫的心情不愉快的。

同时,使费奥多尔·米哈伊洛维奇苦恼的还有另外一件事情:去年因为《公民》上刊登的一篇文章而判他拘留两昼夜,由于编辑工作和身体不好的关系,他还一直没有去蹲过拘留所。最后,丈夫与阿·费·科尼谈妥,拘留定在三月下半月执行。21日早晨,警察分局局长来到我们家,费奥多尔·米哈伊洛维奇已在等候他了,他们一起先到区法院。我过两小时当去分局打听,我丈夫关在哪个单位。原来他们把他放在干草广场的禁闭室(现今的市试验所)。我立即送一只小手提箱和一套卧具到那边去。这是平常时期,他们立刻让我去见丈夫。我发现费奥多尔·米哈伊洛维奇情绪很好:他开始询问,孩子们是否想念他,要求我

给他们吃糖果点心,并且说他到莫斯科去替他们买玩具。晚上,安顿孩子们睡觉
以后,我忍不住,又去看丈夫,然而因为时间已晚,没让我进去见他,我只好通过
看守转交给他一封信和几个新鲜小面包。我觉得那么懊丧,没能和他说几句话,
谈谈孩子,安慰安慰他,我站在斯帕斯基胡同尽头的禁闭室的窗下,看到丈夫坐
在桌子边,正在看书。我站了五分钟,轻轻敲了一下,他立即站起来朝窗口看。
看到我,他快活地笑了笑,点点头。这时,一个哨兵向我走来,我只好离开。我去
阿·尼·迈科夫处(住在附近的花园街),要求他明天去探望我丈夫。他这人心
肠真好,把拘留的事通知符·谢·索洛维约夫,后者在次日也去探望了我丈
夫。① 第二天,我到丈夫处去了两次(晚上仍站在窗子旁,这一次他在等我了),
第三天,十二点钟光景,我和孩子们高高兴兴地迎接爸爸"从莫斯科"回来。路
上他顺便去了百货店,给孩子们买了玩具。从拘留所回来,费奥多尔·米哈伊洛
维奇异常高兴,说这两天过得很好。他的同室难友是个手艺匠,白天接连几个钟
头睡大觉,所以丈夫能够丝毫不受干扰地重读维克多·雨果的《Les Misérables》
(《悲惨世界》),他给予这部作品以很高的评价。

　　"他们关我禁闭,也好,"他愉快地说,"要不然,难道我会有时间去重温这部
伟大作品很久以前留下的美妙印象?"

　　1874 年初,费奥多尔·米哈伊洛维奇决定彻底辞去《公民》的编辑工作。②

　　费奥多尔·米哈伊洛维奇又钻到纯粹的艺术工作中。新的思想、新的典型
在他的脑海中诞生,他感觉到需要把它们体现在新的作品中。③ 他操心的问题
自然是万一《俄国导报》明年的稿件已经有了的话,把小说发表在哪里。况且对
丈夫来说,自己去推荐自己的作品总是一件难堪的事情。但是发生了一个情况,
使我们忐忑不安的问题幸运地解决了。

　　四月的一个上午,十二点钟左右,女孩子交给我一张名片,上面印着:尼古
拉·阿列克谢耶维奇·涅克拉索夫。我知道费奥多尔·米哈伊洛维奇已经穿好
衣服,马上就要出来,就吩咐女孩子请客人到客厅里,同时亲自把名片交给了丈
夫。过了约莫五分钟光景,费奥多尔·米哈伊洛维奇连声道歉说是叫客人久等

---

① 见本书页 498—500。

② 见亚历山大罗夫及季莫费耶娃的回忆录。

③ 指《少年》的构想。

了,一边请客人进书房。

涅克拉索夫的来访使我极感兴趣,他是丈夫年轻时的朋友,后来又是文学上的反对者。我记得,早在六十年代,《当代》及《时代》①还在发行时,他们就在《现代人》上骂过费奥多尔·米哈伊洛维奇,最近几年在杂志上又频频发出从米哈伊洛夫斯基、斯卡比切夫斯基、叶利谢耶夫及其他人②方面来的含有敌意的抨击。我也知道,费奥多尔·米哈伊洛维奇从国外归来后还没有跟涅克拉索夫在任何地方见过面,所以他的来访应该是有一定意义的。我的好奇心是那么强烈,忍不住去站在书房通餐室的那扇门背后。使我极为高兴的是我听到涅克拉索夫在邀请丈夫作撰稿人,要求他把小说交给《祖国纪事》在明年发表,并且表示愿意每印张给二百五十卢布,而费奥多尔·米哈伊洛维奇直到现在还只拿每印张一百五十卢布。

涅克拉索夫看到我们十分清寒的境况,他大概以为,费奥多尔·米哈伊洛维奇对于这样巨额增加稿酬定会大喜过望,一口应承的。哪知费奥多尔·米哈伊洛维奇对他的建议表示过谢意以后,说道:

"尼古拉·阿列克谢耶维奇,因为两个原因我不能给您肯定的答复:一,我得和《俄国导报》函商,问问他们,是否需要我的作品。如果他们明年的稿子有了,我可以随意处理,那我就答应把长篇小说给你们。我向来是《俄国导报》的撰稿人,卡特科夫对我的要求总是殷勤照顾的,我自己的作品如果不给他们提一下,由我方面脱离他们,那是说不过去的。这事情一两个星期内可以见分晓。尼古拉·阿列克谢耶维奇,我认为有必要预先向您说明,我凭自己的作品一向是要预支稿费的,而且要预支两三千。"

涅克拉索夫表示这一点也完全同意。

---

① 关于《现代人》与《当代》及《时代》的论战见本书第一卷尼·尼·斯特拉霍夫的回忆录及题解。

② 指《祖国纪事》。安·格·陀思妥耶夫斯卡娅说得不太确切:格·扎·叶利谢耶夫在《祖国纪事》上一点也没有提到过陀思妥耶夫斯基。斯卡比切夫斯基在列举马尔凯维奇、皮谢姆斯基及斯杰勃尼茨基(列斯科夫)的反虚无主义的许多小说时,一带而过地提到《群魔》(《祖国纪事》1872 年第 7 期上的《现代外壳下的旧理想主义》一文)。尼·康·米哈伊洛夫斯基在《祖国纪事》的文章中提到《群魔》(《祖国纪事》,1873 年,第 2 期),文章写得十分谨慎,毫无攻击的意思,企图让陀思妥耶夫斯基知道小说《群魔》里面存在的矛盾,责备他在小说中、在 1873 年的《作家日记》上《故交旧友》一文中歪曲现实。

"第二个问题,"费奥多尔·米哈伊洛维奇继续说,"是我的妻子怎样看待您的建议。她在家,我马上去问她。"

于是丈夫来找我。

这时出现有趣的情况。费奥多尔·米哈伊洛维奇来找我时,我急忙对他说:

"还问什么? 答应吧,费佳,立即答应吧。"

"答应什么呀?"丈夫惊讶地问。

"唉,我的天哪! 答应涅克拉索夫提出的条件呀。"

"你怎么知道他提出的条件?"

"全部谈话我都听见了,我站在门外哪。"

"那么你偷听了? 唉,安涅奇卡,你怎么不害臊!"费奥多尔·米哈伊洛维奇痛苦地高声叫道。

"没什么可害臊的! 你对我没有秘密的,你反正一定会告诉我的。嗯,我偷听了,这有什么要紧,又不是旁人的事情,是我们共同的事情嘛。"

我摆出这一番道理,费奥多尔·米哈伊洛维奇只好摊开双手。

费奥多尔·米哈伊洛维奇回到书房,说:

"我跟妻子谈过了,她也很乐意我的小说在《祖国纪事》上刊登。"

这种事情还要征得我的同意,涅克拉索夫对此分明有几分生气,他说:

"我怎么也想不到您对尊夫人会这样'唯命是从'!"

"这有什么奇怪的?"费奥多尔·米哈伊洛维奇反驳道,"我和她一起生活得很融洽,我把所有的事务都交给她处理,我相信她的聪明和办事能力。这种对我们两人来说都是十分重大的问题,我怎么能不征求她的意见呢?"

"噢,是的,当然,我理解……"涅克拉索夫说,把话扯到其他事情上去了。又坐了二十来分钟,涅克拉索夫走了,友好地和丈夫告别,要求一接到《俄国导报》的回音便通知他。

为了快些弄清长篇小说问题,费奥多尔·米哈伊洛维奇决定不和《俄国导报》函商,亲自去一趟莫斯科,四月底到了那里。卡特科夫听到涅克拉索夫所提出的条件,答应出同样的价钱,可是等到费奥多尔·米哈伊洛维奇要他预支两千卢布时,卡特科夫却说,他们为了买下一部作品(长篇小说《安娜·卡列尼娜》)支付了一大笔钱,因而编辑部经费困难。这样一来,长篇小说的去向问题便以有利于涅克拉索夫而解决了。[……]

和家人一起在旧鲁萨度过五月,费奥多尔·米哈伊洛维奇于 6 月 4 日去彼得堡,以便遵照科什拉科夫教授的意见,到埃姆斯去治病。在彼得堡,梅谢尔斯基公爵和他的某个亲戚开始说服丈夫,叫他不要去埃姆斯,到索登去。以前一向替他治病的冯·布列特采尔大夫也向他提出同样的意见。他们的坚决主张使费奥多尔·米哈伊洛维奇颇为难,他决定去柏林向医学界著名人士弗辽利赫教授征询意见。到柏林后他去找教授。那位教授替他看了两分钟,只用听诊器碰了碰他的胸部,然后交给他一个埃姆斯的医生的地址,建议他去找古滕塔格大夫。费奥多尔·米哈伊洛维奇对俄国医生的仔细检查已经习惯了,因而对著名的德国医生的马虎十分不满。

费奥多尔·米哈伊洛维奇是 6 月 9 日抵达柏林的,因为所有的银行都关门,他就去皇家博物馆参观考尔巴赫,关于此人的作品人们已经说了很多,写了很多。费奥多尔·米哈伊洛维奇不喜欢这位艺术家的作品,他发现其中"只有冷淡的讽喻"。①② 不过博物馆中的其他藏画,尤其是古代名家的作品却给丈夫以良好的印象,他深感遗憾的是我们第一次去柏林时没有一起去观赏这些艺术珍品。[……]

从柏林回来的路上,费奥多尔·米哈伊洛维奇对大自然的优美景色赞叹不绝。他写信给我说:"可以看到世界上最令人神往的风景中一切迷人的、秀丽的、奇幻的东西;冈峦,山岭,古堡,城市,如马尔堡、利姆堡,都有美妙的钟楼耸立,与山岭和山谷巧妙配置,令人惊叹——这样的景色我还从来没有看见过,我们就这样在炎热的、阳光灿烂的早晨一直抵达埃姆斯。"③④费奥多尔·米哈伊洛维奇也欣喜地描写了埃姆斯的秀丽景色,后来由于孤独和苦闷,这个城市却总是给他以压抑的印象。

在旅馆下榻之后,费奥多尔·米哈伊洛维奇到达的当天便去找奥尔特医生,冯·布列特采尔医生有封介绍信给他。奥尔特十分仔细地检查了丈夫,发现他有临时性的卡他,但是声称这病不可等闲视之,因为往后越发展,呼吸功能就会

---

① 1874 年 6 月 25(13)日给我的信。——安·格·陀思妥耶夫斯卡娅注
② 《书信集》,第 3 卷,页 102。
③ 1874 年 6 月 25(13)日给我的信。——安·格·陀思妥耶夫斯卡娅注
④ 《书信集》,第 3 卷,页 103。

越差。他嘱咐丈夫喝矿泉水，并保证经过四星期的治疗后一定会痊愈。[……]

过了个把星期光景，费奥多尔·米哈伊洛维奇已经想家了，在这之前，他只跟家里人有过短时期的分别，况且遇到意外情况还随时可以回家。因为我的信发得不及时，信到达的时间比费奥多尔·米哈伊洛维奇等待来信的时间晚了好些，所以我丈夫的想家的苦闷也就更加厉害。我知道他会焦急，所以我亲自送信到邮局，每次都请求邮局职员立即发出去。我把丈夫抱怨旧鲁萨邮局送信迟缓的来信给他们看，请求他们不要耽搁我们的通信，但一切还是枉然：来往信件总要在旧鲁萨搁置两三天，只是到了1875年的春天我们才获悉为什么会发生诸如此类的耽搁。[……]

在埃姆斯，费奥多尔·米哈伊洛维奇在当地俄国人中有几个朋友，他们对他怀有好感。比如，他见过库勃利茨基①、阿·安·施塔肯施奈德、赫先生②，还遇到过沙利科娃郡主，在卡特科夫处经常跟她见面。这位善良可爱的妇人以她的愉快、开朗的态度帮助费奥多尔·米哈伊洛维奇摆脱一人独处的苦闷。为此，我对她怀着深深的感激之情。我丈夫有每天作长距离散步的习惯（每天两次），现在失去这份愉快，由此他苦恼更甚。在公共场所的小花园里散步，人群杂沓，熙熙攘攘，没有意思；上山去吧，健康状况又不允许。想到这一年的冬天我们怎样度过，他甚感不安。我们从涅克拉索夫处拿到的那笔相当大的预支稿费已经花掉：一部分偿付刻不容缓的债务，一部分作了丈夫出国去的路费。连一部分小说稿子也不交就去要求提前付款是不可能的。这些情况凑在一起对丈夫产生了影响，他神经衰弱了（也可能是因为饮用矿泉水），于是他在公众中以"肝火旺盛的"俄国人出名，动辄训人。③ 我的一些信，关于孩子们的事情，他们的淘气，他们说的话语，给丈夫以莫大的安慰。他在7月21/9日的信中写道："我亲爱的安尼娅，你的信中关于孩子们的一些笑话，简直使我精神为之一振，好比我就待在你们身边。"在同一封信中，费奥多尔·米哈伊洛维奇提到我们的孩子的教育问题："他们没有自己的朋友，也就是女友和同学，也就是和他们一样的幼小的孩

---

① 米·叶·库勃利茨基(1821—1875)，戏剧史家，戏剧评论家。

② 具体指谁不详。

③ 1874年6月21日给我的信。——安·格·陀思妥耶夫斯卡娅注

子。"①确实,在我们的熟人中,很少有和我们的孩子年龄相若的小孩,只有夏天,孩子们才会在约翰·鲁缅采夫神甫的家庭成员中找到朋友。[……]

费奥多尔·米哈伊洛维奇的钱不够去巴黎一游,但是他无法放弃他那真诚的愿望:在世时再去看一次我们的大女儿索尼娅的坟墓,对她的纪念,他珍藏在心里。他经过日内瓦,两次去"Plain Palais"儿童公墓,从索尼娅的坟头上带回几枝柏树枝,六年间,女儿坟头上的柏树已长得郁郁苍苍,高出墓碑了。

费奥多尔·米哈伊洛维奇在彼得堡逗留两三天后,8月10日左右返回旧鲁萨。

在1874年夏季从埃姆斯给我的书信中,费奥多尔·米哈伊洛维奇几次提到使他感到苦恼的思想,那是想到我们在最近的将来要经受一段困难时期。② 境况确实如此,可能逼得我们去考虑,虽说在物质方面我们一向过得并不轻松。

我前面已经提到,尼·阿·涅克拉索夫四月间来我们家,要求费奥多尔·米哈伊洛维奇把他的未来的小说发表在1875年的《祖国纪事》上。我丈夫很高兴与涅克拉索夫恢复友好关系,因为他对涅克拉索夫的才华评价很高;涅克拉索夫提出的稿费比我丈夫在《俄国导报》上所得的高一百卢布③,这一情况,我们两人也是满意的。

不过这件事对于费奥多尔·米哈伊洛维奇也有为难的一面:不久以前,在丈夫编辑《当代》与《时代》杂志时,《祖国纪事》还是对立阵营的一家杂志,与他们进行过激烈的斗争。④ 在它的编辑部成员中,有几个是费奥多尔·米哈伊洛维奇在文学上的敌人:米哈伊洛夫斯基,斯卡比切夫斯基,叶利谢耶夫;某种程度上也包括普列谢耶夫⑤;他们可能要求丈夫把小说改写,以符合他们那一派的精神。然而费奥多尔·米哈伊洛维奇无论何种情况下都不可能放弃自己的根本信仰。《祖国纪事》同样也可能不愿意刊登丈夫的不同见解的作品,于是一碰到

---

① 见《书信集》,第3卷,页125。

② 6月24日、7月14日及其他日子给我的信。——安·格·陀思妥耶夫斯卡娅注

③ 每印张多出一百卢布,见前文所述。

④ 涅克拉索夫1868年当《祖国纪事》的主编,而《时代》的最后一期出版于1865年。与陀思妥耶夫斯基的杂志进行论战的是涅克拉索夫的《现代人》。

⑤ 关于米哈伊洛夫斯基、叶利谢耶夫及斯卡比切夫斯基的态度见本书页552注②;普列谢耶夫1874年是《祖国纪事》的秘书,但是为了什么原因安·格·陀思妥耶夫斯卡娅把他算作文学上的敌人则不清楚。

稍微严重些的分歧,费奥多尔·米哈伊洛维奇必定会讨回自己的小说,不管那会对我们产生什么可悲的后果。1874 年 12 月 20 日的信中,他为同样的想法感到不安,他写道:"现在涅克拉索夫完全可以卡我,如果有什么地方和他们的倾向针锋相对的话……但是,哪怕这一年我们不得不乞讨度日,我在倾向性方面是连一行字也不会让步的。"①[……]

二月初,费奥多尔·米哈伊洛维奇不得不到彼得堡去②,在那里待了两星期。此行的主要目的是必须会见涅克拉索夫,商定继续发表小说的期限。还要征求一下科什拉科夫教授的意见,因为丈夫打算这一年也到埃姆斯去,以便巩固去年治疗十分成功的效果。[……]

我丈夫在 2 月 6 日③及 9 日的信中,怀着由衷的高兴心情把他与涅克拉索夫友好会面的情况告诉我,还告诉我,涅克拉索夫在看完《少年》第一部后就向他表示喜悦的心情。"整夜坐着看书,如此入迷,以我的年纪和健康是不该这样熬夜的了。""老兄,您写得多么富有新意呀。"(他最喜欢丽莎的最后一幕)"这样新鲜,在我们的年纪是不常有的了,也没有一个作家会有。列夫·托尔斯泰的最近一部长篇小说仅仅是我看过的他过去作品的重复而已,只不过从前的作品好一些。"他认为自杀的场面和故事"尽善尽美到了极点"。倒想象一下看,他喜欢的竟也是头两章。"您的第八章写得最差,"他说,"这里有许多事件纯粹是表面性的"——"怎么一回事?当我自己重看校样时;我自己最不喜欢的恰恰也是这第八章,我把它删去很多。"④

回到旧鲁萨,丈夫把他与涅克拉索夫的许多谈话转告给我听,我确信,与青年时代的朋友恢复亲密的交往对于慰抚丈夫的心灵是十分可贵的。当时与文学界几个人⑤的会见却给费奥多尔·米哈伊洛维奇留下了不太愉快的印象。总之,在京城的两个星期对丈夫来说过得很忙乱、疲劳,等他回到家,发现我们全都

---

① 《书信集》,第 3 卷,页 145。
② 从旧鲁萨去彼得堡,1874 至 1875 年间的冬天他是在旧鲁萨过的。
③ 《书信集》,第 3 卷,页 147。
④ 《书信集》,第 3 卷,页 151—152。
⑤ 指陀思妥耶夫斯基与阿·尼·迈科夫的分歧,尤其是指他与尼·尼·斯特拉霍夫的分歧。(见《书信集》,第 3 卷,页 155)关于这几年陀思妥耶夫斯基与斯特拉霍夫的关系见本书前文斯特拉霍夫的回忆录的题解。

健康、平安,他高兴得无以复加。

这一次他很不情愿去埃姆斯,我费了很大劲儿才说服他不要放弃夏季的治疗。

[……]但是,除了对孩子们、对我极度惦记之外,费奥多尔·米哈伊洛维奇想到工作没有进展,他无法在预定的期限之内交出《少年》的后续篇章,他心里还是很难受的。费奥多尔·米哈伊洛维奇在 6 月 13 日的信中写道:"最使我痛苦的是工作毫无成就;直到现在我还闲着,我痛苦,缺乏信心,却没有力量动手。不,不该这样写艺术作品,不是为了定货而被迫写作,是有时间和愿望才写作。不过,我大概终究会很快就着手写真正的作品的,会有什么结果,我不知道。在这苦闷中我可能会毁掉这一想法。"[1][……]

我想起 1876 年我们生活中的一件小小的争执,使我的丈夫很激动,他在两三天之前刚发过癫痫。有个年轻人亚历山大·费奥多罗维奇·奥托(奥涅金)来找费奥多尔·米哈伊洛维奇,他在巴黎住过,后来收集普希金的珍贵书籍与文献。奥托君声称,他的朋友屠格涅夫托他来找费奥多尔·米哈伊洛维奇,向费奥多尔讨还欠款。[2] 丈夫吃了一惊,问道,难道屠格涅夫没有从帕·瓦·安年科夫那儿收到五十塔列尔,这笔钱是他在去年七月回俄国途中在火车上遇到安年科夫时托他转交给屠格涅夫的。奥托君承认收到过安年科夫的钱,但是说,屠格涅夫记得给费奥多尔·米哈伊洛维奇寄到威斯巴登去的不是五十,而是一百塔列尔,所以算来费奥多尔·米哈伊洛维奇还欠五十塔列尔。丈夫十分激动,认为是自己搞错了,便立即喊我。

"安尼娅,你说,我欠屠格涅夫多少钱?"丈夫先把客人介绍给我,然后问。

"五十塔列尔。"

"对吗? 你记得清楚吗? 没有搞错?"

"我记得清清楚楚。因为屠格涅夫在自己的信中也写明给你送来了多

---

① 《书信集》,第 3 卷,页 180。

② 1865 军 8 月陀思妥耶夫斯基从威斯巴登写信向屠格涅夫紧急借款一百塔列尔。(不是像安·格·陀思妥耶夫斯卡娅所写的那样五十塔列尔,见《书信集》,第 1 卷,页 140)但是屠格涅夫派人送给陀思妥耶夫斯基五十塔列尔,为此陀思妥耶夫斯基于 1865 年 8 月 20 日写信致谢。(《书信集》,第 1 卷,页 410)1875 年 7 月陀思妥耶夫斯基通过安年科夫还了这笔债。(见《书信集》,第 3 卷,页 196,1875 年 7 月 6 日陀思妥耶夫斯基给安·格·陀思妥耶夫斯卡娅的信)

少钱。"

"你把信放在哪里？拿出来看看。"丈夫要求。

信自然不在手头，但我答应找出来，我们请年轻人过两三天顺便来我们家一趟。

费奥多尔·米哈伊洛维奇因为我这方面可能有错而很不愉快，又放心不下，故而我决定哪怕通宵不睡也要把信找到。丈夫的不安也感染了我，连我也开始觉得这件事情上是不是出了什么差错。糟糕的是丈夫前些年的书信都放得乱糟糟的，我至少必须重新翻阅三四百封信才能找到屠格涅夫那封来信。看过信以后，我丈夫确信错误不在我们这方面，他这才放下心来。

两天后，奥托君来，我们把屠格涅夫的信给他看。他非常窘，要求把这封信给他，好让他把信送给屠格涅夫去看，他答应把信还给我们。

过了三星期光景，奥托君又来我们家，带来一封信，但不是我们给他的那封信，而是费奥多尔·米哈伊洛维奇本人在威斯巴登写的信，要求屠格涅夫借给他五十塔列尔。这么一来，误会消释了，我们十分满意。[……]

[……]1877 年，我们继续出版《作家日记》，虽然它在精神上的成就和物质上的成绩增大了，但与每月杂志出版相联系的繁重事务，也就是送刊物、预订刊物、和订户通信等等也随之而增加。因为这件事情上我没有帮手(除了一个送刊物的人之外)，故而我常常极为疲劳，这一点对我当时还很结实的身体也有影响。[……]

由于年底将临，费奥多尔·米哈伊洛维奇开始考虑问题：明年他是否继续出版《作家日记》？我丈夫对这份杂志经济上的成功是完全满意的；社会上对他的态度是真诚而信赖的，在与他的通信及无数陌生人的来访中反映出来，对他是很宝贵的，然而艺术创作的要求占了上风，所以费奥多尔·米哈伊洛维奇决定停止出版《作家日记》两三年，去从事新的长篇小说的创作。有些什么样的文学课题吸引着、激动着我的丈夫，这可以从他死后找到的备忘录上来判断，1877 年 12月 24 日他在那本子上写道：

Memento①——用一辈子。

_____

① 法语：记事本。

1. 写俄国的 Канида①。

2. 写一本关于耶稣基督的书。

3. 写自己的回忆录。

4. 写一部四旬祭②的长诗。

　　（所有这些，除去最近的一部长篇小说和原拟中的《日记》出版之外，minimum（最少）要十年的工作，而我现在是五十六岁）。［……］

　　1877 年 11 月，费奥多尔·米哈伊洛维奇心情十分哀伤：早就患上一种痛苦的疾病的涅克拉索夫快要死了。对于丈夫来说，青年时代的回忆，文学生涯初期的回忆是和涅克拉索夫联系在一起的。要知道，涅克拉索夫是最先承认费奥多尔·米哈伊洛维奇的才华，协助他在当时的知识界获得成功的人之一。诚然，后来他们在政治信仰上分道扬镳了，六十年代在《当代》和《现代人》之间进行过一场激烈的论战。但是费奥多尔·米哈伊洛维奇不念旧恶，当涅克拉索夫向他提出把小说发表在《祖国纪事》上时，他同意了，并且恢复了他对青年时代旧友的友好态度。涅克拉索夫诚恳地以友好的态度回报他。费奥多尔·米哈伊洛维奇得知涅克拉索夫病危，开始经常去看他，了解他的健康状况。有时候要求不要为了他去喊醒病人，只要转告他的衷心的问候。有时候丈夫去遇上涅克拉索夫没有睡觉，这时涅克拉索夫立即念最近的诗作给丈夫听，还指着其中的一首——《不幸者》（用"克罗特"的名字），说："我这首诗写的是您！"③这件事使丈夫深受感动。总之，与涅克拉索夫的最后几次见面给费奥多尔·米哈伊洛维奇留下了深刻印象，所以 12 月 27 日当他得悉涅克拉索夫去世时，他伤心至极。那天他整夜大声念着已故诗人的诗作，真心诚意地赞赏其中的一些诗，认为那是俄国诗歌中的真正的瑰宝。看到他极其激动，我生怕他癫痫发作，就坐在书房里，守在丈夫身边，直到天亮。我从他的讲述中得知几个过去不曾知道的、他们青年时代生

---

　　①　法语 Candida 的俄语音译：老实人，是伏尔泰的《老实人或乐观主义》中的主人公。

　　②　四旬祭指人死后四十天进行奠祭活动。

　　③　陀思妥耶夫斯基在《作家日记》中两次提及涅克拉索夫献给他的诗。（见《1926—1930 年版全集》，第 11 卷，页 23；第 12 卷，页 33）长诗《不幸者》并非如安·格·陀思妥耶夫斯卡娅所写的那样，是涅克拉索夫的最后的诗作，这首诗发表在《现代人》上。（1858 年，第 5 期）现代文艺研究中对克罗特的原型的看法是不一致的。（见《涅克拉索夫 2》，页 631—632）

活中的插曲。

　　费奥多尔·米哈伊洛维奇去参加了几次祭祷涅克拉索夫的仪式，决定去抬遗体，参加安葬仪式。12月30日清晨，我们乘车到涅克拉索夫所住的铸造厂大街克拉耶夫斯基的房子，在这里我们遇到一大群青年，手持月桂冠。费奥多尔·米哈伊洛维奇护送灵柩到意大利大街，因为光着脑袋在严寒中走路很危险，所以我就劝丈夫先乘车回家，两小时后再乘车去新圣女修道院参加安魂祈祷。我们果然这样做，正午时在修道院里。

　　在热烘烘的教堂里站了半小时，费奥多尔·米哈伊洛维奇决定到外面去。奥·费·米勒和我们一起出来，我们一起去寻找涅克拉索夫的即将下葬的墓址。墓地的寂静给了费奥多尔·米哈伊洛维奇一种令人慰藉的印象，他对我说："安尼娅，将来我死了，你把我葬在这里，或者随便你喜欢把我葬在哪里，但是记住，不要把我葬在沃尔科夫公墓，不要葬在文学家栈道上。我不想躲在我的敌人中间，我生前吃够了他们的苦头！"

　　听着他关于殡葬的安排，我心情十分沉重；我开始劝慰他，说他身体还很健康，不必想到死。我想改变他的抑郁的心情，便开始臆想他将来的葬礼，祈求他尽可能地长久活在世界上。

　　"嗯，你不想葬在沃尔科夫，我将来把你葬在涅夫斯基大修道院，葬在你那么喜爱的茹科夫斯基的旁边。只是请不要死！我将去请涅夫斯基的唱诗班，请主教来做弥撒，甚至做两次。你知道，我要做到，不光这一大群青年人，而且还有整个彼得堡，六万到八万人将会跟在你后面。花圈也会多两倍。你瞧，我答应你将要为你举行多么隆重盛大的葬礼，但是有一个条件，你要再活许多许多年。否则的话我太不幸了。"

　　我故作夸张地许下诺言，因为我知道这样可以打消费奥多尔·米哈伊洛维奇此时的压抑的思想，我做到了这一点。费奥多尔·米哈伊洛维奇微微一笑，说：

　　"好的，好的，我将尽力多活一些时候。"

　　奥·费·米勒说我的想象丰富，谈话转到别的事情上去了。[……]

　　在涅克拉索夫的墓地，四周围绕着一群年轻人。《祖国纪事》的几个同事作了发言之后，青年人要求陀思妥耶夫斯基发表演说。费奥多尔·米哈伊洛维奇深为激动，以断断续续的嗓音作了简短的发言。他高度评价长眠于地下的诗人的才华,并阐明随着他的去世俄国文学也受到巨大的损失。据许多人的看法,这是对着涅克拉索夫的尚未掩埋的墓穴所作的最诚挚的演说。这篇演说刊登在1877年十二月号的《作家日记》上,流传甚广。它包括以下几节:一,涅克拉索夫之死。——在他的墓地上所作发言。二,普希金、莱蒙托夫及涅克拉索夫。三,诗人与公民。——作为人的涅克拉索夫的普遍意义。四,于涅克拉索夫有利的证明人。据许多文学家的意见,这篇文章是对作为人的涅克拉索夫的最出色的辩护词,比当时无论哪个评论家都写得出色。①

1878年的大斋期,弗·谢·索洛维约夫受沙梁城宗教教育爱好者协会的委托,举行了一系列的哲学讲座。这些讲座吸引了满坑满谷的听众;其中有许多是我们共同的熟人。因为我们家里诸事顺遂,我和费奥多尔·米哈伊洛维奇也一起去听讲座。

有一次听讲回来,丈夫问我:

"你注意到没有,尼古拉·尼古拉耶维奇(斯特拉霍夫)今天对我们的态度好生奇怪。他自己没有走过来,以前他总是过来的,中间休息时我们遇到了,他勉强打了个招呼,马上就跟什么人去讲话了。他该不是在生我们的气吧,你认为呢?"

"我也觉得他好像在避开我们,"我回答,"不过告别时我对他说:'别忘了星期天,'他回答说:'一定来。'"

我有几分不安,由于我嘴快,是否说了什么话惹我们星期日的常客生气了呢?丈夫非常重视与斯特拉霍夫的聊天,经常在开饭之前提醒我,要我备上好酒,或者准备客人爱吃的鱼。

在最近的一个星期天,尼古拉·尼古拉耶维奇来吃饭,我决意弄清事情,直接问他是否在生我们的气。

"您想的什么,安娜·格里戈利耶夫娜?"斯特拉霍夫问。

"我和丈夫觉得,您在索洛维约夫最近一次讲座上回避我们。"

"嘻,这是特殊情况,"斯特拉霍夫笑了,"我不光避开你们,所有的熟人我都避开。列·尼·托尔斯泰伯爵和我一起来听讲座。② 他要求不要把他介绍给任

---

① 关于青年人对陀思妥耶夫斯基这次发言的印象见本书页587柯罗连科的回忆录。
② 这次讲座是1878年3月10日举行的。

何人,所以我避开大家,躲在一边。"

"怎么！托尔斯泰和您在一起?!"费奥多尔·米哈伊洛维奇惊奇又伤心地高声叫道,"真遗憾,我没有见过他！当然,如果这个人不愿意的话,我不会硬要去和他相识的。但是您为什么不递一句悄悄话呢,说一声跟您在一起的是什么人？我哪怕只是看看他也好啊！"

"您从他的肖像上不是看见过的吗!"尼古拉·尼古拉耶维奇笑了。

"肖像算什么,肖像难道能传达一个人的神采？亲眼看见就完全不同了。有时候看一眼就足以把一个人一辈子铭记在心里。尼古拉·尼古拉耶维奇,您没有把他指给我看,我永远不能原谅您!"

后来,费奥多尔·米哈伊洛维奇不止一次对他没有当面见见托尔斯泰之事表示遗憾。

1878 年 5 月 16 日,极大的不幸使我们举家震惊:我们的小儿子廖沙死了。不幸降临到我们头上,事先一点预兆也没有,孩子一直是又健康又快活的。死的那天早晨他还用他那不大好懂的话在那里咿咿呀呀,和普罗霍罗夫娜老婆婆大声地嬉笑,这老婆子是在我们去旧鲁萨之前到我家来做客的。突然,孩子的小脸轻轻地抽搐起来;保姆当他是急惊风,小孩子出牙齿的时候常常会犯这种病;这一阵他正好在出白齿。我很害怕,立即去请一向替我家治病的儿科大夫乔申,他住得不远,立即来到我家。他对病显然没有特别重视,开了药方,说是急惊风很快就会过去的。但是因为继续在抽搐,我就叫醒费奥多尔·米哈伊洛维奇,他极其不放心。我们决定去请教神经科专家,于是我去找乌斯宾斯基教授。他正在看门诊,约莫有二十来个人坐在他的客厅里。他接待我一会儿,说是等他把病人打发掉,立刻便到我们家来;他开了某种镇静剂,吩咐用氧气袋,不时给孩子吸氧气。回到家里,我发现我可怜的孩子处于这样的状况:不省人事,小小的身体不时抽搐得抖动。但是他显然没有感到痛苦:因为他既没有呻吟,也没有叫喊。我们待在我们的小受难者身边,焦急地等待着医生的到来。两点钟光景,医生终于来了,检查了病人,对我说:"别哭,不要担心,这病很快会过去的!"费奥多尔·米哈伊洛维奇去送医生,回来时脸色惨白,跪在沙发旁边,医生来时我们把婴儿抱到沙发上,让他检查时方便些。我也跪在丈夫旁边,想问问他,大夫说的什么(据我后来知道,他对费奥多尔·米哈伊洛维奇说,孩子已经开始进入临死状态），但是他用手势禁止我说话。过了将近一个钟头，我们开始发现，抽搐明显地减少。刚才大夫安慰过我，我还心里高兴呐，以为孩子的抽搐渐渐停止，转入安睡，大概快要恢复健康了吧。等到孩子的呼吸突然停止，死亡来临，我真是悲痛欲绝。费奥多尔·米哈伊洛维奇吻吻孩子，替他画了三次十字，放声大哭起来。我也号啕痛哭；我们的孩子们也痛哭，他们那么疼爱我们的小廖沙。

　　这次死亡使费奥多尔·米哈伊洛维奇深为震动。不知为什么，他特别喜欢廖沙，几乎以一种异常的爱在爱他，似乎他预感到很快就会失去这个孩子。费奥多尔·米哈伊洛维奇特别感到难受的是孩子死于癫痫，这病是他遗传给孩子的。从表面上看，费奥多尔·米哈伊洛维奇平静而英勇地承受了命运突然落在我们头上的打击，但是我深感忧虑，这样克制着深切的哀痛，宿命似的影响着他那本来已经摇摇欲坠的健康。为了给费奥多尔·米哈伊洛维奇几分安慰，使他摆脱哀痛的心情，我要求在我们哀痛的这几天里来看望我们的弗·谢·索洛维约夫说服费奥多尔·米哈伊洛维奇，和他一起去奥普塔修道院，索洛维约夫原来准备今年夏天去那里的。参观奥普塔修道院原是费奥多尔·米哈伊洛维奇向往已久的事，不过很难实现罢了。弗拉基米尔·谢尔盖耶维奇同意帮我的忙，开始去说服费奥多尔·米哈伊洛维奇和他一起去修道院。我又以自己的恳求促成其事，当即决定：费奥多尔·米哈伊洛维奇六月中旬去莫斯科（他早些时候就打算去那里，向卡特科夫表示愿意把他未来的长篇小说给他们），趁此机会和弗·谢·索洛维约夫一起去奥普塔修道院。[①] 费奥多尔·米哈伊洛维奇一个人我是不敢让他去这么远的地方的，主要是因为当时去那里是一段很使人劳顿不堪的路程。据我看，索洛维约夫纵然不是个"善于办实际事务的人"，但如果碰上费奥多尔癫痫发作，总还是能够照应他的。[……]

　　费奥多尔·米哈伊洛维奇从奥普塔修道院回来，似乎得到了很大的慰藉，心平气和得多了，给我讲了许多关于修道院的风习，他在那里待了两昼夜。他跟当时的著名"长老"阿姆夫罗西神甫见了三次面：一次当着大众的面在人群中见到他，两次单独见面，从长老的谈话中得到深刻的、动人的印象。费奥多尔·米哈伊洛维奇把我们所遭遇的不幸，我所表现的过分哀痛告诉长老，长老问他，我是否信教，费奥多尔·米哈伊洛维奇给了他肯定的回答，于是长老请他转致对我的

————————

　　① 1878 年 6 月 23 日至 29 日，陀思妥耶夫斯基偕索洛维约夫去奥普塔修道院。

祝福,还有一些话,就是后来长篇小说中佐西马长老对哀伤的母亲所说的那一番话。[……]

秋天返回彼得堡,我们不敢再住老房子,那里一切都充满了对我们死去的孩子的回忆;我们住在库兹涅茨巷五号,两年半以后,命运注定我丈夫在那里去世。[……]

表面上生活照常进行:费奥多尔·米哈伊洛维奇勤奋地草拟新作品的提纲(拟提纲始终是他文学写作中的主要工作,也是最困难的工作,因为有些长篇小说的提纲,比如《群魔》的提纲,常常要改写好几次)。工作进行得十分顺利,1878 年 12 月,除了拟出提纲之外,还写了将近十印张的《卡拉马佐夫兄弟》,发表在《俄国导报》1879 年一月号上。

1878 年 12 月(14 日),费奥多尔·米哈伊洛维奇参加为赞助别斯图热夫讲习班而在贵族俱乐部大厅举行的文学音乐晚会。他朗诵了长篇小说《被侮辱的》中"涅丽的故事"。费奥多尔·米哈伊洛维奇的朗诵使全体听众感到震惊的是什么呢? 是非凡的朴实,感情的真挚,仿佛那不是作者在朗诵,而是一位少女在诉说她的痛苦的生活。以如此简单的朗诵而给予听众以不可磨灭的印象,这是特殊的艺术。学员们极其热烈地对待朗诵的人,我记得,丈夫非常愉快地置身在这一群兴高采烈的年轻人中间,他们对待他的态度是那么真诚。以后费奥多尔·米哈伊洛维奇特别乐意接受为青年学员们作朗诵的邀请。[……]

来临的[1879]年的头两个月,对于我们来说是平静地过去的:费奥多尔·米哈伊洛维奇努力写作长篇,工作进展顺利。三月初,丈夫必须去参加几个文学晚会。3 月 9 日丈夫为文学基金会筹款在贵族俱乐部大厅作了朗诵。这个晚会我国最优秀的作家如屠格涅夫、萨尔蒂科夫、波捷欣及其他人都参加了。费奥多尔·米哈伊洛维奇从《卡拉马佐夫兄弟》中选了《秘密的故事》来朗诵,他朗诵得很出色,引起热烈的欢呼。文学晚会获得如此巨大的成功,他们决定在 3 月 16 日再举行一次,几乎是原班人马,除了萨尔蒂科夫之外。3 月 16 日朗诵时,一位女听众代表高等妇女讲习班向丈夫献了一束鲜花。缎带上绣了俄国风格的花,写了颂扬朗诵者的题词。[……]

复活节(4 月 3 日)在沙梁城为赞助福禄培尔协会①举行文学朗诵会;费奥多尔·米哈伊洛维奇在会上朗诵了《在耶稣的新年枞树游园会上的孩子》。由于那是个孩子的节日,丈夫打算把自己的孩子也带去,让他们也能听听他在舞台上朗诵得怎么样,看看听众以怎样的热爱来欢迎他。这一回反响也是热烈的,一群小听众向朗诵者献了花。费奥多尔·米哈伊洛维奇一直待到节日过完,带着自己的孩子们在大厅里走走,欣赏着孩子们的游戏,孩子们为直到现在未曾见识过的场面而欢呼雀跃,他为孩子们的高兴而欣喜不已。

复活节,费奥多尔·米哈伊洛维奇在亚历山大女子寄宿中学内为赞助别斯图热夫讲习班而朗诵。他从《罪与罚》中选了一段,通过自己的朗诵产生了非同寻常的效果。学员们不仅热烈地为费奥多尔·米哈伊洛维奇鼓掌,中间休息时还围住他,和他聊天,要求他就他们感兴趣的各种问题发表意见,等到晚会结束,他准备离去,一大群人,约两百人或两百以上,跟着他下楼梯,一直送到前厅,动手帮他穿衣服。[……]

1879 至 1880 年间,费奥多尔·米哈伊洛维奇不得不经常为赞助各种慈善机关、文学基金会等团体作朗诵。由于丈夫身体羸弱,我经常陪他出席这些文学晚会,再说我自己也非常想听一听他的真正富有艺术魅力的朗诵,感受一下热烈欢呼的场面,景仰他的彼得堡的听众经常为他热烈欢呼。

文学晚会大部分在亚历山大戏院对面的市信贷会大厅里举行,或者在警察桥畔的贵族俱乐部大厅。

遗憾的是我出去参加这些社交活动常常被费奥多尔·米哈伊洛维奇的醋性发作弄得大煞风景,他的吃醋是毫没来由的,常常完全出乎我的意料,使我处于尴尬的境地。我举这么一桩事情为例。

我和费奥多尔·米哈伊洛维奇去参加类似的一个文学晚会,我们到得稍迟,其他出席晚会的人都已经到齐了。我们进去时,他们友好地欢迎费奥多尔·米哈伊洛维奇,男人们吻我的手。上流社会的这种风习(吻手),显然给我的丈夫以不愉快的印象。他冷淡地和所有的人打过招呼,走到一边去。我顿时明白是怎么一回事了。我和在场的人匆匆寒暄了几句,便去坐在丈夫的身旁,目的在于

---

① 福禄培尔(1782—1852),德国教育家。福禄培尔协会成立于十九世纪七十年代的彼得堡及基辅,该会的宗旨是推广福禄培尔的学前儿童的教学方法。

驱散他的恶劣的心绪。可是我没能做到：我问了两三声，费奥多尔·米哈伊洛维奇不回答我，随后，他"怒气冲冲"地白了我一眼，说：

"你到他那里去!!"

我感到奇怪。问：

"到他那里去,他是谁呀?"

"你不——明——白?"

"我不明白。我该到谁那里去呀?"我笑了。

"到刚才那么热情地吻你的手的人那里去!"

因为所有在休息室里的男人出于礼节都吻过我的手，所以我自然无法确定在丈夫所举的我的罪孽中，谁是行为不端者。

费奥多尔·米哈伊洛维奇这一番话说得声音很轻，但是坐在近边的人还是很清楚地听到了。我很窘，怕闹出家庭丑剧，就说：

"哦，费奥多尔·米哈伊洛维奇，我知道你心绪不好，不想跟我说话。那么我最好还是到大厅里去找个座位。再见!"

说完，我走了。不到五分钟，帕·亚·盖杰布罗夫[①]来到我身边，说费奥多尔·米哈伊洛维奇叫我去。我以为丈夫找不到书里做了记号要朗诵的片断，所以立即去休息室。丈夫怀着敌意迎接我。

"熬不住了? 来看看他?"他说。

"嗯，是的，当然啦，"我笑着，"不过也来看看你。你需要什么?"

"我什么也不需要。"

"你不是叫我吗?"

"我连想都没想到叫你。请别想当然啦!"

"唔，既然没叫我，那么再见，我走了。"

过了十分钟光景，一个主持人走来对我说，费奥多尔·米哈伊洛维奇在打听，我坐在哪里，所以他想，大概是我丈夫想见我。我回答说，我刚去过休息室，快要轮到费奥多尔·米哈伊洛维奇朗诵了，他全神贯注在准备，我可不想打扰他。所以我就没去。但是在第一次幕间休息时，晚会主持人又来找我，带来我丈夫的坚持请求，要我去他那里。我赶紧去到休息室，走到我亲爱的丈夫身边，看

———————————

① 帕·亚·盖杰布罗夫(1841—1893)，《周刊》的编辑与出版人。

到他一脸惶愧、内疚的神色。他向我俯下身子,声音很轻地说:

"原谅我,安涅奇卡,把手给我,祝我成功:我马上要登台朗诵了!"

费奥多尔·米哈伊洛维奇情绪安定下来了,我满意得无以复加,只是我很困惑,在场的人当中(全都是清一色的年纪比较大的人),他怀疑谁对我蓦然间产生了爱情呢? 只有一句轻蔑的话:"瞧,法国佬才这样使劲巴结讨好,"让我知道,费奥多尔·米哈伊洛维奇这一回怀疑妒忌的对象是德·瓦·格里戈罗维奇老头(他的母亲是法国人)。

从晚会归来,我为了丈夫的毫没来由的吃醋,很是埋怨他。费奥多尔·米哈伊洛维奇则照例请求原谅,承认他自己不对,发誓说以后再也不这样了,真诚地感到后悔的痛苦,但是他言之凿凿地说,他无法克制这种突然发作的醋性,而且整整一个钟头,他疯狂似的妒忌我,他极为不快。

这种场面几乎每个文学晚会上都重复发生:费奥多尔·米哈伊洛维奇每次必定派晚会的主持人或熟人来看看,我坐在哪里,跟什么人在说话。他常常走到休息室半开半掩的门边,远远地在我指定的地方寻找我(通常在右边靠墙离第一排几步路的地方给朗诵者的亲属留着位子)。

走上舞台,向鼓掌的听众行过礼,费奥多尔·米哈伊洛维奇先不开始朗诵,却留神张望右边靠墙壁坐着的所有女眷。为了让丈夫尽快看见我,我或者是用白手帕擦擦脑门,或者从座位上微微欠一欠身子。只有确信我在大厅里,费奥多尔·米哈伊洛维奇才开始朗诵。我的一些熟人,同样还有晚会主持人,自然也觉察我丈夫对我的暗中觑看和打听,略微取笑了他和我,有时搞得我很恼火。这种情况使我很厌烦,有一回,去文学晚会的路上,我对费奥多尔·米哈伊洛维奇说:

"我的亲爱的,你记住,今天你如果这样查看我,在听众中间寻找我,那么,我保证从座位上站起来,经过舞台,走出大厅去。"

"那我就从舞台上跳下来,跟着你跑,了解一下你是否出了什么事,你到哪里去。"

此话是费奥多尔·米哈伊洛维奇以极认真的口吻说的,我相信,如果我突然离开会场的话,他真的会做出这种不成体统的事情来的。

癫痫一次次发作造成费奥多尔·米哈伊洛维奇的记忆力极度衰退,主要是对人的名字和脸孔记不住。他认不出别人的脸,人家向他报了名字后,不经过详细的询问,他完全无法确定究竟是谁在跟他讲话,为此他得罪了不少人。惹得那些忘记了他的病或者不知道他有病的人很生气,认为他傲慢,他的健忘是故意装出来的,目的是要侮弄人家。我记得一件事情,有一次,我们去拜访迈科夫兄弟,在他们家的楼梯上和作家费·尼·别尔格相遇,他过去在《当代》工作过,但我丈夫已把他忘记了。别尔格非常亲切地向费奥多尔·米哈伊洛维奇表示敬意,看到人家认不出他,便说:

"费奥多尔·米哈伊洛维奇,您不认识我啦?"

"对不起,我认不出。"

"我是别尔格。"

"别尔格?"费奥多尔·米哈伊洛维奇疑问地看看他(用费奥多尔的话来说,这时他想到"别尔格"是个典型的德国人,《战争与和平》中罗斯托夫家的女婿)。

"诗人别尔格,"那人解释道,"难道您不记得我了?"

"诗人别尔格?"我丈夫跟着说了一句,"幸会,幸会!"

可是被迫费了好大劲儿说明自己身份的别尔格却依旧深信费奥多尔·米哈伊洛维奇的不认识他是故意的,所以一辈子也不忘记这一次侮辱。由于自己的健忘,费奥多尔·米哈伊洛维奇树了多少敌人,尤其是文学界的敌人。[……]

费奥多尔·米哈伊洛维奇有时候连得他的最寻常的亲友的姓名也会忘记,这常常使他处于尴尬境地。我回想起,有一次我丈夫到我国驻德累斯顿的使馆去,以便证明我在某一委托书上的签字(我自己因病不能去)。我从窗子里看到费奥多尔·米哈伊洛维奇急煎煎地奔回家来,我迎了上去。他激动地走进来,愤愤地问我:

"安尼娅,你叫什么?你姓什么?"

"陀思妥耶夫斯卡娅呀,"我对这一古怪的问题感到纳闷,困惑地问答。

"我知道姓陀思妥耶夫斯卡娅,但是你做姑娘的时候姓什么?使馆里人家问我,你娘家姓什么,我忘记了,只好再去一次啦。官员们似乎在讥笑我连自己妻子的姓也忘记了。你给我写在你的名片上,否则我在路上可能又会忘记!"

类似的情况在费奥多尔·米哈伊洛维奇的一生中是屡见不鲜的,遗憾的是这种事情给他树了许多敌人。

陀思妥耶夫斯基

赫·达·亚尔切夫斯卡娅

陀思妥耶夫斯基一向是我喜爱的作家之一。他的短篇、中篇和长篇小说给我深刻的印象。但是等到他的《作家日记》问世，不知怎么他一下子变得格外亲近和亲切了。除了文艺作品的才气横溢的作者之外，还以一个具有敏感的、富有同情心的人出现在我面前，对当前大家最关注的事件作出热烈的反应，我写了一封感情冲动的信给他。① ［……］

但是，我和陀思妥耶夫斯基的通信没有仅止于此，对我的第二封信他写了如下的回信：

1876 年 4 月 9 日　彼得堡

深可尊敬的赫里斯季娜·达尼洛夫娜！

没有立即回信，恳请您原谅。接到您 3 月 9 日的来信，我已经埋头工作了。［……］您的信使我极为愉快，尤其是附来的您的日记数篇；这很美，但我得出结论，您是这样的人之一，他们具有"只看见美好的东西"的才能。［……］此外，我看出，您本人就是一位新人（就这个词

---

① 下面是 1876 年 3 月 3 日陀思妥耶夫斯基的信，"为真诚的、殷勤的问候"表示谢意（《书信集》，第 3 卷，页 204），这里删去。

的褒义而言），就是个活动家，而且您想行动。我很高兴能与您相识，哪怕只是书信交往。我不知道夏天医生们会叫我到哪里去；我以为去埃姆斯，我去那里消夏已经有两年了，但是也可能去高加索的叶琛图基；在后一种情况下，我会在回来的路上去哈尔科夫，虽然这样可能要绕道而行。我早就准备到我国南方去，我从来没有去过那里。到那时，如果上帝引路，如果您给我这份荣幸，我们亲自见见面吧。

您把您的想法告诉了我，认为我在《日记》中是"把精力花费在小事情上"。我在这里也听到此种说法。但是，**顺便说说**，我要告诉您的是：我得出一个无法辩驳的结论，文艺作家（除了诗歌之外），对于所反映的现实应当确切了解（历史的和现状的），达到精细入微的程度。在我国，据我的看法，只有列夫·托尔斯泰伯爵一个人在了解现实方面是出众的。［……］这就是为什么当我准备写一部篇幅浩大的长篇小说时，我专门埋头于研究工作——说实话不是研究现实，我不研究对现实也很了解，而是研究当前的详细情况。对于我，比如，当前的最重要的任务之一是研究青年一代，同时还研究现代的俄国家庭，我预感到它远远不是二十年前那个样子了。但是除此以外也还有许多事情。到了五十三岁的年纪，稍一疏忽就可能很容易落后于一代人。［……］不知为什么，我还向往着很熟练地再写些什么，正因为这样，我在若干时间内将仔细进行研究，同时主持《作家日记》，免得许多感想白白放过去。

这一切当然都是理想！您相信吗，比如，我还没来得及把《日记》的形式搞清楚，我也不知道，将来什么时候我是否能办妥此事，以致比如《日记》哪怕续载两年，到头来依旧还是一部不成功的作品。比如当我坐下写作时，我有十至十五个题目可写（不会少于此数）。但是几个我最喜爱的题目却不得不搁在一边，因为那要占很多篇幅，耗费很多精力（比如克罗涅别尔格案件），搞得刊物上文章寥寥无几，很单调，于刊物不利；结果你写的不是你想写的东西。另一方面，我过于天真地以为这将是真正的《日记》。真正的《日记》几乎是不可能的，仅仅是做给公众看的。我发现一些事实，得到许多印象，这些印象我常常很感兴趣，——但是其他的怎么写？有时候简直不可能。比如：已经有三个月了，我接到各地的许多来信，具名的和匿名的，都是赞扬的信。有些信写得十分有趣,别致,并且是现今可能存在的所有**各派**的来信。由于这些**可能存在**的各派,汇合成对我的一致的欢迎,我本想写一篇文章,写一写这些未具名的信给我的印象,还有一个使我比什么都感兴趣的想法:"我们的**一致性**在哪里? 我们各种不同的派别有可能会合在一起的联结点在哪里?"但是,正在构思文章的时候,我突然领悟到,这篇完全真情实感的文章无论如何不能写。然而写文章而没有真情实感的话,——那还值得写吗? 连热烈的感情也不会有……

前天早晨,有两个姑娘突然走进我家,两人都二十来岁,她们进来说:"我们从大斋戒期起就想和您认识。大家都取笑我们,说是您不会接待我们的,即使接见也什么话都不会跟我们说的。但是我们决定试试看,所以就来了。我们是某某女士和某某女士。"先是我妻子接见她们,后来我出去。她们说她俩是医学院的大学生,她们那里女的已经有将近五百个,她们进医学院,"接受高等教育,以便将来有好处"。这种类型的新式姑娘我没有遇到过(老的女虚无主义者我认识很多,都是亲自认识的,仔细研究过她们)。您相信吗,我度过的时光,难得有像和这两个姑娘在一起的两个小时那样美好的。感情多么纯朴、自然、清新,思想和心灵多么纯洁,最真诚的认真和最真诚的快乐!

通过她们,我自然将会认识许多同样的姑娘,我坦率地对您说,印象是强烈的、良好的,但是怎么描述呢? 用为了青年人而产生的全部诚挚和欢乐吗? ——不可能。况且这几乎是个个性问题。在这种情况下,我该记下什么印象呢? 昨天我突然知道,一个年轻人,还是个学生(哪里的,我不能说),这个人,我在熟人家里时人家让我见过他,他走进在这户人家教孩子的家庭教师的房间里,看到教师桌上放着一本禁书,便告诉了主人,主人立刻驱逐了家庭教师。等到人家在另一家向这个年轻人指出,他这是干了**一件卑鄙的事情**,他还是不明白。这就是向您揭示出事情的另一面了。嗯,我怎么来叙述这情况? 这是个性问题,同时又不是个性问题,这里的思想和信仰过程是特别有代表性的,正如人们所转告我的,正因为如此,他才会不明白,关于此事他倒是有些有趣的话可说。

不过我啰唆起来了,加之我极不善于写信。请原谅我的字迹,我患流感,头痛,今天眼睛也酸痛,所以我写信时几乎看不见字母。请允许我握您的手,给我以荣幸,把我当作许多深深尊敬您的人中间的一个。
请接受我的敬意。

您的仆人

费·陀思妥耶夫斯基

对这封信,我这样答复:

深可尊敬的费奥多尔·米哈伊洛维奇!

　　您的信使我那么幸福,一连几天,人人都有的生活上的不快,不知
为什么竟然没有影响我,也未能扰乱这份快乐。随后又产生了愁思:
我配不上您的来信。我一生中从未学过什么东西,从未作过自我修养,
一向是兴之所至,随心所欲的;为什么要赐我这封美好的、几乎是充满
友情的信? 为什么您像对待一个受过充分教育的、明白事理的、认真的
人那样跟我说话呢? 我简直觉得我是从您那里偷了这封信,那不是给
我的,是给另外一个人的,他比我出色,这封信阴差阳错落到我的手里;
或者我在我过去给您的一封信中虚妄地把自己表现成另一副模样了。
然而不对,不可能;我认识一些人,他们对待我很严厉,甚至怀有敌意,
他们发现我有许多缺点,但从来没有故意作假! 我要驱散这种思虑,我
将依旧只有喜悦。在这份喜悦中占首位的是我将和您当面相识,这一
点,不知为什么我直到现在仍旧不让自己去幻想,我觉得那是极不可能
成为现实的。

　　去叶琛图基必定要经过哈尔科夫,因而我们将有幸在自己家里见
到您。我说我们,因为我丈夫①是您的才能的最真诚的崇拜者之一,尽
管他在我们最近一次朗诵晚会上驳斥过您写银行的那篇简讯。② 他表
示异议的内容是什么,我无法告诉您,因为我对他的银行业务几乎一窍

---

①　她的丈夫是亚历克赛·基里洛维奇·亚尔切夫斯基。

②　陀思妥耶夫斯基在 1876 年三月号的《作家日记》上触及银行问题。(《1926—1930 年版全集》,第 11 卷,页 223)陀思妥耶夫斯基批驳那种认为俄国土地银行会议不宜太公开的看法,因为他发现这里缺少广泛的公开性,含有"搞隔离"的意图。

不通,而且我觉得这类事情十分乏味,谈到银行我往往避到另外的房间里去。那天晚上我很伤心,因为我们熟悉的一位军官(朗诵《安娜·卡列尼娜》中的伏隆斯基极为出色),以他那过于响亮而有节奏的军人的嗓音糟蹋了您的短篇小说《百岁老妇》①,因而他没有产生应有的效果。我怎么也不能原谅我自己,我没有亲自朗诵,委托他去朗诵,满以为他可能朗诵得比我好;而且,我朗诵(《耶稣的新年枞树游艺会上的孩子》②及《农民马列伊》③)的时候,许多人听着无不流泪,而他们觉得这个故事单薄得多,据我看,它是很亲切动人的。请允许我向您解释,什么叫"朗诵伏隆斯基"。您知道吗,在我们文学晚会上按要求每次都朗诵《安娜·卡列尼娜》,这样朗诵:我念书中谈到安娜·卡列尼娜的章节,我的叔叔(出色的朗诵者)朗诵关于列文与奥勃朗斯基的部分,这位军官念有关伏隆斯基的,一位小姐朗诵关于吉蒂的部分。朗诵得极其生动。我们每人都在准备这次朗诵;我对自己要朗诵的章节往往记得滚瓜烂熟。

　　我若是能知道您对这部长篇小说的看法如何,我将感到很有兴味,但是我不敢问,因为这个问题非三言两语所能答复。只好寄希望于以后,看您是否会在您的《日记》中谈点什么。这部小说引起大家极大的关注,您应当发表些意见才好,更何况,看了对它的"评论",也想说话:"为什么不把评论家叫作猪呢?"④真奇怪,在我们的怀疑、分析和破坏

---

①　短篇小说《百岁老妇》发表在 1876 年三月号的《作家日记》上。(《1926—1930 年版全集》,第 11 卷,页 217)

②　《耶稣的新年枞树游艺会上的孩子》刊登在 1876 年一月号的《作家日记》上。(《1926—1930年版全集》,第 11 卷,页 154)

③　《农民马列伊》刊载在 1876 年二月号的《作家日记》上。(《1926—1930 年版全集》,第 11 卷,页 187—191)

④　引自克雷洛夫的寓言《猪》。如果看看托尔斯泰同时代的评论家们的意见,那么亚尔切夫斯卡娅的严厉的意见便是可以理解的。例如,"平庸的"读者(亚·米·斯卡比切夫斯基)在《市场新闻》报上声称,《战争与和平》中自然景色是和"人的苦难与思考谐调"的,但《安娜·卡列尼娜》中的自然景色却没有"重大的思考和苦难",所以自然景色是"令人反感的"。(《市场新闻》,1875 年,第104 期)彼·特卡乔夫称《安娜·卡列尼娜》"故事虽然引人入胜,但没有意义,精致的形式中充满了作者个人的审美热望的内容",他把托尔斯泰列入"促使社会上的道德水平降低"这一类的作家。(《行动》,1875 年,第 5 期,"评论性小品文",页 19)

的世纪，竟没有一个像样的评论家，这简直是命运的嘲弄！然而，不仅评论界中"母猪"多的是，上流社会也多的是："您知道吗，托尔斯泰为什么不描写大学生，不描写人民？"倒好像艺术家可以跟着流行的要求的调门走，按订单写作似的；倒好像艾瓦佐夫斯基①画海洋、画天空，却没有画庄稼汉与大学生，为此而可以责备他似的；怎么敢要求长篇小说作家按尽人皆知的旧套子写作呢？如果他不符合旧套子，怎么能否定他的意义呢？由于这些分歧，您为什么不该发表意见呢？就假定"对长篇小说的批判性的观点"和您的《日记》中的任何一个栏目也不符合吧。然而这些栏目是您自己开辟的，因而您也可以取消。总之，我不知道您为什么要拿随便什么框框限制您自己；而且您说："这占很多篇幅，而文章太少，刊物会显得单调。"没关系！假定"克罗涅别尔格案件"②，您的《日记》中的这一杰作（按最严厉的评判者的判决），会占据整个一期刊物的版面，没有给小说及其他等等留下篇幅的话，那又算得了什么呢？这个案件难道没有给社会以精神上的满足？难道不是比形形色色的偶然事件所唤起的零星感想更令社会满足吗？我知道有些人认为这篇文章有重大意义。他们说："过若干年，克罗涅别尔格案件会被人忘记，关于此案所说、所写的一切会被人忘记，一切词藻空泛的小品文，一切甜腻腻的有人情味的发言将会被人遗忘，只有**这篇**文章永远不会失去意义，它将成为对社会、对律师和我们大家的强烈谴责。"是的，据我的看法，人的每一件花过一番心血的作品都是不朽的，可是我们却会突然失去这篇文章，因为"这占很多篇幅，而文章太少，刊物会显得单调！"您本人是您的《日记》的创作者，谁也没有任何权利要求您无论如何得给《日记》安排一定数量的栏目，再说社会上又有谁说得

---

① 伊·康·艾瓦佐夫斯基(1817—1900)，俄国画家。

② 陀思妥耶夫斯基在1876年二月号的《作家日记》上评论了克罗涅别尔格案件。(《1926—1930年版全集》，第11卷，页191)克罗涅别尔格被控告毒打七岁的女儿。使陀思妥耶夫斯基感到愤懑的不仅是真正的罪行，还有整个审理程序，尤其是辩护人施巴索维奇的发言，他指控七岁的女儿未经允许拿了几只黑李子是偷窃。把孩子带到法庭上，将会给她一辈子留下不好的印象，这种做法也使陀思妥耶夫斯基愤懑。然而陀思妥耶夫斯基认为判被告无罪是正确的，因为若判克罗涅别尔格有罪将意味着家庭的彻底毁灭。

出一套完整的看法:"《作家日记》应当成为什么东西呢?"我初次看到《日记》的广告,怎么也想象不出这份刊物会是个什么样的东西:是您对过去和现在的思考? 对时下的观点、派别、事件的分析? 是您自己的或虚构人物——作家的私人生活的传记?

　　我从您的所有其他作品上了解您,我只是确信这份刊物将是内容丰富的,引人入胜的,亲切的,诚挚的,我为写作《日记》这一好主意而感到高兴。

　　收到第一期,我觉得它正应该是这样,不可能是另一种样子,总之是"没有黑斑的太阳"。不过您大概会把这归入到我的"只看见美好的东西"的才能上去。这事以后再说,现在还是谈《日记》。我怀着极大的兴趣看出您着手办这份刊物的目的,预先就默默地在咂摸阅读未来的长篇小说时的欣悦。《少年》中的《图谢尔寄宿中学》①、《奥丽雅之死》②及其他的美妙场面在记忆中印象犹新,这些场面我也曾有机会在上流社会大声朗诵过的。有一点使我替您颇为惶恐不安,那就是**必须严守期限**(我是说《日记》):我觉得,这必定是极其不愉快的,负担很重的;不过,如果限时限刻是不愉快的话,那么也有其极好的一面:《作家日记》是一份完全独立自主的事业。写作的时候请仿效某个编辑部的意向,估计到这些意向(这是一种特别的书报检查制),这里,自己还是做得了主的,——妙极了。

　　为什么医生们要叫您到叶琛图基去而不是到克里木去? 我们哈尔科夫有位出色的医生法兰科夫斯基,这个人极其正直、诚实,学习勤勉,博览群书,见多识广,生活经历丰富。他经常到处跑,既到过国外,又到过高加索,也到过克里木,——他发现,没有什么比海滨的空气、海水浴及葡萄酒疗法对每个人的机体更加有好处的了,不论他害过什么病。况且叶琛图基还异常潮湿、泥泞,缺乏任何使生活舒适的设施。[……]

　　至于说到我的才能——"只看见美好的东西",那并不完全如此:

---

①　《少年》中的主人公阿尔卡季·陀尔戈鲁基在图谢尔寄宿中学求学。

②　奥丽雅之死是指一个年轻姑娘为贫穷的残酷的生活所逼而自杀。涅克拉索夫认为这是《少年》中最强烈感人的场面之一。(《书信集》,第3卷,页152)

我往往走极端,不是只看到好的,便是只看到坏的。[……]对人也是如此,我不是喜爱得要命,就是受不了。我母亲甘卡是摩尔达维亚人,摩尔达维亚大公的女儿,不,是孙女,结了 mesalliance①,是个神经质的女人。还有我,又是一个偶合家庭的成员②,一个"少年",继承了母亲的一切不好的品质:急躁,没耐心,好发脾气,神经质,敏感,这一切都妨碍一个人平静而公正地看待世界。我知道这很不好,可是我改不了。

深深尊敬您的

赫·亚尔切夫斯卡娅

1878 年 4 月 19 日

交换了这些信件以后,我决意去彼得堡。

不久前,我重新翻阅自己的日记,发现有下面一段记叙我与陀思妥耶夫斯基见面的文字:

1876 年 5 月 20 日

彼得堡

昨天我们来到彼得堡。我此行的目的是会见陀思妥耶夫斯基。担心在彼得堡会遇不到他的想法一直萦绕在心头,使我很苦恼,我几乎神经失常,只要一想到这次见面,我立即就会哭起来。我感觉到,我一见到他就会大哭起来,这样子见面我认为是不恰当的,所以昨天我不让自己写信给他。我沉酣地睡了一觉,就像人们半夜里去要求买票,受过铁路上乱糟糟的吵闹,旅途中蜷缩在小铺位上,经过如此等等的一番折腾之后,倒在舒适的床上睡得那么香甜。一觉醒来,休息过了,心情平静愉快。但是,尽管如此,当听差带着陀思妥耶夫斯基的回信来到,我的

---

① 法语:门不当户不对的亲事。

② 陀思妥耶夫斯基在长篇小说《少年》的最后部分谈到"偶合家庭"。对于陀思妥耶夫斯基来说,偶合家庭的成员是新时代的主人公,正在热情地寻求荣誉和责任的新形式。这个人物还只是刚刚在形成中,还没有完全形成,但是有一点很好,那就是如此"漂亮的贵族典型"的道德和行为的准则,对他来说是亲切的,新的主人公会竭力去追求仪表的优雅,达到极点,他会用心灵去领会和接受农民出身的香客马卡尔·陀尔戈鲁基身上的真和美。

心怦怦直跳了。那时是中午十二点。听差向我报告说：“人家在睡觉。三点钟才起床，到那时候把纸条交给他。”[……]

五点半，我们坐下吃客饭。[……]喝过汤，一个看门的小男孩匆匆走到我们的桌子边，低声说：“陀思妥耶夫斯基先生在找您。”

我和谈话的伙伴没有说一句话，飞快地离开餐厅，匆匆奔上楼梯，一下子来到我的房间门口，和陀思妥耶夫斯基面对面。在我面前站着一个人，中等身材，瘦削，衣着很随便。我不会叫他老头子，因为他既不秃顶，也没有白头发，没有发现一般的衰老迹象；甚至要断定他究竟多少年纪都有困难。然而，看着这张受尽苦难的脸，小小的凹陷的黯淡的眼睛，深而清晰的皱纹，似乎每一条纹路都有它的经历，我可以很有把握地说，这个人想得很多，吃过许多苦，历尽坎坷。似乎这病弱的躯体中，连生命都几乎已经熄灭了。我们靠得很近地坐下，vis-á-vis①，他用安静的、低弱的声音说起话来，我的眼睛一直望着他，仿佛他不是一个人，而是一座雕像，可以尽情地看个够。我不由得想：“看这个人的作品时，充溢人的心灵、震撼人的灵魂的那股热情，那份才气，那种心理分析，究竟潜藏在他身上什么地方呢？根据什么迹象可以知道这正是他——陀思妥耶夫斯基，我的偶像，《罪与罚》《少年》及其他等等的创作者呢？”他用微弱的声音谈到我们的社会里缺乏独立的坚定的信念；谈到彼得堡现今存在的教派，似乎是解释福音②的教派，招魂术的荒唐，知识界人士得出结论说这是邪恶力量③；谈到卡依罗夫案件④；谈到他担心脱离时代，不了解年轻的一代，在某些问题上与他们背道而驰，引起他们的指责；谈到匿名信，落款是“虚无主义者”，信上说：“诚然，您迷失方向，歪到旁边去了，您错了，对我们犯了罪，但我们终究还是把您当作自己人，不希望您离开自己的阵营。”谈到对一些事物的错误和

①　法语：面对面。
②　首先是指英国传教士莱德施托克子爵在彼得堡组织的教派。
③　陀思妥耶夫斯基在1876年的《作家日记》的一月号、三月号及四月号上谈到过招魂术。（《1926—1930年版全集》，第11卷，页173—178，243—244，272—278）
④　陀思妥耶夫斯基在《作家日记》1876年五月号上写文章谈到过卡依罗夫案件。（《1926—1930年版全集》，第11卷，页281—298）

观点的改变，这些事物直到现在他也并不陌生；他讲这些话，不仅没有卓越的思想家、心理学家和诗人的傲慢，反而带着某种异常的拘束和胆怯，似乎他害怕不能诚实而认真地完成生活所交给他的使命，这时我忽然觉得，在我面前的压根儿不是一个人。我所认识的那些人都是这样的吗？他们都是那样现实，那样易于了解、那样可以触摸得到的，然而这里，在我面前的却是不易了解的、看不见的灵魂，使人想要向他顶礼膜拜和祈祷。我克制不住地想要在他的面前跪下，吻他的手，对着他哭泣，祈祷。也许，人的天性中本来就有着崇敬神明的感情，有着向某种崇高的、不可企及、不可思议的东西顶礼膜拜与祈祷的愿望，对现今盛行的崇敬失去信仰之后，他便在人的身上寻找理想与偶像。这种愿望是那样难以克制，要不是我突然感觉灵魂解剖学者的这双近乎黯淡的目光正落在我身上，我会把这种愿望付诸实现。他在说话的时候眼睛也一直凝然不动地注视着我，好像什么无生命的东西，不过我的凝然的目光和他的凝然的目光大有区别：我的目光里是崇拜和景仰，他呢，大概已经习惯于把每个人当作仔细研究的材料来观察了；所以他顺便对我说："在生活中，有些人完全是某种典型的体现，对不对？"他说了几个姓名，顺便提到纳杰伊纳，从前是富翁，出于信仰而成了书商。我受到这解剖的目光的影响，回答说："不，我认为，这些典型在一个没有心理分析才能的人面前经过，他会觉得他们是些平庸的人物，丝毫也没有什么突出的地方。比如，我见过纳杰伊纳二十次，我从来没有想到这是个典型；只有习惯于发掘人类灵魂的人，才会在每个个别的人身上发现特殊的意义。"我说这话的时候甚至开始觉得他那凝然注视的目光似乎有点儿侮辱人的味道。奇怪的是，我对他说的一切，表面上看，我讲得非常平静，甚至有条有理，我感觉到这一点，可是我心里却激动极了，时时觉得心怦怦跳，甚至头晕。

　　仿佛是为了证明我的猜想，他像医生对病人说话那样，朴实而安详地对我说道："请您朝亮光那边转过去些，让我看得清楚些。在您的脸上我怎么也捕捉不到什么，一方面，是年轻人的燃烧一般、充满生命力的眼睛，红润的、鲜艳的像二十岁人一般的脸颊（这时我只觉得我的脸颊和头脑像在火中燃烧），另一方面又是灰白的头发，多么漂亮！起先我以为是头发上敷过粉的。您多大年纪？十四岁出嫁，四个孩子，我一点也不明白！"我回答说"三十五岁"，我侃侃而谈，说我身体上比较年轻，如果实在是这样的话，我也许会很高兴，可是我的精神上的不成熟却把我毁了，我常常觉得自己的兴趣和行动可笑，既不得体，与年龄也不相称。

"您知道吗，"陀思妥耶夫斯基为了安慰我，继续说，"没有什么比精神上的朝气蓬勃更加令人快慰的了，这一点也没有什么可笑的。我没想到您是那么美，顺便说说，在我以通信方式结识一个人的时候常常预先猜想他的外貌。"

这些话一点也没有恭维的意味，这仍旧是解剖的继续，稍微有些使我生气，同时又使我打消了祈祷的念头。

他谈起我们的文学晚会，此事我写信告诉过他。他觉得这现象是极其令人快慰的，彼得堡没有类似的活动。我们谈到《安娜·卡列尼娜》。我说，"您知道吗，有人骂《安娜·卡列尼娜》，我觉得那人好像是我个人的仇敌。"陀思妥耶夫斯基回答说："在这种情况下我不作声！"不管我怎样盘问，他无论如何也不想说出自己的观点。我懊恼得要命。

他请我上他家，说是他每天下午三点到五点休息。然后工作，一直工作到清晨七时，也就是干一通宵。早上七点钟睡觉，所以要到下午三点钟才起床。我答应去，可是我不想滥用这种邀请的盛情，我顶多去一两次。我甚至觉得，这第一次见面的印象是那么丰富，那么强烈，不必再见面了；如果有可能进一步接近，成为亲人，成为他的生活中几乎不可或缺的人，那就是另一回事了；有时候我觉得，如果不是命运主宰我们，而是我们主宰命运的话，那很可能是这样的。在这片刻，我甚至很愉快地想到，我可以做他的灵魂解剖的素材。我心里默默想着我们谈话的种种最微小的细节，考虑着其中的问题：为什么他会感觉我显得比较年轻？我想，人在心情兴奋的时刻，确实可能显得比较漂亮而且年纪轻十岁的吧。怪不得在他离去之后，过了一两个钟头，我觉得疲劳不堪，偶尔在水晶宫般的杰英特旅馆的镜子中瞧见自己脸色苍白，我不禁吃了一惊。

我记忆中印象最鲜明的是陀思妥耶夫斯基脸上所表现出来的神

气,那就是他害怕再也不了解年轻人,和青年人意见分歧了。看来这简直是他的 idée-fixe①。这种 idée-fixe 中丝毫没有怕自己不再是读者所喜爱的作家,或者怕读者与崇拜者的人数减少的意思,不是,他分明是把他与年轻一代的分歧看作是人的堕落,精神上的死亡。他勇敢而正直地坚持自己的内心信仰,同时似乎担心完不成他所担负的使命,不知不觉地迷了路。这一切异常真诚、公正、诚实而动人地在他身上表现出来。

他问哈尔科夫怎样看待《作家日记》,我回答说,前面三期受到热烈欢迎,但最近一期引起了抗议,我向他指出,刊物上说我们的平民满足了,将来会更好。他问:"这些提出抗议的先生人数多吗?"我回答说:"很多!"陀思妥耶夫斯基接着说,"告诉他们,对我来说,他们就是我们人民的未来的保证。这种同情在我国是这样强大,因而人民确实不能不为之高兴,不能不寄予希望。"②

5 月 25 日　星期二

彼得堡

今天我斗胆拜访了陀思妥耶夫斯基。我绝对相信,对他来说,我不是人,是素材。他一直逼着我讲,不断地用这样的看法鼓励我:"呀哟,您说得真好,讲得真形象! 我只想听,一直听下去,没个完的!"或者:"很难断定您是说得好呢,还是写得好? 您写又写得漂亮,说又说得动人!"

我告诉他 K 的罪行,讲到自己在哈尔科夫的生活,总的谈了谈哈尔科夫的上流社会情况以及它对我的态度。他专心致志地、兴趣盎然地听着,使人不由得讲了很多很多。

桌上放着《俄国导报》。

---

① 法语:摆脱不掉的想法。

② 指1877 年四月号的《作家日记》,陀思妥耶夫斯基在第一章中欢迎俄土战争的爆发,希望这场战争将会"澄清我们所呼吸的、我们感到憋闷的空气"(《1926—1930 年版全集》,第 12 卷,页 97),联合俄国社会,有助于克服知识分子与人民之间和政权机关与人民之间的脱节(同上,页 387—388)。

"看在上帝分上,请您告诉我,您对《安娜·卡列尼娜》有什么想法,"我又试试运气。

"不想谈,真的,"陀思妥耶夫斯基回答,"所有的人物那么愚蠢、庸俗、委琐,你简直不知道托尔斯泰伯爵怎么敢把我们的注意力牵制在这些人物身上。我们有那么多迫切的实际问题,可恨的、决定着生死存亡的问题,可是我们忽然要腾出时间去注意伏隆斯基军官怎样爱上了一位摩登少妇,结果又如何如何。这股沙龙的气氛真要把人憋死,就这样你还会不断地碰到鄙俗和没有才气的东西,你拿起俄国最优秀小说家的作品,你还会遇到同样的东西!"

"小说家不应该去描写子虚乌有的人,他应当撷取生活,以艺术的真实去表现生活,您的责任就是从中提取 resumé①,"我反驳说。

"您说的完全不对,"陀思妥耶夫斯基以他争论时惯有的不耐烦口气继续说,这种口气不知为什么丝毫没有使人难堪的味道,只是使人感到这不是自我怀疑的结果,而是出于对所述的思想的真诚的自信,"说的完全不对:难道我们的生活只是伏隆斯基们和卡列宁们的生活,如果那样,简直不值得去生活。"

"那么列文呢,"我又反驳说,"难道最迫切的问题就没有使他不安? 难道他不值得同情?"

"列文? 照我看,他和吉蒂比小说中的所有人物都愚蠢。列文是个刚愎自用的人,一辈子几乎什么也没有干过;吉蒂呢,简直是个傻瓜。小伙子真行啊! 举行婚礼前五分钟几乎毫无理由地拒绝了新娘。您怎么看法,随您的便,这太不自然了:有各种怀疑是可能的,但是一个人有着这些怀疑而挤到新娘身边去——却是不可能的! 我承认有一个场面是写得很有艺术技巧的,真实的,那就是安娜之死。我说'死',因为我认为她已经死了,我不明白,小说为什么**继续下去**。这个场面,我只是在《作家日记》中接触过一下,赞扬了这个场面,但是骂它可不行,尽

---

① 法语:摘要(取其要点之意)。

管心里也想骂，小说家本人干得不漂亮！"①

当谈话无意间涉及民族性时，陀思妥耶夫斯基在争论中的不耐烦
表现得更加明显。他觉得塞尔维亚人、小俄罗斯人等等赞成本族语言、
本族文学，所以完全是社会中的凶险的成分，他们阻碍整个社会的教育

---

① 托尔斯泰的长篇小说《安娜·卡列尼娜》自 1875 年 1 月起在卡特科夫的《俄国导报》上发表，这些篇幅原来大概是准备给《导报》的前撰稿人陀思妥耶夫斯基发表他的新作《少年》之用的。《少年》由于种种情况，刊登在涅克拉索夫的《祖国纪事》上，也是从 1875 年 1 月份开始发表。不仅评论家们，连得作家们也很想把这两部极重要的作品在创作过程方面加以比较，从艺术性方面，也从思想性方面，主要是从两部作品反映"当前最迫切问题"的观点方面来加以对照。最先这样做的是涅克拉索夫。看了小说的第一部之后，他去到陀思妥耶夫斯基处，向他表示喜悦的心情："整夜坐着看书，如此入迷，以我的年纪和健康是不该这样熬夜的了。老兄，您写得多么富有新意呀。[……]这样新鲜，在我们的年纪是不常有的了，也没有一个作家会有。列夫·托尔斯泰的最近一部长篇小说仅仅是我看过的他过去作品的重复而已，只不过从前的作品好一些。"（《书信集》，第 3 卷，页 152）陀思妥耶夫斯基极其愉快地接受这一番赞扬，两年后，在 1877 年二月号的《作家日记》上提到《安娜·卡列尼娜》时，他用自己的名义，几乎逐句逐句地重复了涅克拉索夫的话："起先我很喜欢；后来，一些细节尽管依旧喜欢，难以忘却，但整个说来却不大喜欢了。我觉得这些似乎都是我在不知什么地方已经看到过的，正是在这位托尔斯泰伯爵的《童年与少年》以及《战争与和平》中看到过的，这些作品中还更清新些。"（《1926—1930 年版全集》，第 12 卷，页 52）不过，顺便说到这一点倒是很有特点的。陀思妥耶夫斯基表示，他不会"在绝对纯文学批评的意义上"来谈论长篇小说。使他感到惊讶的是，在高水平的文艺作家，主要是一位小说家的托尔斯泰那里，他"看过三四页真正'当前最迫切的问题'，——我们俄国现今的政治问题和社会问题中最主要的一切好像都集中在一点上了"。陀思妥耶夫斯基从社会和政治的观点以异常平静的声调开始评论《安娜·卡列尼娜》。他恰恰是从"当前最迫切问题"的观点来评论小说的，他对这一问题的理解同民主主义情绪的知识分子中最左的一部分人的理解一样：依旧是"俄国的地主老爷家庭故事"那一套，然而他那流传最广的、当代的典型人物已经不是安德烈·沃尔康斯基公爵，不是皮埃尔·别祖霍夫，而仅仅是伏隆斯基与斯季瓦·奥勃朗斯基，连同他们的卑琐的内心世界，渺小而又碌碌无能的人物，他们"之间只会谈谈马，不会谈其他的"。当托尔斯泰认真地而不是讽刺地把读者引入他们的内心世界时，那"甚至显得枯燥乏味"。

陀思妥耶夫斯基写道："突然间，我的所有成见都土崩瓦解了，女主人公死亡的场面出现[……]于是我明白了作者的目的中最本质的部分。在这渺小的、卑鄙无耻的生活的正中心出现了伟大的、永恒的人生真理，一下子照亮了一切。这些卑微、渺小又虚伪的人突然间成了真挚的、诚实的人，无愧于人的称号，成了自然规律及人类死亡规律的唯一力量。他们的整个外壳消失了，露出他们的真相。[……]憎恨和虚假用宽恕和爱的语言说话了。"（《1926—1930 年版全集》，第 12 卷，页 52、53）

就在这一期《日记》上，陀思耶夫斯基写到列文的"纯洁的心灵"，说列文能在热情的"寻求正直"中走到"极点"。陀思妥耶夫斯基看到列文的这一意图中有一个特点，它本质上使列文与《少年》的主人公阿尔卡季·陀尔戈鲁基接近起来，广泛一点说，是和一心向着人民的"诚实的人们的正在临近的未来俄罗斯"接近起来。

但是，正如陀思妥耶夫斯基所认为的那样，列文在最重要的现代问题的观点上，对俄土战争的态度上，和"极大多数的俄国人"意见相左。（见本书页 581 注②）

工作,整个大俄罗斯文学的工作,而一切希望,一切拯救之路都在教育
和文学中。① 他们阻碍大俄罗斯民族单独创造文明的进程,而大俄罗
斯民族是能创造出最伟大的国家的。大俄罗斯人宽宏大量地、正直地
看待所有的民族,没有任何恶意与预谋,而小俄罗斯人却始终怀里揣着
石头,只会把大俄罗斯人当作敌人来对待。

"您说小俄罗斯存在着独立的个性,儿子成年,娶了媳妇,分家出
去,不把妇女当作牲口看待,往往由女人当家,一家人住独立的宅院。
这有什么好:儿子娶了媳妇,分开过日子,立即成了敌人。家产分成一
份一份,利益就分散——您瞧,这就是贫穷的起因了。然而大俄罗斯人
的家庭却是村社的基础。② 如果老人在家里受到尊敬,有什么不好。
对于家庭来说,他身上体现着一定的理想,这不是专制,他没有随心所
欲地进行统治,不,他恰恰是尽自然赋予他的职责,其他的人完全自然
而然地服从于他。这里可以看出亲近、共同利益、分担劳动,这些你都
不提,光提出独立、敌意。"

我自然一点也没有提出过这种意见,所以就热烈地争辩;他呢,在
他那方面也走了极端:

"我知道,我们大家对其他民族都十分同情。不久以前,巴什科夫
这位著名的传教士,在自己家里收留了一些人,腾出地方,给他们安排
得舒舒服服,您知道这些人是谁? 从要塞里放出来的两个波兰女人。
天知道是怎么一回事,饿得要上吊的俄罗斯人还少吗,可他却去照应两
个波兰女人!"

我看到陀思妥耶夫斯基是如此恼火,再和他争论下去是不可能的
了,所以我就不作声。谈话从巴什科夫转到宗教。陀思妥耶夫斯基真

---

① 陀思妥耶夫斯基的这些观点因其反动性而使人大为惊讶,从中可以看到梅谢尔斯基公爵那
伙人对他的影响,1872 年他曾与公爵接近过。(见本书页 384)

② 陀思妥耶夫斯基关于大俄罗斯人家庭的话,初看起来,似乎是直接和他对民族性的见解连
接在一起的,与其说是和梅谢尔斯基那些人的看法有联系,不如说是与斯拉夫派的观点有联系。关
于俄国宗法制家庭中保存着村社生活方式的因素,赫尔岑,同时还有车尔尼雪夫斯基也发表过这样
的见解。但是赫尔岑和车尔尼雪夫斯基都把俄国在特殊的、非资本主义的道路上,经过革命而走向
社会主义的希望和农民村社联系在一起。

诚而深深地信仰上帝,信得十分真诚,这样说吧,真诚得不能容忍真正的不信神。

"您知道吗,"他说,"应当对他们这些不信神的人说,不信神过去被认为是智慧的象征,现在呢,连这一点也不存在了,不这样认为了,他们也许就不再谈论这种蠢事了!"

他几次问我,信不信神。

我回答说,这个问题,我永远也不答复任何人。他很不好意思。

"这么说,您不信神!"过了一会儿他断定说,"这不好!以后我们应当认真地谈一谈这件事?"

5 月 28 日　星期五

陀思妥耶夫斯基答应近日内傍晚时上我家来。星期二和星期三我待在家里没有出门。星期四,九点多钟,我丈夫说服我出去散散步,他说时间已经不早了,陀思妥耶夫斯基不会来了。我同意了。十一点钟我们从夏园回来,看门人交给我一张名片:费奥多尔·米哈伊洛维奇·陀思妥耶夫斯基。这时我仿佛觉得我失去了生活中所希冀、所珍惜的一切。[……]

心情非常沉重。所以我哭了起来,哭得撕心裂肺似的,鬓角上扑扑直响,浑身发抖,好像害了热病。我哭得好像刚从令人惊悸的噩梦中醒来,梦中尽是各种痛苦的幻觉。早晨起来,我疲惫不堪,像害了病:头痛,胸口痛,眼睛痛。伤心的感觉稍减,但是不知为什么还是很难受,心里有一种不知什么痛苦。我到陀思妥耶夫斯基处去,遇到他外出,就留下一封信。以后会怎么样——不知道。① [……]

1876 年　5 月 30 日

[……]陀思妥耶夫斯基来我家,坐了很久,谈了很多话……

---

① 下面是 1876 年 5 月 29 日陀思妥耶夫斯基的信(《书信集》,第 3 卷,页 220—221),这里删去。

1876 年　6 月 1 日,在途中

逐一回忆与陀思妥耶夫斯基的谈话,我想到这一情况:他劝我写作,热烈地证明说,我有确凿无疑的写作才能,我给他的信是一篇杰作,证明我具有这种才能;信中很有生气,有思想,真挚,热情,且不说文笔的优美,我的笔下肯定会产生美妙动人的长篇小说。[……]

题解:

赫里斯季娜·达尼洛夫娜·亚尔切夫斯卡娅(1843—1918),民众教育活动家。1843 年 4 月 4 日生于车尔尼戈夫省的鲍尔兹纳。父亲是县立中学教师,母亲甘卡是摩尔达维亚大公的孙女。赫里斯季娜早年就表现出她对文学的兴趣和才能。

1862 年,她开始在哈尔科夫一所星期日妇女学校中工作,该校是首批同一类学校之一,这批学校(于同年)关闭后,她便在自己家里开办私立学校,存在将近八年(1862—1870)。1870 年她办起了哈尔科夫星期日学校,这所学校在俄国很有名气(例如,见《祖国纪事》1881 年第 3 期的《国内概况》;《家庭与学校》,1877 年,第 1—3 期)。

亚尔切夫斯卡娅是《给人民看什么?》一书的发起人,又是编纂者之一。书中刊载民间图书评介及来自民间的读者评论。这本书受到格·乌斯宾斯基及列·托尔斯泰的称赞。乌斯宾斯基在 1885 年 3 月 4 日给亚尔切夫斯卡娅的信中写道:"《给人民看什么?》一书首先把新颖的师生关系传入俄国民众学校,放在现在的位置上[……]。您的学校与众不同的另一个本质的、也是高度重要的特点,就是对学生的关怀,把他当作一个人去关怀。"(《乌斯宾斯基》,第 8 卷,页 425—428。列·托尔斯泰的评语见《托尔斯泰》,第 49 卷,页 82)关于民众教育亚尔切夫斯卡娅还写过其他著作。

1876 年,亚尔切夫斯卡娅与陀思妥耶夫斯基之间开始通信。陀思妥耶夫斯基高度评价她寄给他的日记的若干章节,日记中她记叙了哈尔科夫星期日学校女教师耶·伊·契尔特科娃的孤儿院。陀思妥耶夫斯基把自己的《作家日记》的目的、任务和意义告诉亚尔切夫斯卡娅,跟她交换感想,谈论一些他感兴趣的题目。有一封信陀思妥耶夫斯基是以这样的话结束的:"请给我这样的荣幸,把我当作许多深深尊敬您的人之一。"(《书信集》,第 3 卷,页 208)另一封信中他写道:"您对我们的善意的同情使我和妻子深受感动,如果您是我们的亲爱的亲姐妹那该多好,或者更进一步,我们是这样地爱您,器重您。[……]您是个罕见的聪明善良的人。像您这样的人现在到处需要。我和妻子正是像亲人那样爱您,一颗诚实的、真挚而聪明的心。"(《书信集》,第 3 卷,页 211)

涅克拉索夫的葬礼及陀思妥耶夫斯基
在其墓前的演说

（摘自《我的同时代人的故事》）

费·迦·柯罗连科

　　1877 年底,涅克拉索夫死了。他病了很久,那年冬天他溘然而逝。不过最后几个月他的诗作还在《祖国纪事》上刊出。陀思妥耶夫斯基在《作家日记》中说,涅克泣索夫的最后的一些诗歌丝毫不比他的全盛时期的作品逊色。[①] 很容易想象这些诗歌在青年中的作用。大家都知道诗人不久于人世了,各方面纷纷向涅克泣索夫表示真挚的、深切的同情。[……]

　　等到他去世(1877 年 12 月 27 日),举行他的葬礼的时候自然不会没有庄严的示威游行的。在这件事情上,青年的感情和整个知识界的感情是合拍的,彼得堡还从来没有见过类似的情况。上午九时开始出殡,新圣女公墓人群如潮,直到天快黑时才散去。警察自然伤透了脑筋。普希金在《埃尔兹鲁姆之行》中讲到,在格鲁吉亚与亚美尼亚边境的某条道路上,他遇到一辆普通的大车,车上载着一口木头棺材。格鲁吉亚人的车夫们对他说:"我们运的是格里鲍耶陀夫。"[②]大家

---

① 见本书页 101。

② 《埃尔兹鲁姆之行》第二章。

知道,普希金本人的遗体也是被用同样的办法卑劣地秘密运出彼得堡的。这种时代早就过去了,当局已经无法阻遏社会人士表示同情。涅克拉索夫的葬礼举行得十分隆重,墓地上有许多人发表演说。我记得有巴纽金①朗诵诗,后来扎索季姆斯基②以及还有几个人讲了话,但是真正的大事却是陀思妥耶夫斯基的演说。

我和两三个伙伴顺着石头围墙的墙脊总算挤到了墓地跟前。我站在围墙的铁皮尖顶上,手扶着一棵什么树的枝桠,听了所有的发言。陀思妥耶夫斯基说话声音轻轻的,可是很有表现力,诚挚动人。他的演说后来在报刊上引起了许多议论。③ 当他把涅克拉索夫的名字摆在普希金和莱蒙托夫之后的时候,出席者中有个人觉得这是小看了涅克拉索夫。④

"他比他们高,"不知是谁喊道,有两三个人的嗓音支持他:

"对,比他们高……他们只是些拜伦式的诗人。"

斯卡比切夫斯基在《市场新闻》上有点儿简单化地直捅捅地称"成千上万的青年的声音宣布涅克拉索夫占首位"⑤。对此,陀思妥耶夫斯基在《作家日记》上作了答复。可是后来我重读《日记》上这一场论战时,我没有读到比这场谁占首位之争对我和许多我的同年人产生更强烈的影响的那个地方,可当时有许多人根本就没有注意谁占首位的问题。正好是在这个地方,陀思妥耶夫斯基以他的动人的、预言家的声音——我当时觉得——称涅克拉索夫是"老爷"中最后一位伟大的诗人。时间会来的,时间已经临近,人民中会产生新的诗人的,和普希金、莱蒙托夫、涅克拉索夫同样伟大的新诗人。……

---

① 列·康·巴纽金(1831—1883),诗人。

② 巴·弗·扎索季姆斯基(1843—1912),作家。

③ 报刊上热烈地评述的不是陀思妥耶夫斯基的演说,而是他在1877年十二月号《作家日记》上发表的关于涅克拉索夫的意见(例如,见《行动》1878年第6期上"文学琐议"栏的一些文章,《祖国纪事》1878年第3、4期及其他各期上"国内概述"一栏)。

④ 普列汉诺夫也在涅克拉索夫的葬礼上发过言,据他证明,七十年代的革命者们,"土地与意志"社的成员们觉得陀思妥耶夫斯基的话"不公正得令人愤慨"。"他比普希金高!"我们一齐大声喊叫起来。(普列汉诺夫,《文学与美学》,国家文学书籍出版社,莫斯科,1958年,第2卷,页208)

⑤ 指斯卡比切夫斯基在述评《当今文学管见》一文中所发表的意见:青年人认为涅克拉索夫比普希金与莱蒙托夫高是对的。(《市场新闻》,1878年,第6期)斯卡比切夫斯基在《市场新闻》第27期上的述评中继续就这个问题与陀思妥耶夫斯基争论。

"对,对,"我们兴奋地向着陀思妥耶夫斯基喊叫,这当儿我险些从围墙上摔下来。

是的,我们觉得这种提法是那样令人高兴,那样亲切。现今的整个文化的趋向是错误的。有时候文化极其发达,然而文化的代表人物现在却是片面而狭窄的,只有随同民众的到来才会无与伦比地变得更加丰富,从而也就更加高明。

陀思妥耶夫斯基与异常兴奋的听众在许多重大的意见上自然是极其相左的。后来他谈到这事,说民众只承认尊重他们所尊重的东西的诗人才是自己的诗人,这自然就是指君主专制制度和官方教会。不过这已经是注解性的说明了。后来我很久都在回想陀思妥耶夫斯基的话,当它是深刻的社会变革临近的预言,是人民登上历史舞台的独特的预言。

这几年,我连昔日想当作家的理想也幻灭了。如果连普希金们、莱蒙托夫们、涅克拉索夫们都仅仅标志着那条快要消失的古道上的一座座巨大的灯塔,那么作家是否真的值得一做呢? 我从来不想做否定普希金的文抄公,我记得涅克拉索夫作为诗人比普希金和莱蒙托夫要低得多,不过……时间会到来的,时间似乎很近了,那时将会出现"新的天空和新的大地"①,将会出现另外的普希金们和另外的涅克拉索夫们。我们这一代人面临的任务是促使这个时代快点到来,而不是去重复旧文化的片面性,旧文化是在不公正和奴隶制的基础上达到其灿烂的、然而片面的繁荣昌盛的。

有一次我写到,我从青年时代起就有个用语言来表达自己的感想的习惯,寻找表达感想的最佳形式,找不到就心里不安。在我一生的这个时期,这习惯如果还没有失去的话,那也已经淡化了。应当为未来的变革铺平道路,这一想法成了基本的、主导的思想,独特的背景,我正是在这一背景上看待事物和感受事物的。

题解:

弗拉基米尔·迦拉克季奥诺维奇·柯罗连科(1853—1921)的回忆录部分地反映出涅克拉索夫与陀思妥耶夫斯基之间的关系的复杂性,涅克拉索夫是诗人和时代的思想与

---

① 别林斯基和柯罗连科一样,都用这种说法来表示未来的幸福社会的象征。(《通史教程,弗利特里赫·劳伦茨的著作》一文。——《别林斯基》,第6卷,页96)

情绪的表达者,是那些有时候和他交往异常密切,有时候又跟他疏远得被人家当作仇敌的人当中的一个。由于《穷人》他们开始接近,据陀思妥耶夫斯基证实,这种关系总共持续了几个月,在他们极少见面的情况下,他们之间建立起基本的、深挚亲密、终生不渝的关系,尽管他们信仰不同,偶尔却也容许他们互相说些"古怪的"事情,这一基本关系"似乎不想也不可能断绝似的"。(1877 年《作家日记》)

陀思妥耶夫斯基始终认为涅克拉索夫是个大诗人,一位带着新鲜的语言来到文坛的诗人,在写作《群魔》时期,陀思妥耶夫斯基寻找理由,比较恶毒地贬损他,说他好像是"一般的人",俄国的"gentill' hom me'a"①,"穿制服的自由主义者"。但是到 1877 年,陀思妥耶夫斯基的心里又充满了怀恋,有时候对四十年代的"老人"又怀着忧伤和感动,他的情绪又转了过来,他为了评价涅克拉索夫的诗作而寻找特别深刻有力又动人的语言。

柯罗连科以及当时他所接近的进步的民粹派青年,都认为陀思妥耶夫斯基在涅克拉索夫墓前的演说是他相信人民,认识到社会的不安宁,了解"深刻的社会大变革业已临近"的证据。这一点是很突出的。

这里的回忆录是《我的同时代人的故事》中的一章,按 1954 年莫斯科版《柯罗连科十卷集》第 6 卷页 197—200 刊载。

---

① 法语:可爱的男人。

《日记》选

叶·安·施塔肯施奈德

1880 年

10 月 10 日　星期五

日间陀思妥耶夫斯基来;他们是 7 号到的。① 他还一直咳嗽很厉害,不过大体上气色好些了;他对妈妈和奥莉娅②很亲切。他说他从《卡拉马佐夫兄弟》中摆脱出来已有一星期了,真想休息一下,可是一大堆来信未复使他安不下心来。信有三十封。

"没什么,"我安慰他,"您只要想想接到您的信的人那份高兴就行了;他们会拿着复信奔走相告,夸耀不已的。"

"您总是想出些意料不到的话来安慰人家,"他反驳我说,"难道我会去答复他们! 难道有可能答复他们! 比如:'给我解释解释吧,我这是怎么啦? 这您是可以也应当做到的,因为您是精神病学家,而且您又富有同情心……'用信怎么回答呀,况且还是给陌生的女人复信? 这事情不该写一封信,应当写一篇完整的

---

① 1880 年 10 月初,陀思妥耶夫斯基从旧鲁萨回彼得堡,他的家属常在旧鲁萨过夏天及初秋。
② 奥莉娅是施塔肯施奈德的妹妹,嫁给爱斯涅尔。

文章。我干脆就发表一篇文章吧,因为我无法回复那么多的来信。"①

"从前您写过回信吗?"

"写过,那时候我蠢呀,再说来信也没有那么多。"

他对我说了恭维的话,对自己的敏捷和随机应变很是得意。顺着我们家的楼梯上楼时,他气喘得厉害。

"您觉得吃力吧?"我问。

"吃力确实有点吃力,"他回答,"像进天堂那么吃力,不过后来等你进天堂那就舒服了;我在你们家里也是这样。"

说着这些话,他十分高兴了。他说,我们都是上流社会风度的人士,可波隆斯基却怕让我们和屠格涅夫待在一个房间里!② 他避开我们,到苏·安·托尔斯泰娅伯爵夫人处去用餐……[……]

10 月 15 日　星期三

昨天是我们的星期二。客人们逗留到三点钟。往常是不在我家逗留到三点钟的,昨天有点儿特别,不唱歌而进行了朗诵,谁也没有注意时间是怎么过去的。朗诵的有:陀思妥耶夫斯基,玛莎·布新③,扎古梁耶夫④,斯卢切夫斯基以及阿韦尔基耶夫;唐杜科娃公爵夫人在她的妹妹梁陀娃的伴奏下唱了歌,梁陀娃还是第一次上我们家……

陀思妥耶夫斯基令人惊叹地朗诵了《先知》。所有的人都受到震动,只有阿韦尔基耶夫夫妇除外;不过,狂妄的人是不作数的。现在他们突然心血来潮,一直漫骂陀思妥耶夫斯基。⑤ 随后他朗诵了《为遥远的祖国的海岸》、他喜爱的《小

---

① 指陀思妥耶夫斯基1877年十二月号《作家日记》上的《致读者》一文,文中特别说到:"来信的人有许许多多,我无法答复他们的问题,对他们感兴趣的那么重要、那么实际的话题,在信中无法回答。这种事情需要写文章,甚至写整整几本书,而不是写信。"(《1926—1930年版全集》,第12卷,页363—364)

② 关于陀思妥耶夫斯基与屠格涅夫的关系见本书页331—332,412—413。

③ 玛莎·布新是施塔肯施奈德的女友。

④ 扎古梁耶夫(1834—1900),记者,《祖国纪事》《声音》等刊物的撰稿人。

⑤ 见陀思妥耶夫斯基在1880年5月28—29日给安·格·陀思妥耶夫斯卡娅的信中对阿韦尔基耶夫的气愤的评语。

熊》,还朗诵了选自但丁和班扬的作品。①

　　真是个奇怪的、敏感的老头子！他本人整个儿就是一个迷人的故事,其中有奇迹、意想不到的转折与变化,有庞大的妖怪和小东西。

　　有时候他没精打采地坐着,气呼呼的,为了什么无谓小事在生气。就这么着,他会突然打断人家的话头,连什么借口或事由儿都不找一个,主要是他打不定主意,因为他对客厅还是感到敬畏的。人家不愿意承认这一点,然而这是事实,他对客厅抱着敬畏的感觉,他在客厅里觉得很不自在。这时他坐着,神情严肃起来,好像在考虑伤脑筋的事情,或者内心在斗争。他的头低低垂下,眼睛更加凹陷,下嘴唇不知是耷拉着,还是仅仅和上唇分开,撇着。这时他自己不说话,回答人家的话也断断续续。在这种时候,倘若他能使自己的答话或意见中带上哪怕一丝狡猾的话,那么一瞬间,就像他身上的魔法给收去了似的,他会微微一笑,说起话来,似乎一切都过去了,否则他可能整个晚上愁眉苦脸,就这样离去。谁知道他,其实他是非常善良的,真正善良的人,尽管他阴狠,可能恶劣的心绪发泄出来,但他以后却会懊悔,愿意用亲切的情意去补救。比如昨天,不知什么事情使他厌烦了,刚进来,立即就缩成一团,板着面孔。上茶了,我悄悄对杜娜说,给他一把安乐椅;他坐在靠背椅上,缩着身子,显得特别可怜。普申听见我的话,赶紧主动照我的意愿去做。陀思妥耶夫斯基尽管向他点点头,眨眨眼睛,人却没有坐过去,只是把一杯茶放在柔软的天鹅绒的安乐椅上。他问:"这是摆玻璃杯用的吗?"我说:"不,不是放茶杯用的,是伊万·尼古拉耶维奇为您放在这里的。"这一回,他为这区区小事感到高兴了,似乎立即清醒了过来,笑着向普申道谢,开始说起尼·雅·达尼列夫斯基的新书②(尚未出版)来,达尼列夫斯基在书中论证万物都有意识的天赋,不仅仅人有,连得牲口甚至植物也有。

　　比如,松树也说:"我存在!"可是松树不能像我们人一样经常说这话,每时

---

　　① 陀思妥耶夫斯基在施塔肯施奈德处朗诵的所有作品都跟普希金的纪念会有联系。1880 年 6 月 8 日,陀思妥耶夫斯基在莫斯科的普希金的纪念会上朗诵了《先知》及《小熊》。同年 10 月 19 日及 26 日,他在彼得堡为文学基金会募捐朗诵了《先知》。选自但丁的作品——显然是指普希金模仿但丁的作品(《我们走远了——恐惧笼罩了我》),选自班扬的作品指普希金的诗《朝圣者》,是用约翰·班扬《天路历程》一书中的题材写成的。

　　② 达尼列夫斯基的《达尔文主义》一书(两卷集,1885 年、1889 年圣彼得堡版)目的是反对达尔文主义、唯物主义与无神论的。

每刻说这话,只能一个世纪内,一百年说一次。陀思妥耶夫斯基说:"意识到自己的存在,能够说:我存在! ——这是伟大的能力,至于说:无我,为别人而自行消亡,拥有这个权力,也许还要高尚些。"

这时,从某个时候以来不知为什么对陀思妥耶夫斯基像是非常看不顺眼的阿韦尔基耶夫,猛地离开座位,说道:"这当然是一种伟大的能力,但这种能力是没有的,谁的身上也没有的,只有一个人有,不过这个人就是上帝。"陀思妥耶夫斯基开始反驳他,扎古梁耶夫也驳斥他。但是阿韦尔基耶夫谁的话也不听,哑着嗓子继续讲,说是除了基督,谁也不会为了别人而自行消亡。而基督这样做是没有痛苦的,因为他是神。这时玛莎·布新来了,打断了谈话,可是阿韦尔基耶夫一个人继续嗓子嘶哑地说他自己的。

然而这样子可叫人讨厌了。阿韦尔基耶夫不让任何人说话,可是他的话又没有一个人要听。他的妻子发现这一情况,忽然自告奋勇要去说服陀思妥耶夫斯基朗诵些什么。阿韦尔基耶娃本人有时候不知分寸,哇里哇啦,挺厉害的,对于许多人她简直是个难以忍受的可笑人物。不过她是个极漂亮的女人,对丈夫而言,她是个难得的妻子。

她怀着一个漂亮女人的自信心走到陀思妥耶夫斯基身边,对于漂亮女人的这种要求人家是不会拒绝的,但她却碰了钉子。不过她跟他蘑菇了很久,他偏偏又执意不肯。最后她大为恼火,愤然离去。然而,当她扭转身子,回到自己的座位上去时,我发现他在目送她离去,目光中流露出困惑与遗憾的神情,仿佛在说:"你为什么这么快就离开了,不让我再忸怩一会呢?我本来是会同意的呀。"[……]

听完《喷泉旁的一幕》,玛莎·波波娃对玛莎·布新说:"我们去劝说陀思妥耶夫斯基试试看。"两个人去了。他又像刚才那样,这种拖延使我厌烦了,时间在消逝,已经很晚了。我把一卷普希金诗集塞在他手里,说:"我身体不好,医生禁止人家顶撞我,惹我发火,念吧!"他一句话也没有反驳,立即开始朗诵《先知》,随后还念了其他作品,把所有的人都给电住了,或者说被磁力吸引了。就是这个人,感觉细腻,朗诵时不用任何辅助手段,像轻声念白啦,大叫大喊啦,转眼珠啦,诸如此类,仅用他微弱的嗓音——我不知道那是什么奇迹,——这嗓音在宽广的大厅里连最远的角落都始终能听得见,它不是传入听众的耳朵,而似乎直接钻到人们的心里去。如果默诵普希金的诗是一种享受,那么听朗诵并感受诗句和朗诵的处理之间的充分和谐，没有一点不对头的声调，感受着诗的全部之美，那是一种更大的享受。

因此，所有的人，最冷静的人都处于一种兴奋欢欣状态。

对他的朗诵似乎没有不同看法，但是不然！顺便说说，他还没有走，阿韦尔基耶夫夫妇就已经为了《先知》而攻击他了。知道吗，不应该这样朗诵。大家呢，自然对他们群起而攻之。［……］

10 月 19 日　星期日

今天我们一家子，还有别斯图热娃和带着孩子来的陀思妥耶夫斯卡娅又在一起了。孩子们游戏，跳跳蹦蹦，大人们没有乱蹦乱跳，但是也在我的房间里玩牌，免得去妨碍孩子们。我们，就是说索尼娅、玛莎①、奥莉娅和我，与安娜·格里戈利耶夫娜坐在一起。她终于倾吐了胸中的积郁。姐妹们第一次听她说起这种事情，一会儿同情地哎呀啊呀，一会儿哈哈大笑。按她的话来判断，她的丈夫确实是个怪物。她彻夜不眠地考虑着供养孩子的办法，像苦役犯那样干活，自己什么都不要，从来不乘马车；他呢，且不说他在赡养弟弟和根本不该进继父家的继子②，还要把钱塞给迎面遇到的随便什么人，可人家并没有向他讨过钱！

街上来了一个年轻人，自称是个穷大学生，——给他三个卢布。另外一个人来了，是个被流放的，现在被洛利斯·梅里科夫③召回来了，但是无法生活，需要十二个卢布，——得到十二卢布。老奶妈，被安置在养老院里，可见她尤其不需要钱，她来了，她常常来。他说，"安娜·格里戈利耶夫娜，你给她三个卢布，孩子们让他们每人给两卢布，我给五个卢布。"这事情一年不止一次，也不止三次，经常有，经常有的呀。朋友缺钱用，或者干脆是熟人来要钱——往往是来者不拒。给了普列谢耶夫六十来个卢布；替普齐科维奇作保，甚至还替雅科比作保。"对我呢，"安娜·格里戈利耶夫娜继续倾吐心中的不平，"等我恼火起来，反对他，回答我的总是一句话：'安娜·格里戈利耶夫娜，别忙乎！安娜·格里戈利耶夫娜，别担心，别替自己犯愁，钱会有的！'"——"会有的，会有的！"怪人的可

---

① 索尼娅是施塔肯施奈德的弟媳，玛莎·波波娃是施塔肯施奈德的妹妹。

② 指小弟弟尼·米·陀思妥耶夫斯基和养子帕·阿·伊萨耶夫。

③ 洛利斯·梅里科夫（1825—1888），伯爵，1880 年任内务部长。

怜的妻子反复地说,在漂亮的裙子的袋里摸手帕要揩涌出来的泪水;姐妹们的笑声变成了叹息!

"我们将从卡特科夫那里拿到五千卢布,"她唏嘘着说,"这笔钱是他欠我们的《卡拉马佐夫兄弟》的款子,我要拿去买地。让他把地敲碎,一块块分掉吧!你们不会相信,比如,他乘火车,踏进车站,直到旅途的终点,钱包就这么开着,拿在手里,不藏起来,一直看着,看有什么人应该给一点儿的。现在叫他去散步,他若是袋里没有十个卢布,他就不去。我们就这么过日子。如果发生什么事情,我们到哪里安身立命呀?我们靠什么过日子呀?因为我们是穷人啊!因为人家不会给我们发养老金的呀!"

的确,她很可怜,的确,她很困难。可是对他,怎么能不觉得奇怪,不应该爱他呢?人家还说他凶狠、无情呐,原来谁也不知道他心地好,要不是安娜·格里戈利耶夫娜向我们倒苦水,我们也不会知道。我听到这些话,还有更多的,而且不是第一次;她经常向我嘀咕这一类的话,还哭了。

今天,10月19日,是皇村高等政法学校的校庆日。文学基金会今天举行文学晨会①,可是会场设在一个很不适合朗诵的大厅里,不是各个角落都能听得见朗诵者的声音,然而陀思妥耶夫斯基,一个病人,喉咙患病,肺气肿,却又朗诵得比谁都好,大家都听得见。真是奇迹!身子好单薄,瘦嶙嶙的,胸部凹陷,嗓音沙哑,他刚开始朗诵就好像身子变得高大了,壮实了。不知从哪里来的力气,一种很威严的力量。他经常咳嗽,一次再次地跟我说,这肺气肿使他吃尽苦头,不定什么时候这病会很快地、出人意料地把他送进坟墓的。上帝保佑他!

不过在朗诵的时候,他没有咳嗽;好像瘟神不敢光顾他。

今天向他叫幕了好几次,虽然听众是另外一批人,不是男女大学生,但是他们叫幕的时候又叫又喊,又敲打,表现他们的赞许乃至欣喜。

我不由得回想起二十年前在巴沙榭举行的最初几次文学晚会,陀思妥耶夫斯基和当时刚得到在彼得堡居住权利的谢甫琴科在会上朗诵,听众是怎样对待

---

① 1880年10月19日,皇村高等政法学校周年纪念日,因纪念普希金,为赞助文学基金会举行了朗诵会。陀思妥耶夫斯基在1880年10月18日给波利万诺娃的信中告诉她参加这次朗诵会。(《书信集》,第4卷,页205)

他们的。① 听众热烈鼓掌,狂热欢呼,把谢甫琴科的耳朵都震聋了,有一回掌声和欢呼声把谢甫琴科哄得昏了过去。陀思妥耶夫斯基却什么也没有得到! 大家不大去注意他,不冷不热地鼓几下掌,像对一般人一样,掌声比一般人稀少。这该怎样解释,这该怎样和眼前的情况相统一呢? 人家把他的成功和日益提高的声誉归因于他服过苦役,这些人对吗? 陀思妥耶夫斯基服过四年苦役,在西伯利亚待了十二年;谢甫琴科既未服过苦役,也未在西伯利亚待过,他当过兵。我对自己解释这一切,可是我倒想知道,如果别人知道二十年前的情况的话,他们将作何解释呢? 我认为,谢甫琴科当时在大学里有以科斯托马罗夫②为首的自己一派人。当时分裂主义思想极为流行,尤其是小俄罗斯独立的思想风行一时。因为小俄罗斯独立思想的狂热拥护者秋宾斯基③当时在彼得堡,小俄罗斯的杂志《基础》已出版④,大概是小俄罗斯人把谢甫琴科捧出来的,而陀思妥耶夫斯基身边可没有一帮子人。公众对这两个人都不大知道,不大了解。

给陀思妥耶夫斯基带来光荣的不是苦役,不是《死屋手记》,甚至也不是他的长篇小说,至少主要的不是长篇小说,而是《作家日记》。

《作家日记》使他名闻整个俄罗斯,使他成为青年人的导师和偶像,不光是青年人的,也是一切被海涅称之为可诅咒的问题所苦恼的人的导师和偶像。

这就可以解释目前所发生的情况,并使之统一起来了。

他刚刚有了点声誉,两三年之前他才开始出版《作家日记》。服苦役和他的其他作品只是增加他的声誉,但不是产生声誉的原因。⑤

---

①　施塔肯施奈德不止一次回忆起 1860 年 10 月举行的这次朗诵会,强调其不足之处,照她的看法,就在于听众对陀思妥耶夫斯基不够注意。(《日记和笔记》,页 269—271) 谢甫琴科的成功,主要的不是施塔肯施奈德所述的那些原因,而是他的诗歌的革命民主主义的倾向,他对革命理想的忠诚,跟俄国社会上进步人士的接近。(关于这情况见尤·费·潘捷列耶夫的《回忆录》,页 225)

②　尼·伊·科斯托马罗夫(1817—1885),历史学家,作家。

③　巴·普·秋宾斯基(1839—1884),人种志学家,统计学家,1862 年被驱逐出彼得堡,到阿尔汉格尔斯克省。

④　1860 年初聚集在彼得堡尼·伊·科斯托马罗夫教授周围的乌克兰知识分子,他们的自由主义的文化方面的开创工作(例如为民众出版乌克兰语书籍),屡次被当局看作是"分裂主义倾向"的反动书刊。1863 年,由于波兰起义而特别加剧了这一类的指责(例如《莫斯科新闻》1863 年第 136 期,中央文艺档案馆全宗 775,卷宗类目 1,1863 年,页 188、205)。

⑤　施塔肯施奈德对陀思妥耶夫斯基成功的原因的看法是片面的、主观的。许多崇拜者首先是把陀思妥耶夫斯基看作《被侮辱与被损害的》、《死屋手记》等等的作者。

他的导师作用也还是新产生的,连他自己也没有完全意识到,一般说来还没有认识到,只是刚刚意识到,上帝保佑他长命百岁吧。上帝啊,让他长寿吧! 他可以做许多好事,稳定已经动摇的东西,指点和扫清通往真理的道路。主要是受尽苦难的人、绝望的人主动去找他,想倾听他的声音,渴望聆听他的意见,他们需要他。而当年,尽管他服了苦役回来,朗诵了《被侮辱与被损害的》中的一段,人们对他却依旧很冷淡。

现在人们缠住他。只要他一出现,人们便围住他,所有的眼睛都盯住他,还会轻声地说:"陀思妥耶夫斯基! 陀思妥耶夫斯基!"可当时,他却常常坐在我们家,青年们——我们家那时常常有许多大学生——往往自管自跳舞,或者唱歌,玩耍,一点也不去注意他。自从学生们从要塞里放出来之后①,那时我们家里常常跳舞。陀思妥耶夫斯基的侄女玛丽娅·米哈伊洛夫娜②,一个挺漂亮的姑娘,出色的音乐家,青年们对她的兴趣比对陀思妥耶夫斯基本人的兴趣大得多。

顺便说一下,安娜·格里戈利耶夫娜昨天转告我们,说是费奥多尔·米哈伊洛维奇对她说的,他将到我们家来演戏,还要把沙尚诺夫③的妻子,女作家斯米尔诺娃带到我家来,她业余酷爱演戏。这事情他没有对我提起过。这么一来,大家都快要发疯了,瞧,我们的导师要痛痛快快玩一玩啦。[……]

11 月 12 日　星期三

斯塔秀列维奇把安娜·尼古拉耶夫娜·恩格利加尔德叫到彼得堡去做他的新办报纸④的撰稿人。安娜·尼古拉耶夫娜刚嫁给恩格利加尔德⑤,从她来到彼得堡的最初一些日子起,她的丈夫就带着年轻而聪明的妻子到熟人家里去走动,大家都看惯了她一直穿黑衣服。现在她依旧穿一件黑色富丽雅绸的衣服,不过

---

① 1861 年秋天由于彼得堡大学闹风潮而被捕的大学生们,12 月 6 日从要塞中释放出来。(见尤·费·潘捷列耶夫的《回忆录》,页 247—248、288)

② 陀思妥耶夫斯基的侄女——米·米·陀思妥耶夫斯卡娅-弗拉基斯拉夫列夫娜。

③ 尼·费·沙尚诺夫(1843—1902),演员。

④ 1880 年 11 月初,安·尼·恩格利加尔德到彼得堡当米·马·斯塔秀列维奇的《秩序报》的撰稿人。她的丈夫亚·尼·恩格利加尔德七十年代曾被流放到农村。六十年代初,他们曾经积极参加过争取妇女平等权利的斗争,参加过大学生运动,从那时起就与施塔肯施奈德相识。施塔肯施奈德在 1860 年 12 月 16 日的日记中初次提到他们,作为是非常了解的熟人。

⑤ 亚历山大·尼古拉耶维奇·恩格利加尔德(1832—1893),政论家,农学家。

戴上一束黄花,颇有一种巴黎式的高雅华丽的风韵。

然而陀思妥耶夫斯基却什么也不曾留意。不过在这方面他原本就是不敏感的。我记得,在演出《石客》①时,玛莎·布新穿的拉乌尔的服装曾经使他十分高兴,这身服装说老实话在礼仪方面并不合适,因为太短了。我看见舞台上她的粗粗的腿和同样粗粗的裸露的手臂,我当时几乎叫出声来,他却什么也不曾留意,只一味地赞美。不是他喜欢不成体统,像舒尔茨那样,他只是分辨不清而已。他了解人心的细微曲折的变化,预见到世界的命运,但却分辨不出雅致的美和庸俗的美。所以在刻画女性方面他总是不成功的,除非是些小市民的女人。许多人怀着畏惧的心情接近他,没有发现他身上有着许多小市民气的东西,不是庸俗,不是,他从来不庸俗,他身上也没有庸俗的地方,然而他是小市民。是的,小市民。不是贵族,不是教会中学的学生,不是商人,不是得势的人物,如画家或学者,而恰恰是个小市民。这个小市民恰恰就是最深刻的思想家,天才的作家。

现在他经常出入贵族家庭,甚至常去大公们的府邸,他的举止自然到处都保持着尊严,然而他身上毕竟还流露着小市民气味。这小市民气流露在亲密无间的闲谈中可以见出的某些特点上,但首先显现在他的作品中。和上流社会的交往终究还是没有教会他描绘贵族的典型人物和场景,在这方面他除了在《群魔》中写到将军夫人斯塔夫罗金娜之外,大概再也写不上去了,正好像为了描写一大笔资产,六千卢布对他来说就是个大数目了。

关于他,我写的就是这一些,他会说,"让我看看您的日记。"昨天我也是无意中提起,说是我在写他,他很鼓励我写,于是我就写一写关于他的情况。

他早就喜欢安娜·尼古拉耶夫娜了。他甚至对我说过,约莫八年前,有一个时期,他不知为什么老是忘不了她的眼睛。他在我家遇到她之后,把我拉到一边,指着她,问道:"这位夫人是谁?"我说,"这是恩格利加尔德,您不是认识她的吗?"他回答说,"是的,是的,我认识。您知道我要跟您说什么吗?她一定是个非同一般的贤妻良母。她有孩子吗?""有。""丈夫在哪里?""被放逐了,或者说得更确切一些,流放在外。"他当天晚上就和她恢复交往,上她家去,她颇引以自

---

① 这次演出在 1880 年初。(见本书安·格·陀思妥耶夫斯卡娅的回忆录)

豪,这使特鲁勃尼科娃及一伙人①大为妒忌。后来在莫斯科,在普希金的纪念活动中,他时常顺便上她那里去②,昨天看见她就说:"我有预感,我会在这里遇到您。请您给我解释一下,怎么会这样。我一边到这里来,一边想:我要见到安娜·尼古拉耶夫娜了。然而我并不知道您已经从巴黎回来了呀……"

陀思妥耶夫斯基看出安娜·尼古拉耶夫娜是个非同寻常的贤妻良母,他的料事如神甚至也遭到人家的嘲笑。她确实是个体贴的母亲,关切的母亲,甚至太关切了……至于说到丈夫,那么,她对他的冷淡是他自己的过错。最终她还是没有能够跟着他到乡下去;为了孩子的教育,此外,也为了谋生,她得住在城里。她和他的交接从来不曾中断过,还经常从微薄的进款中抽出钱来买了点心、小吃、酒给他寄去,而她自己的生活却过得很清苦。

其次,如果费奥多尔·米哈伊洛维奇在她身上也看错了的话,那么,我会一面打量他,一面心里想,他可能是向来看错人的了。他,正如他的妻子说得非常确切,他理解最高的真实。一般说来,他了解人的心灵,但是关于伊万与彼得,他因为神经质和敏感,始终有可能搞错。并且对同一个人,他可能会觉得今天是这样,明天又是另一个样子。

在这方面,连波隆斯基那样心不在焉的人,不像是这个世界的人也看得比较清醒。

陀思妥耶夫斯基可能会突然发现您身上的某一特点,准确断定这特点在您的心灵中的地位,但是,一般的现象,您出现在他面前时的情况,却可能给他不正确的印象。他的敏感和对上流社会的无知——不是对人的无知,恰恰是对所谓

---

①　玛·瓦·特鲁勃尼科娃、安·尼·费洛索福娃、奥·阿·莫尔特维诺娃、恩·符·斯塔索娃及其他人都是俄国妇女解放运动的积极参与者。关于陀思妥耶夫斯基和这些人的关系见费洛索福娃及卡梅涅茨卡娅的回忆录。施塔肯施奈德在六十年代初和特鲁勃尼科娃、费洛索福娃、斯塔索娃等人过从甚密,对她们的运动助以一臂之力。(见《日记和笔记》中的回忆录:《关于鼓励妇女参加劳动协会成立与过早的结束》及《妇女运动史片断》)六十年代末,施塔肯施奈德由于观点改变,她对她们的态度也开始改变。关于斯塔索娃,她写道:"我嫉妒她,我对她感到惊奇,但要学她的样,我却不能够,因为我没有信仰。"(《日记和笔记》,页400)这里从"特鲁勃尼科娃及一伙人"等等的语气中也透露出对特鲁勃尼科娃及莫尔特维诺娃的恶感。

②　关于1880年春陀思妥耶夫斯基与恩格利加尔德的会面,见《书信集》,第4卷,页145、159、162、164、167。在有关1881年《作家日记》的笔记本中,陀思妥耶夫斯基亲手写下了她在彼得堡的地址。(《书信集》,第4卷,页423)

上流社会的无知,——在这方面有重大的影响。波隆斯基对上流社会比他了解得多,因此,不管他性格如何,欺骗他就比较难。

波隆斯基也是客人之一,特鲁勃尼科娃和莫尔特维诺娃也来了。我担心,这天晚上陀思妥耶夫斯基可不要让特鲁勃尼科娃扫兴才好,作为十二月党人的女儿,她生来是欧洲和法国革命的崇拜者。陀思妥耶夫斯基用十分阴暗的色彩描绘她们和欧洲的未来。

我不能不满意地指出,若干时间以来,好像是从去年以来,陀思妥耶夫斯基的脾气已经明显地变好了。现在他已经很少突然之间斥责什么人了,不再像以往那样板着脸坐在那里不跟邻座搭话。六天以前,可怜的人又突然癫痫发作,他还感觉到发作的后果,头脑里晕晕乎乎,心情烦闷,内心歉疚,正如他所说的,也正如他在《卡拉马佐夫兄弟》的最后部分所写的。不过,谢天谢地,现在他发作的次数比较少了,一年才两三次,发得也比较轻。只是最后一次发作过以后他还休息得不够,他得赶紧工作,所以他好长时间都感觉不适。他又高兴又自豪地——使我又惊又喜——对我说,他收到斯特拉霍夫当礼物送来的列·尼·托尔斯泰给斯特拉霍夫的一封信。托尔斯泰在信中以极欣喜的词句对斯特拉霍夫谈到《死屋手记》,称这部作品是绝无仅有的作品,甚至认为它高于普希金的作品。[①]

题解:

叶莲娜·安德烈耶夫娜·施塔肯施奈德(1836—1897),彼得堡著名建筑师安·伊·施塔肯施奈德的女儿。文学界和艺术界的著名代表人物经常在她的家里聚会。她从1855年起记日记,从六十年代开始越来越经常地采取写回忆录的形式,不过每隔一定时期又恢复写日记。她聪明,观察力敏锐,见多识广,留下许多弥足珍贵的时代画卷和同时代人的肖像。六十年代初期,施塔肯施奈德热烈同情革命民主主义者、先进的青年大学生、波兰的民族解放运动,积极参加争取妇女平等权利的斗争;她和彼·拉·拉夫洛夫友善,认识著名的妇女运动活动家恩·弗·斯塔索娃、安·巴·费洛索福娃。

---

① 指托尔斯泰1880年9月26日(?)给斯特拉霍夫的信中很兴奋地评论《死屋手记》。(《托尔斯泰》,第63卷,页24;《托尔斯泰纪念馆文集》,第2卷,页259,圣彼得堡,1914年)

　　七十年代,由于观点改变,叶·安·施塔肯施奈德特别看重陀思妥耶夫斯基,并且把他当作"生活的导师",而较少地把他当作作家。她在六十年代初和陀思妥耶夫斯基相识。七十年代他们重新恢复交往,陀思妥耶夫斯基定期去施塔肯施奈德家,和她书信来往。(见《书信集》,第4卷,页62、182)1879—1880年间,他去看望她特别勤。这些拜访反映在叶·安·施塔肯施奈德的日记中以及1884年动笔而未写完的关于陀思妥耶夫斯基的回忆录中。除此以外,叶·安·施塔肯施奈德还几次提到陀思妥耶夫斯基的名字,因为他参加过为赞助星期日学校而举办的朗诵会,因为《当代》的被禁。(叶·安·施塔肯施奈德的《日记和笔记》,页269—270、281、332)关于陀思妥耶夫斯基造访施塔肯施奈德家,还可参阅弗·米库利奇的回忆录:《与作家们的会见》,列宁格勒,1929年。

　　1880年的《日记》片断及未完成的《回忆陀思妥耶夫斯基》的残稿是根据伊·恩·罗扎诺夫编辑与注释的《叶·安·施塔肯施奈德,日记和笔记》,莫斯科-列宁格勒,1934年,页423—424,426—435,437—441,454—465刊载。

关于陀思妥耶夫斯基

叶·安·施塔肯施奈德

真是怪事,陀思妥耶夫斯基服完苦役流放回来,这件事在彼得堡竟悄悄地过去了。

喜欢谢甫琴科的人远远地超过喜欢他的人。比如,谢甫琴科在巴沙榭大厅初次露面时,人们是怎样对待他的？人们又是怎样对待陀思妥耶夫斯基的？谢甫琴科几乎被欢呼声哄得昏倒;对陀思妥耶夫斯基则勉勉强强鼓了几下掌。①就连我也没有把他第一次来我们家的确切日期记在日记中。我只记得,我们在楼下接待客人的那阵子,也就是1861年以前,他几乎每星期六都来,1861年,我们的客厅已经设在楼上原先的儿童室里了。那时候他说话、讲故事就已经很风趣,不过他晚年给人的那种影响,当时却还没有。这一点我自己也说不清楚。也许那时社会踏上进步和文明的道路,还吃得很饱,还有大量的精神粮食的储存。经过二十年的路程,到了七十年代,忽然置身在荒漠中,没有粮食,又饥又渴了。

他讲了许多西伯利亚的情况,讲到服苦役,流放,但是我无法转述他的故事,现在我记不起来了,再说他讲的故事和《死屋手记》,和《作家日记》中的某些内容混在一起。不过有一件事情,不知为什么深深刻印在我的记忆中,那就是他服完苦役,被遣送去流放的时候,他心里觉得异常幸福。他和其他人一起徒步行

---

① 见本书页597注①。

走,但是他们遇到一队运缆绳的大车,他就搭乘这种运绳的大车走了几百俄里。他说,他坐在又硬又不舒服的缆绳上,头上是碧空蓝天,周围一片空旷辽阔,空气洁净,心里一股获得自由的感觉,他一辈子从来没有那么幸福过,从来没有觉得心情那么舒畅过。

1862 年我们离开彼得堡,迁到伊万诺夫卡,一直住到 1866 年底,只在圣诞节期间才偶尔去一次京城。陀思妥耶夫斯基没有上我们家来,我们偶尔在波隆斯基家或其他人家里遇到他。他丧妻,又第二次结婚,到国外去了。[①] 七十年代初,他回国,这时,他的热烈崇拜者米哈伊尔·巴甫洛维奇·波克罗夫斯基得知他从前是经常来我们家走动的,就说服我重新和他交往。[②]

陀思妥耶夫斯基一家住在远处,生活穷苦,住的是一幢很古怪的房子,究竟是石头的,还是木头的,现在我想不起来了,只记得有一条怪模怪样的楼梯,然后是一条露天的回廊通往他家。不知是谁发现陀思妥耶夫斯基始终喜欢有古里古怪的楼梯和过道的房子;这幢房子也是那种样子。我胆怯,可是他却极其亲热地接待我,倒好像我去拜访给了他什么面子似的,他把我介绍给他的妻子,还说他记得我,记得我们家所有的人,甚至还记得十年前我穿的什么衣服,他说他很高兴重新来往。

就这样,由于波克罗夫斯基,我们重新和费奥多尔·米哈伊洛维奇来往,而且交往越来越密切,没有中断过,直到他去世。

这是个奇怪的人物,使一些人高兴,使另一些人恼火。所有渴望真理的人都会为了这一真理而向他靠拢;他的文学界的同行几乎都不喜欢他,除了少数人是例外。

人们过去说,现在继续在说,他对自己想得太多。可我敢大胆地肯定说,他对自己考虑得太少,他没有充分认识自己的价值,对自己的估价不够高。否则的话他会比较高傲自大,比较平静,不会那么容易激动,脾气乖戾,他会比较讨人喜欢些。高傲是内心的。

他没有充分意识到自己的精神力量,但是他不可能没有感觉到他的精神力量,

---

① 陀思妥耶夫斯基 1864 年 4 月 16 日丧妻,1867 年 2 月 15 日第二次结婚,两个月后去国外。

② 波克罗夫斯基是学生运动的领导人之一,施塔肯施奈德的兄弟在大学里的同学,所以施塔肯施奈德在六十年代初就认识他。陀思妥耶夫斯基在 1879 年 6 月 15 日给施塔肯施奈德的信中提到波克罗夫斯基的名字。(《书信集》,第 4 卷,页 63)

不可能没有看到他的精神力量在别人身上的反映,尤其是到了他的暮年。这就足以使他多想想自己了。然而他极不想到自己,否则他说了粗话就不会那么愧疚地望着别人的眼睛,就是粗话也会以另一种方式说出来。他是个病人,爱耍脾气,说粗话就是出于耍脾气,而不是由于高傲自大。如果他不是一个伟大的作家,仅是个普通人,并且也仍旧是那样的病人,那他大概同样会耍脾气,有时候也会讨厌得叫人受不了的,但现在人家不会去注意这一点,因为连他本人人家也不会去注意。

有时候他甚至比任性还过分,他凶狠,他会粗暴地打断别人的话,刺伤人家,但他不是高傲自大的人,也不会有高傲自大的表现。

我们家来过另外一个很会高傲自大的人,也是一位著名的作家,那就是驰名欧洲的屠格涅夫。

他会装出视而不见的样子,尽管他从来不对问他身体可好的妇女说:“跟您有什么相干? 莫非您是医生?”①但是他的沉默本身就会使人恨不得地下有缝钻进去。我记得有天晚上在波隆斯基家,他也在那里,还有一个在铁路上做事的富翁,另外还有几个年轻人,不是上流社会的青年或纨绔子弟,而是些有见识的人,屠格涅夫怕他们,不喜欢他们,但在他们面前还是并拢双足行礼。为了在他们面前表现一番,他整个晚上都用傲慢不逊的、厌恶的态度对待那个在铁路上做事的人,给人家难堪,全不顾及那人是他的朋友的客人,为此波隆斯基整个晚上如坐针毡。而铁路上做事的那个人倒是专程为屠格涅夫而来的,不了解正在玩弄的把戏,几次恭而敬之地、诚心诚意地找屠格涅夫搭话。可屠格涅夫每次都不正面看他,三言两语地回答人家又把脸扭开。

我们大家都很难堪、尴尬,大家都情不自禁地向受到屠格涅夫的狂傲行为伤害的人表示关切,比对其他情况下受侮弄的人还要关切。

后来我们得知,在巴黎的时候,没有这些“有见识的”青年人在场,屠格涅夫整天在这位铁路上做事的富翁家里度过。对待一个人,在一个地方应该这样,在另一个地方又应当那样,这个人讲话可以打断,那个人说话就不可以,待人接物这一套细微差别,陀思妥耶夫斯基是不懂的。

一般说来,伟大的深知人心的人,就像人家称呼他的那样,是懂得并且善于用语言来表达人心的最难捉摸的活动的,至于对偶尔遇到的那些人,他却了解得

---

① 这话是对安娜·巴甫洛夫娜·费洛索福娃说的。——施塔肯施奈德注

很差。

波克罗夫斯基的愿望实现了,陀思妥耶夫斯基开始上我家来,头一次来访是在吃晚饭的时候,畅谈了一番,把大家都迷住了。"迷住"这个词儿甚至不足以表达他给大家的印象。倒不如说他似乎用魔法把大家镇住了,使大家平静不下来。

大家谈的大概是当前最迫切的重要问题,然而他把论题深入下去,加以概括,十分精彩地描绘了当前的,以及由当前生发而来的未来的、七十年代初期的事情,——如此令人惊异的图景,还非常可怕地阐明这幅图景,使大家都感到震惊。事后知道,原来无论是我,波克罗夫斯基,还是当时在场的扎古梁耶夫,都整夜没有合眼。

但是陀思妥耶夫斯基也不总是侃侃而谈。有的时候,一句什么话,如问候他的身体健康之类,都会惹他生气,他就整个晚上不吭一声。

他的谦逊,他压根儿不知道自己的价值,这常常使我吃惊。他的极其容易动气,更确切地说,他似乎始终料得到人家马上会来惹他生气,这性格就是由此而来的。他常常在别人确实自高自大的地方看出侮慢,却不能够预见这种侮慢。天生的粗鲁,或者因为轰动一时的成功和名声大振而来的粗鲁无礼,在他身上也是没有的。但是,正如我所说的,有时候好像有一股无名之火上来,堵在胸口,炸开了,他得把这股火气发泄出来,虽然他一直与这股火气在斗争。这一斗争反映在他的脸上,我经常跟他见面,仔细研究过他的脸容。我发现他嘴唇在特别地扯动,眼睛里露出惶愧的神色时,我总是知道,随之而来的不是什么别的,是一股怨气。有时候他能够战胜自己,把火气压下去,但这时候他往往脸色阴郁,闷声不响,心绪恶劣。

实际上这全是些微不足道的小节;大家都在嚷嚷的他的所有乖张行为,纯粹是些无伤大雅的小节。大家认为这些行为蛮不讲理,那是因为大家带着一种自卑的心情去看他,当他是高大的、非同寻常的人物,而不当他是个平等的普通的人。

我越考虑就越确信陀思妥耶夫斯基在同时代人中的重要意义,完全不在于他的文学才能,而在于导师的作用。

作为小说家,怎么拿他和屠格涅夫相比呢?看屠格涅夫的作品是一种享受,看陀思妥耶夫斯基的作品则是一种劳动,而且是一种沉重的、叫人恼火的劳动。

看陀思妥耶夫斯基的东西,您觉得自己好像从困顿不堪的旅途归来,突然走进陌生的房间,遇到一群陌生的人。这些人在您周围说话,议论,走动,讲述着最令人吃惊的事情,当着您的面做出最意料不到的行动。您的听觉和视觉高度紧张,可是却不能不听,不能不看。您跟他们每个人都有牵连,您无法脱离他们。他们一下子全到这里来了,每人都有自己的事情;您尽力想去了解这里发生的什么事情,竭力去张望,要把这些人一个一个看清楚,如果您通过难以置信的努力,弄清了他们每个人在做些什么,说些什么,那么,他们为什么聚集在这里,乱哄哄地挤作一团,这一层您永远也搞不清楚;即使您绞尽脑汁,终于理解了实质,那么您的感觉还是疲惫不堪了。

但是看屠格涅夫的作品(即使是看《烟》,不过,当然,不是看《处女地》),简直像喝起死回生的仙水。然而在陀思妥耶夫斯基的乱糟糟的长篇小说中,却有许多珍珠到处乱扔在那里,这样的珍珠屠格涅夫连做梦也没想到过。这就是陀思妥耶夫斯基之所以伟大!

只不过这些珍珠不应当算作是他的小说家的本领,而应当认为是导师的才干。在《作家日记》中,他的书信中,到处乱扔的珍珠就更其多了,不是在他写给迈科夫、庇罗果夫和弗兰格尔伯爵的书信中,是在他写给各种陌生人,渴求真理的人们的书信中。①

人家称他是心理学家。是的,他是心理学家。但是,要做这样的心理学家,就不应当做大作家,应当善于探索别人的心灵,他自己应当有颗善良、纯朴、深邃的心,不会去轻视别人的心。

不应该有一颗高傲的心。应当有善良的、乐于俯顺的心,它能够委曲求全,纡尊降贵,钻到别人的心里去;到了别人的心里就看得见这颗心有什么痛苦,有什么需要,就能够理解这颗心了。这就是他的心理学和精神病学,这和创作无关,尽管他会写到这些东西。更确切一点说,这不能算是小说家的才华。

人们对他的纪念普希金的发言说些什么啊! 他在《作家日记》中论述涅克

---

　　① 陀思妥耶夫斯基给他的亲密朋友的信,充满了日常生活的详细情况,告知私人生活方面的事情,施塔肯施奈德把这些信和无数往往没有留传下来的书信加以对比,陀思妥耶夫斯基在后一种信中像"生活的导师"一样发表意见。至于给庇罗果夫的信,不详。

拉索夫的章节难道不是珍珠?① 涅克拉索夫的崇拜者以及涅克拉索夫的颂辞的作者中有谁讲过陀思妥耶夫斯基所说的论述涅克拉索夫的话呢? 陀思妥耶夫斯基说了,没有过分赞美他,没有颂扬他,也没有替他隐恶扬善。

我举几件轶事来证明上述看法。

有一次,我们吃饭的时候,就是五点多钟光景,门铃响了,陀思妥耶夫斯基来了。他从来不在这个时候上我们家,所以大家都觉得奇怪。我出去迎接他。他说,"我散步,顺便上你家来一会儿,看看您在做什么。"天气坏透了,真正的十一月天气。我们坐下,东拉西扯地谈了起来,突然他问道:"您说说,波克罗夫斯基为什么不喜欢我? 他朝着我嚷嚷。"我说:"您怎么啦,波克罗夫斯基不喜欢您? 波克罗夫斯基会冲着您嚷嚷? 波克罗夫斯基是您的最真诚、最热烈的崇拜者之一。"陀思妥耶夫斯基打断我的话说:"现在他在我家里,无论我说什么,他都顶嘴,什么都不对劲儿。不,他因为什么事情不喜欢我。"我说:"这我倒是觉得奇怪了,以您的善于洞察人心,您怎么会不识得波克罗夫斯基呢! 要知道,比他更善良、更正直、更聪明的人可难找啊,他把您几乎奉为偶像。如果您知道他是多么了解您,深深地崇敬您,那就好了。对他来说,您的作品高于一切;普希金和您——是他的偶像。您就是撒谎,他也会相信您的;您就是胡写乱涂,他也会绞尽脑汁,从中找出深刻的意义来的。不,这里有点不对头,您在什么地方搞错了。""嗯,是的,是的。"他再一次打断我的话,垂下头,不作声了。随后抬起头来说:"您在吃饭,我打扰您了,请用饭吧。"说着他走了。后来我一遇到波克罗夫斯基便问他:"你怎么对陀思妥耶夫斯基嚷嚷?"他说:"我嚷嚷? 这话是他对你讲的? 他告我的状?""告你的状。""唉,……这个伊索!"波克罗夫斯基想说而没有把话说出来。他一向是这样骂他所喜爱的普通人的,但是对他的偶像在背后却不会这样称呼。他接着说,"如果我说,事情正好相反,不是我,是他冲着我嚷嚷,你会相信我的吧。我只允许陀思妥耶夫斯基这样对待我。"我当然打心坎儿里相信他,我太了解波克罗夫斯基了,我也了解陀思妥耶夫斯基。教我也去崇拜陀思妥耶夫斯基的不就是波克罗夫斯基吗? 可以这样说,使我发现了他,在他的作品中发现一片天地的,不就是波克罗夫斯基吗? 没有他,这一片天地对我来说是难以接近的。不是由于他,我才和陀思妥耶夫斯基重新恢复交往的吗? 他把

---

① 关于涅克拉索夫的章节在《作家日记》1877 年的十二月号上。

他和陀思妥耶夫斯基的全部谈话复述给我听,他不胜惊讶,陀思妥耶夫斯基自己怎样说了粗话,在最恶劣的天气,最不恰当的时刻跑来,说得确切一点,是抢在前头跑来表明自己有理,但是在谁的面前表白呢?为了什么呢?我们两人都是爱他的,会原谅他的,要不还怎么的。然而他觉得自己有过错。

嗯,这种反常的举动,——不是指他粗暴地打断波克罗夫斯基的话,是指他带着对波克罗夫斯基的一肚子怨气,急急忙忙抢在前头跑到我这里来,这种行动难道是自命不凡、不讲道理的人的狂妄行动,而不是缺乏自制力的小孩的行动?他急急忙忙跑来找谁呢?找我!我竟是个这么了不起的人物!匆忙之中,他没有仔细想一想,我会相信是波克罗夫斯基冲着他嚷嚷,而不是他冲着人家嚷嚷?

再举一件事情。妹妹玛莎生了个孩子,在一个星期六,我们谈论这件刚发生的事情。陀思妥耶夫斯基照例坐在我身边,不吭声。我忽然看到他的嘴唇翕动起来,眼睛愧疚地望着我。我立刻料到他火气上来了。咱们这位古怪的老爷爷想把火气压下去,可是分明压不下去。"是那个寡妇生了孩子吗?"他轻声问,又愧疚地微微一笑。我说,"她在房间里走动,您不是看见的吗,我的另一个妹妹不是寡妇,躺在床上,婴儿和她睡在一起,"我说着,笑了。他看到事情顺利地过去了:他自己既满意,又没有使我生气与受到委屈,——他也笑了起来,不是愧疚地笑,是快活地笑了。

这一乖张的行动有一层意思在里边。几天之前他跟奥莉娅争吵过。一个女子中学举行文学晚会。陀思妥耶夫斯基在会上朗诵,我和奥莉娅为表演的人斟茶。应当说一句,陀思妥耶夫斯基对茶的要求是反复无常的,连安娜·格里戈利耶夫娜本人也无法合他的口味,最后不给他张罗茶水了。在家里他总是自己斟茶的。在这个文学晚会上只好由奥莉娅来张罗。他约莫有五六次把杯子退还给她,一会儿加一点,一会儿倒掉一点,一会儿糖太多,一会儿太少,一会儿浓了,一会儿淡了。奥莉娅就说了:"您真反复无常!安娜·格里戈利耶夫娜就因为您太反复无常才不给您倒茶的。"他回答奥莉娅说:"您呢,脾气不好,您姐姐梁丽娅(指我)脾气好,您脾气不好。"奥莉娅还说了些话,他也还说了些话,你一言,我一语,互相说了好多话。我没有亲耳听见,但是奥莉娅把那天晚上的话全告诉给我了。所以他对奥莉娅有点儿小小的怨气,听说生了孩子,就趁此机会刺一下可怜的寡妇。我自然把这一新的反常行为详细告诉了我家里人,听了以后大家都笑了,谁也没有发火。后来他对奥莉娅又好像什么事儿也没有似的。

　　有一次我去陀思妥耶夫斯基处,在第一个房间里就遇到他本人。他说,"我昨天癫痫发作了,头痛,可阿韦尔基耶夫这傻瓜还在这儿发脾气。他骂狄更斯,说他尽写些**小东西**,写些小孩子的故事。他哪里懂得狄更斯呀![①] 狄更斯的美,他连想象都想象不出,居然敢来评论。我想喊他一声'傻瓜',对啦,我好像已经喊了,只不过您知道,声音很轻,我不好意思,他是我的客人,在我家里,很可惜不是在您家里,如果是在您家里我就公然喊他傻瓜了。"我说,"非常感谢您。我很高兴这事情跟我们无关就过去了,顺利结束了。我压根儿不希望我们家的客人被您公然叫作傻瓜。"

　　他笑了起来,显然他的头痛这时已经好了。我们坐下。和往常一样,我坐长沙发,他坐扶手椅,背对着窗户。

　　我下决心说,"您知道,如果您能看陀思妥耶夫斯基的作品,您就可能会不大喜欢狄更斯了。"我不想对他说恭维的话。在狄更斯和陀思妥耶夫斯基之间,我总是看到很大的相似之处;不过一个是欧洲人,另一个是俄国人。两人都在自己的长篇小说中堆满了人物和性格(例如《我们共同的朋友》),读者要记住这些人物和性格始终是很困难的;主要是读者常常搞不清楚,这些人物怎么忽然之间出现在那里,为什么会互相冲突,好像要怎么就怎么似的。假定许多小说家常常描写了许多人物,却刻画不出许多性格,那么读者就用不着对之大费脑筋。我似乎觉得,陀思妥耶夫斯基和狄更斯之间的区别在于:陀思妥耶夫斯基所领会到的那个深度和广度,狄更斯连做梦也没有看到。狄更斯的故事大多比较完整,所以他的作品是最凄凉的,却不会使人感到痛苦。陀思妥耶夫斯基的作品的范围是无限的,所以不可能是完整的。那有可能写得完整的作品,他常常没写好,因为他始终写得很匆忙。俄国人陀思妥耶夫斯基专心一意闯到无限之境去,欧洲人狄更斯却没法进去;他在那里会呛死,喘不过气来,没法露出头来。只有俄国人会这样扎猛子。我以为,阿韦尔基耶夫称狄更斯是儿童作家正好有这一层意思在里面,不过也许说得比较粗略,不明确。陀思妥耶夫斯基本人教会我们在没有空气的旷野呼吸,或者在撒旦带着该隐去的地方呼吸。顺便不妨把撒旦与该隐的谈话[②]跟伊万·卡拉马佐夫的大折磨者比较一下。结果就会发现,狄更斯

_____

①　见本书页187注①。

②　指拜伦的宗教神秘剧《该隐》。

可能会对拜伦说：拜伦，我的朋友，俄国有些作家是我们英国诗人做梦也没有见到过的，我们的散文家同样也没有见到过。

安娜·格里戈利耶夫娜进来，因而陀思妥耶夫斯基什么也来不及反驳我；谈话转到其他事情上，那边又有客人来了。

狄更斯是陀思妥耶夫斯基的心爱作家；不过他还喜欢《吉尔·布拉斯》①和苏的《Martin l'enfant trouvé》②，几次介绍我看看这两本书。《吉尔·布拉斯》我看不下去。《马丹》我看完了；当时我就想，他那么喜欢它是因为他不能看自己的，即陀思妥耶夫斯基的东西。苏和陀思妥耶夫斯基也有相同之处。他们三个人，即狄更斯、苏和陀思妥耶夫斯基，都是被侮辱与被损害者的歌手，但三个人又各不相同。陀思妥耶夫斯基不怕出格，狄更斯不会出格，苏虽会出格，但沉不住气，会失去分寸感。叶莉扎维塔·斯梅尔佳夏娅③会使人产生一种沉重的感觉，可是在苏的《马丹》一书中有位女工④，在她面前叶莉扎维塔·斯梅尔佳夏娅可能显得是一种可喜的现象，因为你会觉得，在她身上，人的面貌无论怎样被歪曲，终究还是存在的；你会感觉到，作者清楚地看到面前的人物，看到她所受的一切侮辱，一切污秽，而且，透过这一切，看到了灵魂；他没有忘记交代一声，说她是善良的，她给孩子们几文钱和面包，你会看到整个儿的她，感到真实，感到作者既不希望掩盖一切可怕之处，也不希望拿这些可怕的东西刺激读者。苏则恰恰是在刺激读者。他的女工是牲口、畜生，她身上没有一点点人性，你会觉得这不真实，作者把什么东西疏忽了，或者掩盖了，或者有意想要揪读者的心，撕裂读者的心，惹他发火。读者恼火了；也许作者正好是希望读者对这一类女工可能所处的环境发火，我不知道，可能是这样。我只知道我没有对那环境恼火，而是对作者本人恼火，因为我觉得不真实；我觉得他在撒谎，他隐瞒了什么，或者是不善于表达。但是这不善于说话违反了法国人或一般欧洲人所惯有的某一相对的界限。所以聪明而审慎的英国人不超越一定的界限，而法国人一超出界限立即便滥用感情，或作出卑鄙行为，或者是卑鄙行为与滥用感情一齐来。

———————————

①　陀思妥耶夫斯基高度评价勒萨日的《吉尔·布拉斯》（例如，他在《温顺的女人》一文中提到它。——《1926—1930年版全集》，第10卷，页414）。

②　法语：《弃儿马丹》。

③　陀思妥耶夫斯基《卡拉马佐夫兄弟》中的人物。

④　显然是指列莎契哈。施塔肯施奈德是指小说开头对她的描写。

〔忆陀思妥耶夫斯基〕

安·巴·费洛索福娃

在一次文学晚会上,好像是为赞助讲习班或廉价住宅社①而举行的文学晚会上,我和费·米·陀思妥耶夫斯基认识了。我记得,我看见他感到多么幸福!第二天他来我处,以后我们便经常见面了。我是多么感激他,我的亲爱的、道德上的忏悔神甫! 我把什么都对他讲了,一切心头的秘密都告诉他了,在生活最艰难的时刻,他安慰我,把我引上正途。我对他的态度常常很不成体统! 冲着他叫喊,激动得不成体统地争吵,他呢,像小鸽子似的,耐心地忍受我的乖张的举动!那时我极不喜欢长篇小说《群魔》。我说,这简直是告密。一般说来,我当时很没耐心,总是轻蔑又暴躁地对待旁人的意见,扯开嗓门吼叫。

和屠格涅夫我也是在一次文学晚会上认识的。他完全是个欧洲人。我不大尊敬他,但比较尊敬陀思妥耶夫斯基。费奥多尔·米哈伊洛维奇亲身经了俄罗斯的一切艰难困苦,他受尽苦难,熬成了他的一切信念;而伊万·谢尔盖耶维奇却害怕了,逃走了,一辈子从那美丽的远方批评我们。我有一回写了一封大胆的信给他讨论巴扎罗夫,他给我的回信刊登在他的书信集中②,原件在我的孩子

---

① 费洛索福娃是高等妇女讲习班和廉价住宅社的创始人(1861—1863 年及 1867—1879 年是社主席),积极参与为赞助这些机构而举办的晚会和音乐会。

② 屠格涅夫给费洛索福娃讨论巴扎罗夫的信发表在伊·谢·屠格涅夫的第一本书信集上,圣彼得堡,1844 年,页237—240,241—243。这里大概是书信中的第一封,写于1874 年8 月18 日。

们的手中。

我一辈子永远不会忘记在科诺诺夫大厅里举行的一次文学晚会。① 他们两人都应当参加。屠格涅夫几乎是前一天晚上刚从巴黎来到彼得堡,到我处来过,答应参加这个晚会。大厅里挤得水泄不通。公众等待着屠格涅夫。大家频频回头去看入口处……忽然屠格涅夫走进大厅里来了! ……真妙,好像什么东西推了我们大家一下……全体一致站了起来,向智慧之王鞠躬!② 我不由得想起维克多·雨果的一件事情,当他从流放中回到巴黎时,全城的人上街去迎接他。③ 在这个晚会的前一天晚上,我和陀思妥耶夫斯基会面,要求他朗诵《罪与罚》中马尔美拉多夫的忏悔。他闪着狡猾的眼色,对我说:

"我给你们朗诵一段比这更好的东西。"

"什么? 什么?"我抓住不放。

"我不说。"

我以说不出的焦虑心情等待费奥多尔·米哈伊洛维奇的出场。当时《卡拉马佐夫兄弟》还没有发表,大家对这部作品连一点概念也没有,陀思妥耶夫斯基照着稿子朗诵……他念的是那一段:叶卡捷琳娜·伊万诺夫娜来找米佳·卡拉马佐夫借钱,这个残暴的家伙想对她摆摆架子,杀一杀她的傲气,侮辱她一番。后来这头野兽渐渐驯服了,人胜利了:"叶卡捷琳娜·伊万诺夫娜,您自由了!"④

天哪,我的心扑扑地狂跳……我想,大家也呆住了……费奥多尔·米哈伊洛维奇的朗诵所给予人们的印象难道能够表达吗? 我们大家都号啕大哭,大家都充满了某种精神上的狂喜。我整夜未能入睡,第二天,费奥多尔·米哈伊洛维奇一来我就扑上去搂住他的脖子,痛苦地哭了起来。

---

① 指1879年2月9日和16日在贵族俱乐部大厅为赞助文学基金会举办的一次晚会。陀思妥耶夫斯基朗诵了《秘密的故事》(《卡拉马佐夫兄弟》第三本中《热烈的心的忏悔》)。屠格涅夫在第一次晚会上朗诵了《村长》,第二次朗诵了《孤僻的人》,和玛·加·萨温娜一起朗诵了喜剧《外省女人》片断。第二次晚会上,费洛索福娃的女儿给陀思妥耶夫斯基献了花。(见《呼声报》,1879年,第70、77期;谢·阿·文格罗夫*的回忆录,《言谈》1915年第114期,《屠格涅夫与萨温娜》文集,彼得格勒,1918年,页68—69、80)

* 谢苗·阿法纳西耶维奇·文格罗夫(1855—1920),文学史家。

② 1879年春屠格涅夫短期回俄国,在莫斯科和彼得堡受到热烈欢迎。

③ 指雨果在多年放逐后,于1870年秋回到法国,巴黎人热烈欢迎他。

④ 最后一个版本的《卡拉马佐夫兄弟》中没有这句话。

　　"好吗?"他用感动的声音问,"我觉得好,"他补了一句。

　　对我来说,屠格涅夫在这个晚会上不知怎么渐渐淡化了,我几乎没有去听他的朗诵。后来我们时常见面,时常互相骂来骂去。

题解:

　　安娜·巴甫洛夫娜·费洛索福娃(1837—1912),社会活动家,参加妇女运动。她是大官员、军事总检察长的妻子,七十年代她有极强烈的反对派情绪。"我憎恨我们的现政府[……],这是一伙强盗,他们在危害俄罗斯。"她在给丈夫的信中这样写道。(阿·弗·端尔科娃,《安娜·巴甫洛夫娜·费洛索福娃及她的时代》,彼得格勒,1915 年,页 326)

　　在费洛索福娃的寓所里保存着一些非法图书,据传说,在审判之后薇拉·查苏利奇躲在她那里,费洛索福娃的名字和克鲁鲍特金的逃跑有联系。她和陀思妥耶夫斯基的接近显然是在七十年代下半期,对他评价甚高,在许多方面把他看作是自己的导师(在1877 年 3 月 7 日陀思妥耶夫斯基的书信中第一次提到费洛索福娃的名字,见《书信集》,第 3 卷,页 260)。陀思妥耶夫斯基也喜欢和尊敬费洛索福娃,屡次提到她的"高贵的心","聪明优美的心灵"(《书信集》,第 3 卷,页 260;第 4 卷,页 67),谣传她可能被捕,他很是焦急。

　　安·巴·费洛索福娃和她的女儿姆·弗·卡明涅茨卡娅关于陀思妥耶夫斯基的回忆录给我们补充了他和对沙皇制度抱敌对态度的人们的联系情况。

　　本文根据《安·巴·费洛索福娃纪念文集》第 1 卷(阿·弗·端尔科娃,《安娜·巴甫洛夫娜·费洛索福娃及她的时代》),彼得格勒,1915 年,页 258—259,256—266 刊载。

〔与陀思妥耶夫斯基的见面〕

姆·弗·卡明涅茨卡娅

费·米·陀思妥耶夫斯基我自然是记得很清楚的,不过也仅仅在他一生的最后两三年,就是他和妈妈成了相互间非常亲密的人,一起经历了许多事情之后。他们是在哪里认识的,我不知道,但我记得费奥多尔·米哈伊洛维奇的儿子发癫痫症死去时①妈妈在场。如果我没有搞错的话,这孩子是第一次发作,但是病势很猛,竟至于死去。儿子的死给了费奥多尔·米哈伊洛维奇难以磨灭的影响……在我的记忆中,费奥多尔·米哈伊洛维奇常常"根据需要"到妈妈处来,那意思不仅是因为一般的什么事情,主要的是和她交流感想来的,聊一聊,听一听。现在我说说我记得的和他见面的情况。

有一回,我在自己的学习室里对着"伤脑筋"的算术题——龟兔问题苦恼得不得了,——我那时十四五岁,忽然冒出个巧妙的主意:我到妈妈那里去,海军学院的数学教师高林科来了,他可以帮帮我的忙。妈妈那里,除了高林科之外还有几个人,像往常那样,大家都热心地追逐起我的兔子来。忽然费·米·陀思妥耶夫斯基进来了。"什么事情?"他也思索着各种不同的解法,不过他一定要让乌龟比兔子先到。"乌龟很可怜,它没罪,是上帝创造它这个样子的。它竭尽全

---

① 陀思妥耶夫斯基的儿子阿廖沙 1878 年 5 月 16 日死于癫痫症。(阿·弗·端尔科娃,《安娜·巴甫洛夫娜·费洛索福娃及她的时代》,页 264)

力,这一点比兔子好;兔子一蹦一跳赶上它!"

　　过了几天,费奥多尔·米哈伊洛维奇又上我们家来了,原来是因为有事情。妈妈在家的时候,晚间常有五六个 position sociale①、外表和信仰极不相同的人到我们家来"消磨时间"。在这种情况下我们坐在妈妈的小客厅里,她亲自从 bouillotte'② 给我们斟茶,这茶炊是穿燕尾服的听差端进来放在一只可移动的小桌子上的。因为"银"茶炊,因为仆人穿"燕尾服",客人们被弄得不好意思或者愤愤然,便常常议论起来。不过在我提到的这一次,说话的是从前在军事法庭供职的某个亚历山大·亚历山大罗维奇·纳夫罗茨基,他是通俗歌剧《悬崖》③的作者,当时的大学生很热心地排练过该剧,他还作了许多长诗和小诗。那天晚上他谈的话题是关于宇宙的灵魂,宇宙的理智,他说,此时此刻这一切都集中在我们的行星上,不过我们这颗行星很快就要冷寂,像月亮一样,如此等等。我站在我挪给陀思妥耶夫斯基坐的安乐椅后面,听到这话我自然愣住了。说到后来他几乎只对着陀思妥耶夫斯基一个人了。陀思妥耶夫斯基不作声,后来忽然像捞稻草似的回过头来对着我说:"玛涅奇卡,乌龟爬到了吧,您怎么看法呢?"说着又同样突然地转脸向着妈妈,开始讲起他到这里来的动机。要搭救某一个人⋯⋯

　　我记得费奥多尔·米哈伊洛维奇出席妈妈举办的一个大型慈善音乐会。大厅里面已经很热,他走出大厅,在一个角落里坐下,但立即被青年们所包围,尽管他并不愿意人家去"访问"他——当时还没有访问这个词儿——,他很少提到重大的话题,再说他常常疲劳得要命。不过我记得他和妈妈的争吵。他们两人都极其不善于争吵,两人都火冒三丈,互相不听对方说话,费奥多尔·米哈伊洛维奇的男高音竟升到塔姆贝尔里克④的高度。妈妈特别和他争论得多的是他的"东正教的上帝"(当时陀思妥耶夫斯基正在出版他的《作家日记》)。有一次在热烈争论中,妈妈对他说:"好吧,我祝贺您,您跟您那'东正教的上帝'一起去待着吧! 很好嘛!"听到这种"妇道人家的理由"——如费奥多尔·米哈伊洛维奇

---

　　①　法语:社会地位。——原注

　　②　法语:茶炊。——原注

　　③　亚·亚·纳夫罗茨基(1839—1914)作了一首自由体长诗《斯捷潘·拉辛的悬崖》,后由作者自己谱了曲子。

　　④　塔姆贝尔里克(1820—1889),意大利男高音歌手。

所说,——他忽然和善地大声笑了起来:"呀！安娜·巴甫洛夫娜！咱们也动肝火啦,像小青年一样!"

妈妈托我做什么事情的时候,我很喜欢拼命飞奔穿过门对门的一排直通房间,然后一拐弯奔进我们公家宿舍的那间半暗不明的前厅。有一次我就这样飞一般地奔跑,那时我已十六岁,中学已经毕业,在门口跟费奥多尔·米哈伊洛维奇撞了个满怀。我很窘,连声向他道歉,但我忽然明白道歉是不必要的。他站在我面前,脸色苍白,揩去额头上的汗水,重重地喘着粗气,迅速沿着楼梯走来:"您妈妈在家？哦,谢天谢地!"说着,捧住我的头,在脑门上吻了我一下,"哦,谢天谢地！刚才人家对我说是你们母女俩被捕了!"这事发生在我们去威斯巴登之前不久。从那里回来,我和父亲正好遇上他的葬礼,妈妈没遇上:她还没有能够回来……①

---

① 1879年秋天费洛索福娃被逐出俄国。亚历山大二世对她的丈夫说:"看在您的分上,放逐她到国外去,不把她放逐到维亚特卡去了。"(阿·弗·端尔科娃,《安娜·巴甫洛夫娜·费洛索福娃和她的时代》,页334)1882年2月她回俄国,已经是陀思妥耶夫斯基死后了。

《日记》选

亚·谢·苏沃林

　　姆洛杰茨基行刺洛利斯–梅里科夫①那天,我在费·米·陀思妥耶夫斯基处。

　　他住的是一套寒伧的小房间。我见到他时他正坐在会客室里的一张小圆桌旁装纸烟。他的脸色像个刚从澡堂子出来,刚从他洗蒸气浴的团部归来的人。脸上似乎还有汗渍。我大概情不自禁地流露了惊讶的神色,因为他瞥了我一眼,问了好,说道:

　　"我刚发过癫痫。我很愉快,十分愉快。"

　　说着他继续装纸烟。

　　关于行刺的事他和我都还不知道。但是谈话迅速转到一般的政治罪行上,尤其是冬宫的爆炸案②上。议论这一事件时,陀思妥耶夫斯基谈到社会对这种罪行采取奇怪的态度。社会似乎同情它,或者说得比较接近于真实情况些,社会

---

　　① 1880 年 2 月 20 日伊·奥·姆洛杰茨基﹡向米·塔·洛利斯–梅里科夫开枪。梅里科夫在冬宫爆炸案后刚被任命为重新设立的"维护国家秩序与社会安全最高委员会"特别全权首席长官。2 月 21 日军事法庭判处姆洛杰茨基死刑,22 日执行。大家知道,姆洛杰茨基判刑时陀思妥耶夫斯基在场。(《俄国旧事》,1923 年,第 3 期,页 103)

　　﹡ 伊·奥·姆洛杰茨基(1855—1880),民意党人。

　　② 指 1880 年 2 月 5 日斯切潘·哈尔都林谋杀沙皇。

似乎不清楚该如何看待它。

"您看,"他说,"我和您站在达齐阿罗商店的橱窗旁边观看图画。我们身边站着一个人,他假装在看图画。其实他在等待什么,一直朝四下里张望。另外一个人忽然匆匆向他走来,说:'冬宫马上要被炸了。我按了机器。'这话我们听到了。您想想,我们听到了这话,这些人是那么激动,当时的情景和他们的嗓音不相称。我跟您怎么办呢?我们到冬宫去报告快要爆炸的消息?或者到警察局去找警察,让他们逮捕这些人?您会去吗?"

"不,不会去的……"

"我也不会去。为什么?因为这很糟糕。这简直是犯罪。我们也许会去报警。您来之前,我一边装纸烟,一边就在想这事情。我把所有可能促使我这样做的理由逐一想了想。理由是充足的,可靠的。随后我又把不让我这么做的理由考虑了一番。这些理由真是微不足道的。说得干脆些,是怕担个告密者的名声。我想象,我怎样去到那里,人家怎样打量我,怎样询问我,当面对质,也许会提出要给予奖励,要不就是他们怀疑我是同谋犯。报上刊登出来:陀思妥耶夫斯基指认罪犯。这难道是我的事情?这是警察的事情。他们是受命管这种事情的,靠干这种差使领薪水的。自由主义者们不会原谅我。他们会折磨我,搞得我走投无路。难道这正常吗?我们这里什么都不正常,所以什么事情都发生,谁也不知道他该怎么行动,不仅在最困难的情况下不知道,就是最普通的情况下也不知道。这种情况我可以写很多东西。对于社会,对于政府,我可以说说许多好的和坏的东西,但这是行不通的。我们这里最重要的东西是不能说的。"

就这个话题他谈了很久,说得很兴奋。就在这时候他说,他要写一部长篇小说,主人公叫阿辽沙·卡拉马佐夫。他打算让他进一进修道院,再成为革命者。他会犯下政治性罪行。他会被处死。他会寻找真理,在寻找中,他自然会成为一个革命者……①

---

① 陀思妥耶夫斯基打算再写一部关于卡拉马佐夫兄弟的长篇小说,描写七十至八十年代阿辽沙在国外的生活。

题解：

亚历克赛·谢尔盖耶维奇·苏沃林(1834—1912)，新闻记者，反动的《新时代》报发行人，用列宁的话来说，经历了从自由主义，甚至可说是民主主义(六十年代)到无耻吹捧资产阶级(从七十年代末至八十年代初)，到"每逢当权派实行任何政治变革都要献番殷勤的堕落之路"。(《列宁全集》，中文版，第18卷，页265)不过，苏沃林在向沙皇俄国统治者摇尾乞怜的同时，也清醒地看到他们的实质。他聪明，乖巧，深知各种不同事件的内幕，在原来根本不准备供发表的《日记》中，他好像在"倾吐心头的积愫"，对十九世纪末至二十世纪初资产阶级独裁的俄国的腐朽和腐败作了相当准确、鲜明的描绘。

苏沃林虽然多次写过论述陀思妥耶夫斯基的文章，但《日记》中关于陀思妥耶夫斯基的篇页他从来没有发表过。这些记叙和官方制造的说作家是忠于君王的传说大相径庭，苏沃林也参与了这一传说的炮制。日记表明陀思妥耶夫斯基对革命者、对民意党人的恐怖行动的态度是复杂的、矛盾的。作家谴责他们，然而在很大程度上他理解他们的反抗是"必然"的，对于许多优秀人物——"寻求真理的人们"来说，他们的道路是合乎规律的，他懂得周围的现实是不正常的，为"被侮辱与被损害的"苦难而进行报复是公正的。陀思妥耶夫斯基对薇拉·查苏利奇案件的批评也证明了他对民意党人所抱的矛盾态度。(格·康·格拉多夫斯基，《结论》，基辅，1908年，页16—18;斯·弗·利勃罗维奇，《在书籍的岗位上》，彼得格勒-莫斯科，1916年，页40—43)

普希金纪念像

普希金的纪念活动

（1880 年 6 月发自莫斯科的信）

格·伊·乌斯宾斯基

一

……昨天,6 月 8 日,历时四天的普希金纪念像揭幕典礼的庆祝活动以贵族俱乐部大厅举行的音乐文学晚会宣告结束①,我今天就想转达所得到的印象。本应当撇开一切无用的、与事情无关的东西,直接从这一次纪念活动所留下的最重要的、宝贵的、值得留念的东西谈起,然而恰恰因为昨天刚结束的纪念活动的"印象太新鲜",致使我没有如我所想的那样做。重要的、宝贵的东西暂时还被演说者的雷鸣般的嗓音和喧嚷声,竖琴的叮咚声,音乐声,无数人噼噼啪啪的掌声,不停的叫好声和"乌拉"声,刀叉声,玻璃杯和高脚酒杯的碰杯声以及啧啧的

---

① 庆祝普希金纪念像落成典礼原定在 1880 年 5 月 26 日普希金生日那天举行,然因王后去世而延期。庆祝活动由俄国文学爱好者协会主持,历时四天;1880 年 6 月 5 日在莫斯科杜马大厅接待纪念像修建委员会代表团,雅·卡·格罗特作报告;6 月 6 日,在莫斯科特维尔广场举行纪念像揭幕典礼,以晚间在贵族俱乐部大厅(现今的联邦宫圆柱大厅)举行的音乐文学晚会作为这一天的结束;6 月 7 日又在这个大厅里举行首次公开演讲会;6 月 8 日——召开闭幕会议,陀思妥耶夫斯基在这个会议上作了演讲。纪念活动以盛大的音乐文学晚会作为结束。

亲吻声掩盖着，——这些声音混合在一起，大大妨碍我们聚精会神地去思考已经过去的纪念活动的道德意义。"某种塞尔维亚性质的东西"——《现代消息报》这样描述刚过去的纪念活动的"概貌"，而且，很显然，无论这个比喻何等荒唐，终究不是平白无故地从基梁罗夫-普拉东诺夫①先生的笔端冒出来的。[……]

在两天半的时间里，除了伊·谢·屠格涅夫和费·米·陀思妥耶夫斯基以外，几乎没有一个人认为，借助于此时此刻所固有的同样意义的忧虑，去阐明使头脑聪明的普希金为之激动不安的理想和忧虑是可能的；谁也没有使这些理想和忧虑重新出现在当前的现实中，这一点，正如我们在下面就要看到的，可能是阐明普希金的全部广泛意义的最有效的方法。相反地，在评述普希金的个性和才能时，由于恪守与他的时代特别有关的种种事实，那些发表演说的先生们尽管非常努力，也只能够勉勉强强地说明过去的普希金，把这意义推到很远的过去，把它放在现今的和随之而来的俄国生活与思想的潮流之外。发言的人好像被绳子捆在普希金的伟大名字上了，他们终于把听众的注意力搞得厌倦了，到纪念活动快结束时，因为时刻不断听到"普希金"，"普希金的"，"对普希金"等等，听众甚至开始觉得有点腻味了！……关于普希金还有什么没说到啊！他是神话中的勇士——伊里亚-莫罗美茨，是的，也许还几乎是金嗓子强盗！他坐在飞毯上飞行，到处飞，从彼得堡飞到基什涅夫、敖德萨、克里米亚，飞到高加索，飞到莫斯科。普希金——这是俄国诗情的勃发，是没有鲜明地描绘出来的喷泉，普希金听到远方朋友的呼唤，茨冈女人的呓语，格鲁吉亚的歌声，鹰的叫声，海洋的凄凉的喁喁私语。各种民族、各种语言都在骂普希金，捧普希金，然而我们俄国人，各民族中最年轻的，我们在他的创作中第一次认识了自己，我们欢迎普希金，把他当作那些**也许**"命里注定"会向我们"显示"的奇迹的预言者。② 在两天半的时间

---

① 基梁罗夫-普拉东诺夫(1824—1887)，政论家。七十年代末，塞尔维亚战争时期，《现代消息报》上刊登过泛斯拉夫主义性质的宣言和文章。1880 年第 154 期的社论中基梁罗夫-普拉东诺夫以赞扬的口吻写到纪念普希金活动的"塞尔维亚的"性质。乌斯宾斯基赋予这个用语以讽刺的意味。

② 乌斯宾斯基把斯拉夫主义者尼·亚·恰耶夫的话讽刺性地加以模仿叙述。恰耶夫在谈到普希金到过摩尔达维亚与比萨拉比亚时，作了这样的譬喻："……于是他和拜伦穿着口袋似的旅行服，红衬衫，羔羊皮帽子，乘着驿车飞驰，——就像童话里的波瓦坐在飞毯上，飞往三百个王国，飞往大海大洋，飞到基什涅夫，敖德萨，总而言之，飞往俄罗斯人闻所未闻、见所未见的国土。"(《花环》，页 285)

里,听众几乎一刻不停地听到颂扬这位天才人物的卓越的才华啦,多方面啦,广泛性啦,热情啦以及其他无数品质,诸如此类的话,要人相信。噼噼啪啪的鼓掌,鼓掌,最后终于开始感觉厌倦了,这时,先是屠格涅夫。随后是陀思妥耶夫斯基,出来搭救他们了。

伊·谢·屠格涅夫①第一个接触到所谓"现代生活",启迪公众,使公众觉醒。演讲者说,问题——也就是社会对普希金的创作态度冷漠的原因——不在于蠢人的评论,也不在于冷漠的群众的哄笑;原因还要深刻一些;这些原因是无法避免的,在极端复杂的情况下,存在于社会的历史发展中。新的生活就在这些情况下产生,开始由文学的时代迈入社会政治和搞社会政治活动的时代。诗人的恍惚是因为产生了突如其来的、但是合理的、极其强烈的需要,出现不能不给予答复的咨询。**那时候还顾不上诗意,顾不上艺术……**(掌声)诗人以祭司的身份出现在神殿里,那里还燃着圣火,还焚着神香,但仅仅在祭坛上,人们走出神殿,往嘈杂的、闹哄哄的市场走去。喉舌诗人代替了时代回声的诗人,发出了"复仇和忧伤"的声音,继他之后,其他人也来了,他们自己走来,带来了正在成长中的一代人。许多人认为诗人任务的这一改变仅仅是一种堕落,但是演讲者说,我们却敢于指出,只有僵死的东西、无机的东西才会堕落和崩溃,有生命的东西则在有机地生长中改变样子,而俄罗斯——在成长中!(鼓掌)同样如此,对于社会上再次注意到早就不是没有理由地被人遗忘的诗人这一现象,屠格涅夫也不是解释成一代人因离开回声般的诗人去追随作喉舌的诗人而**对自己的轻率感到后悔**,或者说他们在乏味的路上走厌了。完全不是的;屠格涅夫说:"我们对这种重新把注意力集中在诗人身上的现象特别感到高兴,是因为重新回过来看它(普希金的诗)的人,不是作为忏悔的罪人,不是作为丧失希望的人,不是作为被自己的错误搞得疲惫不堪的人,也不是作为在已被自己弃置不顾的地方寻找安宁和栖身之所的人,而回回来看;——不是,我宁愿认为这现象是一种满意的征兆(尽管只是差强人意),它证明,有些目的不仅被认为是允许的,而且还是

---

① 屠格涅夫在 1880 年 6 月 7 日俄国文学爱好者协会的会议上发表关于普希金的演说。最初刊登在 1880 年第 7 期《欧洲导报》上。乌斯宾斯基引用屠格涅夫的演说不尽确切。(见《屠格涅夫》,第 11 卷)

必须把一切与事业无关的东西牺牲掉的,尽管其中的某些目的被人们认为是已经达到的,未来又预示着另一些目的也会达到。"

笼罩在一片敌意中的伊·谢(屠格涅夫)对"正在成长中的一代人"加以保护,是"同时代人考虑当代"的思想觉醒的第一个光辉时刻。①

三

然而谁也没有料到,这一"当代性"能够吸引所有的人,吸引挤满贵族俱乐部大厅的大量听众,谁也没有料到,恰恰是费·米·陀思妥耶夫斯基做到这一点,他一直"安安静静地"坐着,躺在舞台和讲坛附近,在本子上写着什么。

轮到他了,他"安安静静地"登上讲坛,不到五分钟,所有出席会议的人,所有的心,所有的思想,所有的心灵,一无例外地受他支配了。他讲得很朴实,完全像和友人交谈,没有声嘶力竭、大叫大吼的豪言壮语,没有作昂首仰头的姿态。没有一点点离题,也没有不必要的修饰,他朴实而清晰地告诉听众,关于普希金——此时此刻在这个大厅里听他讲话的公众的希望、要求和愿望的表达者,他有些什么想法。他发现,这样说吧,可以把普希金引入这个大厅,借他的嘴,向聚集在这里的公众说清楚,在他现在的处境中,现在的烦恼,现在的苦闷中的某些东西。在费·米·陀思妥耶夫斯基之前,谁也没有这样做过,他的演说获得非凡

---

① 乌斯宾斯基在报道中更多的是把注意力集中在屠格涅夫发言的公民因素上,民主派的听众对这些因素采取同情的态度(见后面叶·巴·莱特科娃-苏尔坦诺娃的回忆录)。但是整个说来,正如所有的回忆录作者所说,屠格涅夫的演说远远不及陀思妥耶夫斯基的演说成功。当时和屠格涅夫处在同一阵营的米·马·科瓦列夫斯基在回忆录中指出:"屠格涅夫在普希金纪念像揭幕典礼群众大会上所作的发言,就其内容来看,与其说是对广大听众说的,倒不如说是对优秀听众而说的。演讲中没有把俄国人当作全人类来讲,也没有讲到受过教育的人必须顺从人民,吸取人民的鉴别标准和信仰。屠格涅夫只限于说明作为艺术家的普希金的特点[……]他说的话过于委婉、过于聪明了,因此未为人们所重视。他的话较之诉诸公众的感情,更多的还是诉诸理智。演讲的反应是冷淡的。"(《过去的年代》,1908 年,第 8 期,页 13)

的成功,其主要原因就在这里。①

　　演讲的内容大致如下:普希金,作为个人,作为一个诗人,是纯粹的俄罗斯精神的一切特点的最出色、最有独创风格的反映。在普希金写作活动的早期,模仿外国榜样时期,他就具有这种纯粹俄罗斯的独特风格。按陀思妥耶夫斯基先生的话说,即使在当时,他就已经不得不改变外国文学作品的实质,以适应他心灵中纯粹俄罗斯的、独特的、民众本性的要求。在自己的文学创作活动中神圣地服从这些要求,普希金是俄国人民心灵的最完美、最充分的反映,同时也是预言,即指出这个民族在全人类生活中的使命。研究普希金,你就可以透彻了解俄国人的心里蕴藏着哪些宝贵的东西,究竟是些什么东西、是什么苦难在折磨俄国人,同时你也可以准确地断定全人类生活的哪些要求和哪些任务需要并预先确定了俄国性格、俄国灵魂的这些天赋品质。用陀思妥耶夫斯基君的话来说,这些纯粹俄罗斯的民族特征在普希金的作品中是这样表现的:在文学活动的最早时期,他便描绘受尽苦难者的典型,这种人饱经沧桑,在世上漂泊,无法对现实或者什么,哪怕是现实的最好的一部分事物感到满意。受苦受难的浪子的典型,用陀思妥耶夫斯基君的话来说,也是纯粹俄罗斯的典型,在俄国最古老时期的生活中就已经受人注意,在以后各个时期的俄国生活中,在现在,此时此刻,都存在着这一典型,在遥远的将来,它也不会消失;找不到安宁、心神不定的俄国的受苦受难者之所以不会在现今的俄国生活中消失,更不会在将来消失,是因为要解除使他心头烦躁的苦闷,需要有一种全世界的、全体一致的、全人类的幸福。"**少一点,他不肯罢休!**"(疯狂的掌声)而且,主要的是,仅只存在于全世界的幸福中、存在

---

①　这些问题的提出和聚会的听众内心充满着的模糊的愿望与期待,是起着共鸣的。例如,著名的斯拉夫主义者阿·伊·科什廖夫指出,陀思妥耶夫斯基"在一种沉重的、模糊的、然而难受的心情沉痛"时刻说的话,"浸透了心灵的痛楚和精神上的哀伤,指明了,尽管是非常克制地、又不完全正确地指明了它的原因和根源,但是唤起疗救的希望(至少在将来是如此),对听众和读者产生,也不可能不产生强烈的振奋作用。"(《评费·米·陀思妥耶夫斯基在普希金纪念会上的讲话》——《俄国思想》,1880年,第10期,《政治概况》,页1)另一派的代表人物,自由主义的、西欧派的著名历史学家和政论家克·德·卡维林对陀思妥耶夫斯基在普希金纪念会上演讲的成功也作了同样的解释。他在给陀思妥耶夫斯基的公开信中写道:"您在莫斯科普希金纪念像揭幕典礼上的热情洋溢的讲话,对各个极不相同的阵营的听众产生震骇人心的影响,现在,俄国思想冲激他们……这一切证明,您以您的非凡的天才,一贯的真诚,深刻的信仰所提到的问题,在俄国的思考着的人们心中和思想上已经酝酿成熟,强烈地触动了他们……我们怎么啦? 我们往何处去? 应该到哪里去? ……"(《欧洲导报》,1880年,第11期,页431)

于要让全人类得安宁的意识中的安慰全世界的任务不是无聊的、晃来晃去没有事干的人的不对头的胡思乱想或无聊的空想，这样的人纵然渺小，却反而构成俄国天性中极其根本性的特点。普希金用作品证明了他在理解异国风俗方面是敏感的，就凭这种敏感性，他也是这一特点的最佳体现。世界上最伟大的诗人，包括莎士比亚在内，没有一个人能像普希金那样深刻体验到异族人民的思想、风尚习俗和精神气质，因为他是真正的俄罗斯人，这种能力是天赋予他的。莎士比亚笔下的希腊人和罗马人是同他自己一样的英国人；相反的，普希金笔下的西班牙人和意大利人却是地道的西班牙人，地道的意大利人。"容易理解其他民族，理解其他民族的心灵，其他民族的欢乐和悲哀，这种敏感性是俄国灵魂的最完美的体现者所特有的，也是全体俄国人民所特有的；激起欧洲人的生活波澜的悲哀和欢乐，他的忧愁，他的痛苦，对于我们，对于我们每个俄罗斯人，未必不比我们自己的悲伤更珍贵。"演讲人从这一切得出结论：俄国人注定只会让自己的生活充满为他人的痛苦而痛苦，只为他人，我的友人的忧愁而忧愁，最终会给人类大家庭带来安慰、和解与令人快慰的谦恭纯朴。在俄国人所担负的全人类的任务没有得到预定的解决办法之前，俄国人仍旧将是受苦受难者，自觉的殉难者，一刻也不得平静。普希金，这个敏感的灵魂，预见到俄国人的这一天赋使命，正如上文所说，在他文学活动的最早时期就描绘了这种浪子，先在阿乐哥身上，后来在叶甫盖尼·奥涅金身上。陀思妥耶夫斯基说到这里以个人的名义补充说，这种浪子，在普希金之后，在奥涅金之后，仍旧存在，只不过是另一种形式，另一种模样罢了，现在也存在，还将永远存在，直到如上文已经说过的，在全人类的幸福中心情平静下来。

　　我们不能保证我们所转述的陀思妥耶夫斯基君演说的前半部分的思想是完全准确的，但是我们完全可以担保说**对演讲的思想的理解和评价恰恰就是我们所描述的那种意思**。也许我们说的不是那个思想，不像那个样子，但是感觉到的，产生强烈印象的，恰恰就是我们所描述的。陀思妥耶夫斯基君在演说的后半部分对达吉雅娜的评述，即不能把自己的幸福建立在别人的不幸上面，陀思妥耶夫斯基君不知怎么变了，并且恰恰是这个特性改变了，——没有像他在评述和解释俄罗斯的忧郁的灵魂之意义时那样产生令人震惊的影响，却像耳边风一样过去了。陀思妥耶夫斯基君对某种顺从（"顺从吧，骄傲的人！"）的某种意见（这顺从似乎是这个浪子在已经安定下来的时候，在别人的忧虑面前他个人已完全消失了的时候所需要的），这个意见也像耳边风一样过去了；大家的注意力均被表达得很严谨的思想所吸引，所震惊：俄国人天生是为了他人的痛苦而哀伤的。

肯定地知道，陀思妥耶夫斯基君在演讲结束时马上得到的不单单是热烈的欢呼，而简直是偶像崇拜；一个年轻人，刚握了握可敬的作家的手，就激动得浑身发抖，失去知觉，倒在舞台上。是的，陀思妥耶夫斯基所说的：每一个俄国人都必须活着，以便为全人类的苦难而悲伤，这句话不是对于铁路工人，不是对于十四类代表（用陀思妥耶夫斯基的话来说，俄国的知识界划分为十四类）才可能有意义。这句话恰恰只可能对青年人产生影响，还对不久前刚变得稳重的、对所经受的东西还有着生动感受的青年代表产生影响，因为在持续数千年的俄国生活中，从来没有哪一代俄国人像用陀氏的话来说必须在最近二三十年间完成自己的亘古以来的使命的一代人那样处于这样艰难、痛苦、毫无出路的境地。几乎整个年轻的一代，主张不去奴役被解放者，不去压迫他们，不是使他们堕落，总而言之，对自己的人民丝毫没有恶意，结果却发现人民并不需要这一代人，怎么可能有这种情况呢？可这种情况就是发生了啊！从前曾经在俄罗斯大地上存在过的一代又一代的年轻人，哪一代人也没有像最近二三十年的一代人那样，面临过这样大量的，正是为他人、为摆脱奴隶状态的人效劳的工作，这是为什么呢？这工作是没有被发现，没有出现过，还是没有用处？陀思妥耶夫斯基君自己承担了以长篇小说的形式描绘一个过程①，他甘愿加以研究，甚至大大违反现实，百倍地夸大丑恶与卑劣，暴露于小说中，却不打算用一句话把这些丑恶与卑劣跟俄国人的全人类任务区分开来，关于这一任务，现在他在俄国文学爱好者协会的讲坛上讲得很是娓娓动听。然而无可怀疑的是，最近几年的年轻一代人，在他们的事业刚开始的时候，如果能从解释他们的任务的人那里得到支持，如果这些阐释者把这一任务放在首要地位，使任务提高到哪怕是百倍地惊世骇俗的程度，达到陀思妥耶夫斯基君现在所述的程度，那么，年轻一代人无疑不会如同他们苦闷了、消磨了许多年那样来消磨一辈子了。

陀思妥耶夫斯基君怎么会不受欢迎呢，将近三十年中，他第一次怀着最深挚的真情，决心向所有在这艰难年头里痛苦到极点的人说："你们不会在个人幸福中求得自我安宁，你们只会为他人的不幸而痛苦、而烦恼，因而你们的工作，无论

---

① 乌斯宾斯基指长篇小说《群魔》。

它做得多么不完美,都是有利于全人类的幸福的。——这便是你们的整个天性所预先确定了的任务,是摆在你们的民族性中最隐秘的特性中的任务。"

这一番热情澎湃地大声宣扬的话语,可能也应当使许许多多人受到震动。听了陀思妥耶夫斯基君的演讲而失去知觉昏倒的人,大概是因为他正如我们千方百计所转述的那样理解了这番讲话。但是,我们再说一遍,我们转述陀思妥耶夫斯基的讲话很可能不够准确、忠实。陀思妥耶夫斯基是个相当古怪的人;正如已经说过的那样,不久以前,他还把他现在颂扬的一群人比作一群猪那样的牲口,并且预言他们覆灭于深海。[①] 在自己身上调和着这样的矛盾的人是不容易了解的。他的演讲见诸报端,仔细看过后会产生完全不同的印象,这并没有什么不可思议的地方。我们不保证原话正是陀思妥耶夫斯基君想要说的话,但是,我们再说一遍,对他所产生的印象的实质,我们是完全能够保证的。

四 (次日)

在刚结束的信上,我们对我们所转述的陀思妥耶夫斯基君演讲内容的真正意思表示过忧虑,不幸这忧虑是有道理的。陀思妥耶夫斯基君的演讲现在在《莫斯科新闻》第 162 期上登载出来了。拜读以后(而且拜读不止一遍,因为不是一下子就能看懂的),我们发现,虽然其中印着我们逐字逐句所述的那层意思,但是除此以外还有些东西把演说词变成了谜语(我们没有兴趣去猜谜语!),把演讲的全部意思几乎缩减成零。问题是陀思妥耶夫斯基君在俄国浪子的全欧洲、全人类的思想中巧妙地附加了许多想法,那已经不是最广泛的人道主义思想,而是最广泛的兔道主义思想。在他的整个演说中到处有这种不恰当的地方,有的仅用一个字,有的用完整的好几句话,并且总是用在接近于议论最广泛的人道主义的地方。为了让读者比较清楚地看看陀思妥耶夫斯基君的演讲由于这些兔子式的跳跃而搞得多么难以理解,我们不妨从报上发表的原文中摘录几段。

首先我们将作些摘录以证明我们有一切理由像我们已经做的那样来转述陀

---

① 乌斯宾斯基用长篇小说《群魔》中的取自《叶甫盖尼·奥涅金》的题词来说话。

思妥耶夫斯基君的演讲。陀思妥耶夫斯基君谈到俄罗斯人民的精神是这样说的：

"……什么是**俄罗斯民族的精神力量**呢，就最终目的而言，不是对世界大同和人类一体的想望吗？是的，俄罗斯人的使命无可争辩地是世界性的，全欧洲性的。做一个**真正的**俄国人，做一个**十足的**俄国人，可能只意味着（最终你们会强调这一点的[①]）做所有的人的兄弟，世界的人，如果你们愿意的话……对于真正的俄罗斯人来说，欧洲和雅利安人部落的封地像俄国本土，像故乡的封地一样宝贵……我们的封地也是全世界性的。做**真正的**俄罗斯人将恰恰意味着给欧洲的诸种矛盾带来和解……所有的民族中，俄罗斯人的心也许天生是最最向往全世界、全人类的团结一致的。"

关于俄国"受难者"，陀思妥耶夫斯基君是这样说的：

"普希金在阿乐哥身上找到并且天才地指出了祖国大地上那个不幸的浪子，那个**历史上的俄国受难者**，出现在我们的脱离人民的社会里是很有历史意义的。这个典型永久地长期地定居在俄罗斯大地上。这些俄国的无家可归的浪子至今仍在继续漂泊，在我们的时代，如果他们不到茨冈人的宿营地去，不到茨冈人的原始的、独特的日常生活中寻求世界性的理想，寻求慰藉，却从我们俄国知识分子社会的荒唐的、自相矛盾的生活中寻求慰藉的话，那就**等于热心地搞起社会主义来**，抱着新的信念到另一块庄稼地，勤勤恳恳在那里干活，像阿乐哥一样，相信在不切实际的操劳中会达到自己的目的，得到幸福，不仅是自己的幸福，也是全世界的幸福，因为**俄国的浪子所需要**的恰恰是全世界的幸福以安慰自己，**比这更便宜的代价他是不会忍受的**……这依旧是那个**俄罗斯人**，只不过出现在不同的时期罢了。"

这一段摘录似乎完全足以见出流浪者和人民的牢固的联系，他的纯粹的民族的特点；他身上一切都带有民族精神，一切都是历史地不可避免的，合理的。正是基于这样的确信，我才转述了陀思妥耶夫斯基君的演讲，和发表在莫斯科来信上的意思相同，我感到高兴的不是陀思妥耶夫斯基君答应将来要给俄国人一只世界性的大雁，而仅仅是因为对俄国生活中的某些现象人们开始按人类的理性来加以阐明，"根据人性"来加以阐明，不是像迄今为止那样带着幸灾乐祸的

———————————

① 括号是陀思妥耶夫斯基原有的。——乌斯宾斯基注

心情来作说明,而是带着迄今为止尚未有过的几分专注来加以说明。

　　然而陀思妥耶夫斯基君原来是另有意图的。即使从上面摘录的演讲词中,读者也可以看出有些地方完全是一种兔子式的行动。这里面好像无意中插入了"也许"这个词儿,好像也是偶然地并列使用了"经常地"和"长久地",这里面插入了"不切实际的"这个词和"干"这个词,也就是臆想,虽然立即被性质截然相反的、使人确信的话所淹没,这话就是必然性,必然性使人不可能作贱价处理等等。这样兔子式的跳跃使作者有可能逐渐地把所有"不切实际的干"变为鼓吹死亡的最起码的说教。轻轻地、微微地从一个草墩跳到一个草墩,一蹦又一蹦,整个兔子逐渐跳进难以通行的密密丛林里,连兔子尾巴也看不见了。这时,不知为什么,读者也没有发觉,阿乐哥,大家知道是十足的民间典型,竟会被人民撵出来,恰恰因为他是非民间的。奥涅金,同样是浪子的民间典型,也因为他是非民间的而遭到达吉雅娜的拒绝。结果,不知怎么,这些浪子的民间特点竟是不良的特点。再一跳,"一个属于全世界的人"变成"风吹来的一根草",变成**没有**根基的幻想家……"顺从吧!"威严的声音呼喊道:"**幸福不在大海彼岸**!"这是怎么一回事呢?那只属于全世界的大雁留下什么呢?留下的是达吉雅娜,她是解开整个儿这"不切实际的干"之谜的谜底。达吉雅娜原来就是预言,风波就是因这预言而掀起的。她是预言,因为她把属于全世界的人从自己身边赶走了(因为他没有根基,虽然他也无法花更小的代价得到根基),让年老的将军任意支配她(因为不能把个人的幸福建筑在别人的不幸上),虽然她同时又爱着浪子。好啊,她牺牲自己。但是,呜呼!原来这牺牲不是自觉自愿的:"我已经**嫁给**了别人!"受雇于人便委身于人。原来是母亲强迫她嫁给老头子,那娶年轻女子的老头子呢,在这篇演讲中被称为"正直的人"!然而她**不想嫁**给他,这一点老头儿不可能不知道。不知道那位母亲是何等角色?大概也是世界性的什么吧。就这样,大量的兔式思想使演讲者去鼓吹某种愚蠢的、粗暴的、强制性的祭祀。少女们给陀思妥耶夫斯基君奉上花冠,她们之所以给他奉上花冠,不是为了感谢他劝她们把自己的生命奉献给硬要做她们丈夫的糟老头子,也不是为了向母亲们表示感激,她们强迫女儿出嫁,以便女儿们将来用自己的痛苦去帮助雅利安人部落消愁解忧,这一点是毫无疑问的。很显然,这里总是有人错了。然而演说之所以被解释得不正确,有错的不是别人,正是陀思妥耶夫斯基君本人,他没有以比较朴素的形式表达自己的思想。

题解：

　　1880 年 6 月 5 日至 8 日,费·米·陀思妥耶夫斯基参加文学界的社会性的大事件——在莫斯科举行的普希金纪念像揭幕典礼,作家在广大听众面前作了最后一次辉煌的演说。6 月 8 日在俄国文学爱好者协会的会议上,陀思妥耶夫斯基作了演说,同时代人一致证实,这次演说对听众产生了震撼心灵的印象。第三厅收到不具名的情报,说陀思妥耶夫斯基的演说受到大众的欢迎,建议采取措施以防止其扩大影响。(恩·弗·别利奇科夫,《在第三厅密探的报告中的 1880 年莫斯科纪念普希金的活动》,《十月》,1937 年,第 1 期)

　　然而,演讲词在《莫斯科新闻》(1880 年 6 月 13 日,第 162 号)及其他报刊上发表,同时也在《作家日记》(1880 年出了唯一的一期,八月号)上发表(附有作者给阿·德·格拉诺夫斯基的说明及答复)后,却引起无数性质互相矛盾的批评和反响。格·乌斯宾斯基(1843—1902)的特写略微说明了革命民主主义派们对陀思妥耶夫斯基的演说的态度。在 1880 年普希金纪念活动中,格·乌斯宾斯基是《祖国纪事》编辑部的代表。他在《普希金的纪念活动》一文中表达了他的感想(1891 年在《格·乌斯宾斯基文集》第 3 卷中题目叫《普希金的纪念日》)。这篇文章写了几次,分几次送给杂志;文中回忆的因素和政论的因素交织在一起:刚见到、刚听到的观感补充了后来对这些观感的评价。文章的开头叙述纪念活动本身。乌斯宾斯基正确评论了大部分发言人的自由主义的漂亮空话,同时他特别强调这是文学纪念活动,强调聚集在普希金纪念像周围的无数群众的狂热的程度。

　　文章的主要部分是记述伊·谢·屠格涅夫和费·米·陀思妥耶夫斯基的演说,乌斯宾斯基把他们的演说分开记述。乌斯宾斯基受到初步观感的影响,着重注意了陀思妥耶夫斯基演说中与他相近的思想:知识分子对人民的责任,注意到陀思妥耶夫斯基首先公开表达了对渴望全人类幸福的浪子典型的爱戴。陀思妥耶夫斯基阐述了普希金的人民性,预言俄国有伟大的未来,这也给乌斯宾斯基以深刻的印象。至于陀思妥耶夫斯基演说中的反动方面,乌斯宾斯基起先只是顺便提到,在文章的结尾部分才集中注意力于这一方面。在《祖国纪事》上,文章的结尾部分是用一条线隔开的,在圣彼得堡 1891 年版他的作品集第 3 卷上,则是用副标题《次日》预先作了表示。在这一部分乌斯宾斯基指责陀思妥耶夫斯基"图谋"揭露浪子所选择的斗争道路,号召作为"无根据的幻想家"的浪子实行和解,乌斯宾斯基也指责陀思妥耶夫斯基把达吉雅娜的形象解释为"人民的"顺从的天职的理想表现。

　　乌斯宾斯基重新评价陀思妥耶夫斯基的演说已经是在《莫斯科新闻》上登载了演说词之后的事,一部分显然是受到萨尔蒂科夫-谢德林的影响。谢德林对寄去的报道表示了强烈的不满(见1880年7月14日格·伊·乌斯宾斯基给姆·伊·彼特鲁凯维奇的信,《乌斯宾斯基》,第8卷,页228)。萨尔蒂科夫-谢德林考虑到政治形势(一方面,民主主义知识分子阶层中革命情绪高涨,另一方面,政治尝试把这种情绪引上自由主义的轨道,这种尝试的表现就是准许洛利斯-梅里科夫在纪念普希金的活动中充当临时独裁者),按照思想观点,竭力要抵消屠格涅夫和陀思妥耶夫斯基的演说的成功,拿来同《祖国纪事》一个撰稿人的比较尖锐的发言相对照。他不满意乌斯宾斯基的文章,向尼·康·米哈伊洛夫斯基要求了解陀思妥耶夫斯基与屠格涅夫的演说,在《祖国纪事》的《七月小书》中论述了这两篇演说(见1880年6月27日萨尔蒂科夫-谢德林给米哈伊洛夫斯基的信)。米哈伊洛夫斯基在他的《文学札记》(《祖国纪事》,1880年,第7号)上满足了他的这一要求。然而谢德林在和屠格涅夫及陀思妥耶夫斯基进行论战时,对纪念普希金的演说的评价,基本上是同意乌斯宾斯基的。

　　在作品集第3卷上,乌斯宾斯基保存了受到直接的观感的影响所写的那部分笔记,以及看了杂志上刊登的演说词后所写的那篇笔记,仿佛是留给读者和下一代去评断。

　　第二篇文章也发表在1880年的《祖国纪事》上,标题为《在祖国的田地上》,在1891年版的集子上题目叫作《秘密》,乌斯宾斯基在文中尖锐批评了陀思妥耶夫斯基的见解的矛盾性。这篇文章是简讯《次日》的续篇,然而不是回忆录性质的:这已经不是直接观感的反映,而是一篇尖刻的讽刺文章,以演讲者和听众的各种代表之间,直至和普希金的达吉雅娜之间的对话形式写成的。文章的结尾部分和陀思妥耶夫斯基进行论战,乌斯宾斯基拿"真正的"即革命的事业来和道德完善的说教相对抗。

　　稍后,因为反动政论家康·尼·列昂季耶夫对演说的攻击,乌斯宾斯基又重新来评论陀思妥耶夫斯基的纪念普希金的演说。列昂季耶夫在《论全世界的爱。费·米·陀思妥耶夫斯基在普希金的纪念会上的演说》一文中(《华沙日记》,1880年7月29日、8月7日及12日,第162、169、173期;《文学遗产》,1934年,第15期,页144—147)把——用他的话来说——轰动一时的陀思妥耶夫斯基的演说和康·彼·波别多诺斯采夫的"比较不著名的"、"高贵而温和的"(列昂季耶夫语)演讲作了对比。波别多诺斯采夫的这篇发言是"几乎同时"在雅罗斯拉夫教区为教堂职员的女儿们办的学校的毕业典礼上所作的演讲。1882年,在《我们的新基督教徒》这本小册子中,列昂季耶夫一面找出托尔斯泰和陀思妥耶夫斯基的伦理上和宗教观点上的相似之处,一面因他们把基督教的教义当作对他人、对"各民族共同的兄弟情谊"和全世界"和谐"的博爱宣传来加以利用而指责他们是在胡说八道。

　　在 1883 年的特写《期待着更好的》一文中,格·乌斯宾斯基出来反对康·列昂季耶夫,保卫陀思妥耶夫斯基。乌斯宾斯基不是托尔斯泰学说的信徒,对待陀思妥耶夫斯基像对待"严格的禁欲主义道德的疯狂而热情的鼓吹者"(弗·姆·米哈耶夫,《论格列勃·伊万诺维奇·乌斯宾斯基》——《人民的幸福》,1902 年,第 11、12 期),认识到把基督教的博爱当作医治社会灾难的灵丹妙药的思想是一种空想,因此他一方面在陀思妥耶夫斯基的道德理想和托尔斯泰的道德理想之间,另一方面又在其与列昂季耶夫式的反动分子的虚伪保守观点之间,划出了清晰的界限。

普希金的纪念日(1880 年)

(选自《回忆费·米·陀思妥耶夫斯基》)

尼·尼·斯特拉霍夫

在普希金的纪念日活动中,胜利降临到费奥多尔·米哈伊洛维奇的头上,他在这一和平竞赛中获得了"第一棕榈"奖,我作为这一胜利的目击者,将努力把这件事连同我所注意到的全部细节详细加以叙述。我参加了普希金纪念像的庆祝典礼,可是一点也不积极,只做了一个普通观众,不过这一庆祝活动使我深感兴趣,因此我比其他人看得更清楚,在这个纪念活动中演出了一场内部戏,这场戏的主角是费奥多尔·米哈伊洛维奇。[……]

6 月 6 日,我们全体从上午十点钟起聚集在斯特拉斯特诺依修道院参加弥撒和亡魂追荐仪式。教堂里挤满了文学家和知识界的全体优秀人士,他们在愉快的歌声中拘谨地谈着话。大主教马卡理在主持祈祷仪式,祈祷完了,他布道,题目很简单,应当感谢上帝给我们派来了普希金,应当祈求上帝,望他为一切其他行业赐予我们同样强大的人物。我觉得布道似乎有点儿冷清,没有发觉它产生了特殊的影响。我觉得,当我们走出教堂来到广场上,当雕像上的遮布揭去,我们在音乐声中到纪念像的基座上去献花圈的时候,头一阵欢乐的时刻来临了。纪念像前举行的仪式是十足世俗性的,献花圈,宣读证书,纪念像修建委员会用

证书把它移交给莫斯科城,归该城市所有。费·彼·科尔尼洛夫①在高高的讲台上朗读证书。[……]

从这简短的仪式开始,大家充满了过节般的快乐心情,整整三天没有中断,也没有为任何哀伤的或懊恼的事情所打断。那种所谓丑事,本来是很容易发生的:首先,文学家之间一向存在的文人相轻,很容易暴露出来;其次,有人可能受眼前情况的诱惑,对非文学界的人和事说些尖刻的话。确实,文学界的不和在这个纪念活动中终究还是暴露出来了。在莫斯科当地的某些人身上就流露出对《莫斯科新闻》的敌对情绪,而且表现得这样强烈,使这家报纸的编辑部决定不参加纪念活动。因此这家报纸仅限于米·尼·卡特科夫在议会举行的宴会上作了一次发言,在他发言之后,正如大家说的,有一个参加宴会的人也企图以沉默来表示自己对发言者的敌意。这种关系的后果是彼得堡的报纸刊登了许多关于纪念活动的种种情况的函电,而《莫斯科新闻》则不仅未予记叙、未予评述纪念活动,甚至压根儿不登任何消息。②

除了这件深可惋惜的事情之外,其他的若干不和也许是表现在有些作家没有出席文学界的共同的纪念活动③;其他一切都进行得很顺利。我可以证明,一连三天,我从早听到晚,会上没有说过一句真正含有敌意的话;相反地,互相对立者之间倒是有一些态度友好的例子。这是在怀念普希金中产生的一个奇迹。纪念活动的总的印象是愉快的,非常吸引人的。许多人对我说,有好多时候,他们勉强才把眼泪忍住,或者甚至忍不住不流泪。这种愉快越来越高涨,没有被一点点悲伤的或恼人的情况所搅扰,只是第三天才达到欢乐的高潮。

---

①　费·彼·科尔尼洛夫(1809—1895),国会成员。

②　根据俄国文学爱好者协会普希金纪念委员会在社会舆论压力下作出的决议,没有邀请《莫斯科新闻》编辑部的人参加纪念活动,然而给《俄国导报》的代表保留了一个席位,《俄国导报》也是米·尼·卡特科夫出版的。协会主席谢·安·尤里耶夫搞错了,仍旧给《莫斯科新闻》发了请柬,后来发现搞错了,便寄给编辑部一份通知,称邀请与"委员会的决定"不符。卡特科夫的回答是在《莫斯科新闻》(1880 年第 152 期)上,在独特的"给编辑部的信"中公开声明送给《俄国导报》编辑部的请柬"没有用处",予以退回。不过卡特科夫以莫斯科市议会的身份出席了纪念会。斯特拉霍夫所说的一个出席宴会的人企图以沉默向卡特科夫"表示敌意",是指 1880 年 6 月在议会宴会上卡特科夫和屠格涅夫之间发生的事情。关于纪念普希金的活动,《莫斯科新闻》也登了消息的。(见 1880 年 6 月 6 日《莫斯科新闻》)

③　未出席莫斯科的普希金纪念活动的较著名的作家有谢德林、托尔斯泰和冈察洛夫。参阅本书页 656 注①及页 658 注①。

　　去参加纪念活动时,我心里想:"嗯,关于普希金,会说些什么呢?"纪念活动本身越来越朝着这个问题进行,越来越强烈地趋向于表现一致的想法——给予我们伟大的诗人以最崇高、最公正的赞扬。这是和平竞赛的目的,到后来,竞赛者除了这个目的之外,确实把一切都忘记了。参加活动的是来自社会各界的极不相同的各派人物,不仅有学者和作家,还有我们公家机关和私人团体的各种代表;法国教育部也派来了一名代表;会上宣读了外国学术团体和作家的来电来函;特别重要的是捷克、波兰及其他斯拉夫国家发来的电函与贺词,言词真挚恳切,不由人不注意。不过这一切仅仅是环境气氛而已;主要角色,极其重要的作用,显然是属于我国的学者和文学家的;他们面前摆着艰难而重要的任务——阐发普希金的精神与伟大。

　　第一天在大学里召开隆重的庆祝大会,举行宴会,由莫斯科议会宴请代表们。大家从纪念像那儿到大学里去。院士们和教授们在那里宣读了论文;这些文章中有些有趣的事实,确切的详情细节,正确的见解,可是关于普希金的问题没有充分展开。庆祝大会上最热烈的时刻自然是大学校长宣布屠格涅夫被选为大学的名誉委员①那一刻。这时爆发出热烈的、非常激动人心的掌声,大学生使劲儿鼓掌的最多。马上可以感觉得出,大多数人选择屠格涅夫是把他当作一个兵,使蕴蓄的全部热情可以集中和倾注在他的身上。后来,在纪念活动期间,每次提到这个著名的名字或者提到他的作品时,人群都报以掌声。人们一直在庆贺屠格涅夫,好像承认他是我国文学的主要代表,甚至似乎是普希金的直接的、当之无愧的继承人。又因为屠格涅夫在庆祝活动中是西欧派的最著名的代表人物,所以可以认为,在面临的智慧竞赛中,主要角色和胜利将落在这一文学派别上。另外,已经知道屠格涅夫是准备发言的,大家在说,他特地到自己的庄园里去,以便利用空闲时间考虑发言,并且写了下来。②

　　大学里的庆祝大会之后,议会在贵族俱乐部大厅举行宴会,这几个大厅从这

---

　　① 1880年6月6日下午二时,纪念像揭幕,献过花圈之后,在莫斯科大学为普希金的纪念日举行了隆重的庆祝典礼。大学校长恩·斯·吉洪拉伏夫在会上宣布,纪念像建造委员会委员雅·克·格罗特院士被选为大学名誉委员,帕·瓦·安年科夫因为出版按当时看来极为精美的普希金的作品集,伊·谢·屠格涅夫作为普希金的当之无愧的继承人,均被选为大学名誉委员。见《花环》文集页29—33关于这一活动的记述。

　　② 1880年5月,屠格涅夫在故乡的庄园斯巴斯科耶-卢托维诺夫写了纪念普希金的演讲稿,最初是供《欧洲导报》发表用的。

时起到纪念活动结束,是进行活动的场所,因为俄国文学爱好者协会的群众大会
也在这里举行(6 月 7 日及 8 日上午),还有文学戏剧晚会。因为王后举丧,不准
进行任何户外的庆祝活动,故而在单调的莫斯科,只在这些大厅里举行纪念活动
了,三天工夫,从早到晚,万头攒动,爆发出一阵阵的掌声。议会的宴会,整个说
来真正是豪华的;尤其令人快慰的是回想起尼·格·鲁宾斯坦亲自指挥交响乐
队,所以《鲁斯兰》的序曲演奏得很有艺术魅力(少有的事情)。席间,由至圣者
阿姆夫罗西·米·尼·卡特科夫、伊·谢·阿克萨科夫作了简短的发言,阿·
尼·迈科夫朗诵了自己的诗①,一切都恰到好处,包含着优美的思想,但是还没
有抓住整个主题,也就是普希金的意义[……]。费奥多尔·米哈伊洛维奇刚开
始说话,大厅里为之一振,安静下来。虽然他是照着稿子讲的,但不是照本宣科,
是生动的发言,真诚地直抒胸臆。大家开始静听,好像直到现在谁也没有讲过关
于普希金的什么话似的。费奥多尔·米哈伊洛维奇的文体风格所特有的那种自
然性和鼓舞力,从他那技巧高超的朗读中充分表达出来。演讲的内容我自然什
么也不必说的,不过内容对这次讲话自然起主要作用的。至今我仿佛还听见紧
张的、充满感情的声音在黑鸦鸦的安静下来的人群头上回响:"顺从吧,骄傲的
人! 劳动吧,游手好闲的人!"②

演讲结束时,大厅里突然爆发的欣喜是难以描述的,没有亲眼目睹的人是难
以理解的。人群中早就憋着一股激情,在他们觉得合适的所有的地方流露出来,
在每一句高声说的话语,每一句响亮吟诵的诗句上表现出来;人们突然看到一个
人,他本人就浑身充满了激情,突然听到一篇无疑是值得欣喜的发言,于是人们
激动得气喘喘的,突然衷心地赞叹起来,颤抖起来。我们大家立即去吻费奥多
尔·米哈伊洛维奇;有几个人,不顾规矩,从大厅挤着往舞台上涌去;有个青年
人,据说挤到费奥多尔·米哈伊洛维奇身边,竟昏倒了。

人们的欢乐是有感染力的。舞台上,演员化妆室里,——大会休息时我们离
开舞台到演员化妆室去的——大家都沉浸在欣喜的激动中,沉浸在赞扬和感叹
之中。阿克萨科夫对陀思妥耶夫斯基说:"您作了演讲,之后是屠格涅夫——西

---

①　《花环》文集页 35—36 记述了这些发言的内容,阿·尼·迈科夫的诗作于普希金纪念像揭
幕日之前,也载于《花环》文集,页 302—303。

②　斯特拉霍夫领会陀思妥耶夫斯基的演讲时一个很有特点的细节是他没有去叙述陀思妥耶
夫斯基的演讲的内容,只把"号召顺从"提了出来而不涉及其他的主要方面(例如"俄罗斯流浪者"典
型的评述),然而这些方面其实对具有民主主义思想情绪的听众产生了很强烈的反响。

欧派的代表,接着是我——被大家认为是斯拉夫派的代表,同样都应当向您表示最大的赞许和感激。"我不记得其他的类似声明;但是深深地留在我的记忆中的是帕·瓦·安年科夫走到我身边,兴奋地说:"这才是天才的艺术性的评论! 一下子就说明问题!"

顺便说说,我发现这里有个小小的情况,很有特点。在演讲的前半部分,谈到普希金的达吉雅娜时,陀思妥耶夫斯基说:"如此之美的俄罗斯妇女的正面典型,在我们的文学中几乎没有再出现过,除了屠格涅夫的《贵族之家》中的丽莎……"提到屠格涅夫的名字时,大厅里照例响起噼噼啪啪的掌声,把费奥多尔·米哈伊洛维奇的声音给压了下去。我们听到他继续讲下去:"……和托尔斯泰的《战争与和平》中的娜塔莎之外。"①可是大厅里谁也没能听到这句话,他只得停下来等待,直到一次又一次地响起的嘈杂声静息下去。等他接着再讲下去时,他没有重复这句被嘈杂声淹没的话,后来发表时也删去了,因为这句话确实没有说得大家都听见。这个大会开得那么热烈,听众中和文学界的代表中的内部斗争也是那么激烈。

后来伊·谢·阿克萨科夫又向听众讲了话。他的发言本当是作为大会下半场的开始的。作为莫斯科的向来的宠儿,他一出场,便是一阵热烈而持久的掌声迎接他。可是他没有开始演讲,却突然在讲台上宣布说,他不作演讲了。他说,"在费奥多尔·米哈伊洛维奇·陀思妥耶夫斯基演讲过之后,我无法说话;我所写好的东西,不过是这一**天才**的讲话在某些题目上稍加变化的不同说法而已。"这一番话引起雷鸣般的掌声。阿克萨科夫继续说,"我认为,费奥多尔·米哈伊洛维奇·陀思妥耶夫斯基的演讲是我国文学界的一桩大事件。昨天还可能讨论世界性的诗人普希金是不是伟大,今天这个问题不存在了;普希金的真正的意义已被阐明,再也用不着讲什么了!"②说着,阿克萨科夫就走下讲台。大厅里重又笼罩着一片欣喜,这一欣喜之情既与阿克萨科夫的高尚的激动有关,更与听众们一小时以前听过的、使阿克萨科夫激动的那一席演讲有关。阿克萨科夫道出了广大读者和听众中业已形成的裁定,宣布文学竞赛结束,冠军的花冠属于陀思妥耶夫斯基,他明显地胜过他的对手。[……]

---

①　在其他作者的回忆录中没有见到陀思妥耶夫斯基在纪念普希金的演说中提到娜塔莎·罗斯托娃的事。斯特拉霍夫的这个说法大概是不对的。

②　见《花环》文集,页211—212。

　　大会结束时,舞台上忽然出现一群妇女,她们抬来一个巨大的花环呈献给陀思妥耶夫斯基。她们要求他登上讲台,她们则站在他的后面,举起花环,像个框子似的烘托出他的头,于是整个大厅响起经久不息的掌声。

　　这样一来,陀思妥耶夫斯基像这一天的英雄那样被我们大家庆贺着。大家都觉得比较满意,大家显然都感激他,因为他最终解除了苦恼的期待,给整个纪念活动带来内容和色彩。所以公众不让他退场,纷纷以最高的声音向他表示赞扬。这一天是庆祝活动的最后一天,以音乐文学晚会作结束,陀思妥耶夫斯基在晚会上也朗诵了普希金的几首诗。最有意思的是朗诵《先知》这首诗。陀思妥耶夫斯基朗诵了两次,每次都带着紧张的兴奋情绪,听来觉得可怕。我了解他,我无法不情不自禁地怀着怜悯和感动的心情看着他那虚弱瘦小的身体充满了这种紧张的情绪。右手颤颤抖抖地朝下伸,分明是克制着不去强作引人注目的手势;声音提高到叫喊的程度。虽然诗朗诵得很出色,但是太刺耳了。在这方面,我的趣味和费奥多尔·米哈伊洛维奇完全相同,喜欢强调诗的韵律、音乐性,——当然要无损于诗的自然。到晚年,他的朗诵技巧炉火纯青了,他喜欢在大庭广众中间和私人小范围里朗诵。

　　第二天也即最后一天的晚会,和第一天的晚会一样,结束时所有参加演出的人都登上舞台,给普希金的半身像戴上花环。第一天的晚会上由屠格涅夫放上花环,最后一天晚会上由陀思妥耶夫斯基放上花环,他是屠格涅夫当着大家的面亲自邀请之下才去放的。

　　这次庆祝活动就这样结束了。最后一阵欢乐的掌声静息了,我们满意而又疲倦地散去。这次活动给我的印象不惟强烈,而且十分鲜明。我不由得生动地回想起我曾经亲自参加过的所有文学活动。首先想到的是陀思妥耶夫斯基所道出的这种对普希金的长久的崇拜。他在《穷人》中就指出普希金是典范和领袖(在评论《驿站长》部分)①,此后一辈子都为我国文学界之有这位主角而感到无限欣喜,并把这种欣喜表现出来。我以为,胜利归于费奥多尔·米哈伊洛维奇是公正的,因为在整个这一群人中,他当然是比任何人都更热爱普希金的。[……]

————————————

　　①　斯特拉霍夫是指陀思妥耶夫斯基在《穷人》中借马卡尔·杰武什金之口对普希金的《驿站长》进行评论:"可是看这本书呀,就像我自己写出来的,打个比方,仿佛拿我的一颗心在人们面前翻转过来,然后详详细细地描写","在我们中间不知有多少个像萨姆松·维林这样忠厚的苦命人! 这一切写得多么生动啊!"

《我对列·伊·波利万诺夫的回忆》一文摘录

（普希金纪念日）

亚·米·斯利维茨基

　　那天，我接到一个任务：把人们听了费·米·陀思妥耶夫斯基的纪念演说之后献给他的那只花环从贵族俱乐部送到洛斯库特旅馆去。我们几乎同时到达洛斯库特，我跟在他后面走进他的房间。他很客气地请我稍坐一坐，可是他脸色很苍白，看来是那么疲倦，所以我决计尽快结束我的拜访。我很清楚地记得，他手里摆弄着一本小开本的信纸，上面是刚作过的演讲的草稿，稍微有些涂涂改改，他几次三番说："拿什么来解释这样的成功呢？怎么也没有料到……"

　　宴会上的详细情况我不大想得起来。我只记得人很多，记得**主桌**设在入口处的左边，坐的是一群作家，大家的目光不由自主地朝那边看。我想起亚·尼·奥斯特罗夫斯基在公众的大会上不知为什么没有发言，席间他没有（为文学之家）祝酒，却作了长长一大篇论普希金对俄国文学的影响的发言（后来刊登在彼得堡的一份杂志上）。① 宴会进行得愉快、友好。大家都很兴奋。屠格涅夫开了

----

　　① 指1880年6月7日俄罗斯文学爱好者协会举行的文学界宴会。亚·尼·奥斯特罗夫斯基席间作了讲话，明确了普希金作为独特的俄国诗歌的奠基人的意义，建立了"我们思想解放的永久基础"，提高了文学的作用，教育了公众。奥斯特罗夫斯基以这样的话作结："我提议，为过去和将来沿着普希金所指出的道路前进的俄国文学，为永恒的艺术，为普希金的文学之家，为俄国的文学家们，愉快地干杯。让我们非常愉快地干杯。现在外面正在进行庆祝活动。"（《花环》，页59）奥斯特罗夫斯基的发言刊登在1880年第7期的《欧洲导报》上。

许多玩笑。由于他的坚持要求,旁人的附和,雅·彼·波隆斯基朗诵了他在上午
的大会上朗诵过的那首美妙的诗:

> 普希金是俄国诗神的再生,
> 我们清醒的思想和感情的化身……①

波隆斯基拉长声调,朗诵得缓慢,这种朗诵格调与他本人,与他那首纪念普希金
的热情洋溢的颂歌都是非常合适的……

　　我保存着这次宴会的菜单:康·亚·特鲁托夫斯基作的题花上面,印着普
希金的《酒神之歌》中的两行诗:

> 我们举杯,一饮而尽!
> 缪斯万岁,理性万岁。

　　宴会之后的一个时刻记得最清楚。大家从桌子旁站起身来,不知怎么的,
"莎士比亚派们"②聚集在陀思妥耶夫斯基的身边。我清楚地记得,他抱怨说,他
的病严重地妨碍他写作。"发过病以后我常常会忘记已经写在纸上、派人送到
编辑部去的东西。要继续写下去,可我却记不起这个和那个已经写过,还是仅仅
只是准备写……"这话不由得使人想到,我们在他的长篇小说中经常遇到的冗
长和重复,不就是致命的疾病的后果吗?……沉默了一会,他补充说:"再写一
部《孩子们》,我就要死了。"根据陀思妥耶夫斯基的构思,长篇小说《孩子们》将
是《卡拉马佐夫兄弟》的续篇。上一部小说中的孩子们在这部小说中将以主角
的身份出场……我记得陀思妥耶夫斯基非常匆忙,因为他答应那天要到某些老
朋友的家里去,这些人住在城市的僻远地带,分明是些贫寒的人家。"再坐一会

---

①　见《花环》文集,页299—301。
②　"莎士比亚派们"是指莎士比亚小组的成员。莎士比亚小组是1875年根据恩·姆·洛巴丁
与弗·谢·索洛维约夫的倡议成立的,大部分成员是波利万诺夫中学的学生,演出过莎士比亚的戏
剧。参加小组的有弗·谢·索洛维约夫、伊·谢·阿克萨科夫、阿·伊·科什廖夫、谢·安·尤里耶
夫、恩·赫·凯特切尔及其他人。小组的实际领导人是列·伊·波利万诺夫。小组存在了近十年,
上演过十六个莎士比亚戏。见《列·伊·波利万诺夫纪念文集》(莫斯科,1909年)中阿·温克斯琴
的文章《列·伊·波利万诺夫与莎士比亚小组》。

儿,费奥多尔·米哈伊洛维奇,"我们要求他。"不坐了,他们等着呢,我不去,他们会以为我架子大,会生气的。"

这一天,九点钟,预定举行音乐文学晚会。

一天的节目结束了,我们赶紧到普列契斯琴卡街的斯切潘诺夫的宅子,在列夫·伊万诺维奇①的书房里交换感想,直到天亮……不仅在那几天,——几年过去,星期六经常在列夫·伊万诺维奇处重新谈到纪念普希金活动日的演讲,不知怎么,大家都忽然精神一振,回忆起来没完没了……

真正是难以忘怀的日子啊!

1908 年 9 月 26 日

题解:

亚历克赛·米哈伊洛维奇·斯利维茨基(1850—1913),从 1895 年起在列·伊·波利万诺夫的私立中学里当教员。八十年代初,亚·米·斯利维茨基表现出是一位有才华的儿童作家。这期间他的儿童读物《被拆毁的鸟窝》和短篇小说《丽莎·巴特利凯耶夫娜》问世,当时颇为著名。1883 至 1886 年间他以列夫·托尔斯泰的"民间故事"的精神为民众学校写短篇小说。斯利维茨基还写了许多文章和回忆录,为科尔卓夫的书信的出版写了诗人的传记,后因该书暂缓出版而未写完。

在筹备纪念普希金的活动中,列·伊·波利万诺夫任普希金纪念像揭幕典礼委员会主席,亚·米·斯利维茨基是他的助手之一。

文章选自亚·米·斯利维茨基对列·伊·波利万诺夫的回忆的第二部分,按《莫斯科周刊》1908 年第 46 期刊印。

---

① 即波利万诺夫,见本书页 651。

〔1880 年 6 月 9 日
拜访陀思妥耶夫斯基的随记〕

玛·亚·波利万诺娃

普希金纪念活动日过去了。在喧闹、忙碌、操心以及震撼人心的伟大时刻之后,空闲来临,笼罩着一片寂静,只有被陀思妥耶夫斯基那篇美妙演说的强大浪潮所冲激的心弦还在颤动。他的演说是在前一天,6 月 8 日的晚上,在贵族俱乐部大厅里做的。我很想再看他一眼,听听他的嗓音,照他的话去做。

晚上八点多钟。我想,"天晚了,我怎么进去呢?"但是我忽然想到,明天他要走了。"听天由命吧!"——我往伊万尔斯克门附近的洛斯库特旅馆走去。夜是热乎乎的,下着稀疏的雨。

旅馆里寂然无声,仿佛一切都死灭了。我走上铺着地毯的走廊,只听得自己的心怦怦地跳。旅馆的侍役轻声问我,怎样去通报。我说了。他去敲门,我觉得眼前的一切都模糊起来了。

"哪一位?"传来陀思妥耶夫斯基的声音。侍役说:"请。"

我走进狭窄的小房间。桌上有一只茶炊。费奥多尔·米哈伊洛维奇本人穿着毡靴、睡衣、旧的长袍,站在我面前。他开始为自己穿着这样的衣服来接待我而致歉。

"费奥多尔·米哈伊洛维奇,您这是哪里的话,"我说,"倒是要请您原谅我,这么晚了还打扰您。"

"有什么事情我能为您效劳?"

"我来向您求情。"我说。

这时他着慌了,亲自让我坐在安乐椅上,一边说:

"您说哪里的话,哪用得着求情?嗐,老天爷!"

"把您的演说词借给我抄一下,我求您的是这件事情,费奥多尔·米哈伊洛维奇。"

"这可是不行。首先,今天下午两点钟《莫斯科新闻》编辑部已经拿去了,其次,我明天早晨八点钟要走了,您要抄也来不及抄。那演说词很长的。"

"我抄一通宵,八点钟之前大概也可以抄完的吧。"

"您的丈夫会怎么说呢?不行,一家之主的母亲不能熬夜。我严格管束我的妻子,十二点钟左右一定睡觉。您为什么要抄我的发言呢?过一个星期《莫斯科新闻》上就登出来了,以后我要出《作家日记》,本年唯一的一期①,内容就只这一篇发言。您要喝茶吗?"

我很高兴他请我喝茶,我说让我来张罗吧,可是费奥多尔·米哈伊洛维奇说,他自己来斟茶。他坐在沙发上,开始斟茶。我跟他讲起他的演说给人的印象。

"您过奖了。您的心肠很好。我只是担心这都是过眼烟云,一时的景象。我不想这样,我不想这样,不想让我的思想无影无踪地消失。上帝保佑,但愿人家能理解我,因为我的演说中有着思想。"

我对他谈起,他的演说促使人们道德上提高了,谈到一切邪恶、卑污、可憎的想法缩了回去,人们十分高兴的是他们的美好感情像开了闸似的随意宣泄。我补充说,我深信,那天听过他演讲的许多人变得更好了。费奥多尔·米哈伊洛维奇眼睛里含着泪水,抓住我的手,一再地说,这是他得到的最好的"奖励",此外他什么也不需要。

"您说得对,"他说,"我自己也看到,原来互相憎恨的人和解了。两个白发苍苍的老头子,做了二十年的仇人之后,和好了。原先两人多么不共戴天!一有机会就互相伤害对方,夜里不睡觉,心里琢磨着怎样狠狠地刺伤对方。可现在,有一个老头儿对我说,现在真的好像什么事也没有了,一切仇恨都消除了。"

---

① 1880 年出了《作家日记》八月号,是唯一的一期,内容除了纪念普希金的演讲之外,还有与阿·格拉诺夫斯基的论战。

这时候,又有人敲门,谢尔盖·安德列耶维奇·尤里耶夫①进来了。我坐在那里如在云里雾里,自己也不相信,我看到、听到的一切都是真实的。我对自己的勇气感到吃惊,也对我那么容易跟这个人相处感到惊讶!

尤里耶夫看到我,向费奥多尔·米哈伊洛维奇宣称,我是他的热烈的崇拜者,他的女儿也深深崇敬他,她要求和他一起到这里来,可是他没有带她来,因为她昨天头痛还没有好。

"费奥多尔·米哈伊洛维奇,我是为我们的杂志②来取您的发言稿的。您答应过给我们的。"

"不行,谢尔盖·安德列耶维奇,我没有答应过:我对您说过,我要考虑一下,因为卡特科夫也想要这份发言稿。今天下午两点钟我已经交给卡特科夫了,明天六点钟给我送校样来,八点钟我就走了。"

尤里耶夫只嗯了一声,表示您答应过给我的,至于对卡特科夫他什么话也没有说。费奥多尔·米哈伊洛维奇开始向他解释,为什么他交给卡特科夫。

"报纸是没用的东西,"他说,"一张一张报纸不好保存。您是知道我的安娜·格里戈利耶夫娜(他的妻子)的,她很仔细。我需要保存几期《呼声报》。起先保存着,后来全散失了。我的发言就要在报纸上发表了,会有多得多的人去看,以后,到八月份,我将在唯一的一期《作家日记》上刊出,为二十戈比一本的刊物写作。"

"您交给卡特科夫算多少钱?"

"五百卢布,以后到八月份,我还将收到三百卢布左右,也可能更多些。交给您,我就会失去读者,也不能自己去发表了。"

"不必这样,费奥多尔·米哈伊洛维奇,您这样考虑没有根据。我们不会舍不得钱的,我们会给您七百卢布,而且也答应您以后刊印出来。"

"算了吧,谢尔盖·安德列耶维奇,"陀思妥耶夫斯基说,"这件事已经定了,不过我很满意事情的安排。五百卢布是个好价钱。银钱方面我不能不予以注意。因为我是个有病的人,我又有家眷。我留给他们什么呢?我随时可能死去,

---

① 在纪念普希金活动的那几天,陀思妥耶夫斯基经常和俄罗斯文学爱好者协会的主席谢·安·尤里耶夫见面。为了陀思妥耶夫斯基在纪念普希金的大会上的演说以及在《俄国思想》上刊登他的演说词,尤里耶夫和他通信,后来和他洽谈。(陀思妥耶夫斯基给尤里耶夫的信见《书信集》,第4卷;尤里耶夫1880年3月1日与3日给陀思妥耶夫斯基的信保存在苏联国家列宁图书馆手稿部)

② 《俄国思想》,主编为维·亚·高尔采夫。

所以趁我活着的时候,我得考虑保障他们往后的生活。"

对这话,尤里耶夫大声嗯了一下表示肯定。后来谈话转到《俄国思想》编辑部,陀思妥耶夫斯基对这个编辑部的编辑表示不信任,而且轻轻拍着尤里耶夫的手,一个劲儿说他"不喜欢,不喜欢","不是那个,压根儿不是那个",说是杂志上不"一致",说是编辑们互相矛盾,他们写的东西常常跟杂志的"思想方面不许让步和勾结"的宗旨相违背。这时尤里耶夫哑着嗓子叽叽咕咕,叫着高尔采夫,可是一点也没有用。

他们又谈起普希金,谈起纪念普希金的活动。

陀思妥耶夫斯基变得说不出地活跃。

"在普希金面前,我们是侏儒,我们中间没有这样的天才!"他高声叫道,"他的幻想多么美,多么有力! 不久以前我重读了他的《黑桃皇后》。这才是幻想作品。我自己很想写幻想性的短篇小说。我有现成的形象。只不过先应当把《卡拉马佐夫兄弟》写完。这部书拖得很久了。"

"费奥多尔·米哈伊洛维奇,"尤里耶夫接嘴说,"如果您写好什么作品的话,请您答应给《俄国思想》吧,这事情我求求您了。"

"嘻,天哪,谢尔盖·安德列耶维奇,从新年起我自己也要出版《作家日记》呀。我该怎么办呢! 真的,我不知道。不过,我有很多材料,供《作家日记》的材料我有的是。单论普希金就有说不完的话。**如果我写的话**,我答应给您。但是我不保证一定写。"

尤里耶夫缠住不放,要费奥多尔·米哈伊洛维奇作出保证。费奥多尔·米哈伊洛维奇轻轻拍着他的手,再三说:

"我已经说了的,我一定履行诺言,让玛丽娅·亚历山大罗夫娜作证人吧。"

我微微一笑,朝他的眼睛瞥了一下。身体壮实、头发蓬乱的尤里耶夫,和瘦弱的小个子的人在一起,我竟觉得是那样不起眼;这个瘦弱的人,他的伟大的灵魂时而火焰般地燃烧在他的眼睛里,时而在他亲切、愉快地微笑时粲然地流露在他那苍白的、疲惫不堪的脸上。我一直想说,预言家是**他**,不是普希金。

尤里耶夫一直不知道该用什么口气说话。他在陀思妥耶夫斯基面前显然很不自在。从谈话中知道,尤里耶夫这一天是在我们家里吃的饭,而陀思妥耶夫斯基本来应当在他那里吃饭的。他去过第四小市民街,没有遇到尤里耶夫,他说他累了,损失了时间。尤里耶夫想起来了,自然开始道歉,说是他搞错了,但是费奥多尔·米哈伊洛维奇说,这一点也没有什么,尤里耶夫又不是故意"避开"他。

"这个人我没法儿不喜欢,"他说,"在议员的宴会上完全把火气发在他头上。玛丽娅·亚历山大罗夫娜,您如果听到他怎样抬高法国贬低俄国,您也会发火的![1] 法国人给了伟大的俄国诗人应有的东西,而我们对此感到惊奇,飞快地奔走相告,几乎把法国议员当成了日间的英雄。您知道吗,我在宴会上几乎扭转身子不睬他;我说,我不愿意跟他做朋友。"

"您一直在拉我的后襟。"尤里耶夫插嘴说。

"我想制止您,可是您没有在意。"

"我当时很恼火,宴会后气消了,走到他跟前去,与他和解了。他不知道他做的什么。"说到这里,两人拥抱,亲吻。

长沙发上有一份不知什么报纸。陀思妥耶夫斯基忽然抓起报纸看了一段莫斯科近郊的花园别墅的淫秽事件。究竟是什么事情,我不记得,陀思妥耶夫斯基可是气愤得浑身发抖。他很愤慨,他们不写这件事,不敲警钟,允许这样的戏在台上演出。

"连中学生也常常到那里去逛逛,过路的父亲带着女儿也会去的。他们的心灵会受到污染,也可能正好在那里落下了未来的邪恶的种子。最主要的是童贞会被玷污,被窃取。青年人,正在成长的孩子,是我们的整个希望所在。我们期望他们会比我们更好,如果不是这样的话,有罪的是我们自己,不是别人。"他开始踱来踱去,全身也颤抖起来了,对社会的冷漠感到奇怪。

钟敲十一点。尤里耶夫站起身来,陀思妥耶夫斯基开始用老年人的变化莫测的声音计算起他动身时要收拾什么东西。尤里耶夫提出要为他效劳,一切由他来收拾,陀思妥耶夫斯基不必费劲。可是这一番代劳的好意被一个笑容所婉拒,那笑容仿佛在说:"从来没有任何人能替我收拾东西。我一向自己动手。我喜欢知道什么东西放在哪里。我这个习惯还是在服苦役中养成的,那里每一件东西都要交代得清清楚楚,因为都是公家的。"我觉得我也该告辞了,可是我不愿意与尤里耶夫一起走,虽然我也站起身来。尤里耶夫拥抱陀思妥耶夫斯基,

① 尤里耶夫对那天日间庆祝大会上发了言的路易·列日致了祝酒词。尤里耶夫在热烈演说之际,在评价路易·列日关于普希金的发言时,确实犯了夸大的毛病。尤里耶夫问道,"创造性的天才,不论他属于什么民族,在科学和文学领域内对于法国人民来说是珍贵的、神圣的。这难道不是法国人民高度文明的证据吗?"(尤里耶夫的演讲见《花环》文集,页53—55)

道了再见,提到幻想性的短篇小说。这时陀思妥耶夫斯基又精神为之一振。他像害热病似的,眼睛发亮,开始讲起普希金的《黑桃皇后》。他以细致的分析探讨了赫尔曼的整个心灵活动,他的一切苦恼与希望,最后,探讨了他那可怕的突然降临的失败,好像他本人就是那个赫尔曼。① 陀思妥耶夫斯基的手被尤里耶夫握着,可是他一直朝着我说话。我似乎觉得我置身在那个上流社会,站在我面前的是赫尔曼,神经质的热病使我发抖,随着陀思妥耶夫斯基的话,我开始亲自体验到赫尔曼的一切感受。他问我是否看过《黑桃皇后》。我说我十七岁时看过,以后一直没有机会再看。

“您一回到家马上去看。您会看到,那是一本什么书。把您的感想写信告诉我。九月中旬之前我在旧鲁萨,以后将去彼得堡。我们跟普希金差得远了。我们是侏儒,我们是侏儒。”

尤里耶夫终于告别完毕,走了。接着,我也准备走了。

“请向列夫·伊万诺维奇致意,原谅我不去向他告别了。因为我知道他今天要睡到十一点钟,休息一下。我呢,经过昨天的庆祝活动之后,整夜没有入睡,心一直扑通扑通跳,不让我睡觉,呼吸也不通畅。您来看我,我非常、非常感谢您。”

他说这番话始终是那么亲切,诚恳。我对他说,我认为自己是幸运的,因为有机会不仅看见他,还听他说话,和他谈谈话,我早就在想望能有此机会了。

“上帝保佑您一切顺利。再见。”他说。我很幸福,走了,我坚信我会再看见他的。

我激动得再也说不出什么了……我记不得我怎样出来,怎样坐上马车,怎样顺便带尤里耶夫走,他站在便道上,要求我把他带到齐梁洛夫-普拉东诺夫街。

题解:

玛丽娅·亚历山大罗夫娜·波利万诺娃是著名教育家和作家列夫·伊万诺维奇·

---

① 普希金的《黑桃皇后》始终受到陀思妥耶夫斯基的高度评价。在《少年》中,陀思妥耶夫斯基借主人公之口,评论普希金的赫尔曼,说他是“巨人,非凡的、十足的彼得堡的典型,——彼得堡时期的典型”。描写赫尔曼的半幻想性的荒唐的视象,对陀思妥耶夫斯基的影响尤其强烈。玛·亚·波利万诺娃的《随记》的可靠性从陀思妥耶夫斯基给尤·弗·阿巴兹的信中得到证实,这封信写于1880 年 6 月 15 日,在《随记》中所述的洛斯库特旅馆的谈话之后六天。(《书信集》,第 4 卷,页 178)

波利万诺夫的妻子。1877 年起列·伊·波利万诺夫是俄罗斯文学爱好者协会的积极的成员,1879 至 1880 年,是该协会临时书记和普希金纪念像揭幕典礼委员会的主席。所有的筹备工作,其后的普希金纪念活动本身都是在他的直接领导、参与下进行的,《普希金陈列馆纪念册》是由他编辑出版的(莫斯科,1882 年,第 1 版;1887 年,第 2 版)。

　　玛丽娅·亚历山大罗夫娜·波利万诺娃,据她的儿子伊·列·波利万诺夫证实,她"协助丈夫列·伊·波利万诺夫直接参加许多繁忙的事务,——对她来说,这是伟大的事业,在相当大的意义上是'自己的'事业"。(《往日之声》,1923 年,第 3 期,页 34)

　　1880 年 5 月底至 6 月初,玛·亚·波利万诺娃和陀思妥耶夫斯基相识。(见陀思妥耶夫斯基 1880 年 5 月 30—31 日自莫斯科给安·格·陀思妥耶夫斯卡娅的信,——《书信集》,第 4 卷,页 160)用伊·列·波利万诺夫的话来说,陀思妥耶夫斯基早就是"她的精神需要上的主宰"。(《往日之声》,1923 年,第 3 期,页 34)在普希金纪念活动中短促的相识以及波利万诺娃所写的那次在洛斯库特旅馆房间里的见面之后,陀思妥耶夫斯基和玛丽娅·亚历山大罗夫娜之间开始友好的通信。在书信往还之前,玛·亚·波利万诺娃还和陀思妥耶夫斯基有过不寻常的会面,瞒过了人们,但是他们的书信说明了这次会面。玛·亚·波利万诺娃在 1880 年 7 月 22 日的第一封信(保存在中央文艺档案馆)中,把她读普希金的《黑桃皇后》的感想告诉他,从她的访问陀氏随记中可以看出她是应陀思妥耶夫斯基的坚决要求才读这篇东西的。除去这封信之外,在(苏联国家列宁图书馆)安·格·陀思妥耶夫斯卡娅的档案中还保存着玛·亚·波利万诺娃的三封信。波利万诺娃在信中极其坦率地向陀思妥耶夫斯基倾吐内心的痛苦的感受。陀思妥耶夫斯基复玛·亚·波利万诺娃的信有两封保存下来,一封是 1880 年 8 月 16 日,另一封是 1880 年 10 月 18 日。(《书信集》,第 4 卷,页 193—194,205—206)

　　在《往日之声》上发表《随记》时附有伊·列·波利万诺夫的后记。"我母亲玛丽娅·亚历山大罗夫娜·波利万诺娃的这份拜访陀思妥耶夫斯基的《随记》是在事情的印象尚鲜明的时候写下的,所以不是回忆录,倒像是《日记》片断;这纯粹是为了自己而作的笔记,目的是详尽无遗地保存她所感受到的崇高印象。写下的文字甚至没有作表面的润色;这份两大张信纸的草稿没有任何标题。不管这份《随记》就来源和写作来说是个人性质的东西,甚至是不宜公开的,但是它的内容却可能有普遍意义,因为其中描绘了陀思妥耶夫斯基的个性,反映了在意义重大的纪念普希金活动日里的思潮,陀思妥耶夫斯基以其论述普希金的感人的演说而注定要在那几天纪念日中占据首要地位。"(《往日之声》,1923 年,第 3 期,页 33)确实,《随记》没有经过加工润色,很像是朴实的、为自己而作的日记,然而它的可靠性也因此而更无可争辩。按时间的先后顺序来看,它好像是亚·米·斯利维茨基的回忆录的续编。

回忆录选

（1880 年费·米·陀思妥耶夫斯基在莫斯科
纪念普希金大会上的演说）

德·尼·柳比莫夫

　　……正好四分之一世纪以前，在同一个大厅里，几乎就在圆柱后面的同一个地方，我体验到一种心情，这种心情我一辈子记得。那是 1880 年的 6 月 8 日，莫斯科普希金纪念像揭幕典礼。在莫斯科的俄罗斯文学爱好者协会的大会上，陀思妥耶夫斯基的演说给大会增添了光彩。从我听到和看到的所有演说和一般的公开发言中，没有什么东西像这鼓舞人心的演说那样给我以如此强烈的印象。

　　我清楚地记得，我，当时是莫斯科高等政法学校低级班的一个学生，在大会开幕之前，很早就溜进会场，和替我补习功课的家庭教师——一个大学生一起站在圆柱之间。这个大学生住在我家，因为他经常是兴高采烈的，我们叫他"狂热者"。普希金的最重要诗作他读得滚瓜烂熟，经常朗诵，并以诗人自居。

　　宏伟宽敞的大厅，摆着无数排的椅子，构成罕见的场面：所有的座位上坐着盛装华服的听众；连过道上也站满了人；大厅周围人山人海，万头攒动，宛如活动的花边，大多数是青年学生，占据了圆柱之间的空处，连宽阔的敞廊上也挤满了学生。凭分发的票子进场；文学界、科学界、艺术界的代表人物，所有在莫斯科的著名人士，所谓"整个莫斯科"，凭分发的特别请柬到大厅里面入座。

坐在第一排主要位子上的是普希金的家属。长子亚历山大·亚历山大罗维奇,纳尔瓦骠骑兵团团长,刚被任命为皇帝侍从武官,白胡子,穿军服,戴眼镜;次子格里高里·亚历山大罗维奇,在司法部门供职,显得比较年轻,身穿燕尾服;两个女儿,一个长期住在莫斯科,是加尔东将军的遗孀,[……]另一个是梅伦堡伯爵夫人——皇族吉辛-纳沙乌斯基公爵与非皇族结亲的夫人,是个绝色美人,像她的母亲。[……]

和普希金家属并排坐的是莫斯科总督弗拉基米尔·安德烈耶维奇·陀尔戈鲁科夫公爵,仿佛是古老宗法制莫斯科整个时代的代表,他治理莫斯科二十五年以上。[……]坐在他旁边的是不久前刚接替德·亚·托尔斯泰伯爵的国民教育部部长职务的御前大臣阿·阿·沙布罗夫,他"奉最高当局命令"作为政府的代表来参加纪念活动,给庆祝活动增加特殊的意义,是大厅中唯一穿文官礼服的,佩两颗星形勋章,背心上佩绶带,个子又高又瘦,干瘪的脸剃得光光的,戴着浆洗得很挺括的硬领,在莫斯科的经商贵族、学者、文学界人士和贵族中间,他好像是官僚的彼得堡的化身……

和贵族一起坐的是莫斯科的有名望的商人特列佳科夫兄弟:市长谢尔盖·米哈伊洛维奇,"美术馆的兄弟"和"美术馆自己",帕维尔·米哈伊洛维奇,——在莫斯科是这样称呼著名的莫斯科美术馆的创建人的;这里还坐着一些规模极大的纺织厂的厂主……

在旁边并排坐着的一群人引起大家对他们的注意。这是当时俄罗斯乐坛尊之为神的人物。鲁宾斯坦两兄弟:安东是彼得堡音乐学院的创建人和院长,尼古拉是莫斯科音乐学院的创建人和院长。[……]彼·伊·柴科夫斯基也坐在这里,他当时居住在莫斯科近郊的克林,不久前他刚在莫斯科上演过他的《叶甫盖尼·奥涅金》。两天之前,在议会的晚宴上,他指挥他那部已获得巨大成功的《新交响乐》。① 和他并排坐的是彼得堡著名大提琴家卡·尤·达维多夫,当时待在莫斯科近郊的别墅里消夏。他演奏的抒情曲在莫斯科获得巨大成功,我记得他也是在这个大厅里异乎寻常地演奏过格林卡的《怀疑》,那次非凡的演出使

① 记错了:1880年6月6日"议会的宴会"之后,在贵族会议大厅里举行的音乐文学晚会上,演出的不是柴科夫斯基的《新交响乐》,而是歌剧《叶甫盖尼·奥涅金》中达吉雅娜写信那一场。尼·格·鲁宾斯坦主持晚会的音乐部分。柴科夫斯基没有出席晚会,因为他当时在卡明克。

整个莫斯科为之着迷。

当时在莫斯科起着举足轻重的作用的律师界,以亚·弗·洛赫维茨基①和费·尼·普列万科为首,几乎全体出席了。[……]

舞台设在大厅的尽头,和整个大厅一样宽,那里有几道门通往叶卡捷琳娜圆厅,圆厅里兀立着一座叶卡捷琳娜女皇的青铜像。舞台上铺着绿呢,摆着一张和舞台一样宽的大桌子;右边设置讲台;讲台后面是石膏制的普希金纪念像,装饰着月桂花冠和鲜花。桌子周围摆着无数把椅子,上面坐的是协会的成员,全都穿燕尾服,系白领结。[……]

协会主席是个戴眼镜的大胡子老头子,《俄国思想》杂志的出版人,卡尔德隆和莎士比亚的著名翻译家谢·安·尤里耶夫,在莫斯科,人家叫他"四十年代的遗老";他的右边,荣誉席上坐着一个有充分代表资格的老头子,灰白的长头发时常掉到脑门上来,胡子宽而密,修剪得十分精致。他穿着缝工讲究的外国款式的燕尾服,脚上却穿着天鹅绒面子的平跟靴子,这分明是因为痛风;他在看一份不知什么笔记,金丝边的夹鼻眼镜时而戴上,时而摘下。"屠格涅夫!伊万·谢尔盖耶维奇!……""狂热者"欣喜地轻声指明道。他旁边的椅子上,半侧着身子坐着一位个儿高大的老头子,小胡子,大脑门,大秃顶,白头发剪得短短的,他笑着跟恭而敬之地站在他面前的、有一张典型的演员脸孔的人谈话。"这是奥斯特罗夫斯基,亚历山大·尼古拉耶维奇!""狂热者"轻声说道。那个站在他面前的演员就不必说了。这是家喻户晓的伊万·费奥多罗维奇·戈尔布诺夫,著名的、就某一点来说是绝无仅有的讲故事人。在纪念普希金的宴会上,在米·尼·卡特科夫和伊·谢·阿克萨科夫受议会委托"代表莫斯科城"作纪念演说之后,戈尔布诺夫代表虚构的"季佳京将军"发言,把大家逗得笑出了眼泪:这位将军感到委屈,"大家都去庆祝什么普希金,一个小官儿,平民百姓,而他,季佳京将军,竟然没有受到邀请!"

和奥斯特罗夫斯基并排坐的是德·瓦·格里戈罗维奇,年纪还轻,蓄着漂亮的连鬓胡子;他不时从座位上跳起来,一会儿走到屠格涅夫身边,一会儿走到其他人身边去。然后是三个人一堆在谈笑风生;他们的头发都朝后梳,脸孔十分讨

---

① 亚·弗·洛赫维茨基从 1866 年起和阿·普·契贝谢夫教授编辑《司法导报》,1869 年在该报(第 4、14、83 期)上发表他的因陀思妥耶夫斯基的《罪与罚》而写的文章《刑事长篇小说》。

人喜欢。"这是我们的巴尔纳斯①！我国的诗人,普希金的继承者,""狂热者"依旧欣喜地说,"现在在说话的是迈科夫·阿波隆！右边是波隆斯基,雅科夫·彼得罗维奇,左边是普列谢耶夫,亚历克赛·尼古拉耶维奇,那边,另一边坐着的是费特,现在叫申欣,""狂热者"还没有平静下来,"他正像屠格涅夫所说的,以姓氏代名字。"我朝着他所指的方向看去,只见一位老人,外表完全像个穷乡僻壤来的土地主,燕尾服长得异乎寻常,也肥得异乎寻常,大胡子乱蓬蓬的,他显然很生气地和走到跟前去的格里戈罗维奇说着什么。我惊讶地看着,耳边不由得响起:"絮语,胆怯的呼吸,夜莺在啼鸣……"和我们站在一起的一个还没长胡子的大学生,分明也有同感,他甚至高声叫道:"难道这是费特?""狂热者"严厉地瞥了他一眼。

桌子尽头坐着两位老人,沉默寡言,神色抑郁,不知为什么不大与人往来。一个老人,十分肥胖,皮肤松弛,五官不甚端正,倚着一根橡皮顶子的手杖。引人注意的是屠格涅夫和波隆斯基也用这样的手杖。站在我们旁边的一位肝火很旺的先生注意到这一点。我心里称这位先生为"怀疑主义者",因为他已经几次对"狂热者"所提供的情况表示怀疑。他恶毒地说:"这大概是文学界的新风尚,可以作示范！"胖老头子我认出来了,是皮谢姆斯基;"亚历克赛·费奥费拉克托维奇,""狂热者"得意扬扬地点明,"住在莫斯科狗广场旁边鲍里斯-格列布巷他自己的房屋里。"当年曾经轰动一时的《苦命》的著名作者,这本书,我们上一代人曾经人手一册,现在他正在享受他的荣誉。他的长篇小说变得越来越枯燥乏味了。在莫斯科曾经流传过他给屠格涅夫的一封动人的信,"狂热者"曾有过抄本,信是这样开头的:"我倦于写作了,但是还会活下去。"在普希金的纪念会上他作了《普希金——有历史意义的小说家》的发言,然而他照本宣科,念得没有生气,尽管他享有著名的朗诵者的美誉,他的发言却并不引人注意地过去了;半年后他死了,几乎和陀思妥耶夫斯基同时。

另一个老头子却相反,瘦瘦的,服饰讲究,剪短发,五官十分清秀,神色安详,一声不吭坐在旁边,谁也不认识他,根据他在桌子旁占一席地位来看,理应是个有名人物。"狂热者"分明因为不认识这位老人而很苦恼,他忽然高叫一声引得

① 巴尔纳斯是一座山,据希腊神话,是阿波罗与缪斯所住之处。1866年,法国出版一本诗集叫《现代巴尔纳斯》,这些诗人遂被人们称为巴尔纳斯派诗人。

大家都回过头来看他:"这是伊万·亚历山大罗维奇·冈察洛夫! 老天爷,这个老头子就是整个世界,这《平凡的故事》,《奥勃洛莫夫》,这《悬崖》!"①[……]

主席的另一边,身子半侧朝着公众,站着伊万·谢尔盖耶维奇·阿克萨科夫,他在莫斯科尽人皆知,我本人也颇知其名。他在莫斯科很受欢迎,尤其是不久以前他在斯拉夫协会对柏林会议作了演讲之后。②[……]

挨着阿克萨科夫坐的是费奥多尔·米哈伊洛维奇·陀思妥耶夫斯基,聚精会神地在看几张纸头,他即将成为眼前这个会议的真正的主角,——这一点还没有一个人知道,——他神色疲倦,面有病容。

头一天晚上我还见过他;他为了当时已在《俄国导报》上发表的《卡拉马佐夫兄弟》的最后部分来找我的父亲。我父亲那时是莫斯科大学教授(从1864年到1882年),同时兼任米·尼·卡特科夫出版的《俄国导报》的编辑(从1864年到1882年迁往彼得堡为止),陀思妥耶夫斯基的最主要作品(《罪与罚》、《白痴》、《群魔》及《卡拉马佐夫兄弟》)几乎都是在这份刊物上发表的。我记得我父亲送他出去时,他有些仓促地说:"我得赶紧回洛斯库特(莫斯科的二等旅馆),还要准备准备;我明天要发言。"

在这之前,1880年冬天我见过陀思妥耶夫斯基。他从彼得堡来,在我家吃饭。和他一起吃饭的有:鲍·米·马尔凯维奇③,也来自彼得堡,是描写上流社会的长篇小说《四分之一世纪之前》、《破裂》等等的作者,莫斯科很有些人在埋头阅读他的作品。他的外表和陀思妥耶夫斯基截然相反,仪表非常优雅,态度细致周到;帕·伊·梅尔尼科夫(安德烈·彼切尔斯基)④;米·尼·卡特科夫;康·尼·列昂季耶夫⑤以及一个教授。席间,陀思妥耶夫斯基说话很少,也不大

---

① 伊·亚·冈察洛夫因身体不好,没有出席莫斯科的纪念普希金的活动。他收到请柬,邀他去做彼得堡纪念普希金大会的主席,他用信答复了《国土》的发行人。(见《花环》文集,页79—80)

② 1875—1878年,黑塞哥维那起义,塞尔维亚战争,志愿军运动,还有保加利亚解放战争,——正是保持了泛斯拉夫主义思想的伊·谢·阿克萨科夫的演讲活动的高潮时期。1878年6月22日,阿克萨科夫在莫斯科斯拉夫委员会的大会上发表演说,批评俄国在1878年6月18日因奥匈帝国对《旧金山和约》的条件不满而召开的柏林会议上所采取的外交上的让步方针。阿克萨科夫为这一演讲被逐出莫斯科几个月。

③ 鲍·米·马尔凯维奇(1822—1884),反动作家,"反虚无主义"长篇小说的作者。

④ 帕·伊·梅尔尼科夫(笔名安德烈·彼切尔斯基;1818—1883),作家,著有《在森林中》等。

⑤ 康·尼·列昂季耶夫(1831—1891),反动政论家,文学评论家。

愿意说话。我和"狂热者"坐在桌子的尽头,无可奈何地一声不吭,一直在观察他。谈话扯到当时已经发表的《卡拉马佐夫兄弟》,他活跃起来了。马尔凯维奇说话很风趣,动听,时常举起长柄眼镜扫视在座的人,极有分寸地讲了长诗《宗教大法官》在彼得堡范围内,在上流社会,在宗教界所产生的巨大影响。在这方面,思想交流中有许多东西当时我是不懂的。说话的主要是卡特科夫和陀思妥耶夫斯基本人,但是我记得,根据我当时懂得的,从谈话中弄清楚的是,起先在陀思妥耶夫斯基的手稿上,宗教大法官谈到奇迹、秘密和权威时所说的一切,可能是一般地针对基督教而言的,但是卡特科夫说服陀思妥耶夫斯基改了几句,同时增加这么一句:"我们占领罗马,夺得恺撒的剑。"这么一来,事情毫无疑问是特别地针对天主教的了。并且我记得,交换意见时,陀思妥耶夫斯基原则上坚持认为,宗教大法官的基本思想是正确的,对于使《福音》上的崇高真理必须和普通人的理智及精神需要相适应而论,是与所有的基督教信仰同样有关的……

　　我很遗憾,当时我还没有那个习惯,把使我震惊的事情记录下来,现在我只好把当时我不太理解的、从兴趣来说是非常有趣的谈话回忆起来。不过,总的意思我是记得很清楚的。

　　在上述的会议上,陀思妥耶夫斯基看他那几张纸头,显得很忧郁,心事重重。我还回想起一个细节,对于下面这件事并非毫无趣味。在莫斯科,甚至就在大厅里,许多人谈到陀思妥耶夫斯基和屠格涅夫之间的水火不相容的关系,因为陀思妥耶夫斯基在《群魔》中(卡尔马津诺夫)如此恶毒地嘲笑了屠格涅夫,屠格涅夫无法原谅他。会议主持人焦急不堪,特地委托德·瓦·格里戈罗维奇注意照应,不要让他们两人会面。[①] 在议会大厦的晚宴上,出现这样的场面。格里戈罗维

---

　　① 屠格涅夫和陀思妥耶夫斯基之间的复杂的私人关系和社会文学方面的关系见本书页332注①。

　　在筹备普希金纪念活动期间,屠格涅夫和陀思妥耶夫斯基尽管有时也在纪念诗人的文学朗诵晚会上相遇,但彼此都很戒备,准备作公开争论。陀思妥耶夫斯基私下里承认,他像进行论战似的把他的演讲特别针对着"敌对的一派",他心里也把屠格涅夫列入那一派。"敌对的一派(屠格涅夫、科瓦列夫斯基以及几乎整个大学)决计要贬低普希金作为俄国民族性的表现者的意义,"1880年5月28—29日陀思妥耶夫斯基自莫斯科写信给妻子说。(《书信集》,第4卷,页157)屠格涅夫也把他的演说的锋芒对准了斯拉夫主义的观念,使它与《欧洲导报》的主编米·马·斯塔秀列维奇的说法相一致。(见《米·马·斯塔秀列维奇与他的同时代人以及他们的通信》,第3卷,圣彼得堡,1912年,页183)

奇拉着屠格涅夫的手走进会客室,陀思妥耶夫斯基神色阴郁地站在那里。陀思妥耶夫斯基立即转过身去看窗外。格里戈罗维奇觉得很尴尬,便拉着屠格涅夫到另外一间房里去,一边说:"咱们走,我让你看看这里的一座著名的雕像。"屠格涅夫指着陀思妥耶夫斯基说:"假如也像这个一样,那么,请免了吧。"

　　陀思妥耶夫斯基的后面坐着帕维尔·伊万诺维奇·梅尔尼科夫,他性情愉快,笑眯眯的,一张纯粹俄罗斯人的脸,胡子宽而密,完全是一副伏尔加河畔富裕商人模样。他用笔名安德烈·彼切尔斯基写了有名的描绘日常生活的长篇小说《在森林中》、《在山里》及《沿着伏尔加河》,色彩鲜明,还没有完全被人所认识。再过去坐着一排人:安·亚·克拉耶夫斯基,《呼声报》的出版人,他受俄国报界的某种全权委托来参加会议,整个庆祝活动期间他没有说过一句话(在莫斯科人家叫他"普希金纪念活动中的石客");那里还坐着米·马·斯塔秀列维奇,《欧洲导报》出版人(屠格涅夫从《俄国导报》转到那里去了),以及开始在文学界产生影响的苏沃林,《新时代》的出版人。"狂热者"继续报名字,但是口气不知为什么有点不大肯定,甚至有点胆怯。"这是诗人米纳耶夫,"他说,"或者,宁可说是剧作家阿韦尔基耶夫。"[……]怀疑主义者掌握了情况,开始说明,列夫·托尔斯泰伯爵以他的缺席而显示着不凡。他"平民化",待在雅斯纳雅·波良纳。三次派人送请柬去,可是他回答说,他认为任何纪念活动都是极大的罪孽。"卡特科夫也没来,"不知是谁说。"哦,这个人说自己患政治病,"怀疑主义者断然说,"至于谢德林,"他补充说,"倒是在国外的温泉治病……"①

　　所有的议论都被主席的铃声打断;一点整,他宣布大会开始。舞台上的人各就各位,谢·安·尤里耶夫就今天协会理事会人员的特别组成说了几句话;协会的可敬的成员几乎都接受邀请,无一例外。②

---

　　① 列·托尔斯泰和萨尔蒂科夫-谢德林确实没有参加在莫斯科举行的纪念普希金的活动。到雅斯纳雅·波良纳给列·托尔斯泰送请柬的是屠格涅夫,但托尔斯泰拒绝了。用康·米·斯坦纽克维奇的话来说,"这一拒绝完全是合情理的。托尔斯泰伯爵屡次说过,我国的文学是供生活优裕的人愉快地消遣时光的,但是对于人民来说,普希金是否存在,完全是一样的。"(《行动》,1880 年,第 7 期,页 107)谢德林因病没有参加纪念活动,不过人还是在彼得堡,不在"温泉"(去国外比较晚,在七月初)。关于卡特科夫见本书页 637 注②。

　　② 1880 年 6 月 8 日的大会,由被推举为大会临时主席的尼·亚·恰耶夫致开幕词。谢·安·尤里耶夫作为俄罗斯文学爱好者协会的主席,负责总管所有的会议,1880 年 6 月 7 日担任主席,并作了发言。(见《花环》文集,页 39—43)

　　然后,亚·尼·普列谢耶夫走上讲台,魁伟,英俊,尽管有了一把年纪,从外表看却完全像十六世纪的贵族。不由得使人想起卡拉姆津的话,说是瓦西里大公属下的御前大臣普列谢耶夫(诗人的一个祖先),奉派至皇城,拒绝下跪,"站着向皇帝敬礼","他的傲气使整个巴夏齐特宫廷大为惊诧"。

　　普列谢耶夫怀着巨大的热情和感情,不时朝着普希金的雕像,朗读了他的优美的诗篇。等他走下讲台,听众掌声雷动,经久不息。他到了自己的座位上还不断鞠躬致意。①

　　随后响起主席的嗓音:"协会的尊敬的会员费奥多尔·米哈伊洛维奇·陀思妥耶夫斯基发言。"

　　陀思妥耶夫斯基站起身来,收起他的稿纸,慢吞吞地走到讲台上,继续神经质地翻阅那几张纸,显然是发言的草稿本,顺便说说,他后来几乎没有去用它。我仿佛觉得他从昨天起人就消瘦了。燕尾服穿在他身上像挂在衣架上;衬衫已经皱巴巴的;白领结系得很马虎,似乎马上就要散掉。再加上他走路拖着一条腿。"狂热者"又活跃起来,向周围的人解释:"这是因为他服苦役那么多年的缘故;人家拿铁球坠在他们的腿上……"怀疑主义者恶毒地轻声说:"那是在法国,您是从大仲马的《基督山伯爵》中看来的吧。"当时我觉得怀疑主义者的话是对的,可是过了许多年以后,米哈伊尔·谢尔盖耶维奇·沃尔康斯基公爵(他跟随其父,著名的十二月党人,在西伯利亚流放中度过了整个童年和青年时代)告诉我,有一次,他看到怎样把一群苦役犯从一个监狱"撵到"(用当地的话说)另一个监狱,人家指给他看其中的一个苦役犯,说:"这是文学家陀思妥耶夫斯基!"他看到一个神色愁苦、面带病容的人,戴着镣铐,叮叮当当地和另一个苦役犯搭伴在走,他们是铐在一起的……

　　陀思妥耶夫斯基走上讲台,如雷的掌声迎接他——我清清楚楚记得一切细节——他朝前伸出一只手,似乎想叫人们不要鼓掌。等掌声稍停,他没有说通常的"诸位女士,诸位先生",却开门见山地说:

　　"果戈理说过,普希金是个特殊现象,也许是俄国精神的唯一的现象。我加上一句:还是带有预言性的现象。"

────────────────

　　①　普列谢耶夫朗诵诗作《纪念普希金》不是在陀思妥耶夫斯基的演说之前,而是在演讲之后,情绪兴奋的听众两次叫幕。

　　陀思妥耶夫斯基的第一句话不知怎么说得低沉,但后面那个字眼说得比较响,不知怎么带有神秘的意味。我感觉到,不仅是我,整个大厅的人都颤抖了一下,领会到陀思妥耶夫斯基的演说的全部实质就包含在"预言性"这三个字之中,他将要说出非同寻常的话来了。这不会是通常的纪念活动中词句漂亮的讲话,像头天晚上屠格涅夫所作的发言那样,而是卡拉马佐夫式的、沉重的、痛苦的长篇大论,但是抓住人心,无法摆脱,就像陀思妥耶夫斯基的所有作品一样。

　　陀思妥耶夫斯基察觉他的话所产生的影响,又大声说了一遍:

　　"是的,普希金的出现对于我们大家,所有的俄罗斯人,无可争辩地有着某种预言性的东西。"

　　陀思妥耶夫斯基把普希金的创作分成三个时期,他指出,在第一个时期,在《茨冈》的阿乐哥身上,普希金就已经找到和天才地发现了祖国大地上那个不幸的浪子,"那个历史性的俄国浪子,带着如此历史必然性地出现在我们这个跟人民脱离的社会里"。这个浪子一定要有幸福,不仅是个人的幸福,俄国的幸福,而且是全世界的幸福,才能安定下来;不起眼的幸福他不会忍受。这个人产生在彼得大帝改革以后的第二个世纪之初,在我们的脱离我们人民的知识界。

　　"当然,"陀思妥耶夫斯基依旧提高了嗓音往下说,所以他的声音现在响彻整个大厅,不过有时候嗓音中透露着神经质的、虚弱的声调,"现在在我们俄国知识界人士大多数是顺从地做官,或者在银行工作;玩玩小输小赢的朴烈弗伦斯,丝毫没有像阿乐哥那样要逃到漂泊的茨冈人的宿营地去的意思。如果他们要以'欧洲社会主义的情调'(俄国人的善良性格会赋予他这种情调)来大大地放纵一下的话,那么这只是暂时的,"说到这里陀思妥耶夫斯基又换成轻轻的神秘的声音,但是大厅里非常安静,他的每句话都听得清清楚楚。"是的,这只是个时间问题,"他继续说,"如果我们不走上恭顺地与人民交往的真正的道路,那么到某个时候我们大家也会面临这个问题的。就算不是全体吧;只要有十分之一的人感到不安就足以使其他的绝大多数人因他们而找不到安宁了……为了不知失落在什么地方、不知被什么人丢失、谁也无法找到的真理,开始哭泣,悲伤,害怕,……然而真理在自己身上。在自己身上寻找自我吧,你就会看到真理……"

　　说到这里,陀思妥耶夫斯基想在纸头上找出什么来,但是显然没有找到,便把纸头放在一边,把话直接转到如他所说的普希金的正面典型人物——达吉雅娜身上。

　　"是的,这是美的正面典型,这是俄罗斯妇女之神!"他高声叫道,"这样的俄罗斯妇女的正面的美的典型在我们的文学中没有再出现过……也许除了……"说到这里陀思妥耶夫斯基好像考虑起来,然后,好像战胜了自己,迅速说道,"除了屠格涅夫的《贵族之家》中的丽莎……"

　　整个大厅的人都朝着屠格涅夫看,他挥挥双手,激动起来了;随后他双手掩面,突然轻声哭泣起来。陀思妥耶夫斯基停住了,看了看他,然后从讲台上放着的杯子里喝了口水。沉默持续了一会儿;一片寂静之中但听得屠格涅夫的强忍着的抽泣声。过了一会陀思妥耶夫斯基才接着讲下去:

　　"然而奥涅金不了解达吉雅娜。不可能了解。在长篇小说的第一部中,达吉雅娜没有被他认识,没有被他看重就过去了……啊,如果他到乡下去,第一次与她见面时,恰尔德·哈罗德或者拜伦爵士本人也从英国赶到那里,把达吉雅娜指给他看的话……啊!那时奥涅金也许会既震惊又诧异的吧,因为在这些俄国第一流的受苦受难者身上有时有着那么多的精神上的奴颜婢膝!达吉雅娜是了解这一点的。普希金在长篇小说的不朽的诗行中描绘了达吉雅娜,她正在这个如此不可思议的、对她来说又是如此神秘的人物家里参观……她的嘴唇轻轻翕动:他是不是一个拙劣可笑的人物呢? 不,到小说的结尾,达吉雅娜也不能跟着奥涅金走,如果是一个法国女人或意大利女人,是会跟着去的!"

　　"狂热者"轻声在我耳边说:"这可是整个观点的改变哪! 要知道别林斯基在这一点上曾经责备过普希金……"①

　　响起响亮的掌声。

---

　　① 别林斯基在专门论述《叶甫盖尼·奥涅金》的著名文章中,指责达吉雅娜不该违背感情去屈从于被曲解了的责任。陀思妥耶夫斯基与别林斯基相反,他把达吉雅娜的形象当作"人民的真理"和"美"的化身来加以解释,把她拒绝跟着奥涅金走的决定解释为不能把自己的幸福建筑在别人的不幸之上。为了说明这一或那一看法,这些观点在后来的文学评论中屡次被提出来作对比。例如,见弗·弗·西波夫斯基和恩·列尔涅尔之间就这方面进行的论战。(弗·弗·西波夫斯基,《奥涅金,达吉雅娜及连斯基》,——《俄国旧事》,1889 年,第 5 期;恩·列尔涅尔,《换汤不换药》,——《俄国档案》,1900 年,第 2 期)

稍稍停顿了一会以后，陀思妥耶夫斯基转而谈到普希金对待俄国人民的态度。

他说："无论在普希金之前还是在他之后，没有一个作家像普希金那样，和自己的人民有那么亲密的、血缘般的联系。在我们作家中间有许多了解人民的行家。他们亲切地、很有才气地、满怀热爱地写到人民；但是，如果拿他们和普希金相比的话，那么，确实，这仅仅是一些写人民的'老爷'了……除去一个，至多两个是例外，况且这也是在最近时期……"

说到这里，陀思妥耶夫斯基停下来，看了看舞台上，似乎在寻找什么人……"狂热者"悄声对我说："他在找托尔斯泰，但是，第二个是谁呢？"

陀思妥耶夫斯基停止说话，又去摸摸那几张很少使用的纸头，然后抬起头来，不知为什么特别响亮地、热情奋发地说了起来，这时候他已控制了整个大厅。看来他现在要表达他的最重要的思想了。大家都知道这情况，整个大厅里的人都把眼睛盯住了陀思妥耶夫斯基，他转而论述普希金的最后一个时期的创作活动。

"这里，"他高声说道，"普希金有一种美妙的东西，在他之前，无论在哪一个人身上，在哪里也看不到的东西。曾经有过大量的杰出天才，各种各样的莎士比亚，塞万提斯，席勒，但是没有一个人像普希金那样能拥有同情全世界的本领。这种能力，我们民族的最主要能力，是他和自己的人民共同拥有的，正因为这样，他才是民族的诗人！这一点很重要。莎士比亚笔下的所有意大利人仍旧是些英国人。只有普希金一个人能够充分再现其他民族。你们重新看一遍《唐璜》，要是没有普希金的具名，您不会相信那不是西班牙人写的！记得吗，空气中飘散着月桂和柠檬的香味！……至于浮士德中的场面，难道不是德国的？而在《瘟疫流行时的宴会》中，竟听得出英国天才的声音。至于《仿可兰经》，那难道不是伊斯兰教？……"

陀思妥耶夫斯基凭着记忆从普希金的诗作中引用了一系列例子。

"是的！"他高声说道，"普希金无疑预感到我们的未来的伟大使命。在这种地方他是猜测者，是预言家！做一个真正的俄罗斯人，也许就意味着只做所有的人的兄弟——一个为世界所共有的人……我们的斯拉夫主义和西欧主义不过是我们之间的一场大误会。我们的整个历史在证实这一点。因为我们总是为欧洲效劳的多，为自己出力的少。我不认为这是由于我们的政治家无能而产生的……经过长期的探索,我们的任务也许就在于使欧洲的矛盾得以和解;给欧洲的精神指明出路;道出世界大同和按基督的福音教义所说的兄弟般和睦的最终结论……"

说到这里,陀思妥耶夫斯基顿住了,不知为什么两手一拍,似乎预见到有人反驳,但是整个大厅寂然不动,都在倾听他说话,好像听预言者说话。

"我知道,"陀思妥耶夫斯基高声叫道,他的嗓音里有一种简直令人不解的力量,鸣响着震魂摄魄的音调,"我十分清楚地知道,我的话显得兴奋,夸张,带有幻想性;主要的是显得过分自信:'我们的土地,我们这块贫瘠、粗糙的土地的命运就是这样的吗?是指定要我们向人类说一番新的话吗?'什么话?难道我说的是经济上的荣誉?说的是剑的荣誉,还是科学的荣誉?我说的是人的兄弟情谊。就算我们的土地是贫瘠的吧,然而化作奴隶形状的基督一边祝福,一边周游的恰恰也是贫瘠的土地。他,基督自己,不就是降生在秣料槽里吗?

"如果我的思想是古怪想法,那么在普希金方面这种古怪想法就是有根据的了。如果普希金活得长久些,他就来得及向我们解释我们的意愿的全部真相。大家也就会明白这一层道理。我们之间也不会有误解,不会有争论。然而上帝另外作了安排。正当普希金精力最充沛的时候,他死了,显然把某种伟大的秘密一起带入坟墓了。所以现在,我们失去了他而在猜测这一秘密……"①

陀思妥耶夫斯基以一种低低的、热情奋发的声音讲了结束语,低下头,在死一般的寂静中,不知为什么匆匆离开讲台。大厅里的人都愣着,似乎还在等待什么。后排突然响起歇斯底里的叫喊声:"您猜着了!"上层敞廊上也有几个女人的嗓音在呼应。整个大厅猝然一振。响起了叫喊声:"猜着了!猜着了!"雷鸣般的掌声,不知什么喧嚷声、踏脚声和一些妇女的尖叫声。我想,莫斯科贵族俱乐部的四壁之内,无论在这之前或之后,从来没有响起过这样暴风雨般的欢呼声吧。大厅里,舞台上,名副其实是所有的人都在喊叫,拍手。阿克萨科夫奔过去拥抱陀思妥耶夫斯基。屠格涅夫像头熊似的,张开胳膊,踉踉跄跄地径直朝着陀思妥耶夫斯基走去。一个歇斯底里的年轻人,推开众人,冲向舞台,嘴里反常地喊着:"陀思妥耶夫斯基,陀思妥耶夫斯基!"突然仰面朝天昏倒在地上。大家动

---

① 德·尼·柳比莫夫的复述与陀思妥耶夫斯基的演说内容大体近似,稍微啰唆了些,大概是回忆录的作者看了发表的原文以后回想起来的。在叙述演说的内容时显然强调了基督教的因素。

手抬他出去。人们把陀思妥耶夫斯基带到圆厅。屠格涅夫和阿克萨科夫挽着他的手领他去;他看来有些虚弱;格里戈罗维奇在前面奔跑,不知为什么挥着手帕。大厅里的人仍然很激动。[……]

忽然大厅里流传着一个谣言,不知是谁放出来的,说是陀思妥耶夫斯基深受其苦的癫痫症发作,快要死了。大批的人向舞台上涌去。结果原来完全是胡说八道。格里戈罗维奇挽着陀思妥耶夫斯基的手,把他从圆厅领到舞台上,一边高举手帕不停地在头顶上挥舞。

主席拼命摇铃,一再宣布继续开会,由伊万·谢尔盖耶维奇·阿克萨科夫发言。大厅里稍稍安静了一些,可是阿克萨科夫本人却激动异常。他跑到讲台上,叫道:“上帝呀,陀思妥耶夫斯基发言以后,我不想说话,也不能说话。在陀思妥耶夫斯基发言以后无法说话!陀思妥耶夫斯基的演说是一件大事!一切都解释清楚了,一切都明白了。再也没有斯拉夫主义者,再也没有西欧主义者!屠格涅夫和我意见一致。”屠格涅夫在座位上叫喊着什么,意思显然是肯定的。阿克萨科夫走下讲台。但听见一片叫声:“休会!休会!……”主席摇铃,宣布休会半小时。人们纷纷散去。①[……]

我被陀思妥耶夫斯基的演说和演说的整个情况弄得异常激动。当时有许多地方我还搞不懂,还有许多地方后来在看演说词时我觉得是太夸张了。可是陀思妥耶夫斯基的话,主要的是他说话时的那种说服力,演讲中透露出来的让人感觉到的对俄国未来的信心,却深深铭刻在我心中……

题解:

德米特里·尼古拉耶维奇·柳比莫夫(1864—1942),《俄国导报》的编辑、著名物理学教授尼古拉·阿列克谢耶维奇·柳比莫夫的儿子,担任过许多显要的政府职务,从内务部办公厅主任、维林省省长到华沙总督的枢密官和副总督。十月革命以后,1919年,从彼得堡侨居国外,先在波兰,后到法国。

德·尼·柳比莫夫通过政论家和编辑的父亲,跟许多作家和艺术活动家有私人交往(他搞收藏,叫作“国务活动家与社会活动家的手稿和肖像搜集”,现藏科学院文研所)。

---

①　陀思妥耶夫斯基演说之后,听众被他的话所震动,异常激动,故而立即宣布休会。

　　据儿子证明,德·尼·柳比莫夫有写作才能和讲故事的本领。(见列·德·柳比莫夫的《在异国》,载《新世界》,1957年,第2—4期)库普林在《石榴石手镯》的瓦西里·李沃维奇·谢茵公爵这一人物身上描写了他。库普林提到他的主人公有"非凡的、十分独特的能力",擅长于"讲"真人"真事",以夸张渲染的方法达到幽默的效果。说书人德·尼·柳比莫夫的这些特点在他的回忆录中也反映出来。回忆录作于普希金纪念像揭幕典礼之后将近五十年,它的细节的具体和丰富,描绘的鲜明如画却仍旧令人吃惊。德·尼·柳比莫夫拥有不绝如链的记忆,一环扣一环,再现了1880年6月8日的事件。纪念活动的整个事实方面在形象和人物中站立起来。这些生动的速写常常带上幽默色彩。德·尼·柳比莫夫在再现陀思妥耶夫斯基的演说和听众的反应时,表面上他把自己隐蔽起来,对于发生的情况似乎不作评价,然而他的观点和同情却在描绘"主教",描写种种事实和人物上,在复述陀思妥耶夫斯基的演说中流露出来,他的复述本身就是对陀思妥耶夫斯基的演说的一种独特的解释。回忆录中有个别的地方不确切,大致上可以用复述很久以前的事件时记忆失误来作解释。

关于费·米·陀思妥耶夫斯基

（选自《回忆录》）

叶·巴·莱特科娃-苏尔坦诺娃

那是 1878 年至 1879 年间的冬天,在雅·彼·波隆斯基和他的妻子约瑟芬娜·安东诺夫娜处当时已经形成他们的著名的"星期五聚会"①,雅科夫·彼得罗维奇有一次亲切而感人地说:

"这个星期五您一定要上我们家来……别舍不得时间! 这一次聚会将特别有意思……"

波隆斯基夫妇当时住在尼古拉耶夫街和兹万尼戈罗德街的拐角上,窗户朝着谢苗诺夫练兵场。

前室里,皮大衣之多使我吃惊,挂在衣架上的,小山一般堆在箱子上的,都是

---

① 雅·彼·波隆斯基家的"星期五聚会"早在四十年代就开始了,当时青年诗人还是莫斯科大学的学生,每星期五在他的住所聚会。他去格鲁吉亚住了五年,出国一次,中断了若干时间;1858 年随着波隆斯基的返回彼得堡,聚会又恢复,直至 1898 年诗人去世。高级官员的代表性人物——波别多诺斯采夫与维吉偶尔来参加一下,波隆斯基的"星期五聚会"的常客有屠格涅夫、陀思妥耶夫斯基、格里戈罗维奇、波捷欣、普列谢耶夫、安东·鲁宾斯坦、戈尔布诺夫、萨温娜、阿伊伐左夫斯基、维列夏庚及列宾等人。关于波隆斯基的 1879 年"星期五聚会",见德·恩·沙陀夫尼科夫的回忆录《与伊·谢·屠格涅夫的会见》。(《俄国往事》,1923 年,第 1 期)

大衣;许多套鞋和帽子,和这些衣物同时存在的是一片寂静,丝毫没有一点人的说话声音。

"呀—呀!……请进!"雅科夫·彼得罗维奇在第一个房间的门槛上,用轻轻的殷勤的声音欢迎我。"请进!……"

他友好地挽着我的臂肘,领我穿过空荡荡的大厅,——里面的茶桌已经摆好,走进第二个房间。

房间里,三扇窗户,靠近中间一个窗户旁边站着一个人,他的身边水泄不通地聚集着许多男人和服饰漂亮的女人,有年老的和年轻的,他们默默地听着。最初片刻,我只能听到低低的、激动的声音:

"冷!……冷极了! 这是最主要的。因为人家不仅把我们的大衣剥掉,连常礼服也脱去了……而气温是零下二十度……"

突然,我从前面站着的人缝中看到一张略显苍白的脸,稀疏而略带灰白的胡子,疑惑的、畏惧的眼神和怕冷似的紧缩的肩膀。

"那不是陀思妥耶夫斯基吗!"我几乎喊出声来,开始朝前钻,挤得靠近些。是的! 是陀思妥耶夫斯基! ……但完全不是我坐在中学的课堂里时就从肖像上看得熟悉了的那个陀思妥耶夫斯基,也不是我们在凯尔耶高等女校时如此热烈地议论过的那个陀思妥耶夫斯基。"那一个"在我的想象中显得高大,鲜明,火焰般的目光,言词泼辣。这一个则蜷缩着身子,矮矮的,活像是犯了罪的人。我知道在我面前的是陀思妥耶夫斯基,但是不相信,我不相信那是他;他——不仅是个伟大的作家,还是个伟大的受难者,服过苦役,犒赏他的是终身的可怕的疾病。

然而等我听清楚他所说的话,我一下子感觉到,这当然是他。经历过 1849 年[1]可怕的 12 月 22 日,他和其他的彼得拉舍夫斯基派分子被人押上谢苗诺夫练兵场上的断头台,等候处决。

原来,是雅科夫·彼得罗维奇·波隆斯基自己把陀思妥耶夫斯基领到朝着练兵场的窗口旁边,问道:

"认识这地方吗,费奥多尔·米哈伊洛维奇?"

陀思妥耶夫斯基激动起来了……

---

① 原文 1846 有误。

"认识! ……认识! ……这还用说……怎么会不认识? ……"

于是他渐渐讲起那天早晨,有一个人,来到监牢的地下室里,命他换上自己的衣服,带他到……哪里去? 他不知道,他的同伴们也不知道……大家都确信,死刑判决书虽已发出,但已被沙皇撤销,所以根本没有想到行刑。人家用遮住窗子的马车载他们去,窗上结了冰凌子,不知道往哪里去。突然间——来到练兵场,就是现在陀思妥耶夫斯基站在窗子边看的这个练兵场。

费奥多尔·米哈伊洛维奇开头说的我没有听见,但是后来说的我一个字也没有漏掉。

"这时大家一下子明白了……在断头台上——不知是谁的陌生的响亮的声音说:'判处枪决'……周围是一片嘈杂声,模糊不清,可怕的营营嗡嗡……成千上万张冻得红一块紫一块的脸……成千上万急切的探询的眼睛……人人都激动,说话……为什么要紧的事情而激动不安。这里却是死亡……这不可能! 不可能! 谁需要这样跟我们开玩笑? 沙皇? 他可是赦免了的呀……要知道这比任何刑罚都糟糕……尤其是周围这些贪婪的眼睛……柱子……他们正把什么人绑在上面……天气奇寒……冷得上牙不对下牙……内心在作反抗! ……最痛苦的反抗……不可能! 不可能,我,身在这成千上万的活人中间,过这么五十分钟竟会不存在了! ……头脑里装不下这件事,不光头脑装不下,不知怎么连我的整个身子都装不下。"

他不作声了,突然之间完全变了。我仿佛觉得,我们之中他什么人也没有看见,也没有听到窃窃私语;他望着远处的什么地方,似乎在重新体验那可怕的严寒的早晨所经受过的一切,直到种种细微之处。

"我不相信,不明白,直到看见十字架……神甫……我们拒绝忏悔,但是吻了十字架。他们总不能拿十字架开玩笑吧! ……不能搞这样的悲喜剧……这一点我是十分明确地意识到的……死是必然无疑的了。但愿快些……于是突然之间完全冷漠了……是的,是的,是的!! 正是冷漠。对生命不觉得遗憾,对任何人都不觉得遗憾……在行将去到什么地方……去到不知何处,去到黑暗……的可怕的最后片刻之前,一切都显得渺小了……我和阿历克谢耶夫·尼古拉耶维奇①告别,还跟什么人告了别……旁边的人指给我看一辆草席遮着的大车。'棺

---

① 即普列谢耶夫。——莱特科娃-苏尔坦诺娃注

材!'他悄悄对我说……我记得,他们怎样把还有两个人绑在柱子上……我,大概已经很平静地看着他们……我记得一种漠然的、难免一死的意识……正是漠然……连得听到停止行刑的消息时也是很漠然……既没有觉得快乐,也没有感到再生的幸福……周围喧腾,叫喊……可我无所谓,——我已经经历过最可怕的了。是的,是的!! 最可怕的……不幸的格里戈利耶夫①发疯了……怎么其余的人都安然无恙呢? ——不可理解! ……甚至没有感冒……但是……"

陀思妥耶夫斯基沉默了。雅科夫·彼得罗维奇走到他身边,亲切地说:

"好啦,这一切都发生过,都过去了……现在咱们到女主人那儿去……喝茶吧。"②

"过去了吗?"陀思妥耶夫斯基令人不解地说。③

他变得酷似蜡人:面色苍白泛黄,眼睛凹陷,嘴唇发白,痛苦地微微一笑。于是我很鲜明地想象出他的背着精神十字架的全部历程:这是等待受刑的痛苦,继之是苦役、"死屋"及其种种恐怖:始终不脱的脚镣手铐(连在洗澡的时候也不除下),又脏又臭的单人牢房,看守的任意妄为;这一切,这个小个子的人都经受住了,我突然觉得他在我们这些围住他的人中间,是那样高大。

于是我忘记了派别的不同,忘记了我们高等女校的青年之间谈得那么多的政治观点的不同,忘记了我们大家憎恨的《群魔》。我只意识到,站在我面前的是陀思妥耶夫斯基。难于置信的幸福感向我袭来,只有年轻时代才会有这种幸福的感觉。我不禁想跪倒在地,向他的苦难致敬……

他的友人们立即将他包围,女士们让他坐到桌子旁来,就让他坐在她们中间,他和蔼地和她们拉家常,问的答的都是家常话。周围的人一下子都说起话来,说到自己,说到别人。雅科夫·彼得罗维奇领大家到桌子旁坐定喝茶,又去

---

① 彼得拉舍夫斯基派分子尼·彼·格里戈利耶夫。

② 莱特科娃的回忆中,关于 1879 年波隆斯基家有一次"星期五聚会"上她听来的陀思妥耶夫斯基所讲的故事,和《奥包多夫斯基的记事本上的篇页》上显然也是记叙这个"星期五"的描写大体上是符合的。(《奥包多夫斯基的记事本上的篇页》,载《历史通报》,1893 年,第 12 期,页 773—777)

③ 我写波隆斯基家这天晚上的情况时,总是担心"证明的可靠性",我念给雅科夫·彼得罗维奇听,核对一下,我复述的陀思妥耶夫斯基的话是否这样。雅科夫·彼得罗维奇补充说,陀思妥耶夫斯基后面那句话:"过去了吗?"暗示他的癫痫在服苦役中有了发展,但是,据他认为,这病是在断头台上得的……——叶·巴·莱特科娃-苏尔坦诺娃注

迎接新来的客人;约瑟芬娜·安东诺夫娜朝着走上前去向她问好的人亲切地微笑,请他们喝茶。好像一点也没有发生什么不寻常的事情似的……

我望着陀思妥耶夫斯基,我觉得他完全变成了另外一个人——和站在窗前的那一个,又像又不像,就好比同一个人的两张照片往往不像一般。他冷淡地回答旁边的人的话,忍着笑把面包干递给她……

那天晚上之后不久,就是规定的文学基金会的例行文学晚会,在大康诺诺夫斯基大厅举行。和往常一样,参加的有文学界的名流巨擘,其中包括费奥多尔·米哈伊洛维奇·陀思妥耶夫斯基。

我去了,不无激动地听了费奥多尔·米哈伊洛维奇的朗诵。果然,我的一切预期不仅得到证实,而且超过了我所想象的一切。在我面前的又是个伟大的作家,他在自己的作品中不仅为我,为我们,也为我们所有的人而备尝艰辛。他朗诵《先知》,似乎普希金在写"用语言去把人们的心灵点燃"的诗句时眼前所看到的就是他。

听过他那轻轻的内心的声音之后,掌声和疯狂的叫喊声是那样惹人讨厌,多此一举。我走出大厅,碰见彼·伊·魏恩贝尔格,他一向是这种晚会的主持人。

"咱们到后台去吧,"他说,"您在那边会碰到一些熟人的。"

果然,我劈面撞见格里戈罗维奇与冈察洛夫,他们两人我在我姐姐尤·普·马科夫斯卡娅家是经常见面的。

陀思妥耶夫斯基一个人坐在旁边,神色疲倦,心情郁闷。我犹豫着没有走过去,怀疑他是否还想得起我来。可是他朝我这边瞥了一眼,我向他鞠了一躬,他站了起来,我朝他走去。他以一种特别的"上流社会的"风度伸出手来,声音里带着拘谨而恭敬的客套味道,当你和不大熟悉的人说话时往往用这样的声调。他那么疲劳,还是从椅子上站起身来,我感到很不好意思,便说:

"您请坐,请坐着,费奥多尔·米哈伊洛维奇。"

然而他不坐,好像只是为了随便说些什么似的,带着特别的、客气之中含着揶揄的讥笑说道:

"听雅科夫·彼得罗维奇说,您在写作……"

"我在准备,费奥多尔·米哈伊洛维奇。"

"用斋戒与祈祷?"他依旧带着那种揶揄的味道说。

"几乎是这样。"

他不知为什么突然认真地说：

"这很好……应该这样。"

于是我又觉得他是"另外一个人"了。他的身上似有两个不同的人糅合在一起，所以会产生完全不同的——我要说是——截然相反的印象。

哇里哇啦的格里戈罗维奇走了过来，不顾陀思妥耶夫斯基的心情，拉起他的手，说：

"费奥多尔·米哈伊洛维奇，去润润嗓子……"

看到我，他老朋友似的（他和我的姐夫卡·耶·马科夫斯基特别熟悉，我们常常见面）挽着我的胳膊，领去喝茶。

"化妆室"里桌子已经摆好，旁边坐着参加晚会的人。我也被安排坐在他们中间……彼得·伊萨耶维奇·魏恩贝尔格死前不久——也就是过了二十五至三十年光景，——回想起这次晚会，还取笑我当时"兴奋"的样子和"等待启示的眼睛"……

这是第一次让我跻身于文学界，当然不是作为平起平坐的一员，但已经被当作自己人，没有让人家有拘束的感觉。我没有去打扰人家，人家也没有干扰我去听他们的谈话，把一切记在心里，记在脑子里。

他们谈起巴尔干，"小弟兄们"，谈起我们在东方的使命，话是因名画《斯科别列夫在军队面前》而引起的，画上有个白衣将军骑着白马，在肃然不动的团队前面疾驰①而过。陀思妥耶夫斯基不作声。土耳其战争起初使《祖国纪事》编辑部这样的人员都感情激动起来，不久便使污浊的沉渣和人的憎恨的本能从底里泛起，人们对待战争不仅抱批判的态度，甚至怀有敌意。②

"神圣的索菲亚完蛋喽？……"格里戈罗维奇以强调的讽刺口气愤慨地叫道。

陀思妥耶夫斯基站起身来，走到一边去。

铃声响了。休息结束。晚会的下半场开始，所有的人，或者几乎所有的人都

---

① 谈话提到的是瓦·瓦·维列夏庚*的画《斯科别列夫在谢普卡城郊》(1878—1879)。

* 瓦·瓦·维列夏庚(1842—1904)，画家，散文家。

② 指1877—1878年间的俄土战争。

去听一个女歌唱家的演唱。陀思妥耶夫斯基拿起帽子,打算悄悄离去;我似乎觉得我这一辈子永远也看不到他了,所以我勇敢地朝他走去。

1879 年,我的一本小书上记着:

"陀思妥耶夫斯基说:'永远不要出卖自己的灵魂……永远不要在强迫之下工作……避免预支稿费。相信我……我一辈子为此而苦恼,一辈子写得很匆忙……我忍受了多少痛苦……最要紧的是,作品没有写完,不要开始发表……要写完。没写完就去发表比什么都糟。这不仅是自杀,也是杀人……这种苦头我吃过太多了,次数很多了……你会担心不能如期交出……担心写坏……结果多半写坏……我简直到了绝望地步……而且几乎每次都这样……'"

我记得,这些话使我何等震惊。那天晚上费奥多尔·米哈伊洛维奇特别神经质。大概是激昂地朗诵普希金的作品,全场轰动的成功,最后是对他极为痛苦的问题——斯拉夫问题①——搞得他那样激动,使他能如此热烈而真诚地对一个他完全不熟悉的姑娘说话,这个姑娘走到他的身边去,像走到朋友和兄弟身边去一样。

这次晚会之后几天,我不知为什么特别激动,决定到费奥多尔·米哈伊洛维奇的寓所去。为什么去?——连我自己也说不清楚,只觉得还想听听他的声音。

在那些日子里,有一天,冈察洛夫偶尔在马科夫斯基处吃饭,我不知不觉地谈到陀思妥耶夫斯基,冈察洛夫像平时一样淡漠地、委靡不振地说,仿佛要让他的话显得轻描淡写:

"年轻人逢迎他……当他是先知……但是他瞧不起他们。认为每一个大学生都是他所憎恨的社会主义者。认为每个高等女校的学员都是……"②

冈察洛夫没有把话说完。他是否想说什么粗鲁的话却因想起我也是女学员而及时把话收住——我不知道。

---

① 见本书页 674 注⑤。

② 陀思妥耶夫斯基与冈察洛夫气质不同,审美观点和社会观点也不同,他们在生活中,在文学上,几乎从未有过冲突。陀思妥耶夫斯基尊重作为艺术家的冈察洛夫,同时对他的淡漠持轻蔑态度:"一颗官吏的心,没有思想,煮熟的鱼一般的眼睛,上帝仿佛是为了嘲弄,赐给他辉煌的才能。"(1856 年 11 月 9 日给亚·叶·弗兰格尔的信,《书信集》,第 1 卷,页 199;1869 年 2 月 26 日给斯特拉霍夫的信中差不多也是同样的意见,《书信集》,第 2 卷,页 170)1874 年初,冈察洛夫任刊载过《小场景》的《集萃》文集编委委员时,他们交换过几封信。(见恩·克·比克萨诺夫编的《俄国作家书信集》,国家出版社,莫斯科-彼得格勒,1923 年,页 10—24;《书信集》,第 3 卷,页 94)

我没有去见费奥多尔·米哈伊洛维奇。

我很快就回莫斯科的家里来,怀着陀思妥耶夫斯基——一个伟大作家的形象,这个形象上还有受难者的光环。我自然知道陀思妥耶夫斯基这方面的遭遇和经历,但是,在书上读到人类的种种苦难是一回事,听他本人讲述,所谓把手指伸进创口里去摸,是另一回事。所以我决定在学校里一句也不提到陀思妥耶夫斯基,免得就他的保守主义和斯拉夫主义观点挑起热烈的争论,当时的青年为此而责怪他。

然而一点也不提起是很困难的。陀思妥耶夫斯基在当时的社会生活和政治生活中占据了非常重要的地位,青年对他的言论和评论不可能不作出反应。在大学生的小组里和会议上经常响起陀思妥耶夫斯基的名字。每一期《作家日记》都为最激烈的争论提供理由。对待所谓"欧洲问题"的态度[①],对于我们来说曾经是试验正派与否的一种特殊的石蕊试纸,——在《作家日记》上是完全不能容许的,不能接受的:"犹太人,犹太佬,犹太王国,席卷全世界的犹太思想……"这些字眼,像炸药冒火星,使青年勃然大怒。他们在战争问题上责怪陀思妥耶夫斯基,土耳其战争,和所有的战争一样,是残酷的、可憎的战争,他却兴高采烈地欢迎这场战争。"我们[俄罗斯]——对于所有的东方基督教徒,对于世界上正教的未来的整个命运,对于正教的统一来说都是必不可少的,必然的……俄罗斯——是正教的领袖,正教的庇护者和保卫者……君士坦丁堡将是我们的……"[②]

所有这些话为社会上相当一部分人狂热地接受,青年人则拼命抵制陀思妥耶夫斯基的名字的吸引力,并且愤懑地列举他所鼓吹的"沙皇和自己人民的联合"的说教,他为战争辩护的理由以及他的自高自大……"如果我们愿意,人家就打不败我们!!"

土耳其战争连同它的可疑的英雄们以及谁也不需要的残酷的英雄业绩(类似希普基战役),还继续使社会的良心不安。起初人们在战争中看到了人民的

---

① 关于陀思妥耶夫斯基对"欧洲问题"的态度,见1877年3月的《作家日记》(《1926—1930年版全集》,第7卷,页76—95),又见1877年2月14日陀思妥耶夫斯基给科夫涅尔的信(《书信集》,第3卷,页255—258)。

② 1876年《作家日记》的引文,但不确切。(《1926—1930年版全集》,第11卷,页328)

主动精神,对政府的抗议,当时似乎以为战争也会有助于我们那些讨厌的问题的解决,也就是确实会加快革命的爆发,因而巴尔干问题也吸引了社会上极左势力的同情:《祖国纪事》给予同情的关注(叶里谢耶夫①,米哈伊洛夫斯基),至于像斯杰潘尼亚克-克拉夫钦斯基②、米·彼·沙申③、德·亚·克列明涅茨④及其他革命们甚至参加了志愿兵运动。

和他们一起去的,有成百上千的无用的人,在当时的现实中无处安身的人,什么活儿也不想干的人或者渴望流血的、性格好斗的人也去了。大家知道,他们这些人表现得很不成体统,因而1877年塞尔维亚政府在四十八小时内把俄国"志愿兵"逐出塞尔维亚疆界。"东方问题"的观点逐渐转移,报刊不知不觉地分成两个阵营。大家都清楚,陀思妥耶夫斯基参加了其中的一个阵营。⑤

在这样的心情下,他遇到著名的普希金纪念活动日。经过俄国作家们艰苦卓绝的工作的长久、晦暗的岁月以后,待过阴暗的地下室之后,以伟大的普希金为代表的文学突然获得了全民的推崇。纪念像的揭幕成了国民共庆的节日,发展成真正的历史性事件(也许,这是不以主持者的意愿为转移的吧)。

青年人当时虽然离普希金很远(应当已经后悔了!),精神却为之一振。诚然,那时皮萨列夫已被人遗忘,谁也不再谈"火盆"⑥,但是也没有谈论普希金。我们(也就是七十年代的一代人)有涅克拉索夫。人们只是"个别地"爱着普希金。当然,人人都在看他的作品,他的许多行诗被编入不出版的"文选"中,一代

---

① 格·叶里谢耶夫(1821—1892),新闻工作者。

② 斯杰潘尼亚克-克拉夫钦斯基(1851—1895),民粹派革命家,政论家,作家。

③ 米·彼·沙申(1845—1934),无政府主义者的革命家。

④ 德·亚·克列明涅茨(1848—1914),七十年代的"民意"社的创建人之一。

⑤ 1876年的塞尔维亚—黑山—土耳其战争和1877—1878年间的俄土战争把俄国社会人士的注意力吸引到所谓东方问题,或者斯拉夫问题上来了。俄国政府以"保护斯拉夫兄弟"的口号为幌子,遵循自己的政治目的——巩固它在巴尔干的因克里米亚战争而受到破坏的影响,决定参加这些战争,借以提高它的国际威望,缓和国内的紧张的政治局势。

陀思妥耶夫斯基用他所发挥的"乡土派"思想的精神来解答"东方问题",把俄国的参加巴尔干战争看作是实现俄国人民历史使命的开始,俄国人民面临的是在爱和兄弟情谊的基本原则上,联合全人类——首先是斯拉夫人民。(见1876年6月的《作家日记》——《1926—1930年版全集》,第11卷,页316—333)这种希望是乌托邦式的,使陀思妥耶夫斯基在政治态度方面与泛斯拉夫主义者们相接近,泛斯拉夫主义者们提出以沙皇俄国为首联合斯拉夫各国人民的思想。革命民主派们与泛斯拉夫主义者们针锋相对,揭露君主专制的俄国的政策,提出了斯拉夫各族人民民主团结的思想。

⑥ 指德·伊·皮萨列夫的《普希金与别林斯基》一文。

又一代的新人给自己编"文选"。然而在特维尔林荫道上出现纪念像之前,没有理由谈论他。我记得,我们感到愤慨,因为基座的一边镌刻的不是普希金的诗句:"我将世世代代为人民所喜爱",而是改写过的:"我将为人民世世代代所喜爱"……①

原因在于"人民"这个词不可避免地要引来神圣的"自由"一词……

我记得,我们多么兴高采烈地分配学校里所收到的参加"普希金纪念像揭幕典礼"的请柬。

我冒昧地把我1880年记事本上的一段笔记引用在此。

1880 年 6 月莫斯科的几日

6 月 7 日。昨天是什么天气?据说早晨下过雨?我没留意。好像整天都是阳光灿烂的,等到遮布从普希金纪念像上落下,阳光还洒在我们身上……整个广场上是密密麻麻的人……我们溜进来得早。我们占了好位置:纪念像右首,教堂旁边的围墙上。一切都看得清清楚楚。斯特拉斯特诺依教堂在做弥撒的时候,广场上,纪念像旁边,盖住纪念像的那块轻轻飘动的帆布下正进行着从来没有见过的典礼。代表们的旗子,各行会的小旗子,占首位的是"文学界"。在面前看到活生生的、于我们又是那么亲近、那么熟悉的作者们,于我们(学员们)是何等的快乐。这些长长的白胡子,长长的头发,生动的脸容,精力充沛的举止手势,多么迷人啊。他们全部聚集在纪念像的左首,有:伊·谢·阿克萨科夫、谢·安·尤里耶夫、亚·尼·普列谢耶夫、亚·安·波捷欣、亚·尼·奥斯特罗夫斯基、德·瓦·格里戈罗维奇、彼·伊·魏恩贝尔格、尼·尼·斯特拉霍夫、亚·米·马克西莫夫以及最后,还有伊·谢·屠格涅夫。昨天是他们的节日:俄国思想的节日,俄国语言的节日,俄国作家的节日……所有的人都感觉到这一点。各种不同年龄的人汇集在一起,等级的隔阂消除了……年老的,年轻的,大家的眼睛都同样闪闪发亮,人人都感觉到某种幸福……

……遮盖纪念像的幕布落下来的时候,我气也喘不过来,我确信,

---

① 纪念碑上所刻的诗句是1841 年茹科夫斯基为普希金死后出版的作品而改写的。

大家都是这样……当然,不是因为纪念像的美,而是因为此时此刻人们的全部注意力都集中在纪念像上,它耸立在人群之上,坐落在人海之中。周围的人在叫喊,欢笑,哭泣……

屠格涅夫登上停在广场里的四轮马车,人群向他发出真正的热烈欢呼,好像大家默默商量好了,推定他为普希金的继承人。我们马上到大学里参加俄罗斯文学爱好者协会的纪念大会。在大学里,伊万·谢尔盖耶维奇又成了注意的中心。选他为名誉会员时又是一阵欢呼声,这样的狂热的欢呼声大学里自然不曾听见过。

……我们的克留切夫斯基①发言,最精彩。他把普希金当作历史学家,认为他有极为重大的意义,正好是在他的艺术作品《上尉的女儿》上,《普加乔夫起义史》不过是《上尉的女儿》的历史性的注释——十八世纪俄国……俄国人觉得自己生来不是欧洲人,但是应该成为欧洲人……②

……晚间是高雅的集会。直到天亮……普希金又与屠格涅夫融为一体。我们溜到圆柱后面,溜到舞台前,以便靠得近些看看参加会议的人。费·米·陀思妥耶夫斯基怪模怪样地瑟缩着身子走了过来(日间我没有看见他),奥斯特罗夫斯基庄重地跟着走来;皮谢姆斯基摇来摆去地走过来;格里戈罗维奇拖着长长的灰白的"大桶"飞奔而来,他们全都消失在舞台后面,在那间圆形房间里……

……尼古拉·鲁宾斯坦指挥交响乐队(《人鱼》序曲),萨马林指挥了《吝啬骑士》(令人神往),接下来又是"他们"。那么古风盎然,那么生气勃勃,令人振奋,内心激动……陀思妥耶夫斯基不知怎么很特别地朗诵了比曼的独白,朗诵得非常出色。皮谢姆斯基精神抖擞地朗诵了《骠骑兵》;奥斯特罗夫斯基朗诵《人鱼》片断,格里戈罗维奇朗诵《基尔德扎利》③(稍嫌长了些),波捷欣朗诵《波尔塔瓦》,屠格涅夫则是《重

---

① 瓦·奥·克留切夫斯基是历史学家。

② 克留切夫斯基的演说词刊登在《花环》文集,页27—28。

③ 普希金的未完成的中篇小说。基尔德扎利是主人公的姓名,出于土耳其语,有"勇敢的人"、"好汉"的意思。

返故乡》①。他朗诵得轻轻的,尽管他年纪老了,发音不清,声音又过高,但他的朗诵中却有着某种令人迷惑的东西……他出去谢幕七次。

等我们十二人回家,天已经亮了。大家不觉得疲倦……只是感到遗憾,这样的日子过去了……漫步在莫斯科的小巷里,我们反复吟诵:"够了,躲开吧! 时令已变换,土地已复苏! 风雨已消逝无踪。"②

6月8日。昨天的白天好得不得了。我不知道记什么好。陀思妥耶夫斯基发言……玛莎·谢列霍娃昏倒在地。巴普里茨歇斯底里发作。可我听了心里直冒火。陀思妥耶夫斯基谈论阿乐哥时的恶毒的讽刺口气,使我痛苦。"幻想全世界的幸福。比这更便宜的代价,俄罗斯的浪子不会接受!……"

这是什么? 真不愿意相信自己的耳朵,真不愿意作陀思妥耶夫斯基那样的理解。不是我一个人,许许多多人对他的话有和我同样的反应。而且不知为什么,大家不约而同地把好感转到屠格涅夫身上了。陀思妥耶夫斯基刚提到丽莎·卡丽金娜(《贵族之家》中人物)的名字,当作是与普希金的达吉雅娜同种的"女性美的正面典型"提出来,他的发言立即便为一阵对屠格涅夫的喧腾的热烈欢呼声所打断。全场的人站了起来,响起噼噼啪啪的掌声。屠格涅夫不想接受这份冲着自己来的欢呼,人家硬把他拉到舞台边上。他脸色发白,不知所措地鞠躬致意。当然,丽莎不是我们的理想,正如达吉雅娜和她的"奴性"不是我们的理想一样:"我已委身另一个人,我将永远忠实于他……"我们对叶莲娜③和她的积极行善的渴望,她的勇气和自我牺牲的爱表示敬意。她是俄国文学中第一个女政治活动家,她们在俄国多的是,没有一个国家像俄国那么多。至于提到丽莎,对于我们,不过是一个口实,好让我们向屠格涅夫表示我们拥护的是他,而不是陀思妥耶夫斯基,后者的发言充满了对西欧派的攻击,因而意味着也是反对屠格涅夫的。对他发出欢呼,也可能是无意识的,然而大会之后已经完全清楚地表现出向伊

---

① 指普希金的诗《我重又造访……》。
② 普希金的诗《乌云》片断。
③ 叶莲娜·斯塔霍娃是屠格涅夫的《前夜》中的人物。

万·谢尔盖耶维奇表示敬意的要求,我们看到真理在谁一边。决定向
屠格涅夫献上花冠。

　　这就是一个普通学生对这一"事件"——人们这样称陀思妥耶夫斯基的演
说——的直接观感。

　　当然,这是一个事件,三教九流的人物都谈论过,直到现在人们还记忆犹新。
根据表面印象来看,似乎没有什么可以与 1880 年 6 月 8 日相并列的。那天在宽
敞的贵族俱乐部大厅里,知识界人士济济一堂,发出的呼喊声,似乎连大厦的墙
壁都要给震塌了。这一天,所有记录下来的东西在这一点上似乎是一致的。但
是,真的,不是所有的人,远远不是所有的人对热情奋发的讲话都作同样的领会
的,这发言以前所未闻的艺术威力在这个大厅里鸣响。演说是**这样**讲的,没有亲
自听到的人不可能说清楚它对大多数听众所产生的影响。但是也有另外一部分
人,大概是一小部分人,那些左派青年,陀思妥耶夫斯基刚一开口他们便立即顽
强地反对。这在某种程度上也许是由于下述情况促成的,即陀思妥耶夫斯基不
是以作家陀思妥耶夫斯基——普希金的一个光荣后代的身份,而是以斯拉夫慈
善会的代表①身份来出席普希金纪念会的。这也许造成了带有偏见的观点,因
为,我再重复一遍,当时青年人不断地和陀思妥耶夫斯基进行清算,他在《作家
日记》上发表了"爱国主义"的文章②以后,青年们长期不懈地用批判的态度对待
他。关于《群魔》我就不说了。

　　当陀思妥耶夫斯基说起"祖国大地上的不幸的流浪者",无家可归的浪子,
"直到现在还在继续流浪",我们之中某些人互相递了个眼色,这是不难明白的。
他说,"在我们这个时代,如果他们不到茨冈人的宿营地去走走,在茨冈人中寻
找世界性的理想……那反正也会热心地搞阿乐哥时代还不存在的社会主义的,
怀着新的信仰,东走西逛……他们将在**不切实际的实干中**达到他们的目的,得到
不仅是他们自己的幸福,还是全世界的幸福,因为俄国浪子**所需要的正是全世界**

――――――――――――

　　① 1877 年,由于俄土战争开始,彼得堡斯拉夫慈善会成立斯拉夫慈善协会,以便给巴尔干的斯
拉夫人以物质援助,保障俄土战争作战地区志愿兵的物资供应。
　　② 所谓"爱国主义文章"指陀思妥耶夫斯基在 1876 至 1877 年的《作家日记》上关于"东方问
题"的文章:《东方问题》,《乌托邦的历史观》,《再论君士坦丁堡迟早必定是我们的》,等等。

的幸福,以便让自己安定下来:比这更便宜的代价他是决计忍受不了的!!"

这番话是以极其尖刻的讽刺说出来的,同时对自己信仰的正确又抱着那样百折不回的信心,因此连青年听众中的许多人也都被陀思妥耶夫斯基的艺术感召力所征服,一下子搞不清楚了。然而,对于另一些人,无论是陀思妥耶夫斯基说话的鼓舞力,他的动人的声音,还是他的苍白、激动的脸色,都掩盖不了发言的内容和它的极大的消极意义。

除了嘲笑"俄国浪子"之外,他对西欧派的尖刻攻击,他的和人民"温顺"相处,个人用基督教精神来自我完善的说教,连带着对待社会道德的轻蔑态度①,明确地把陀思妥耶夫斯基与当时赢得全部青年好感的那场运动的敌人放到一起去了。

这之前不久,卡特科夫的《莫斯科新闻》刚揭露屠格涅夫在帮助巴枯宁。②陀思妥耶夫斯基在这个敌对的卡特科夫的阵营中则被看作是"自己人",属于专制制度的捍卫者之列,而且大家都知道,他的《日记》在高等官僚阶层中有人看。应当把他划出去,表明我们不站在他一边,就像争吵过的父母跟孩子们打架一样,青年人开始用屠格涅夫去跟陀思妥耶夫斯基抗争。

还在陀思妥耶夫斯基的演说之前,在普希金的纪念活动中,屠格涅夫的首席地位已经形成,在纪念像的基座脚下也好,在大学里也好,在所有的纪念活动中也好,无论这位白头发的巨人出现在哪里,他都是首要人物。即使在当时青年中颇为风行的一切文学晚会上,也总是拿屠格涅夫来与陀思妥耶夫斯基相对抗,也许,其中一人反对青年准备献身的志向的罪过被夸大了,而另一个人在这方面的

---

① 叶·巴·莱特科娃表达的思想不清楚。她大概是指康·卡维林*在《致费·米·陀思妥耶夫斯基的公开信》中所写的:"在回答'什么最要紧,是个人的道德上完善,还是创造和完善人所生活于其中的社会条件?'这个问题上,陀思妥耶夫斯基和持改变社会制度的思想的人们分道扬镳。"(《欧洲导报》,1880年,第11期)

* 康·德·卡维林(1818—1885),自由主义历史家,政论家。

② 1879年12月9日第313期的《莫斯科新闻》上登载一篇简讯《发自涅瓦河边,十三》,其名"外埠居民"。该报的一个最露骨的反动撰稿人鲍·米·马尔凯维奇在这篇简讯中猛烈攻击屠格涅夫,因为屠格涅夫为俄国侨民伊·雅·巴甫洛夫斯基的自传性的笔记写了序言,表示赞许。巴甫洛夫斯基的笔记刊登在法国《Le Temps》报上,标题为:《孤身一人,虚无主义者的感想》。同时代人把马尔凯维奇的这篇简讯理解为明目张胆的告密,暗示屠格涅夫在1863至1864年间因"被控与伦敦宣传家们(其中包括巴枯宁)往来案而受到审查的这一段已经为人遗忘的历史"。(详见《环节》,第1卷,莫斯科-列宁格勒,1935年,页282—283、296)

意义也被夸大了。

　　然而时代是战斗的时代,青年丝毫不讲情面。一切同情都朝着一方面的……连对普希金也多半是从社会和政治的观点来看待的。

　　不难理解,在这种情绪下,陀思妥耶夫斯基的演说自然只是火上浇油,使青年和进步报刊对他的敌视态度加剧。

　　然而不是一下子就激烈起来的。尚需要一定的时间,以便像格列勃·伊万诺维奇·乌斯宾斯基所说的,从陀思妥耶夫斯基的占卜中"清醒过来"。

　　社会主义对于乌斯宾斯基也是一种独特的宗教,他听过陀思妥耶夫斯基的演说之后,亲自写了一封几乎是欢欣鼓舞的信给《祖国纪事》。他被第一次公开发表的关于受苦受难的浪子(应读作社会主义者),关于全世界的、普遍的、全人类幸福的言论所迷惑。"比这更便宜的代价他是忍受不了的"这句话他听起来是那么令人信服,他既没有发现讽刺意味,也没有注意后面的一句号召:"顺从吧,骄傲的人!"等他在《莫斯科新闻》上看到陀思妥耶夫斯基演说的速记记录以后,他写了第二封信给《祖国纪事》,唱的完全是另一个调子了。他在陀思妥耶夫斯基的发言中看到"另一个图谋"。"全世界共有的人"变成了随风飘荡的一棵草,简直是无根无基的人。关于达吉雅娜的发言是鼓吹愚蠢的、不能容忍的、被迫作牺牲的一种说教;"全世界的幸福,为幸福而苦闷"的言论淹没在其他的话语中,这些话语向乌斯宾斯基揭示了陀思妥耶夫斯基演说的实质,至于"顺从吧,骄傲的人!"的号召(在当时,顺从几乎被看作是罪行)抵消了陀思妥耶夫斯基的一切魅力。这观点他保留了一辈子。难怪第一次和弗·迦·柯罗连科见面时,乌斯宾斯基问他:

　　"您喜欢陀思妥耶夫斯基的作品吗?"

　　弗·迦·柯罗连科回答说不喜欢,但是在反复阅读他的作品。对此,乌斯宾斯基说:

　　"我可不能……您知道吗……我有一种特别的感觉……有时候你乘火车……打起瞌睡来……突然感觉,一位先生坐在你对面……向你伸过手来……径直想掐你的喉咙……或者对你怎么样……你却怎么也动弹不了……"

　　一方面,格列勃·伊万诺维奇感觉到陀思妥耶夫斯基对他的威力,另一方面他终生对这一魅力怀着某种近乎迷信的惧怕("你却怎么也动弹不了!")。

我回想起我和他最近几次关于米哈伊洛夫斯基的论陀思妥耶夫斯基的文章①的闲谈。格列勃·伊万诺维奇已经患了可怕的疾病,但是几乎觉察不出。他很热烈地在说话,突然住了嘴,像告诉我什么秘密似的,悄声说:

"您知道……他简直是魔鬼。"

1880 年暑假过后,我们聚集在苏哈濑水塔附近一所学校里举行第一次大学生晚会,我们几乎把陀思妥耶夫斯基忘掉了。但是有人带来一期刊登着演说词和答复批评者的《作家日记》,立即又爆发极其激烈的争论。当时陀思妥耶夫斯基快要写完《卡拉马佐夫兄弟》,已达到他的创作的顶峰,可是在《日记》中出现的他却与他的青年读者们如此格格不入,致使他们可以忘记他的一切艺术威力,嘴里冒着泡沫大声叫唤他,像呼喊着政治上的敌人。

不知是谁试图向同学们提到陀思妥耶夫斯基的意义,说他是一个伟大艺术家,他对人类怀着痛苦的爱和伟大的同情。这马上引起激烈的争论,强烈的争执,于是只好把话扯到陀思妥耶夫斯基的可怕的经历,使他备尝艰辛的苦役上去。

不知是谁叫喊起来:

"他的声明把这一笔勾销了:尼古拉一世应该这样行动……如果不是沙皇,人民也会审判彼得拉舍夫斯基派分子!"②

"把政论忘掉吧……伟大的艺术家……《罪与罚》……"

"那么《群魔》呢? ……是对屠格涅夫的毁谤!! 还有对格拉诺夫斯基的嘲笑呢?!③ 还有对赫尔岑、对卡维林的轻视态度! ……"

这些人都是我们的神明,因而,自然,没有话可以为陀思妥耶夫斯基辩解。

但是,如果说陀思妥耶夫斯基在相当一部分的读者中得不到同声相应的反响,那么,另一方面,从来也没有一个俄国作家在所谓"上流社会"取得像陀思妥耶夫斯基在生命的暮年所得到的成功。新斯拉夫主义的趋向越来越泛滥;害怕恐怖行动引起对在学青年的憎恨,青年学生是赞同社会主义者的;相信俄国人民

---

① 尼·康·米哈伊洛夫斯基的论文《残酷的天才》,载《祖国纪事》1882 年十一月号。

② 在陀思妥耶夫斯基的《作家日记》和书信中都没有这样的意思。

③ 大家知道的,《群魔》中斯切潘·特罗费莫维奇·维尔霍文斯基的原型是格拉诺夫斯基,卡尔马津诺夫的原型是屠格涅夫。(详见阿·谢·多利宁的《〈群魔〉中的屠格涅夫》——《素材与研究2》,页 119—136)

的神圣使命使他们的心灵得到慰藉,使他们充满自豪感……所有这一切在对陀思妥耶夫斯基的崇拜中找到出路,他真的快被撕成几块了:好几百人写信给他,他认为有责任复信;从早到晚有人去找他,年老的和年轻的,为他们心中所苦恼的问题而向他寻求答案,或者向他表示敬意,他接待他们,倾听他们的种种诉说,认为自己的责任是来者不拒。晚上他经常参加形形色色社会团体的会议,参加招待会和文学晚会。与此同时,他进行着紧张的工作:他又预告征求《日记》的订户,准备 1881 年 1 月出版第一期。他什么时候能够工作呢? 概括地说,他怎么能够生活呢? 难以理解! 除了他的顽疾之外,他又患上了肺气肿,所以瘦得不成样子。

1880 年 10 月或 11 月,我看到他时,他那痛苦不堪的模样使我震惊,这也许是因为我遇到他的场合是非同寻常的庆祝活动中的缘故吧。

我姐姐家的女房东玛尔基沙·巴乌鲁奇正在举行慈善性晚会——"有著名演员及费奥多尔·米哈伊洛维奇·陀思妥耶夫斯基参加"。

我们走进灯火辉煌的大厅,里面挤满了盛装艳服的太太们和身穿漂亮制服的人们,我一下子就看到费奥多尔·米哈伊洛维奇。他身穿燕尾服(太肥了),站在通往大厅后面一个房间的门旁边,聚精会神地在听一个姑娘说话。这个姑娘高高的个儿,体态婀娜匀称,稍稍向他俯下身子,因为他比她矮很多。我觉得他似乎比过去更加矮小,更加消瘦,更加苍白了。真想带他离开这儿,离开这些欣喜雀跃的人,因为我认为,这些人,一般地说,与文学毫无关系,与陀思妥耶夫斯基尤其毫不相干。但是费奥多尔·米哈伊洛维奇本人分明感觉很好;志同道合的人(这里占大多数)纷纷来到他的身边,和他握手;向来都在"名人"身旁献媚的太太们在说客套话恭维他,女主人并不掩饰她的愉快:陀思妥耶夫斯基本人在她的沙龙里。

费奥多尔·米哈伊洛维奇平静而庄严地听着,频频弯腰,虚弱地微笑着,仿佛他一直在想着别的心事,把一切恭维、谄媚的话都当作耳边风,内心正在进行某种巨大的劳动。[……]

我最后一次看到陀思妥耶夫斯基时他已躺在棺材里了。这又是另一个样子的陀思妥耶夫斯基。和他生前丝毫不像:瘦骨嶙峋的脸,皮肤发黄,嘴唇只有一个隐约的轮廓,充满了安详。不久以前因为普希金纪念会上的演说而与人进行论战的激情,他的信念和希望的崇高的感召力量,以及点燃人的心灵的非凡的才能,都紧紧地封存在他那瘦骨棱棱的脸面之内了……

　　陀思妥耶夫斯基的葬礼被人记述过上百次了。葬礼当然也是一桩"事件"。然而除此以外也还是一种象征。各种派别的人,各种观点水火不相容的人都来向他致意,告别;老人,青年,作家,将军,艺术家,还有一些普普通通的被侮辱与被损害的人,"从地下室,从顶楼"来的人,主要是青年人,归根到底,又总是觉察到真理的人……这批青年人用强有力的胳膊挽成牢固的锁链围住棺材,不让警察来"维持秩序"。

　　跟在棺材后面走的有:亚·尼·普列谢耶夫,从前和费奥多尔·米哈伊洛维奇一起被判处过死刑;切尔尼亚耶夫将军,塞尔维亚的英雄,陀思妥耶夫斯基在斯拉夫主义者协会的朋友;许多艺术家,自然,还有整个文学界。

　　接着是花圈队(七十人以上)及合唱队,不停地唱着《永垂不朽》……

　　再后面是送葬的人群,成千上万,默默无言的景仰他的群众……

　　走到弗拉基米尔广场发生一阵骚动。宪兵们骑着马驰来,围住一个人,把一样不知什么东西拿走了。青年人立刻把这场骚乱平息下去,不声不响地把囚犯戴的镣铐交出去,他们想跟在陀思妥耶夫斯基后面走的时候戴上镣铐,以此悼念为了政治信仰而受过苦难的死者。

　　大家埋葬陀思妥耶夫斯基像埋葬"自己人"一样。

　　"我们在埋葬一个伟大的艺术家!"伊·伊·西施金[①]走到我们这一群人(或者,确切点说,走到康·叶·马科夫斯基[②])身边来说。

　　"一个伟大的爱国者……"不知是谁补充说。

　　在费奥多尔·米哈伊洛维奇去世之前的最后一个时期里显得如此热闹的争吵自然连提都没有提起。大家一面走,一面充分意识到失去了一个伟大人物,天才的作家,他本可以给人们以更多、更多的艺术的喜悦。

　　我们从墓地回来已经将近黄昏时分了。墓前演说犹在耳边回响,涅瓦大街依旧过着它自己的日子,今天的喧闹的生活,从旁看来,这生活似乎有着节日般的欢乐。

　　不知为什么,心里有点不安。等到对这个刚刚被埋葬在冻结的泥土下的人

---

①　伊·伊·西施金(1832—1898),画家。

②　康·叶·马科夫斯基(1839—1915),画家。

所经受的一切不必要的残酷打击作出总结之后,当人们想起多少精神上和肉体上的痛苦落在他——一个这样脆弱、这样敏感、这样衰弱的和……伟大的人身上时……心里就羞愧难当了。

当亚·尼·普列谢耶夫在纪念费·米·陀思妥耶夫斯基的第一个文学晚会上说话时,我就体验到这种羞愧难当的感觉,他说:

"我不知道有比他更为不幸的人……衰弱,有病,因此他服苦役比大家艰苦百倍……他永远缺钱,有时对穷困的滋味有着特别敏锐的理解……主要的是他永远因为批评界而受痛苦……你们几乎想象不到,他抱着病怎样在忍受每一句不友好的话语……他受了多少痛苦! 他忍受了不是一年两年,而是数十年……直到最后一天……他的一生的可怕的悲剧在这里。"

然而,历史是一位公正的法官。在纪念费·米·陀思妥耶夫斯基逝世五十周年的时候,他的名字不但没有像从前大多数尊贵的、光荣的名字那样被人淡忘,反而年代愈久变得愈加亲切,愈加珍贵了(也许只有普希金一个人的名字是这样)。它经历了六十年代愤怒的批评界的批评,七十年代严峻的社会政治性的清算,经受了八十年代含着敬意的沉默,穿过许许多多文学上的积垢(颓废主义、象征主义、个人主义等等),受过震撼世界的暴风骤雨的洗礼而闪耀着越来越明亮、越来越灿烂的光华。

题解:

叶·巴·莱特科娃-苏尔坦诺娃(1856—1937),作家,翻译家,十九世纪末至二十世纪初的社会活动家。1881 年在《俄国思想》上发表了她的处女作——中篇小说《铁锈》。以后,她的短篇小说陆续出现在《祖国纪事》、《北方导报》、《俄国思想》、《俄国财富》及《神的世界》等刊物上。

莱特科娃创作的基本主题是描写知识分子在"走投无路"时代的精神状态。

叶·巴·莱特科娃是民粹派中革命一翼的追随者,和尼·康·米哈伊洛夫斯基及格列勃·乌斯宾斯基等人接近。伟大的十月革命以后,她是文学家之家、国家出版社及《世界文学》出版社的撰稿人。她从法文、意大利文及其他语言翻译了许多作品。她认识格·乌斯宾斯基、尼·康·米哈伊洛夫斯基、列·安德烈耶夫、彼·德·波波雷金、弗·

德·巴久什科夫、阿·勃洛克、谢·阿·文格罗夫、姆·格·萨温娜、康·斯·斯坦尼斯拉夫斯基、阿·阿·沙赫马托夫及阿·伊·尤仁等人,并与他们有过友好的书信往来;她留下关于伊·谢·屠格涅夫、安·巴·费洛索福娃、格·乌斯宾斯基、费·米·陀思妥耶夫斯基、普·弗·雅库勃维奇-密尔辛及其他人的回忆录,观察丰富,不仅是个人传记性质的,而且具有社会意义和文学意义。

莱特科娃在写作关于陀思妥耶夫斯基的回忆录的时候,心里回想起过去,那时她是个二十四岁的姑娘,莫斯科凯尔耶高等女校的学生。她的回忆录反映了当时进步的青年大学生的心情。这位女青年神圣地崇拜六十年代这一辈人的传统,在普希金纪念像揭幕典礼日,她把屠格涅夫和陀思妥耶夫斯基相对照,她是对屠格涅夫怀有好感的。

莱特科娃在回忆录中追述具有革命情绪的民粹派青年中围绕着陀思妥耶夫斯基的名字所进行的争论,她用时代的标准加以检验。在创作方面她有点倾向于陀思妥耶夫斯基的题材和形象体系。这一点尼·康·米哈伊洛夫斯基早在1899年对莱特科娃的处女作的评论中就指出了。(《俄国财富》,1899年,第8、11期)莱特科娃的档案里,在原稿中还保存着根据陀思妥耶夫斯基的中篇小说《小英雄》改编剧本的提纲草稿。(科学院文研所叶·巴·莱特科娃-苏尔坦诺娃的档案,全宗230,第52号)

在她所构思的名为《珍贵的遗痕(俄国作家、人民和自由)》一书中,她把陀思妥耶夫斯基放在涅克拉索夫之后,列·托尔斯泰之前。在保存下来的关于陀思妥耶夫斯基的大纲草稿上,莱特科娃着重注意这位俄国作家因自己企图给祖国以幸福的志向而忍受了什么,她强调说,"无论什么都不能挫伤他的强大的才能;谁也不能毁灭他对祖国和人民的信念。"这个结论是和回忆录中关于历史审判的结语相呼应的,历史的审判对陀思妥耶夫斯基的创作中时间性的、暂时性的以及"经过震撼世界的暴风骤雨之后——[……]燃烧得越来越旺"的东西作了本质的揭示。

最后一年　疾病　去世　葬礼

《回忆录》选

安·格·陀思妥耶夫斯卡娅

一般说来,1880 年开始,我们家的境况是顺利的:费奥多尔·米哈伊洛维奇的身体,自从去年(1879 年)到埃姆斯去疗养以后显然非常健壮,癫痫的发作次数显著减少。我们的孩子们的身体都十分健康。《卡拉马佐夫兄弟》取得无可置疑的成功,一向对自己十分严格的费奥多尔·米哈伊洛维奇对小说的某些章节也十分满意。[①] 我们所筹划的事业(书籍经销)已付诸实现了,我们的出版物销路很好,所以概括地说是诸事顺遂。这些情况凑在一起,对费奥多尔·米哈伊洛维奇产生良好的影响,他心情舒畅,精神昂扬。

年初,费奥多尔·米哈伊洛维奇对即将进行的弗·谢·索洛维约夫的哲学博士学位论文答辩[②]颇感兴趣,一定要去参加这一答辩会。我也和丈夫一起去了,主要是为了保护他,不让他到人多的地方去,免得感冒。学位论文很出色,索洛维约夫成功地反驳了他的厉害的评论员们的攻击。费奥多尔·米哈伊洛维奇留下来等着听众散去,以便借此机会和胜利者握握手。

弗·索洛维约夫分明很满意,在他一生中的意义重大的日子里,费奥多尔·米哈伊洛维奇竟不顾身体衰弱,愿作为朋友而到大学里去出席答辩会。

1880 年,尽管费奥多尔·米哈伊洛维奇在加紧写作《卡拉马佐夫兄弟》,他

---

① 见《书信集》,第 4 卷,页 46。

② 1880 年 4 月弗·索洛维约夫在圣彼得堡大学进行了博士学位论文《抽象原理批判》的答辩。

还是不得不为了赞助各种社会团体而多次参加文学朗诵会。费奥多尔·米哈伊洛维奇的高超的朗诵技巧总是很吸引听众的,无论当时他多么忙,只要身体健康,他从不拒绝参加。

年初,我想起他以下几次表演:3月20日在市议会大厅为赞助圣彼得堡慈善堂的未成年人分部朗诵。他选了"佐西马长老与村妇的闲聊"去朗诵。

第二天(3月21日),费奥多尔·米哈伊洛维奇刚好又为师资培训班去贵族俱乐部大厅参加朗诵。我丈夫从《罪与罚》中选了"拉斯柯尔尼科夫梦见疲马"一个片断。产生的影响是惊人的,我亲眼看到,人们怎样坐在那里,吓得脸色发白,有的人哭了。我自己也忍不住掉下泪来。这一年春季最后一次是3月28日为了圣彼得堡大学援助学生协会,丈夫在贵族俱乐部大厅朗诵"拉斯柯尔尼科夫与马尔美拉多夫的谈话"。

1880年秋季,文学朗诵又恢复。文学基金会主席维·帕·加耶夫斯基在普希金纪念会上听过费奥多尔·米哈伊洛维奇的朗诵,说服他在10月19日,高等政法学校的校庆日,为文学基金会筹集基金而参加朗诵。费奥多尔·米哈伊洛维奇朗诵了《吝啬骑士》中地下室那一场(第二场),随后朗诵了诗歌《春暖时节》,观众要他再来一个,他朗诵了《先知》,引起听众异乎寻常的热情。暴风雨般的掌声似乎把信贷会的墙壁都震动了。费奥多尔·米哈伊洛维奇频频点头行礼,退了下去,可是听众一次又一次叫幕,他出去谢幕,如此持续了十来分钟。

鉴于这次朗诵的巨大成功,维·帕·加耶夫斯基决定于一星期后的10月26日,以原班人马、同样的节目,再举行一次晚会。由于城里人的辗转相告,这个晚会吸引了大量听众,不仅大厅里满座,连过道上也是水泄不通。费奥多尔·米哈伊洛维奇一出场,听众便开始鼓掌,久久不让他开始说话;后来,每念一句诗就被掌声打断,不让他下讲台。等费奥多尔·米哈伊洛维奇朗诵《先知》时,听众的热情达到了高潮。公众的欣喜难以描述。

11月21日,在贵族俱乐部大厅又为文学基金会举办朗诵会。上半场他朗诵了涅克拉索夫的诗《从迷误的黑暗中出来》,下半场朗诵了果戈理的长诗《死魂灵》第一部中的片断。

11月30日,在市信贷会大厅为圣彼得堡大学援助学生协会举行晚会。费奥多尔·米哈伊洛维奇朗诵了《伊柳舍奇卡的葬礼》。这一回朗诵尽管声音很轻,却有那么大的艺术感染力,那样地打动人心,我环顾四周,看到的是一张张悲伤的脸,哭泣的脸,而且不仅仅限于女人。大学生们给丈夫戴上桂冠,一大群人一直送他到大门口。身临其境的费奥多尔·米哈伊洛维奇可以确信青年人是多么热爱他,尊敬他。这种感觉对于丈夫是十分宝贵的。

　　文学朗诵会上,听众对费奥多尔·米哈伊洛维奇异常亲热。他一出台便会引起如雷的掌声,持续数分钟之久。费奥多尔·米哈伊洛维奇从朗诵者的小桌子边站起来,频频点头,表示感谢,可听众不让他开始朗诵。随后,在他朗诵时,屡次以震耳欲聋的掌声打断他。朗诵结束时也是如此,费奥多尔·米哈伊洛维奇不得不三番四次地出台谢幕。当然,公众对他的才能的热烈赞赏的态度不能不使费奥多尔·米哈伊洛维奇感到高兴,他感觉到精神上的快乐。朗诵之前,费奥多尔·米哈伊洛维奇总是担心他的嗓音微弱,只有前面几排听众听得见,这种想法使他伤心。然而费奥多尔·米哈伊洛维奇的神经质的激昂在朗诵场合却能使他平日微弱的嗓音显得异常清晰,他念的每个字大厅的各个角落都听得见。

　　应当说句老实话,费奥多尔·米哈伊洛维奇是个第一流的朗诵者[①],他朗诵自己的作品或别人的作品时,一切微妙之处和特点都表现得格外鲜明,富有技巧。同时费奥多尔·米哈伊洛维奇朗读得很朴实,丝毫不用任何演讲手法。费奥多尔·米哈伊洛维奇用自己的朗诵(尤其是当他朗诵《被侮辱的》中涅丽的故事或者阿辽沙·卡拉马佐夫关于伊柳舍奇卡的故事时)给人以极强烈的印象,

---

　　① 为了不至于毫无根据,我在这里引用谢·阿·文格罗夫谈费奥多尔·米哈伊洛维奇的朗诵给他的印象的话。"在1879年文学基金会举办的一个晚会上,我非常幸运地听到他(陀思妥耶夫斯基)的朗诵……陀思妥耶夫斯基作为朗诵者没有人能与之相比。之所以可以把陀思妥耶夫斯基称作朗诵者仅仅是因为对一个穿着黑礼服登上舞台来念自己作品的人是没有别的定义可下的。在我听到陀思妥耶夫斯基朗诵的那天晚会上,屠格涅夫、萨尔蒂科夫-谢德林、格里戈罗维奇、波隆斯基及亚历克赛·波捷欣也作了朗诵。除去萨尔蒂科夫朗诵得不好,波隆斯基朗诵得太激昂兴奋之外,所有的人都朗诵得甚好。但不过是朗诵而已。而陀思妥耶夫斯基是真的在预言。他用尖细而清楚的声音,以一种说不出的吸引力朗诵了《卡拉马佐夫兄弟》中最惊人的一章:'热烈的忏悔'——米佳·卡拉马佐夫的故事,卡捷琳娜·伊万诺夫娜怎样来找他要钱以搭救父亲。当时,大厅里笼罩着死一般的寂静,一个人的情绪这样完全吸引了成千人的内心活动,这种情况,从那时以来,我还从来没有看到过。

　　"其他人朗读时,听众虽则都在听,但并没有忘掉自己的'我',不过各人按照自己的方式去听罢了。连得屠格涅夫和萨温娜一起的出色朗读也没有使人心驰神往,忘掉自我。但是等到陀思妥耶夫斯基朗诵,听者就像他的天才的、令人战栗的长篇小说的读者一样,完全忘却自己的'我',整个儿被这个疲惫不堪、其貌不扬的老头子的催眠术般的力量所支配,他的漫无目标地望着远处的眼睛,目光犀利,闪烁着神秘莫测的光华,从前大司祭阿瓦库姆眼睛里闪射的大概也是这种光芒吧。"(《呼声报》,1915年4月25日)——安·格·陀思妥耶夫斯卡娅注

我看到在场的人都噙着泪水;我自己也哭了,虽然这些片断我记得滚瓜烂熟。费奥多尔·米哈伊洛维奇每次朗诵之前先作一番简短的开场白,让那些或是没有看过作品,或是把作品忘记了的人听懂,他认为这样做是有好处的。

除了文学晚会以外,1879 至 1880 年间的冬季费奥多尔·米哈伊洛维奇还常常拜访朋友;每逢星期六,他常去前维林学区的督学、可敬的伊万·彼得罗维奇·科尔尼洛夫处,在这位友人那里常常遇到许多学者和担任高级公职的人。他常常出席著名建筑师的女儿叶莲娜·安德烈耶夫娜·施塔肯施奈德家的晚会,每逢星期二许多著名的文学家常在她家聚会,他们有时朗诵自己的作品。她也举行家庭戏剧演出,例如,我记得,1880 年冬我和丈夫参加《唐璜》的演出;这个戏的扮演者有:索·维·阿韦尔基耶娃(饰唐娜·安娜),扮演角色颇有才气;诗人康·康·斯卢切夫斯基与尼·尼·斯特拉霍夫,后者跟角色甚为相宜,费奥多尔·米哈伊洛维奇为他鼓掌,而且那天晚上十分愉快。这一年冬天,费奥多尔·米哈伊洛维奇在施塔肯施奈德家认识了利季娅·伊万诺夫娜·韦谢利茨卡娅,就是后来著名的女作家韦·米库利奇。[①] 我要指出费奥多尔·米哈伊洛维奇的敏感和先见之明:和年轻姑娘谈过两三次话,尽管她年轻,神态窘迫(这是容易理解的),他还是料到这位小姐不是个平庸之辈,有一种高尚的天赋,追求理想,而且大概具有文学才能。这一点,费奥多尔·米哈伊洛维奇没有搞错,《米莫奇卡》的作者以自己的作品在俄国文学中留下了明显的痕迹。

费奥多尔·米哈伊洛维奇非常尊敬和爱戴叶莲娜·安德烈耶夫娜·施塔肯施奈德,因为她的始终如一的善良与温和,她以温和的性子忍受长期的疾病,从不抱怨,反以她的和蔼亲切去鼓舞大家。在施塔肯施奈德一家人中,特别获得大家好感的是叶莲娜·安德烈耶夫娜的兄弟阿德里安·安德烈耶维奇,他是个极聪明的人,真诚地崇拜费奥多尔·米哈伊洛维奇的才华。阿德里安·安德烈耶维奇是个很有才气的法学家,费奥多尔·米哈伊洛维奇有司法诉讼程序方面的问题时,总是向他请教。费奥多尔·米哈伊洛维奇感激他,因为《卡拉马佐夫兄

---

① 与陀思妥耶夫斯基的相遇给韦·米库利奇留下深刻的印象。1929 年,她发表以《与作家们的会见》为题的《回忆录》,文中叙述她在 1880 年冬天与陀思妥耶夫斯基的相识。据她回忆,陀思妥耶夫斯基很想演莎士比亚悲剧中的奥赛罗。但这次业余演出没有排演这出戏。米库利奇也写到陀思妥耶夫斯基对列·尼·托尔斯泰和巴尔扎克的创作有很浓的兴趣。

弟》中米佳·卡拉马佐夫在诉讼过程中的一切详情细节写得那样准确，连最不
怀好意的批评家（这种人不少）也找不出什么疏忽或不确切的地方，这要归功
于他。

　　费奥多尔·米哈伊洛维奇特别喜欢去拜访康·彼·波别多诺斯采夫；和他
闲聊常给费奥多尔·米哈伊洛维奇以高度的精神享受，就像和一个尽管带有怀
疑主义的情绪，但头脑异常敏锐、理解深刻的人交往一样。

　　但是 1879 至 1880 年间费奥多尔·米哈伊洛维奇去拜访最多的是已故诗人
阿列克赛·托尔斯泰伯爵的遗孀苏菲娅·安德烈耶夫娜·托尔斯泰娅伯爵夫
人。[①] 这是一个智慧超群的妇女，非常有教养，博览群书。和她闲聊，对于费奥
多尔·米哈伊洛维奇是极为快慰的事情，他总是惊讶于伯爵夫人能够看清许多
哲学思想的细微之处，作出反应，妇女之中是难得有人达到这样水平的。但是，
除了杰出的智慧之外，苏·安·托尔斯泰娅伯爵夫人还有一颗温柔而敏感的心，
我一辈子怀着深切的感激之情回想起她有一次怎样为我丈夫解忧。

　　有一次，费奥多尔·米哈伊洛维奇和伯爵夫人谈到德累斯顿美术馆，他说，
绘画之中他最推崇的是西斯廷圣母像，而且还补充说，使他伤心的是，他一直没
能从国外带回一张好的圣母像的大照片，这里又无法得到这样的照片。费奥多
尔·米哈伊洛维奇去埃姆斯的时候准是想买一幅这张画的精美的复制品，可惜
这个愿望一直未能实现。我也在京城的版画店里寻找圣母像的复制品，可是也
没有找到。这次谈话之后过了三个星期光景，有一天早晨，费奥多尔·米哈伊洛
维奇还在睡觉，弗·谢·索洛维约夫来到我们家，带来一只大纸盒，里面装的是
和原作同样大小的西斯廷圣母像的巨幅照片，只不过圣母四周的人物都没有照
进去。

　　弗拉基米尔·谢尔盖耶维奇是托尔斯泰娅伯爵夫人的知交，他告诉我说，伯
爵夫人写信给德累斯顿的熟人，要他们寄这幅照片给她，她请费奥多尔·米哈伊
洛维奇收下当作"美好的纪念"。这事情发生在 1879 年的十月中旬，我立即想
到把照片配上框子，在 10 月 30 日费奥多尔·米哈伊洛维奇生日那天给他一个

---

　　① 苏·安·托尔斯泰娅和那个时代的许多著名人士如冈察洛夫、屠格涅夫、陀思妥耶夫斯基
等保持友好关系。陀思妥耶夫斯基待她十分尊敬、亲切，比如，1880 年 6 月 13 日给她的信可资佐证，
他在信上友好地和她交流普希金纪念活动的感想。（《书信集》，第 4 卷，页 174—176）

意外的惊喜。我把我的想法告诉索洛维约夫,他赞成这一想法,况且照片不配上框子也容易损坏。为了伯爵夫人的盛情好意,我请弗拉基米尔·谢尔盖耶维奇向她转达我的衷心的感激,同时预先跟她说明一声,费奥多尔·米哈伊洛维奇要在生日那天才会看到她的赠礼。事情果然如此:30 日的前一天,订书工人送来一只优美的、深色橡木雕花框子,里面装着照片,在长沙发(费奥多尔·米哈伊洛维奇的床)的上方钉了一枚钉子,挂上镜框,这样一来,这幅艺术杰作正好对着亮光,它的一切优点全都最好不过地显露出来。

我们家庭的喜庆节日那天早晨,费奥多尔·米哈伊洛维奇到餐厅去喝茶的当儿,画已经挂在那地方了;快乐地祝贺、谈了一阵话以后,我们和孩子们一起到书房去。当费奥多尔·米哈伊洛维奇那么喜爱的圣母像出现在他的眼前时,他是何等的惊喜呀!"安尼娅,你是哪里找来的?"费奥多尔·米哈伊洛维奇问,以为是我买来的。这时我才告诉他,这是托尔斯泰娅伯爵夫人的礼物,费奥多尔·米哈伊洛维奇为她的诚挚的关怀深深地感动了,当天就去向她表示谢意。费奥多尔·米哈伊洛维奇在世的最后一年,我多少次遇到他站在这幅杰作前面,深深地沉浸在感动之中,连我走进去他都没有听见,为了不打扰他的虔诚的祈祷心情,我轻轻地从书房中退出。托尔斯泰娅伯爵夫人的礼物使我丈夫有机会在圣母画像前得到一些欣喜而充满深情的感受,我之所以要衷心感谢伯爵夫人也就不言自明了。这帧照片是我们的传家宝,保存在我儿子处。[……]

以生性来说,费奥多尔·米哈伊洛维奇是个少有的热爱劳动的人。我想象得出,如果他是个富翁,不必为生计操心,即使这样他仍然不会闲着,经常会找到题材,孜孜不倦地进行文学写作。

到 1881 年初,使我们苦恼了这么久的债务统统还清,在《俄国导报》编辑部甚至存着我们挣来的钱(近五千卢布)。似乎没有紧迫的需要立即动手工作,可是费奥多尔·米哈伊洛维奇不想休息。他决定重新出版《作家日记》,因为近几年动荡不安,他对俄国的政治形势积累了许多想法,他深感忧虑,可是他只能在自己的杂志上自由地表达他的思想。再加上 1880 年唯一的一期《作家日记》取得轰动一时的成功,也给我们以希望——重新出版刊物会获得大量的读者,而费奥多尔·米哈伊洛维奇又是很重视传播他的内心思想的。费奥多尔·米哈伊洛维奇打算出版《作家日记》两年,随后渴望着写《卡拉马佐夫兄弟》第二部,原来的人物在第二部中几乎全部登场,不过时间已过了二十年,几乎就在现代,他们在自己的生活中能够做许多事情,体验很多东西。费奥多尔·米哈伊洛维奇所草拟的未来的小说大纲,从他的叙述和札记来看是非常有趣的。真遗憾,这部长篇小说是注定不会问世的了。

通知征订《作家日记》进展顺利,到1月20日我们有将近……①的订户。

费奥多尔·米哈伊洛维奇一向有个好习惯,在尚未满足订户的要求之前,他是不把预订刊物的款子当作自己的钱的。他用自己的名字在国家银行里开了户,我凭存折把收到的订款解入银行。多亏是这一情况,我才有可能立即把订款退还给订不到杂志的客户。

一月上半月,费奥多尔·米哈伊洛维奇感觉身体很好,常去熟人家里走动,甚至同意参加苏·安·托尔斯泰娅伯爵夫人预定于下月初举行的家庭戏剧演出。曾经提到从阿·康·托尔斯泰伯爵的三部曲中挑选两三场来演出,费奥多尔·米哈伊洛维奇自己挑选《伊凡雷帝之死》中的苦行僧一角。

他已经有三年没有吃癫痫发作的苦头了,他那副精神抖擞、生气勃勃的样子给我们大家以希望——冬天可以顺利地过去了。一月中旬起,费奥多尔·米哈伊洛维奇搞一月号《作家日记》的工作,他想在刊物上发表他的想法和对“全俄缙绅会议”的展望。文章是这样性质的题材,书报检查机关可能通不过,这使费奥多尔·米哈伊洛维奇颇费心思。刚被任命为书报检查委员会主席的萨维奇·阿巴扎从苏·安·托尔斯泰娅伯爵夫人处得悉费奥多尔·米哈伊洛维奇的不安心情,便请伯爵夫人转告费奥多尔·米哈伊洛维奇,叫他不用焦急,他的文章将由萨维奇自己来审查。1月25日,文章写好,交印刷厂排印,剩下的工作只是作最后一道校对、送检查机关和开印,月底《日记》便可以出版。

1月25日是星期天,家里有许多来访的客人。奥·费·米勒教授来,请我丈夫于1月29日——普希金去世日,在为大学生募集资金的文学晚会上朗诵。费奥多尔·米哈伊洛维奇因为不知道自己论“全俄缙绅会议”的文章的命运如何,是否要用另一篇文章去顶替,所以他起先谢绝参加晚会,但后来同意了。正如我们的全体客人都注意到的,费奥多尔·米哈伊洛维奇身体很健康,心情愉快,一点也没有几个钟头以后会出事的迹象。

---

① 原稿漏字。

　　1月26日上午,费奥多尔·米哈伊洛维奇照例于下午一点钟起床,我走进书房,他告诉我,夜里他出过一次小小的事故:他的那只笔插掉在地上,滚到了书架底下(他非常珍爱这只笔插,除了写作之外,还用来装纸烟);为了拾笔插,费奥多尔·米哈伊洛维奇把书架移开了。显然,书架很重,费奥多尔·米哈伊洛维奇只好用力,一使劲,肺动脉突然破裂,口吐鲜血;不过因为吐的血不多,丈夫也就不甚在意,甚至也不想在夜间吵醒我。我焦急万分,什么也不对他说,差我们的童仆彼得去请经常替丈夫治病的雅·勃·冯·布列特采尔医生,要他立即就来。不巧,他已出诊去了,要五点以后才能来。

　　费奥多尔·米哈伊洛维奇十分平静,和孩子们说话,开玩笑,又开始看《新时报》。下午三点钟光景,家里来了一位先生,人非常好,对丈夫很有好感,但是有一个缺点——老是非常喜欢争论。他们谈起即将出版的《日记》上的文章;谈话的人就开始证明着什么,因为夜间吐过血而有几分怔忡不安的费奥多尔·米哈伊洛维奇反驳他,于是他们之间爆发了热烈的争论。我试图制止争论的双方,可是没有用,尽管我两次对客人说,费奥多尔·米哈伊洛维奇身体不太好,大声争论,说话多了于他有害。最后,将近五点钟光景,客人走了,我们准备去吃饭,费奥多尔·米哈伊洛维奇突然在长沙发上坐下,沉默了两三分钟,突然,我惊骇异常地发现丈夫的下巴已被血染红,细细的一股血顺着他的胡子流下来。我叫喊起来,孩子们和女仆听见我的叫唤奔了过来。不过费奥多尔·米哈伊洛维奇倒是没有惊慌,反而安慰我和哭了起来的孩子们;他领孩子们到写字桌旁,给他们看刚寄到的《蜻蜓》,上面有一张漫画,两个渔夫,被网缠住,掉到河里去了。他甚至给孩子们念了这首诗,神情又是那么快乐,孩子们也就安心了。平平静静地过了将近一个钟头,医生来了,是我第二次派人去请的。医生检查病人,叩诊胸部时,又出血了,这一次那么猛,费奥多尔·米哈伊洛维奇失去了知觉。等到把他救醒过来,他对我说的第一句话是:

　　"安尼娅,我求你,快去请神甫,我要忏悔,进圣餐!"

　　尽管医生开始安慰他,说是没有特别的危险,但是为了让病人安心,我照他的愿望去做。我们住的地方离弗拉基米尔教堂不远,去请的梅戈尔斯基神甫半小时后已经到我们家里了。费奥多尔·米哈伊洛维奇平静而和善地迎接神甫,忏悔很久,进了圣餐。待到神甫离去,我带着孩子们走进书房,祝贺费奥多尔·米哈伊洛维奇受了圣礼,这时他祝福我和孩子们,望他们和睦相处,互相爱护,望他们爱我,保护我。遣去孩子们以后,费奥多尔·米哈伊洛维奇感谢我给他的幸福,如果他曾经有什么使我不快的话,请我原谅他。我呆若木鸡地站着,没有力气说话回答他。医生进来,把病人安置在长沙发上,禁止他说话和作最微小的活动,并立即要求派人去找两个医生,一个是他的熟人阿·阿·普费费尔,另一个是德·伊·科什拉科夫教授,我丈夫有时候常跟他商量事情的。科什拉科夫从冯·布列特采尔医生的便条上得知病人情况严重,立即来到我家。这一次他们没有作检查去打扰病人,科什拉科夫决定,鉴于吐血相对来说还不多(三次,约两杯光景),可能形成"塞子"①,病情就可能好转。冯·布列特采尔医生通宵待在费奥多尔·米哈伊洛维奇的病榻前,病人看来睡得安静。我也只是到天快亮时才睡去。

1月27日,整天平静地过去:没有再吐血,费奥多尔·米哈伊洛维奇显然放心了,心情愉快,命人叫孩子们来,甚至轻声与他们说话。白天,他开始为《日记》着急了,苏沃林印刷厂的拼版工送清样来。原来多出七行须得删去,才能把整个内容拼成两印张。费奥多尔·米哈伊洛维奇着急起来,我建议在前几页上删去几行,丈夫同意。虽然我把拼版工耽搁了半个钟头,但我作了两处改动,念给丈夫听过以后,事情也就妥了。费奥多尔·米哈伊洛维奇从拼版工处得知刊物的清样已送给尼·萨·阿巴扎,而且已由他审查通过,他这才大为放心。

这时,费奥多尔·米哈伊洛维奇病重的消息已在城里传开,从下午两点钟起到深夜,门铃不停地响,只得把铃系上;熟人和陌生人纷纷来打听健康情况,送来慰问信和电报。

禁止外人到病人身旁去,我常常只用两三分钟的时间出去接见熟人,告知健康情况。费奥多尔·米哈伊洛维奇对公众的关注和同情十分满意,轻声问我,对一封好意的来信甚至口授了几句复信。科什拉科夫教授来,发现病情大有好转,他使病人相信,过一个星期他可以起床了,过两星期——完全可以康复。他嘱咐病人尽可能多卧床休息;所以我们全家人都相当早便就寝了。因为昨天晚上我是在安乐椅上过夜的,没有睡好,所以当天夜里他们替我在费奥多尔·米哈伊洛维奇睡的长沙发旁边打了个地铺,拿垫子当床,好让他夜里叫我时方便些。我一夜未睡,白天又忙乱,困倦极了,很快就睡去。夜里我几次起身,借着长明灯的灯

---

① 指栓塞的意思。

光,看到我的亲爱的病人睡得很安静。早晨七时左右我醒来,瞧见丈夫正朝我这边望着。

"哦,我亲爱的,你觉得怎么样?"我朝他俯过身去,问道。

"你听我说,安尼娅,"费奥多尔·米哈伊洛维奇声音低低地说,"我已经有三个小时左右没睡着了,一直在想,只是到现在才明确意识到,我今天要死了。"

"我的亲爱的,你为什么想这个?"我极为不安地说,"你现在不是好些了吗,没有再吐血,分明像科什拉科夫说的那样,形成'塞子'了。看在上帝分上,你别拿怀疑来折磨自己吧。你还会活下去的,请你相信我的话吧!"

"不,我知道我今天要死了。安尼娅,点上蜡烛,把《福音书》给我!"

这本《福音书》是费奥多尔·米哈伊洛维奇在托博尔斯克服苦役的时候,十二月党人的妻子们(普·叶·安年科娃、她的女儿奥莉加·伊万诺夫娜、恩·德·穆拉维约娃-阿波斯托尔及冯维津娜)送给他的。她们坚持要求监狱的看守让她们会见已经来到的政治犯,和他们一起待上一个钟头,"祝福他们走上新路,替他们画十字,赠每人一本《福音》——监狱里唯一允许的书"。① 服苦役四年间,费奥多尔·米哈伊洛维奇带着这本圣书不离身。② 后来这本书总是显眼地放在他的写字台上,在他有什么打算或者有什么疑惑的时候,他常常信手翻开这本《福音》,念左边第一页上的话以卜凶吉。现在费奥多尔·米哈伊洛维奇又想用《福音书》来解疑问。他亲自打开圣书,请我念,那是《马太福音》第三章第十四至十五节:

"约翰想要拦住他,说,我当受你的洗,你反倒上我这里来吗?耶稣回答说,你暂且许我。因为我们理当这样尽诸般的义。"

"你听见吗,'你暂且许我',就是说,我要死了,"丈夫说完便合上书本。

我忍不住掉下泪来。费奥多尔·米哈伊洛维奇开始安慰我,对我说些亲切温柔的话,感谢我陪伴他一起度过幸福的生活。他把孩子们托付给我,说是他相信我,希望我会永远疼爱他们,保护他们。然后对我说了一些话,那是过了十四年的夫妇生活之后的丈夫们很少有人会对妻子说的话:

———————————

① 《故友旧交》,1873 年《作家日记》。——安·格·陀思妥耶夫斯卡娅注

② 这件事,陀思妥耶夫斯基在 1873 年《作家日记》的《故友旧交》一文中作了回忆。(《1926—1930 年版全集》,第 11 卷,页 10)

"记住,安尼娅,我始终热烈地爱你,从来没有对你变心过,连念头都没有!"

他的诚挚的话语深深地打动我的心,但又使我极为不安:唯恐情绪激动于他有害。我恳求他不要想到死,不要拿他的怀疑使我们大家伤心,我要求他休息,睡熟。丈夫听从我的话,不再说话,然而从释然的脸色可以很明显地看出,他还在想到死亡,到另一世界去,他无所畏惧。

上午九时光景,费奥多尔·米哈伊洛维奇安安静静地睡着了,握住我的手,没有放掉。我坐着动也不动,生怕稍微动一动会打破他的睡梦。可是十一点钟时丈夫突然醒来,从枕头上稍稍抬起身来,又吐血了。我完全绝望了,虽然竭尽全力,强打起精神,说服丈夫,血吐得不多,大概又像前天一样会形成"塞子"的。对于我宽慰他的话,费奥多尔·米哈伊洛维奇只是凄然摇头,似乎他完全确信死的预言今天就要应验了。

日间,亲戚、朋友以及素不相识的人又络绎不绝地来,信和电报又送来了。[……]

我整天一刻也不离开丈夫;他握住我的手,声音轻微地说:"亲人儿,可怜的……我给你留下什么呢……可怜的,你的生活将会多么艰难啊!……"

我安慰他,拿身体会复原的希望宽慰他,但是很明显,他自己已经不抱这个希望,使他痛苦的是他想到他留给家里的是几乎不名一文。存放在《俄国导报》编辑部的四五千卢布是我们唯一的生活来源了。

他几次低声说:"叫孩子们来。"我去叫了来,丈夫向他们努起嘴唇,孩子们吻了他,按照医生的命令,立即离去,费奥多尔·米哈伊洛维奇以凄戚的眼光目送他们。临终前两小时光景,他又喊孩子们来,他吩咐把《福音书》给儿子费佳。

白天,有许多各色各样的人来我们家,我没有出去照应。阿波隆·尼古拉耶维奇·迈科夫也来了,他和费奥多尔·米哈伊洛维奇谈了一会儿,费奥多尔低声回答他的问候。

将近七点钟,我们家的会客室和餐厅里聚集了许多人,等待着科什拉科夫,他七点钟光景要来看望我们。突然,毫无任何明显的原因,费奥多尔·米哈伊洛维奇颤抖了一下,在长沙发上微微欠起身来,一股血又把他的脸染红了。我们开始给费奥多尔·米哈伊洛维奇放上冰块,可是吐血没有止住。大概是这时候,迈科夫偕妻子又来了,好心的安娜·伊万诺夫娜决定去找恩·普·切列普宁医生。费奥多尔·米哈伊洛维奇失去知觉,孩子们和我跪在他的床头哭泣,使劲儿熬着不大声痛哭,因为医生预先讲过,一个人留下的最后感觉是听觉,任何破坏寂静的声音都可能延缓弥留状态,延长垂死者的痛苦。我握着丈夫的手,感觉到他的脉搏渐渐地越来越微弱了。晚上八时三十八分,费奥多尔·米哈伊洛维奇到永恒之国去了。恩·普·切列普宁医生赶来只能摸到他的最后几下心跳。

悼念亡友

亚·谢·苏沃林

当陀思妥耶夫斯基的遗骸已经安放在坟墓里，你们将会把这几行文字浏览一下。我不能不一次再次地讲到一个人，他的死深深地震动了不仅仅我一个人。我努力在寥寥数行中表达出使我激动过的感情，这寥寥数行文字本星期四将会告知读者我们全体俄罗斯人的损失。然而语言是无力的。

人们认为他的病没有什么要紧。和他的年龄相比，陀思妥耶夫斯基看上去显得年轻很多，那么灵活，富有生气，容易激动，充满了思想，很少想到安逸。至于他会因什么动脉破裂而死，我连想也没有想到过。我知道，生这种病的人常常是会痊愈的。但是陀思妥耶夫斯基的身体受过的震荡太大了，所以死神迅速召他去了⋯⋯

星期一，鼻子出血，随后是喉咙吐血。他着急了，但那是神经性的焦灼不安，等到危险过去，不安也就随之消失。我们都是神经质的人，我们的身体构成恰恰也适合于这种转换变化，有助于我们活下去。再说陀思妥耶夫斯基的身体对这种事应当是习惯了的，因为他一生中经历的坎坷困顿实在太多了。他从童年时代起就吃尽癫痫症的苦头，这病给他的荆棘丛生的生活道路增加了许多苦难。童年时代他发生了一件可怕的、痛苦的事情，难以忘怀，结果患上了癫痫症。①

① 显然是指父亲米·米·陀思妥耶夫斯基被农奴打死一事，见本书页111注①。

最近几年这种病发作次数少了,病势似乎缓和了,但还是由于工作的紧张,由于悲伤,由于生活的坎坷,由于俄国生活风习与俄国文学界的风气中大量存在的残酷无情而经常发作。他常常感觉到病的来临,开始受到难以述说的痛苦;病发作时,心里不由得产生死的恐惧,隐隐的痛苦的恐惧,犹如一发而系千钧,经常悬在这个不幸者的头上。当然,我们大家都知道,不定什么时候我们也会死的,也许明天就死,但这是普遍的情况,不会使我们感到害怕,或者只是在某一危险时刻才使我们担忧。陀思妥耶夫斯基身上则始终存在这种危险,他似乎一直处于死的前夕:他打算做的每件事情,每样作品,心爱的思想,呕心沥血而完全在头脑里成形的心爱的形象,——这一切都可能因为一下打击而中断。除了一般的疾病,一般的死亡可能性之外,他还有他自己的独特情况,特殊的病;这种病发作的时候是那样吓人,要习以为常地泰然处之,几乎不可能。抽搐而死,昏迷而死,在五分钟内死去——经常处在这样的威胁之下,要能像他那样工作,这是需要有强大的毅力的。

从这种生活转入另一种神秘莫测的生活中去,他经常受到这种威胁的影响,他形成了一种对死亡的惊惶的恐惧心理,他的病正好代表了可怕的死。发作过后,他变得异常活跃,多嘴多舌。有一次我遇到他时他正好刚发过病。他坐在自己那张小小的桌子边,在给自己装纸烟,我觉得他挺古怪——好像喝醉了酒。"别奇怪,"他看着我说,"我刚发过病。"星期一,他感觉到自己情况不妙,也有一种类似的神情,他立即想到死,很快就要死了,死的准备工作要赶紧做。他做了忏悔,受了圣餐。把孩子们叫来,——男孩和女孩,大的女孩十一岁,——跟他们讲,在他死后他们应该怎样生活下去,怎样爱母亲,要诚实和勤劳,要爱穷人,帮助穷人。吐血之后,他极度虚弱,头垂在胸前,愁眉苦脸。但是夜里他的体力恢复了。星期二过得很好,死的念头又置之脑后。规定他要完全安静养病,在这种情况下是必需的。但是按本性他是个不肯安静的人,头脑是经常在工作的。一会儿他等待死亡,迅速的死亡,近在眼前,他作安排,为家属的命运操心;一会儿他又有了生机,便进行思考,渴望着未来的工作,讲到孩子们怎样长大,他将怎样教育他们,多么光明的前途在等待这一代人,他们在自由的生活中可以做多少事情,他们将会多么幸福,他们将使许多不幸的人转向幸福和快乐……

第三天来临。从早晨起他又觉得很好。他一定要自己穿袜子,任什么劝说和提醒他安静休息的话都不管用。他坐在铺上,开始穿鞋。这是小事情,不过生这一类的病,一切都取决于最微不足道的小事情。他一使劲儿,又引起吐血,吐了几次血。他变得越来越惊慌,越来越忧伤。将近傍晚时,他情况恶化。七点钟开始大出血,他失去知觉,约一个半小时以后,他已不在人世了。

我看了斯特莱毕托娃①太太演雨果的戏,扮演威尼斯女演员一角,她死在情人手里,她忘我地与自己的情敌们一起为他准备幸福。② 死亡以真实的形象出现在生活中,不是在舞台上,——人是这样死去的。我为这种表演所震惊,回家去,在前室迎接我的是陀思妥耶夫斯基死了的消息。我急忙向他家奔去。时间已是半夜过后。我的感觉如何自然跟谁也不相干,但是,要准确转达许多人的感想有时候往往不能撇开自己。你知道你在往不幸走去,你知道不幸存在,感觉到它,看到它,可是仍旧存在某种怀疑,抱着某种希望,模糊的、古怪的、令人不安的、难于置信的希望。也许他没有死呢,也许是人家骗我呢,应当亲眼看一看才相信,才确信。这不是好奇心,恰恰是我们固有的求生的本能和对死的厌恶。真想把确信友人死去的时间推迟一小时,一刻钟。这时候你无能为力,头脑里的思想乱作一团。

我奔上楼梯,楼梯上站着三四个人,互相隔开若干距离。他们在这里做什么? 我似乎觉得他们想对我说什么话。门口还站着一个人,高个儿,红头发,穿一件长长的厚呢子外衣。等我去拉门铃,他突然恳求道:"请替我推荐一下吧。那边有棺材匠,但他们不是真正的棺材匠。"说着,这个人跟在我后面溜进了前室。"走开,走开!""劳驾您说一声吧!""不是说过了吗,我会说的。走开吧。"替我开门的人和棺材匠这样你一言我一语地说着。将来你死了,你家里也会出现这种情况的,这种人也会挤破门的,我情不自禁地想,同时疑团消失,死神确实跨进这家人家。我走进昏暗的会客室,朝灯光幽暗的书房瞥了一眼……

一张长桌子,铺着白布,放在屋角落的斜对面。桌子左边,靠对面墙边的地板上放着稻草,四个人跪在地上,围着不知什么东西利索地忙碌着。但听得像是擦东西的声音,水的溅泼声。一件白忽忽的东西放在地板上滚来滚去,或者是他们把那东西翻来翻去。不知什么东西微微抬了起来,好像是人。是的,这是人。他们拉开他的两手,在替他穿衬衣。他的头垂了下来。这是他,费奥多尔·米哈

---

①　彼·安·斯特莱毕托娃(1850—1903),女演员。

②　雨果的戏剧《昂杰罗》。

伊洛维奇,是他的头。他活着吗？他们在拿他做什么呀？他为什么摊在草堆上？服苦役的时候,他是这样睡觉的,就躺在这样的草堆上,还认为这好比柔软的床铺。我完全不明白。这一切仿佛在我眼前闪动,但我的眼睛离不开这一群古怪的人,他们在那里手脚利索地忙碌着,好像一伙贼在收藏赃物。我的身后突然响起号啕痛哭声。我回头一看:陀思妥耶夫斯基的妻子在哭,于是我自己也痛哭起来……那四个人把尸体从草堆上抬起来;死人的头往后仰;妻子看到这情况,突然停止号哭,奔上前去把头托住。他们把尸体抬到桌上放下。这只是一个人的躯壳罢了,这个人本身已经不复存在……

上帝保佑你们千万别看见我所见到的可怕景象。什么色彩,什么语言都无法描绘这番景象。现实主义的追求真实只应当限于一定程度,以免在心灵中引起恐惧、诅咒与绝望……

应当谈谈人的心灵,不谈他的躯壳……

这不,他活着。他站在摆满了书的书架旁,说:

"您有好多旧书。您有没有一本《车马店》,我在找这本书。这是一部好小说。"

我和他一起坐下,闲谈起来。那是在他去世之前大概十天光景。他来印他的《日记》。限时限刻的工作使他着急。他说,还要写两印张才达到既定的数量,这一想法使他丧失了斗志。写《卡拉马佐夫兄弟》搞得他筋疲力尽,写完后他也没有休息过,他指望着夏天。埃姆斯往往增强他的体力,不过去年因为参加纪念普希金活动没有去埃姆斯。

我的桌子上摆着冈察洛夫的"四篇评论"[①],其中有论《聪明误》的文章。我说,艺术作品的真正评论家是作家—艺术家自己,他们常常产生非常难得的想法。

陀思妥耶夫斯基开始说了,他也曾想在《日记》中谈谈恰茨基,谈谈普希金、果戈理,还想开始写他的文学回忆录。他对恰茨基没有好感。恰茨基太自高自大,是个极端的利己主义者。他丝毫没有一点善心。莱彼季洛夫倒是心胸豁达。回想一下恰茨基的第一次出场吧。白费了那么多时间,还自以为姑娘已不再爱他。他自己把她忘记得干干净净,到国外寻欢作乐去了,自然是搞搞恋爱,来到

----

① 指冈察洛夫的《万般苦恼》一文。

故乡,无聊,于是以玩弄旧情来刺激刺激自己,苏菲娅与他见面并没有欣喜若狂,这使他勃然大怒。下面还有。苏菲娅昏倒时,他让她闻闻醋,用手帕扇扇她的脸,说:"我使您复活了。"他这话说得很是当真,带着严厉斥责她忘恩负义的味道。可是我们这里的人看待苏菲娅过分严厉,而看待恰茨基则过于宽容:他用独白博得我们极大的好感。① 我顺便问他,为什么他从来不写剧本,而在他的长篇小说中却有那么多绝妙的独白,这些独白会产生惊人的效果。

"我对戏剧有一种偏见。别林斯基说过,真正的戏剧家应当二十岁就开始写作。这话我牢记在心里。我一直不敢动笔。不过今年夏天我打定主意要把《卡拉马佐夫兄弟》中的一段情节改编成剧本。"

他讲了一段情节,开始发展为戏剧情势。

那天晚上他谈了很多,开玩笑说他打算在《日记》上发表财政方面的文章,尤其是大谈而特谈他喜爱的题目——论缙绅会议,论沙皇对人民的态度犹如父亲对孩子。谈论他最喜爱的题目时,他具有一种说服人的特点:言谈之中含有一种亲切的味道,它会往心坎儿里钻,使心灵敞开。这一回他也是这样说话。照他的意见,我们这里可以有充分的自由,这样的自由是任何地方都没有的,这一切都用不着任何革命、限制、条约。充分的信仰自由、出版自由、集会自由,他补充说:

"充分的自由。出版物审查——这难道是出版自由? 这毕竟是作践自由。自由一旦和法庭连在一起也会走向片面,走向歪路。让人家都畅所欲言吧。我们比其他民族更需要自由,因为我们的工作更多,我们需要充分的真诚,以便知无不言,言无不尽。"

他称宪法是"太太",他使大家相信,他到过俄国各地,有机会和农夫谈过话,他们都是这样来叫宪法的。还是在纪念普希金活动那天,他向我口授了一首关于这位"太太"的小诗,其中一句诗他放在今天出版的《日记》上:"人民又被戴上镣铐"②。他的看法是首先应当问问人民,不是同时去问各阶层的人民,各阶层的代表人物,单单只问问农民。我反驳他说,庄稼人什么也不会说的,他们连

---

① 陀思妥耶夫斯基在1876年的《作家日记》中就提到恰茨基,见《1926—1930年版全集》,第11卷,页373。

② 见1881年《作家日记》。(《1926—1930年版全集》,第12卷,页424)

陈述自己的愿望都不会,这时他热烈地说了起来,说是我错了。首先,庄稼人都能说会道;其次,在大多数情况下,庄稼人大概会派有文化的人去参加这个会议。有文化的人将不会替自己说话,不会谈自己的利益,而是讲农民的日常生活,人民的要求,——诚然,他们是有局限性的,然而他们能够在这局限性上提出使人民根本摆脱穷困和愚昧无知状态的广泛的纲领。

他们所提出的这个纲领,这些意见和方法,即使在共同的会议上也不会取消。否则人民的利益将被其他阶层的利益和保护利益的措施所扼杀,人民仍将一无所有。他们将会从人民身上剥去更多的东西以维持有知识的人和富人的种种自由,人民则将依旧一无所得。正如我所看过的,在他死后出版的《日记》①上他出于必需才片面地发挥了这个题目,当然远远没有完全说出他对我说过的话。顺便提一下,陀思妥耶夫斯基的政治理想是广泛的,他从青年时代起就没有背弃过这些理想。自由主义先生们那么毫无怜悯之心地、有时候甚至卑鄙地迫害他,称他为"社会发展的敌人",他们离这些理想可是非常遥远了。谁跟陀思妥耶夫斯基真心诚意地谈过话,他就知道这一点,凡是仔细看过他的作品的人,凡是了解他的那些典型的人,知道这些典型像是受到某种诅咒,受到悲惨命运的播弄,为一种硫磺似的窒息性的、摧残人的、几乎致人发疯的气氛所压抑的人,凡是了解作家、心理学家、思想家的语言对所有这些不幸者来说犹如一种表示同情的温暖和号召他们去追求和睦与爱的人,也都知道这一点。他描绘这摧残人的气氛时,使用的并不是死板板的、冷漠无情的句子,不是社论文章的铿锵字句;他用的是充满火花、充满感情的深深地打动人心的篇章,用的是会撕裂人心、燃烧心灵的布道式语言。可以看出,他是心怀不满、渴望到远方去寻求真理的人们的真诚的、热心的朋友。他的人物生活在黑暗中,生活在漆黑的夜中,然而他们努力争取光明和真理,通过各种途径,正当的和不正当的途径,也可能是不正当的途径居多,因为在黑暗中辨认途径是困难的,只有卓越的、最有才干的人才会找到正确的途径。

关于他的文学界的敌人,他有一次对我说:

"他们以为我写完《群魔》以后毁了,我创造了某种保守主义的东西,我的名声永远断送了。Z(他称一个著名作家)在国外遇到我,几乎不愿理睬我。实际

---

① 即1881年1月出版的《作家日记》,是陀思妥耶夫斯基去世数天后出版的。

上不是这么一回事。我用《群魔》在公众中和青年中找到更多的朋友。^① 青年人比这些批评家们更了解我，我有大量的来信，我知道有大量的赞扬。总之，您知道，评论界并不垂青于我，评论界勉强赏我一些宽宏大量的评语，要不然就是咒骂。我一点也不感谢评论界。读者和公众支持我，为了我服苦役回来后所写的那些作品而给我声誉。《日记》使我与读者的关系格外亲近。因而我想，《日记》对社会舆论不是没有影响的。"

他不相信革命的道路，就好像他不相信文牍主义的道路。他有自己的道路，平静的、可能是缓慢的道路，但是他深信这条道路是可靠的，就好像他深信灵魂不死，犹如他对耶稣的学说深有体会，相信耶稣的真正的、原始的纯洁。

在我们犯政治罪时期，他极其害怕屠杀，怕民众去屠杀有教养的人，民众是复仇者。

"您没有看见过我所看到的情况，"他说，"您不了解，当人民怒不可遏时他们会做出什么事情来。我看见过可怕的场面，很可怕的。"

所以他为"和解"感到高兴。国君二十岁纪念日那天，他异常高兴。我在他那里待了两小时光景。他说：

"您这就会看到，崭新的局面要开始了。我不是预言家，但是您会看到的。现在人们对一切都抱另一种看法。"

谋害洛利斯·梅里科夫的性命^②的未遂罪使他困惑不解，他怕反动势力。

"千万不要再回到老路上去。"他再三对我说，倒好像我了解什么情况似的，"您倒对我说说看，洛利斯搜罗在身边的人是好人吗？他派到省里去的人是好人吗？要知道这是极其重要的。好人是有的，推选得出的。他是否知道，这一切为什么发生吗？他是否确切知道原因？我们这里大家老是想看看凶犯……我希望他一切都好，一切顺利。[……]"

最近几个月他往往处于异常兴奋状态。暴风雨般的欢呼使他神经亢奋而身体疲劳。

人们向他献上花环，他把这看作是最好的褒奖。十一月或十二月间，在一所

---

① 七十年代进步青年对陀思妥耶夫斯基的态度见叶·巴·莱特科娃及伊·伊·波波夫的回忆录。

② 见本书页618注①。

高等学校里的舞会之后(人家送请柬去邀他参加),他详详细细对我讲人家怎样接待他。

"后来我们开始谈话,"他继续说,"争论了起来。他们要求我给他们讲讲耶稣。我就开始讲,他们留神地听着。"

讲到这件往事的时候,他的嗓音发抖。

他非常爱俄国人,爱他的本色面目,爱他的许多往事,而且对未来怀着天真的、毫不动摇的信念。他说:"不相信未来的人无法生活。"他说的是真理。他充满了人民的自豪感,充分意识到俄国人民的力量,形形色色的凡夫俗子觉得这种意识是庸俗的爱国主义,但是正在进入生活的一代人就不这样认为。他正是怀着这种独立不羁的精神,这种真诚,在出版物的条件允许的范围内发表意见,使自己为读者所宠爱,做了正在成长中的一代人的宠儿。可以从随便哪本外国小册子中看到我国自由主义者们的全部自由主义,可是俄国人的灵魂却只能从深刻的作家、深刻的人那里了解到。人们常常像作忏悔似的来找他,向他作难以置信的坦白,老老少少都相信他的话的威力,其原因即在于此。作为一个社会性的人物、政治性的人物,眼下他不可能被解释清楚,不可能仅仅用他自己的作品来把他说清楚。就算回忆录出版,就算通信集发表吧,但是许多东西,许多那么高尚、那么可爱的、深刻的东西却随他而消亡了,人们只能凭他的作品的某些篇页去猜测,去感觉了。

我未能把这个人的种种特点概括集中在一起,正是这些特点使人们爱他,使我对他充满无限的崇敬之情。我感觉到在这篇短文中一切写得拉拉杂杂,很可能把最重要的给遗漏了,我也感觉到,刊物的规定要更广泛些,才能十分鲜明地叙述他的政治信仰和道德—哲学信仰。他把继续出版《日记》,部分地看作是阐述自己的政治信仰和道德信仰的手段,看作是在俄国生活的最重要问题方面打上一个斗争的结子。现在这一切都完了,继续写《卡拉马佐夫兄弟》的打算也完结了。阿辽沙·卡拉马佐夫在下一部小说中本应以主人公出现,陀思妥耶夫斯基本想把他写成俄国社会主义者的典型①,不是我们熟知的、完全在欧洲土壤上成长起来的那种流行的典型人物……

这一切都完结了。他的嘴永远沉默了,火热的心停止跳动了。他的葬礼,遗

---

① 关于这一点并见本书页619苏沃林的《日记》。

体的出殡是社会性的大事件,是被全民自由地公认为俄国作家的俄国天才和俄国思想的空前的胜利。无论在彼得堡还是俄国任何其他城市,更加壮丽、更加动人的景象还从来不曾看见过。无论哪个人的孤儿寡妇都没有得到这样大的安慰——社会用这样的方法对他们的亲人所表示的承认缓解了他们的哀痛,永志不忘的伟大日子(虽然那是永别的日子)的回忆充实了他们的生活。

　　这不是葬礼,不是死的胜利;这是生的胜利,生命的复活。

题解:

　　根据《新时代》报 1881 年 2 月 1 日第 1771 期刊印,具名"陌生人"。

费·米·陀思妥耶夫斯基及其葬礼

伊·伊·波波夫

我在大学二年级时和费·米·陀思妥耶夫斯基相识。我们青年人承认作家的才能甚至天才,我们对他与其说持肯定的态度,毋宁说是持否定的态度。抱这样态度的原因在于他的长篇小说《群魔》,——我们认为这是对革命者的讽刺画;主要在于《作家日记》,那上面常常表现一些思想,按照我们的理解是反动的、保守性质的。然而陀思妥耶夫斯基在莫斯科普希金纪念会上作了著名的演说之后,西欧派、斯拉夫派、青年人都欢迎这一发言,在公众情绪的感染之下,连我们对他的态度也改变了,尽管我们没有听到他的演说。这篇著名演说所产生的影响,与其说是由于内容,倒不如说是在于形式方面。演说所发挥的思想是西欧派、尤其是具有造反情绪的青年人所接受不了的,青年人无法接受陀思妥耶夫斯基的号召:"顺从吧,骄傲的人!"他的演说为我们大学里连教师也参加的喝晚茶时的争论提供了丰富的资料。我是属于驳斥演说的左翼的少数派。然而,归根到底,我们也被公众的热情迷住了,甚至也开始发现《作家日记》中不仅有可以接受的见解,而且还有我们乐于听到的见解,我们按自己的意思对它们加以评述。例如,陀思妥耶夫斯基议论"农民的俄罗斯"说,俄罗斯,如果号召它,它会把生活安排得很好,如同它所需要的那样好。我们发现他的议论中有民粹派的趋向,民主的倾向。陀思妥耶夫斯基赢得了我们当中大多数人的好感,他在各个文学晚会上露面时,我们热烈地欢迎他。青年人对待陀思妥耶夫斯基的态度的这一骤然变化,发生在他生前的最后一年。他住在库兹涅茨巷,靠近弗拉基米尔教堂。1879 年,我兄弟帕维尔从罗日捷斯特文斯基学院调到弗拉基米尔学院,就在这个弗拉基米尔教堂对面,陀思妥耶夫斯基经常上这个教堂去。夏天以及春天和秋天的暖和的日子里,陀思妥耶夫斯基喜欢坐在教堂的院墙里看孩子们游戏。我有时候去教堂的院墙里,总是向他点头行礼。偻背,消瘦,脸带土色,面颊瘪陷,眼睛朝里凹陷,俄国式的胡子,头发长而直,夹杂着相当浓的白头发,陀思妥耶夫斯基给人一种重病在身的印象。栗色的大衣穿在他身上像只麻袋,又肥又大;脖子上缠着围巾。有一次我坐到他的长椅上去。孩子们在我们前面玩耍,一个小孩子把木杯子里的沙子倒在陀思妥耶夫斯基拖在长椅上的大衣后襟上。

"现在我怎么办呢? 烤好了面包。放在我的大衣上。现在我连站起来也不能啦,"陀思妥耶夫斯基对小孩说……

"坐着,我还要去拿来,"孩子回答。

陀思妥耶夫斯基同意坐着,小孩子又从各式各样的木杯子里倒了好几个沙子面包在他的后襟上。这时候陀思妥耶夫斯基猛烈咳嗽起来,咳得很重浊,很不祥;随后他从袋里掏出有颜色的手帕,往手帕上吐了唾沫,而没有吐在地上。大衣的后襟从长椅上滑了下来,"面包"散了。陀思妥耶夫斯基继续咳嗽……孩子跑了过来。

"面包哪里去了?"

"我吃掉了,很好吃……"

孩子笑了,又跑去拿沙子;陀思妥耶夫斯基对我说:

"快乐的年龄……没有怨恨,不知道痛苦……哭了就笑……"

我不记得我是拿什么话去回答他的。

"您是大学生,在上大学?"

"不,我在师范学院。"

"怪不得戴这种镶天鹅绒帽圈的制帽(我戴着制帽)。我以为您是中专学生哩,他们也穿这样的上衣,连制帽也好像是一模一样的。您说师范学院……大概是师范中专吧?"

"不,师范中专毕业才可以升到我们师范学院。我们那里有许多民众学校的教师在进修。"

“那么您是念过师专又当过教师的了。可您还完全是个孩子。您多大年纪？”

我告诉了他，给他解释什么叫师范学院，并且指出，大多数学生的年龄比我大得多，也有结过婚的，比如德莫霍夫斯基。

“他住在学校里吗？那他的妻子怎么办？”

“按规定我们不应该有已婚的学生。学院领导知道德莫霍夫斯基已婚，但是装作不看见。他妻子在家乡……”

“是呀，收已婚的入学是不合适的，”费奥多尔·米哈伊洛维奇笑着说，“否则的话，还得给每个家庭备房子，也许还得给孩子们办小学……”

“那好吧，就让学生的孩子这一代人待在学院附属的模范市立学校里吧，”我开玩笑搪塞说。

“那时候大学里可得要设一个个的营房了，还要有一整套妈妈、保姆、家庭教师的编制。那时候可顾不上教学了，”费奥多尔·米哈伊洛维奇笑着说，随后正色道：

“我竟不知道什么是师范学院。我只听说过，但我以为那是师范中等专科学校，现在您使我茅塞顿开。与人交往总是有益的，常常能了解到你原先不懂的东西。”

到了院墙的大门外，我们告别时已经很亲切了，我并且指着我家所在的弗拉基米尔学院。

“我们还是近邻，”他一边和我告别，一边说。

这次见面之后，到深秋，彼得堡的空中弥漫着潮湿的寒雾，我又在弗拉基米尔街遇到费·米·陀思妥耶夫斯基，他和德·瓦·格里戈罗维奇在一起。费奥多尔·米哈伊洛维奇亲切地回答我的鞠躬致意。两个作家之间的对比是鲜明的：格里戈罗维奇个儿高大，一头白发，脸色显得年轻，服饰雅致，步伐坚定，美丽的头颅，戴着软帽，挺得直直的，抬得高高的。陀思妥耶夫斯基偻着背走路，竖起大衣的领子，戴一顶圆的呢子便帽，脚上穿高帮套靴，拖着腿，吃力地撑着伞走路……

我望着他们的后影，脑子里闪过一个想法，格里戈罗维奇会活得比陀思妥耶夫斯基长。

此后我再也没有见过陀思妥耶夫斯基。

　　1881年1月底的一天早晨,我们在报上看到陀思妥耶夫斯基病了的消息。晚上我去兄弟处,顺路到库兹涅茨巷,以便按学生们的委托,打听一下费奥多尔·米哈伊洛维奇的健康状况。

　　"很不好;什么人也不接待;出血很多。派人去请神甫了,他想做忏悔,接受圣餐,"看门人对我说。

　　大家知道,陀思妥耶夫斯基得了脑溢血,鼻子出血,又一次脑溢血。陀思妥耶夫斯基病了几天,于1月28日晚间去世。

　　第二天晚上我去参加祭祷。寓所不大,在三楼或四楼,大概有四个房间,外加小小的过道间和一个书房,书房里摆着朴素的漆布面子的家具,家里挤满了人。费奥多尔·米哈伊洛维奇躺在书房中央,身上遮着布。旁边摆着橡木棺材,盖子开着。一个修女在念圣诗。桌子旁,墙壁旁边,遮布上都放着花圈和鲜花。格里戈罗维奇在主持丧事。祭祷后我向他问起葬礼的日期。

　　"1月30日我们将在亚历山大-涅夫斯基大修道院举行安魂祈祷和埋葬。请把代表团的成员告诉我:需要排次序。送殡的队伍行进时和墓地的秩序由大学生们来协助维持。把这张讣告交给您的同学们。"

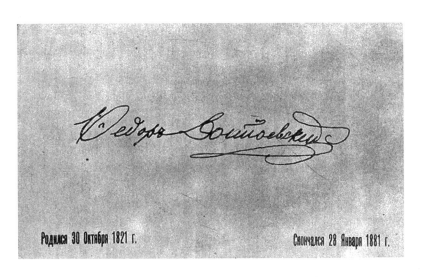

发给参加葬礼的亲友的请柬(最上面为作家常用的签名)

学院 in corpore①——教师们和学生们——出席葬礼。停止上课。队伍拉得很长,比给涅克拉索夫送葬的队伍长四五倍。有将近二十个合唱队唱歌——大学生的合唱队,演员的合唱队,音乐学院的,歌唱家的,等等。人行道上站着密密麻麻的人群。普通老百姓惊讶地看着送殡的队伍。人家转告我,有个老妪问格里戈罗维奇:"给哪个将军送丧呀?"格里戈罗维奇问答:

"不是将军,是教师,作家。"

"怪不得啊,我看见许多中学生和大学生。这么说,死者是个很好的伟大的教书先生喽。上帝保佑他天国平安。"②

给陀思妥耶夫斯基做祭祷的圣灵教堂无法进去。坟墓旁边也是人山人海:墓碑上,树上,与老墓地相隔的石头围墙上——到处是来参加作家葬仪的人。格里戈罗维奇请大学生们清出通往墓地的路,让墓地附近的人腾出地方来。我们费了好大力气才办妥此事,把花圈和教会的旗幡排列在通道的两侧。祈祷和祭祷亡魂持续了很长时间。有几个人在教堂里作了演说。无数宗教界人士,亚历山大-涅夫斯基大修道院的唱歌班和修士们跟着来到墓地,我们已经无法挤到那里去了。演说我听不见,但是爬到树上之后,我看到了演说的人,弗·谢·索洛维约夫的圣徒般的身影,他那披在脑门上的鬈发,给我留下了印象。他说话时做着有力的表情,很有感染力。从墓地出来,街灯已经亮了。一群一群的人朝着我们迎面走来,他们是下班后来向作家吊唁的。文学界为追悼陀思妥耶夫斯基而举行葬后宴会一直持续到 3 月 1 日,那天的事件使得追悼作家的活动停止了。③

题解:

伊万·伊万诺维奇·波波夫(1862—1942),著名的俄国民意党革命家。1882 年毕

---

① 拉丁文:全体人员。

② 列·尼·托尔斯泰以下述的著名的话对陀思妥耶夫斯基的死作出反应:"我似乎希望能把我对陀思妥耶夫斯基所感觉到的一切说出来。[……]我从来没有见过这个人,从来没有与他有过直接的交往,等他去世了,我忽然明白了,他就是我所需要的人,就是我的最亲密、最亲爱的人。[……]某种支撑物从我身边掉落了。我惊惶失措,后来开始明白,他对于我是多么宝贵,于是我哭了,现在还在哭。"(见 1881 年 2 月初给尼·尼·斯特拉霍夫的信——《托尔斯泰》,第 63 卷,页 43)

③ 1881 年 3 月 1 日民意党人格里涅维茨基刺杀了亚历山大二世。

业于彼得堡师范学院,同年成为"民意"核心小组成员。曾因洛巴金、雅库鲍维奇-梅尔辛及其他人的案件而被捕,按行政程序被流放到外贝加尔区的恰克图。他在西伯利亚当过《东方评论》报和《西伯利亚文集》杂志的编辑。1906 年起在莫斯科定居,积极参加首都的社会生活和文化活动:曾继勃留索夫之后当过文学家协会主席,《处女地》报的撰稿人,在莫斯科地志博物馆工作过。

伟大的十月革命以后,作为前政治苦役犯和流放移民协会的成员,波波夫在给民意党人树碑立传方面做了大量的工作。他写过传记性文章:《科瓦里克》(莫斯科,1926年),《洛巴金君》(莫斯科,1930 年),《过去的和经历过的》(列宁格勒,1924 年,1933 年再版),以及其他等等。

现今的这个片断选自《过去的和经历过的》一书,是表明未来的民意党人对陀思妥耶夫斯基的态度的唯一的刊印史料。

缩略用语说明表

《别林斯基》 《维·格·别林斯基十三卷集》,苏联科学院出版社,
莫斯科,1953—1959年。

《诉讼案》 恩·弗·别利奇科夫,《陀思妥耶夫斯基在彼得拉舍
夫斯基派分子的诉讼案中》,莫斯科-列宁格勒,
1936年。

《传记》 《费·米·陀思妥耶夫斯基全集》,圣彼得堡,1883年,
第1卷,《笔记本中的传记、书信与札记》。

《花环》 《纪念普希金的花环》文集,布尔加科夫编,圣彼得堡,
1880年。

《家族纪事》 姆·弗·伏洛茨科依,《陀思妥耶夫斯基家族纪事
(1506—1933)》,莫斯科,1933年。

《陀思妥耶夫斯卡娅 《安娜·格里戈利耶夫娜·陀思妥耶夫斯卡娅回忆
回忆录》 录》,莫斯科-列宁格勒,1925年。

《赫尔岑》 《亚·伊·赫尔岑十三卷集》,苏联科学院出版社,莫
斯科,1954—1964年。

《生平与著作》 列昂尼德·格罗斯曼,《费·米·陀思妥耶夫斯基的
生平与著作》,莫斯科,1935年。

《案件》 《彼得拉舍夫斯基派分子案件》,第1—3卷,苏联科学
院出版社,莫斯科-列宁格勒,1937—1951年。

《陀思妥耶夫斯卡娅日记》	《安娜·格里戈利耶夫娜·陀思妥耶夫斯卡娅一八六七年日记》,莫斯科,1923 年。
《杜勃罗留波夫》	《尼·亚·杜勃罗留波夫九卷集》,文学艺术出版社,莫斯科,1961—1964 年。
《文件》	《首次发表的文学史与社会史方面的文件,费·米·陀思妥耶夫斯基》,俄罗斯苏维埃社会主义联邦共和国中央档案馆,莫斯科,1922 年。
《最后几部长篇小说》	多利宁,《陀思妥耶夫斯基的最后几部长篇小说。〈少年〉及〈卡拉马佐夫兄弟〉是怎样创作的》,苏联作家出版社,莫斯科-列宁格勒,1963 年。
《1926—1930 年版全集》	《费·米·陀思妥耶夫斯基文艺作品全集》,勃·托马舍夫斯基与克·哈拉巴耶夫编,第 1—13 卷,国家出版社,莫斯科-列宁格勒,1926—1930 年。
《1956—1958 年版十卷集》	《费·米·陀思妥耶夫斯基十卷集》,国家出版社,莫斯科,1956—1958 年。
《素材及研究 1》	《陀思妥耶夫斯基:素材及研究》,阿·谢·多利宁编,彼得格勒,1922 年。
《素材及研究 2》	《陀思妥耶夫斯基:素材及研究》,阿·谢·多利宁编,列宁格勒,1925 年。
《素材及研究 3》	《陀思妥耶夫斯基:素材及研究》,阿·谢·多利宁编,莫斯科-列宁格勒,1935 年。
《在彼得拉舍夫斯基派分子中间》	阿·谢·多利宁,《陀思妥耶夫斯基在彼得拉舍夫斯基派分子中间》,《环节》文集,第 6 卷,1936 年。
文研所	苏联科学院俄罗斯文学研究所(普希金之家)。
《彼得拉舍夫斯基派分子》	弗·尔·列伊金娜,《彼得拉舍夫斯基派分子》,莫斯科,1924 年。

《涅克拉索夫》　　　　《尼·阿·涅克拉索夫作品及书信全集,十二卷集》,国家出版社,莫斯科,1948—1953 年。

《书信集》　　　　　　《费·米·陀思妥耶夫斯基书信集》,阿·谢·多利宁编,第 1 卷,莫斯科-列宁格勒,1928 年;第 2 卷,1930年;第 3 卷,1934 年;第 4 卷,1959 年。

《普希金》　　　　　　《亚·谢·普希金全集,十七卷集》,苏联科学院出版社,莫斯科-列宁格勒,1937—1949 年。

《陀思妥耶夫斯基　　　《陀思妥耶夫斯基的创作》,敖德萨,1921 年。
的创作》

《托尔斯泰》　　　　　《列·尼·托尔斯泰九十卷集》,国家出版社,莫斯科,1928—1958 年。

《屠格涅夫》　　　　　《伊·谢·屠格涅夫十二卷集》,国家出版社,莫斯科,1953—1958 年。

《乌斯宾斯基》　　　　《格·伊·乌斯宾斯基十四卷集》,苏联科学院出版社,莫斯科,1940—1954 年。

文艺档案馆　　　　　苏联国家中央文学与艺术档案馆。